新譯後漢書(七)傳六

魏連科等 注譯

三民書局 印行

國家圖書館出版品預行編目資料

新譯後漢書(七)傳㈥／魏連科等注譯.——初版一刷.——臺北市: 三民, 2013
面； 公分.——(古籍今注新譯叢書)

ISBN 978-957-14-5787-1 (平裝)

1.後漢書 2.注釋

622.201 102005834

© 新譯後漢書(七)傳㈥

注譯者	魏連科等
責任編輯	張加旺
美術設計	陳宛琳
發行人	劉振強
著作財產權人	三民書局股份有限公司
發行所	三民書局股份有限公司
	地址 臺北市復興北路386號
	電話 (02)25006600
	郵撥帳號 0009998-5
門市部	(復北店) 臺北市復興北路386號
	(重南店) 臺北市重慶南路一段61號
出版日期	初版一刷 2013年6月
編號	S 033790

行政院新聞局登記證局版臺業字第〇二〇〇號

ISBN 978-957-14-5787-1 (平裝)

http://www.sanmin.com.tw 三民網路書店

新譯後漢書 目次

第七冊

卷七十一

皇甫嵩朱儁列傳第六十一

【題解】本卷為皇甫嵩、朱儁二人的合傳。皇甫嵩與朱儁生逢東漢後期，朝內清流與宦官鬥爭激烈，社會上民不聊生，黃巾乘機起而作亂。朝廷賴二人之力東征西討，將黃巾大體平滅，然而在鎮壓黃巾之亂中董卓勢力壯大，左右朝廷。董卓被誅，李傕、郭汜繼亂，終於使東漢政權走向衰亡。篇中在寫二人戰績同時，對黃巾的組織、信仰、首領、支派、活動範圍亦作了比較詳細的敘述。

1 皇甫嵩，字義真，安定朝那❶人，度遼將軍規之兄子也❷。父節，鴈門❸太守。嵩少有文武志介❹，好詩書，習弓馬。初舉孝廉、茂才❺。太尉陳蕃、大將軍竇武連辟❻，並不到。靈帝公車❼徵為議郎，遷北地❽太守。

2 初，鉅鹿❾張角自稱「大賢良師」，奉事黃老道❿，畜養弟子，跪拜首過⓫，符水呪說以療病⓬，病者頗愈，百姓信向之。角因遣弟子八人使於四方，以善道教化天下，轉相誑惑。十餘年間，眾徒數十萬，連結郡國，自青、徐、幽、冀、荊、揚、兗、豫八州之人⑬，莫不畢應。遂置三十六方。方猶將軍號也。大方萬餘人，小方六七千，各立渠帥⑭。訛言「蒼天已死，黃天當立，歲在甲子，天下大吉」⑮。以白土書京城寺門⑯及州郡官府，皆作「甲子」字。中平元年，大方馬元義等先收荊、揚數萬人，期會發於鄴⑰。元義數往來京師，以中常侍封諝、徐奉等為內應，約以三月五日⑱內外俱起。未及作亂，而張角弟子濟南⑲唐周上書告之，於是車裂⑳元義於洛陽。靈帝以周章下三公、司隸，使鉤盾令周斌將三府掾屬㉑，案驗宮省直衛㉒及百姓有事角道者，誅殺千餘人，推考冀州㉓，逐捕角等。角等知事已露，晨夜馳勑諸方，一時俱起。皆著黃巾為摽幟，時人謂之「黃巾」，亦名為「蛾賊㉔」。殺人以祠天。角稱「天公將軍」，角弟寶稱「地公將軍」，寶弟梁稱「人公將軍」。所在燔燒官府，劫略聚邑，州郡失據，長吏多逃亡。旬日㉕之間，天下嚮應，京師震動。

3 詔勑州郡修理攻守，簡練㉖器械，自函谷、大谷、廣城、伊闕、轘轅、旋門、孟津、小平津諸關㉗，並置都尉。召群臣會議。嵩以為宜解黨禁㉘，益出中藏錢、西園廄馬㉙，以班軍士。帝從之。於是發天下精兵，博選將帥，以嵩為左中郎將㉚，持節，與右中郎將朱儁，共發五校、三河㉛騎士及募精勇，合四萬餘人，嵩、儁各統一軍，共討潁川㉜黃巾。

4 儁前與賊波才戰，戰敗，嵩因進保長社㉝。波才引大眾圍城，嵩兵少，軍中皆恐。乃召軍吏謂曰：「兵有奇變，不在眾寡㉞。今賊依草結營，易為風火。若因夜縱燒，必大驚亂。吾出兵擊之，四面俱合，田單之功可成也㉟。」其夕遂大風，嵩乃約敕軍士皆束苣㊱乘城，使銳士間㊲出圍外，縱火大呼，城上舉燎㊳應之，嵩因鼓而奔其陳，賊驚亂奔走。會帝遣騎都尉曹操㊴將兵適至，嵩、操與朱儁合兵更戰，大破之，斬首數萬級。封嵩都鄉侯。嵩、儁乘勝進討汝南、陳國㊵黃巾，追波才於陽翟，擊彭脫於西華㊶，並破之。餘賊降散，三郡㊷悉平。

5 又進擊東郡黃巾卜己於倉亭㊸，生禽卜己㊹，斬首七千餘級㊺。時北中郎將盧植及東中郎將董卓討張角㊻，並無功而還，乃詔嵩進兵討之。嵩與角弟梁戰於廣宗㊼。梁眾精勇，嵩不能剋。明日，乃閉營休士，以觀其變。知賊意稍懈，乃潛夜勒兵，雞鳴馳赴其陳，戰至晡時㊽，大破之，斬梁，獲首三萬級，赴河死者五萬許㊾人，焚燒車重三萬餘兩，悉虜其婦子，繫獲甚眾。角先已病死，乃剖棺戮屍，傳首京師。

6 嵩復與鉅鹿太守馮翊郭典攻角弟寶於下曲陽(50)，又斬之。首獲十餘萬人，築京觀於城南(51)。即拜嵩為左車騎將軍(52)，領冀州牧(53)，封槐里侯，食槐里、美陽兩縣(54)，合八千戶。

7 以黃巾既平，故改年為中平。嵩奏請冀州一年田租，以贍飢民，帝從之。百姓歌曰：「天下大亂兮市為墟，母不保子兮妻失夫，賴得皇甫兮復安居。」嵩溫卹士卒，甚得眾情。每軍行頓止(55)，須營幔修立，然後就舍帳。軍士皆食，己乃嘗飯。吏有因事受賂者，嵩更以錢物賜之。吏懷慙，或至自殺(56)。

8 嵩既破黃巾，威震天下，而朝政日亂，海內虛困。故信都令漢陽閻忠干說(57)嵩曰：「難得而易失者，時也；時至不旋踵者，幾(58)也。故聖人順時以動，智者因幾以發。今將軍遭難得之運，蹈易駭(59)之機，而踐運不撫(60)，臨機不發，將何以保大名(61)乎？」嵩曰：「何謂也？」忠曰：「天道無親，百姓與(62)能。今將軍受鉞(63)於暮春，收功於末冬(64)。兵動若神，謀不再計，摧強易於折枯，消堅甚於湯雪，旬月之間，神兵電埽(65)，封尸刻石(66)，南向以報(67)，威德震本朝，風聲馳海外，雖湯武之舉(68)，未有高將軍者也。今身建不賞之功，體兼高人之德，而北面庸主，何以求安乎？」嵩曰：「夙夜在公(69)，心不忘忠，何故不安？」忠曰：「不然。昔韓信不忍一餐之遇，而棄三分之業，利劍已揣其喉，方發悔毒之歎者，機失而謀乖也(70)。今主上埶弱於劉、項，將軍權重於淮陰(71)，指撝足以振風雲，叱咤可以興雷電(72)。赫然奮發，因危抵(73)穨，崇恩以綏(74)先附，振武以臨後服，徵冀方之士，動七州之眾，羽檄(75)先馳於前，大軍響振於後，蹈流漳河(76)，飲馬孟津，誅閹官之罪，除群凶之積(77)，雖僮兒(78)可使奮拳以致力，女子可使褰裳(79)以用命，況厲熊羆之卒(80)，因迅風之埶哉！功業已就，天下已順，然後請呼上帝，示以天命(81)，混齊六合(82)，南面稱制(83)，移寶器(84)於將興，推亡漢於已墜，實神機之至會，風發之良時也(85)。夫既朽不雕，衰世難佐。若欲輔難佐之朝，雕朽敗之木，是猶逆坂走丸，迎風縱棹，豈云易哉？且今豎宦(86)群居，同惡如市(87)，上命不行，權歸近習，昏主之下，難以久居(88)，不賞之功，讒人側目，如不早圖，後悔無及。」

嵩懼曰：「非常之謀(89)，不施於有常之埶。創圖大功，豈庸才所致。黃巾細孽，敵非秦、項，新結易散，難以濟業。且人未忘主，天不祐逆。若虛造不冀之功，以速(90)朝夕之禍，孰與委忠本朝，守其臣節？雖云多讒，不過放廢(91)，猶有令名，死且不朽(92)。反常之論，所不敢聞。」忠知計不用，因亡去(93)。

9 會邊章、韓遂作亂隴右(94)，明年春，詔嵩迴鎮長安，以衛園陵。章等遂復入寇三輔，使嵩因討之。

10 初，嵩討張角，路由鄴，見中常侍趙忠[95]舍宅踰制，乃奏沒入之。又中常侍張讓[96]私求錢五千萬，嵩不與。二人由此為憾[97]，奏嵩連戰無功，所費者多。其秋徵還，收左車騎將軍印綬，削戶六千，更封都鄉侯，二千戶。

11 五年[98]，涼州賊王國圍陳倉[99]，復拜嵩為左將軍，督前將軍董卓，各率二萬人拒之。卓欲速進赴陳倉，嵩不聽。卓曰：「智者不後時，勇者不留決[100]。速救則城全，不救則城滅；全滅之埶，在於此也。」嵩曰：「不然。百戰百勝，不如不戰而屈人之兵。是以先為不可勝，以待敵之可勝。不可勝在我，可勝在彼。彼守不足，我攻有餘。有餘者動於九天之上，不足者陷於九地之下[101]。今陳倉雖小，城守固備，非九地之陷也。王國雖強，而攻我之所不救，非九天之埶也。夫埶非九天，攻者受害；陷非九地，守者不拔。國今已陷受害之地，而陳倉保不拔之城。我可不煩兵動眾，而取全勝之功，將何救焉！」遂不聽。王國圍陳倉，自冬迄春，八十餘日，城堅守固，竟不能拔。賊眾疲敝，果自解去。嵩進兵擊之。卓曰：「不可。兵法，窮寇勿追，歸眾勿迫[102]。今我追國，是迫歸眾，追窮寇也。困獸猶鬭，蜂蠆有毒，況大眾乎！[103]」嵩曰：「不然。前吾不擊，避其銳也。今而擊之，待其衰也。所擊疲師，非歸眾也。國眾且走，莫有鬭志。以整擊亂，非窮寇也。」遂獨進擊之，使卓為後拒[104]。連戰大破之，斬首萬餘級，國走而死。卓大慚恨，由是忌嵩。

12 明年，卓拜為并州[105]牧，詔使以兵委[106]嵩，卓不從。嵩從子[107]酈時在軍中，說嵩曰：「本朝失政，天下倒懸，能安危定傾者，唯大人與董卓耳。今怨隙已結，埶不俱存。卓被詔[108]委兵，而上書自請，此逆命也。又以京師昏亂，躊躇不進，此懷姦也。且其凶戾[109]無親，將士不附。大人今為元帥[110]，杖國威以討之，上顯忠義，下除凶害，此桓文[111]之事也。」嵩曰：「專命雖罪，專誅亦有責也[112]。不如顯奏其事，使朝廷裁之。」於是上書以聞。帝讓卓，卓又增怨於嵩。及後秉政，初平元年，乃徵嵩為城門校尉[113]，因欲殺之。嵩將行，長史梁衍說曰：「漢室微弱，閹豎亂朝，董卓雖誅之[114]，而不能盡忠於國，遂復寇掠京邑[115]，廢立從意[116]。今徵將軍，大則危禍，小則困辱。今卓在洛陽，天子來西[117]，以將軍之眾，精兵三萬，迎接至尊，奉令討逆，發命海內，徵兵群帥，袁氏逼其東[118]，將軍迫其西，此成禽也。」嵩不從，遂就徵[119]。有司承旨，奏嵩下吏，將遂誅之。

13 嵩子堅壽與卓素善，自長安亡走洛陽，歸投[120]於卓。卓方置酒歡會，堅壽直前質讓[121]，責以大義，叩頭流涕。坐者感動，皆離席請之。卓乃起，牽與共坐。使免嵩囚，復拜嵩議郎，遷御史中丞[122]。及卓還長安，公卿百官迎謁道次。卓風[123]令御史中丞已下皆拜以屈嵩，既而抵手[124]言曰：「義真犕未乎[125]？」嵩笑而謝之，卓乃解釋[126]。

14 及卓被誅，以嵩為征西將軍，又遷車騎將軍。其年秋，拜太尉，冬，以流星策免[127]。復拜光祿大夫[128]，遷太常[129]。尋李傕作亂，嵩亦病卒，贈驃騎將軍印綬，拜家一人為郎。

15 嵩為人愛慎盡勤，前後上表陳諫有補益者五百餘事，皆手書毀草，不宣於外。又折節[130]下士，門無留客[131]。時人皆稱而附之。

16 堅壽亦顯名，後為侍中，辭不拜，病卒。

【章　旨】以上為〈皇甫嵩傳〉。敘皇甫嵩在蕩平黃巾之亂中建立偉勳，百姓歌之。於是閻忠說其南面稱帝，皇甫嵩以「反常之論，所不敢聞」而拒之。因沒收中常侍趙忠宅舍和拒絕張讓私求，受二人讒毀。在與涼州賊王國作戰中不用董卓謀而大勝。董卓慚恨，思欲報復，皇甫嵩婉言斥之。此部分雖寫皇甫嵩，但對黃老道信仰、組織作了詳細描述。

【注　釋】❶安定朝那　安定，郡名。治臨涇（今甘肅鎮原西南）。朝那，治所在今甘肅平涼西北。❷度遼將軍規之兄子也　度遼將軍，亦雜號將軍之一，明帝初復置，以衛南單于眾新降有二心者，後數有不安，遂為常守。《漢書・昭帝紀》應劭注：

「當度遼水往擊之，故以度遼為官號。」規，字威明，有兵略，擊破西羌。歷太山太守、度遼將軍、護羌都尉。本書有傳。❸鴈門　亦作「雁門」。郡名。治陰館（今山西代縣西北）。❹志介　志節。❺初舉孝廉茂才　李賢注：「《續漢書》曰：『舉孝廉為郎中，遷霸陵、臨汾令，以父喪遂去官。』」茂才即秀才，避光武帝諱改。❻太尉陳蕃句　陳蕃，字仲舉，汝南平輿（今河南汝南）人。桓帝時為太尉，反對宦官專權。靈帝時為太傅，被宦官殺害。本書有傳。竇武，字游平，扶風平陵（今陝西咸陽）人。桓帝時任大將軍，與陳蕃誅宦官，兵敗自殺。本書有傳。❼公車　宮門名。有公車司馬令，秩六百石，掌民上章、四方貢獻及徵詣公車者。❽北地　郡名。治富平（今甘肅慶陽）。❾鉅鹿　郡名。治廮陶（今河北寧晉西南）。❿黃老道　以黃帝和老子為宗旨的法術。⓫首過　對自己的過錯主動承認並悔改。本書〈西域傳〉李賢注：「首，服也。」服過，即承認錯誤。⓬符水呪說以療病　本書〈劉焉傳〉李賢注引《典略》：「初熹平中，妖賊大起，漢中有張修為太平道，張角為五斗米道。太平道師持九節杖為符祝（呪），教病人叩頭思過，因以符水飲之，病或自愈者，則云此人信道，其或不愈，則云不信道。修法略與角同。」又云：「為病人請禱之法，書病人姓字，說服罪之意，作三通，其一上之天，著山上，其一埋之地，其一沉之水，謂之三官手書。使病人家出五斗米以為常，故號五斗米師也。」⓭自青徐幽冀句　東漢分全國為十三州部（司隸校尉亦算一州）。青州，轄郡國六，地約當今山東半島北部。徐州，轄郡國五，地約當今魯南蘇北沿海一帶。幽州，轄郡國十一，地約當今晉冀之北部、京津、遼寧及朝鮮環渤海灣一帶。冀州，轄郡國九，地約當今河北中南部。荊州，轄郡七，地約當今豫南和鄂湘全境。揚州，轄郡六，地約當今浙贛閩全境。兗州，轄郡國八，地約當今魯西和豫東北一帶。豫州，轄郡國六，地約當今豫中和皖北、蘇北一帶。⓮渠帥　大頭目。渠，大。稱渠帥多具貶義。⓯訛言四句　訛言，妖言，謠言。《爾雅・釋詁下》：「訛，言也。」郭璞注：「世以妖言為訛。」黃天，張角自稱。歲，歲星，即木星，每十二年運行一周天，周天分成十二分，稱十二次，木星每年行經一次，即以其所在星次紀年，故稱歲星。東漢以前干支用以紀日，至此開始用以紀年，甲子是漢靈帝中平元年（西元一八四年）。⓰寺門　《資治通鑑》胡三省注：「寺門，在京城諸官寺舍之門。」官署稱寺。⓱期會發於鄴　期會，約定時間聚集。鄴，治所在今河北臨漳西。⓲三月五日　《集解》引惠棟：「袁《紀》云五月乙卯。」中平元年五月乙巳朔，乙卯為十一日。二書所載日期不同。⓳濟南　封國名。都東平陵，治所在今山東濟南東。⓴車裂　俗稱五馬分屍，是將犯人的頭及四肢各拴一輛車上，各向前奔馳，撕裂身體。㉑使鉤盾令句　鉤盾令，秩六百石，宦者，典都城附近各池苑遊觀之處。鉤，同「鈎」。三府，三公府。《漢書音義》：「正曰掾，副曰屬。」掾屬，為三公喉舌。㉒宮省直衛　宮省，宮禁。直，同「值」。直衛，值班衛士。㉓推考冀州　推考，審問考查。張角，鉅鹿人，屬冀州，黃老道從這裡發起，《通鑑》作「下冀州逐捕角等」，下謂下文書給冀州，義較明確。㉔蛾賊　李賢注：「蛾音魚綺反，即『蟻』字也。諭賊眾多，故以為名。」㉕旬日　十日，喻時間很短。㉖簡練　選擇。㉗自函谷句　函谷，關名。在今河南靈寶東北。大谷，關名。在今河南洛陽東南。廣城，關名。在今河南臨汝西。伊闕，關名。在今洛陽南伊闕山上。轘轅，關名。在今河南偃師東南轘轅山上。旋門，關名。故址在今河南滎陽西汜水鎮西南。孟津，黃河津渡名。故址在今河南孟津東北、孟州西南。小平津，古黃河重要渡口，在今孟津東北。㉘黨禁　桓帝時宦官專政，李膺、陳蕃與太學生郭泰、賈彪等聯合抨擊宦官，宦官誣告他們「誹訕朝廷」，指為「黨人」，逮捕二百多人。靈帝時，竇武、陳蕃合謀誅除宦官，事洩被殺，凡黨人的門生故吏、父子兄弟都免官禁錮，史稱「黨錮之禍」。㉙益出中藏錢西園廄馬　《通鑑》胡三省注：「中藏府令屬少府，宦者為之。中藏錢，漢所謂禁錢也。西園廄馬，即騄驥廄馬。」㉚以嵩為左中郎將　左、右中郎將，光祿勳屬官，秩比二千石，主左、右署郎。㉛五校三河　五校，步兵、屯騎、長水、越騎、射聲五校尉的合稱。三河，河南、河內、河東三郡為三河。㉜潁川　郡名。治陽翟（今河南禹州）。㉝長社　潁川郡屬縣。治所在今河南長葛西。㉞兵有奇變二句　李賢注引《孫子兵法》：「凡戰者，以正合，以奇勝者也。故善出奇，無窮如天地，無竭如江海。戰勢不過奇正。奇正之變，不可勝（窮盡）也。」㉟田單之功可成也　李賢注引《史記・田單列傳》：「田單為齊將，守即墨城。燕師攻城，田單取牛千頭，束（矛盾）〔兵刃〕於其角，繫火於其尾，穿城而出，城上大譟，燕師大敗。」㊱束苣　苣，今「炬」字。火把。㊲間　縫隙。㊳燎　大型火把。㊴騎都尉曹操　騎都尉，光祿勳屬官，秩比二千石，監羽林騎。曹操，字孟德，沛國譙縣（今安徽亳州）人。在平定黃巾中勢力壯大，打敗北方各反對勢力，造成鼎立三分形勢，封為魏王。其子曹丕代漢後，追尊為武帝。㊵汝南陳國　汝南，郡名。治平輿。陳國，治陳（今河南淮陽）。㊶西華　屬潁川郡。治所在今河南西華南。㊷三郡　潁川、汝南、陳國。㊸又進擊東郡句　東郡，治濮陽（今河南濮陽南）。倉亭，胡三省注：「在東郡范縣界。」㊹生禽卜己　《集解》引惠棟說：「案《續漢書》，卜己為傳燮所獲。」禽，古「擒」字。㊺級　計算殺敵立功的單位。秦法，獲一敵首，賜爵一級，故言級或首級。實際並非以人頭計數，而是以割下的左耳計算，稱馘。馘，或作「聝」。㊻時北中郎將盧植句　中郎將以方位命名，《續漢書・百官志》無文。盧植，字子幹，涿郡涿縣（今河北涿州）人。精通古學，歷任博士，廬江、九江太守，本書有傳。董卓，字仲穎，隴西臨洮（今甘肅岷縣）人。本涼州豪強，後為并州牧，率兵入洛陽，擅自廢立，後被殺。本書有傳。㊼廣宗　鉅鹿郡屬縣。治所在今河北威縣東。㊽晡時　一天之申時，即下午三時至五時。㊾許　約數；左右。㊿嵩復與鉅鹿太守句　馮翊，左馮翊，與郡相當，因為是漢家祖宗墳墓所在，故不易其名。治高陵（今陝西高陵西南）。郭典，惠棟引虞溥《江表傳》：「典字君業，為鉅鹿太守，與中郎將董卓攻張寶於下曲陽，典作圍壍而卓不肯，典曰：受詔攻賊，有死而已。使諸將引兵東，典獨於西當賊之衝，晝夜進攻，寶由是城守不敢出。時人為之語曰：郭君圍壍，董將不許。幾令狐狸，化為豺虎。賴我郭君，不畏強禦。轉機之間，敵為窮虜。猗猗惠君，實完疆土。」下曲陽，鉅鹿郡屬縣。治所在今河北晉縣西。51築京觀於城南　京觀，古代戰爭中，勝利者為了炫耀武功，把敵人的屍體堆在一起，用土封存成為高丘，稱為京觀。《左傳·宣公十二年》：「君盍（何不）築武軍，而收晉尸以為京觀。」杜預注：「積尸封土其上，謂之京觀。」李吉甫《元和郡縣圖志》：恆州鼓城縣，「後漢京觀，在縣西南七里。首虜千餘人築為京觀。」唐鼓城縣，即今河北之晉縣。言「首虜千餘人，築為京觀」，是本文「首獲十餘萬人」的一小部分。52左車騎將軍　據《續漢書·百官志》，將軍不常置，掌征伐背叛，事訖則罷。比三公者有四，第三為車騎將軍，又有前後左右將軍，此則車騎將軍又分左右矣。53領冀州牧　領，官高而兼較低職務。東漢分全國為十三州，各州置刺史。靈帝中平五年改刺史新置牧。牧亦宰治之義。54食槐里美陽兩縣　二縣俱右扶風屬縣。槐里，治所在今陝西興平東南。美陽，治所在今武功西南。55頓止　停頓止宿。56吏有因事四句　《集解》引惠棟說：「袁山松《書》云，兵曹有受賂者，嵩曰：公素廉清，必資用乏也。乃出錢賜之，由是皆樂為致死。」57故信都令漢陽閻忠干說　信都，安平國屬縣。治所在今河北冀縣。漢陽，郡名。治冀縣（今甘肅甘谷東南）。干說，進說。58幾　時間。與上「時也」同義。59駭　興起。60撫把握。61大名　尊崇的名號。聯繫下文，知此大名謂稱帝。《史記·陳涉世家》：「且壯士不死則已，死即舉大名耳，王侯將相寧有種乎？」司馬貞《索隱》：「大名謂大名稱也。」62與　舉；助。63受鉞　受命征伐。64收功於末冬　李賢注以上數句：「《老子》曰：『天道無親，常與善人。』《易》曰：『人謀鬼謀，百姓與能。』《淮南子》曰：『凡命將，主親授鉞，曰：從此上至天，將軍制之。』」65埽　同「掃」。66封尸刻石　封尸，即前文築京觀事。刻石，紀功宣威以傳久遠。67南向以報皇甫嵩滅黃巾，作戰地點在冀州，在京師洛陽之北，故須南向至洛陽報告朝廷。68湯武之舉　商湯滅夏，周武王滅商，古人稱為革命，《易·革卦》：「湯武革命，順乎天而應乎人。」69夙夜在公　《詩·小星》：「夙夜在公，寔命不同。」夙夜，日夜。夙，早。70昔韓信不忍一餐五句　李賢注引《漢書》：「項羽使武陟說韓信，信曰：『漢王解衣衣我，推食食我，背之不祥。』又蒯通說信，令信背漢，參分天下，鼎足而立。信曰：『漢王遇我厚，豈可背之哉？』後信謀反，為呂后所執，歎曰：『吾不用蒯通計，為女子所詐，豈非天哉！』」揣，插入。悔毒，悔恨。謀乖，謀略錯謬。71淮陰　韓信自項羽投劉邦，初封齊王，漢朝建立後遷為楚王，誣其謀反，降為淮陰侯。72指撝足以振風雲二句　李賢注：「撝即麾字，古通用。叱咤，怒聲也。」指撝，今作指揮。73抵　李賢注：「抵音紙。抵，擊也。」74綏　安定。75羽檄　檄是軍事文書，插鳥羽以示緊急，須急速傳遞。(76)漳河　上游有清漳河與濁漳河二源，均出山西東南，在今河北南部邊境匯合稱為漳河，東南流入衛河，長四一二公里。(77)積　同「漬」。疾病。(78)僮兒　男孩。僮，同「童」。(79)褰裳　提起衣裳。相傳墨子為救宋，十日十夜褰裳而赴楚，終獲成功，後遂以「褰裳」為不辭勞苦為國事奔走之義。(80)厲熊羆之卒　厲，振奮。熊羆，皆猛獸名，因以喻雄師勁旅。(81)然後請呼上帝二句　古時為天子皆以為天命所授，故籲請天帝降命為人王。(82)混齊六合　統一天下。六合，上下四方。(83)南面稱制　皇帝坐北面南，即位執政為稱制。(84)寶器　李賢注：「寶器猶神器也，謂天位也。」(85)實神機之至會二句　神機，靈巧機變的謀略。至會，最好的運會。風發，奮發。(86)豎宦　宦官。豎，小吏。社會卑視宦官，故稱其為豎宦或宦豎。(87)同惡如市　李賢注引《左氏傳》：「韓宣子曰：『同惡相求，如市賈焉。』」(88)昏主之下二句　李賢注引《史記》：「范蠡曰：『大名之下，難以久居。』」(89)非常之謀　謂自立為帝。(90)速　招引。(91)放廢　放逐廢黜。(92)猶有令名二句　「猶有令名」，《左傳》出現一次，「死且不朽」，《左傳》出現四次，互不連綴，故李賢注「二句皆《左傳》之辭。」令名，美名。(93)忠知計不用二句　李賢注引《英雄記》：「梁州賊王國等起兵，劫忠為主，統三十六（郡）〔部〕，號車騎將軍，忠感慨發病死。」(94)會邊章韓遂作亂隴右　邊章、韓遂俱金城郡（今甘肅蘭州）人。湟中義從胡（歸義從命於漢朝的羌人等）北宮伯玉等叛，推邊章、韓遂為軍帥，攻燒州郡，入寇三輔，侵逼園陵，以誅宦官為名。後韓遂殺邊章，擁眾十餘萬，韓遂被其部下所殺。隴右，今甘肅六盤山古稱隴山，古代以西為右，故隴山以西、黃河以東一帶稱隴右。(95)中常侍趙忠　中常侍，出入宮廷，侍從皇帝，東漢時專用宦官為之。趙忠，安平國安平（今河北屬縣）人，以參與誅梁冀封侯。殘害忠良，賦斂無度。本書有傳。(96)張讓　潁川人，賣官害民，聚斂無度，靈帝寵信，常說：「張常侍是我父，趙常侍（忠）是我母。」及袁紹殺宦官，斬趙忠，張讓投河死。本書與忠合傳。(97)憾　恨。(98)五年　靈帝中平五年，〈靈帝紀〉次此事於本年之十一月。(99)涼州賊王國圍陳倉　涼州，治所在隴縣（今甘肅張家川回族自治縣），轄境相當今甘肅、寧夏和青海湟水流域、內蒙古納林河、穆林河流域。王國，狄道縣（今甘肅臨洮）人，自號合眾將軍，被馬騰、韓遂推為主，領眾寇三輔。陳倉，右扶風屬縣，治所在今陝西寶雞東。(100)留決　遲疑不決。(101)百戰百勝十句　《孫子兵法・謀攻》：「是故百戰百勝，非善之善者也；不戰而屈人之兵，善之善者也。」又〈形篇〉：「昔之善戰者，先為不可勝，以待敵之可勝；不可勝在己，可勝在敵。」又曰：「不可勝者，守也；可勝者，攻也。守則不足，攻則有餘。善守者，藏於九地之下，善攻者，動於九天之上，故能自保而全勝也。」(102)窮寇勿追二句　李賢注：「《司馬兵法》之言。」在《孫子兵法・軍事篇》此二語作「歸師勿遏，窮寇勿迫」。(103)困獸猶鬬三句　《左傳・定公四年》：「困獸猶鬬，況人乎？若知不免而致死，必敗我。」又〈僖公二十二年〉：「君其無謂邾小，蜂蠆有毒，而況國乎？」蜂，大黃蜂。蠆，蠍子一類毒蟲，《通俗文》：「蠆長尾謂之蠍。」然則蠆尾短，蠍尾長。蠆在水，蠍在陸。實為二物。蠆，俗名水蠍子。(104)後拒　《漢書・西域傳上》顏師古注：「後距者，居後以距敵。」拒、距同。(105)并州　東漢十三州之一。治晉陽（今山西太原南）。轄區包括今山西大部，陝西、內蒙古、河北之一部。(106)委　交付。(107)從子　兄弟之子。姪兒。(108)被詔　受詔。(109)凶戾　暴虐。(110)大人今為元帥　胡三省注《通鑑》：「嵩討王國時為督，故曰元帥。」(111)桓文　齊桓公與晉文公。是春秋時代先後稱霸的霸主。(112)專命雖罪二句　胡三省注：「卓不釋兵為違命，嵩擅討卓為專誅。」(113)城門校尉　秩比二千石，掌洛陽城門十二所。(114)董卓雖誅之　以誅宦官而召董卓入京。(115)寇掠京邑　雒中貴戚室第相望，金帛財產家家充積，董卓縱其士兵，突其廬舍，略取婦女不避貴戚。(116)廢立從意　廢靈帝為弘農王，立陳留王劉協為帝，是為獻帝。(117)天子來西　董卓決意遷都長安，獻帝初平元年正月車駕西遷。(118)袁氏逼其東　袁氏指袁紹，紹時為城門校尉，因反對董卓廢立，逃往冀州，卓遙封其為渤海太守。(119)遂就徵　胡三省云：「嵩前不能從兄子酈之言，今又不從衍之策，自揣其才不足以制卓故也。」(120)投　奔向。(121)質讓　質問譴責。(122)御史中丞　秩千石，在殿中密舉非法。(123)風　李賢注：「風音諷，謂諷動也。」(124)抵手　抵掌，說話時，手掌向空側擊作勢。(125)犕未乎　李賢注：「犕音服。《說文》曰：『犕牛乘馬。』犕即古『服』字也，今河朔人猶有此言，音備。」今仍言「備馬」。(126)嵩笑而謝之二句　李賢注引《獻帝春秋》：「初，卓為前將軍，嵩為左將軍，俱征邊章、韓遂，爭雄。及嵩拜車下，卓曰：『可以服未？』嵩曰：『安知明公乃至於是！』卓曰：『鴻鵠固有遠志，但燕雀自不知耳。』嵩曰：『昔與明公俱為鴻鵠，但明公今日變為鳳皇耳。』」《三國志・魏書・董卓傳》裴松之注引張璠《漢紀》：「卓抵其手謂皇甫嵩曰：『義真怖未乎？』嵩對曰：『明公以德輔朝廷，大慶方至，何怖之有？若淫刑以逞，將天下皆懼，豈獨嵩乎！』卓默然，遂與嵩和解。」《通鑑》採用《漢紀》文。(127)以流星策免　李賢注：「《續漢書》曰：『以日有重珥免。』」〈靈帝紀〉初平三年「十二月，太尉皇甫嵩免。」不言原因。(128)光祿大夫　秩比二千石，掌顧問應對，無常事，唯詔命所使。(129)太常　卿一人，秩中二千石，掌禮儀、祭祀。(130)折節　屈己下人。(131)門無留客　李賢注：「言汲引之速。」

【語　譯】皇甫嵩，字義真，安定郡朝那縣人，是度遼將軍皇甫規之姪。父親名節，為鴈門太守。皇甫嵩年輕時便有文才武略的志節，愛好《詩》《書》，嫻習騎射。起初被推舉為孝廉、秀才。太尉陳蕃、大將軍竇武接連召聘他，他都沒有到任。靈帝公車徵聘他為議郎，又升遷為北地太守。

2 起初，鉅鹿郡的張角自稱「大賢良師」，信奉黃老道，蓄養弟子，跪拜悔過，用符水咒說給人治病，患者略有痊癒的，百姓信從他。張角藉此機會派遣弟子八人出使四面八方，以做善事教育眾人，一傳十、十傳百地互相迷惑。十多年間，徒眾達幾十萬，各郡國徒眾相連結，自青、徐、幽、冀、荊、揚、兗、豫等八州的民眾，無不全部響應。於是便設置為三十六方。方的涵義如同將軍的稱號。大方一萬多人，小方六七千人，各方自立頭目。散布妖言說「蒼天已經死去，代表我張角的黃天該建立了，歲星在甲子之年，天下大吉大利」。用白色土寫在京城各官署的門上和州郡的官府裡，都是寫的「甲子」二字。靈帝中平元年，大方馬元義首先招聚荊州、揚州幾萬人，約定時期在鄴城起事。馬元義多次出入京師，以中常侍封諝、徐奉等人為內應，約定在三月五日在京城及外地同時發動。還未到作亂時間，張角的弟子濟南國的唐周卻上書告發了這次行動，於是在洛陽把馬元義五馬分屍了。靈帝就把唐周上的奏章下發給三公和司隸校尉，命令鉤盾令周斌率領三府官員，查驗宮禁中值班的衛士和百姓中有信奉張角道的人，殺了一千多人，審問追究冀州各郡縣，追捕張角等人。張角等知道事情已經敗露，日夜急令各方，同時全部起事。都戴黃巾為標幟，當時人稱他們為「黃巾」，又叫做「蟻賊」。他們殺人用來祭天。張角稱「天公將軍」，張角的弟弟張寶稱「地公將軍」，張寶的弟弟張梁稱「人公將軍」。所到之處焚燒官府，搶劫縣邑和村莊，州郡失去依靠，官員大多逃跑。很短的時間，全國都起來響應，京城驚恐不安。

3 朝廷下詔書敕命各州郡修理攻守戰備設施，選揀武器，從函谷、大谷、廣城、伊闕、轘轅、旋門諸關和孟津、小平津等渡口，都設置都尉。皇帝召集群臣一起討論。皇甫嵩認為應該解除對所謂黨人的禁錮，更多地拿出政府的儲備錢和西園的好馬頒發給士兵。皇帝採納了。於是調發全國的精兵，廣選將帥，命皇甫嵩為左中郎將，持旄節，與右中郎將朱儁共同調動五校尉和三河騎兵以及招募的勇敢之士，共四萬多人，皇甫嵩與朱儁各領一軍，共同討伐潁川郡黃巾。

4 朱儁進軍與黃巾賊波才作戰，被打敗，皇甫嵩便率軍進入長社縣以自保。波才帶領眾賊圍城，皇甫嵩兵少，軍內都很害怕。就召集軍中官吏，告訴他們說：「用兵有奇有正，變化無窮，不在於兵之多少。現在賊傍草紮營，便於因風縱火。如果趁著晚上放火焚燒，賊必然大驚慌亂。我們出兵攻打他，四面包圍，田單在即墨的勝利一定能夠實現。」這一天夜裡，果然起了大風，皇甫嵩就約束戒飭軍隊都紮起火把登城，使精兵從夾縫中出至圍兵之外，放火並大聲呼喊，城上舉起大的火把相呼應，皇甫嵩藉機擊鼓奔赴敵陣，賊眾驚亂奔逃。恰好皇帝派騎都尉曹操率兵及時趕到，皇甫嵩、曹操與朱儁合兵再戰，大敗波才眾，斬下幾萬顆人頭。封皇甫嵩為都鄉侯。皇甫嵩、朱儁乘勝追討汝南郡和陳國的黃巾，把波才追趕到陽翟，在西華攻打彭脫，都把他們打敗了。其餘部眾投降的投降，逃跑的逃跑，潁川等三郡全部平定下來。

5 皇甫嵩又進軍攻打東郡倉亭的黃巾之一支卜己，活捉了卜己，斬首七千多顆。此時北中郎將盧植和東中郎將董卓討伐張角，都無功而回，於是詔命皇甫嵩進軍討伐他。皇甫嵩與張角弟張梁在廣宗開戰，張梁的部眾精悍勇敢，皇甫嵩不能戰勝。第二天，就關閉營門休整士卒，藉以觀察敵情變化。了解到賊眾思想稍微鬆懈，便暗地夜間布署兵力，雞鳴時急奔敵陣，一直打到下午申時，大敗敵軍，斬張梁，斬獲敵首三萬顆，敵眾投河死的五萬人左右，焚燒車輛輜重三萬多輛，全部俘獲賊眾的婦人子女，活捉了許多人。張角此前已經病死，就剖棺斬屍，把他的頭傳送到京師。

6 皇甫嵩又和鉅鹿太守馮翊、郭典在下曲陽攻打張角之弟張寶，又斬了張寶。斬首與俘獲十多萬人，築京觀於下曲陽城南。就地封皇甫嵩為左車騎將軍，兼領冀州牧，封槐里侯，食槐里、美陽兩縣租稅，共八千戶。

7 由於黃巾賊已經平滅，故而改年號為中平。皇甫嵩奏請免去冀州一年的田租，用以贍給飢民，皇帝採納了。百姓歌頌道：「天下大亂啊街市毀為廢墟，母不能保子啊妻子失去丈夫，幸賴皇甫啊又得安居。」皇甫嵩和藹體恤士兵，對士兵的內心非常了解。每遇行軍止宿，須待營帳樹立，然後自己才入舍帳，士兵都吃飯了，自己才嚐到飯食。軍吏有由於某種原因受賄賂的，嵩再用錢物賜予他。官吏心中慚愧，有的竟至自殺。

8 皇甫嵩破黃巾之後，威名震天下，朝政卻一天比一天亂，全國空虛貧窮。原為信都縣令的漢陽郡人閻忠向嵩進說：「難得易失的東西是時機，機遇來了迅速即逝的也是時機。因此聖人趁機而動，聰明人因時而發。現在將軍遇到難得之運會，足履易起之時，處此運會卻把握不住，面臨時機而不起事，將如何保住大名呢？」皇甫嵩說：「這話什麼意思？」閻忠說：「上天和誰也不遠，和誰也不近，百姓推舉最有能耐的人。現在將軍受命征伐在暮春，大功告成在冬末。大軍之動變化神速，謀略不容猶豫，摧毀強敵就像折斷枯枝那樣容易，消滅堅甲利兵超過以湯潑雪，十天一月之間，神兵閃電般掃蕩，封屍為京觀，刻石紀功，向南回京城奏報，威武之德震動朝廷，名譽傳於海外，縱是商湯、周武王的功勞，也沒有高過將軍的呀。目前將軍建立大到不能再大的功勞，又有超人的品德，卻北向面對凡庸的皇帝，如何求得平安呢？」皇甫嵩說：「日夜為國忙碌，心存一個忠字，為什麼不安呢？」閻忠說：「不是的。從前韓信不忍心背棄高祖對他一飯的恩遇，卻放棄了鼎足三分的大業，利劍已刺向他的咽喉，才發出悔恨的慨歎，原因就在失去機會和謀略的錯誤。現在皇上的勢力比劉邦、項羽衰弱，而將軍的權力大於淮陰侯韓信，舉手足以興起風雲，一怒可使電閃雷鳴。鷹揚奮發，乘高擊傾，用崇尚恩德以安定先來依附者，以武力逼迫那些後服者，徵召中原人士，發動七州之民，馳軍書曉諭於前，大軍雷霆之威隨於後，跨渡漳河，在黃河邊的孟津歇馬，誅討宦官之罪，除眾凶之弊，縱是兒童也可使其舉拳而出力，婦女可使撩起衣裳而執行命令，何況振奮威武之士卒，借助於急風的形勢啊！功業已經告成，天下已經歸順，然後呼籲上天，昭示天命所歸，統一全國，南面稱帝執政，把神器轉移到要即位的人，摧毀夕陽西下的漢朝，真是機變謀略最好的時候，也是昂揚奮發的好時機呀。已朽之木不能雕鏤，衰亡之世難以輔佐，如果硬要輔佐難支的王朝，雕刻朽敗的木料，就好像從斜坡的下端向上滾圓球，逆著風急划槳，談何容易呢？加之當今宦官合成群，到處是他們的同黨，皇帝的詔命不能執行，權力落在親近的大臣手中，昏庸之主的統治之下，難以久留，功勞太大，讒毀之人仇恨，如不早作打算，後悔就來不及了。」皇甫嵩害怕地說：「不平常的謀略，不能用於有常態的形勢。謀建大功，豈是庸才所能達到。黃巾小小禍患，與秦朝、項羽沒法匹敵。剛剛糾合在一起的人容易離散，難以成大事。況且人民還沒有忘記天子，上天也不保祐叛逆之人。如果憑空做出非分的事業，從而招來立刻降臨的災禍，哪如把忠心託付朝廷，自守為臣的本分？即使多受讒毀，不過放逐罷黜，還能保持好的名聲，死後永垂不朽。違背常理之談，實在不敢從教。」閻忠知道計謀不被採納，就逃跑了。

9 正逢邊章、韓遂在隴山以西地區叛亂，第二年春天，詔命皇甫嵩自冀州回軍鎮守長安，以保衛先祖園陵。

邊章等又來寇掠三輔地區，命皇甫嵩就近征討他們。

10 起初，皇甫嵩征討張角，路過鄴城，看到中常侍趙忠宅第超越制度，便上奏朝廷將其沒收入官。還有中常侍張讓私自向皇甫嵩討要錢五千萬，皇甫嵩不給他。兩個人因此懷恨在心，就上奏皇甫嵩連戰無功，耗費太多。這年秋天，把皇甫嵩召回京城，收去左車騎將軍印綬，削去封戶六千家，改封為都鄉侯，食二千戶。

11 中平五年，涼州賊王國圍攻陳倉，朝廷又授皇甫嵩為左將軍，督率前將軍董卓，各領二萬人以抵抗王國。董卓要立刻進軍陳倉，皇甫嵩不允許。董卓說：「聰明人不能耽誤時間，勇敢的人不能猶豫不決。趕快救，陳倉城就能保全，不救，城就被消滅；是全是滅的局勢，就在救與不救。」皇甫嵩說：「不對。百戰百勝，不如不戰而使敵軍屈服。因此要先使自己不可戰勝，用以對待敵人之可以戰勝。不可戰勝的形勢在我方，可以戰勝的形勢在敵方。敵方守禦不足，我方攻擊有餘。有餘一方迅疾若雷如來天上，不足一方銷聲匿跡如困地下。現在陳倉雖小，城堅固且守禦完備，不是陷於九地之下；王國雖強，攻擊我不救之陳倉，也並非九天之上的形勢。形勢非在九天之上，進攻者受害，所陷非九地之下，守城一方不可能被攻克。王國現在已陷入受害的境地，而陳倉固守不可攻克之城。我們就可以不勞師動眾，而取得完全勝利的功業，又何必救它呢！」最終不允許派救兵。王國圍攻陳倉，從冬季到春天，八十多天，城守堅固，最終未能攻克。賊眾疲怠，果然自己撤走。皇甫嵩進兵追擊，董卓說：「不可以。兵法說，窮急之寇不要追擊，思歸之眾不要逼迫。今我們追擊王國，是逼迫思歸之眾、追窮急之寇。被困急的野獸尚且拚死抗爭，大蜂、短尾蠍用毒器來防衛，何況是這麼大一群人啊！」皇甫嵩說：「並非如此。以前我們不打他，為避開其兵鋒盛壯。現在反而打他，是等待其衰敝。所打擊的是疲敝之師，而非思歸之眾。王國的士卒要逃跑，都沒有鬥志。我以嚴整之師擊其亂軍，不是窮極之寇啊。」於是單獨進軍攻打王國，令董卓居後以拒敵。連續作戰徹底打敗王國，斬首一萬多顆，王國逃跑中死去。董卓極為慚愧且懷恨，由此忌恨皇甫嵩。

12 第二年，董卓被授為并州牧，有詔令他把兵交付給皇甫嵩，董卓不執行詔命。嵩之姪皇甫酈當時亦在軍中，勸說嵩道：「朝廷政治混亂，全國百姓苦痛，能把危險的狀況安定下來的，只有大人與董卓了。現在與董卓怨仇已經結成，勢不兩立。董卓受詔交兵，卻上書自請不交，這是違抗君命啊。又藉口京城昏亂，徘徊不進京，這是心懷奸詐啊。加之此人暴虐六親不認，將士都不歸附。大人今為元帥，憑藉國威征討他，對上顯示忠義，對下為民除害，這是齊桓、晉文的作為啊。」皇甫嵩說：「不受詔命雖然有罪，無詔而擅自誅討也要受懲罰的。不如明白上奏其事，讓朝廷裁奪。」於是把這種情況上聞朝廷。皇帝譴責董卓，董卓對皇甫嵩的怨恨又增加了一層。到以後董卓掌握了朝政，靈帝初平元年，便徵還皇甫嵩為城門校尉，藉機想殺掉他。皇甫嵩將赴任，長史梁衍勸說道：「漢家已衰敗，宦官亂朝綱，董卓即使殺了他們，他本人卻不能為國盡忠，於是又掠奪京城，任意廢立。今徵召將軍入京，大則有禍害，小則被困窘和侮辱。現在董卓在洛陽，天子西來長安，以將軍之師，精兵三萬，迎接皇帝，奉詔命討伐反賊，向全國發出號令，徵集眾將領的軍隊，袁紹從東面緊逼他，將軍從西邊擠壓他，就一定能捉住他。」皇甫嵩不聽，於是接受徵召。相關官署按照董卓的旨意，上奏將皇甫嵩交給獄吏，竟要殺掉他。

13 皇甫嵩之子堅壽素來與董卓交情好，自長安偷偷跑到洛陽，回到洛陽後就直奔董卓。董卓正在擺酒宴歡聚，堅壽當面質問和譴責他，要求他遵守正義，叩頭流淚。在座的人很感動，都離開酒席為他請求。董卓才站起來，拉堅壽坐在一起。派人免去皇甫嵩的囚禁，又授嵩為議郎，升為御史中丞。及至董卓回到長安，公卿百官迎見於道旁，董卓示意令御史中丞以下都來叩拜藉以屈辱皇甫嵩，然後手掌向空側擊作勢說：「義真服不服？」皇甫嵩笑著答謝他，董卓才與之和解。

14 及至董卓被殺，以皇甫嵩為征西將軍，又升為車騎將軍。這一年的秋天，封拜為太尉，冬天，因為流星出現，策書免官。又封為光祿大夫，升遷為太常卿。不久李傕作亂，皇甫嵩也得病去世，追贈皇甫嵩驃騎將軍印章和綬帶，封其家一人為郎官。

15 皇甫嵩為人愛恤謹慎而盡力，先後上表陳事和諫諍，對當世有補益的達五百多件，都是親手書寫，謄清後毀去草稿，不讓別人知道。又屈身接待士人，門下沒有滯留的食客。當時人皆稱讚並願意歸附他。

16 堅壽也很有名，後來召為侍中，推辭而不接受，因病去世。

1 朱儁，字公偉，會稽上虞❶人也。少孤，母嘗販繒為業。儁以孝養致名，為縣門下書佐❷，好義輕財，鄉閭❸敬之。時同郡周規辟公府，當行，假郡庫錢百萬，以為冠幘❹費，而後倉卒督責，規家貧無以備，儁乃竊母繒帛，為規解對❺。母既失產業，深恚責之。儁曰：「小損當大益。初貧後富，必然理也。」

2 本縣長山陽度尚❻見而奇之，薦於太守韋毅，稍歷郡職。後太守尹端以儁為主簿。熹平二年❼，端坐討賊許昭失利，為州所奏，罪應棄市。儁乃羸服間行❽，輕齎數百金到京師，賂主章吏❾，遂得刊定❿州奏，故端得輸作左校。端喜於降免而不知其由，儁亦終無所言。

3 後太守徐珪舉儁孝廉⓫，再遷除蘭陵令⓬，政有異能，為東海相所表。會交阯部⓭群賊並起，牧守輭弱不能禁。又交阯賊梁龍等萬餘人，與南海⓮太守孔芝反叛，攻破郡縣。光和元年⓯，即拜儁交阯刺史，令過本郡簡募家兵及所調⓰，合五千人，分從兩道而入。既到州界，按甲不前，先遣使詣郡，觀賊虛實，宣揚威德，以震動其心；既而與七郡兵俱進逼之，遂斬梁龍，降者數萬人，旬月盡定。以功封都亭侯⓱，千五百戶，賜黃金五十斤，徵為諫議大夫。

4 及黃巾起，公卿多薦儁有才略，拜為右中郎將，持節，與左中郎將皇甫嵩討潁川、汝南、陳國諸賊，悉破平之。嵩乃上言其狀，而以功歸儁，於是進封西鄉侯，遷鎮賊中郎將⑱。

時南陽黃巾張曼成起兵，稱「神上使」，眾數萬，殺郡守褚貢，屯宛下⑲百餘日。後太守秦頡擊殺曼成，賊更以趙弘為帥，眾浸⑳盛，遂㉑十餘萬，據宛城。儁與荊州刺史徐璆及秦頡合兵萬八千人圍弘，自六月至八月不拔。有司奏欲徵㉒儁。司空張溫㉓上疏曰：「昔秦用白起，燕任樂毅，皆曠年歷載，乃能克敵㉔。儁討潁川，以有功效，引師南指，方略已設，臨軍易將，兵家所忌，宜假㉕日月，責其成功。」靈帝乃止。儁因急擊弘，斬之。賊餘帥韓忠復據宛拒儁。儁兵少不敵，乃張圍結壘，起土山以臨㉖城內，因鳴鼓攻其西南，賊悉眾赴之。儁自將精卒五千，掩㉗其東北，乘城而入。忠乃退保小城，惶懼乞降。司馬張超㉘及徐璆、秦頡皆欲聽之。儁曰：「兵有形同而埶異者。昔秦項之際，民無定主，故賞附以勸來耳。今海內一統，唯黃巾造寇，納降無以勸善，討之足以懲惡。今若受之，更開逆意，賊利則進戰，鈍則乞降，縱敵長寇，非良計也。」因急攻，連戰不剋。儁登土山望之，顧謂張超曰：「吾知之矣。賊今外圍周固，內營逼急，乞降不受，欲出不得，所以死戰也。萬人一心，猶不可當，況十萬乎！其害甚矣。不如徹㉙

圍，并兵入城。忠見圍解，埶必自出，出則意散，易破之道也。」既而解圍，忠果出戰，儁因擊，大破之。乘勝逐北㉚數十里，斬首萬餘級。忠等遂降。而秦頡積忿忠，遂殺之。餘眾懼不自安，復以孫夏為帥，還屯宛中。儁急攻之。夏走，追至西鄂精山㉛，又破之。復斬萬餘級，賊遂解散。明年春，遣使者持節拜儁右車騎將軍，振旅還京師，以為光祿大夫，增邑五千，更封錢塘侯㉜，加位特進㉝。以母喪去官㉞。起家㉟，復為將作大匠，轉少府㊱、太僕㊲。

6 自黃巾賊後，復有黑山、黃龍、白波、左校、郭大賢、于氐根、青牛角㊳、張白騎、劉石、左髭丈八、平漢㊴、大計、司隸、掾哉、雷公、浮雲、飛燕、白雀、楊鳳、于毒、五鹿、李大目、白繞、畦固㊵、苦哂㊶之徒，並起山谷間，不可勝數。其大聲者稱雷公，騎白馬者為張白騎，輕便者言飛燕，多髭者號于氐根㊷，大眼者為大目，如此稱號，各有所因。大者二三萬，小者六七千。

7 賊帥常山人張燕，輕勇趫㊸捷，故軍中號曰飛燕。善得士卒心，乃與中山、常山、趙郡、上黨、河內諸山谷寇賊更相交通㊹，眾至百萬，號曰黑山㊺賊。河北諸郡縣並被其害，朝廷不能討。燕乃遣使至京師，奏書乞降，遂拜燕平難中郎將，使領㊻河北諸山谷事，歲得舉孝廉、計吏㊼。

8 燕後漸寇河內，逼近京師，於是出[48]儁為河內太守，將家兵擊卻之。其後諸賊多為袁紹[49]所定，事在紹傳。復拜儁為光祿大夫，轉屯騎[50]，尋拜城門校尉[51]、河南尹[52]。

9 時董卓擅政，以儁宿將，外甚親納而心實忌之。及關東[53]兵盛，卓懼，數請公卿會議，徙都長安[54]，儁輒止之。卓雖惡儁異己，然貪其名重，乃表遷太僕，以為己副[55]。使者拜，儁辭不肯受。因曰：「國家西遷，必孤[56]天下之望，以成山東之釁[57]，臣不見其可也。」使者詰曰：「召君受拜而君拒之，不問徙事而君陳之，其故何也？」儁曰：「副相國[58]，非臣所堪[59]也；遷都計，非事所急也。辭所不堪，言所非急，臣之宜也。」使者曰：「遷都之事，不聞其計，就有未露[60]，何所承受[61]？」儁曰：「相國董卓具[62]為臣說，所以知耳。」使人不能屈，由是止不為副。

10 卓後入關，留儁守洛陽，而儁與山東諸將通謀為內應。既而懼為卓所襲，乃棄官奔荊州。卓以弘農[63]楊懿為河南尹，守洛陽。儁聞，復進兵還洛，懿走。儁以河南殘破無所資，乃東屯中牟[64]，移書[65]州郡，請師討卓。徐州刺史陶謙[66]遣精兵三千，餘州郡稍有所給，謙乃上儁行[67]車騎將軍。董卓聞之，使其將李傕、郭汜等數萬人屯河南拒儁。儁逆擊，為傕、汜所破。儁自知不敵，留關下不敢復前。

11 及董卓被誅，傕、汜作亂，儁時猶在中牟。陶謙以儁名臣，數有戰功，可委以大事，乃與諸豪桀共推儁為太師[68]，因移檄牧伯[69]，同討李傕等，奉迎天子。乃奏記[70]於儁曰：「徐州刺史陶謙、前揚州刺史周乾、琅邪[71]相陰德、東海[72]相劉馗、彭城[73]相汲廉、北海相孔融[74]、沛[75]相袁忠、太山太守應劭[76]、汝南太守徐璆、前九江太守服虔[77]、博士鄭玄[78]等，敢言之行車騎將軍河南尹莫府[79]：國家既遭董卓，重[80]以李傕、郭汜之禍，幼主劫執，忠良殘敝，長安隔絕，不知吉凶。是以臨官尹人[81]，搢紳有識[82]，莫不憂懼，以為自非[83]明哲雄霸之士，曷能剋濟禍亂[84]？自起兵已來，于茲三年，州郡轉相顧望，未有奮擊之功，而互爭私變，更相疑惑。謙等並共諮諏，議消國難。僉曰：『將軍君侯[85]，既文且武，應運而出，凡百君子，靡不顒顒[86]。』故相率厲[87]，簡選精悍，堪能深入，直指咸陽[88]，多持資糧，足支半歲，謹同心腹，委之元帥。」會李傕用太尉周忠[89]、尚書賈詡[90]策，徵儁入朝。軍吏皆憚入關，欲應陶謙等。儁曰：「以君召臣，義不俟駕[91]，況天子詔乎！且傕、汜小豎[92]，樊稠庸兒，無他遠略，又埶力相敵，變難必作。吾乘其間，大事可濟。」遂辭謙議而就傕徵，復為太僕，謙等遂罷。

12 初平四年，代周忠為太尉，錄尚書事93。明年秋，以日食免94，復行驃騎將軍事，持節鎮關東。未發，會李傕殺樊稠，而郭汜又自疑，與傕相攻，長安中亂，故儁止不出，留拜大司農95。獻帝詔儁與太尉楊彪等十餘人譬郭汜96，令與李傕和。汜不肯，遂留質儁等。儁素剛，即日發病卒。

13 子晧，亦有才行，官至豫章97太守。

【章　旨】以上為〈朱儁傳〉。記述朱儁年少時慷慨脫人於苦難之中，壯年多歷軍旅，為交阯刺史，觀賊虛實，宣揚威德，終破交阯賊。黃巾賊起，朱儁與皇甫嵩合力平滅之。黃巾餘賊趙弘據宛城，朱儁用聲東擊西及緩兵之計大破之。封錢唐侯。黃巾之後，不逞之徒蠭起，其中勢大者曰張燕，先降後叛，朱儁平定之。董卓自為相國，想收朱儁為己用，委任朱儁為太僕，以副相國，朱儁以理拒絕。董卓死，朱儁與董卓部下周旋，終不屈於邪惡勢力。

【注　釋】❶會稽上虞　會稽，郡名。治山陰（今浙江鄞縣東）。上虞，治所在今浙江上虞西北。❷門下書佐　書佐，主辦文書的官吏，因常居門下，故名。❸鄉閭　此泛指同鄉、鄉親。古以二十五家為閭，一萬二千五百家為鄉。❹幘　包髮的頭巾。❺解對　解，了結其事。對，抵償；償還。❻山陽度尚　山陽，郡名。治昌邑（今山東金鄉西北）。度尚，字博平，山陽湖陸（今山東魚台）人。歷官荊州刺史、桂陽太守、中郎將等職。本書有傳。❼熹平二年　西元一七三年。熹平，東漢靈帝年號。❽羸服間行　著貧民之衣走間隙小路。❾主章吏　《集解》引惠士奇說：「《前書・百官志》有主章，章，本也。此主章，所主者章奏。」❿刊定　謂修改奏章。刊，刻。謂挖補。⓫後太守徐珪舉儁孝廉　《校補》引柳從辰說：「袁《紀》太守徐珪為州所誣奏，郡吏謀賂宦官，儁曰：『明府為州所枉，不思奮命，而欲行賂以穢清政，是有君無臣也。今州自有贓汙，而求郡纖介，抱罪誣人，儁具知之，請詣京都，無以賂為也。』儁乃疾馬先至告刺史罪，章即下，乃徵刺史，珪事得解。由是顯名，舉孝廉為尚書郎。」⑫除蘭陵令　除，除去舊官任命新職。蘭陵，東海郡屬縣。治所在今山東嶧縣東。⑬交阯部　交阯，郡名。治龍編（今越南河內）。據《晉書・地理志》：「順帝永和九年，交阯太守周敞求立為州，朝議不許，即拜敞為交阯刺史。」州之最高長官為刺史，州又稱州部，朝議雖不許立州，卻拜敞為刺史，則名非州而實為州，下文言「至州界」，故州亦可稱部。⑭南海　郡名。治番禺（今廣東廣州）。⑮光和元年　西元一七八年。光和，東漢靈帝年號。⑯簡募家兵及所調　簡，簡選其可當用者。募，新招募者。李賢注：「家兵，僮僕之屬，調謂調發之。」古之為將者皆有家兵。⑰都亭侯　本書〈皇后紀〉「都亭侯」注：「凡言都亭者，并城內亭也。」⑱鎮賊中郎將　胡三省注《通鑑》：「此因欲鎮安黃巾餘賊而置官。」⑲宛下　謂宛縣周圍一帶。宛，縣名。歷為南陽郡治所。故治今河南南陽。⑳浸　逐漸。㉑遂　竟至。㉒徵　召回問罪。㉓張溫　字伯慎，中平元年為司空，二年免，為車騎將軍征北宮伯玉，三年為太尉。後為衛尉，被董卓殺害。㉔昔秦用白起四句　李賢注引《史記》：「白起，郿人也，善用兵，事秦昭王為大良造。攻魏，拔之。後五年，攻趙，拔光狼城。後七年，攻楚，拔鄢、鄧五城。明年，拔郢，燒夷陵，遂東至竟陵。樂毅，趙人也，賢而好兵，燕昭王以為亞卿，後為上將軍。伐齊，入臨淄，狗（攻城略地）齊五歲，下齊七十餘城。」㉕假　寬緩。㉖臨　自高視下。㉗掩　偷襲。㉘司馬張超　《集解》引惠棟說：「時超為別部司馬。」㉙徹　同「撤」。㉚逐北　北，古「背」字。背向敵，是敗逃也，故逐北即逐敗。㉛西鄂精山　西鄂，縣名。屬南陽郡，治所在今南陽北。精山，《元和郡縣圖志》謂在南陽西北。唐之南陽，即今南陽。㉜錢塘侯　《集解》引惠棟說：「錢唐鄉侯也。」㉝特進　《續漢書・百官志》補注：「列侯功德優盛，朝廷所敬異者，賜特進，在三公下，不在車騎下。」㉞以母喪去官　母喪，子服孝三年，不得為官。㉟起家　謂從家中徵召，授以官職。㊱少府　秩中二千石，掌禁中服御諸物，衣服、寶貨、珍膳之屬。㊲太僕　秩中二千石，掌車馬。天子每出，奏駕，上鹵簿。用大駕則執馭。㊳青牛角　《集解》引惠棟說：「〈魏志〉作張牛角，博陵人也。」㊴平漢　王先謙曰：「平漢即南生，見〈袁紹傳〉。」㊵畦固　《通鑑》畦，作「眭」。㊶哂　《通鑑》作蝤。㊷多髭者號于氏根　李賢注：「《左傳》曰：『于思于思，棄甲復來。』杜預注云：『于思，多鬚之貌也。』」㊸趫　身手靈巧，善於攀升奔跑。㊹乃與中山句　中山，封國名。都盧奴（今河北定縣治）。常山，封國名。都元氏（今元氏西北）。趙郡，封國名。都邯鄲（今邯鄲西南）。《續漢書・地理志》作「趙國」，全《後漢書》稱「趙郡」僅此一見。上黨，郡名。治長子（今山西長子西）。河內，郡名。治懷（今河南武陟西南）。㊺黑山　《集解》引惠棟說：「杜佑云，衛州衛縣，漢朝歌縣也，縣西北有黑山。」朝歌，今河南淇縣東北。㊻領　以地位較高的官員兼理地位較低的職務。㊼計吏　郡縣掌籍簿並上計（向朝廷報告）的官吏。㊽出　自朝官外任地方官。㊾袁紹　字本初，汝南汝陽人。為司隸校尉，誅滅宦官。後為東方最大的勢力，被曹操打敗。㊿屯騎　屯騎校尉，秩比二千石，掌宮禁宿衛兵。(51)城門校尉　秩比二千石，掌洛陽十二城門。(52)河南尹　東漢都洛陽，位在河南郡，故改郡為尹，主管京城事，特奉朝請（定期參加朝會）。(53)關東　秦漢稱函谷關以東為關東。函谷東起崤山，亦曰崤山以東為山東。(54)長安　京兆尹治所，地在今陝西西安西北。(55)副　輔助。(56)孤　辜負。(57)釁　禍患。(58)相國　丞相。戰國曰相邦，避高祖諱，高帝十一年更名相國。哀帝元壽二年更名大司徒。世祖即位，去「大」字。董卓復舊名。(59)堪　勝任。(60)就有未露　就，縱然。露，公布。(61)何所承受　句謂從哪裡得到的消息。何所，何處。承受，接受。(62)具　完全；盡。(63)弘農　郡名。治陝縣（今河南陝縣）。(64)中牟　河南尹屬縣，治所在今河南中牟東。(65)移書　發布公文、布告。(66)陶謙　字恭祖，丹陽郡人。為徐州刺史，擊黃巾。親小人疏良善，轄區不治，大崇佛教。本書有傳。(67)行　官闕則卑者攝為之。(68)乃與諸豪桀句　桀，通「傑」。太師，古官。平帝以孔光為太師，職在訓導帝躬，甚為優禮。後漢省太師，今乃復古。(69)牧伯　牧，州牧。伯，方伯。周代一方諸侯之長，漢代用以稱刺史，《漢書・何武傳》：「刺史，古之方伯，上所委任，一州表率也。」又〈朱博傳〉：「今部刺史居牧伯之位，秉一州之統。」故稱刺史為牧伯。(70)奏記　向公府等長官上奏的文書。(71)琅邪　封國名。治開陽（今山東臨沂北）。(72)東海　郡名。光武封其子劉彊王東海而居魯，故魯稱國而東海仍稱郡，東海相即魯相。(73)彭城　封國名。都彭城（今江蘇徐州）。(74)北海相孔融　北海，封國名。治劇（今山東昌樂西）。孔融，字文舉，魯國人。孔子後裔，歷官虎賁中郎將、將作大匠、太中大夫，因譏刺曹操被殺。本書有傳。(75)沛　封國名。王城在相縣（今安徽濉溪縣西北）。(76)太山太守應劭　太山即泰山。郡名。治奉高（今山東泰安東北）。應劭，字仲遠，汝南南頓（今河南項城）人。官太山太守，習於典故，著《漢官儀》，其《風俗通》傳於世。本書有傳。(77)前九江太守服虔　九江，郡名。治陰陵（今安徽壽縣）。服虔，字子慎，河南滎陽（今河南滎陽）人。有才具，作《春秋左氏傳解》。本書有傳。(78)博士鄭玄　博士，選天下廣聞之士，能通經學，在太學以家法教授弟子，亦或接受朝廷諮詢。鄭玄，字康成，北海郡高密（今山東高密）人。一生事業在於著述，他學通古今，遍注《五經》，對後世影響很大。本書有傳。(79)敢言之句　李賢注引蔡質《典職儀》：「諸州刺史上郡並列卿府，言『敢言之』。」此為下屬對上官言事時的套語。敢言，謂冒昧言之。莫府，即幕府。本指將帥在外的營帳，後亦泛指軍政大吏的府署，此以將帥府署指將帥，亦猶陛下、閣下之比。(80)重　加上。(81)臨官尹人　句謂居官治民。臨，蒞，蒞官；居官。尹，主持；管理。(82)搢紳有識　搢，插。紳，腰帶。插笏於腰帶，喻官員或儒者。有識，有見地之士。(83)自非　假如不是。(84)曷能剋濟禍亂　曷，同「何」。剋濟，戰勝；克制。(85)君侯　《集解》引惠棟說：「如淳云，《漢儀注》：『列侯為丞相，稱君侯』，朱儁先封錢唐侯，又推為元帥，故亦稱君侯。」(86)顒顒　敬慕。(87)率厲　激勵；勉勵。(88)咸陽　雲中郡屬縣。雲中屬并州刺史部，董卓為并州刺史，後入朝廷。李傕、郭汜自并州而追隨董卓。此言「直指咸陽」者，蓋亦猶岳飛之直搗黃龍也。(89)周忠　字嘉謀，廬江郡舒縣（今安徽廬江縣）人。獻帝初平三年十二月為太尉，次年四月免。(90)賈詡　李賢注〈皇后紀下〉引〈魏志〉：「詡，字文和，姑臧（今甘肅武威）人，少時，漢陽（郡名）閻忠見而異之，曰詡有良、平之才。」後被李傕拜為尚書。(91)以君召臣二句　李賢注引《論語》：「君命召，不俟駕而行矣。」語見〈鄉黨篇〉。不俟駕，不等待車駕好馬便立即步行而出。(92)小豎　對人鄙稱，猶今言「小子」。(93)錄尚書事　李賢注〈章帝紀〉：「錄謂總領之也。」尚書為擁有實權的機構。〈仲長統傳〉：「光武皇帝恨數世之失權，忿彊臣之竊命，矯枉過直，事不在下，雖置三公，事歸臺閣。」李賢注：「臺閣，謂尚書也。」(94)以日食免　古代以日蝕為凶兆，認為是上天對人王的警告，皇帝不可免，故以大臣代之。東漢和帝以後日蝕多以免太尉塞咎。初平四年之明年，為獻帝興平元年，據〈獻帝紀〉，六月晦乙巳「日有食之」，七月壬子「太尉朱儁免」。(95)大司農　秩中二千石，掌諸錢穀金帛、諸貨幣，郡國四時上月旦見（現）錢穀簿，及調劑邊郡收支。(96)獻帝詔儁句　楊彪，字文先，弘農華陰（今陝西華陰）人。名公楊震之曾孫，靈帝熹平中為京兆尹，後至司空、司徒，反對董卓遷都關中，興平元年代朱儁為太尉。後遭曹操迫害，老於家。本書有傳。譬，曉諭。(97)豫章　郡名。治南昌（今江西南昌東）。

【語　譯】朱儁，字公偉，會稽郡上虞縣人。少年喪父，母親曾販賣繒帛為生。儁以孝順養親而得名，為上虞縣門下書佐，好仁義而輕財物，鄉親們很尊敬他。當時同郡的周規受三公府聘任，當赴任時，借了郡庫錢一百萬，作為衣帽費，以後倉吏催討，周規家貧無法備辦，朱儁就偷了母親的繒帛，為周規歸還了向郡庫借的錢。母親失去產業以後，對朱儁忿恨而責備。朱儁說：「小的損失會有大的收益。先貧後富，這是肯定的道理。」

2　上虞縣長山陽郡人度尚見到朱儁認為此人不尋常，向會稽太守韋毅推薦，在郡府任一些小職務。後來太守尹端任朱儁為主簿。靈帝熹平二年，尹端因為討伐賊寇許昭不利，被州牧上奏朝廷，罪應斬首於街市。朱儁就穿著破舊衣服從小路行走，帶著數百黃金順利地到了京師，賄賂掌管奏章的官吏，才得以修改州官所上奏章，因此尹端才能在左校勞作。尹端對於減罪免死非常高興卻不知出於什麼原因，朱儁也始終沒對人說過。

3 後來太守徐珪舉薦朱儁為孝廉，再度遷升拜為蘭陵縣令，施政有特出的才能，被東海相上表稱讚。此時交阯部群賊同時並起，州郡牧守軟弱不能禁止。還有交阯賊梁龍等有一萬多人，同時南海太守孔芝反叛，攻下郡縣。靈帝光和元年，詔至蘭陵拜朱儁為交阯太守，命他經過其家鄉會稽郡選募家兵和徵調新兵，共計五千人，分兩路入交阯。到州界以後，按兵不前進，先派遣使者到郡內，觀察反叛者的虛實，宣揚朝廷的威武和恩信，以震懾動搖其信心；然後與七郡之兵並進而成逼迫之勢，於是誅斬梁龍，投降的有好幾萬人，不到一個月交阯完全平定。論功勞封朱儁為都亭侯，食一千五百戶，賜黃金五十斤，徵回朝廷任諫議大夫。

4 到黃巾賊發動，公卿多推薦朱儁有本領和謀略，便任命為右中郎將，持旄節，與左中郎將皇甫嵩征討潁川、汝南、陳國各處的黃巾賊，完全把他們平滅了。皇甫嵩便上表說朱儁在平賊中的表現，把功勞歸併到朱儁頭上，於是進封朱儁為西鄉侯，升為鎮賊中郎將。

5 當時南陽郡黃巾頭目張曼成起兵，自稱「神上使者」，兵眾好幾萬，殺了郡守褚貢，在宛縣一帶屯駐一百多天。後來太守秦頡打死張曼成，賊眾又以趙弘為主帥，人馬逐漸興旺，竟至十多萬，占據宛縣城。朱儁與荊州刺史徐璆及秦頡合併有兵一萬八千人圍困趙弘，從六月至八月尚未攻下。主管官署奏請召回朱儁問罪。司空張溫上奏章說：「從前秦王任用白起，燕國起用樂毅，都是經歷幾年才打敗了敵人。朱儁討伐潁川郡黃巾賊，因為有成績，才揮軍南向，方針大計已定，臨陣換將是兵家最忌諱的，應該寬限些時日，再要求他打勝仗。」靈帝才作罷。朱儁藉勢迅速攻打趙弘，斬了他。剩下的賊帥韓忠又據守宛城抗拒朱儁。朱儁兵少，打不過他，就令軍隊修築防禦工事，堆積土山以俯視城內，就勢擊鼓攻其西南方向，賊全部奔赴西南。朱儁親自率領精兵五千，偷襲其東北，登城而入。韓忠便退守小城，膽顫心驚要求投降。別部司馬張超和徐璆、秦頡都主張允許他。朱儁說：「用兵有表面相同而情勢不同的，以前當秦朝將滅與項籍初起之時，百姓還沒有確定的君主，所以賞賜已經歸附的人以便獎勸其他人來歸附。現在全國統一，只有黃巾興起為寇盜，接受他投降也不能獎勵其他人為善，征伐他足以表明懲罰作惡。現在如果接受他投降，更加放縱了他們反叛的野心，使賊眾有利就出戰，不利就求降，放縱敵人助長賊寇，不是好的計策啊。」於是迅速進攻，連續作戰均未能攻下。朱儁登上土山瞭望，回頭對張超說：「我知道怎樣對付他們了。賊人現在外圍牢固，內部迫急，乞求投降我們不答應，想突圍又出不來，所以才拚死抵抗。萬人一心尚且不可抵禦，何況十萬人啊！其危害是很大的。不如撤去包圍，把軍隊集結到一起躲入大城。韓忠見解圍了，一定會自己出城，一出城意志就鬆散了，這是容易破敵的方法啊。」以後就解去包圍。韓忠果然出小城作戰，朱儁順勢攻擊，徹底打敗了他。乘著勝利的形勢追擊其敗兵幾十里路，斬殺一萬多人頭。韓忠等終於投降。但是秦頡把一肚子氣都集中到韓忠身上，就殺了他。其餘賊眾害怕而定不下心來，又以孫夏為頭領，返至宛城屯駐。朱儁加緊進攻。孫夏逃跑，追到西鄂縣精山，又把他擊潰，再斬殺一萬多人，賊眾便瓦解了。第二年春季，朝廷派遣使者持旄節授朱儁為右車騎將軍，班師回到京城，任命為光祿大夫，增加食邑五千戶，重新封為錢塘侯，又加位特進銜。因為母親去世而放棄官職。從家裡重新徵聘，又做了將作大匠，轉官少府以及太僕。

6 自黃巾賊作亂之後，又有黑山、黃龍、白波、左校、郭大賢、于氐根、青牛角、張白騎、劉石、左髭丈八、平漢、大計、司隸、掾哉、雷公、浮雲、飛燕、白雀、楊鳳、于毒、五鹿、李大目、白繞、畦固、苦哂之輩，都是山谷中起事，不可盡數。那聲音大的就叫雷公，騎白馬的叫張白騎，輕巧敏捷的就說是飛燕，多髭鬚的就稱于氐根，眼睛大的就叫大眼，所以叫這種稱號，各有來頭。人多的有二三萬，少的有六七千人。

7 土匪頭目常山國人張燕，輕身勇健而敏捷，是以軍隊中叫他飛燕。很能得士卒信任，便與中山、常山、趙國、上黨、河南等郡國境內各山谷寇盜互相交往，有兵眾達百萬，號稱黑山賊。黃河以北各郡縣都受到他的危害，朝廷無力討伐。張燕卻派使者到京城，上書要求投降，朝廷順勢授張燕為平難中郎將，讓他兼管黃河以北各山谷的職任，每年可以舉孝廉和計吏。

8 張燕以後逐漸掠奪河內郡，逼近京城，於是命朱儁出任河內太守，朱儁率領家兵把他打退。此後各路賊寇大多被袁紹所平，事情經過在〈袁紹傳〉。又拜朱儁為光祿大夫，轉官屯騎校尉、城門校尉、河南尹。

9 當時董卓獨攬朝政，因為朱儁是久經戰陣的將領，表面上很親近他，內心實際很忌恨他。及至關東兵力強大，董卓害怕了，多次請公卿在一起商議，把首都遷到長安，朱儁總是阻攔他。董卓盡管憎恨朱儁不與自己同心，但是貪圖他的名聲高有威望，便上表奏升他為太僕，作為自己的助手。使者拜授官職，朱儁謝絕不肯接受。便說：「朝廷西遷，必然辜負天下人的希望，從而成就山東的禍亂，我看不出遷都的好處。」使者責問道：「召您接受官職您拒絕了，不問您遷都的事您卻陳說這事，這是什麼道理？」朱儁說：「輔佐相國，不是我能勝任的；遷都的計畫，不是當務之急，辭去所不能勝任的，陳說不急之務，這是我應當做的。」使者說：「遷都的事，我沒聽說那個計畫，縱然有這種打算而沒有公布，您從哪裡知道的？」朱儁說：「相國董卓全給我說了，所以我就知道了。」使者不能使他屈服，從此作罷不讓他做相國的助手了。

10 董卓後來到關中，留朱儁駐守洛陽，但是朱儁與山東各路將領串通作為內應。後來又害怕被董卓襲擊，便棄官逃往荊州。董卓以弘農郡人楊懿為河南尹，守護洛陽。朱儁聽說了，又出兵回到洛陽，楊懿退走。朱儁覺得河南尹地凋殘破敝不能供給，便東向駐紮中牟縣，布告各州郡，請出兵討伐董卓。徐州刺史陶謙派遣精兵三千，其他州郡也多少給了一些兵，陶謙便上書請任命朱儁為代理車騎將軍。董卓聽說了，命令他的部將李傕、郭汜等率好幾萬人駐紮在河南尹地，以抗拒朱儁。朱儁出軍迎擊，被李傕、郭汜擊潰。朱儁自知打不過他們，駐守在函谷關一帶不敢再向前應戰。

11 及至董卓被殺，李傕、郭汜作亂，朱儁當時尚在中牟。陶謙認為朱儁是有名望的大臣，多次立戰功，可託以大任，便與各豪傑共同推舉朱儁為太師，同時發軍書給各州牧，共同討伐李傕等人，迎接天子。於是上書給朱儁，說：「徐州刺史陶謙、前揚州刺史周乾、琅邪相陰德、東海相劉馗、彭城相汲廉、北海相孔融、沛相袁忠、太山太守應劭、汝南太守徐璆、前九江太守服虔、博士鄭玄等，冒昧上言於行車騎將軍河南尹幕府，國家已經遭受董卓之害，加之以李傕、郭汜之禍，幼主被劫持，忠臣良將受摧殘，長安的消息被隔斷，不知天子是吉是凶。是以居官理民，有學問有識見之士，無不憂心驚怕，認為若非英明雄強之人，怎能消平禍亂？自起兵以來，至今三年，州郡官吏一個個你看著我我看著你，沒有奮戰之功效，卻互相爭奪暗地變詐，互相猜忌。謙等共同商量，想辦法消除國難。都說：『將軍為君侯，既能文又能武，順應國運而出現，所有正義之士無不敬慕。』故而互相激勵，揀選精悍的軍隊，能夠深入敵營，直搗咸陽老巢，多帶錢糧，足以支持半年，敬以共同心願，託付元帥。」恰逢李傕用太尉周忠和尚書賈詡的計謀，徵召朱儁入朝。軍吏們都害怕入函谷關，希望答應陶謙等人的請求。朱儁說：「以國君的名義召臣，當不等待駕車便出發，何況是天子有詔書哩！並且李傕、郭汜童幼無知，樊稠平庸之人，沒有其他遠謀，我們與他們又勢力相當，他們一定要發動變亂，我就乘其空隙，大事可以完成。」終於謝絕了陶謙的倡議而依隨了李傕的徵召，再次做了太僕，陶謙等於是放棄倡議。

12 獻帝初平四年，朱儁代周忠為太尉，總領尚書臺職務。第二年秋天，因為日蝕被免官，再兼驃騎將軍官職，持旄節，鎮守關東。還沒有出發，正遇李傕殺了樊稠，從而郭汜產生懷疑，與李傕互相攻伐，長安城內大亂，因此朱儁居於長安不再出鎮，留下授為大司農。獻帝下詔，命朱儁與太尉楊彪等十多個人曉諭郭汜，叫他與李傕和解，郭汜不願意和解，還把朱儁等人扣留作為人質。朱儁性格一向剛烈，當天發病而死。

13 其子朱皓，也有才能和品德，官做到豫章太守。

1 論曰：皇甫嵩、朱儁並以上將之略，受脤倉卒之時❶。及其功成師剋，威聲滿天下。值弱主蒙塵❷，獷賊放命❸，斯誠葉公投袂之幾，翟義鞠旅之日❹，故梁衍獻規，山東連盟。而舍格天之大業，蹈匹夫之小諒，卒狼狽虎口，為智士笑❺。豈天之長斯亂也，何智勇之不終甚乎？前史晉平原華嶠，稱其父光祿大夫表，每言其祖魏太尉歆❻稱「時人說皇甫嵩之不伐❼，汝豫之戰❽，歸功朱儁；張角之捷，本之於盧植❾。收名斂策❿，而己不有焉。蓋功名者，世之所甚重也。誠能不爭天下之所甚重，則怨禍不深矣」。如皇甫公之赴履危亂，而能終以歸全者，其致⓫

不亦貴乎？故顏子願不伐善為先⑫，斯亦行身之要與！

2 贊曰：黃妖衝發⑬，嵩乃奮鉞⑭。孰是振旅⑮，不居不伐⑯。儁捷陳、潁，亦弭於越⑰。言肅王命⑱，並遘屯蹷⑲。

【章　旨】作者在「論」中揭示皇甫嵩在平定黃巾之亂中功勞最大，自己不誇功而讓功，故能全身而終。

「贊」中說明皇甫嵩朱儁雖然戰功赫赫，卻又歷經磨難。

【注　釋】❶受脤倉卒之時　李賢注：「《春秋左氏傳》曰：『國之大事，在祀與戎。祀有執膰，戎有受脤。』」脤，宜社之肉也。《爾雅》曰：『舉大事，動大眾，必先有事於社然後出，謂之宜。』」倉卒，非常事變。❷蒙塵　指帝王失位流亡在外，蒙受風塵。❸獷賊放命　獷，野蠻；強悍。放命，違命。❹斯誠葉公二句　李賢注：「《新序》曰：『楚白公勝既殺令尹、司馬，欲立王子閭為王。王子閭不肯，劫之以刃。王子閭曰：「吾聞辭天下者，非輕其利，以明其德也；不為諸侯者，非惡其位，以絜（潔）其行也。今子告我以利，威我以兵，吾不為也。」白公強之，不可，遂殺之。葉公子高率楚眾以誅白公，而反（返）惠王於國。』投袂，奮袂也，言其怒也。《左氏傳》曰：『楚子聞之，投袂而起。』」翟義，翟方進之子，舉兵將誅王莽，事見《前書》。《詩》曰：『陳師鞠旅。』鄭玄注云：『鞠，告也。』」❺故梁衍獻規六句　李賢注：「山東連盟謂上云群帥及袁氏也。《書》稱『伊尹格於皇天』。《論語》曰：『豈若匹夫匹婦之為諒也。』《莊子》云，孔子見盜跖，退曰：『吾幾不免虎口。』」舍，同「捨」。格，至。諒，小信。❻前史晉平原華嶠三句　史，史學家，華嶠著《漢後書》九十七卷（王先謙《後漢書集解述略》作「《後漢書》九十七卷」）。曰「前史」者，范蔚宗，南朝宋人，自宋視晉，故稱「前」。嶠，字叔駿，晉平原高唐（今山東禹城）人。晉武帝時，以散騎常侍典中書著作，領國子博士，惠帝時為祕書監，博聞多識，有良史之才。其父華表，字偉容，在晉，官太子少傅、光祿勳、太常卿。其祖父華歆，字子魚，獻帝時為豫章太守，遷尚書令，擁曹丕代漢，在魏為司徒，封博平侯。❼伐　自誇功勞。❽汝豫之戰　皇甫嵩與朱儁共討黃巾，轉戰於潁川、汝南、陳國三郡國，均在豫州境。稱「汝豫」者，猶言汝南等豫州之地。❾張角之捷二句　皇甫嵩斬張角弟梁於廣宗、張角弟寶於下曲陽。角先已死，剖棺戮屍，傳首京師，因此嵩遷官封侯。但討張角之役首發於北中郎將盧植，故嵩將滅角之功歸於植。❿斂策　李賢注：

「斂策，不論其功。」⓫致　意態；風度。⓬故顏子願不伐善為先　李賢注：「《論語》曰，顏回曰：『願無伐善，無施勞。』」⓭衝發　發動。衝，動。⓮奮鉞　舉鉞。鉞，弧刃斧形兵器，皇帝授鉞，主征伐。⓯孰是振旅　孰，通「熟」。熟，收成；豐收。引申為勝利、大捷。是，於是；則。⓰不居不伐　李賢注：「《老子》曰：『功成而不居。』」⓱亦弭於越　弭，消弭；夷滅。李賢注：「於，語辭，〔於越〕猶云『句吳』之類矣。」越，指越族居住之地，其地甚廣，自今浙江、福建，至廣東、廣西，故稱百越，或作「百粵」。弭平於越，指朱儁誅滅交阯賊梁龍事。句吳，句亦發聲詞，故賢注與「於越」相況。⓲言肅王命　言，誓言。肅，恭敬。⓳並遘屯蹷　遘，遭遇。屯，困難。蹷，同「蹶」。李賢注：「蹷猶蹎也。」

【語　譯】史家評論說：皇甫嵩和朱儁都是因為有上將的雄才大略，受軍令於非常事變之時，及至功成戰勝，威名滿天下。正當軟弱的皇帝流亡在外，野蠻的寇賊違背詔命，這誠然是葉公奮起之機，翟義誓師之日，是以梁衍獻策，山東連合。皇甫嵩放棄頂天立地的大業，卻踐行普通百姓的小節小信，終於受厄難於虎口，為聰明人所笑。莫非是上天要助長此戰亂吧，為什麼智勇之人不得申張到如此嚴重程度？前代史學家晉朝平原郡的華嶠，說他的父親光祿大夫華表，常常說起他的祖父魏朝的太尉華歆曾經說「當時人們說皇甫嵩的不自我誇功，汝南等豫州之地的作戰，把功勞歸於朱儁；消滅張角兄弟的勝利，歸之於最先作戰的盧植。收斂名聲捲起功勞簿，自己卻不列名其間。一般而言，功名這個東西，是世人非常重視的，真的能不爭世人特別看重的東西，那麼怨恨禍害便不能侵入了」。像皇甫大人那樣投身於危亂之中，卻能最後全身而退的，那心志不也是很可貴的嗎？所以顏回希望首先是不誇功，這也是立身行事的典要吧！

2　史官評議說：黃巾妖賊發動，皇甫嵩奮起征戰。得勝於是班師，不居功不誇善。朱儁在陳國、潁川報捷，又平定了越地的叛亂。誓言敬恭王命，雙雙同受熬煎。

【研　析】本卷寫了皇甫嵩和朱儁兩個人物。二人受命於國家危難之際，當時黃巾妖賊蠭起，聲勢浩大，危及社稷，二人奮力東征西討，終於平滅妖賊，國家得安，同時也成就了他們的英雄事跡。由史文可知，在削平黃巾及以後的群盜中，皇甫嵩立下了莫大的功勞，但他「汝豫之戰，歸功朱儁；張角之捷，本之於盧植。收名斂策，而己不有焉。」世人最重的功名利祿，他卻淡然處之。董卓在與黃巾作戰中並無大功，最終卻攫取了朝廷的權力，他狂妄自大，倒行逆施，一句「義真服未乎」，充分露出他的生殺與奪在我的得意神態。然而他觸犯眾怒，隨著他的暴行把自己一步步送入墳墓，最後被殺，點了人燈，為天下笑。而嵩、儁二人急於國難，雖道路顛躓，「時人皆稱而附之」、「凡百君子，靡不顒顒」，時人對二人的愛敬之心躍然紙上。古之人是非明辨，愛憎分明，是古人的可貴之處。古與今雖有時代的差異，卻也有相通之處，不知今無以知古，不知古也不能很好地理解今天。會通古今，就是為了發揚古人的優良傳統，創造今人的幸福和未來的發展。但是有不少人把當今存在於社會上的爭名於朝、爭利於市、貪汙腐敗、唯利是圖，說成是封建社會（把過去的歷史籠統地稱為「封建社會」是一種誤解）的流毒，諱言現實社會所產生的弊端。這是值得令人警惕和深入探討的。（張文質注譯）

卷七十二

董卓列傳第六十二

【題解】本卷是一篇專傳，寫的是董卓（？—西元一九二年）。董卓是隴西郡臨洮人，生性粗猛有謀，少時與羌中豪帥相結交，以「健俠」知名。桓帝末年，以六郡良家子為羽林郎，從中郎將張奐為軍司馬，有戰功，遷升戊己校尉，又為并州刺史、河東太守。靈帝中平二年，董卓為破虜將軍，隸屬太尉張溫，擊敗叛者邊章、韓遂，在攻打先零羌時，眾軍敗退，唯董卓全師而還。屯駐扶風，封斄鄉侯。董卓看出此時天下將亂，要想使自己在亂世中得所欲，必須擁有武裝。因此，軍隊不能放棄，故朝廷徵其為少府，他不肯就職。朝廷不能控制董卓，頗以為慮，故又命其為并州牧，令他將軍隊交皇甫嵩管轄，他也不肯。於是駐兵河東，以觀時變。大將軍何進欲誅殺宦官，太后不許，乃私呼董卓將兵入朝，以迫脅太后。董卓以為時機已到，乃火速上路。入朝後，仗著兵強馬壯，憑著兇殘之性，擅廢立，壓百官，掠民財，殺無辜，獨斷專橫，強行遷都，荼毒生靈，誅殺大臣，僭擬天子，修築郿塢。後被王允、呂布誅殺。

本卷揭示了董卓如何從一個羽林郎發展到擾亂天下、禍國殃民的罪魁禍首，及其被誅後李傕、郭汜之繼續為亂的過程、原因。董卓之亂，為東漢王朝、兩京百姓的一場浩劫。自此之後，軍閥混戰，曹操專權，漢獻帝成為傀儡，東漢王朝名存實亡。

1 董卓，字仲穎，隴西臨洮❶人也。性麤❷猛有謀。少嘗遊羌中❸，盡與豪帥❹相結。後歸耕於野，諸豪帥有來從❺之者，卓為殺耕牛，與共宴樂。豪帥感其意，歸相斂得雜畜千餘頭以遺之，由是以健俠❻知名。為州❼兵馬掾❽，常徼守❾塞下。卓膂力❿過人，雙帶兩鞬⓫，左右馳射，為羌胡⓬所畏。

2 桓帝⓭末，以六郡良家子⓮為羽林郎⓯，從中郎將張奐⓰為軍司馬⓱，共擊漢陽⓲叛羌，破之，拜郎中⓳，賜縑⓴九千匹。卓曰：「為者則己，有者則士㉑。」乃悉分與吏兵，無所留。稍遷西域戊己校尉㉒，坐事免。後為并州刺史㉓、河東太守㉔。

3 中平㉕元年，拜東中郎將，持節㉖，代盧植㉗擊張角㉘於下曲陽㉙，軍敗抵罪㉚。其冬，北地㉛先零羌㉜及枹罕、河關㉝群盜反叛，遂共立湟中㉞義從胡㉟北宮伯玉、李文侯㊱為將軍，殺護羌校尉泠徵㊲。伯玉等乃劫致㊳金城㊴人邊章、韓遂㊵，使專任軍政，共殺金城太守陳懿，攻燒州郡。明年春，將數萬騎入寇三輔㊶，侵逼園陵㊷，托誅宦官為名。詔以卓為中郎將，副㊸左車騎將軍皇甫嵩㊹征之。嵩以無功免歸，而邊章、韓遂等大盛。朝廷復以司空張溫㊺為車騎將軍，假節㊻，執金吾袁滂㊼為副。拜卓破虜將軍㊽，與盪寇將軍㊾周慎並統於溫。并諸郡兵步騎合十餘萬，屯美陽[50]，以衛園陵。章、遂亦進兵美陽。溫、卓與戰，輒[51]不利。十一月，夜有流星如火，光長十餘丈，照章、遂營中，驢馬盡鳴。賊以為不祥，欲歸金城。卓聞之喜。明日，乃與右扶風[52]鮑鴻等并兵俱攻，大破之，斬首數千級。章、遂敗走榆中[53]，溫乃遣周慎將三萬人追討之。溫參軍事孫堅[54]說慎曰：「賊城中無穀，當外轉糧食。堅願得萬人斷其運道，將軍以大兵繼後，賊必困乏而不敢戰。若走入羌中，并力討之，則涼州[55]可定也。」慎不從，引軍圍榆中城。而章、遂分屯葵園狹[56]，反斷慎運道。慎懼，乃棄車重[57]而退。溫時亦使卓將兵三萬討先零羌，卓於望垣[58]北為羌胡所圍，糧食乏絕，進退逼急。乃於所度水中偽立隁[59]，以為捕魚，而潛從隁下過軍。比[60]賊追之，決水已深，不得度。時眾軍敗退，唯卓全師而還，屯於扶風[61]，封斄鄉侯，邑[62]千戶。

4 三年春，遣使者持節就長安拜張溫為太尉。三公在外，始之於溫。其冬，徵溫還京師，韓遂乃殺邊章及伯玉、文侯，擁兵十餘萬，進圍隴西。太守李相如反，與遂連和，共殺涼州刺史耿鄙。而鄙司馬扶風馬騰[63]，亦擁兵反叛。又漢陽王國[64]，自號「合眾將軍」，皆與韓遂合。共推王國為主，悉令領其眾，寇掠三輔。五年，圍陳倉[65]。乃拜卓前將軍，與左將軍皇甫嵩擊破之。韓遂等復共廢王國，而劫故信都[66]令漢陽閻忠[67]，使督統諸部。忠恥為眾所脅，感恚[68]病死。遂等稍爭權利，更相殺害，其諸部曲[69]並各分乖[70]。

六年，徵卓為少府[71]，不肯就，上書言：「所將湟中義從[72]及秦胡[73]兵皆詣臣曰：『牢直不畢，稟賜斷絕[74]，妻子飢凍。』牽挽[75]臣車，使不得行。羌胡敝腸狗態[76]，臣不能禁止，輒將順安慰。增異復上[77]。」朝廷不能制，頗以為慮。及靈帝[78]寢疾[79]，璽書[80]拜卓為并州牧，令以兵屬皇甫嵩。卓復上書言曰：「臣既無老謀[81]，又無壯事[82]，天恩誤加，掌戎[83]十年。士卒大小相狎彌久[84]，戀[85]臣畜養[86]之恩，為臣奮一旦[87]之命。乞將之北州[88]，效力邊垂[89]。」於是駐兵河東，以觀時變。

【章　旨】以上先寫董卓的籍貫、性情。次寫其為羽林郎、郎中、并州刺史、河東太守。又寫其打敗叛者邊章、韓遂及攻打先零羌全師而還諸事。又寫朝廷徵其為少府，他不肯就職及帶兵進駐河東「以觀時變」。旨在寫董卓粗猛有謀，朝廷難以控制，擁有武裝，待機而動，野心家的苗頭已開始顯露。

【注　釋】❶隴西臨洮　隴西，郡名。戰國秦置。治所在狄道（今甘肅臨洮南）。西漢轄境相當今甘肅東鄉以東的洮河中游、武山以西的渭河上游、禮縣以北的西漢水上游及天水市東部地區，東漢以後屢有增縮。臨洮，古縣名。秦置。治所在今甘肅岷縣，以臨洮水得名。❷麤　同「粗」。❸羌中　羌人居住的地方。羌，又稱西戎。古族名。主要分布在今甘、青、川一帶。羌字最早見於甲骨卜辭。殷、周時部分曾雜居中原。秦、漢時，部落眾多，有先零、燒當、婼、廣漢、武都、越巂等一百五十個部落。羌人部落分散，以游牧為主。西漢時稱羌人為西羌。東漢時羌人內徙的一支，居住在金城、隴西、漢陽等郡，因其居地偏西，故亦稱西羌。❹豪帥　地方豪強，部落首領。❺從　跟從；投靠。❻健俠　勇健豪俠。❼州　指涼州。隴西郡屬涼州刺史部。❽兵馬掾　主管軍事的刺史佐吏。凡佐吏皆稱掾。❾徼守　巡邏守衛。❿膂力　亦作「旅力」。體力；筋力。⓫雙帶兩鞬　佩帶著兩個盛裝弓矢的器具。雙帶，即「帶雙」。佩帶著一雙。帶，佩帶。鞬，馬上盛裝弓矢的器具。⓬羌胡　羌人和胡人。胡，我國古代對北方、西方少數民族的泛稱。從上下文看，胡，在此處指月氏胡。⓭桓帝　（西元一三二—一六七年），東漢第十帝，名志。章帝曾孫，父蠡吾侯劉翼。質帝崩，太后與兄梁冀定策禁中，立其為帝。西元一四六—一六七年在位。⓮六郡良家子　六郡，指漢陽、隴西、安定、北地、上郡、西河六郡。良家子，指家世清白的地主子弟。⓯羽林郎　本書志二十五〈百官二〉：「羽林郎掌宿衛侍從。常選六郡良家子補。」漢武帝太初元年（西元前一〇四年）初置。取為國羽翼，如林之盛之意，屬光祿勳，為皇帝的侍衛。東漢設羽林左右監，主管羽林左右騎。其長官為羽林中郎將。⓰中郎將張奐　中郎將，官名。秦置中郎，至西漢分置五官、左、右三署，各置中郎將以統領皇帝的侍衛，隸屬光祿勳。東漢時，統兵將領亦多用中郎將之名，其上再加稱號，如張奐曾為「護匈奴中郎將」，下文董卓為「東中郎將」等。張奐（西元一〇四—一八一年），字然明，敦煌拼泉（今甘肅安西）人。少遊三輔，師事太尉朱寵，學《歐陽尚書》。舉賢良，擢議郎。桓帝永壽元年（西元一五五年）遷安定屬國都尉。復拜武威太守。後為大司農，轉拜護匈奴中郎將，以九卿秩督幽、并、涼三州及度遼、烏桓二營，兼察刺史、二千石能否，在官，匈奴降者二十餘萬，又破東羌先零，三州清定。以其不事宦官，故賞不行。後轉太常，以黨錮罪禁錮歸鄉里。張奐在家，收徒千人，著《尚書記難》三十餘萬言。光和四年去世。傳見本書卷六十五。⓱軍司馬　官名。大將軍屬官。本書志二十四〈百官一〉：「大將軍營五部，部校尉一人，比二千石，軍司馬一人，比千石。」東漢中郎將下亦設軍司馬，綜理軍中之事，參與軍事計畫。⓲漢陽　郡名，原為天水郡。西漢元鼎三年（西元前一一四年）置，治所平襄（今甘肅通渭西北）。轄境相當今甘肅通渭、靜寧、秦安、定西、清水、莊浪、甘谷、張家川回族自治縣等縣及天水市西北部、隴西東部、榆中東北部地。東漢明帝永平十七年（西元七四年）改為漢陽郡，移治冀縣（今甘肅甘谷東南）。⓳郎中　官名。始置於戰國，漢代沿置，屬光祿勳。凡郎官皆主管輪流執戟值班宿衛，皇帝出，則充備車騎。內充侍衛，外從作戰，無定員，為郎官中最低的一級，秩比三百石。⓴縑　雙絲織成的黃色細絹。古時多用作賞贈酬謝之物。亦可用作貨幣。㉑為者則己有者則士　做成事被記功的是我自己，立功的則是眾戰士們。為，做事。有，即有功、立功之人。㉒戊己校尉　官名。西漢元帝初元元年（西元前四八年），屯田車師，置戊己校尉，掌管屯田事務，為屯田區最高長官。有丞、司馬各一人，候五人，秩比六百石。見《漢書・百官公卿表》。東漢則時置時廢。

㉓并州刺史　并州，漢武帝所置「十三刺史部」之一。約相當今山西大部和內蒙古、河北的一部。東漢治所在晉陽（今山西太原西南），轄境擴大，包有今陝西北部與河套地區。刺史，漢武帝初置刺史十三人，每州一人，秩六百石，屬監察官性質，以六條（《漢書・百官公卿表》唐顏師古注引《漢官典職儀》：「一條，強宗豪右，田宅逾制，以強淩弱，以眾暴寡。二條，二千石不奉詔書，倍公向私，侵漁百姓，聚斂為姦。三條，二千石不恤疑獄，風厲殺人，怒則任刑，喜則淫賞，剝截黎元，為百姓所疾。四條，二千石選署不平，苟阿所愛，蔽賢寵頑。五條，二千石子弟恃怙榮勢，請託所監。六條，二千石違公下比，阿附豪強，通行貨賂，割損正令。」）監察郡縣。成帝改為牧，秩二千石。光武帝建武元年（西元二五年）復置州牧，十八年罷州牧，復置刺史。東漢末，設大行政區，乃升刺史為州牧，位居郡守之上，成為一州的軍政長官，稱州牧。

㉔河東太守　河東，郡名，秦置。治所在安邑（今山西夏縣西北）。轄境相當今山西沁水以西，霍山以南地區。太守，官名。本為戰國時對郡守的尊稱。漢景帝時改郡守為太守，為一郡的最高行政長官。歷代沿置不改。

㉕中平　東漢靈帝年號，西元一八四—一八九年。

㉖持節　拿著皇帝所賜的符節，作為執行任務的憑證。節，符節。給予符節，行事如同皇帝親臨。如持節分封諸侯，收捕罪犯，討伐叛逆，出使外國等。「持節」，蓋指使臣或大將持節出征。不同於魏晉南北朝時皇帝給予掌地方軍政大權之官所加的「使持節」、「持節」稱號。兩漢時，還沒有這樣的例證。

㉗盧植　（約西元一五九—一九二年），字子幹，涿郡涿縣（今屬河北）人。少拜馬融為師，通古今學。學終辭歸，教授生徒。性剛毅，有大節，常懷濟世之志。靈帝時，為博士，出為九江太守。黃巾起，任北部中郎將，擊黃巾。為小黃門左豐所譖，檻車徵歸，減死一等。後起為尚書，因反對董卓免官。著有《尚書章句》、《三禮解詁》，今佚。傳見本書卷六十四。

㉘張角　（？—西元一八四年），東漢末年黃巾之亂的首領。鉅鹿（今河北平鄉）人。創太平道，自稱「大賢良師」。靈帝時，藉為人治病傳教，祕密進行組織工作。十餘年間，徒眾達數十萬人，遍及青、徐、幽、冀、荊、揚、兗、豫八州。靈帝中平元年（西元一八四年）起事。皆著黃巾為標幟，時人謂之「黃巾賊」，又稱「蛾賊」。張角自稱「天公將軍」，其弟張寶、張梁稱「地公將軍」、「人公將軍」。所在燔燒官府，劫略聚邑，州郡失據，長吏多逃亡。旬日之間，天下響應，京師震動。張角與其弟張梁會集幽、冀二州黃巾軍，在廣宗（今河北威縣東）擊敗北中郎將盧植，後又擊敗東中郎將董卓於下曲陽。不久張角病死，黃巾軍失去有力的領導，很快為東漢政府平定。見本書卷七十一。

㉙下曲陽　縣名。西漢置。屬鉅鹿郡。東漢沿置不改，治所在今河北晉州西。

㉚抵罪　抵償罪行。《史記・高祖本紀》：「殺人者死，傷人及盜抵罪。」《索隱》引韋昭云：「抵，當也。謂使各當其罪。」

㉛北地　郡名。西漢治馬嶺（今甘肅慶陽西北），東漢移治富平（今寧夏吳忠西南黃河東

岸）。轄境相當今寧夏賀蘭山、青銅峽、清水河以東及甘肅環江、馬蓮河流域。㉜先零羌　古族名，漢時西羌族的一支。分布在今甘肅臨夏以西和青海東北一帶。漢武帝時又移居西海、鹽池地區。以畜牧為業。常出入河、湟間，又居大、小榆谷。屢進擾金城、隴西等郡。東漢初，被隴西太守馬援征服，遷徙天水、隴西、扶風三郡。㉝枹罕河關　枹罕，古縣名。秦置。治所在今甘肅臨夏東北。河關，古縣名。漢宣帝神爵二年（西元前六〇年）置，屬金城郡。治所在今甘肅蘭州西南。㉞湟中　地區名。指今青海省湟水兩岸。漢代為羌、漢、月氏胡等各族雜居之地。㉟義從胡　即湟中月氏胡。其先是大月氏的一支，居住在張掖、酒泉一帶。月氏王為匈奴冒頓單于所殺，於是種類分散，其壯者，西逾葱嶺，至阿姆河流域一帶定居下來；其羸弱者入南山依諸羌居止。漢驃騎將軍霍去病破匈奴，取河西地，開湟中，於是月氏胡來降，與漢人雜居。分居在湟中、令居一帶，又有數百戶住在張掖，號曰「義從胡」。取歸義從命之意。見本書卷八十七。㊱北宮伯玉李文侯　義從胡人名。其事見下文。㊲護羌校尉泠徵　護羌校尉，官名。西漢始置，職掌西羌事務，東漢沿置。泠徵，本書〈靈帝紀〉作「伶徵」。㊳劫致　劫，威逼；脅迫。致，來。㊴金城　郡名。西漢始元（西元前八六－前八〇年）六年置。治所在允吾（今甘肅永靖西北）。轄境相當今甘肅蘭州以西，青海省青海湖以東的河、湟二水流域和大通河下游地區。㊵邊章韓遂　邊章，金城人，靈帝時，與韓遂同投義從胡北宮伯玉、李文侯起兵，後為韓遂所殺。韓遂（?－西元二一五年），字文約，金城人。靈帝時，投義從胡北宮伯玉、李文侯起兵。後殺邊章、北宮伯玉及李文侯，擁兵十餘萬，與馬騰割據涼州。獻帝時，聯合馬超率兵反對曹操，被擊敗，不久為其部將所殺。㊶三輔　漢景帝二年（西元前一五五年），分內史為左、右內史，與主爵都尉同治長安城中，所轄皆京畿之地，故合稱三輔。漢武帝太初元年（西元前一〇四年），改左、右內史、主爵都尉為京兆尹、左馮翊、右扶風，轄境相當今陝西中部地區。後世政區雖有時更改，但直至唐，習慣上仍稱這一地區為三輔。㊷園陵　皇帝的陵墓。㊸副　為副職。㊹左車騎將軍皇甫嵩　左車騎將軍，官名。春秋時晉國以卿為軍將，因而有將軍之稱。戰國時始為武官官名。漢代有大將軍、驃騎將軍、車騎將軍、衛將軍，前、後、左、右將軍等。臨時出征的統帥有別加稱號者，如樓船將軍、材官將軍、度遼將軍等。本注說：將軍，掌管征伐背叛者。與三公比者有四：第一大將軍，次驃騎將軍，再次車騎將軍，再次衛將軍。見本書志二十四。皇甫嵩（?－西元一九五年），字義真，安定朝那（今甘肅平涼）人。少有文武志介，好《詩》、《書》，習弓馬。初舉孝廉、茂才，靈帝時，徵拜議郎，遷北地太守。黃巾起，他為左中郎將，率軍平亂，初戰失利，後在廣宗、下曲陽等地大破黃巾軍。因功封拜左車騎將軍，領冀州牧，封槐里侯。董卓被殺，以皇甫嵩為征西將軍，遷車騎將軍，拜太尉，後免。復拜光祿大夫，遷太常，病卒，贈驃騎將軍印綬。傳見本書卷七十一。㊺司空張溫　司空，官名。三公之一。見本書志二十四。張溫（?—西元一九一年），字伯慎，南陽郡穰縣（今河南鄧州）人。靈帝時為司空、車騎將軍，後為太尉。董卓專政，張溫為衛尉。後為董卓所殺。㊻假節　猶「持節」。假以符節，古代使臣出行持之以為信物，故稱。假，授予；給予。㊼執金吾袁滂　執金吾，官名。金吾，為兩端塗金的銅棒，此官執之以示權威。一說「吾」讀「禦」，謂執之以禦非常。另一說：「金吾」為鳥名，主避不祥。漢武帝時改中尉為執金吾，為督巡三輔治安的官。東漢沿置。秩中二千石。見本書志第二十七。袁滂，李賢注引袁宏《後漢紀》曰：「滂字公熙。純素寡欲，終不言人短。當權寵之盛，或以同異致禍，滂獨中立於朝，故愛憎不及焉。」袁滂後官至司徒。㊽破虜將軍　屬雜號將軍。㊾盪寇將軍　屬雜號將軍。㊿美陽　古縣名。戰國秦置。治所在今陝西武功西北，屬右扶風。51輒　常；總是。52右扶風　官名，政區名。漢武帝太初元年（西元前一〇四年）改主爵都尉置。分右內史西半部為其轄區，職掌相當於太守。因地屬畿輔，故不稱郡，為三輔之一。治所在長安（今陝西西安西北）。轄區相當今陝西秦嶺以北，戶縣、咸陽、旬邑以西地。東漢移治槐里（今陝西興平東南）。三國魏去右字，改轄區為扶風郡，官為扶風太守。53榆中　縣名。西漢置，屬金城郡。東漢沿置不改，治所在今甘肅榆中西北。54參軍事孫堅　參軍事，東漢末諸王及將軍開府，皆置參謀軍務之官，有參軍事之名，簡稱參軍，職任頗重，為重要幕僚。孫堅（西元一五五—一九一年），字文台，吳郡富春（今浙江富陽）人。少為縣吏，熹平元年（西元一七二年），曾組織武裝平定會稽妖賊許昌（一作「許生」），遷升至下邳丞。中平元年，從朱儁平定黃巾之亂。中平四年任長沙太守。後與袁術聯合攻董卓。以參與當時的軍閥混戰，逐漸擁有大量部曲。獻帝初平二年（西元一九一年），率軍擊劉表，為劉表部將黃祖射死。其次子孫權稱帝，追尊為「武烈皇帝」。傳見《三國志・吳書・孫破虜討逆傳》。55涼州　即涼州刺史部。漢武帝所置「十三刺史部」之一。東漢治所在隴縣（今甘肅張家川回族自治縣）。轄境相當今甘肅、寧夏和青海湟水流域、陝西定邊、吳旗、鳳縣、略陽等縣。56葵園狹　地名。在今甘肅蘭州西南。57車重　即輜重。軍需物資。有時亦指一般的物資。58望垣　古縣名。西漢置，屬漢陽郡。東漢沿置不改，治今甘肅天水市西北。本書〈郡國志・漢陽郡〉作「望恒」，蓋形近而誤。59隁　同「堰」。擋水的低壩。60比　等到；及。61扶風　即右扶風。62邑　即食邑。卿大夫的封地，收其租稅而食，故名食邑。63馬騰　（?—西元二一一年），字壽成，右扶風茂陵（今陝西興平）人。伏波將軍馬援之後。初為涼州刺史耿鄙軍司馬，曾平定氐羌暴動。中平四年（西元一八七年）起兵，與韓遂聯合，推漢陽人王國為主。後廢王國，與韓遂割據涼州。曹操徵其入朝，任為衛尉。因其子馬超舉兵反曹操，被殺。64漢陽王國　漢陽人，姓王名國。65陳倉　古縣名。秦置。因山得名，西漢屬右扶風。66信都　古縣名。西漢置。治所在今河北冀縣。67閻忠　漢陽人。李賢注引《英雄記》曰：「王國等起兵，劫忠為主，統三十六部，號「車騎將軍」。」68感恚憤恨。慼，同「憾」。憾恨。⑥⑨部曲　古代軍隊的編制單位。本書〈百官志〉：「將軍……其領軍皆有部曲，大將軍營五部，部校尉一人，部下有曲，曲有軍候一人。」此指部隊。⑦⓪分乖　分崩瓦解。⑦①少府　官名，九卿之一。秩中二千石。《漢書．百官公卿表》曰：「少府，秦官，掌山海地澤之稅，以給共養。」顏師古注曰：「大司農供軍國之用，少府以養天子也。」少府，始於戰國，秦、漢相沿置。掌山海地澤收入、皇室手工業製造和掌宮中御衣、寶貨、珍膳等，為皇帝的私府。⑦②義從　又稱義從兵。自願跟隨、依附者。⑦③秦胡　秦地的胡人。⑦④牢直不畢二句　牢，官府發給的糧食。直，通「值」。指錢幣、軍餉。不畢，不能全部發給。稟，同「廩」。糧食。賜，亦發放之意。⑦⑤牽挽　牽拉。此為拉住。即攔住車子，不讓走。⑦⑥敝腸狗態　敝腸，險惡的心腸。《續漢書》「敝」作「憋」。惡也。狗態，情態如狗。⑦⑦增異復上　如其更增異志，當復上奏。⑦⑧靈帝　（西元一五六－一八九年），東漢第十一帝，名宏。章帝玄孫。父劉萇，世封解瀆亭侯。桓帝崩，無子。皇太后與其父城門校尉竇武定策禁中，迎其為帝。西元一六八－一八九年在位。⑦⑨寑疾　同「寢疾」。病臥。⑧⓪璽書　加蓋皇帝印章的詔書。⑧①老謀　深遠周密的謀略。⑧②壯事　壯舉；大功績。⑧③掌戎　帶兵。⑧④相狎彌久　狎，親近。彌，甚；更加。⑧⑤戀　思念；感念。⑧⑥畜養　扶植培養。⑧⑦一旦　有朝一日。⑧⑧北州　指北方幽、并等郡州。本書〈彭寵傳〉李賢注曰：「謂幽、并也。」⑧⑨邊垂　同「邊陲」。邊境。

【語譯】董卓，字仲穎，隴西郡臨洮縣人。性情粗暴勇猛有謀略。少年時，曾遊歷羌人居住的地方，全與羌人的豪強和首領相結交。後來回鄉耕種田地，羌人的豪強和首領有來投奔他的，董卓為他們宰殺耕牛，與他們一起飲宴歡樂。豪帥們感激他的情意，回去後搜集各種牲畜一千餘頭送給他，從此董卓以勇健豪俠聞名。擔任了州裡的兵馬掾，經常巡邏守衛邊塞。董卓體力過人，佩帶著兩個弓袋，左右奔馳發射，羌人和胡人很畏懼他。

2　桓帝末年，董卓以六郡良家子弟的身分做了羽林郎，跟從中郎將張奐擔任軍司馬，共同攻打漢陽郡反叛的羌人，把他們擊敗，任命為郎中，賞賜細絹九千匹。董卓說：「成事記功的雖然是我自己，立功之人則是眾戰士。」於是把細絹全都分給了戰士們，自己一點不留。董卓逐漸遷升為西域戊己校尉，因事被免職。後來做了并州刺史、河東太守。

3 中平元年，授官東中郎將，拿著皇帝所賜的符節，代盧植在下曲陽攻打張角，戰敗，受到了相應的處罰。這年冬天，北地郡的先零羌人和枹罕、河關的群盜反叛，於是共同擁立湟中地區義從胡人北宮伯玉、李文侯為將軍，殺死護羌校尉泠徵。北宮伯玉等人於是劫持金城人邊章、韓遂，使他們專管軍政事務，共同殺死金城太守陳懿，攻打焚燒州郡。第二年春天，他們率領數萬騎兵入侵三輔，侵擾逼近皇家陵園，假借誅殺宦官為名。朝廷下詔任命董卓為中郎將，為左車騎將軍皇甫嵩的副手去征伐他們。皇甫嵩因無戰功免職召回，而邊章、韓遂等勢力大盛。朝廷又任命司空張溫為車騎將軍，給予符節，執金吾袁滂為副手。任命董卓為破虜將軍，與盪寇將軍周慎並為張溫所統領。合併諸郡步、騎兵十餘萬，駐紮在美陽，以保衛皇家陵園。邊章、韓遂也進軍美陽。張溫、董卓與他們交戰，總是失利。十一月的一天，夜間有流星如火，光芒十餘丈，照射邊章、韓遂的軍營中，驢、馬全都鳴叫起來。賊軍以為這是不祥之兆，想回歸金城。董卓聞聽後很高興。第二天，即與右扶風鮑鴻等合軍一起進攻，大破賊兵，斬首數千人。邊章、韓遂敗走榆中，張溫於是派遣周慎率軍三萬追擊他們。張溫的參軍事孫堅建議周慎說：「賊兵城中沒有糧食，必然要從外面轉運。孫堅我願意率領一萬人截斷他們運糧的道路，將軍您率大軍在後面繼續前進，賊兵一定困乏不敢交戰。若他們逃入羌人所住的地區，我們合力進攻他們，那麼涼州就可以平定。」周慎不聽孫堅的建議，領兵包圍了榆中城。而邊章、韓遂分兵屯駐葵園狹，反而截斷了周慎的運糧道路。周慎害怕，於是拋棄輜重而退兵。張溫此時亦派遣董卓率軍三萬討伐先零羌，董卓在望垣北被羌胡所包圍，糧食乏絕，進退受逼，情況緊急。於是便在渡過的河上築了一道低壩，偽裝捕魚，軍隊卻悄悄地從低壩下撤回。到賊兵追趕時，低壩決開，水已經很深了，賊兵不能渡過去。當時眾軍兵敗撤退，唯有董卓全師而還，駐紮在右扶風，朝廷封董卓為斄鄉侯，賜食邑一千戶。

4 中平三年春天，朝廷派遣使者持節到長安任命張溫為太尉。三公在朝外受封，是從張溫開始的。這年冬天，朝廷徵召張溫回京城，韓遂便殺了邊章及北宮伯玉、李文侯，擁有軍隊十餘萬人，進軍包圍隴西郡。隴西太守李相如反叛，和韓遂聯合，一起殺死了涼州刺史耿鄙。而耿鄙的司馬扶風人馬騰，也擁兵反叛。還有漢陽人王國，自稱「合眾將軍」，都與韓遂聯合。共同推舉王國為首領，都讓他率領自己的部眾，入侵搶掠三輔地區。中平五年，圍攻陳倉。朝廷於是任命董卓為前將軍，與左將軍皇甫嵩擊敗了他們。韓遂等人又共同廢黜王國，而劫持前信都縣令漢陽人閻忠，讓他統率各部。閻忠羞恥於被眾所迫脅，憤恨病死。韓遂等人漸漸地爭權奪利，互相殺害，他們的各支部隊也都分崩瓦解。

中平六年，朝廷徵召董卓為少府，他不肯就職，上書說：「臣所帶領的湟中志願歸順者和秦地的胡兵都來對臣說：『糧餉沒有全部發給，朝廷賞賜的錢糧也斷絕了，妻子挨餓受凍。』他們攔住臣的車子，使臣不得上路。羌胡心腸險惡，情態如狗，臣不能禁止，總是順情安慰他們。如他們產生異志，當再上書報奏。」朝廷不能控制董卓，頗以為憂慮。到靈帝病臥時，朝廷下詔書任命董卓為并州牧，命令他將部隊交給皇甫嵩統轄。董卓又上書說：「臣既沒有深遠周密的謀略，又沒有大的功績，蒙受皇恩，使臣帶兵十年。大小士卒與臣親密相處甚久，感念臣扶植培養之恩，願意有朝一日為臣效力以至付出生命。請求讓臣帶領他們到北方的州郡，效力於邊陲。」於是便駐軍河東，以觀察時局的變化。

及帝崩，大將軍何進❶、司隸校尉袁紹❷謀誅閹宦❸，而太后不許，乃私呼卓將兵入朝，以脅太后。卓得召，即時就道，並上書曰：「中常侍張讓❹等竊倖承寵❺，濁亂海內。臣聞揚湯止沸❻，莫若去薪；潰癰雖痛，勝於內食❼。昔趙鞅興晉陽之甲，以逐君側之惡人❽。今臣輒鳴鍾鼓如❾洛陽，請收❿讓等，以清姦穢⓫。」卓未至而何進敗，虎賁中郎將袁術⓬乃燒南宮⓭，欲討宦官，而中常侍段珪⓮等劫少帝及陳留王⓯夜走小平津⓰。卓遠見火起，引兵急進，未明到城西，聞少帝在北芒⑰，因往奉迎。帝見卓將兵卒至，恐怖涕泣。卓與言，不能辭對；與陳留王語，遂及禍亂之事。卓以王為賢，且為董太后⑱所養，卓自以與太后同族，有廢立意。

2 初，卓之入也，步騎不過三千，自嫌兵少，恐不為遠近所服，率⑲四五日輒夜潛出軍近營，明旦乃大陳旌鼓而還，以為西兵復至，洛中無知者。尋而何進及弟苗先所領部曲皆歸於卓，卓又使呂布⑳殺執金吾丁原㉑而并其眾，卓兵士大盛。乃諷㉒朝廷策免司空劉弘㉓而自代之。因集議廢立。百僚大會，卓乃奮首㉔而言曰：「大者天地，其次君臣，所以為政。皇帝闇弱㉕，不可以奉宗廟㉖，為天下主。今欲依伊尹㉗、霍光㉘故事，更立陳留王，何如？」公卿以下莫敢對。卓又抗言㉙曰：「昔霍光定策，延年案劍㉚。有敢沮㉛大議，皆以軍法從之。」坐者震動。尚書盧植獨曰：「昔太甲既立不明，昌邑罪過千餘㉜，故有廢立之事。今上富於春秋，行無失德，非前事之比也。」卓大怒，罷坐。明日復集群僚於崇德前殿，遂脅太后，策廢少帝。曰：「皇帝在喪㉝，無人子之心，威儀不類人君，今廢為弘農王。」乃立陳留王，是為獻帝。又議太后㉞蹙迫㉟永樂太后㊱，至令憂死，逆婦姑㊲之禮，無孝順之節，遷於永安宮，遂以弒崩㊳。

3 卓遷太尉，領㊴前將軍事，加節傳斧鉞虎賁㊵，更封郿侯。卓乃與司徒黃琬㊶、司空楊彪㊷，俱帶鈇鑕㊸詣闕㊹上書，追理㊺陳蕃、竇武㊻及諸黨人，以從人望。於是悉復蕃等爵位，擢㊼用子孫。

4 尋進卓為相國㊽，入朝不趨㊾，劍履上殿㊿。封母為池陽君，置令丞。

5 是時洛中貴戚室第相望，金帛財產，家家殷積。卓縱放兵士，突(51)其廬舍，淫略婦女，剽虜(52)資物，謂之「搜牢(53)」。人情崩恐(54)，不保朝夕。及何后葬，開文陵(55)，卓悉取藏中珍物。又姦亂公主，妻略(56)宮人，虐刑濫罰，睚眦(57)必死，群僚內外莫能自固。卓嘗遣軍至陽城(58)，時人會於社下(59)，悉令就斬之，駕其車重，載其婦女，以頭繫車轅，歌呼而還。又壞五銖錢(60)，更鑄小錢，悉取洛陽及長安銅人、鍾虡、飛廉、銅馬之屬，以充鑄焉(61)。故貨賤物貴(62)，穀石(63)數萬。又錢無輪郭文章(64)，不便人用。時人以為秦始皇見長人於臨洮，乃鑄銅人。卓，臨洮人也，而今毀之。雖成毀不同，凶暴相類焉。

6 卓素聞天下同疾閹官誅殺忠良，及其在事，雖行無道，而猶忍性矯情(65)，擢用群士。乃任吏部尚書漢陽周珌(66)、侍中汝南伍瓊(67)、尚書鄭公業(68)、長史何顒(69)等。以處士荀爽(70)為司空。其染黨錮者陳紀、韓融之徒(71)，皆為列卿。幽滯之士，多所顯拔。以尚書韓馥[72]為冀州[73]刺史，侍中劉岱[74]為兗州[75]刺史，陳留孔伷[76]為豫州[77]刺史，潁川張咨[78]為南陽[79]太守。卓所親愛，並不處顯職，但將校[80]而已。初平[81]元年，馥等到官，與袁紹之徒十餘人，各興義兵，同盟討卓，而伍瓊、周珌陰為內主[82]。

7 初，靈帝末，黃巾餘黨郭太等復起西河白波谷[83]，轉寇太原[84]，遂破河東，百姓流轉三輔，號為「白波賊」，眾十餘萬。卓遣中郎將牛輔[85]擊之，不能卻。及聞東方兵起，懼，乃鴆殺[86]弘農王，欲徙都長安。會公卿議，太尉黃琬、司徒楊彪廷爭[87]不能得，而伍瓊、周珌又固諫之。卓因大怒曰：「卓初入朝，二子勸用善士，故相從，而諸君到官，舉兵相圖。此二君賣卓，卓何用相負！」遂斬瓊、珌。而彪、琬恐懼，詣卓謝曰：「小人戀舊，非欲沮國事也，請以不及為罪。」卓既殺瓊、珌，旋[88]亦悔之，故表彪、琬為光祿大夫[89]。於是遷天子西都[90]。

8 初，長安遭赤眉[91]之亂，宮室營寺焚滅無餘，是時唯有高廟[92]、京兆府舍，遂便時幸[93]焉。後移未央宮[94]。於是盡徙洛陽人數百萬口於長安，步騎驅蹙[95]，更相蹈藉[96]，飢餓寇掠，積尸盈路。卓自屯留畢圭苑[97]中，悉燒宮廟官府居家，二百里內無復孑遺[98]。又使呂布發諸帝陵，及公卿已下冢墓，收其珍寶。

9 時長沙[99]太守孫堅亦率豫州諸郡兵討卓。卓先遣將徐榮、李蒙四出虜掠。榮遇堅於梁[100]，與戰，破堅，生禽[101]潁川太守李旻，亨[102]之。卓所得義兵士卒，皆以布纏裹，倒立於地，熱膏灌殺之。

10 時河內[103]太守王匡[104]屯兵河陽津[105]，將以圖卓。卓遣疑兵挑戰，而潛使銳卒從小平津過津北，破之，死者略盡。明年，孫堅收合散卒，進屯梁縣之陽人[106]。卓遣將胡軫[107]、呂布攻之。布與軫不相能[108]，軍中自驚恐，士卒散亂。堅追擊之，軫、布敗走。卓遣將李傕[109]詣堅求和，堅拒絕不受，進軍大谷[110]，距洛九十里。卓自出與堅戰於諸陵墓間，卓敗走，卻屯黽池[111]，聚兵於陝[112]。堅進洛陽宣陽城門[113]，更擊呂布，布復破走。堅乃埽[114]除宗廟，平塞諸陵，分兵出函谷關[115]，至新安[116]、黽池間，以截[117]卓後。卓謂長史劉艾[118]曰：「關東[119]諸將數敗矣，無能為也。唯孫堅小戇[120]，諸將軍宜慎之。」乃使東中郎將董越屯黽池，中郎將段煨[121]屯華陰[122]，中郎將牛輔屯安邑[123]，其餘中郎將、校尉[124]布在諸縣，以禦山東[125]。

11 卓諷朝廷使光祿勳宣璠[126]持節拜卓為太師[127]，位在諸侯王上。乃引還長安。百官迎路拜揖，卓遂僭擬[128]車服，乘金華青蓋，爪畫兩轓，時人號「竿摩車」[129]，言其服飾近天子也。以弟旻為左將軍，封鄠侯，兄子璜為侍中、中軍校尉，皆典兵事。於是宗族內外，並居列位。其子孫雖在髫齔[130]，男皆封侯，女為邑君[131]。

12 數與百官置酒宴會，淫樂縱恣。乃結壘[132]於長安城東以自居。又築塢[133]於郿[134]，高厚七丈，號曰「萬歲塢」。積穀為三十年儲。自云：「事成，雄據天下；不成，守此足以畢老。」嘗至郿行塢，公卿已下祖道[135]於橫門[136]外。卓施帳幔飲設，誘降北地反者數百人，於坐中殺之。先斷其舌，次斬手足，次鑿其眼目，以鑊煑[137]之。未及得死，偃轉[138]杯案間。會者戰慄，亡失匕箸[139]，而卓飲食自若。諸將有言語蹉跌[140]，便戮於前。又稍誅關中[141]舊族，陷以叛逆。

13 時太史[142]望氣，言當有大臣戮死者。卓乃使人誣衛尉張溫與袁術交通，遂笞溫於市，殺之，以塞[143]天變。前溫出屯美陽，令卓與邊章等戰無功，溫召又不時應命，既到而辭對不遜。時孫堅為溫參軍[144]，勸溫陳兵斬之。溫曰：「卓有威名，方倚以西行。」堅曰：「明公[145]親帥王師，威振天下，何恃於卓而賴之乎？堅聞古之名將，杖鉞臨眾[146]，未有不斷斬以示威武者也。故穰苴斬莊賈[147]，魏絳戮楊干[148]。今若縱之，自虧威重，後悔何及！」溫不能從，而卓猶懷忌恨，故及於難。

14 溫字伯慎，少有名譽，累登公卿，亦陰與司徒王允[149]共謀誅卓，事未及發而見害。越騎校尉[150]汝南伍孚[151]忿卓凶毒，志[152]手刃之，乃朝服懷佩刀以見卓。孚語畢辭去，卓起送至閤[153]，以手撫其背，孚因出刀刺之，不中。卓自奮得免，急呼左右執殺之，而大詬[154]曰：「虜欲反耶？」孚大言曰：「恨不得磔[155]裂姦賊於都市，以謝[156]天地！」言未畢而斃。

時王允與呂布及僕射士孫瑞[157]謀誅卓。有人書「呂」字於布上，負而行於市，歌曰：「布乎！」有告卓者，卓不悟。三年[158]四月，帝疾新愈，大會未央殿。卓朝服升車，既而馬驚墮[159]泥，還入更衣。其少妻止之，卓不從，遂行。乃陳兵夾道，自壘及宮，左步右騎，屯衛周帀[160]，令呂布等扞[161]衛前後。王允乃與士孫瑞密表其事，使瑞自書詔以授布，令騎都尉李肅[162]與布同心勇士十餘人，偽著衛士服於北掖門內以待卓。卓將至，馬驚不行，怪懼欲還。呂布勸令進，遂入門。肅以戟刺之，卓衷甲[163]不入，傷臂墮車，顧大呼曰：「呂布何在？」布曰：「有詔討賊臣。」卓大罵曰：「庸狗[164]敢如是邪？」布應聲持矛刺卓，趣[165]兵斬之。主簿田儀[166]及卓倉頭[167]前赴其尸，布又殺之。馳齎[168]赦書，以令宮陛[169]內外。士卒皆稱萬歲，百姓歌舞於道。長安中士女賣其珠玉衣裝市酒肉相慶者，填滿街肆[170]。使皇甫嵩攻卓弟旻於郿塢[171]，殺其母妻男女，盡滅其族。乃尸卓於市。天時始熱，卓素充肥[172]，脂流於地。守尸吏然[173]火置卓臍中，光明達曙，如是積日。諸袁門生174又聚董氏之尸，焚灰揚之於路。塢中珍藏有金二三萬斤，銀八九萬斤，錦綺繢縠紈素奇玩175，積如丘山。

【章　旨】以上記述董卓接何進之「私呼」，以為時機已到，星夜入京，仗著兵強馬壯，憑著兇殘之性，擅廢立，壓百官，掠民財，殺無辜。又寫其忍性矯情，擢用群士及上書追理染黨錮者。又寫其強行遷都，荼毒生靈，築郿塢，誅大臣，及最後被誅殺的情狀。旨在突出董卓兇殘狠毒及其企圖雄據天下的狼子野心。

【注　釋】❶何進　（？—西元一八九年），字遂高，南陽宛（今河南南陽）人。妹為靈帝皇后。中平元年，黃巾起，以何進為大將軍，率左右羽林五營士屯都亭，修理器械，以鎮京師。張角別黨馬元義謀起洛陽，何進發其姦，以功封慎侯。靈帝崩，他立少帝，專斷朝政。後與袁紹等謀誅宦官，事洩，為宦官所殺。傳見本書卷六十九。❷司隸校尉袁紹　司隸校尉，官名。漢武帝初置。秩比二千石。本書〈百官志〉曰：「持節掌察舉百官以下及京師近郡犯法者。元帝去節，成帝省（罷），建武中復置，並領一州。」下設有都官從事、功曹從事、別駕從事、兵曹從事及其他屬官若干人。袁紹（？—西元二〇二年），字本初，汝南郡汝陽（今河南商水縣）人。出身於四世三公的大官僚家庭。司徒袁湯之孫。父袁成，為五官中郎將。袁紹初為郎，後辟大將軍何進掾，為侍御史、虎賁中郎將、佐軍校尉、司隸校尉。宦官殺何進，他盡殺宦官。董卓至京師，專朝政，他逃奔冀州，號召起兵討伐董卓。後在與各地方勢力的混戰中，擴大了勢力，據有冀、青、幽、并四州，成為當時地廣兵多的割據勢力。建安二年（西元一九七年），朝廷使將作大匠孔融持節拜袁紹為大將軍。五年，在官渡（今河南中牟東北）為曹操所敗，不久病死。傳見本書卷七十四、《三國志・魏書》卷六。❸閹宦　宦官。❹中常侍張讓　中常侍，官名。秦始置。出入宮廷，侍從皇帝，常為列侯至郎中的加官。東漢時，專用宦官任中常侍，傳達詔令和處理文書，權力極大。張讓（？—西元一八九年），東漢宦官。潁川人。任中常侍，封列侯，為十常侍之一。以能搜刮聚斂，靈帝極為寵信，常謂：張常侍是我父。他霸占民田，勸靈帝每畝田增稅十錢，以大修宮室。中平六年（西元一八九年），何進謀誅宦官，事洩，他和宦官趙忠殺何進。不久，在袁紹捕殺宦官時，張讓等數十人劫質天子走河上，追急，投河死。傳見本書卷七十八。❺竊倖承寵　騙取皇帝的親幸，承受寵愛。❻揚湯止沸　用揚湯的辦法止住水的沸騰。比喻採取的方法不徹底，不從根本上解決問題。揚湯，把沸水從開鍋中舀起來再倒入鍋中。❼潰癰雖痛二句　把膿瘡擠破雖然疼痛，勝於腐蝕肌體。潰，本指水沖破堤防。癕，同「癰」。腫瘍。一種皮膚或皮下組織化膿性的炎症。多發於頸、背，常伴有寒熱等全身症狀。《本草綱目・百病主治藥・癰疽》：「深為疽，淺為癰；大為癰，小為癤。」內，內裡。指肌體。食，同「蝕」。腐蝕。❽趙鞅興晉陽之甲二句　趙鞅，即趙簡子，春秋時晉國六卿之一。名志父，亦稱趙孟。在晉卿內訌中打敗中行氏、范氏。興，發動。晉陽，春秋晉邑。在今山西太原西南晉源鎮。晉陽，為趙簡子家臣董安于主持所築，為趙鞅邑。甲，甲兵。君側之惡人，指荀寅（中行氏）、士吉射（范氏）。事見《春秋公羊傳・定公十三年》。《史記・十二諸侯年表》晉定公十五年：「趙鞅伐范、中行。」❾如　到；往。❿收　逮捕。⓫姦穢　奸邪汙穢。指張讓等人。⓬虎賁中郎將袁術　虎賁中郎將，《通志・職官略・三署郎官敘》注曰：「周官有虎賁氏，掌領虎士八百人。漢武帝建元三年（西元前一三八年），初置期門，比郎中，蓋以微行出遊，選材力之士執兵從送，期之殿門，故曰期門，無定員，多至千人。平帝元始元年（西元一年）更名虎賁郎，置中郎將領之，主虎賁宿衛。凡虎賁中郎、虎賁侍郎、虎賁郎中、節從虎賁皆父死子繼，若死王事者亦如之。」袁術（？—西元一九九年），字公路，汝南汝陽人。司空袁逢之子，袁紹弟（不同母，紹庶出，又過繼於伯父袁成，故亦稱之為袁紹從弟），舉孝廉，累遷至河南尹、虎賁中郎將。董卓專權，他逃亡南陽，據有其地。後遭曹操和袁紹的攻擊，率餘眾割據揚州（今長江下游與淮河下游間）。漢獻帝建安二年（西元一九七年），稱帝於壽春（今安徽壽縣），號「仲家」。搜刮民財，窮奢極侈，後為曹操所破，病死。傳見本書卷七十五。⓭南宮　秦、漢宮殿名。《史記・高祖本紀》：「高祖置酒雒陽南宮。」張守節《正義》引《括地志》曰：「南宮在雒州雒陽縣東北二十六里洛陽故城中。」⓮段珪（？—西元一八九年），東漢宦官。與張讓、趙忠、夏惲、郭勝、孫璋、畢嵐、栗嵩、高望、張恭、韓悝、宋典等十二個宦官皆為中常侍。⓯少帝及陳留王　少帝，靈帝子，名辯。何皇后（大將軍何進妹）所生。靈帝崩，被立為帝，年十七。西元一八九年在位（在位僅六個月）。被董卓廢為弘農王，後被董卓鴆殺。陳留王，劉協（西元一八一—二三四年），靈帝中子，王美人所生。董卓廢少帝，立其為帝，是為獻帝。西元一八九—二二〇年在位。即位時年僅九歲。初為董卓傀儡，後為曹操傀儡。曹操死後，其子曹丕篡漢，廢獻帝為山陽公。見本書〈獻帝紀〉。⓰小平津　津渡名。在今河南孟津東北。⓱北芒　山名，即邙山。亦作「北邙」。在今河南洛陽北。東漢的王侯公卿多葬於此。⓲董太后　河閒人。史失其名。為解瀆亭侯劉萇夫人。靈帝生母。靈帝即位，上尊號曰「孝仁皇后」，居南宮嘉德殿，宮稱「永樂」。竇太后崩，始與朝政。「使帝賣官求貨，自納金錢，盈滿堂室」。獻帝生母王美人被何皇后害死後，獻帝為董太后所撫養，號曰「董侯」。董太后想參與朝政，何太后總是加以遏止。董太后姪董重為驃騎將軍，與何進爭權奪勢。後何進帶兵包圍董重的府第，董重自殺。董太后憂懼交加，急病暴亡。見本書卷十下。⑲率　大率；通常。⑳呂布　（？—西元一九八年），字奉先，五原郡九原縣（今內蒙古包頭）人。善弓馬，號為「飛將」。初從并州刺史丁原為騎都尉，屯河內，為主簿，甚見親待。後丁原為執金吾，呂布殺丁原歸董卓，繼又與王允合謀殺董卓。後任奮威將軍，封溫侯，割據徐州（今山東南部、江蘇北部地）。建安三年（西元一九八年），在下邳（今江蘇睢寧西北）為曹操所敗，被擒殺。傳見本書卷七十五。㉑丁原　（？—西元一八九年），泰山郡南城（今山東費縣）人。官并州刺史、執金吾。後為呂布所殺。李賢注引《英雄記》曰：「原字建陽。為人麤略有勇，善射，受使不辭，有警急，追寇虜輒在前。」㉒諷　以言詞暗示。㉓劉弘　李賢注引《漢官儀》曰：「弘字子高，安眾（今河南鄧州）人。」㉔奮首　昂首。㉕闇弱　愚昧軟弱。㉖宗廟　帝王的祖廟。此指繼承大統為皇帝。㉗伊尹　商湯的大臣，助湯滅夏。據《史記・殷本紀》：「湯崩，太子太丁未立而卒，於是乃立太丁之弟外丙，是為帝外丙。帝外丙即位三年，崩，立外丙之弟中壬，是為帝中壬。帝中壬即位四年，崩，伊尹乃立太丁之子太甲。太甲，成湯嫡長孫也。」「帝太甲既立，三年，不明，暴虐，不遵湯法，亂德，於是伊尹放之於桐宮（今河南偃師南）。三年，伊尹攝行政當國，以朝諸侯。帝太甲居桐宮三年，悔過自責，反善，於是，伊尹乃迎帝太甲而授之政。帝太甲修德，諸侯咸歸殷，百姓以寧。伊尹嘉之，乃作〈太甲訓〉三篇，褒帝太甲，稱太宗。」伊尹使太甲成為一個賢明的君主。㉘霍光　（？—西元前六八年），字子孟，河東平陽（今山西臨汾）人。西漢大臣。驃騎將軍霍去病異母弟。去病帶霍光至長安，任為郎，稍遷諸曹侍中，去病死後，霍光為奉車都尉、光祿大夫。小心謹慎，未嘗有過，甚見親信。漢武帝後元二年（西元前八七年）崩，昭帝即位，他與金日磾、上官桀、桑弘羊等受武帝遺詔輔政。他任大司馬大將軍，封博陸侯。元平元年（西元前七四年），昭帝崩，迎立昌邑王劉賀為帝，不久即廢，又立宣帝。霍光秉政前後二十餘年，地節二年，霍光去世，諡宣成侯。傳見《漢書》卷六十八。㉙抗言　高聲講話。㉚延年案劍　延年，即田延年（？—西元前七二年），字子賓，田齊後裔。遷陽陵（治今陝西咸陽東北）。田延年以材略給事大將軍霍光幕府，遷長史。出為河東太守，誅鉏豪強，姦邪不敢發。以選入為大司農。會昭帝崩，昌邑王嗣位，淫亂，大將軍霍光憂懼，與公卿議廢之，公卿莫敢發言。延年離席按劍叱群臣曰：「今群下鼎沸，社稷將傾，且漢之傳諡常為孝者，以長有天下，令宗廟血食也。今日之議，不得旋踵。群臣後應者，臣請劍斬之。」於是議者皆叩頭曰：「萬姓之命在於將軍，唯大將軍令。」（見《漢書・霍光傳》）於是廢昌邑王，立宣帝。後田延年因修建昭帝陵墓，租民車輛，貪汙錢三千萬，被揭發，宣帝命田延年入廷尉，田延年羞入牢獄，乃自殺。傳見《漢書・酷吏傳》。案劍，即「按劍」。以手撫劍。以示憤怒拔劍之勢。㉛沮　阻止；阻撓。㉜昌邑罪過千餘　李賢注曰：「昌邑王凡所徵發一千一百二十七事。」㉝喪　指服喪期間。㉞太后　指靈帝何皇后。㉟蹴迫　同「蹙迫」。迫促；逼迫。㊱永樂太后　即孝仁董皇后。㊲婦姑　兒媳與婆母。何皇后為靈帝皇后，董太后為靈帝生母，故稱「婦姑」。㊳弒崩　指何皇后後為董卓鴆殺。㊴領　兼代職務。㊵節傳斧鉞虎賁　節傳，即符傳、符信。為古代出征時朝廷賜將帥的憑證。斧鉞，亦作「斧戉」、「鈇鉞」。兵器名。鉞，斧的一種，較大。皇帝以斧鉞賜大臣，以顯示權威、專殺。亦作為儀仗。虎賁，即「勇士」。賁，同「奔」。若虎之奔獸，言其猛也。㊶司徒黃琬　司徒，官名。與司馬、司空合稱三公。司徒，西周始置。金文多作「司土」。春秋時沿置，掌管國家的土地和人民。西漢哀帝元壽二年（西元前一年）改丞相為大司徒。光武帝建武二十七年（西元五一年）去「大」，稱司徒。見本書志二十四。黃琬（西元一四一－一九二年），字子琰，江夏安陸（今湖北安陸）人。司徒黃瓊之孫。為五官中郎將，遭禁錮幾二十年。光和末，徵拜議郎，擢青州刺史、右扶風，又為少府、太僕、豫州牧等職。董卓秉政，為司徒，遷太尉。董卓議遷都長安，黃琬與楊彪以為不可，琬竟免官。後拜光祿大夫，轉司隸校尉，與司徒王允同謀誅董卓。及卓將李傕、郭汜攻破長安，收琬，下獄死。傳見本書卷六十一。㊷楊彪（西元一四二－二二五年），字文先，弘農華陰人。太尉楊震曾孫。少傳家學，初舉孝廉，公車徵為議郎，遷侍中、京兆尹。又為永樂少府、太僕、衛尉等職。中平六年（西元一八九年），為司空、司徒。從入關，興平元年（西元一九四年）為太尉，錄尚書事。建安元年（西元一九六年）從都許。曹操藉楊彪與袁術有聯姻關係，誣陷他謀圖廢帝另立，逮捕楊彪，為孔融救出。復拜太常，十年免。曹丕篡漢，欲以彪為太尉，彪固辭，乃授光祿大夫，賜几杖衣袍。黃初六年（西元二二五年），卒於家。傳見本書卷五十四。㊸鈇鑕　古代腰斬人的刑具。鈇，同「斧」。鑕，墊在下面的砧板。㊹詣闕　謂赴朝堂。詣，到；往。闕，古代宮殿、祠廟、陵墓前的建築物。通常左右各一。又稱「象魏」。此指朝堂。㊺追理　追查處理。㊻陳蕃竇武　陳蕃（？－西元一六八年），字仲舉，汝南平輿（今河南平輿）人。初仕郡，舉孝廉，除郎中。太尉李固表拜議郎，遷樂安太守。桓帝時，任太尉。與李膺等反對宦官專權，為太學生所敬重，被稱為「不畏強禦陳仲舉」。靈帝立，為太傅。與外戚竇武謀誅宦官，事洩，曹節等矯旨誅竇武等。陳蕃時年七十餘，聞知，率官屬及太學生八十餘人衝入宮門，事敗被殺。傳見本書卷六十六。竇武（？－西元一六八年），字游平，扶風平陵（今陝西咸陽）人。「少以經行著稱，常教授於大澤中，不交時事，名顯關西」。延熹八年，女選為貴人，拜竇武為郎中，其年冬，女立為皇后，竇武為越騎校尉，封槐里侯，又拜城門校尉。「在位多辟名士，清身疾惡」。桓帝死，他迎立靈帝，任大將軍，更封聞喜侯，掌握朝政。他與太學生聯結，並起用反對宦官的李膺等人。後與陳蕃謀誅宦官，事洩，兵敗自殺。傳見本書卷六十九。㊼擢　錄用；提升。㊽相國　官名。春秋時齊景公始設左右相。戰國時，各國先後設相，稱相國、相邦，或稱丞相，為百官之長。秦以後成為輔佐皇帝的最高官職。㊾入朝不趨　謂董卓入朝廷時可以不急步前行。趨，碎步疾行，古代的一種禮節，表示臣子對皇帝的敬畏。㊿劍履上殿　經帝王特許，重臣上朝時可以不解下佩劍，不脫履，以示殊榮。51突　衝入。52剽虜　擄掠；搶劫。53捜牢　擄掠。牢，搜刮。54崩恐　不安；恐懼。55文陵　靈帝的陵墓。56妻略　搶劫和姦汙。略，通「掠」。57睚眦　瞪眼；怒目而視。指小的怨忿。58陽城　古縣名。秦置。治所在今河南登封東南告城鎮。59社下　即土神祭壇前。社，古時祭祀土神的場所。60五銖錢　錢幣名。始鑄於漢武帝元狩五年（西元前一一八年），錢文有「五銖」二字（銖，重量單位，二十四銖為一兩）。光武中興，除王莽貨泉，更用五銖錢。61悉取洛陽二句　全取洛陽及長安的銅人、鐘磬架子、飛廉、銅馬之類銅鑄的器物，來充當鑄錢的原料。銅人，秦始皇時鑄。《史記・秦始皇本紀》：「收天下兵（兵器，其質皆青銅），聚之咸陽，銷以為鍾鐻，金人十二，重各千石，置廷宮中。」李賢注引《三輔舊事》曰：「秦王立二十六年，初定天下，稱皇帝。大人見（出現）臨洮，身長五丈，迹長六尺，作銅人以厭（壓制）之，立在阿房殿前。漢徙長樂宮中大夏殿前。」鍾虡（同「鐻」），懸掛鐘磬的架子，以銅為之。飛廉，又叫「蜚廉」。傳說中的一種神獸，「身似鹿，頭如爵（即『雀』），有角，蛇尾，其文如豹。」漢武帝鑄之，置飛廉館。明帝永平五年（西元六二年），往長安迎取飛廉及銅馬，置上西門外，名平樂館。銅馬，即漢宮中金馬門外之銅馬。屬，類。充鑄，充當鑄錢的原料。62貨賤物貴　貨賤，貨幣貶值。貨，錢幣。物貴，物價上漲。63石　古代重量單位，一石為一百二十斤。東漢一石等於現在二六四〇〇克。見《漢語大詞典》附錄〈中國歷代衡制演變測算簡表〉。64錢無輪郭文章　李賢注引〈魏志〉曰：「卓鑄小錢，大五分，無文章（即無文圖的光板小錢），肉好（肉，指錢幣方孔以外的部分。好，中間的孔），無輪郭（也作「輪廓」。即邊緣。物體的外周或圖形的外框），不磨鑢（磨光銼平）。」即董卓所鑄小錢非常粗糙。65忍性矯情　忍著殘忍之性，克制著感情。66周珌　《東觀漢記》曰：「周珌，豫州刺史慎之子。《續漢書》、〈魏志〉並作『毖』。」李賢注曰：「《英雄記》珌作『毖』，字仲遠，武威（與正文「漢陽」異）人。」67侍中汝南伍瓊　侍中，官名。秦始置，兩漢沿置，為自列侯以下至郎中的加官，無定員。侍從皇帝左右，出入宮廷。初僅伺應雜事，由於接近皇帝，地位漸形貴重。《漢書・百官公卿表》顏師古注曰：「入侍天子，故曰侍中。」汝南，郡名。漢高祖四年（西元前二〇三年）置。治所在上蔡（今河南上蔡西南）。轄境相當今河南潁水、淮水之間、京廣鐵路西線一側以東，安徽茨河、西淝河以西、淮河以北地區。東漢移治平輿（今河南平輿北）。伍瓊，李賢注引《英雄記》曰：「瓊字德瑜。」68尚書鄭公業　尚書，官名。始置於戰國時，或稱掌書。秦為少府屬官。漢武帝提高皇權，因尚書在皇帝周圍辦事，掌管文書奏章，地位逐漸重要。漢成帝時設尚書五人，開始分曹辦事。《漢書・成帝紀》：建始四年，「初置尚書員五人。」顏師古注曰：「《漢舊儀》云尚書四人為四曹：常侍尚書主丞相御史事，二千石尚書主刺史二千石事，戶曹尚書主庶人上書事，主客尚書主外國事。成帝置五人，有三公曹，主斷獄事。」南朝梁劉昭注引《漢舊儀》曰：「初置五曹，有三公曹，主斷獄。」東漢正式成為協助皇帝處理政務的官員，從此三公權力大為削弱。鄭公業，名太，河南開封人。大司農鄭眾之曾孫。少有才略，交結豪傑，名聞山東。初舉孝廉，大將軍何進以公業為尚書侍郎，遷侍御史，董卓留拜議郎。董卓遷都長安，鄭公業乃與何顒、荀攸共謀殺董卓，事洩，脫身走武關，東歸袁術，袁術表以為揚州刺史，未至官，道卒。傳見本書卷七十。

69 長史何顒　長史，官名。秦置。西漢丞相、太尉、御史大夫屬官均有長史。東漢太尉、司徒、司空三公府亦設長史。署理諸曹事，職任頗重，號為三公輔佐。另，兩漢與少數民族鄰接各郡太守的屬官有長史，輔佐太守，掌一郡兵馬。又，兩漢將軍之屬官亦有長史，以總理幕府。何顒，字伯求，南陽襄鄉（今湖北棗陽）人。少遊學洛陽，名顯太學。黨事起，乃變姓名，亡匿汝南一帶。黨錮解，辟司空府。董卓秉政，逼何顒以為長史，託疾不就，乃與司空荀爽、司徒王允等謀誅董卓。何顒以他事為董卓所繫，憂憤而卒。傳見本書卷六十七。

70 處士荀爽　處士，古時稱有才德隱居不仕的人。荀爽，字慈明，一名諝，潁川潁陰（今河南許昌）人。幼而好學，年十二，能通《春秋》、《論語》。延熹九年（西元一六六年）舉為至孝，拜郎中，棄官去。後遭黨錮，隱於海上，積十餘年。黨禁解，五府並辟，不應。獻帝即位，董卓秉政，復徵之，荀爽欲遁命，吏持之急，不得已，拜平原相，復為光祿勳，視事三日，進拜司空。從遷都長安，與王允及何顒共謀誅董卓，會病薨。傳見本書卷六十二。

71 其染黨錮者陳紀句　染，沾染；牽連。黨錮，東漢桓帝時，宦官專權，侵犯士族地主階級的利益，世家大族官僚李膺等人與太學生聯合抨擊宦官集團。延熹九年（西元一六六年），有人勾結宦官誣告他們誹訕朝政，李膺等二百餘人被稱為黨人，逮捕入獄。後雖釋放，但禁錮終身，不許為官。稱為第一次黨錮之禍。靈帝即位，外戚竇武掌權，起用黨人，並與太傅陳蕃謀誅宦官，事洩，被殺。建寧二年（西元一六九年），靈帝在宦官侯覽、曹節挾持下，收捕李膺、杜密等百餘人下獄，又陸續殺、流徙、囚禁六七百人。熹平五年（西元一七六年），靈帝在宦官挾持下，又命凡黨人的門生故吏、父子兄弟，都免官禁錮，連及五族。稱為第二次黨錮之禍。中平元年（西元一八四年），黃巾起，中常侍呂強言於帝曰：黨錮久積，人心多怨，若久不赦宥，輕與張角合謀，為變滋大，悔之無救。帝懼其言，乃大赦黨人，誅徙之家，皆回故郡。陳紀，字元方，潁川許（今河南許昌）人。陳寔之子。遭黨錮，發憤著書數萬言。黨禁解，四府並辟，皆不就。董卓入洛陽，乃遣使就家拜為五官中郎將，不得已，到京，遷侍中，出為平原相，又拜太僕、尚書令。建安初，袁紹為太尉，讓於陳紀，不受，拜大鴻臚，卒於官。傳見本書卷六十二。韓融，字元長，潁川舞陽（今河南舞陽）人。少能辯理，聲名甚盛，五府並辟。獻帝初，官至太僕。年七十卒。傳見本書卷六十二。(72)韓馥　李賢注引《英雄記》曰：「馥字文節，潁川人。」(73)冀州　漢武帝置「十三刺史部」之一。東漢末，移治鄴縣（今河北臨漳西南）。轄郡國九：魏郡、鉅鹿郡、常山國、中山國、安平國、河間國、清河國、趙國、勃海郡。(74)劉岱　（？—西元一九二年），字公山，東萊牟平（今山東福山縣）人。齊悼惠王劉肥之後。太尉劉寵之姪。董卓入洛陽，劉岱從侍中為兗州刺史。劉岱虛己愛人，為士人所附。初平三年（西元一九二年），青州黃巾入兗州，殺任城相鄭遂，轉入東平，劉岱擊之，戰死。見本書〈循吏列傳・劉寵傳〉。(75)兗州　漢武帝所置「十三刺史部」之一。轄郡國八：陳留郡、東郡、東平國、任城國、泰山郡、濟北國、山陽郡、濟陰郡。東漢治所在昌邑（今山東金鄉西北）。(76)陳留孔伷　陳留，郡國名。漢武帝元狩元年（西元前一二二年）置。治所在陳留（今河南開封東南）。轄境相當今河南東至民權，寧陵，西至開封、尉氏，北至延津、長垣，南至杞縣、睢縣地。孔伷，李賢注引《英雄記》曰：「伷字公緒。《九州春秋》『伷』為『胄』。」(77)豫州　漢武帝置「十三刺史部」之一。東漢治所在譙縣（今安徽亳州），轄郡國六：潁川郡、汝南郡、梁國、沛國、陳國、魯國。(78)潁川張咨　潁川，郡名。秦王政十七年（西元前二三〇年）置。治所在陽翟（今河南禹州）。轄境相當今河南登封、寶豐以東，尉氏、郾城以西，新密以南，葉縣、舞陽以北地。張咨，李賢注引《獻帝春秋》曰：「『咨』作『資』。後為孫堅所殺。」王先謙《集解》引惠棟曰：「《英雄記》：『咨字子儀，潁川人，亦知名。』」(79)南陽　郡名。戰國秦置。治所在宛縣（今河南南陽）。漢轄境相當今河南熊耳山以南葉縣、內鄉間和湖北大洪山以北應山、鄖縣間地。(80)將校　中郎將、校尉。(81)初平　東漢獻帝年號，西元一九〇—一九三年。(82)內主　內應。(83)西河白波谷　西河，郡名。漢武帝元朔四年置。治所在平定（今內蒙古東勝境）。轄境相當今內蒙古伊克昭盟東部、山西呂梁山、蘆芽山以西、石樓以北及陝西宜川以北黃河沿岸地帶。東漢順帝永和五年移治離石（今山西離石）。白波谷，在今山西襄汾西南。(84)太原　郡國名。戰國秦置郡。治所在晉陽（今山西太原西南）。轄境相當今山西五臺山和管涔山以南，霍山以北地區。漢文帝改為國，不久又復為郡。(85)牛輔　董卓的女婿。其事見下。(86)鴆殺　鴆，傳說中的毒鳥。雄曰運日，雌曰陰諧。羽有劇毒，以其羽浸泡酒，飲之立死。鴆，一作酖。鴆殺，即用毒酒毒死。(87)廷爭　在朝廷上諫諍。(88)旋　不久；很快地。(89)光祿大夫　官名。《漢書・百官公卿表》：漢武帝太初元年「更中大夫為光祿大夫，秩比二千石。」凡大夫皆掌議論。(90)西都　長安。(91)赤眉　王莽末年的農民軍。王莽篡漢後，進行所謂改制，使廣大農民遭到深重的苦難。天鳳五年，青、徐（今山東東部和江蘇北部）一帶發生災荒，琅邪（今山東諸城）人樊崇在莒縣（今屬山東）起事，逄安、謝祿等起兵響應，聚眾數萬人。約定殺人者死，傷人者償創。因用赤色染眉作標識，故稱赤眉軍。地皇三年，王莽派更始將軍廉丹和太師王匡率兵鎮壓。

在成昌（今山東東平西）為赤眉所敗。更始（劉玄）政權建立後，樊崇等人表示願意歸向，因未得到適當地安排，乃於更始二年，分兩路進攻更始政權。次年，會師弘農（今河南靈寶北），發展到三十萬人，立漢遠支皇族劉盆子為皇帝，年號建世。不久，攻入長安，更始投降。這時關中的豪強地主隱蔽糧食，組織武裝反抗。建世二年，赤眉軍因饑荒，退出長安。次年在新安（今河南澠池縣東）、宜陽（今屬河南）一帶遭到劉秀所部的圍擊，樊崇等投降。[92]高廟　漢高祖劉邦之廟。[93]幸　指皇帝駕臨。[94]未央宮　漢宮名。漢高帝七年（西元前二〇〇年）丞相蕭何主持修建。立東闕、北闕、前殿、武庫、太倉，周圍二十八里（見《三輔黃圖》）。遺址在今陝西西安西北郊漢長安故城內西南隅。[95]驅蹙　驅趕；促迫。[96]蹈藉　亦作「蹈籍」。踐踏。[97]畢圭苑　皇家苑林之一。在今河南洛陽東。[98]子遺　遺留；剩餘。[99]長沙　郡名。秦置。治所在臨湘（今長沙市）。轄境相當今湘南東部、南部和廣西全州，廣東連縣、陽山等地。西漢改為國，東漢復為郡。[100]梁　縣名。治所在今河南臨汝東。[101]生禽　活捉。禽，同「擒」。[102]亨　同「烹」。古代以鼎鑊煮殺人的酷刑。[103]河內　郡名。楚漢之際置。治所在懷縣（今河南武陟西南）。轄境相當今河南省黃河以北，京廣鐵路以西地區。[104]王匡　李賢注引《英雄記》曰：「匡字公節，泰山（今山東泰安）人。輕財好施，以任俠聞。」[105]河陽津　在今河南孟州西南。[106]陽人　古聚名、城名。在今河南汝州西。[107]胡軫　字文才。涼州豪強，董卓部將。[108]不相能　不相容；不和睦。[109]李傕　字稚然。董卓部將。北地（今寧夏吳忠）人。其事見下。[110]大谷　關名。也叫「大谷口」，今稱「水泉口」。在今河南洛陽東南。為中原的重要關口。[111]黽池　一作「澠池」。古城名。在今河南澠池縣西。[112]陝　縣名。治所在今河南三門峽市西舊陝縣城。[113]宣陽城門　李賢注引《洛陽記》曰：「洛陽城南面有四門，從東第三門。」[114]埽　同「掃」。[115]函谷關　古函谷關在今河南靈寶東北，戰國秦置。因關在谷中，深險如函得名。東自崤山，西至潼津，通名函谷。漢武帝元鼎三年（西元前一一四年），徙關於今河南新安東，去故關三百里。[116]新安　縣名。秦置。在今河南澠池縣東。[117]戳　同「截」。[118]劉艾　曾為陝縣縣令，據本書及袁宏《後漢紀》：獻帝初平二年（西元一九一年），為董卓長史。興平元年，為侍中，興平二年為宗正。建安元年，為彭城相，封列侯。[119]關東　地區名。泛指函谷關或潼關以東地區。[120]戇　迂愚而剛直。[121]段煨　（？—二〇九年），字忠明，武威人。其事見下。[122]華陰　縣名。在今陝西省東部渭河下游。秦置寧秦縣，漢改華陰縣。[123]安邑　古縣名。在今山西夏縣西北。[124]校尉　漢時軍職之稱，略次於將軍。隨其職務冠以名號，如步兵校尉、屯騎校尉等。[125]山東　地區名。通稱崤山或華山以東地區。[126]光祿勳宣璠　光祿勳，官名，九卿之一。秩中二千石。《漢書・百官公卿表》：「郎中令，秦官。武帝太初元年更名光祿勳。屬官有大夫、郎、謁者，皆秦官。又有期門、羽林皆屬焉。」「掌宿衛宮殿門戶，典謁署郎更直執戟。郊祀之事，掌三獻。」見本書志第二十四。宣璠，一作「宣播」。年里仕歷不詳。127太師　官名。《漢書・百官公卿表》：「太師、太保，皆古官，太師位在太傅上，太保次太傅。」掌導天子，議朝政。西漢平帝元始元年置太師，居三公之首。東漢省太師、太保，只置太傅。其置省情況，見本書志第二十四。128僭擬　越分妄比。謂在下者自比於尊者。129乘金華青蓋三句　乘坐著以黃金為飾的華麗車子，青色的車蓋，蓋弓的頂端是爪的形狀，車箱兩旁的轓屏上畫有文采，時人叫做「竿摩車」。金華，以黃金為華麗裝飾的車。青蓋，青色的車篷。本書〈輿服志〉：「王車青蓋。」爪，亦作「蚤」。李賢注曰：「爪者，蓋弓頭為爪形也。」即蓋弓的末端是爪的形狀。按：車蓋弓為古代車上支撐車蓋的弓形木架。清李賡芸《炳燭編・蓋弓》：「〈攷工記〉：『蓋弓二十有八。』此車蓋之弓橑，如今之傘骨。」畫兩轓，即在兩轓上畫有文采。轓，車箱兩旁用以遮蔽塵土的屏障。以簟（竹席）或革為之。竿摩，接近。謂董卓的車飾接近於皇帝。130髫齔　指童年。髫，古時指小兒下垂的頭髮。齔，亦作「齓」。指小兒換牙。脫去乳牙，長出恆牙。131邑君　爵位名。女子受封，其封地為邑的稱邑君。132結壘　即建築堡寨。133塢　小型城堡。《說文》：「塢，小障也，一曰庳城也。」134郿　縣名。治所在今陝西眉縣東。135祖道　古人為出行者祭祀路神，並飲宴送行。亦以餞行稱為「祖道」。136橫門　漢長安門名。《集韻》：「橫，門名。漢長安北有橫門。」137鑊煑　古代的一種酷刑，即「烹」。鑊，古代無足的鼎，即大鍋。煑，同「煮」。138偃轉　倒仆轉動；翻滾掙扎。139亡失匕箸　亡失，失落；掉在地下。匕箸，勺子與筷子。140蹉跌　亦作「差跌」。失足跌倒。比喻失誤。141關中　古地區名。所指範圍大小不一。秦都咸陽，漢都長安，因稱函谷關以西為關中。亦指為秦嶺以北的地區，包括隴西、陝北。如項羽三分關中，封秦的三個降將。其中翟王董翳在陝北，雍王章邯轄有隴西。有時專指今關中盆地。至於將關中解釋為在四關（東有函谷關，南有武關，西有散關，北有蕭關）之中，乃後起之說。142太史　官名，太常屬官。太史令一人，秩六百石。掌管節氣、陰陽、氣候、寒暑之變化及天文曆法。凡國家有祭祀、喪、娶之事，主管奏良辰吉日及時節禁忌。凡國有祥瑞之徵兆、災異，主管記載。有二丞，掌守明堂、靈臺。掌觀察日月，占星望氣。143塞　回答；順應。144參軍　官名。即參軍事。145明公　孫堅對張溫的敬稱。146杖鉞臨眾　杖鉞，手執大斧，表示威力，比喻掌握軍權。臨眾，治軍。147穰苴斬莊賈　穰苴，即司馬穰苴，陳完之後裔，事齊景公為將軍。通兵法，愛士卒，將兵擊敗晉、燕之軍，收復失地，齊景公任其為大司馬，故稱司馬穰苴。後遭齊大夫高氏、國氏忌妒，譖於齊景公，齊景公罷其官，穰苴發疾死。齊景公時，晉國伐齊阿（今山東陽穀東北之阿城鎮）、甄（也作「鄄」，今山東鄄城北之舊城），燕侵河上（即齊黃河以南之地），齊師敗績。晏嬰向齊景公推薦穰苴，齊景公以其為將軍，將兵抵擋晉、燕之師，命寵臣莊賈監軍。莊賈與穰苴約：「明日中午會於軍營的大門」。莊賈素驕，親朋送行，留飲，日夕時才至軍營。穰苴於是斬莊賈以徇三軍。三軍之士皆震慄。

見《史記・司馬穰苴列傳》。[148]魏絳戮楊干　魏絳，晉大夫，魏武子之孫。戮，通「辱」。楊干，晉悼公弟。晉悼公三年（西元前五七〇年），會諸侯（即雞澤之會。雞澤，在今河北邯鄲東稍北），楊干亂軍隊行列於曲梁（在雞澤稍東北），魏絳為軍司馬，主管軍法，乃斬楊干的僕人（駕車者），以示對楊干的處罰。晉悼公怒曰：「會諸侯是為取得榮譽，魏絳竟侮辱吾弟！」欲斬魏絳，經人勸說才罷休。晉悼公終於以魏絳當政。使魏絳聯絡戎、狄，戎、狄親附晉國。晉悼公十一年，曰：「自吾用魏絳，八年之中，九合諸侯，戎、狄和，子之力也。」魏絳卒，諡昭子。見《左傳・襄公三年》、《史記》之〈晉世家〉、〈魏世家〉。[149]王允　（西元一三七－一九二年），字子師，太原祁（今山西祁縣）人。王允少好大節，有志於立功。初為郡吏，曾捕殺宦官黨羽趙津。三公並辟。黃巾起，拜豫州刺史，與左中郎將皇甫嵩等受降黃巾數十萬。獻帝即位，任司徒，與呂布密謀殺董卓。後為董卓部將李傕、郭汜所殺。傳見本書卷六十六。[150]越騎校尉　本漢武帝置京師屯兵八校尉之一，掌越騎。顏師古注引如淳曰：「越人內附，以為騎也。」又引晉灼曰：「取其材力超越也。」師古曰：「如說是。」東漢為北軍五校之一，秩比二千石，掌宿衛。見本書志第二十七。[151]伍孚　李賢注引謝承《書》曰：「孚字德瑜，汝南吳房（今河南遂平）人。質性剛毅，勇壯好義，力能兼人。」[152]志　立志。[153]閤　大門旁的小門。[154]詬　罵。[155]磔　古代的一種酷刑。即分屍、車裂。[156]謝　報答。[157]僕射士孫瑞　僕射，根據《三國志・魏書・董卓傳》士孫瑞為尚書僕射。尚書僕射，官名。東漢尚書僕射為尚書令的副手。士孫瑞（？－西元一九五年），字君策（《三輔決錄》注為字君榮），扶風人。複姓士孫，名瑞。世為學門，情達無所不通，頗有才謀。董卓被誅，任大司農。士孫瑞以王允自專討董卓之勞，故歸功於王允，不受封侯之賞。後為國三老（相傳古代設三老五更之位，以養老人。《禮記・文王世子》：「遂設三老五更。」鄭玄注曰：「三老五更各一人也，皆年老更事致仕者也，天子以父兄養之，示天下之孝悌也。」這種制度到漢代還保存。《後漢書・明帝紀》：「尊事三老，兄事五更。」），光祿大夫。每三公缺位，楊彪、皇甫嵩皆讓位於瑞。興平二年，從駕東歸，為亂兵所殺。見本書卷六十六。[158]三年　東漢獻帝初平三年，西元一九二年。[159]嬗　同「擅」。[160]周帀　同「周匝」。環繞一周。也指周圍。[161]扞　同「捍」。捍衛。[162]騎都尉李肅　騎都尉，官名。次於將軍的武官。漢武帝元鼎二年置，以李陵為之。宣帝時，以騎都尉監羽林騎。後掌駐屯騎兵，也領兵征伐。秩比二千石，無定員。李肅，五原郡九原縣（今內蒙古包頭）人。原為董卓部將，又與呂布一起誅殺董卓。後討牛輔，敗，至弘農，為呂布所殺。[163]衷甲　在衣服裡面穿鎧甲。[164]庸狗　罵人的話。庸，平常；平庸。[165]趣　催促。[166]主簿田儀　主簿，官名。漢代中央及郡縣官署均置此官。以典領文書，辦理事務。田儀，《三國志・魏書・董卓傳》作「田景」。[167]倉頭　亦作「蒼頭」。古代私家所屬的奴隸。[168]齎　送；以物送人。[169]宮陛　指皇宮。陛，本為帝王宮殿的臺階，在此借指皇宮。[170]肆　店鋪；手工業作場。[171]郿塢　東漢獻帝初平三年（西元一九二年）董卓築。故址在今陝西眉縣東北渭河北岸。李賢按曰：「塢舊基高一丈，周迴一里一百步。」《三國志‧董卓傳》曰：「築郿塢高與長安城埒。」盧弼《三國志集解》注引潘眉曰：「按長安城高三丈五尺（見《三輔黃圖》），依章懷說塢僅高一丈，不能與長安城埒。蓋章懷所見者唐時故基，非卓時之丈尺也。當時實高三丈五尺，與長安長城正相等。范《史》云『高厚七丈，號「萬歲塢」。』其塢高三丈五尺，厚亦三丈五尺，故云『高厚七丈』也。」[172]充肥　肥胖。[173]然　同「燃」。[174]諸袁門生　袁氏的諸門生。因袁氏四世三公，門生故吏遍天下。[175]錦綺繢縠紈素奇玩　錦、綺、繢、縠、紈素，均為絲織品。錦，織有彩色大花紋的絲織品。綺，有花紋的絲織品，即今之細綾。繢，同「繪」。即繪有圖畫和繡有花紋的絲織品。縠，為縐紗一類的絲織品。紈素，精緻潔白的細絹。奇玩，稀奇珍貴的玩物。

【語　譯】 等到靈帝駕崩，大將軍何進、司隸校尉袁紹謀劃誅殺宦官，而太后不許，他們便私下召董卓帶兵入朝，以脅迫太后。董卓得到召命，立即上路，並上書說：「中常侍張讓等人騙取皇帝的親幸，承受恩寵，擾亂天下。臣聽說揚湯止沸，不如釜底抽薪；把膿瘡擠破雖然疼痛，勝於在內腐蝕肌體。從前趙鞅發動晉陽之兵，為的是驅逐君側的惡人。現在臣即鳴鐘擊鼓前往洛陽，請求逮捕張讓等人，以清除奸邪汙穢。」董卓未到洛陽而何進被宦官殺死，虎賁中郎將袁術於是焚燒南宮，想討伐宦官，而中常侍段珪等人劫持少帝和陳留王夜間逃往小平津。董卓從遠處望見火起，便帶兵火速前進，天未明到達洛陽城西，聽說少帝在北芒山，於是前往奉迎。少帝見董卓帶兵突然到來，恐懼啼哭。董卓和他說話，少帝不能回對；董卓和陳留王說話，於是說到禍亂的原由。董卓以為陳留王賢明，而且又是董太后所撫養，董卓自以為與董太后是同族，於是產生了廢少帝立陳留王的念頭。

2　當初，董卓進入洛陽時，步、騎兵不過三千，自己感到兵馬少，恐怕不被遠近之人所服，大概每過四、五天即夜間偷偷地把軍隊從城裡開出去在附近紮營，天一亮，即大張旗鼓地回城，使人以為西邊的軍隊又到了，洛陽城中沒有人知道這種情況。不久，何進及其弟何苗先前所統領的部隊都歸屬於董卓，董卓又使呂布殺死執金吾丁原，兼併了他的部眾，董卓的兵馬大大增多。於是暗示朝廷策免司空劉弘而使自己代替他。接著便召集百官商議廢立之事。百官畢至，董卓於是仰起頭來說道：「最大的是天地，其次是君臣，這是為政的根本。今皇帝昏庸懦弱，不能夠侍奉宗廟，為天下的君主。現在我想依照伊尹、霍光的舊例，改立陳留王為帝，大家以為如何？」公卿以下的官員沒有人敢回答。董卓又高聲說道：「從前霍光定策，田延年按劍以叱公卿。今有敢阻撓大計者，皆以軍法處治。」在座的官員都為之震驚。只有尚書盧植說：「從前太甲立為君主之後不賢明，昌邑王的罪過有一千餘條，所以才有廢立的事，當今皇帝年齡正輕，行為沒有失德之處，不能和從前的事例相比。」董卓大怒，離席而去。第二天，又召集百官於崇明前殿，乃迫脅太后，使之下詔書廢黜少帝。詔書說：「皇帝在居喪期間，沒有做兒子的孝心，儀表舉止不像個君王，現在廢其為弘農王。」於是擁立陳留王，是為獻帝。又指出何太后逼迫永樂太后，以至於使她憂忿而死，違背婆媳之禮，沒有孝順之節，乃遷其於永安宮，接著被謀害而死。

3 董卓遷升為太尉，兼領前將軍之事，加符信、斧鉞、虎賁，改封為郿侯。董卓於是與司徒黃琬、司空楊彪，一同帶著鈇鑕到朝堂上書，請求追理陳蕃、竇武及諸黨人的事，以從順人們的意願。於是全恢復了陳蕃等人的爵位，提拔任用他們的子孫。

4 不久進封董卓為相國，入朝時不用小步快走，可以穿鞋帶劍上殿。封其母為池陽君，並為其設置家令、家丞。

5 當時洛陽城中皇親貴戚的宅第相連，金帛財產，家家積蓄很多。董卓放縱兵士，衝入他們的家室，姦淫擄掠婦女，搶劫財物，叫做「搜牢」。人心恐懼不安，朝不保夕。到何太后殯葬時，掘開文陵，董卓全把藏在陵墓中的珍寶物品取走。又姦淫公主，搶劫並姦汙宮女，濫用酷虐的刑罰，稍有怨忿必被處死，朝廷內外的官員不能自保。董卓曾經派遣軍隊至陽城，當時人們集會於土神壇前，董卓命令兵士上前全部將他們斬殺，拉走他們裝載財物的車子，載上搶掠的婦女，把斬下的人頭繫掛在車轅上，唱著喊著返回洛陽。董卓又毀壞五銖錢，改鑄小錢，全取洛陽及長安銅人、鍾虡、飛廉、銅馬之類的東西，來充當鑄錢的材料。所以錢賤物貴，穀子一石數萬錢。另他鑄造的小錢沒有輪廓文圖，不便人們使用。當時人們認為秦始皇在臨洮見到一個長人，於是鑄造銅人。董卓，臨洮人，現在卻毀壞了它。雖然鑄造與毀壞情況不同，他與秦始皇的兇殘暴虐卻是相似的。

6 董卓平時聽說天下人都疾恨宦官殺害忠良之士，到他把持朝政時，雖然做了些無道之事，但還能忍著殘忍的性子，克制著感情，提拔任用了眾多的士人。於是任用吏部尚書漢陽人周珌、侍中南陽人伍瓊、尚書鄭公業、長史何顒等人。任命處士荀爽為司空。那些受黨錮之禍牽連的如陳紀、韓融之類的人，都官至列卿。沉淪埋沒的人士，多數得到顯耀提拔。任命尚書韓馥為冀州刺史，侍中劉岱為兗州刺史，陳留人孔伷為豫州刺史，潁川人張咨為南陽太守。董卓所親愛的人，並沒有安排在顯耀的職位上，只是中郎將、校尉而已。初平元年，韓馥等人到官，便與袁紹之類的十餘人，各興義兵，共同結盟討伐董卓，伍瓊、周珌暗中作為內應。

7 當初，靈帝末年，黃巾餘黨郭太等人在西河白波谷再次起兵，轉而寇掠太原，接著攻破河東郡，百姓流亡輾轉三輔地區，稱他們為「白波賊」，部眾有十餘萬。董卓派遣中郎將牛輔攻打他們，沒有把他們打退。等聽到東方討伐之兵興起，董卓恐懼，乃用毒酒毒殺弘農王劉辯，想遷都長安。乃召集公卿們商議，太尉黃琬、司徒楊彪在朝廷上諍諫，不能得董卓的同意，伍瓊、周珌又極力進諫。董卓於是大怒，說：「董卓我初入朝時，你二人勸我用善良之士，所以我聽從了你們的意見，而各位到任後，卻起兵攻打我。這是你二人出賣我，我有何對不起你們的地方！」於是斬了伍瓊、周珌。楊彪、黃琬害怕，到董卓面前請罪說：「小人依戀舊地，並不是想阻撓國家大計，請求以我們對國事考慮不周作為罪過。」董卓殺了伍瓊、周珌後，不久也感到後悔，所以上表皇帝任命楊彪、黃琬為光祿大夫。於是把天子遷往西都長安。

8 當初，長安遭赤眉之亂，宮室、軍營、官府都被焚燒得乾乾淨淨，這時只有高祖廟、京兆府邸存在，於是選擇吉日讓皇帝搬了進去。後又挪到了未央宮。於是把洛陽人數百萬全都遷徙到長安，百姓們受到步兵、騎兵的驅趕逼迫，一路上互相踐踏，忍飢挨餓，又遭搶劫掠奪，屍體堆滿了道路。董卓自己屯駐在畢圭苑中，把洛陽的宮殿、宗廟、官府、民宅全都燒毀，二百里之內不再有留存的東西。又使呂布發掘諸帝陵墓，以及公卿以下的墳墓，收取其中的珍寶。

9 此時長沙太守孫堅也率領豫州諸郡的兵馬討伐董卓。董卓先派遣部將徐榮、李蒙四出擄掠。徐榮在梁縣遇到孫堅，與孫堅交戰，打敗孫堅，活捉了潁川太守李旻，把他煮死。董卓所俘虜的義軍士卒，都用布纏裹起來，倒立在地上，以熱油澆灌殺死他們。

10 此時河內太守王匡屯兵河陽津，將要攻打董卓。董卓派遣疑兵挑戰，卻派精兵偷偷地從小平津過了黃河，到了河陽津北，打敗了王匡，王匡的士兵幾乎死絕。第二年，孫堅搜集被打散的士卒，進駐在梁縣的陽人聚。董卓派遣部將胡軫、呂布攻打孫堅。呂布與胡軫不和睦，軍中自相驚恐，士卒散亂。孫堅追擊他們，胡軫、呂布敗走。董卓派遣將領李傕到孫堅那裡求和，孫堅拒絕不接受，於是進軍至大谷，距離洛陽九十里。董卓親自出兵於諸皇陵之間與孫堅交戰，董卓敗走，退兵駐守黽池，聚兵力於陝縣。孫堅進入洛陽宣陽城門，又攻打呂布，呂布又被打敗退走。孫堅於是掃除宗廟，平整填塞被挖掘的各陵墓，分兵出函谷關，到了新安、黽池之間，以截斷董卓的後路。董卓對長史劉艾說：「關東諸將領多次被打敗，他們做不成什麼大事。只有孫堅有點愚直，諸位將軍應該謹慎對待。」董卓於是使東中郎將董越屯駐黽池，中郎將段煨屯駐華陰，中郎將牛輔屯駐安邑，其餘的中郎將、校尉分布在各縣，以防禦山東的軍隊。

11 董卓暗示朝廷派光祿勳宣璠持節任命自己為太師，地位在諸侯王之上。於是帶領軍隊回到長安。百官在路邊打拱作揖迎接參拜，董卓於是使用超越他身分的車馬服飾，乘坐的是以黃金為裝飾的華麗車子，青色的車蓋，車蓋弓的頂端是爪形的裝飾，車箱兩旁的轓屏上畫有文采，時人叫做「竿摩車」，說的是他的服飾接近於天子。任命其弟董旻為左將軍，封鄠侯，其兄子董璜為侍中、中軍校尉，都主管軍事。於是董卓的宗族內外，都居官位。他的兒孫雖然是幼童，男的都封侯，女的都封邑君。

12 董卓多次與百官設置酒宴聚會，縱情尋歡作樂。董卓在長安城東建築堡寨居住。又建築塢堡於郿縣，牆高厚七丈，稱為「萬歲塢」。積蓄的糧食足夠三十年食用。他自己說：「事業成功，可以稱雄據有天下；不成功，守在這裡足可以到老。」董卓曾經到郿縣巡視城堡，公卿以下的官員在橫門外為他餞行。董卓掛起帳幔擺設酒宴，誘降了北地郡的反叛者數百人，在宴會上殺死了他們。先割斷他們的舌頭，再斬斷他們的手足，又挖去他們的眼睛，然後用大鍋煮死他們。沒有死的，在宴席間翻滾掙扎。與會的人皆嚇得渾身發抖，羹匙、筷子失落在地上，而董卓飲食自若。其部將中有言語失當的，便就地殺死。又逐漸誅殺關中舊時的名門大族，以叛逆罪誣陷他們。

13 當時太史觀望雲氣，說當有被殺死的大臣。董卓乃使人誣陷衛尉張溫與袁術勾結，於是在街市上對張溫板子打、皮鞭抽，將他殺死，以順應天時的變化。以前張溫出兵屯駐美陽，令董卓與邊章等人作戰，沒有戰功，張溫召他又不及時返回，回來之後，回答問題言詞不遜。當時孫堅為張溫的參軍，勸張溫布置軍陣斬殺董卓。張溫說：「董卓有威名，正要依靠他向西進軍。」孫堅說：「明公您親自率領天子的軍隊，威振天下，為什麼仗著董卓的名聲而依賴他呢？孫堅我聽說古時的名將，以威力治理軍隊，沒有不以果斷地斬殺來顯示威武的。所以司馬穰苴斬莊賈，魏絳戮楊干。今天如果放過董卓，是自損威望，後悔莫及！」張溫不聽從孫堅的意見，而董卓還是忌恨在心，因此張溫身遭大難。

14 張溫字伯慎，少年時便有名譽，逐步登上公卿之位，也暗與司徒王允共同謀劃誅殺董卓，事情還沒有來得及行動就被害了。越騎校尉汝南人伍孚憤恨董卓兇狠惡毒，立志要親手殺死他，於是在朝服中懷藏佩刀去見董卓。伍孚說完話便告辭離去，董卓起身送伍孚到小門，用手撫摸他的背部，伍孚於是抽刀刺董卓，未能刺中。董卓自己奮力掙脫得免，急忙呼叫左右之人捉殺伍孚，並大罵道：「賊虜想造反嗎？」伍孚大聲說：「恨不能車裂你這奸賊於街市，以報答天地！」話未說完就被殺死。

15 當時王允與呂布及僕射士孫瑞謀劃誅殺董卓。有人在布上書寫「呂」字，背負著在街市上行走，唱道：「布啊！」有人告訴董卓，董卓沒有悟出是什麼意思。初平三年四月，皇帝的病剛痊癒，大會群臣於未央殿。董卓身穿朝服登上車子，一會兒馬驚，使董卓掉在泥中，回家入室更換衣服。其妾勸止他，董卓不聽，就出發了。於是把軍隊排列在道路兩邊，從他居住的塢堡到皇宮，左邊是步兵，右邊是騎兵，周圍全是護衛的兵士，並命呂布等人在前後護衛。王允乃與士孫瑞祕密向獻帝報告了誅殺董卓之事，獻帝命士孫瑞親自寫詔書授給呂布，命騎都尉李肅與呂布同心的勇士十餘人，偽穿衛士服裝在北掖門內等待董卓。董卓將要到達時，馬驚不肯前行，董卓感到奇怪，恐懼，想返回。呂布勸董卓進宮，於是進了北掖門。李肅用戟刺他，董卓內裡穿著護身的鎧甲，不能刺進，傷臂掉下車來，回頭大呼說：「呂布在哪裡？」呂布說：「有詔書討伐賊臣。」董卓大罵說：「卑賤的狗敢這樣嗎？」呂布應聲持矛刺向董卓，催促士兵將他斬殺。主簿田儀和董卓的奴僕跑到董卓的屍體前，呂布又殺了他們。於是使人騎著馬發送赦免的詔書，以命令宮廷內外。士卒們都高呼萬歲，百姓們在街上唱歌跳舞。長安城中的士女們賣掉他們的珠玉衣服沽酒買肉相慶祝的，充滿了街市店鋪。朝廷命皇甫嵩到郿塢攻打董卓的弟弟董旻，殺死他的母親和妻子兒女，把董卓的家族全部殺光。把董卓的屍體丟在街上示眾。天氣開始炎熱，董卓向來身體肥胖，屍體的油脂流在地上。看守屍體的兵士點火置於董卓的肚臍中，光亮通宵達旦，如此延續了好幾天。袁氏的門生們又把董卓家人的屍體聚在一起，焚燒成灰揚撒在道路上。郿塢中的珍藏有黃金二、三萬斤，銀八、九萬斤，其他錦、綺、繢、縠、紈素等絲織品及珍奇玩物，堆積如同山丘。

1 初，卓以牛輔子壻，素所親信，使以兵屯陝。輔分遣其校尉李傕、郭汜、張濟❶將步騎數萬，擊破河南尹❷朱儁❸於中牟❹。因掠陳留、潁川諸縣，殺略男女，所過無復遺類。呂布乃使李肅以詔命至陝討輔等，輔等逆與肅戰，肅敗走弘農❺，布誅殺之。其後牛輔營中無故大驚，輔懼，乃齎金寶踰城走。左右利其貨，斬輔，送首長安。

2 傕、汜等以王允、呂布殺董卓，故忿怒并州人❻，并州人其在軍者男女數百人，皆誅殺之。牛輔既敗，眾無所依，欲各散去。傕等恐，乃先遣使詣長安，求乞赦免。王允以為一歲不可再赦，不許之。傕等益懷憂懼，不知所為。武威❼人賈詡❽時在傕軍，說之曰：「聞長安中議欲盡誅涼州人，諸君若棄軍單行，則一亭長能束君矣。不如相率❾而西，以攻長安，為董公報仇。事濟，奉國家以正天下；若其不合，走未後也。」傕等然之，各相謂曰：「京師不赦我，我當以死決❿之。若攻長安剋⓫，則得天下矣；不剋，則鈔⓬三輔婦女財物，西歸鄉里，尚可延命。」眾以為然，於是共結盟，率軍數千，晨夜西行。王允聞之，乃遣卓故將胡軫、徐榮擊之於新豐⓭。榮戰死，軫以眾降。傕隨道收兵，比至長安，已十餘萬，與卓故部曲樊稠⓮、李蒙等合，圍長安。城峻不可攻，守之八日，呂布軍有叟⓯兵內反，引傕眾得入。城潰，放兵虜掠，死者萬餘人。殺衛尉种拂⓰等。呂布戰敗出奔。王允奉天子保⓱宣平城門⓲樓上。於是大赦天下。李傕、郭汜、樊稠等皆為將軍。遂圍門樓，共表請司徒王允出，問「太師何罪」？允窮蹙⓳乃下，後數日見殺。傕等葬董卓於郿，并收董氏所焚尸之灰，合斂一棺而葬之。葬日，大風雨，霆震卓墓，流水入藏，漂其棺木。

3 傕又遷車騎將軍，開府⓴，領司隸校尉，假節。汜後將軍，稠右將軍，張濟為鎮東將軍，並封列侯。傕、汜、稠共秉朝政。濟出屯弘農。以賈詡為左馮翊㉑，欲侯之。詡曰：「此救命之計，何功之有！」固辭乃止。更以為尚書典選[22]。

4 明年夏，大雨晝夜二十餘日，漂沒人庶，又風如冬時。帝使御史裴茂訊詔獄[23]，原繫[24]者二百餘人。其中有為傕所枉繫者，傕恐茂赦之，乃表奏茂擅出囚徒，疑有姦故，請收之。詔曰：「災異屢降，陰雨為害，使者銜命[25]宣布恩澤，原解輕微[26]，庶[27]合天心。欲釋冤結[28]而復罪之乎！一切勿問。」

5 初，卓之入關，要[29]韓遂、馬騰共謀山東。遂、騰見天下方亂，亦欲倚卓起兵。興平[30]元年，馬騰從隴右[31]來朝，進屯霸橋[32]。時騰私有求於傕，不獲而怒，遂與侍中馬宇、右中郎將劉範、前涼州刺史种劭[33]、中郎將杜稟合兵攻傕，連日不決。韓遂聞之，乃率眾來欲和[34]騰、傕，既而復與騰合。傕使兄子利共郭汜、樊稠與騰等戰於長平觀[35]下。遂、騰敗，斬首萬餘級，种劭、劉範等皆死。遂、騰走還涼州，稠等又追之。韓遂使人語稠曰：「天下反覆未可知，相與州里[36]，今雖小違[37]，要當大同，欲共一言。」乃駢馬交臂相加[38]，笑語良久。軍還，利告傕曰：「樊、韓駢馬笑語，不知其辭，而意愛甚密。」於是傕、稠始相猜疑。猶加稠及郭汜開府，與三公合為六府，皆參選舉[39]。

6 時長安中盜賊不禁，白日虜掠，傕、汜、稠乃參[40]分城內，各備其界，猶不能制，而其子弟縱橫[41]，侵暴百姓。是時穀一斛[42]五十萬，豆麥二十萬，人相食啖[43]，白骨委積[44]，臭穢滿路。帝使侍御史侯汶[45]出太倉米豆為飢人作糜[46]，經日[47]而死者無降[48]。帝疑賦卹[49]有虛，乃親於御前[50]自加臨檢[51]。既知不實，使侍中劉艾出讓[52]有司。於是尚書令以下皆詣省閤謝[53]，奏收侯汶考實[54]。詔曰：「未忍致[55]汶于理[56]，可杖[57]五十。」自是後多得全濟[58]。

7 明年春，傕因會刺殺樊稠於坐[59]，由是諸將各相疑異[60]，傕、汜遂復理兵[61]相攻。安西將軍楊定[62]者，故卓部曲將也。懼傕忍害[63]，乃與汜合謀迎天子幸其營。傕知其計，即使兄子暹將數千人圍宮。以車三乘[64]迎天子、皇后。太尉楊彪謂暹曰：「古今帝王，無在人臣[65]家者。諸君舉事，當上順天心，柰何如是！」暹曰：「將軍[66]計決矣。」帝於是遂幸傕營，彪等皆徒[67]從。亂兵入殿，掠宮人什物[68]，傕又徙御府金帛乘輿器服，而放火燒宮殿官府居人悉盡。帝使楊彪與司空張喜[69]等十餘人和傕、汜，汜不從，遂質留公卿。彪謂汜曰：「將軍達人間事，柰何君臣分爭，一人刼[70]天子，一人質[71]公卿，此可行邪？」汜怒，欲手刃彪。彪曰：「卿尚不奉[72]國家，吾豈求生邪！」左右多諫，汜乃止。遂引兵攻傕，矢及帝前，又貫傕耳[73]。傕將楊奉[74]本白波賊帥，乃將兵救傕，於是汜眾乃退。

8 是日，傕復移帝幸其北塢[75]，唯皇后、宋貴人[76]俱。傕使校尉監門，隔絕內外[77]。尋復欲徙帝於池陽黃白城[78]，君臣惶懼。司徒趙溫[79]深解譬[80]之，乃止。詔遣謁者僕射皇甫酈[81]和傕、汜。酈先譬汜，汜即從命。又詣傕，傕不聽。曰：「郭多，盜馬虜耳，何敢欲與我同邪！必誅之。君觀我方略士眾，足辦郭多不[82]？多又劫質公卿。所為如是，而君苟[83]欲左右[84]之邪！」汜一名多。酈曰：「今汜質公卿，而將軍脅[85]主，誰輕重乎？」傕怒，呵遣[86]酈，因令虎賁王昌追殺之。昌偽不及，酈得以免。傕乃自為大司馬。與郭汜相攻連月，死者以萬數。

9 張濟自陝來和解二人，仍欲遷帝權[87]幸弘農。帝亦思舊京，因遣使敦請[88]傕求東歸，十反[89]乃許。車駕[90]即日發邁[91]。李傕出屯曹陽[92]。以張濟為驃騎將軍，復還屯陝。遷郭汜車騎將軍，楊定後將軍，楊奉興義將軍。又以故牛輔部曲董承[93]為安集將軍。汜等並侍送乘輿。汜遂復欲脅帝幸郿，定、奉、承不聽。汜恐變生，乃棄軍還就李傕。車駕進至華陰。寧輯將軍段煨乃具服御[94]及公卿以下資儲[95]，請帝幸其營。初，楊定與煨有隙[96]，遂誣煨欲反，乃攻其營，十餘日不下。而煨猶奉給御膳[97]，稟贍[98]百官，終無二意。

10 李傕、郭汜既悔令天子東，乃來救段煨，因欲劫帝而西。楊定為汜所遮[99]，亡奔荊州(100)。而張濟與楊奉、董承不相平(101)，乃反合傕、汜，共追乘輿，大戰於弘農東澗(102)。承、奉軍敗，百官士卒死者不可勝數，皆棄其婦女輜重，御物符策典籍，略無所遺。射聲校尉沮儁(103)被創墜馬。李傕謂左右曰：「尚可活不？」儁罵之曰：「汝等凶逆，逼迫天子，亂臣賊子，未有如汝者！」傕使殺之。天子遂露次(104)曹陽。承、奉乃譎(105)傕等與連和，而密遣間使(106)至河東，招故白波帥李樂、韓暹、胡才及南匈奴右賢王去卑(107)，並率其眾數千騎來，與承、奉共擊傕等，大破之，斬首數千級，乘輿乃得進。董承、李樂擁衛左右(108)，胡才、楊奉、韓暹、去卑為後距(109)。傕等復來戰，奉等大敗，死者甚於東澗。自東澗兵相連綴四十里中，方得至陝，乃結營自守。時殘破之餘，虎賁、羽林不滿百人，皆有離心。承、奉等夜乃潛議(110)過河，使李樂先度具舟舡(111)，舉火為應。帝步出營，臨河欲濟，岸高十餘丈，乃以絹縋(112)而下。餘人或匍匐(113)岸側，或從上自投，死亡傷殘，不復相知。爭赴舡者，不可禁制，董承以戈擊披(114)之，斷手指於舟中者可掬(115)。同濟唯皇后、宋貴人、楊彪、董承及后父執金吾伏完(116)等數十人。其宮女皆為傕兵所掠奪，凍溺死者甚眾。既到大陽(117)，止於人家，然後幸李樂營。百官飢餓，河內太守張楊(118)使數千人負米貢餉。帝乃御牛車，因都安邑。河東太守王邑(119)奉獻綿帛[120]，悉賦[121]公卿以下。封邑為列侯，拜胡才征東將軍，張楊為安國將軍，皆假節、開府。其壘壁群豎[122]，競求拜職，刻印不給[123]，至乃以錐畫[124]之。或齎酒肉就天子燕飲[125]。又遣太僕[126]韓融至弘農，與傕、汜等連和。傕乃放遣公卿百官，頗[127]歸宮人婦女，及乘輿器服。

11 初，帝入關，三輔戶口尚數十萬，自傕、汜相攻，天子東歸後，長安城空四十餘日，強者四散，羸[128]者相食，二三年間，關中無復人跡。建安[129]元年春，諸將爭權，韓暹遂攻董承，承奔張楊，楊乃使承先繕修洛宮。七月，帝還至洛陽，幸楊安殿。張楊以為己功，故因以「楊」名殿。乃謂諸將曰：「天子當與天下共之，朝廷自有公卿大臣，楊當出扞外難，何事京師？」遂還野王[130]。楊奉亦出屯梁。乃以張楊為大司馬，楊奉為車騎將軍，韓暹為大將軍，領司隸校尉，皆假節鉞。暹與董承並留宿衛。

12 暹矜功[131]恣睢[132]，干亂[133]政事，董承患之，潛召兗州牧曹操[134]。操乃詣闕貢獻，稟公卿以下，因奏韓暹、張楊之罪。暹懼誅，單騎奔楊奉。帝以暹、楊有翼[135]車駕之功，詔一切勿問。於是封衛將軍董承、輔國將軍伏完等十餘人為列侯，贈[136]沮儁為弘農太守。曹操以洛陽殘荒，遂移帝幸許。楊奉、韓暹欲要遮車駕，不及，曹操擊之[137]，奉、暹奔袁術，遂縱暴[138]揚、徐間。明年，左將軍劉備[139]誘奉斬之。暹懼，走還并州，道為人所殺。胡才、李樂留河東，才為怨家所害，樂自病死。張濟飢餓，出至南陽，攻穰[140]，戰死。郭汜為其將伍習所殺。

13 三年，使謁者僕射裴茂詔關中諸將段煨等討李傕，夷三族[141]。以段煨為安南將軍，封閿鄉侯。

14 四年，張楊為其將楊醜所殺。以董承為車騎將軍，開府。

15 自都許之後，權歸曹氏，天子總己[142]，百官備員而已。帝忌操專偪[143]，乃密詔董承，使結天下義士共誅之。承遂與劉備同謀，未發，會備出征，承更與偏將軍王服[144]、長水校尉种輯[145]、議郎吳碩[146]結謀。事泄，承、服、輯、碩皆為操所誅。

16 韓遂與馬騰自還涼州，更相戰爭，乃下[147]隴據關中。操方事河北，慮其乘間為亂，七年，乃拜騰征南將軍，遂征西將軍，並開府。後徵段煨為大鴻臚[148]，病卒。復徵馬騰為衛尉，封槐里侯。騰乃應召，而留子超[149]領其部曲。十六年，超與韓遂舉[150]關中背曹操，操擊破之，遂、超敗走，騰坐夷三族。超攻殺涼州刺史韋康[151]，復據隴右。十九年，天水人楊阜[152]破超，超奔漢中[153]，降劉備。韓遂走金城羌中，為其帳下所殺。初，隴西人宗建[154]在枹罕，自稱「河首[155]平漢王」，署置[156]

百官三十許年。曹操因遣夏侯淵⑮⑦擊建，斬之，涼州悉平。

【章　旨】以上記述董卓死後之局勢與發展。先寫其部下得不到赦免，轉而為董卓報仇，攻破長安，殺戮大臣，掌握了朝政。其主要人物是李傕、郭汜、張濟、樊稠。次寫他們爭權奪勢，互相攻殺，劫天子，質公卿，所造成的「區服傾回，人神波蕩」的情況。後寫他們各自滅亡的情況。

【注　釋】❶郭汜張濟　郭汜，董卓部將，張掖人，一名「多」。其事見下。張濟，董卓部將，武威郡祖厲（今甘肅會寧）人，其事見下。❷河南尹　官名。河南，郡級政區。本秦三川郡，漢高祖二年（西元前二〇五年）改為河南郡。光武都雒陽，建武十五年（西元三九年）改曰「河南尹」。治雒陽（今河南洛陽東北）。轄境相當今河南省黃河以南，洛水、伊水下游，雙洎河、賈魯河上游地區。❸朱儁　（？—西元一九五年），字公偉，會稽上虞（今浙江上虞）人。少孤，初為縣門下書佐、郡主簿，舉孝廉，除蘭陵（治今山東蒼山縣西南蘭陵鎮）令，拜交阯刺史。以平賊功封都亭侯，徵為諫議大夫。黃巾起，拜右中郎將，與皇甫嵩等平定潁川、汝南、陳國等地的黃巾軍。又圍攻南陽的黃巾軍。累遷右車騎將軍、太尉，錄尚書事，封錢塘侯，位加特進。傳見本書卷六十一。❹中牟　縣名。漢置。東漢屬河南尹，治所在今河南中牟東。❺弘農　郡名。西漢元鼎四年（西元前一一三年）置。治所在弘農。轄境相當今河南黃河以南，宜陽以西的洛、伊、淅川等流域和陝西洛水、社川河上游，丹江流域等地。又古縣名。漢武帝元鼎三年於舊函谷關地置。治所在今河南靈寶北。❻故忿怒并州人　王允為并州祁縣人，與呂布殺董卓，故李傕、郭汜忿怒并州人。❼武威　郡名。漢武帝元狩二年（西元前一二一年）置。治所在今甘肅民勤東北。轄境相當今甘肅黃河以西，武威以東及大東河、大西河流域地區。東漢移治姑臧（今甘肅武威）。❽賈詡　字文和，武威郡姑臧縣（今甘肅武威）人。年少時，人謂其有張良、陳平之才。舉孝廉，為郎。董卓入洛陽，以太尉屬官任平津都尉。後依托於屯兵華陰的段煨，又歸張繡（張濟姪。《三國志・魏書・張繡傳》為張濟族子。張濟死，張繡領其眾，屯駐南陽），說張繡歸曹操。曹操表賈詡為執金吾，封都亭侯，遷冀州牧。曹丕篡漢，以賈詡為太尉，進爵魏壽鄉侯。年七十七薨，諡肅侯。傳見《三國志・魏書》卷十。❾相率　相繼；一個接一個。❿決　決定勝負；以死相拚。⓫剋　戰勝。⓬鈔　掠取；搶掠。後作「抄」。⓭新豐　縣名。漢置。治所在今陝西臨潼東北。⓮樊稠　（？—西元一九五年），涼州金城人，董卓部將。⓯叟　即「蜀」。漢代以蜀為「叟」。⓰衛尉种拂　衛尉，官名。秩中二千石。始置於戰國。漢為九卿之一。掌管宮門警衛。漢景帝時，改為中大夫令。不久，又復舊名。种拂，字穎伯，河南洛陽人。司徒种暠之子。初為司隸從事，拜宛令。累遷光祿大夫，初平元年，為司空。免，又為太常。李傕、郭汜攻破長安，种拂揮劍而出，遂戰而死。傳見本書卷五十六。⑰保　保護。⑱宣平城門　李賢注引《三輔黃圖》曰：「長安城東面北頭門號宣平門。」⑲窮蹙　窘迫；無奈。⑳開府　指成立府署，自選僚屬。漢代三公、大將軍、將軍可以開府。㉑左馮翊　官名，政區名。漢武帝太初元年（西元前一〇四年）改左內史置。職掌相當於太守，因地處畿輔，故不稱郡，為三輔之一。治所在長安（今西安西北）。轄境約相當今陝西渭河以北，涇河以東，洛河中、下游地區。東漢移治高陵（今縣西南）。㉒尚書典選　即官拜尚書，主管選舉。㉓裴茂訊詔獄　裴茂，字巨光，河東聞喜（今山西聞喜）人。《三國志・魏書・裴潛傳》裴松之注曰：「仕靈帝時，歷縣令、郡守、尚書。建安初，以奉使率關中諸將討李傕有功，封列侯。」訊，審理。詔獄，奉皇帝詔令拘禁犯人的監獄。㉔繫　拘囚；關押。㉕銜命　奉命；受命。㉖原解輕微　原解，寬赦；解除。輕微，指罪行輕微的犯人。㉗庶　希望；差不多。㉘冤結　冤氣鬱結。㉙要　約；相約。㉚興平　東漢獻帝年號，西元一九四—一九五年。㉛隴右　古地區名。泛指隴山以西地區。古代以西為右，故名。約當今甘肅六盤山以西，黃河以東一帶。㉜霸橋　即灞橋。在今陝西西安東灞河上。橋址幾經變遷，漢時橋址在今橋西北十餘里。㉝种劭　字申甫。司空种拂之子。少知名。靈帝中平末年為諫議大夫。獻帝即位，拜侍中。出為益、涼二州刺史。會父种拂戰死，不到官。服終，遂與馬騰等共攻李傕、郭汜以報仇，軍敗，戰死。傳見本書卷五十六。㉞和　和解；調解。㉟長平觀　在今陝西涇陽西南。㊱相與州里　同是本鄉本土的人。相與，共同。州里，鄉里。㊲違　誤會。㊳駢馬交臂相加　駢馬，二馬並列。交臂相加，互相胳膊挨著胳膊，或手拉著手。㊴參選舉　參與選拔、推薦人才。㊵參　同「叄」（即「三」）。㊶縱橫　肆意橫行，無所顧忌。㊷斛　古量器名。十斗為一斛。東漢一斛等於現在二〇〇〇〇毫升。見《漢語大詞典》附錄〈中國歷代量制演變測算簡表〉。㊸啖　吃。㊹委積　堆積。㊺侍御史侯汶　侍御史，官名。漢沿秦置，在御史大夫下，或給事殿中，或舉劾非法，或督察郡縣，或奉使出外執行指定的任務。東漢別置治書侍御史。侯汶，王先謙《集解》引惠棟曰：「汶字文林，太原中都（今山西平遙）人。」㊻糜　粥。㊼經日　過了幾天。㊽降　下降；減少。㊾賦卹　布施賑濟。賦，通「敷」。布；施。㊿御前　皇帝的御座之前。(51)臨檢　親身檢驗。據本書〈獻帝紀〉：「帝疑賦卹有虛，乃親於御坐前量試作糜，乃知非實。」李賢注引袁宏《紀》曰：「時敕侍中劉艾取米豆五升於御前作糜，得滿三盂。於是詔尚書曰：『米豆五升，得糜三盂，而人委頓，何也？』」據此，不應有餓死的人，所謂「賦卹有虛」，即有剋扣現象。(52)讓　責備。(53)詣省閤謝　即到宮門請罪、認錯。詣，到。省，王宮禁署；禁中。閤，王先謙《集解》引劉攽曰：「『閤』，當作『閣』」。閣，門也。「詣閣」無理。」省閣，即宮門。謝，謝罪；認錯。(54)考實　審查、考問真實。(55)致　送。(56)理　大理。刑獄之官，即廷尉，九卿之一。此官秦時稱廷尉，漢景帝改稱大理，漢武帝時又稱廷尉。(57)杖　杖責。以杖擊打脊背、臀部或腿。(58)全濟　得到救濟而保全性命。(59)傕因會刺殺樊稠於坐　李賢注引〈獻帝紀〉曰：「傕見稠果勇而得眾心，疾害之，醉酒，潛使外生騎都尉胡封於坐中拉殺稠。」因，趁。會，集會；宴會。(60)疑異　猜疑而生異心。(61)理兵　整治軍隊。(62)楊定　涼州豪強，董卓部將。其事見下。(63)忍害　殘害。(64)乘　古時一車四馬為一乘。(65)人臣　臣下；臣子。(66)將軍　指李傕。(67)徒　徒步。(68)什物　雜物。(69)張喜　汝南細陽（今安徽太和）人，太尉張酺之曾孫。初平四年（西元一九三年）至建安元年（西元一九六年）為司空。李賢注引《獻帝春秋》曰：「喜」作「嘉」。(70)劫　劫持。(71)質　以為人質。(72)奉　尊奉。(73)貫傕耳　指流矢穿過李傕的耳朵。貫，穿。(74)楊奉　（？—西元一九七年），原為白波賊帥（黃巾餘黨），後為李傕部將。其事見下。(75)北塢　服虔《通俗文》曰：「營房曰塢。一曰庳城也。《山陽公載記》曰：『時帝在南塢，傕在北塢，時流矢中傕左耳，乃迎帝幸北塢，帝不肯從，強之乃行。』」《資治通鑑》胡三省注曰：「此塢蓋在長安城中，傕、汜於城中各築塢而居也。」(76)皇后宋貴人　皇后，即伏皇后。名壽，琅邪東武（今山東諸城）人。不其侯伏完之女。興平二年立為皇后。由於曹操專權，乃與父伏完書，使密圖曹操，伏完不敢發。完卒後，建安十九年，事敗露，曹操怒，令獻帝廢后。下暴室，以幽崩，並殺其二子。見本書卷十下。宋貴人，名都，常山太守宋泓之女。貴人，妃嬪的稱號，位僅次於皇后。(77)傕使校尉監門二句　李賢注引〈獻帝紀〉曰：「傕令門設反關，校尉守察。盛夏炎暑，不能得冷水，飢渴流離。上以前移宮人及侍臣，不得以穀米自隨，入門有禁防，不得出市，困乏，使就傕索粳米五斛，牛骨五具，欲為食賜宮人左右。傕不與米，取久牛肉牛骨給，皆已臭虫，不可啖食。」(78)尋復欲徙帝句　尋，不久。池陽，縣名。治所在今陝西涇陽西。黃白城，在今陝西三原東北。(79)趙溫　（西元一三七—二〇八年），字子柔，蜀郡成都（今四川成都）人。初為京兆郡丞，後棄官歸。遭歲大饑，散家糧以賑窮餓，所活萬餘人。獻帝西遷都，為侍中，封江南亭侯。初平四年，代楊彪為司空，復為司徒，錄尚書事。從駕都許，建安十三年去世。傳見本書卷二十七。(80)譬　勸說；開導。(81)謁者僕射皇甫酈　謁者，官名。始置於春秋、戰國時，為國君掌管傳達。秦、漢沿置。《漢書・百官公卿表》：謁者掌賓贊（舉行典禮時，引導儀式）受事。有僕射一人，秩比千石，為謁者臺首領。天子出，為前導引車。古重習武，有主射者統領此事，所以叫做僕射。皇甫酈，安定朝那（今甘肅平涼）人。皇甫嵩之姪。(82)不　同「否」。(83)苟　乃；尚。(84)左右　幫助。(85)脅　以武力逼迫。(86)呵遣　呵叱趕出。(87)權　暫時。(88)敦請　敦促懇請。(89)十反　反覆十次。(90)車駕　帝王所乘的車。此指代帝王。(91)發邁　啟行。(92)曹陽　即曹陽亭。在今河南靈寶東北。(93)董承　（？—

西元二〇〇年），獻帝忌曹操專權，乃密詔董承結天下義士共誅曹操。董承遂與劉備、偏將軍王服、長水校尉种輯、議郎吳碩結謀。事洩，建安五年，承、服、輯、碩皆為曹操所誅。李賢注引〈蜀志〉曰：「承，獻帝舅也。」裴松之《三國志．蜀書．先主傳》注曰：「董承，漢靈帝母董太后之姪。於獻帝為丈人，蓋古無丈人之名，故謂之舅也。」盧弼《三國志集解．蜀書．先主傳》注引趙一清曰：「董承故董卓婿牛輔部曲將。則承必其（董卓）支屬。其後有功獻帝，又以其女為貴人，故謂之舅邪。裴以承為董太后之姪，恐非。」又引錢儀吉曰：「曹操之弒伏后，范書〈伏后紀〉中備載其事。其殺董承夷三族，〈董后紀〉不書，蓋承非董后族也。」盧弼按曰：「范書〈伏后紀〉董承女為貴人，操誅承而求貴人殺之。帝以貴人有妊，累為請，不能得。本傳稱舅者，蓋以女為貴人也。至云承為董后之姪、董卓之支屬，均未知何據。」❾❹服御　衣服車馬之類的東西。❾❺資儲　日常生活所需要的東西。❾❻隙　本意為縫隙，引申為矛盾。❾❼御膳　供皇帝的膳食。❾❽稟贍　供養。❾❾遮　阻遏；攔截。❿⓿荊州　漢武帝所置「十三刺史部」之一。轄境相當今湖北、湖南兩省及河南、貴州、廣東、廣西的部分地區。東漢治所在漢壽（今湖南常德東北）。❿❶不相平　不和；關係不好。❿❷東澗　水名。在今河南靈寶東北。下文「自東澗兵相連綴四十里中」，是說自東澗至陝縣的四十里中，李傕的追兵與董承等交戰連續不斷。❿❸射聲校尉沮儁　射聲校尉，官名。漢武帝所置京師屯兵八校尉之一。掌待詔射聲士（顏師古注引服虔曰：「工射也。冥冥中聞聲射則中之，因以名也。」又引應劭曰：「須詔所命而射，故曰待詔射也。」）。東漢射聲校尉，秩比二千石。掌宿衛兵。見本書志第二十七〈百官四〉。沮儁，《風俗通》曰：「沮，姓也。黃帝時史官沮誦之後。」❿❹露次　止宿野外。露，露天；屋外。次，駐留；止歇。❿❺譎　詭詐；欺誑。❿❻間使　密使。❿❼南匈奴右賢王去卑　南匈奴，匈奴。中國古族名。《史記》謂為夏后氏之苗裔。商時稱獯粥，周時稱獫狁，秦漢稱匈奴。戰國時活動於燕、趙、秦以北地區。秦漢之際冒頓單于統一各部，勢力強盛，統治了大漠南北的廣大地區。漢初，不斷南下攻擾。漢武帝時，多次進軍漠北，匈奴受到很大的打擊，勢力漸衰。光武帝建武二十四年（西元四八年），匈奴分裂，日逐王比自立，率所部南下附漢，屯居朔方、五原、雲中（今內蒙古境內）等郡，後一部分又遷移山西西北部。漢人對南遷的匈奴人稱為「南匈奴」。匈奴事見《史記．匈奴列傳》、《漢書．匈奴傳》、本書〈南匈奴列傳〉。右賢王，匈奴官名。是單于以下的高級官職。冒頓單于時，除自領中部外，設左右屠耆王，分領東西二部，由單于子弟擔任。匈奴尚左，通常以單于的繼承者任東邊的左屠耆王。屠耆，匈奴語是「賢」的意思，漢人因稱左右屠耆王為左右賢王。去卑，南匈奴右賢王名。❿❽擁衛左右　護衛於皇帝左右。❿❾後距　後衛；後援。⓫⓿潛議　暗中商議。⓫❶舡　同「船」。⓫❷絹縋　繫在整匹的絹上放下去。⓫❸匍匐　伏地而行。⓫❹擊披　劈擊。⓫❺掬　雙手捧取。形容斷指之多。⓫❻伏完　（？—西元二〇九年），琅邪東武人，濟南伏生之後，大司徒伏湛之七世孫。襲爵不其侯。伏完沉深有大度，尚桓帝女陽安公主。為侍中，初平元年從大駕西遷長安，為執金吾。建安元年，封為輔國將軍，儀比三司。伏完以政在曹操，自嫌尊戚，乃上印綬，拜中散大夫，尋遷屯騎校尉。建安十四年卒。見本書卷十。[117]大陽　古縣名。漢置。治所在今山西平陸西南。[118]張楊　字稚叔，雲中（今內蒙古托克托）人。以勇武給事并州，為武猛從事。董卓作亂，以楊為建義將軍、河內太守。天子之在河東，楊將兵至安邑，拜安國將軍，封晉陽侯，拜大司馬。張楊素與呂布善，曹操圍呂布，張楊欲救之，其將楊醜殺張楊以應曹操。傳見《三國志・魏書》卷八。[119]王邑　李賢注引《同歲名》曰：「邑字文都，北地涇陽人，鎮北將軍。」[120]綿帛　綿，絲綿。精曰綿，粗曰絮。帛，絲織物的總稱。[121]賦　給。[122]壘壁群豎　壘壁，軍營的圍牆。此指軍營中。群豎，可理解為一群小人，或眾多的小頭目。群，眾多。豎，古時對人的賤稱、蔑稱。[123]不給　來不及。[124]錐畫　用錐子刻畫。[125]燕飲　同「宴飲」。此謂吃喝。[126]太僕　官名，九卿之一。秩中二千石。《漢書・百官公卿表》：「太僕，秦官，掌輿馬，有兩丞。」如果天子出用大駕，則太僕駕車。（蔡邕《獨斷》：「天子出，車駕次第謂之鹵簿，有大駕、法駕、小駕之別。大駕則公卿奉引，大將軍參乘，太僕御，屬車八十一乘，備千乘萬騎。」）見本書志二十五〈百官二〉。[127]頗　略微；稍微。[128]羸　瘦弱。[129]建安　東漢獻帝年號，西元一九六—二二〇年。[130]野王　縣名。西漢置。治所在今河南沁陽。[131]矜功　誇耀自己的功勞。[132]恣睢　放縱兇暴的樣子。[133]干亂　干預並擾亂。[134]曹操　（西元一五五—二二〇年），東漢末政治家、軍事家、詩人。字孟德，小名阿瞞，譙縣（今安徽亳州）人。東漢末在平定黃巾之亂中，逐步擴充了軍事力量。初平三年（西元一九二年）占據兗州，分化誘降青州黃巾軍的一部分，編為青州兵。建安元年（西元一九六年），迎獻帝都許昌（今河南許昌東）。利用獻帝的名義發號施令，先後削平呂布、袁紹等割據勢力，統一了北方。建安十三年，進位丞相，率軍南下，被孫權、劉備聯軍擊敗於赤壁。後封魏王。子曹丕篡漢，建立魏國，尊他為武帝。他在北方屯田，興修水利，解決了糧食缺乏的問題；他唯才是用，打破世族門閥觀念；他精兵法，善詩歌，散文清峻整潔。遺著有《魏武帝集》，已佚。有明人輯本。又有今人整理排印的《曹操集》。傳見《三國志・魏書・武帝紀》。[135]翼　保護；輔助。[136]贈　朝廷封官，賜大臣詔誥，生曰「封」，死曰「贈」。[137]楊奉韓暹欲要遮三句　要遮，攔截。李賢注引《獻帝春秋》曰：「車駕出洛陽，自轘轅（山名。在今河南偃師東南）而東，楊奉、韓暹引軍追之。輕騎既至，操設伏兵要於陽城山峽中，大敗之。」[138]縱暴　肆意作惡。暴，暴虐。[139]劉備　（西元一六一—二二三年），蜀漢昭烈皇帝。三國時蜀漢的建立者，西元二二一—二二三年在位。字玄德，漢景帝中子中山靖王劉勝之後。勝子貞，漢武帝元狩六年（西元前一一七年）封涿縣陸城亭侯，坐酎金（諸侯於宗廟祭祀時所獻的助祭之金）失侯，於是家於涿縣。劉備少孤貧，與母販履織席為業。黃巾之亂，劉備起兵，參與平定黃巾軍，以功為安喜縣尉。在軍閥混戰中，先後投靠公孫瓚、陶謙、曹操、袁紹、劉表。後來採用諸葛亮聯孫破曹的主張，於建安十三年（西元二〇八年）大破曹操於赤壁，占領荊州，不久，又取得益州與漢中。建安二十五年，曹丕篡漢，劉備於次年稱帝，國號漢，年號章武，都成都。次年與吳在彝陵之戰中大敗，不久病死。傳見《三國志・蜀書・先主傳》。140穰　古縣名。秦置。治所在今河南鄧州。141夷三族　中國古代的一種殘酷刑法，即誅滅三族。夷，誅鋤。三族，父母、兄弟、妻子。一說為父族、母族、妻族。142天子總己　像天子一樣總攬大權。總己，此指總攬大權。143偪　同「逼」。144偏將軍王服　偏將軍，官名。偏師（全師的一部分，以區別於主力）之將軍。一謂偏將軍乃將軍之輔佐，在將軍中地位最低。王服，《三國志・蜀書・先主傳》作「將軍王子服」。145長水校尉种輯　長水校尉，官名。漢武帝所置京師屯兵八校尉之一，掌長水、宣曲胡騎（顏師古注曰：「長水，胡名也。宣曲，觀名，胡騎之屯於宣曲者。」）。東漢長水校尉，秩比二千石。掌宿衛兵。見本書志第二十七。种輯，本書〈獻帝紀〉作「越騎校尉」。《三國志・蜀書・先主傳》亦作「長水校尉种輯」。146議郎吳碩　議郎，官名。西漢置，掌顧問應對，無定員，秩六百石，屬光祿勳，為郎官之一種，但不入直宿衛。東漢時地位更高，得參與朝政。見本書志第二十五。吳碩，《三國志・蜀書・先主傳》作「將軍吳子蘭」。147下　攻下。148大鴻臚　官名，九卿之一。秩中二千石。《漢書・百官公卿表》：「典客，秦官，掌諸歸義蠻夷，有丞。景帝中六年更名大行令，武帝太初元年更名大鴻臚。」見本書志第二十五。149超　馬騰子馬超。字孟起。傳見《三國志・蜀書・關張馬黃趙傳》。150舉　發動；興起。即舉兵。151韋康　本書〈荀彧傳〉李賢注曰：「康字元將，京兆人。父端從涼州牧徵為太僕。康代為涼州刺史，時人榮之。」《三國志・魏書・楊阜傳》裴松之注引皇甫謐《列女傳》曰：「建安中，馬超攻冀，害涼州刺史韋康，州人悽然，莫不感憤。」152天水人楊阜　天水，郡名。見前「漢陽」注。楊阜，李賢注引〈魏志〉曰：「楊阜，字義山，天水冀人也。韋康以為別駕。馬超率萬餘人攻冀城，阜率國士大夫及宗族子弟勝兵者千餘人，與超接戰，身被五創，宗族昆季死者七人，超遂南奔張魯。」曹操封其討超之功，賜爵關內侯，以為益州刺史、金城太守、武都太守。魏明帝時，徵拜城門校尉，遷將作大匠、少府。卒於官。傳見《三國志・魏書》卷二十五。153漢中　郡名。秦惠王置。治所在今陝西漢中東。轄境相當今陝西秦嶺以南，留壩、勉縣以東，乾祐河流域以西和湖北鄖縣、保康以西，粉青河、珍珠嶺以北地。154宗建　盧弼《三國志集解・武帝紀》建安十九年曰：「范書〈獻帝紀〉作朱建。錢大昕曰：〈天文志〉作宋建，〈董卓傳〉作宗建，何焯校本作宗。弼按：〈夏侯淵傳〉、〈張郃傳〉俱作宋建。《通鑑》同。」155河首　李賢注曰：「建以居河上流，故稱河首也。」宗建固住黃河上游故稱。156署置　設置官署任用官吏。署，部署。157夏侯淵　（？—西元二一九年），字妙才，譙縣

（今安徽亳州）人。東漢末，隨曹操起兵，為別部司馬、騎都尉。從征袁紹、韓遂，有勇名。建安二十年（西元二一五年）任征西將軍，守漢中。建安二十四年於漢中定軍山為劉備部將黃忠所擊殺。謚忠侯。傳見《三國志・魏書・諸夏侯曹傳》。

【語　譯】當初，董卓因為牛輔是自己的女婿，平素親近信任，派他帶兵駐紮在陝縣。牛輔分別派遣其校尉李傕、郭汜、張濟率領步兵、騎兵數萬，在中牟縣擊敗河南尹朱儁。於是搶掠陳留、潁川郡諸縣，殺擄男女，所過之處，殺光搶光不留任何東西。呂布便派遣李肅以皇帝的命令到陝縣討伐牛輔等人，牛輔等迎頭與李肅交戰，李肅兵敗，逃至弘農，呂布於是誅殺李肅。後來牛輔營中無故大驚，牛輔恐懼，便帶著金銀珠寶越城逃走。左右之人，貪圖其財貨，殺牛輔，把他的頭送往長安。

2 李傕、郭汜等因為王允、呂布殺董卓，所以憤恨并州人，并州人在其軍中的男女數百人，都把他們殺了。牛輔失敗後，其部眾無所依靠，想各自散去。李傕等人恐懼，便先派遣使者到長安，乞求赦免罪過。王允以為一年之中不能再次頒布赦令，不允許他們的請求。李傕等人更加心懷憂懼，不知如何是好。武威人賈詡當時在李傕軍中，鼓動李傕說：「聽說長安城中議論要殺盡涼州人，各位如果離開軍隊單獨行動，那麼一個亭長即能把您捆綁起來。不如一起西行，進攻長安，為董公報仇。事情成功，尊奉國家以匡正天下；如果事不成功，再走也不晚。」李傕等人認為賈詡說得很對，互相議論說：「朝廷不赦免我們，我們就以死相拚，如果攻下長安，我們就得天下了；如果不能攻克，就抄掠三輔的婦女財物，西歸鄉里，還可以延長生命。」大家認為是對的，於是共同結盟，率領軍隊數千人，晝夜西行。王允聽說，便派遣董卓以前的部將胡軫、徐榮在新豐迎擊他們。徐榮戰死，胡軫帶領部眾投降。李傕沿途搜集散兵，等到達長安時，已達十餘萬人，與董卓以前的部下樊稠、李蒙等人聯合，包圍長安。城池險峻不能攻下，守了八天，呂布軍中有蜀兵在內部叛亂，引李傕的人馬進入城中，城破，李傕縱兵擄掠，死亡的有一萬餘人。殺死衛尉种拂等人。呂布戰敗逃出。王允侍奉保護天子在宣平門城樓上。於是大赦天下，李傕、郭汜、樊稠等人都封為將軍。他們便包圍了宣平門城樓，共同上表請司徒王允出來，問他「太師有什麼罪」？王允無可奈何，便下了城樓，幾天之後就被殺死。

李傕等人葬董卓於郿縣，並收集董氏所焚屍之灰，合裝在一個棺材裡埋葬了。埋葬的那天，風狂雨大，雷霆擊震董卓之墓，雨水流進墓穴，把董卓的棺材漂了出來。

3 李傕又遷車騎將軍，開設府署，兼任司隸校尉，皇帝授予符節。郭汜為後將軍，樊稠為右將軍，張濟為鎮東將軍，都封為列侯。李傕、郭汜、樊稠共同執掌朝政。張濟出京駐守弘農。任賈詡為左馮翊，想封他為侯。賈詡說：「這不過是救命之計，有什麼功勞呢！」堅決推辭才作罷。改任為尚書典選。

4 第二年夏天，大雨晝夜不停地下了二十餘天，大水淹沒百姓，又刮起了如同冬天的寒風。獻帝命御史裴茂審理詔獄中的犯人，原來被關押的有二百餘人。其中有的是被李傕冤枉囚禁的，李傕恐怕裴茂把他們放出來，於是上書奏裴茂擅自釋放囚徒，懷疑他有奸詐的事情，請求逮捕裴茂。朝廷下詔書說：「災異多次出現，淫雨造成災害，使者奉命宣布恩澤，赦免釋放罪行輕微的犯人，以求符合天意。想化解鬱結的冤氣，還能再加罪於他嗎！一切不要過問。」

5 當初，董卓入關時，約韓遂、馬騰共同謀劃進攻山東。韓遂、馬騰見天下將亂，也想倚仗董卓起兵。興平元年，馬騰從隴右來朝見皇帝，駐紮在霸橋。當時馬騰因私事有求於李傕，沒有得到解決而惱怒，於是與侍中馬宇、右中郎將劉範、前涼州刺史种劭、中郎將杜稟合兵攻打李傕，連戰幾天未分勝負。韓遂聽說，於是率領部眾來想和解馬騰與李傕的關係，韓遂到達之後，又與馬騰聯合。李傕使其兄子李利和郭汜、樊稠與馬騰等在長平觀下交戰。韓遂、馬騰兵敗，被殺死的有一萬多人，种劭、劉範等都戰死。韓遂、馬騰兵敗逃回涼州，樊稠等又追趕他們。韓遂派人對樊稠說：「天下事反覆無常，未可預料，同是本鄉本土的人，現在雖有點小誤會，重要的是應當求取大同，想和您一起談談。」於是兩馬並列，二人手挽著手，談笑了很長的時間。軍隊返回後，李利告訴李傕說：「樊稠、韓遂並馬笑語，不知說了些什麼，情意甚是親密。」於是李傕、樊稠開始互相猜疑。但仍然讓朝廷使樊稠、郭汜開設府署，與三公合為六府，都參與選拔推薦人才。

6 當時長安城中盜賊不能禁止，白日搶劫掠奪，李傕、郭汜、樊稠於是將長安城劃為三個部分，各自守備自己的界區，盜賊仍然不能制止，他們的子弟肆意橫行，侵害百姓。此時穀子一斛五十萬錢，豆、麥二十萬錢，人相食，白骨堆積，臭氣汙穢充滿道路。獻帝派侍御史侯汶出太倉的米豆為飢餓之人作粥，過了幾天而餓死的人數沒有減少。獻帝懷疑賑濟有虛假，於是在御坐之前親自作粥加以檢驗。得知虛假之後，派侍中劉艾出去責備有關官員。於是尚書令以下的官員都到宮門請罪，奏請逮捕侯汶考問實情。獻帝下詔書說：「不忍心將侯汶送交法官治罪，可杖責五十。」從此以後飢餓之人多數得到救濟而保全性命。

7 第二年春天，李傕乘聚會之機把樊稠刺殺在座位上，由此諸將之間互相懷疑而產生異心，李傕、郭汜於是又整治軍隊互相攻殺。安西將軍楊定，是董卓以前的部將。害怕為李傕殘害，於是與郭汜共同謀劃迎天子駕臨他們的軍營。李傕知道他們的計畫後，立即派遣其兄之子李暹率領數千人包圍皇宮。用車三輛把天子、皇后接走。太尉楊彪對李暹說：「古今的帝王，沒有住在臣子家裡的，你們各位做事，應當上順天意，怎麼能這樣呢！」李暹說：「將軍的主意已定了。」天子於是駕臨李傕的軍營，楊彪等大臣都徒步跟從。亂兵進入宮殿，搶掠宮人的日用雜物，李傕又把皇帝府庫裡的金帛、車輦、服飾等器物搬走，然後放火把宮殿、官府、民居都燒光了。獻帝派楊彪與司空張喜等十餘人勸說李傕與郭汜和解，郭汜不聽從，於是扣留公卿作為人質。楊彪對郭汜說：「將軍您是通達人間事理的人，怎麼能君臣相爭，一人劫持天子，一人以公卿為人質，可以這樣做嗎？」郭汜怒，想動手殺楊彪。楊彪說：「您尚且不尊奉國家，我難道還求生嗎！」左右之人多來勸諫，郭汜這才罷休。於是率軍攻打李傕，流矢射到獻帝面前，又射穿李傕的耳朵。李傕部將楊奉，本是白波賊的首領，便帶兵來救李傕，於是郭汜的人馬才撤退。

8 這一天，李傕又轉移獻帝幸其北塢，只有皇后、宋貴人和獻帝在一起。李傕派遣校尉把守塢門，斷絕內外的聯繫。不久又想把獻帝轉移到池陽縣的黃白城，君臣都惶懼不安。司徒趙溫深深地開導李傕，這才作罷。獻帝下詔書派遣謁者僕射皇甫酈和解李傕與郭汜的關係。皇甫酈先去勸解郭汜，郭汜即依從命令。又到李傕那裡，李傕不聽從。說道：「郭多，不過是個盜馬賊罷了，怎敢想和我等同呢！我一定要殺死他。您看我的謀略和部眾，難道不足以收拾郭多嗎？郭多又扣押公卿。其所作所為是這樣，而您還想幫助他嗎！」郭汜一名郭多。皇甫酈說：「如今郭汜扣押公卿作人質，而將軍您脅迫君主，罪行誰輕誰重呢？」李傕發怒，呵叱趕走皇甫酈，接著命令虎賁王昌追殺皇甫酈。王昌假裝追趕不上，皇甫酈得免於難。李傕於是自任為大司馬。與郭汜互相攻打連續數月，死的人數以萬計。

9 張濟從陝縣來和解李傕、郭汜二人，仍想遷獻帝暫時駕幸弘農。獻帝亦思念原先的京都，於是派遣使者敦促懇請李傕要求東歸，使者反覆十次才得到允許。獻帝即當日啟程。李傕出長安屯駐曹陽。任命張濟為驃騎將軍，又返回屯駐陝縣。遷升郭汜為車騎將軍，楊定為後將軍，楊奉為興義將軍。又任命牛輔以前的部將董承為安集將軍。郭汜等人一起護送天子。郭汜於是又想脅迫獻帝駕幸郿縣，楊定、楊奉、董承不聽從。郭汜恐怕發生變故，便丟下軍隊回到李傕那裡。車駕前行到了華陰。寧輯將軍段煨於是準備衣服車馬之類的東西及公卿以下官員生活用的物品，請獻帝駕臨他的營中。當初，楊定與段煨有矛盾，於是誣陷段煨想造反，便攻打他的營寨，十幾天打不下來。而段煨仍然供奉獻帝膳食，供養百官，始終沒有二心。

10 李傕、郭汜已經後悔讓天子東歸，便來救段煨，想趁機劫持獻帝西返。楊定被郭汜所攔截，逃亡奔走荊州。而張濟與楊奉、董承關係不好，反而與李傕、郭汜聯合，共同追趕皇帝車駕，大戰於弘農東澗。董承、楊奉兵敗，百官士卒死者不可勝數，都丟棄了女眷物資，皇帝的御用物品及符策典籍，幾乎丟失淨盡。射聲校尉沮儁受傷跌下馬來。李傕對左右的人說：「還可以讓他活下來嗎？」沮儁罵他說：「你們行兇叛逆，逼迫天子，亂臣賊子，沒有像你們這樣的！」李傕命人殺了沮儁。獻帝乃露宿在曹陽。董承、楊奉假意與李傕等聯合，卻暗派密使到河東招引原先的白波帥李樂、韓暹、胡才及南匈奴右賢王去卑，共同率領他們的部眾數千騎兵前來，與董承、楊奉共同攻打李傕等人，大破李傕，斬殺數千人，獻帝才得以前進。董承、李樂在左右護衛，胡才、楊奉、韓暹、去卑為後衛。李傕等人又來交戰，楊奉等大敗，戰死的人比東澗之戰還多。從東澗開始的四十里當中兵相攻殺連續不斷，好不容易才到達陝縣，於是結營自守。時當戰亂殘破之後，虎賁、羽林衛士不滿百人，皆有逃離之心。董承、楊奉等於是夜間暗中商議過黃河，命李樂先渡河備辦船隻，舉火為接應的信號。獻帝步行出了軍營，到了河岸想渡過去，河岸高十餘丈，便用整匹的絹繫著放下去。其餘的人有的從岸邊爬下去，有的從岸上跳下去，死亡傷殘者，不知有多少。爭著上船的人，不能禁止，董承於是用戈劈擊，被劈斷的手指掉在船艙裡可用手來捧取。同獻帝一起過河的只有皇后、宋貴人、楊彪、董承及皇后之父執金吾伏完等數十人。其餘的宮女都被李傕的兵搶去，凍死、淹死的人很多。到了大陽之後，住在百姓家裡，然後獻帝駕幸李樂的軍營之中。百官飢餓，河內太守張楊命數千人背米貢餉。獻帝於是乘坐牛車，定都在安邑。河東太守王邑奉獻絲綿布帛，都給予公卿以下的人。獻帝封王邑為列侯，任命胡才為征東將軍，張楊為安國將軍，都給予符節，開設府署。軍中的大小頭目，都爭著來求封官職，刻印都來不及，以至於用錐子刻畫。有的人送酒肉來供天子吃喝。獻帝又派遣太僕韓融到弘農，與李傕、郭汜等人講和，李傕於是放回公卿百官，也歸還了一些宮人女眷，以及車馬、器物和服飾。

11 當初，獻帝入關時，三輔地區的戶口尚有數十萬，自從李傕、郭汜互相攻殺，天子東歸之後，長安城空達四十多天，身體強壯的人四處逃散，羸弱的人互相吃掉，二、三年間，關中不再有人的蹤跡。建安元年春天，諸將爭權，韓暹於是攻打董承，董承逃奔至張楊處，張楊乃命董承先修繕洛陽的宮殿。七月，獻帝回到洛陽，駕幸楊安殿。張楊以為是自己的功勞，所以以「楊」字作為殿名。於是對諸將說：「天子應當是天下人的天子，朝廷中自有公卿大臣保護，張楊我應當出去抵禦外患，怎麼能在京城裡呢？」於是回到了野王。楊奉也出外屯駐在梁縣。於是朝廷任命張楊為大司馬，楊奉為車騎將軍，韓暹為大將軍，兼領司隸校尉，皆授予符節、斧鉞。韓暹與董承並留在京城宿衛。

12 韓暹居功自傲，放縱兇暴，干預擾亂政事，董承感到擔憂，暗中招引兗州牧曹操。曹操於是到京城貢獻物品，贈給公卿以下百官，趁機奏報韓暹、張楊的罪過。韓暹懼怕被殺，單人獨馬投奔楊奉。獻帝因韓暹、張楊有保駕之功，下詔不要追問他們的一切。於是封衛將軍董承、輔國將軍伏完等十餘人為列侯，贈沮儁弘農太守。曹操以洛陽殘破荒廢為由，便移獻帝幸許。楊奉、韓暹想攔住車駕，沒有趕上，曹操攻打他們，楊奉、韓暹投奔袁術，便在揚州、徐州一帶肆意作惡。第二年，左將軍劉備誘殺了楊奉。韓暹害怕，逃回并州，在路上被人所殺。胡才、李樂留在河東，胡才被仇家殺害，李樂發病而死。張濟軍隊飢餓，離開自己的駐地，到了南陽，攻打穰縣，戰死。郭汜被其部將伍習殺死。

13 建安三年，朝廷命謁者僕射裴茂持詔書命關中諸將段煨等討伐李傕，滅其三族。任命段煨為安南將軍，封閿鄉侯。

14 建安四年，張楊被其部將楊醜所殺。朝廷任命董承為車騎將軍，開設府署。

15 自從獻帝都許之後，大權歸於曹操，像天子一樣總攬大權，百官備員充數而已。獻帝忌恨曹操專權逼迫，於是密詔董承，讓他結集天下義士共同誅殺曹操。董承便與劉備共同謀劃，還沒有行動，正值劉備出征，董承又與偏將軍王服、長水校尉种輯、議郎吳碩合謀。事情洩露，董承、王服、种輯、吳碩皆為曹操所殺。

16 韓遂與馬騰自從返回涼州，連續戰爭，於是攻下隴地占據關中。曹操當時正在對付河北的袁紹，怕他們乘機作亂，建安七年，乃拜馬騰為征南將軍，韓遂為征西將軍，都開設府署。後又徵召段煨為大鴻臚，段煨病死。又徵馬騰為衛尉，封槐里侯。馬騰於是應召入朝，留下兒子馬超統領他的部眾。建安十六年，馬超與韓遂舉兵關中背叛曹操，曹操擊破他們，韓遂、馬超敗走，馬騰因此被誅滅三族。馬超攻殺涼州刺史韋康，再次占據隴右。建安十九年，天水人楊阜擊敗馬超，馬超逃奔漢中，歸降劉備。韓遂逃到金城羌人居住的地方，被他的部下所殺。當初，隴西人宗建在枹罕，自稱「河首平漢王」，開署設置各種官職三十餘年。曹操於是派遣夏侯淵攻打宗建，殺了他，涼州全部平定。

論曰：董卓初以虓闞為情❶，因遭崩剝❷之埶，故得蹈藉彝倫❸，毀裂畿服❹。夫以刳肝斮趾❺之性，則群生不足以厭其快，然猶折意縉紳❻，遲疑陵奪❼，尚有盜竊之道❽焉。及殘寇❾乘之，倒山傾海，崑岡之火❿，自茲⓫而焚，版、蕩⓬之篇，於焉⓭而極。嗚呼，人之生也難矣！天地之不仁甚矣⓮！

贊曰：百六有會⑮，過、剝成災⑯。董卓滔天⑰，干逆三才⑱。方夏崩沸⑲，皇京烟埃。無禮雖及，餘祲遂廣⑳。矢延王輅，兵纏魏象㉑。區服傾回㉒，人神波蕩㉓。

【章旨】作者以為董卓雖兇狠殘忍，尚能矯情忍性，及至殘寇乘機而起，翻山倒海，如同「火炎崑岡，玉石俱焚」，天下動盪不安，已達極點。

【注釋】❶虓闞為情　虓闞，虎怒哮吼的樣子。虓，虎吼。闞，虎怒貌；虎叫聲。引申為勇猛強悍。《詩・常武》：「闞如虓虎。」情，本性；表現。❷崩剝　紛亂；衰亂。❸彝倫　常理；常道。❹毀裂畿服　毀裂，破壞；禍亂。畿，天子直接管轄的土地，方千里。所謂「王畿千里」。服，王畿周圍的地方，王的藩屬。由近及遠，每五百里為一服。古有五服之說和九服之說。五服說：王畿之外第一個五百里為甸服，依次為侯服、綏服、要服、荒服。見《十三經注疏・尚書》之〈益稷〉、〈禹貢〉。九服說：即侯服、甸服、男服、采服、衛服、蠻服、夷服、鎮服、藩服。見《周禮・夏官・職方氏》。服的遠近，對王的義務亦不同。畿服，指代天下、國家。❺刳肝斮趾　李賢注曰：「刳，剖也。斮，斬也。紂刳剔孕婦，剖比干之心，斮朝涉之脛。」刳肝，剖挖肝臟（未云誰剖誰之肝臟）。斮趾，指商紂斮晨涉水者之脛視其髓。紂「刳剔孕婦」、「斮朝涉之脛」、「剖比干之心」，典出偽《古文尚書・泰誓》：「今商王受，刳剔孕婦」，「斮朝涉之脛，剖賢人之心」。偽《孔傳》云：「懷子之婦，刳剔視之，言暴虐。」孔穎達疏引皇甫謐云：「紂剖比干妻，以視其胎。」「斮朝涉之脛，剖賢人之心」，偽《孔傳》云：「冬月見朝涉水者，謂其脛耐寒，斬而視之。比干忠諫，謂其心異於人，剖而視之。」孔穎達疏云：「冬月見朝涉水者，謂其脛耐寒，疑其骨髓有異，斬而視之。其事或當有所出也。比干強諫，紂怒曰：『吾聞聖人心有七竅。』遂剖比干觀其心。是紂謂比干之心異於人。剖而觀之。」「斮朝涉之脛」，又見《水經注・淇水》：「紂乃於此斮脛而視髓也。」❻折意縉紳　指擢用鄭公業、何顒、荀爽、陳紀、韓融等人。折意，謂「屈意」。即忍性屈情，亦上文之「忍性矯情」。縉，亦作「搢」。插。紳，束腰的大帶。古代官吏，垂紳插笏。故稱士大夫為「縉紳」。❼遟疑陵奪　遟，同「遲」。遟疑；猶豫。陵奪，欺凌篡奪。陵，同「淩」。欺淩。❽尚有盜竊之道　還算有點盜賊之道。盜竊，盜賊。盜竊之道，語出《莊子・胠篋》：「盜跖之徒問於跖曰：「盜亦有道乎？」跖曰：「何適而無有道邪？夫妄意室中之藏，聖也；入先，勇也；出後，義也；知可否，智也；分均，仁也；五者不備而能成大盜者，天下未之有也。」」❾殘寇　指李傕、郭汜等人。❿崑岡之火　崑岡，指崑崙山。語出《尚書．胤征》：「火炎崑岡，玉石俱焚。」偽《孔傳》云：「山脊曰岡。崑山出玉。」見《十三經注疏．尚書．胤征》。言為害之大，受害之普遍。⓫茲　此。⓬版蕩　《詩》篇名。版，又作「板」。《詩．大雅》有〈板〉、〈蕩〉二篇。〈板〉：「上帝板板，下民卒癉。」《詩．序》曰：「〈板〉，凡伯（周公之後，為王卿士）刺厲王也。」上帝，影射周厲王。板板，乖戾；不正常。卒癉，清馬瑞辰《毛詩傳箋通釋》：「卒者，讀與『瘁』同。瘁、癉，皆病也。」（《清經解續編》卷四四〇）蕩，《詩．序》曰：「召穆公傷周室大壞也。厲王無道，天下蕩蕩，無綱紀文章，故作是詩也。」〈蕩〉：「上帝蕩蕩，下民之辟。」鄭箋云：「蕩蕩，法度壞廢之貌。」上帝影射周厲王。辟，君也。後以「板蕩」指政局混亂，社會動盪不安。⓭焉　是；此。⓮天地之不仁甚矣　語出《老子》：「天地不仁，以萬物為芻狗。」老子所說的「天地不仁」，是說天地（大自然）無所偏愛，是自然主義的「不仁」，即沒有人格，沒有人心，與所謂「為富不仁」的「不仁」不同。作者只是借來抒發感慨而已。芻狗，是用草做成的狗，祭祀或祈雨時用之，用完即棄之，任憑風吹雨打，人畜踐踏，無所顧惜。⓯百六有會　西漢《太初曆》以四千六百一十七歲為一元（即推算曆法的最大週期），西漢末劉歆據《太初曆》造《三統曆》，並用《左傳》、《周易》的哲理加以附會。他據《易傳》，將「一元」分為九大段落，每一段落都有若干次自然災害，即所謂「厄」。逢單數的段落必有旱災，即「陽厄」；逢雙數的段落必有水災，即「陰厄」。初入元，即第一段落，時間為一百零六年，應有「陽厄」的災害九年，故謂之「百六陽九」。後以「百六陽九」指災難年歲或厄運。會，災厄；厄運。⓰過剝成災　過，《周易》卦名，即〈大過〉。「大過」即「太過」，此卦說的是一些過了頭的事情。孔穎達疏曰：「過謂過越之過。」〈大過〉，巽下兌上䷛。〈卦辭〉云：「〈大過〉。棟撓，利有攸往。亨。」意思是說：房子棟梁彎曲是危險的，走出來有利。亨通。以「棟撓」（「撓」，下文或作「橈」。橈，彎曲）為例，說明「大過」的危險。棟梁彎曲則將折，棟梁折則室傾。故「論曰」以〈過〉喻董卓做事太過頭，使國家、人民遭受禍殃。剝，《周易》卦名。坤下艮上䷖。此卦說的是事物衰敗的過程。剝，有擊打、分離、剝落（傷害；毀壞）的意思。〈卦辭〉云：「不利有攸往。」孔穎達疏曰：「剝者，剝落也。今陰長（五陰在下）變剛（陰氣盛，象徵小人得勢），剛陽剝落（一陽在上，陽弱，象徵不利於君子），故稱『剝』也。小人既長，故不利有攸往也。」不利有攸往，即不利於有所行動。若行動，則不吉，且有凶。因為「君子道消，小人道長」，陽剝落，陰變剛。正是東漢末年的形勢。故作者以〈大過〉、〈剝〉二卦解釋董卓之亂，國家、人民所遭受的災禍。⓱滔天　漫天。⓲干逆三才　冒犯、違背天、地、人的常道。干逆，冒犯；違背。三才，謂天、地、人。⑲方夏崩沸　方夏，全國；天下。方，四方。夏，華夏。崩沸，崩潰沸騰；動盪不安。⑳無禮雖及二句　無禮之人雖禍及其身，但其流毒卻向四面八方蔓延。無禮雖及，語出《左傳・襄公四年》，君子曰：「《志》所謂『多行無禮，必自及也。』」自及，謂自身受到禍殃。祲，舊指陰陽之氣相侵所形成象徵不祥的妖氣。即所謂「妖氛」。廣，擴張；蔓延。㉑矢延王輅二句　矢，箭。延，及；到。輅，車。兵，刀兵；亂兵。纏，圍繞。魏象，又稱「魏闕」、「象魏」、「象闕」等，即闕。此指宮闕，帝王所居之處。㉒區服傾回　區服，遍天下。傾回，動亂。㉓波蕩　動盪；不安定。

【語譯】史家議論說：董卓起初以勇猛強悍的姿態出現，因趕上國家衰亂的形勢，所以能夠踐踏常理，禍亂天下。憑著他那種挖肝斬趾的本性，即使殺盡天下生靈也不能滿足他的快意，然而能夠屈意於縉紳之士，對皇室的欺凌篡奪仍有猶豫，其中總算還有一點盜賊之道。及至殘賊乘機而起，翻山倒海，崑岡之火，由此而燃燒，〈版〉、〈蕩〉之篇所說，政局混亂，至此已達極點。嗚呼，人之生存難啊！天地之不仁真是太厲害了！

史官評議說：一百零六年有厄運，〈大過〉、〈剝〉卦呈現災難。董卓罪惡滔天，天怒地忿人怨。天下崩潰沸騰，京城滾滾狼煙。行無禮者雖禍及其身，餘殃卻四處蔓延。流矢飛向天子的乘輿，刀兵環繞著象闕宮殿。天下動盪，人神不安。

【研析】本卷揭示了董卓如何從一個羽林郎逐漸成為一個獨斷專橫、嗜殺成性、兇狠殘毒、禍國殃民的罪魁禍首的全過程，以及李傕、郭汜為亂的原因及所造成的危害。簡析如下：

一、董卓的野心在朝廷徵其為少府，他不肯就職時就開始顯露，少府雖是九卿之一的高官，但只是為皇帝的生活服務及管理製造御用物品，不能達到自己的目的，故帶兵進駐河東「以觀時變」。其「觀時變」，就是等待時機。何進的「私呼」，正中董卓「下懷」，於是火速上路，星夜赴京。董卓入京後，「自嫌兵少，恐不能為遠近所服」，故其第一招就是擴充軍隊，壯大自己的勢力。不久統管了何進及其弟何苗的部曲，又殺執金吾丁原，兼併了他的部眾，於是董卓兵力大盛。第二招是擅廢立以立威。故先諷朝廷免司空劉弘，自己取而代之。身為三公，有了議論廢立的資格，故召集群臣，迫脅太后，強行廢少帝而立陳留王。第三招是忍性矯情以從人望。故與司徒黃琬、司空楊彪俱帶鈇鑕詣闕上書，追理陳蕃、竇武及諸黨人和擢用群士。第四招是使自己的官職越來越高，頭銜越來越大。於是董卓做了太尉，加節傳、斧鉞、虎賁，更封郿侯。又為相國，入朝不趨，劍履上殿。兵強了，官大了，在朝中無人與之抗衡。於是原形畢露，開始胡作非為。縱兵士淫略婦女，剽虜資物。董卓又取靈帝陵墓中的珠寶，姦亂公主，妻略宮人，虐刑濫罰，亂殺無辜；壞五銖錢，更鑄小錢，貨幣貶值，百姓陷入貧困。於是東方義兵興起，共討董卓，董卓懼怕，乃鴆殺弘農王，強行遷都長安。焚燒洛陽宮殿、官府、民居。強迫洛陽人數百萬口遷徙長安，「步騎驅蹙，更相蹈藉，飢餓寇掠，積屍盈路」。洛陽周圍二百里內無復孑遺。對文化、社會生產、生活是一個野蠻的破壞。又挖掘諸帝陵，取其中珍寶。董卓在防禦山東義兵的部署就緒之後，引兵還長安。還嫌自己官小，聲勢不大，於是又諷朝廷拜自己為太師，位在諸侯王之上。遂僭擬車服，以其弟董旻為左將軍，姪董璜為侍中，皆掌管兵事。其宗族內外，並居列位，子孫雖是幼童，男皆封侯，女為邑君。又築郿塢，牆高厚皆七丈，積聚的糧食可食用三十年。董卓說：「事成，雄據天下；不成，守此足可畢老。」其野心暴露無遺。本書作者說他「遲疑陵奪，尚有盜竊之道」。其實董卓對於篡奪皇位，並非真的「遲疑」，當時山東群雄俱在，曹操、袁紹、袁術、呂布等人，還時時刻刻想剷除董卓這條毒蛇，所以他不敢即行篡奪之事，這才是他「遲疑」的根本原因。董卓兇狠殘忍，拿殺人開心取樂，所得義兵士卒，以極其殘酷的手段加以報復，皆以布纏裹，倒立於地，以熱油澆灌殺之。殺已降的反者，先斷其舌，次斬手足，次鑿眼目，然後用大鍋煮殺之。又以叛逆之罪，誅殺關中大族，誣陷衛尉張溫，笞殺於市。董卓之所作所為，滅絕人性，令人髮指。最後，王允、士孫瑞、呂布等合謀誅殺董卓，盡滅其族。是所謂：惡貫滿盈，罪有應得。士卒歡呼萬歲，百姓載歌載舞，「市酒肉相慶者，填滿街肆」，真是大快人心。

二、李傕、郭汜的作亂，是董卓之亂的繼續。李傕、郭汜等人本董卓的部將，董卓被誅後，李傕、郭汜等人恐懼，派遣使者到長安求乞赦免。王允不許，他們益懷憂懼，不知所為。在武威人賈詡的鼓動下，這才轉而西攻長安，為董卓報仇。他們攻破長安，「放兵虜略，死者萬餘人」，殺死了王允，殯葬了董卓。其主要人物是李傕、郭汜、張濟、樊稠。他們不但得到了赦免，而且都加官進爵，並封列侯。李傕、郭汜、樊稠共秉朝政。張濟出屯弘農。如果這樣下去，也可以安定下來，但他們之間爭權奪勢，互相攻殺，造成了甚於董卓的禍殃。又摻進了馬騰、韓遂及白波故帥李樂、韓暹等人，他們時而殺得不可開交，時而和好，反反覆覆，鬧得翻江倒海，人神不安。死亡的人數要以萬來計算。社會動亂，「於焉而極」。獻帝使人與李傕、郭汜等人多次談判，他們同意放獻帝東歸，建安元年（西元一九六年）七月獻帝又回到了洛陽。這時大權又落在故白波帥韓暹和原牛輔部曲董承手中，韓暹為大將軍，領司隸校尉，與董承並留宿衛。韓暹居功自傲，放縱兇暴，干預擾亂政事，董承十分擔憂，於是暗中召兗州牧曹操。董承之召曹操，與何進之召董卓，後果大同小異。曹操倚仗自己勢力強大，兵多將廣，物資豐盈，乃使獻帝都許。都許之後，那些作亂的人，或被殺，或病死，至建安三年關中諸將討伐李傕，夷其三族，董卓之亂的餘殃，基本結束。獻帝都許，大權落在曹操手中，「天子總己，百官備員而已」。獻帝又成了曹操的傀儡，做了一個受氣的皇帝，曹操雖沒有篡漢，但在其死後不久，其子曹丕於建安二十五年十月廢獻帝為山陽公，代漢為天子。漢朝四百年的基業，至此告終！

三、董卓、李傕、郭汜為亂，以及獻帝都許，曹操專權諸問題，與有關人員處理問題失當有絕大關係。(1)張溫之失：張溫當初不斬殺董卓以正軍法，留下了禍根，國家、人民皆受其害，自己也遭到了極殘酷地報復。張溫之失，在於無大將之威嚴，太溫和。(2)何進之失：何進辨別不清正確與錯誤，身為大將軍，「掌兵要」，殺幾個宦官，可以說不費吹灰之力。不用自己的力量而去求外助，召董卓入京，實為引狼入室。董卓還未到京，何進即為宦官所殺。何進之失，在於猶豫不決，胸無謀略。(3)王允之失：董卓被殺後，李傕、郭汜等人恐懼不安，乃遣使到長安，求乞赦免，王允藉口一歲不可再赦，不許。李傕、郭汜等人無可奈何，走上了作亂之路，鬧得天下不寧，君臣顛沛流離，王允自己也遭到了殺身之禍。王允之失，在於心胸狹窄，嫉惡如仇，缺乏大臣的氣度。(4)董承之失：其失在於召兗州牧曹操，見前述。董承之召曹操以對付韓暹，無疑是引虎拒狼，既使獻帝成為曹操的傀儡，自己又為曹操所殺害。其失誤亦在於缺乏謀略。（王明信注譯）

卷七十三

劉虞公孫瓚陶謙列傳第六十三

【題解】本卷為劉虞、公孫瓚、陶謙三人的合傳。三人均為東漢末葉的封疆大吏、獨霸一方的軍閥勢力代表，活動區域又集中在幽州、徐州等鄰近地帶，故而合在一起加以載述。其中劉虞乃宗室貴族成員，公孫瓚則為一介武夫，陶謙純屬政治暴發戶與政治侏儒。在〈劉虞傳〉中記述其兩度轄領幽州，致力於仁德感化、穩定邊陲、削平叛亂、效忠帝室、倡行節儉、對公孫瓚用兵反遭慘敗而被斬殺的情形；在〈公孫瓚傳〉中記述其掃清邊患、威震塞外、擴張勢力、擁兵自重和頻繁爭戰、最終自焚殞命的過程；在〈陶謙傳〉中記述其因鎮壓黃巾之亂和奉貢西京而被超擢徐州牧以及任內失政的斑斑劣跡，在曹操軍事打擊下謀脫禍難、直至病死的經過。凡此種種，都是季漢亂局在北部邊區的直接反映。

1 劉虞，字伯安，東海郯❶人也。祖父嘉，光祿勳❷。虞初舉孝廉❸，稍遷幽州刺史❹，民夷❺感其德化，自鮮卑❻、烏桓❼、夫餘❽、穢貊❾之輩，皆隨時朝貢，無敢擾邊者，百姓歌悅之。公事去官❿。中平⓫初，黃巾⓬作亂，攻破冀州⓭諸郡。

拜虞甘陵相⑭，綏撫荒餘⑮，以蔬儉⑯率下。遷宗正⑰。

2 後車騎將軍⑱張溫討賊邊章等，發幽州烏桓三千突騎⑲，而牢稟逋懸⑳，皆畔㉑還本國。前中山㉒相張純私謂前太山太守㉓張舉曰：「今烏桓既畔，皆願為亂，涼州㉔賊起，朝廷不能禁。又洛陽㉕人妻生子兩頭。此漢祚㉖衰盡，天下有兩主之徵也。子若與吾共率烏桓之眾以起兵，庶幾㉗可定大業。」舉因然之。四年，純等遂與烏桓大人㉘共連盟，攻薊㉙下，燔燒城郭，虜略㉚百姓，殺護烏桓校尉㉛箕稠、右北平㉜太守劉政、遼東㉝太守陽終等，眾至十餘萬，屯肥如㉞。舉稱「天子」，純稱「彌天將軍安定王」，移書州郡，云舉當代漢，告天子避位，敕公卿㉟奉迎。純又使烏桓峭王㊱等步騎五萬，入青㊲冀二州，攻破清河㊳、平原㊴，殺害吏民。朝廷以虞威信素著，恩積北方，明年，復拜幽州牧㊵。虞到薊，罷省屯兵㊶，務廣恩信。遣使告峭王等以朝恩寬弘，開許善路㊷。又設賞購舉、純。舉、純走出塞，餘皆降散。純為其客王政所殺，送首詣虞。靈帝㊸遣使者就拜太尉㊹，封容丘侯㊺。

3 及董卓㊻秉政，遣使者授虞大司馬㊼，進封襄賁㊽侯。初平㊾元年，復徵代袁隗㊿為太傅(51)。道路隔塞，王命竟不得達。舊幽部應接荒外(52)，資費甚廣，歲常割青、冀賦調[53]二億有餘，以給足之。時處處斷絕，委輸[54]不至，而虞務存寬政，勸督農植，開上谷胡市[55]之利，通漁陽[56]鹽鐵之饒，民悅年登，穀石三十。青、徐[57]士庶避黃巾之難歸虞者百餘萬口，皆收視溫恤[58]，為安立生業，流民皆忘其遷徙。虞雖為上公[59]，天性節約，敝衣繩履[60]，食無兼肉[61]，遠近豪俊[62]夙僭奢[63]者，莫不改操而歸心焉。

4 初，詔令公孫瓚討烏桓，受虞節度[64]。瓚但務[65]會徒眾以自強大，而縱任部曲[66]，頗侵擾百姓。而虞為政仁愛，念利民物[67]，由是與瓚漸不相平[68]。二年，冀州刺史韓馥、勃海[69]太守袁紹[70]及山東[71]諸將議，以朝廷幼沖[72]，逼於董卓，遠隔關塞，不知存否，以虞宗室長者[73]，欲立為主。乃遣故樂浪[74]太守張岐等齎議[75]，上虞尊號[76]。虞見岐等，厲色叱之曰：「今天下崩亂，主上蒙塵[77]。吾被重恩，未能清雪國恥。諸君各據州郡，宜共勠力[78]，盡心王室，而反造逆謀，以相垢誤[79]邪？」固拒之。馥等又請虞領尚書事[80]，承制[81]封拜，復不聽，遂收斬使人。於是選掾[82]右北平田疇、從事[83]鮮于銀蒙險間行[84]，奉使長安。獻帝[85]既思東歸，見疇等大悅。時虞子和為侍中[86]，因此遣和潛從武關[87]出，告虞將兵來迎。道由南陽[88]，後將軍袁術[89]聞其狀，遂質[90]和，使報虞遣兵俱西。虞乃使數千騎就和奉迎天子，而術竟不遣之。

5 初，公孫瓚知術詐，固止虞遣兵，虞不從，瓚乃陰勸術執和，使奪其兵，自是與瓚仇怨益深。和尋得逃術還北，復為袁紹所留。瓚既累[91]為紹所敗，而猶攻之不已，虞患其黷武[92]，且慮得志不可復制，固不許行，而稍節其稟假[93]。瓚怒，屢違節度，又復侵犯百姓。虞所賚賞典當[94]胡夷，瓚數抄奪之。積不能禁，乃遣驛使[95]奉章陳其暴掠之罪，瓚亦上[96]虞稟糧不周，二奏交馳，互相非毀，朝廷依違[97]而已。瓚乃築京[98]於薊城以備虞。虞數請瓚，輒稱病不應。虞乃密謀討之，以告東曹掾[99]右北平魏攸。攸曰：「今天下引領[100]，以公為歸，謀臣爪牙[101]，不可無也。瓚文武才力足恃，雖有小惡，固宜容忍。」虞乃止。

6 頃之攸卒，而積忿不已。四年冬，遂自率諸屯兵眾合十萬人以攻瓚。將行，從事代郡[102]程緒免冑[103]而前曰：「公孫瓚雖有過惡，而罪名未正。明公[104]不先告曉[105]使得改行，而兵起蕭牆[106]，非國之利。加勝敗難保，不如駐兵[107]，以武臨[108]之，瓚必悔禍謝罪，所謂不戰而服人者也。」虞以緒臨事沮議[109]，遂斬之以徇[110]。戒軍士曰：「無傷餘人，殺一伯珪[111]而已。」時州從事公孫紀者，瓚以同姓厚待遇之。紀知虞謀而夜告瓚。瓚時部曲放散在外，倉卒[112]自懼不免，乃掘東城欲走。虞兵不習戰，又愛人廬舍[113]，勑不聽[114]焚燒，急攻圍不下。瓚乃簡募[115]銳士[116]數百人，因風縱火，直衝突之。虞遂大敗，與官屬北奔居庸縣[117]。瓚追攻之，三日城陷，遂執虞并妻子還薊，猶使領州文書[118]。會天子遣使者段訓增虞封邑[119]，督六州事[120]；拜瓚前將軍[121]，封易[122]侯，假節[123]督幽、并[124]、青、冀。瓚乃誣虞前與袁紹等欲稱尊號，脅訓斬虞於薊市。先坐而呪[125]曰：「若虞應為天子者，天當風雨以相救。」時旱埶[126]炎盛，遂斬焉。傳首京師，故吏尾敦[127]於路劫虞首歸葬之。瓚乃上訓為幽州刺史。虞以恩厚得眾，懷被北州[128]，百姓流舊[129]，莫不痛惜焉。

7 初，虞以儉素為操，冠敝[130]不改，乃就補其穿[131]。及遇害，瓚兵搜其內，而妻妾服羅紈[132]，盛綺飾[133]，時人以此疑之。和後從袁紹報瓚[134]云。

【章　旨】以上為〈劉虞傳〉。記述劉虞的籍貫、出身和綏撫幽州、固拒稱帝，後與公孫瓚兵戎相見而被斬殺的過程。

【注　釋】❶東海郯　東海，東漢所設郡名。郯，縣名。郯縣係東海郡郡治所在（今山東郯城北）。❷光祿勳　漢代九卿之一，負責宮禁安全保衛及培植官吏後備人才等事宜。其屬官有郎官、羽林（皇帝侍衛隊）、大夫、謁者。❸孝廉　漢代選拔官吏的科目之一。得入此選者，往往躋身尚書郎的行列。《漢書・武帝紀》：「元光元年（西元前一三四年）冬十一月，初令郡國舉孝廉各一人。」❹幽州刺史　幽州，東漢所設十三州之一。治所當時在薊縣（今北京市區西南）。刺史，為一州長官，負責監察所屬諸郡的施政情況。自漢靈帝末葉起，刺史由監察官正式轉為掌管一州軍政大權的地方最高長官。❺民夷　指轄區內的漢族民眾和各個部族的成員。❻鮮卑　東胡部落之一，因遷至鮮卑山（今內蒙古科爾沁右翼中旗西）而以山名作為族號。南鄰烏桓，至東漢陸續占領匈奴故地，並向塞內移動，對漢時降時叛。詳見本書卷九十。❼烏桓　亦作「烏丸」。東胡部落之一，因遷至烏桓山（今內蒙古阿魯科爾沁旗北，即大興安嶺山脈南端）而以山名作為族號。其後繼續內徙，至東漢主要分布在東起遼東、西至朔方的沿邊十郡之內，助漢抗擊匈奴及鮮卑。詳見本書卷九十。❽夫餘　亦作「扶餘」。古國名。乃係漢代夫餘族所建，在今東北地區。本書卷八十五〈東夷傳・夫餘〉：「夫餘國，在玄菟北千里。南與高句驪，東與挹婁，西與鮮卑接。」地宜五穀，居民務農。東漢時與中原交往密切。❾穢貊　亦作「濊貉」。中國古代東北地區少數民族名。《漢書・匈奴傳上》：「是時漢東拔濊貉、朝鮮以為郡。」又西晉張華《博物志・逸文》：「穢貊國，南與辰韓，北與句麗、沃沮接。」其因依濊水居住而得名。❿公事去官　因公事出現差錯而被調離了職務。⓫中平　東漢靈帝劉宏年號，西元一八四—一八九年。⓬黃巾　對東漢末期農民暴動的稱謂。此次暴動由太平道首領張角組織發動，以其所屬部眾頭裹黃巾作為外在標幟，席捲全國，自靈帝中平元年（西元一八四年）一直延續到獻帝建安中葉，長達二十餘年。不僅使東漢王朝名存實亡，也促成了各地軍閥乘機崛起、連年混戰的局面，直至三國鼎立，方告一階段。⓭冀州　東漢所設十三州之一。治所當時在鄴縣（今河北臨漳西南）。⓮甘陵相　甘陵，原為東漢安帝父母劉慶與左姬的陵墓，位於清河國境內。桓帝於建和二年六月改清河國為甘陵國，治今山東臨清東北。相為漢代所設王國官，秩二千石，主管王國政務，職如太守。⓯荒餘　指經過戰亂和災荒之後倖存的民眾。⓰蔬儉　意謂吃粗食，穿破舊衣服。下文有云：劉虞「敝衣繩履，食無兼肉」，「冠敝不改，乃就補其穿」。⓱宗正　漢代九卿之一，掌管皇親國戚的名籍簿、世系譜，參與同姓王犯法案件的審理等。⓲車騎將軍　高級武官名號，地位比同公一級，掌管征伐叛逆者。⓳突騎　戰鬥中承擔衝鋒任務的騎兵。⓴牢稟逋懸　牢稟，亦作「牢廩」。即糧餉。逋懸，拖欠無著落。㉑畔　通「叛」。背離。㉒中山　東漢封國名。治今河北定州。㉓太山太守　太山，為東漢郡名。治所在奉高縣（今山東泰安東）。太守，又稱郡守，為一郡長官。品秩二千石，掌管整個轄區內的軍政事務。㉔涼州　東漢十三州之一。治所在隴縣（今甘肅張家川回族自治縣）。㉕洛陽　東漢京師所在地，即今河南洛陽。㉖漢祚　漢朝的國運。祚，國運；國統。㉗庶幾　差不多；相接近。㉘烏桓大人　對烏桓部落首領的特稱。其經推舉產生，均由勇健並能理決鬥訟者充任，不世襲。㉙薊　縣名。治今北京市區西南。㉚虜略　搶劫；掠奪。略，同「掠」。㉛護烏桓校尉　簡稱烏桓校尉，為中級武官名號。秩比二千石，掌管漢王朝對烏桓的賞賜以及質子、關市等事務。其駐地在上谷寧城（今河北宣化）。㉜右北平　郡名。治今河北豐潤東南。㉝遼東　郡名。治所在襄平縣（今遼寧遼陽老城區）。㉞肥如　縣名。治今河北盧龍北。㉟公卿　對漢代三公九卿的統稱。㊱烏桓峭王　烏桓首領自封的一種稱號。本書卷九十〈烏桓傳〉：「靈帝初，烏桓大人上谷有難樓者，眾九千餘落，遼西有丘力居者，眾五千餘落，皆自稱王。又遼東蘇僕延，眾千餘落，自稱峭王。」㊲青　東漢十三州之一。治所在臨菑縣（今山東淄博東北）。㊳清河　郡名。治今河北清河縣東南。㊴平原　郡名。治今山東平原縣南。㊵牧　東漢末葉掌管一州軍政大權的地方最高長官，其性質已與過去主要負責監察的州刺史截然不同。本書〈劉焉傳〉：「時靈帝政化衰缺，四方兵寇，焉以為刺史威輕，既不能禁，且用非其人，輒增暴亂，乃建議改置牧伯，鎮安方夏，清選重臣，以居其任。焉乃陰求為交阯，以避時難。議未即行，會益州刺史郤儉在政煩擾，謠言遠聞，而并州刺史張懿、涼州刺史耿鄙並為寇賊所害，故焉議得用。出焉為監軍使者，領益州牧；太僕黃琬為豫州牧，宗正劉虞為幽州牧，皆以本秩居職。州任之重，自此而始。」㊶屯兵　指駐守在本轄區內的各支軍隊。㊷善路　悔過自新而向善的出路。㊸靈帝　東漢第十一代皇帝。名宏，卒諡孝靈。詳見本書卷八。㊹太尉　東漢三公之一，掌管全國軍政等事務。㊺容丘侯　一種爵位封號。漢承秦制，以二十等爵中最高的列侯（又稱徹侯、通侯）以賞有功。功大者食縣，小者食鄉、亭（十里為一亭，共千戶人家）。食縣者為縣侯，食鄉者為鄉侯，食亭者為亭侯。容丘，縣名。治今江蘇邳縣北。㊻董卓　東漢末葉擁兵擅政的權臣。本書卷七十二和《三國志・魏書六》有傳。㊼大司馬　官名。原稱太尉，自漢武帝更名為大司馬。掌管軍政與征戰。㊽襄賁　縣名。治今山東蒼山縣東南。㊾初平　東漢獻帝劉協年號，西元一九〇—一九三年。㊿袁隗　東漢名門顯貴袁氏家族的重要成員。本書卷四十五〈袁張韓周列傳〉：「獻帝初，隗為太傅。」後被董卓殺死。(51)太傅　東漢級別最高的官稱。無常職，以開導皇帝為其任。品秩上公，帶有榮譽職銜的性質。(52)應接荒外　應接，意謂接濟援助。荒外，指八荒之外。即尚未開化的邊遠地區。(53)賦調　賦稅。調，古代稅收的一種。(54)委輸　轉運。這裡指轉運的物資。(55)上谷胡市　上谷，郡名。治所在沮陽縣（今河北懷來東南）。胡市，謂與各部族進行的定點貿易活動。(56)漁陽　郡名。治所在漁陽縣（今北京密雲西南）。(57)徐　東漢十三州之一。治所在郯縣（今山東郯城）。(58)收視溫恤　收容照顧，慰撫體恤。(59)上公　東漢官位級別的最高一級。只有太傅，方為上公。(60)繩屨　草鞋。(61)兼肉　兩種肉食。(62)豪俊　指氣魄大、行為特出的人。(63)僭奢　過分奢侈。僭，超越等級規定。(64)節度　指揮調遣。(65)但務　只管致力於。(66)部曲　豪門大族的私人衛隊，帶有人身依附的性質。部曲本為軍隊的編制單位，即《續漢書・百官志》：「將軍領軍，皆有部曲。大將軍營五部，部校尉一人。部下有曲，曲有軍侯一人。」(67)民物　民眾的財物。(68)相平　和睦相處，彼此團結。(69)勃海　郡名。治所在南皮縣（今河北南皮東北）。(70)袁紹　東漢末葉擁兵自重的地方軍閥，名門顯貴袁氏家族的重要成員。其在官渡之戰中被曹操徹底擊敗。本書卷七十四和《三國志・魏書六》有傳。(71)山東　這裡指華山（今陝西華陰南）

以東地區。(72)幼沖　當朝天子年齡幼小。本書卷九〈孝獻帝紀〉載：獻帝於中平六年「九月甲戌，即皇帝位，年九歲。」(73)宗室長者　皇族中輩分高的人。宗室，皇族。特指與帝王同宗族之人。劉虞係東海恭王劉彊（光武帝劉秀長子）的後裔，故生此語。(74)樂浪　郡名。治今朝鮮平壤南。(75)齎議　攜帶眾官員商議後所形成的意見。(76)尊號　帝號。(77)蒙塵　蒙受塵垢。比喻帝王流亡受辱。當時獻帝正被董卓挾持到長安。(78)勠力　勉力；並力。勠，通「戮」。(79)垢誤　蒙恥受害的意思。(80)領尚書事　亦即錄尚書事。指大臣有權參與尚書臺機要事務的決定工作。東漢可錄尚書事者多為三公。(81)承制　秉承皇帝的旨意而便宜行事，如在當地任命官員等。(82)掾　漢代從中央到地方各級政府均由主管長官自行聘用佐助官吏和具體辦事人員，分曹（猶今「處」、「科」）以治事。其正職稱掾，副職曰屬。又通稱掾屬或掾史、掾吏、掾曹等。(83)從事　全稱從事史。為州部屬官，協助刺史或州牧料理某一方面的具體事務。(84)蒙險間行　蒙受危險而抄小路暗地行進。間行，潛行；微行。(85)獻帝　東漢王朝徒有其名的末代皇帝。名協，卒諡孝獻。詳見本書卷九。(86)侍中　官名。秩比二千石，掌侍皇帝左右，贊導眾事，顧問應對。(87)武關　地名。治今陝西丹鳳東南。(88)南陽　郡名。治所在宛縣（今河南南陽）。(89)後將軍袁術　後將軍為高級武官名號。兩漢均有前、後、左、右四將軍，金印紫綬，位上卿。或置前、後，或置左、右，掌管征伐，負責京師兵衛及四夷屯警等。袁術是袁紹的表弟，其至獻帝建安二年（西元一九七年）擁兵稱帝，兩年後因軍隊潰散鬱憤成疾，吐血而死。本書卷七十五有傳。(90)質　扣押起來做人質的意思。(91)累　屢次；多次。(92)黷武　濫用武力；好戰。(93)稟假　指俸祿和借貸的物品。(94)典當　以物抵押換成錢。(95)驛使　傳遞公文、書信的人。(96)上　進奏；進呈。(97)依違　謂模稜兩可，不做決斷。清王先謙《後漢書集解》引《通鑑》胡注：「依違，言甲奏上則依甲而違乙，乙奏上則依乙而違甲，無決然之是非也。」(98)京　高大的丘壘。(99)東曹掾　官名。漢代公府分曹處理政事，有東曹、西曹等機構的劃分，其屬官稱曹掾。太尉府西曹，負責府中署用吏屬之事，東曹則執掌二千石長吏遷除及軍吏之事。(100)引領　伸頸遠望。用以形容期望殷切。(101)爪牙　動物的尖爪和利牙。喻指勇猛的武將。(102)代郡　郡名。治所在代縣（今河北蔚縣西南）。(103)免冑　摘下頭盔。冑，古代作戰時戰士所戴的頭盔。(104)明公　古代對有名位者的尊稱。(105)告曉　明白告知。(106)蕭牆　古代宮室內作為屏障的矮牆，借指內部。蕭，通「肅」。《論語・季氏》：「吾恐季孫之憂，不在顓臾，而在蕭牆之內也。」何晏《集解》引鄭玄曰：「蕭之言肅也；牆謂屏也。君臣相見之禮，至屏而加肅敬焉，是以謂之蕭牆。」(107)駐兵　意謂在其周圍安排部署軍隊駐紮下來。(108)臨　威懾之意。(109)沮議　阻止既定的決議；提出異議。(110)徇　宣示於眾。(111)伯珪　公孫瓚的表字。(112)倉卒　亦作「倉猝」。謂非常事變。(113)廬舍　房屋；住宅。(114)不聽　不允許。(115)簡募　挑選招募。(116)銳士　戰鬥力特強的兵士。(117)居庸縣　治今北京延慶。(118)領州文書　暫行代管幽州的官方往來文書。自漢代以後，以地位較高的官員兼理較低的職務，謂之「領」。亦稱「錄」。[119]封邑　領地、食邑。[120]督六州事　統領督率六州事務。此係幾個大行政區的長官。六州，指幽州、并州、青州、冀州、兗州、涼州。[121]前將軍　漢代所設四將軍之一，為高級武職。金印紫綬，位上卿。[122]易　縣名。治今河北雄縣西北古賢。[123]假節　由地方軍政長官代表朝廷行使權力的一種信物與稱號，獲此信物與稱號者有權斬殺違抗軍令者。假，授予。節，旌節。[124]并　東漢所設十三州之一。治今山西太原西南。[125]呪　禱告；祝告。[126]旱埶　猶言旱情。[127]尾敦　人名。尾為其姓，敦乃其名。李賢注：「尾敦，姓名。」[128]懷被北州　懷，謂讓人感念的東西。指德政、惠政。被，延及。北州，泛指北方各州。[129]流舊　流，指外地遷徙來的住戶。舊，指當地原有的居民。[130]敝　破爛；破舊。[131]穿　孔；洞。[132]羅紈　泛指精美的絲織品。[133]綺飾　華麗的妝飾。[134]報瓚　意謂對公孫瓚實行報復。

【語　譯】劉虞，字伯安，是東海郡郯縣人。他的祖父劉嘉，曾任光祿勳一職。劉虞最初被推薦為孝廉，逐漸升任幽州刺史，境內民眾和各個部族都被他的道德教化所感動，從鮮卑、烏桓到夫餘、穢貊這些部族，全都按時朝貢，沒有敢騷擾邊境的，百姓都懷著喜愛的心情歌頌劉虞。劉虞因公事出現差錯而被調離了職務。到靈帝中平初年，黃巾賊作亂，攻破了冀州的各個屬郡。朝廷又命劉虞出任甘陵王國的國相，他安撫經過戰亂和災荒之後倖存的民眾，吃粗食，穿破舊衣服，給下屬做出表率來。又升任宗正。

2　後來車騎將軍張溫去討伐盜賊邊章等人，調集了幽州所轄烏桓部族三千名衝鋒陷陣的騎兵，但卻對他們拖欠糧餉，長時間不發放，這些騎兵就都背離而去，回到了本國。原中山國的國相張純私下對原太山太守張舉說：「現在烏桓已經背離而去了，都有意製造叛亂，涼州那裡盜賊興起，朝廷不能夠把他們制止住。又有一名洛陽人的妻子生下了長著兩個腦袋的小孩。這是漢朝國運衰亡，天下會有兩個君主出現的徵兆。如果您和我一起率領烏桓的部眾來起兵，差不多就能建成大業了。」張舉因此認為張純說得對。到靈帝中平四年，張純等人便與烏桓的各部首領共同訂立盟約，進攻薊縣城區，焚燒內外城牆和街市，奪占搶劫眾百姓，殺死了護烏桓校尉箕稠、右北平太守劉政、遼東太守陽終等人，把手下的部眾聚集到十多萬人，駐紮在肥如縣。張舉自稱「天子」，張純自稱「彌天將軍安定王」，並向各個州郡發送文書，聲稱張舉按天命會取代漢朝，叫當今天子讓位，責令眾公卿前來奉迎張舉到京都。張純又派遣烏桓峭王等人所統率的步兵、騎兵五萬人，闖入青州、冀州境內，攻占了清河郡、平原郡，殺害官吏和民眾。朝廷鑑於劉虞一向建有很高的威信，在北方積聚恩德，就在第二年，重新命他去當幽州牧。劉虞到達薊縣後，裁撤駐守在各處的軍隊，致力於恩德誠信的廣泛施布。還派使者向烏桓峭王等人講明：朝廷恩德寬宏大量，對叛亂者給與悔過自新而向善的出路。又懸賞購求張舉、張純的頭顱。張舉、張純於是逃到了塞外，剩下的部眾也就全都投降或解散了。張純被他的賓客王政殺死，王政把頭顱送到了劉虞面前。靈帝派遣使者就地任命劉虞為太尉，並封為容丘侯。

3 到董卓掌管朝政時，派遣使者任命劉虞擔當大司馬，進封襄賁侯。獻帝初平元年，又徵召他入朝，代替袁隗就任太傅。因為當時道路受阻被隔斷，朝廷這道命令最後沒有傳達到。在過去，幽州刺史部要接濟援助邊遠地區，需要支付的錢物特別多，每年都得從青州、冀州的賦稅中抽取出兩億以上的數額來，用以滿足這種需要。當時交通處處斷絕，轉運的物資無法抵達，劉虞就大力推行寬厚的政務，鼓勵督促農民耕種，擴大上谷郡與各部族定點進行貿易活動的收益，使漁陽郡豐富的鹽鐵資源得到開發流轉，百姓由此而喜悅，糧食也獲得豐收，每石穀物的價格僅為三十錢。青、徐兩州的士人和民眾為躲避黃巾之亂導致的災難而前來依附劉虞的，達到一百多萬人，劉虞對他們都予以收容照顧，慰撫體恤，替他們創造生存的條件，致使這些流亡的百姓都忘記自己是遷徙過來的人。劉虞雖然貴為上公，但他天性節儉，穿舊衣，著草鞋，每頓飯沒有兩種肉食同時上桌的時候，遠近豪門富戶中那些一向生活過分奢侈的人，沒有不被感染而改變操行並對劉虞誠心歸附的。

4 起先，朝廷曾下詔書命令公孫瓚去討伐烏桓，接受劉虞的指揮調遣。但公孫瓚只管致力於聚集徒眾來壯大自己的力量，而且放縱私兵任意胡作非為，嚴重地侵擾百姓。而劉虞施政則講求仁愛，隨時想到保護民眾的財物，因此便與公孫瓚逐漸不能和睦共事了。獻帝初平二年，冀州刺史韓馥、勃海太守袁紹以及華山以東地區的眾將領共同進行商議，認為當朝天子年齡幼小，被董卓威逼挾制，加上道路遙遠，關塞阻隔，不知道是否還活在世上，鑑於劉虞屬於漢室皇族中輩分高的人物，打算擁立他當君主。就派遣原樂浪太守張岐等人帶著眾官員商議後所形成的意見，給劉虞獻上皇帝的名號。劉虞面見張岐等人後，疾言厲色地斥責說：「如今天下崩潰混亂，天子流亡受辱。我受朝廷的重恩，卻未能洗雪國恥。諸君各據州郡，就應共同協力，對王室竭盡忠心，但你們卻反而計劃叛逆的陰謀，使我和你們一起蒙恥受害嗎？」隨即堅決地拒絕了這一建議。韓馥等人又請劉虞自行擔負起錄尚書事的職責，秉承皇帝的旨意來便宜行事，在當地任命官員，封賜爵位，但劉虞仍不答應，接著就逮捕斬殺了使者。於是選派州掾右北平人田疇、州從事鮮于銀冒著危險而抄小路暗地行進，作為幽州派去的使者趕赴長安。獻帝本來就盼望回歸東都洛陽，見到田疇等人十分高興。當時劉虞的兒子劉和正擔任侍中，藉此機會獻帝便派遣劉和悄悄從武關出境，告訴劉虞帶兵前來迎駕。劉和在途中經過南陽時，後將軍袁術聽到了這一情況，便把劉和扣押起來做人質，派人告知劉虞，讓他派遣軍隊連同自己也一起向西奔來。劉虞於是派出數千名騎兵前往劉和所在的處所，專去奉迎天子，但袁術到最後卻把這些人扣住不讓進發。

5 起初，公孫瓚知道袁術狡詐，堅決勸阻劉虞停止派兵前去，但劉虞拒不聽從，公孫瓚就暗中勸袁術將劉和抓起來，讓袁術把這支部隊變成歸自己指揮的部隊，從這件事情開始，劉虞與公孫瓚結下的仇怨就越來越深了。時過不久，劉和得以從袁術那裡逃脫，返回北方，可又被袁紹扣留住了。公孫瓚已經屢次被袁紹擊敗，但仍接連攻打袁紹，劉虞擔心他濫用武力，並且進一步顧忌公孫瓚一旦得志便沒有辦法再控制住他，就堅決不許他出兵，而且逐漸對他減少俸祿和借貸的物品。公孫瓚由此大怒，多次拒不服從劉虞的指揮調遣，又再度侵犯百姓。劉虞賞賜給各部族的物品以及以物抵押換成的錢幣，屢屢被公孫瓚劫奪搶掠過來。劉虞對這種行徑長時間無法禁止，便派遣驛使進呈奏章，列舉公孫瓚橫暴劫掠的罪狀，公孫瓚也進呈奏章，揭發劉虞剋扣軍糧兵餉的罪過，雙方的奏章你來我往，相互指責誹謗，朝廷只是模稜兩可，不做決斷而已。於是公孫瓚在薊縣縣城修築高大的丘壘來防備劉虞。劉虞多次召請公孫瓚過來議事，公孫瓚總是拿生病做理由拒不前往。劉虞於是祕密策劃，要去討伐他，便將這一意圖告訴了東曹掾右北平人魏攸。魏攸說：「如今天下人對您都充滿殷切的期望，都把您當成歸附的目標，謀臣和武將，那是不可缺少的呀。公孫瓚在文武兩方面的才幹，足可依賴，即使他存在一些小過錯，也是應該加以寬容忍讓的。」劉虞這才停止了行動。

6 沒過多久，魏攸去世了，而劉虞對公孫瓚鬱積在心頭的忿恨之情沒有止息的時候。到了獻帝初平四年冬季，就親自率領各處駐軍共計十萬人去進攻公孫瓚。在將要出發時，州從事代郡人程緒摘下頭盔，向前勸阻說：「公孫瓚雖有過錯和罪惡，但罪名尚未正式確定下來。明公不先明明白白地告誡他，使他改正自己的所作所為，卻在內部挑起戰爭，這可不是對國家有利的事情。再加上勝敗難保，不如在其周圍駐紮軍隊，用武力來威懾他，這樣做之後，公孫瓚必定會對自己闖下的禍殃感到悔恨，主動前來謝罪，這正是人們所常講的：不戰而使人降服呀。」劉虞認為程緒在即將發兵之際阻撓既定的決議，便將程緒斬首示眾。還告誡軍士說：「不要傷害其他人，只殺掉公孫瓚一人就行了。」這時擔任州從事而名叫公孫紀的人，公孫瓚因他與自己同姓而厚待他。公孫紀得知劉虞出兵進擊的安排部署後，就連夜跑去向公孫瓚通報消息。此時公孫瓚的私兵都分散在城外，面對這種非常事變，他害怕自己將難免一死，就掘開東城準備逃跑。劉虞的部隊不熟悉作戰，劉虞又愛惜百姓的房舍，傳下命令不准兵士放火焚燒，盡管加緊圍攻城池，卻又攻不下來。公孫瓚便挑選招募數百名戰鬥力特強的兵士，順風縱火，逕直向對方衝擊。於是劉虞大敗，與官屬向北逃到居庸縣。公孫瓚追擊攻打他們，三天後占領了縣城，活捉了劉虞及其妻妾兒女，回到薊縣，還讓劉虞暫行代管幽州的官方往來文書。這時恰好趕上天子派使者段訓來給劉虞增加封邑，命他統領督率六州的政務；任命公孫瓚為前將軍，封為易侯，賜給假節督幽、并、青、冀四州的信物與稱號。公孫瓚趁勢誣陷劉虞先前曾和袁紹等人想自稱帝號，脅迫段訓在薊縣鬧市上斬殺了劉虞。此前公孫瓚坐下來禱告說：「如果劉虞真是應做天子的人，老天就該刮風下雨拯救他。」但此時旱情卻變得異常嚴重，於是就把劉虞斬殺了。隨後將首級傳送到京師去，劉虞原來的屬吏尾敦在途中劫持了劉虞的首級，送回到劉虞的故鄉給埋葬了。公孫瓚便奏請段訓出任幽州刺史。劉虞憑藉待人恩情厚重而深得民眾的擁護，德政延及北方各州，百姓中無論是外地遷徙來的住戶，還是當地原有的居民，沒有不對劉虞被害的遭遇感到痛惜的。

7 起初，劉虞一直把節儉樸素作為自己的操守，衣帽穿戴得很破舊了也不更換，只是把那裂口漏孔的地方縫補好繼續穿戴。到他遇害的時候，公孫瓚的士兵前去搜查他所居住的內室，發現他那些妻妾都身穿精美的絲織衣服，妝飾得十分華麗，當時的人們由此而對劉虞節儉樸素的操守產生了懷疑。劉和後來跟隨袁紹對公孫瓚實行報復。

1 公孫瓚，字伯珪，遼西令支❶人也。家世二千石❷。瓚以母賤，遂為郡小吏❸。為人美姿貌，大音聲，言事辯慧❹。太守奇其才，以女妻之。後從涿郡盧植❺學於緱氏山❻中，略見書傳❼。舉上計吏❽。太守劉君坐事檻車徵❾，官法❿不聽吏下親近，瓚乃改容服，詐稱侍卒⓫，身執徒養⓬，御車到洛陽。太守當徙日南⓭，瓚具豚⓮酒於北芒⓯上，祭辭先人，酹觴⓰祝曰：「昔為人子，今為人臣，當詣日南。日南多瘴氣⓱，恐或不還，便當長辭墳塋⓲。」慷慨悲泣，再拜⓳而去，觀者莫不歎息。既行，於道得赦⓴。

2 瓚還郡，舉孝廉，除遼東屬國長史㉑。嘗從數十騎出行㉒塞下，卒㉓逢鮮卑數百騎。瓚乃退入空亭㉔，約其從者曰：「今不奔㉕之，則死盡矣。」乃自持兩刃矛㉖，馳出衝賊，殺傷數十人，瓚左右亦亡其半，遂得免。

3 中平中，以瓚督烏桓突騎，車騎將軍張溫討涼州賊。會烏桓反畔，與賊張純等攻擊薊中，瓚率所領追討純等有功，遷騎都尉㉗。張純復與畔胡丘力居㉘等寇漁陽、河間[29]、勃海，入平原，多所殺略。瓚追擊戰於屬國石門[30]，虜遂大敗，棄妻子踰塞走，悉得其所略男女。瓚深入無繼，反為丘力居等所圍於遼西管子城[31]，二百餘日，糧盡食馬，馬盡煮弩楯[32]，力戰不敵，乃與士卒辭訣[33]，各分散還。時多雨雪，隊阬[34]死者十五六，虜亦飢困，遠走柳城[35]。詔拜瓚降虜校尉[36]，封都亭侯[37]，復兼領屬國長史。職統戎馬，連接邊寇。每聞有警，瓚輒厲色憤怒，如赴讎敵，望塵奔逐[38]，或繼之以夜戰。虜識瓚聲，憚[39]其勇，莫敢抗犯[40]。

4 瓚常與善射之士數十人，皆乘白馬，以為左右翼[41]，自號「白馬義從」。烏桓更相告語，避白馬長史。乃畫作瓚形，馳騎射之，中者咸稱萬歲[42]。虜自此之後，遂遠竄塞外。

5 瓚志埽滅[43]烏桓，而劉虞欲以恩信招降，由是與虞相忤[44]。初平二年，青、徐黃巾三十萬眾入勃海界，欲與黑山[45]合。瓚率步騎二萬人，逆擊於東光[46]南，大破之，斬首三萬餘級。賊棄其車重[47]數萬兩[48]，奔走度河。瓚因其半濟薄[49]之，賊復大破，死者數萬，流血丹水[50]，收得生口[51]七萬餘人，車甲財物不可勝筭[52]，威名大震。拜奮武將軍[53]，封薊侯。

6 瓚既諫劉虞遣兵就袁術，而懼術知怨之，乃使從弟[54]越將千餘騎詣術自結。

術遣越隨其將孫堅，擊袁紹將周昕，越為流矢[55]所中死。瓚因此怒紹，遂出軍屯槃河[56]，將以報[57]紹。乃上疏曰：「臣聞皇羲[58]已來，君臣道著，張禮以導人，設刑以禁暴。今車騎將軍袁紹，託承先軌[59]，爵任崇厚，而性本淫亂，情行浮薄。昔為司隸[60]，值國多難，太后承攝[61]，何氏[62]輔朝。紹不能舉直措枉[63]，而專為邪媚[64]，招來不軌[65]，疑誤社稷[66]，至令丁原[67]焚燒孟津[68]，董卓造為亂始。紹罪一也。卓既無禮，帝王見質[69]。紹不能開設權謀，以濟君父，而棄置節傳[70]，迸竄[71]逃亡。忝辱[72]爵命，背違人主。紹罪二也。紹為勃海，當攻董卓，而默選戎馬，不告父兄，至使太傅一門，纍然同斃[73]。不仁不孝。紹罪三也。紹既興兵，涉歷二載，不恤國難，廣自封植[74]。乃多引資糧，專為不急，割刻[75]無方，考責[76]百姓，其為痛怨，莫不咨嗟[77]。紹罪四也。逼迫韓馥，竊奪其州，矯刻[78]金玉，以為印璽[79]，每有所下，輒皁囊施檢[80]，文稱詔書。昔亡新[81]僭侈，漸以即真[82]。觀紹所擬，將必階亂[83]。紹罪五也。紹令星工[84]伺望祥妖[85]，賂遺[86]財貨，與共飲食，剋會期日[87]，攻鈔郡縣。此豈大臣所當施為？紹罪六也。紹與故虎牙都尉[88]劉勳，首共造兵，勳降服張楊[89]，累有功效，而以小忿[90]枉加酷害[91]。信用讒慝[92]，濟其無道[93]。紹罪七也。故上谷太守高焉，故甘陵相姚貢，紹以貪惏[94]，橫責其錢，錢不備畢，二人并命[95]。紹罪八也。春秋之義，子以母貴[96]。紹母親為傅婢[97]，地實微賤。據職高重，享福豐隆[98]。有苟進[99]之志，無虛退之心。紹罪九也。又長沙[100]太守孫堅[101]，前領豫州[102]刺史，遂能驅走董卓，埽除陵廟[103]，忠勤王室，其功莫大。紹遣小將盜居其位，斷絕堅糧，不得深入，使董卓久不服誅[104]。紹罪十也。昔姬周[105]政弱，王道陵遲[106]，天子遷徙[107]，諸侯背畔，故齊桓立柯亭之盟[108]，晉文為踐土之會[109]，伐荊楚[110]以致菁茅[111]，誅曹、衛[112]以章無禮。臣雖闒茸[113]，名非先賢，蒙被朝恩，負荷[114]重任，職在鈇鉞[115]，奉辭伐罪，輒與諸將州郡共討紹等。若大事克捷[116]，罪人斯得，庶續桓文忠誠之效。」遂舉兵攻紹，於是冀州諸城悉畔從瓚。

7 紹懼，乃以所佩勃海太守印綬[117]授瓚從弟範，遣之郡，欲以相結。而範遂背紹，領勃海兵以助瓚。瓚乃自署[118]其將帥為青、冀、兗[119]三州刺史，又悉置郡縣守令[120]，與紹大戰於界橋[121]。瓚軍敗還薊。紹遣將崔巨業將兵數萬攻圍故安[122]不下，退軍南還。瓚將步騎三萬人追擊於巨馬水[123]，大破其眾，死者七八千人。乘勝而南，攻下郡縣，遂至平原，乃遣其青州刺史田揩據有齊[124]地。紹復遣兵數萬與揩連戰二年，糧食並盡，士卒疲困，互掠百姓，野無青草。紹乃遣子譚[125]為青州刺史，指與戰，敗退還。

8 是歲，瓚破禽[126]劉虞，盡有幽州之地，猛志益盛。前此有童謠曰：「燕南垂[127]，趙北際[128]，中央不合大如礪[129]，唯有此中可避世。」瓚自以為易地當之，遂徙鎮[130]焉。乃盛修營壘，樓觀[131]數十，臨易河[132]，通遼海[133]。

9 劉虞從事漁陽鮮于輔等，合率州兵[134]，欲共報瓚。輔以燕國閻柔素有恩信，推為烏桓司馬[135]。柔招誘胡漢數萬人，與瓚所置漁陽太守鄒丹戰于潞[136]北，斬丹等四千餘級。烏桓峭王感虞恩德，率種人[137]及鮮卑七千餘騎，共輔南迎虞子和，與袁紹將麴義合兵十萬，共攻瓚。興平[138]二年，破瓚於鮑丘[139]，斬首二萬餘級。瓚遂保易京[140]，開置屯田[141]，稍得自支[142]。相持歲餘，麴義軍糧盡，士卒飢困，餘眾數千人退走。瓚徼[143]破之，盡得其車重。

10 是時旱蝗穀貴，民相食。瓚恃其才力，不恤百姓，記過忘善，睚眦[144]必報，州里善士[145]名在其右[146]者，必以法害之。常言「衣冠[147]皆自以職分[148]富貴，不謝人惠」。故所寵愛，類多[149]商販庸兒[150]。所在侵暴[151]，百姓怨之。於是代郡、廣陽、上谷、右北平各殺瓚所置長吏[152]，復與輔、和兵合。瓚慮有非常，乃居於高京[153]，以鐵為門。斥去左右，男人七歲以上不得入易門[154]。專侍姬妾，其文簿書記[155]皆汲而上之[156]。令婦人習為大言聲，使聞數百步，以傳宣教令[157]。疎遠賓客，無所親信，故謀臣猛將，稍有乖散[158]。自此之後，希復攻戰。或問其故，瓚曰：「我昔驅畔胡於塞表[159]，埽黃巾於孟津，當此之時，謂天下指麾可定[160]。至於今日，兵革方始，觀此非我所決，不如休兵力耕，以救凶年[161]。兵法百樓不攻。今吾諸營樓櫓[162]千里，積穀三百萬斛[163]，食此足以待天下之變。」

11 建安[164]三年，袁紹復大攻瓚。瓚遣子續請救於黑山諸帥，而欲自將突騎直出，傍西山[165]以斷紹後。長史[166]關靖諫曰：「今將軍將士，莫不懷瓦解之心，所以猶能相守者，顧戀其老小，而恃將軍為主故耳。堅守曠日[167]，或可使紹自退。若舍之而出，後無鎮重[168]，易京之危，可立待也。」瓚乃止。紹漸相攻逼，瓚眾日蹙[169]，乃卻，築三重營[170]以自固。

12 四年春，黑山賊帥張燕與續率兵十萬，三道來救瓚。未及至，瓚乃密使行人[171]齎書告續曰：「昔周末喪亂，僵尸蔽地，以意而推，猶為否也。不圖今日親當其鋒。袁氏之攻，狀若鬼神，梯衝[172]舞吾樓上，鼓角[173]鳴於地中，日窮月急，不遑啟處[174]。鳥厄歸人[175]，滀水陵高[176]，汝當碎首[177]於張燕，馳驟[178]以告急。父子天性，不言而動。且厲[179]五千鐵騎於北隰[180]之中，起火為應，吾當自內出，奮揚威武，決命於斯。不然，吾亡之後，天下雖廣，不容汝足矣。」紹候181得其書，如期舉火，瓚以為救至，遂便出戰。紹設伏，瓚遂大敗，復還保中小城182。自計必無全，乃悉縊其姊妹妻子，然後引火自焚。紹兵趣183登臺斬之。

13 關靖見瓚敗，歎恨曰：「前若不止將軍自行，未必不濟。吾聞君子陷人於危，必同其難，豈可以獨生乎？」乃策馬赴紹軍而死。續為屠各184所殺。田楷與袁紹戰死。

14 鮮于輔將其眾歸曹操185，操以輔為度遼將軍186，封都亭侯。閻柔將部曲從曹操擊烏桓，拜護烏桓校尉，封關內侯187。張燕既為紹所敗，人眾稍散。曹操將定冀州，乃率眾詣鄴188降，拜平北將軍189，封安國亭侯。

【章　旨】以上為〈公孫瓚傳〉。記述公孫瓚的籍貫、家世和抗擊烏桓鮮卑、大破青徐黃巾、營建易京，終被袁紹消滅的經過。

【注　釋】❶遼西令支　遼西，郡名。治今遼寧義縣西。令支，縣名。治今河北遷安西。❷二千石　漢代品秩等級的重要組成部分之一。從中央九卿到地方郡守及諸侯國相基本上都屬於這一等級，又因祿米數量存在差異，遂細緻區分為中二千石、真二千石、比二千石三個層次。這裡用作郡守的代稱。❸小吏　職位很低的辦事人員。❹辯慧　聰明而口辯能力極強。《典略》：「瓚性辯慧，每白事，常兼數曹，無有忘誤。」❺涿郡盧植　涿郡，郡名。治今河北涿州。盧植，東漢後期的經學家和開館授徒的儒士。本書卷六十四有傳。❻緱氏山　山名。在緱氏縣境內（今河南偃師東南一帶）。❼書傳　指儒學經典和解說經典的著述。❽上計吏　官名，亦稱「計吏」。漢制，地方官須於年終將轄區內戶口、賦稅、盜賊、獄訟等項編造成計簿，遣吏逐級上報，奏呈朝廷，借資考績，謂之上計。各州郡所選派的前往京師報送計簿、彙報情況的人，即為上計吏。❾坐事檻車徵　坐事，謂因事犯法。檻車，為裝有柵欄、用以囚禁和押送犯人的封閉式車子。徵，指召回京師收捕入獄。❿官法　指當時的行政法規。⓫侍卒　侍奉主官的兵卒。⓬身執徒養　意謂自身擔負著照顧生活起居等方面的任務。徒，供役使的人。養，炊事員之類。⓭當徙日南　當，謂所犯之罪按照律條應受到的懲罰。徙，流放。日南，郡名。治今越南平治天省廣治河與甘露河匯合處。⓮豚　小豬。⓯北芒　亦作「北邙」，即芒山。在今河南洛陽東北。東漢王侯公卿多葬於此。⓰酹觴　把杯中酒澆在地上，表示祭奠。⓱瘴氣　指中國大陸南部及西南部地區山林間因溼熱蒸發而能使人致病的霧氣，所致之病多為惡性瘧疾。⓲長辭墳塋　意謂便與祖先永別了。墳塋，墳墓。⓳再拜　連拜兩次，即拜了又拜。為古代表示恭敬的一種禮節。⓴赦　指朝廷發布減免罪刑的命令。而遼西太守這等犯人亦在其中。㉑除遼東屬國長史　除，任命。屬國，為漢朝安置歸附的匈奴、羌、夷等部眾而闢設的行政區劃。顏師古《漢書》注：「凡言屬國者，存其國號而屬漢朝，故曰屬國。」屬國長官通常為屬國都尉，秩比二千石，略如內地的郡都尉。遼東屬國長史則是比屬國都尉低一級的武官，掌兵馬。㉒出行　出營巡查。㉓卒　通「猝」。突然。㉔空亭　廢棄而無人守望的邊境崗亭。㉕奔　突擊猛衝。㉖兩刃矛　一種長柄的進攻性武器。㉗騎都尉　武官之稱。其與校尉同級，掌管騎兵的屯駐，亦奉命率兵征伐。㉘丘力居　烏桓一個首領的名字。㉙河閒　郡名。治今河北獻縣東南。㉚石門　遼東屬國境內的一座山名，在今遼寧朝陽西南。㉛管子城　邑名。在今遼寧朝陽西南。㉜弩楯　弩，為用機械發射的一種射程較遠的弓，弓弦用動物腸衣製成，故可煮食。楯，通「盾」。盾牌。因用皮革製成，故亦可煮食。㉝辭訣　訣別。㉞隊阬　掉入溝坑中。隊，通「墜」。墜落。阬，同「坑」。溝坑窪地。㉟柳城　縣名。治今遼寧朝陽西南。㊱降虜校尉　一種武官名號，負責征伐叛逆的邊區部族。㊲都亭侯　都亭，為都邑主要是郡縣治所中所設立的傳舍。漢承秦制，以十里（千戶人家）為亭，對有功者常常封之為亭侯。㊳奔逐　急速追擊。㊴憚　害怕；畏懼。㊵抗犯　抵抗與進犯。㊶左右翼　左側和右側的護衛隊。㊷萬歲　慶賀之詞，猶俗所稱萬幸之類。㊸埽滅　掃蕩剪除。埽，同「掃」。㊹相忤　彼此違逆；相互牴觸。㊺黑山　黃巾之亂時在中山、常山、趙郡、上黨、河內諸郡山鄉興起的一支農民部隊。其首領為張燕，眾至百萬，號稱「黑山」。㊻東光　縣名。治今河北東光東。㊼車重　即隨軍運載軍用器械、糧草等的輜重車。㊽兩　「輛」的古字。㊾半濟薄　半濟，謂渡河渡到一半。薄，通「迫」。逼近；進攻。㊿丹水　使河水變成赤紅色。(51)生口　指俘虜。(52)不可勝筭　無法計算清楚。形容數量極多。筭，同「算」。(53)奮武將軍　武官名號之一種，屬雜號將軍。(54)從弟　堂弟。為本人伯父或叔父所生之子，即俗稱的叔伯兄弟。(55)流矢　飛來的亂箭。(56)槃河　河名。在今山東樂陵西部。(57)報　報復。即以牙還牙、以眼還眼之意。(58)皇羲　指傳說中三皇之首的伏羲氏。《楚辭》王逸注：「皇羲，羲皇也。」(59)先軌　先王的法度。(60)司隸　漢代京師地區的監察官。全稱司隸校尉。秩比二千石，負責督察朝中百官和京師地區的非法活動。由統領一千二百人組成的一支武裝部隊而得名。東漢十三州中，以京師七郡為司隸部，但其地位高於其他諸州，司隸權力亦遠非刺史可比。(61)太后承攝　太后，指靈帝皇后何某。因其所生皇子劉辯在靈帝去世後繼承帝位，故被尊為皇太后。承攝，是說劉辯年幼，由何太后臨朝聽政。事詳本書卷十下。(62)何氏　指何太后的異母兄長何進。其以外戚身分輔佐朝政，詳見本書卷六十九。(63)舉直措枉　薦舉正直的人，斥退邪僻的人。《論語・為政》：「哀公問曰：『何為則民服？』孔子對曰：『舉直錯諸枉，則民服；舉枉錯諸直，則民不服。』」錯，同「措」。安排；放置。(64)邪媚　奸邪而善於諂媚。(65)招來不軌　招納違法亂紀的人。招來，又作「招倈」、「招徠」。招引；延攬。不軌，意為越出常軌，不合法度。(66)疑誤社稷　迷惑貽誤國家。社稷，是古代帝王、諸侯所祭祀的土神和穀神，常被用作國家的代稱。(67)丁原　人名。時任武猛都尉。(68)孟津　古黃河的緊要渡口。在今河南孟津東北、孟州西南。(69)見質　被當成人質。指獻帝被董卓所挾持。(70)節傳　由朝廷頒發的璽節和符傳等信物。(71)迸竄　奔竄；逃竄。(72)忝辱　玷汙；羞辱。(73)纍然同斃　纍然，不以罪死；無辜。李賢注：「董卓恨紹起兵山東，乃誅紹叔父太傅隗，及宗族在京師者，盡誅滅之。」(74)封植　亦作「封埴」。本謂壅土培育，引申為聚斂財物。(75)割剝　抽取和盤剝的意思。(76)考責　拷打勒索。(77)咨嗟　歎息。(78)矯刻　盜用朝廷名義來鐫刻。(79)印璽　指官印和皇帝的專用玉璽。清王先謙《後漢書集解》引惠棟曰：「《獻帝起居注》云：『紹刻金璽遺劉虞，擅鑄金銀印。孝廉、計吏皆往詣紹也。』」(80)皁囊施檢　皁囊，係黑色布袋，用以裝放機密奏章。施檢，在書信外部進行緘封鈐印。劉熙《釋名》：「檢，禁也，禁閉諸物使不得開露也。」(81)亡新　已經滅亡的新朝。新朝的建立者為王莽，這裡借指王莽其人。(82)即真　正式登上帝位。指王莽由攝皇帝當起真皇帝來。(83)階亂　禍亂的階梯。(84)星工　以觀測星象測斷人間吉凶禍福為職業的人。(85)祥妖　吉祥與妖異。(86)賂遺　以財物贈送或買通他人。(87)剋會期日　限定會合的日期。這裡是說運用方術選定行動的具體時間。(88)虎牙都尉　官名。全稱京兆虎牙都尉，駐守在長安，負責守護三輔帝王陵園。(89)張楊　字雅叔，雲中人。官至大司馬。《三國志・魏書》卷八有傳。(90)小忿　微小的怨恨。(91)酷害　殘害。(92)讒慝　謂邪惡奸佞之人。(93)無道　不行正道；幹壞事。多就暴君或權貴者的惡行而言。(94)貪惏　貪婪；不知滿足。(95)并命　雙雙斃命。(96)子以母貴　《春秋公羊傳》所闡發的一種政治理論觀點。《春秋公羊傳・隱公元年》：「桓（公）何以貴？母貴也。母貴則子何以貴？子以母貴，母以子貴。」何休注：「以母秩次立也」；「禮：妾子立，則母得為夫人。」(97)傅婢　貼身侍婢。顏師古《漢書注》：「凡言傅婢者，謂傅相其衣服衽席之事。一說，傅曰附，謂近幸也。」(98)豐隆　豐盛隆厚。(99)苟進　苟且進取，以求祿位。(100)長沙　郡名。治今湖南長沙。(101)孫堅　三國東吳政權的奠基人。《三國志・吳書》卷四十六有傳。(102)豫州　東漢所設十三州之一。治所在譙縣（今安徽亳州）。(103)陵廟　帝陵和皇室宗廟。(104)服誅　接受罪應誅殺的懲罰。(105)姬周　指西周王朝。其統治者為姬姓，故稱姬周。(106)王道陵遲　以仁義治理天下謂之王道。陵遲，衰頹的意思。(107)天子遷徙　指周平王由舊都鎬京遷至雒邑的重大事件。(108)齊桓立柯亭之盟　齊桓，指春秋大國爭霸中的首位霸主齊桓公。其於魯莊公十三年（西元前六八一年），同魯君在柯地（今山東陽穀阿城鎮）訂立盟約，史稱柯亭之盟。《左傳・莊公十三年》：「冬，盟于柯，始及齊平也。」杜預注：「始與齊桓通好。」《公羊傳》：「莊公將會乎桓，曹子進曰：『君之意何如？』莊公曰：『寡人之生，則不若死矣。』曹子曰：『然則君請當其君，臣請當其臣。』莊公曰：『諾。』於是會乎桓。莊公升壇，曹子手劍而從之。管子進曰：『君何求乎？』曹子曰：『城壞壓竟，君不圖與？』管子曰：『然則君將何求？』曹子曰：『願請汶陽之田。』管子顧曰：『君許諾。』桓公曰：『諾。』曹子請盟，桓公下與之盟。已盟，曹子摽劍而去之。要盟可犯而桓公不欺，曹子可讎而桓公不怨。桓公之信著乎天下，自柯之盟始焉。」(109)晉文為踐土之會　晉文，指春秋大國爭霸中取代齊桓公而繼起的第二位霸主晉文公。其於魯僖公二十八年（西元前六三二年）四月取得城濮之戰的勝利後，至五月在踐土（今河南原陽西南）與各國諸侯會盟，史稱踐土之會。《春秋・僖公二十八年》：「五月癸丑，公會晉侯、齊侯、宋公、蔡侯、鄭伯、衛子、莒子盟於踐土。」又《左傳》：五月「己酉，王享醴，王命尹氏及王子虎、內史叔興父，策命晉侯為侯伯。賜之大輅之服，戎輅之服，彤弓一，彤矢百，玈弓矢千，秬鬯一卣，虎賁三百人。曰：『王謂叔父，敬服王命，以綏四國，糾逖王慝。』晉侯三辭，從命曰：『重耳敢再拜稽首，奉揚天子之丕顯休命。』受策以出，出入三覲。」(110)荊楚　即春秋時期的楚國。荊，為楚國的舊稱，故亦稱荊楚。(111)菁茅　香草名，屬於茅的一種。在祭祀時用以縮酒。或說菁、茅為二物。《左傳・僖公四年》載齊楚召陵之戰：「管仲對曰：『爾貢包茅不入，王祭不共，無以縮酒，寡人是徵。』」(112)曹衛　春秋時期兩個小國的名稱。《左傳・僖公二十八年》：「春，晉侯將伐曹，假道於衛，衛人弗許。還自河，南濟，侵曹伐衛。」(113)闒茸　庸碌低劣。(114)負荷　承擔；擔負。(115)鈇鉞　指帝王賜予的專征專殺之權。《禮記・王制》：「諸侯賜弓矢，然後征。賜鈇鉞，然後殺。」孔穎達疏：「賜鈇鉞者，謂上公九命得賜鈇鉞，然後鄰國臣弒君、子殺父者，得專討之。」公孫瓚既拜前將軍，封易侯，假節督幽、并、青、冀，故在這裡出此語。(116)克捷　克敵制勝。(117)印綬　印章和繫印的絲帶。漢制規定，郡守佩帶銀印青綬。(118)自署　未經朝廷允許而自行任命官員。(119)兗　東漢所設十三州之一。治今山東金鄉西北。

(120)守令　郡守（太守）和縣令。漢制，戶口達萬戶以上的縣，設縣令；不滿萬戶則設縣長。(121)界橋　橋名。在今河北威縣東北。(122)故安　縣名。治今河北易縣東南。(123)巨馬水　水名。即今河北中部的拒馬河。(124)齊　郡名。治今山東淄博東北。(125)譚　即袁紹的長子袁譚。《三國志・魏書》卷六有傳。(126)禽　「擒」的古字。俘獲；活捉。(127)燕南垂　意謂燕國的最南端。燕，古國國名。戰國時為七雄之一，轄境包括今河北北部和遼寧西端一帶。(128)趙北際　意謂趙國的最北邊。趙，古國國名。戰國時為七雄之一，轄境包括今山西中部、河北西南部及陝西東北角一帶。(129)大如礪　廣大而平坦。如，通「而」。礪，磨刀石。喻指地勢平坦。(130)鎮　這裡是作為統治中心而威鎮各地之意。(131)樓觀　樓臺宮闕之類的高大建築物。(132)易河　又名易水。即今河北境內的易水河。(133)遼海　泛指遼河以東沿海地區。(134)州兵　由本州統一指揮調發的地方軍。(135)烏桓司馬　護烏桓校尉的下屬軍官，負責率部作戰。(136)潞　縣名。治今河北三河縣西南。(137)種人　同種族的人。(138)興平　東漢獻帝劉協年號，西元一九四－一九五年。(139)鮑丘　水名。其上游即今河北境內的潮河，流經北京市東，至天津市東北入海。(140)易京　公孫瓚所營建的統治中心的特定稱謂。其臨易水修築營壘樓觀，設三重城牆，周圍六里，號為「易京」。酈道元《水經注》：「城在易城西四五里。趙建武四年，石虎自遼西南達易京，以京障至固，令二萬人廢壞之。今者城壁夷平，其樓基尚存，猶高一匹餘。基上有井，世名易京樓，即瓚所保也。」(141)屯田　利用戍卒或農民、商人墾殖荒地。漢以後歷代政府沿用這一措施取得軍餉和稅糧。有軍屯、民屯、商屯之分。(142)自支　滿足己方的物質需要。(143)徼　通「邀」。攔擊；截擊。(144)睚眦　亦作「睚眥」。即瞪眼看人，瞋目怒視。借指微小的怨恨。(145)善士　道德高尚的人士。(146)其右　其上。古代崇右，故以右為上，為貴，為高。(147)衣冠　官僚士大夫的代稱。(148)職分　這裡是天所註定、命該如此的意思。(149)類多　大多。(150)庸兒　庸俗笨拙、地位卑賤的人。(151)侵暴　侵凌暴掠。(152)長吏　地位較高的官員。(153)高京　指全城最高的營壘樓臺所在地。(154)易門　進入易京城的正門。(155)文簿書記　指文冊簿籍和奏章書信之類的檔案與公文等。(156)汲而上之　像汲水一樣用繩索吊到上面。(157)教令　政令；命令。(158)乖散　背離；離散。(159)塞表　塞外。(160)指麾可定　揮動一下手臂即可平定。形容極其容易。麾，通「揮」。(161)凶年　荒年；災年。(162)樓樐　亦作「樓櫓」。古代軍中用以瞭望、攻守的無頂蓋的高臺。大多建於地面之上。(163)斛　古以十斗為一斛。(164)建安　東漢獻帝劉協年號，西元一九六－二二〇年。(165)傍西山　傍，順著；沿著。西山，《資治通鑑》胡三省注：「自易京西抵故安、閻鄉以西諸山，連接中山之界，山谷深廣，皆黑山諸賊所依阻也。」(166)長史　官名。負責全州的日常事務性工作。(167)曠日　歷時長久之意。(168)鎮重　威重。這裡指能起威懾和穩定作用的首席軍事指揮官。(169)日蹙　一天比一天減縮。蹙，減縮。(170)三重營　外、中、內三層營壘。(171)行人　使者的通稱。(172)梯衝　雲梯與衝車，均為古代的攻城器具。(173)鼓角　戰鼓和號角。

軍中以之報時，警眾或發出號令等。174不遑啟處　意謂戰事緊迫，沒有安閒起居的時候。語出《詩・四牡》。不遑，沒有閒暇。啟處，猶言起居。175鳥戹歸人　意謂鳥兒遇到災難就歸依世人。戹，後作「厄」。困苦；災難。176湍水陵高　意謂水流湍急就會沖向高地。湍，水流湍急。陵，高大的土山。177碎首　碎裂頭顱。這裡意謂激切求請。178馳驟　疾奔。179厲　「勵」的古字。激勵；勸勉。180北隰　北部低溼的地方。181候　伺望；偵察。182中小城　指易京所築三重城之第二重、第三重。183趣　從速。184屠各　匈奴的一支，自東漢逐漸入居塞內。185曹操　三國魏政權的奠基人和建安文學的傑出代表。事見《三國志・魏書・武帝操》。186度遼將軍　武官名號。其品秩為二千石，專掌衛護南單于，所領兵營則稱度遼營，駐紮在五原曼柏縣。187關內侯　按功勞授予的十等爵位中最低的一種爵位。曹魏之制，關內侯僅為虛封，無食邑。188鄴　又稱鄴都，乃係曹操於建安十八年被冊命為魏公並組建魏國之前後所建立的大本營與根據地，在今河北臨漳西南。189平北將軍　武官名號之一種，屬雜號將軍。

【語　譯】公孫瓚，字伯珪，是遼西郡令支縣人。他家世代擔任二千石官員。公孫瓚因母親地位微賤，於是只好去當郡中職位很低的辦事人員。他身材和容貌俊美，嗓音宏亮，講論起事體顯得聰慧而又口辯能力極強。太守對他的才能深感與眾不同，就把女兒嫁給他為妻。他後來又跟從涿郡儒士盧植在緱氏山求學，大致對儒學經典和解說經典的著述有所了解和掌握。被選取為上計吏。太守劉君因事犯法，被押入檻車召回京師收捕入獄，當時的行政法規規定下屬官吏不許與他接近，公孫瓚就改換裝束，謊稱是主官的侍從兵卒，自身擔負著照顧他生活起居等方面的任務，駕車來到了洛陽。太守按照律條被判處流放日南郡，公孫瓚就在北芒山上備辦酒肉，祭奠和辭別自己的先人，他把杯中酒澆在地上祝告說：「我此前是公孫氏的子孫，現今是朝廷的臣子，馬上要到日南去。日南瘴氣彌漫，恐怕這一去就回不來了，在此就算是與祖先永別了。」他慷慨悲泣，拜了又拜，起身便離開了，圍觀的人沒有不歎息的。他隨太守上路以後，太守在途中得到了赦免。

2　公孫瓚回到原郡，被舉薦為孝廉，就任遼東屬國長史。他曾帶領數十名騎兵巡行塞下，突然遇上了數百名鮮卑騎兵。公孫瓚便退到一座廢棄而無人守望的邊境崗亭裡，約束跟隨他的人說：「眼下不突擊猛衝敵人，那我們就只會全部死掉了。」於是自己手持兩刃矛，飛奔而出，直接衝向對方，殺傷幾十個人，公孫瓚的隨從也戰死了一半，這才幸免於難。

3 靈帝中平年間，朝廷命令公孫瓚督率烏桓騎兵突擊隊，隨從車騎將軍張溫去討伐涼州的亂賊。但正碰上烏桓反叛朝廷而與叛賊張純等人來進攻薊縣，公孫瓚在督率這支烏桓騎兵突擊隊追討張純等人中立有戰功，升任騎都尉。張純又與反叛的烏桓首領丘力居等人侵犯漁陽、河間、勃海地區，進入平原郡，殺死並劫掠了很多人。公孫瓚追擊他們，在遼東屬國石門山展開了激戰，結果叛軍大敗，丟下妻兒老小，穿過邊塞逃走，公孫瓚繳獲了他們所劫掠的全部男女。公孫瓚深入追擊叛軍，卻沒有援兵趕到，反而被丘力居等圍困在遼西管子城，相持二百多天後，糧食吃光了就宰馬吃，馬宰光了就煮弓弩盾牌吃，經過奮力交戰無法獲勝，便與眾兵士訣別，讓各自分散行動，回到大本營。當時正是多雪的天氣，掉入溝坑中死去的兵士超過了一半，叛軍也飢餓困苦，便向遠處的柳城撤退。朝廷下達詔書，任命公孫瓚為降虜校尉，封作都亭侯，仍然兼任遼東屬國長史。由於職務就是統領兵馬，四處應付邊寇，所以只要一聽到警報，公孫瓚就怒容滿面，異常憤恨，如同直奔仇敵一般，望著前面揚起的塵土而急速追擊，有時還夜以繼日地戰鬥。沿邊那些部族的成員聽得出公孫瓚的聲音來，畏懼他勇猛，沒有誰敢抗拒和進犯他。

4 公孫瓚經常和幾十名箭術高超的騎兵在一起，全都乘駕白馬，把他們作為左右兩翼的護衛隊，自行起了個名稱叫做「白馬義從」。烏桓人遞相傳話，說要注意避開那個白馬長史。還把公孫瓚畫成圖像，騎馬疾馳，用箭射它，有誰射中了，就都高喊「萬歲」表示慶賀。於是各個部族從此以後就遠遠流竄到塞外去了。

5 公孫瓚立志掃蕩剪除烏桓，但劉虞卻想憑藉恩德誠信招降他們，由此而與劉虞違逆不和。獻帝初平二年，青州、徐州的三十萬黃巾賊闖入勃海境內，準備同黑山軍會合。公孫瓚便率領步兵、騎兵共兩萬人，在東光縣南予以迎擊，把黃巾賊打得大敗，斬下三萬多顆首級。賊寇丟棄數萬輛輜重車，渡過清河逃走。公孫瓚抓住對方渡河渡到一半的戰機，發起攻擊，賊寇又被打得潰不成軍，死掉了好幾萬人，流出的鮮血使河水變成了赤紅色。還抓獲俘虜七萬多人，繳獲車輛、鎧甲和財物等多得計算不清，由此威名大震。朝廷任命他為奮武將軍，封為薊侯。

6 公孫瓚曾對劉虞派兵去袁術那裡進行過勸諫，因而害怕袁術知道後怨恨他，就派堂弟公孫越帶領一千多名騎兵到袁術那裡主動攀附而締交。袁術接著就派公孫越跟隨自己的將領孫堅去攻打袁紹的將領周昕，但公孫越卻被飛來的亂箭射中後死去了。公孫瓚由此而怨恨袁紹，就率軍出動，駐紮在槃河，準備向袁紹報仇。於是特向朝廷進呈奏疏說：「我聽說自伏羲氏以來，君臣之間互相恪守的原則便已明確訂立起來了，這就是推行禮制來化導世人，設置刑罰來禁止兇暴。如今車騎將軍袁紹，依托先王的法度，爵位和官職高貴而又顯要，但本性淫亂，性情和品行虛浮輕薄。他過去擔任司隸校尉時，正值國家禍難頻發，太后臨朝聽政，何進輔佐朝綱。但袁紹不能夠薦舉正直的人，斥退邪僻的人，反倒一門心思地從事奸邪並善於諂媚的勾當，招納違法亂紀的人，迷惑貽誤國家，直至讓丁原焚燒孟津，給董卓製造禍亂提供了機會。這是袁紹的第一條罪狀。董卓既已違背禮法，竟把當今天子扣為人質。但袁紹卻不能夠想出各種計策，使君主脫離險境，反倒丟棄朝廷符節，奔竄逃跑。他玷汙爵位和朝命，背棄違抗君主。這是袁紹的第二條罪狀。袁紹出任勃海太守，理應進攻董卓，但卻暗中選練兵馬，不告訴京城中的父兄，致使太傅袁隗及其整個家族都無辜被殺。既不仁又不孝。這是袁紹的第三條罪狀。袁紹起兵之後，歷時兩年，卻不體恤國家的禍難，反倒大量聚斂財物。他竟多方取用資財糧食，專幹並不緊要的事情，抽取和盤剝沒有限度，拷打勒索眾百姓，給他們造成痛苦和怨恨，沒有誰不長長歎息的。這是袁紹的第四條罪狀。他逼迫韓馥，用陰謀奪占了他所轄領的冀州，又盜用朝廷名義來鐫刻金玉，製成官印和皇帝的玉璽，每逢向下屬發送公文，總是用黑色布袋裝放並在外面予以緘封鈐印，冒充朝廷的詔書。昔日王莽便是從僭越行為開始，逐漸登上帝位的。察看袁紹所偽造的這些東西，必定會招致禍亂。這是袁紹的第五條罪狀。袁紹讓占星術士觀測天象的吉凶徵兆，拿財物贈給並收買他們，和他們一起飲酒用飯，選定行動的具體時間去攻打劫掠郡縣。這難道是大臣應做的事情嗎？這是袁紹的第六條罪狀。袁紹和原虎牙都尉劉勳共同帶頭起兵，討伐董卓，劉勳降服了張楊，多次立下功勞，袁紹卻因私人的小小怨恨就對劉勳橫加誣陷，進行殘酷迫害。他信用那些邪惡奸佞的人，使自己不行正道幹壞事獲得幫兇。這是袁紹的第七條罪狀。原上谷太守高焉和原甘陵國的國相姚貢，袁紹出於貪婪，對這二人蠻橫地索取金錢，錢數沒達到全額要求，結果就雙雙斃命了。這是袁紹的第八條罪狀。《春秋》闡揚的義理是，兒子憑藉母親地位尊貴而自己也尊貴。但袁紹的母親只是個貼身侍婢，地位實在低賤。可袁紹卻占據著級別高、權力重的職位，享受著豐盛隆厚的待遇。他只有苟且進取、謀求祿位的心念，沒有謙虛退讓的想法。這是袁紹的第九條罪狀。再有長沙太守孫堅，曾任豫州刺史，能夠趕跑董卓，清掃帝陵和皇家宗廟，對王室忠誠勤勉，所立功勞最大。可袁紹卻派一名小將竊取奪占他的職位，斷絕孫堅的軍糧供應，使孫堅無法向縱深挺進，導致董卓長時間受不到罪應誅殺的懲罰。這是袁紹的第十條罪狀。從前姬周王朝的國政逐漸衰弱，天子把國都由鎬京遷到了雒邑，諸侯紛紛背叛，所以齊桓公在柯亭同魯國訂立了盟約，晉文公在踐土與眾諸侯舉行了盟會，齊桓公還討伐楚國，對它不向王室貢納菁茅進行責問；晉文公還討伐曹國與衛國，表明無禮行為不容存在。我雖然庸碌低劣，名聲根本不能和古代賢人相比擬，但我蒙受朝廷的恩典，承擔著重大的責任，職在履行天子賜予的專征專殺的權力，接受朝廷的指示討伐犯下大罪的賊臣，所以就同諸位將軍、各個州郡共同去討伐袁紹等人。如果大事能夠成功，使罪人得到應有的下場，那就可以繼承齊桓公、晉文公對王室竭盡忠心的功業了。」於是發兵攻打袁紹。在這時冀州各城全都背叛袁紹，歸向了公孫瓚。

7 袁紹對這種局勢深感恐懼，便把自己所佩帶的勃海太守印綬授付給公孫瓚的堂弟公孫範，派他到郡所就職，希望藉此來同公孫瓚建立相互間的關係。但公孫範卻背叛袁紹，率領勃海軍隊協助公孫瓚。公孫瓚於是便自行任命手下的將帥擔任青州、冀州、兗州的刺史，又委任了三州所屬個個郡縣的郡守、縣令，同袁紹在界橋展開了大規模的爭戰。結果公孫瓚的軍隊被擊敗，撤回到薊城。袁紹派遣將領崔巨業帶領數萬名士兵前去圍攻故安，但卻未能攻下來，便退軍向南撤回。公孫瓚率領三萬步兵和騎兵追擊到巨馬水，把崔巨業的軍隊打得潰不成軍，被殺死的士兵達到七八千人。又乘勝向南挺進，攻取沿途郡縣，一直打到了平原郡，隨即派遣手下的青州刺史田揩占據了齊郡地區。袁紹又派遣數萬名部隊與田揩交戰，一直打了兩年，雙方糧食都吃光了，士兵疲憊困頓，你來我往地搶劫百姓，田野裡連青草都看不到。袁紹便派長子袁譚去擔任青州刺史，田揩又與袁譚交戰，結果被打敗，退回到原地。

8 就在這一年，公孫瓚擊敗並活捉了劉虞，占據了幽州整個轄區，雄心壯志更加旺盛。在此之前，流傳著一首童謠說：「燕國的最南端，趙國的最北邊，中間隔著一大塊寬廣的平原，只有這塊平原的最中間才能保安全。」公孫瓚認為易地恰好就是童謠中所指的那個處所，就把統治中心遷移到這裡而威鎮各地。於是大力修建了幾十處營壘和樓觀，臨近易河，通達遼海。

9 劉虞的從事官漁陽人鮮于輔等，聯合率領州兵，打算共同對公孫瓚實行報復。鮮于輔鑑於燕國人閻柔一向懷有恩德信義，就推薦他擔任烏桓司馬。閻柔誘導招集到各個部族與漢民數萬人，同公孫瓚所委任的漁陽太守鄒丹在潞縣北部交戰，斬殺鄒丹及其部眾四千多人。烏桓峭王感念劉虞的恩德，率領同種族的人以及鮮卑騎兵七千多名，同鮮于輔一道南下迎奉劉虞的兒子劉和，並與袁紹的部將麴義聯合組成十萬人的軍隊，共同進攻公孫瓚。獻帝興平二年，在鮑丘擊敗了公孫瓚，斬獲了兩萬多顆首級。公孫瓚於是退保易京，利用戍卒民眾墾殖荒地，稍稍得以滿足己方的物質需要。這樣相持一年多之後，麴義的軍糧吃光了，兵士感到飢餓困頓，剩下的幾千人就撤退逃跑了。公孫瓚攔截阻擊並打敗了他們，繳獲了他們所有隨軍運載軍用器械、糧草等物資的車輛。

10 就在這時，發生了旱災和蝗災，穀價昂貴，老百姓之間人吃人。公孫瓚依仗自己才力超群，不體恤民眾，只記住誰有過錯，忘記人家的好處，哪怕微小的怨恨也必定予以報復，對州郡鄉里名聲在他之上的優秀人士一定要拿刑法害死他們。公孫瓚經常說「官僚士大夫都以為上天註定自己就該享受富貴，不感謝別人給他們的恩惠」。因而他所寵愛的對象，大多是商販和庸俗笨拙、地位卑賤的人。這些人被安排到哪裡就在哪裡侵凌暴掠，百姓都怨恨他們。於是代郡、廣陽、上谷、右北平各郡都殺死了公孫瓚所委任的高層地方官，重新與鮮于輔、劉和的軍隊會合。公孫瓚擔心發生突然變故，就居住在全城最高的營壘樓臺所在的地方，安裝上鐵門。他把身邊的人全部趕走，規定七歲以上的男子不准進入易京城的正門。讓姬妾專門侍奉他，有關文冊簿籍和奏章書信之類的公文都像汲水一樣用繩索吊上來。命令婦女們學會大嗓門講話，使數百步以外都能聽得到，用來傳達宣布他所要發出的教令。他疏遠賓客，沒有親信的人，所以謀臣猛將便逐漸背離而去了。自此以後，他很少再領兵去打仗了。有人問他其中的緣故，公孫瓚說：「我過去在塞外驅逐背叛的各個部族，在孟津掃滅黃巾賊，當時自認為只要揮動一下手臂即可平定天下。誰知直到今天，戰爭才剛剛興起，看來這不是我能主宰的，不如停止爭戰，全力從事耕作，以便賑救荒年。有條兵法是，樓臺多達百座便不可攻打。目前我手下各個軍營的樓臺連接起來長達千里，積蓄的糧食有三百萬斛，天天坐著食用它，就足以等待天下局勢發生變化。」

11 獻帝建安三年，袁紹又大舉進攻公孫瓚。公孫瓚派兒子公孫續向黑山軍各位首領求救，並想親自率領騎兵突擊隊衝出城外，沿著西山行進，來切斷袁紹的後路。對此長史關靖勸諫說：「眼下將軍您手下的將士，沒有不懷揣分離之心的，之所以還能彼此守護在這裡，是因為顧戀他們一家老小的安危，還仰仗有將軍您作為他們的主帥罷了。堅守較長一段時間，或許能夠迫使袁紹自行退兵。如果捨棄易京城，帶頭衝到外面去，後方沒有了能起威懾和穩定作用的最高指揮官，那麼易京城所面臨的危險，立刻就會顯現了。」公孫瓚於是不再出兵。袁紹的軍隊漸次進攻逼近易京城，公孫瓚的部眾一天比一天減縮，就乾脆後退，築起外、中、內三層營壘，用來確保自身的安全。

12 建安四年春，黑山軍的首領張燕與公孫續率領十萬兵眾，分成三路前來援救公孫瓚。在救兵尚未到達時，公孫瓚便祕密派遣使者攜帶書信指示公孫續說：「昔日周朝末期戰亂喪亡，僵屍鋪滿大地，按照想像來做推斷，仍舊不相信會達到這種地步。沒想到今天我親身遭到了對方猛烈的正面進攻。袁紹的攻擊狀況，好像鬼神一般，雲梯和衝車在我樓臺上面舞動，戰鼓和號角在我地面下鳴響，天天都不停止，月月都很緊急，使我沒有安閒起居的時候。鳥兒遇到災難就歸依世人，水流湍急就會沖向高地，你應在張燕面前激切地進行求請，疾速奔馳向他告急。父子之間出於天性，不說也能彼此感應。你要在北面低溼地裡激勵五千名強悍的騎兵做好衝鋒準備，燃起火堆，當成信號，屆時我會率兵從城內衝出，奮揚武力，生死就在這場搏殺中了。否則的話，我死以後，天下雖然廣大，卻不容許你有立足之地了。」袁紹派人偵察，截獲了這道書信，就按信中約定的時間燃起火堆，而公孫瓚以為真是救兵來到了，便出城交戰。袁紹早已設下埋伏，公孫瓚隨後大敗，又撤回來，守衛易京三重城所剩下的中城和小城。公孫瓚自我估量必死無疑，便將他的姐妹妻子全都勒死，然後引火自焚。袁紹的士兵迅速登上樓臺，把他斬殺。

13 關靖見公孫瓚敗亡，不禁歎息悔恨說：「此前我若不阻止將軍要親自率兵衝出城外的那次行動，未必不會獲勝。我聽說君子把別人推入了危難之中，就一定要和他共赴危難，難道能夠自己單獨求生嗎？」便策馬衝向袁紹的軍隊戰死了。公孫續被匈奴屠各殺死。田揩在與袁紹的戰鬥中死去。

14 鮮于輔率領手下的部眾歸順了曹操，曹操把鮮于輔任命為度遼將軍，封為都亭侯。閻柔率領部下跟隨曹操進擊烏桓，被任命為護烏桓校尉，封為關內侯。張燕被袁紹擊敗以後，手下部眾漸漸離散。在曹操即將平定冀州時，他便率領手下部眾前往鄴城投降，被任命為平北將軍，封為安國亭侯。

論曰：自帝室王公之胄❶，皆生長脂腴❷，不知稼穡❸，其能厲行飭身❹，卓然不群者，或未聞焉。劉虞守道慕名，以忠厚自牧❺。美哉乎，季漢❻之名宗子❼也！若虞瓚無間❽，同情共力，糾人完聚❾，稸保❿燕、薊之饒，繕兵昭武⓫，以臨群雄之隙，舍諸天運⓬，徵乎人文⓭，則古之休烈⓮，何遠之有？

【章旨】以上為作者的評論。既讚揚了劉虞的難得品德，也對他和公孫瓚的矛盾衝突深表歎息。其所作假設，不無一定的道理。

【注釋】❶胄 帝王或貴族的後嗣。❷脂腴 油脂，用以比喻富貴。❸稼穡 泛指農業勞動。耕種曰稼，收穫曰穡。❹飭身 警飭己身，使本人的思想言行處處符合傳統的道德規範。❺自牧 自我修養。牧，養。❻季漢 漢代末世。❼宗子 皇族子弟。❽無間 沒有隔閡的意思。❾糾人完聚 收撫人眾，修葺城郭，聚集糧食。❿稸保 積蓄保全。稸，同「蓄」。積著。⓫繕兵昭武　繕治兵器，致力於武備。⓬天運　猶天命，自然的氣數。⓭人文　人事，指人世間事。⓮休烈　雄盛美好的事業。

【語譯】史家評論說：帝室王公的後代，從來都生長在富貴優裕的家庭環境裡，不知道農業勞動的艱難，他們當中能夠磨礪操行、警飭自身而卓然獨立、與眾不同的人，還未曾聽說過。劉虞恪守道德，仰慕名聲，用忠厚來加強自我修養。這太美好了，真是漢代末世著名的皇族子弟呀！如果劉虞與公孫瓚之間沒有隔閡，同心協力，收撫人眾，修葺城郭，聚集糧食，積蓄和保全燕、薊地區的富饒物產，繕治兵器，致力於武備，去掌控群雄之間的摩擦與爭鬥，拋棄天命，從人事上查驗該做些什麼，那麼要成就像古人那樣雄盛美好的事業，哪裡會很遠的呢？

1　陶謙，字恭祖，丹陽❶人也。少為諸生❷，仕州郡，四遷為車騎將軍張溫司馬❸，西討邊章。會徐州黃巾起，以謙為徐州刺史，擊黃巾，大破走之，境內晏然❹。

2　時董卓雖誅，而李傕、郭汜❺作亂關中❻。是時四方斷絕，謙每遣使間行，奉貢西京❼。詔遷為徐州牧，加安東將軍❽，封溧陽❾侯。是時徐方❿百姓殷盛⓫，穀實甚豐，流民多歸之。而謙信用非所，刑政不理。別駕從事⓬趙昱，知名士也，而以忠直見疏，出為廣陵⓭太守。曹宏等讒慝小人，謙甚親任之，良善多被其害。由斯漸亂。下邳⓮闕宣自稱「天子」，謙始與合從⓯，後遂殺之而并其眾。

3 初，曹操父嵩⑯避難琅邪⑰，時謙別將⑱守陰平⑲，士卒利嵩財寶，遂襲殺⑳之。初平四年，曹操擊謙，破彭城、傅陽㉑。謙退保郯㉒，操攻之不能克，乃還。過拔取慮㉓、睢陵㉔、夏丘㉕，皆屠之。凡殺男女數十萬人，雞犬無餘，泗水㉖為之不流，自是五縣城保㉗，無復行迹。初三輔㉘遭李傕亂，百姓流移依謙者皆殲。

4 興平元年，曹操復擊謙，略定琅邪、東海諸縣，謙懼不免，欲走歸丹陽。會張邈迎呂布㉙據兗州，操還擊布。是歲，謙病死。

5 初，同郡人笮融，聚眾數百，往依於謙，謙使督廣陵、下邳、彭城運糧。遂斷三郡委輸，大起浮屠寺㉚。上累金盤㉛，下為重樓㉜，又堂閣周回㉝，可容三千許㉞人，作黃金塗像㉟，衣以錦綵㊱。每浴佛㊲，輒多設飲飯㊳，布席於路，其有就食及觀者且萬餘人。及曹操擊謙，徐方不安，融乃將男女萬口、馬三千匹走廣陵。廣陵太守趙昱待以賓禮。融利廣陵資貨㊴，遂乘酒酣殺昱，放兵大掠，因以過江，南奔豫章㊵，殺郡守朱皓，入據其城。後為揚州㊶刺史劉繇所破，走入山中，為人所殺。

6 昱字元達，琅邪人。清己㊷疾惡，潛志好學，雖親友希得見之。為人耳不邪聽，目不妄視。太僕㊸种拂舉為方正㊹。

【章　旨】以上為〈陶謙傳〉。記述陶謙的籍貫、仕履和占據徐州、被曹操追擊退走而病死的過程，並附帶載述陶謙同鄉笮融的種種劣跡和與之相關的當地名士趙昱的遭遇。

【注　釋】❶丹陽　縣名。治今安徽當塗東北丹陽鎮。❷諸生　眾儒生。❸司馬　漢代大將軍、將軍、校尉的下屬武官。在邊郡亦設有千人司馬，專主兵事，不治民。❹晏然　安寧；安定。❺李傕郭汜　人名，俱為董卓入京前留守陝西的部將。事詳本書卷七十二。❻關中　指函谷關以西秦國舊有地區。❼西京　即長安，今陝西西安。西漢定都長安，東漢改都洛陽，因稱洛陽為東京，長安為西京。❽安東將軍　武官名號之一種，屬雜號將軍。❾溧陽　縣名。治今江蘇高淳東北。❿徐方　泛指徐州地區。⓫殷盛　眾多。⓬別駕從事　司隸校尉的屬官，掌校尉巡查所轄諸郡時奉引，錄眾事。⓭廣陵　郡名。治今江蘇揚州西北蜀崗。⓮下邳　東漢封國名。治所在下邳縣（今江蘇睢寧西北）。⓯合從　意謂聯合。⓰嵩　曹嵩。曹操之父，乃係宦者，官至太尉。事見本書卷七十八及《三國志・魏書・武帝操》。⓱琅邪　東漢封國名。治所在開陽縣（今山東臨沂北）。⓲別將　單獨領兵於他處而與主帥配合作戰的將領。⓳陰平　縣名。治今山東棗莊舊嶧西南之陰平。⓴襲殺　乘人不備予以殺害。㉑彭城傅陽　彭城，為東漢封國名。治今江蘇徐州。傅陽，縣名。治今山東棗莊東南。㉒郯　縣名。係東海郡郡治所在，在今山東郯城北。㉓取慮　縣名。治今安徽靈璧東北。㉔睢陵　縣名。治今江蘇泗洪東南洪澤湖。㉕夏丘　縣名。治今安徽泗縣。㉖泗水　水名。發源於今山東泗水縣東，南流至江蘇淮陰西南注入淮河。㉗城保　城堡。保，「堡」的古字。㉘三輔　西漢京畿地區京兆尹、左馮翊、右扶風的合稱。㉙呂布　東漢末葉刺殺董卓並以驍勇著稱的人物。本書卷七十五及《三國志・魏書》卷七有傳。㉚浮屠寺　即佛寺。浮屠，又作「浮圖」、「佛圖」、「蒲圖」、「休屠」。凡二義：一謂佛陀（釋迦牟尼）、佛教；二謂佛塔、佛寺。這裡則指前一義而言。㉛金盤　謂承露盤。㉜重樓　層樓。㉝周回　環繞；迴環。㉞三千許　三千左右。許，表示約略估計數。㉟黃金塗像　指用黃金裝飾而成的佛像。㊱錦綵　指華美的絲織品。㊲浴佛　亦稱「灌佛」。相傳農曆四月八日為佛祖釋迦牟尼的生日，每逢該日，佛教信徒便用拌有香料的水灌洗佛像，謂之為浴佛。㊳飲飯　指免費提供的香茶和食物。㊴資貨　錢財貨物。㊵豫章　郡名。治所即今江西南昌。㊶揚州　東漢所設十三州之一。治所在歷陽縣（今安徽和縣）。㊷清己　謂以清廉之德要求自己。㊸太僕　漢代九卿之一，掌管皇帝使用的車輛與馬匹，兼管邊區畜牧業或兵器製造等。㊹方正　漢代選舉科目之一。西漢文帝時始詔舉「賢良方正能直言極諫者」，其後具體人選則多由地方舉薦而非通過考試予以選拔。

【語譯】陶謙，字恭祖，是丹陽縣人。年輕時步入眾儒生的行列，在州郡充任官吏，經過四次升遷，成為車騎將軍張溫屬下的司馬，向西挺進，討伐邊章。這時正遇到徐州的黃巾之亂興起，朝廷便將陶謙任命為徐州刺史，前去攻打黃巾賊，結果把他們打得大敗，迫使他們逃跑，境內隨之安定下來。

2 當時董卓雖被誅殺，但李傕、郭汜又在關中地區發動叛亂。此時四方交通斷絕，陶謙經常派使者抄小路暗地行動，到西京長安向天子貢獻物品。朝廷便下達詔書，命陶謙升任徐州牧，加號安東將軍，封為溧陽侯。這時徐州地區百姓眾多，穀物十分豐足，流亡的民眾大多歸向這裡。但陶謙相信和任用的人不是合適的人選，刑法、政務得不到正常處置。別駕從事趙昱是位知名人士，卻因忠誠正直而被疏遠，把他調出去擔任廣陵太守。曹宏等讒佞小人，陶謙卻對他們深感親近，倍加信任，善良的人們多數遭到他們的迫害。因為這一緣故，境內逐漸動亂起來。下邳人闕宣竟自稱「天子」，陶謙起初同他聯合，後來便殺掉他，將他手下的部眾歸由自己指揮。

3 當初，曹操的父親曹嵩到琅邪去避難，那時陶謙的別將正駐守在陰平。士兵們貪圖曹嵩的財寶，就暗地殺死了曹嵩。獻帝初平四年，曹操進擊陶謙，攻破彭城、傅陽。陶謙退到郯城進行死守，曹操組織圍攻卻攻不下來，便撤軍返回。返回時攻占了取慮、睢陵和夏丘，都縱兵屠城。總共殺死了男男女女幾十萬名居民，連雞犬都一隻不剩，泗水由此受阻而不能流動，從這時起，五個縣的所有城堡再也看不到行人的蹤跡了。當初在三輔地區遭受李傕之亂而被迫流亡、前來依附陶謙的那些百姓，全被殺光了。

4 獻帝興平元年，曹操又去進擊陶謙，奪取平定了琅邪郡、東海郡所轄領的各個縣，陶謙害怕死亡將會降臨到自己的頭上，就想逃跑，回到老家丹陽縣。這時恰逢張邈迎奉呂布占據了兗州，曹操便返回來進擊呂布。就在這一年，陶謙得病死去了。

5 起先，同郡人笮融聚集起數百人，前來依附陶謙，陶謙讓他負責廣陵、下邳、彭城的糧食運送事宜。笮融於是截留這三個郡所轉運的物資，大力興建佛寺。頂端懸起一個個承露盤，下面建成多層樓閣，四周又堂閣環繞，可以容納三千多人，鑄造用黃金裝飾而成的佛像，給佛像穿上華美的絲製服飾。每到浴佛節那天，總是備辦好數量可觀的香茶和食物，在路旁設置席棚，前來享用茶飯和圍觀的人幾乎達到一萬多人。到曹操進擊陶謙時，徐州一帶不安定，笮融就帶領男女一萬人、戰馬三千匹逃到廣陵。廣陵太守趙昱用接待賓客的禮節來接待他。但笮融卻貪圖廣陵的錢財貨物，就趁酒興正濃時殺死了趙昱，放縱士兵大肆搶劫，隨後渡過長江，向南奔逃到豫章，殺死郡守朱皓，占據了該城。笮融後來被揚州刺史劉繇擊敗，逃入山中，被人殺死。

6 劉昱字元達，是琅邪郡人。他用清廉的品德要求自己，嫉惡如仇，潛心好學，即使是親朋好友也很少能見到他。他為人從來耳朵不亂聽，眼睛不斜視。太僕种拂舉薦他為方正科目的合適人選。

贊曰：襄賁❶勵德，維城❷燕北。仁能洽下，忠以衛國。伯珪疏獷❸，武才趫猛❹。虞好無終❺，紹埶難並。徐方殲耗❻，實謙為梗❼。

【章旨】以上為作者的讚頌之語。其對劉虞、公孫瓚既有肯定，又有惋惜；但對陶謙則逕予否定；這在一定程度上還是抓住了問題的要害所在。

【注釋】❶襄賁　指劉虞。劉虞曾被封為襄賁侯，故有此稱。❷維城　連城以衛國。《詩・板》：「宗子維城。」❸疏獷　亦作「疏獷」。粗豪強悍。❹趫猛　矯健勇猛。❺無終　沒有良好的結局。❻殲耗　滅絕耗盡。❼梗　禍害。《詩・桑柔》：「誰生厲階，至今為梗。」

【語譯】史官評議說：劉虞加強道德修養，在燕北地區連城以衛國。他施行仁愛，能使下面的人和諧融洽；又竭盡忠誠，一心去保衛國家。公孫瓚粗豪強悍，具有矯健勇猛的軍事才能。劉虞雖是美材，卻沒有良好的結局，公孫瓚實際上很難同袁紹的強大勢力相並立。徐州一帶遭到毀滅性的打擊，陶謙事實上在扮演著禍害釀造者的角色。

【研 析】透過本卷合傳的記述文字，不能不令人思索一個問題，亦即：三名傳主對分崩離析、徒有其名的東漢王朝所抱持的態度。從劉虞來看，身為宗室成員，自然就對東漢王朝懷有一種特殊的親近之情；加上忠孝觀念的長期薰陶，更把這種自然的親近之情上升到了理性的高度；尤為緊要的是，諸如「幽州刺史」、「幽州牧」、「督六州事」這等實權在握的高級職位，「大司馬」和「上公」這等最高的榮譽職銜，特於「襄賁侯」以外再增「封邑」之類的豐厚的經濟待遇，無一不是皇家帝室所給與的。皮之不存，毛將焉附？因此劉虞儘管身處亂世和末世，必欲盡其所能，依照傳統的德義感化的施政方針，竭力維護邊區的穩定，設法創造幽州農商興旺的局面，直至要剪除極有可能對劉氏天下構成潛在威脅的像公孫瓚這樣的亂世梟雄。然則最能說明問題者更在於：當袁紹等地方實力派共謀擁立劉虞當皇帝時，他所做出的回應是：「厲色叱之曰：『今天下崩亂，主上蒙塵。吾被重恩，未能清雪國恥。諸君各據州郡，宜共勠力，盡心王室，而反造逆謀，以相垢誤邪！』固拒之。馥等又請虞領尚書事，承制封拜，復不聽，遂收斬使人。」這絕不僅僅是劉虞為防止本人被彼等利用而採取的自我保護策略，恰恰屬於劉虞的本能性反應和下意識舉動。既「被重恩」，定當在「天下崩亂，主上蒙塵」的局勢下「清雪國恥」，非但合乎邏輯，切中事理，亦且責無旁貸，義不容辭。所謂「盡心王室」，乃是無圖謀、無條件的，這的確道出了劉虞的真切心聲；而對「反造逆謀」的深惡痛絕，對「垢誤」之辱的自覺抵制，則顯示了劉虞無論如何也要極力維護漢室皇權的堅定信念與意志。

從公孫瓚來看，則與劉虞截然不同。他雖然出身於「二千石」世家，也「略見書傳」，且「舉孝廉」，但官拜前將軍，封易侯，假節督幽并青冀，都是憑其「趫猛」的軍事才幹一路「打」出來的，甚至是用生命作代價「拼」出來的。在羽翼未豐之際，他也自稱「闒茸」之臣，宣明自己「蒙被朝恩，負荷重任，職在鈇鉞，奉辭伐罪」。但這畢竟露出了他拉朝廷作虎皮、嚇唬別人的底細所在；何況在此之前已謂「天下指麾可定」了呢！又常言「衣冠皆自以職分富貴，不謝人惠」。既對官僚士大夫作如是觀，又能把官僚士大夫心目中的那個「王室」置於何地呢？故而敢於脅迫欽差特使段訓把劉虞斬於薊市，在盡有幽州之地以後，「猛志益盛」。所謂「猛志」何在？不斷擴展地盤的欲望而已。隨之便「徙鎮」易京，「乃自署其將帥為青、冀、兗三州刺史，又悉置郡縣守令」。但到危急時刻，竟然又向朝廷的死敵黑山軍「碎首」求救了。質言之，公孫瓚並未公開想取代漢室，但也僅把東漢王朝玩弄於股掌之上，作為擁兵自重的一塊金字招牌和遮羞布加以利用罷了。

從陶謙來看，鎮壓黃巾之亂的客觀需要使他逕由「司馬」被超擢為徐州刺史，由「諸生」變成了政治幸運兒和政治暴發戶。而他在大破黃巾賊之後，利用「徐方百姓殷盛，穀實甚豐」的有利條件，主動遣使「奉貢西京」。這與劉虞「盡心」並效忠「王室」而選心腹「奉使長安」不可同日而語，充其量是為了取悅身在權臣掌控之下的傀儡小皇帝，進一步撈取更多更大的政治資本而已。這一企冀或者說腹內機關之所在，從他「奉貢西京」後受詔「遷為徐州牧，加安東將軍，封溧陽侯」亦即達到目的之日起，便窳政叢生，竟至「徐方殲耗」的「為梗」行徑中可以得到反面證明。

合而觀之，保漢室以效忠，藉朝廷以自重，奉天子以求達，這就是本篇合傳三名傳主對苟延殘喘、行將滅亡的東漢王朝所分別抱持的基本態度。吁！可歎也。（楊寄林注譯）

卷七十四上

袁紹劉表列傳第六十四上　袁紹

【題解】本卷為袁紹、劉表的合傳，分為上、下兩分卷。卷上記述了袁紹的家世及袁紹父子的主要行跡，敘述了在漢靈帝死後東漢的社會政治形勢，袁紹在誅滅宦官過程中的作用，與董卓的分道揚鑣，招集河北豪傑起兵征討董卓，打敗公孫瓚占有河北廣大地區以及在與曹操的反覆爭奪中逐步走向衰敗的大致過程。傳中對袁紹、董卓、曹操等人物性格的描述也很細緻：比如袁紹表面的寬宏大度、喜怒不形於顏色、剛愎自用聽不進別人的建議、遇事優柔寡斷、目光短淺，以及曹操的雄才大略、寬宏大量、從諫如流。關於這一點在對待討伐曹操檄文的作者上看得最為清楚，檄文歷數曹氏家族的種種劣跡、曹操對漢朝皇室所犯下的種種罪行，極盡嬉笑怒罵之能事，讓人難以忍受。但檄文的作者後來歸順了曹操，不但沒有被殺，還得到了重用，與袁紹刻忌的心胸狹窄形成了鮮明的對比，使得政治、軍事上的勝負一目了然。

卷下敘述了袁氏軍事集團的滅亡和劉表軍事集團的盛衰過程，反映了在東漢末年社會動蕩的形勢下，各軍事集團為了各自的利益互相利用，又互相傾軋的情形。卷中對劉表、劉琦、曹操等人物性格的描述有其獨到之處，使得歷史人物的形象更為豐滿。本卷於千頭萬緒的歷史事件和人物，記事條理有序、從容不迫，成為後世了解東漢後期錯綜複雜的政治、軍事形勢必不可少的材料。

1 袁紹，字本初，汝南汝陽❶人，司徒湯之孫。父成❷，五官中郎將❸，壯健好交結，大將軍梁冀❹以下莫不善之。

2 紹少為郎，除❺濮陽❻長，遭母憂去官。三年禮竟，追感幼孤，又行父服❼。服闋❽，徙居洛陽。紹有姿貌威容，愛士養名。既累世台司❾，賓客所歸，加傾心折節❿，莫不爭赴其庭，士無貴賤，與之抗禮⓫，輜軿⓬柴轂⓭，填接街陌⓮。內官⓯皆惡之。中常侍趙忠言於省內⓰曰：「袁本初坐作聲價⓱，好養死士⓲，不知此兒終欲何作？」叔父太傅隗⓳聞而呼紹，以忠言責之，紹終不改。

3 後辟⓴大將軍何進掾㉑，為侍御史㉒、虎賁中郎將。中平㉓五年，初置西園㉔八校尉㉕，以紹為佐軍校尉。

4 靈帝崩，紹勸何進徵董卓等眾軍，脅太后誅諸宦官，轉紹司隸校尉，語已見何進傳。及卓將兵至，騎都尉太山鮑信㉖說紹曰：「董卓擁制強兵，將有異志，今不早圖，必為所制。及其新至疲勞，襲之可禽㉗也。」紹畏卓，不敢發。頃之，卓議欲廢立，謂紹曰：「天下之主，宜得賢明，每念靈帝，令人憤毒㉘。董侯㉙似可，今當立之。」紹曰：「今上富於春秋，未有不善宣於天下。若公違禮任情，廢嫡立庶㉚，恐眾議未安。」卓案劍叱紹曰：「豎子㉛敢然！天下之事，豈不在我？我欲為之，誰敢不從！」紹詭對曰：「此國之大事，請出與太傅議之。」㉜卓復言：「劉氏種不足復遺。」紹勃然曰：「天下健者，豈惟董公！」橫刀長揖徑出。懸節於上東門㉝，而奔冀州㉞。

董卓購募㉟求紹。時侍中周珌、城門校尉伍瓊為卓所信待，瓊等陰為紹說卓曰：「夫廢立大事，非常人所及。袁紹不達大體，恐懼出奔，非有它志。今急購之，埶必為變。袁氏樹恩四世，門生故吏徧於天下，若收豪傑以聚徒眾，英雄因之而起，則山東㊱非公之有也。不如赦之，拜一郡守，紹喜於免罪，必無患矣。」卓以為然，乃遣授紹勃海㊲太守，封邟鄉侯㊳。紹猶稱兼司隸㊴。

【章旨】以上記述袁紹的籍里家世及性格特點，寫其「愛士養名」、「賓客所歸」及早期為官經歷，並記述袁紹在誅滅宦官鬥爭中的作用，以及與董卓關係破裂的原因。

【注釋】❶汝南汝陽　汝南，郡名。漢高祖四年（西元前二〇三年）設。治今河南平輿北。汝陽，古縣名。西漢始置。治今河南商水縣西南。❷父成　據晉袁山松《後漢書》：「紹，司空逢之孼子，出後伯父成。」《三國志・魏書》記載相同。《英雄記》記載：袁成，字文開，與梁冀結好，言聽計從。京師諺曰：「事不諧，問文開。」❸五官中郎將　漢置，為皇帝的侍從官，比二千石，主五官郎。❹梁冀　字伯卓，東漢安定烏氏（今寧夏固原）人。兩個妹妹分別為順帝和桓帝的皇后。其父梁商死後，繼為大將軍。漢順帝死後，他與妹妹梁太后先後擁立東漢的沖、質、桓三個皇帝，專權朝政達二十餘年。梁太后、皇后先後去世，桓帝與宦官單超等聯合，誅滅梁氏，梁冀被迫自殺。❺除　拜官授職。❻濮陽　縣名。秦置。在今河南濮陽市郊，南臨黃河，鄰接山東。❼行父服　指為父親守喪期。❽服闋　指守喪期滿。舊制規定，父親和母親死後均要守喪三年，期滿除服，稱之為「服闋」。《英雄記》記載，凡在冢廬六年。❾台司　泛指三公九卿。❿折節　屈己下人。⓫抗禮　也作「亢禮」。指互相以平等的禮節交往。《英雄記》記載：袁紹不輕易結交朋友，如果不是社會名流，就很難進入他的視線。他還喜歡行俠仗義，與張孟卓、何伯求、吳子卿、許子遠交往密切。⓬輜軿　指身分高貴的人乘坐的有帷幕的高檔車。⓭柴轂　賤者之車。⓮填接街陌　填，充滿，這裡形容車馬很多。陌，指道路。⓯內官　指宦官。⓰省內　舊時指皇宮禁地。⓱聲價　指社會聲望和地位。⓲死士　指不畏懼死亡的豪傑之士。⓳隗　指袁隗。字次陽，東漢汝南汝陽（今河南商水縣）人。出身於世家大族，與其父兄先後位居三公。漢獻帝時為太傅，死於董卓之亂。⓴辟　徵召。㉑掾　漢代屬官的通稱。㉒侍御史　官名。秦置，漢代沿襲，位在御史大夫之下。其職責或給事殿中，或舉劾非法，或督察郡縣，或奉使出外執行任務。東漢又分別設置治書侍御史。侍御史，又簡稱侍御。㉓中平　東漢靈帝劉宏年號，西元一八四—一八九年。㉔西園　東漢上林苑的別稱。㉕八校尉　小黃門蹇碩為上軍校尉，虎賁中郎將袁紹為佐軍（一作「中軍」）校尉、屯騎校尉鮑鴻為下軍校尉、議郎曹操為典軍校尉、趙融為助軍左校尉、馮芳為助軍右校尉、諫議大夫夏牟為左校尉、淳于瓊為右校尉。共八人，謂之西園軍，皆由蹇碩統領。㉖鮑信　《三國志・魏書》記載：鮑信，太山平陽人。年輕時有大節，寬厚愛人，沉毅有謀。因勸說紹不被採納，於是帶領自己的軍隊回到了家鄉。㉗禽　通「擒」。抓住。㉘毒　痛恨。㉙董侯　指陳留王劉協，漢靈帝之子，後被立為獻帝。㉚廢嫡立庶　嫡，指正妻所生的長子。庶，指非正妻所生的兒子。㉛豎子　罵人的話。猶言「小子」、「小人」。㉜紹詭對曰三句　《英雄記》：「紹揖卓去，坐中驚愕。卓新至，見紹大家，故不敢害。」㉝上東門　指洛陽城東面北頭門。㉞冀州　州名。西漢武帝時的「十三刺史部」之一。東漢為行政區劃之一，治今河北柏鄉北，東漢末年移治今河北臨漳西南。㉟購募　懸賞捉拿。㊱山東　漢代指崤山函谷關以東的地區。㊲勃海　郡名。又作「渤海」。西漢文帝十五年（西元前一六五年）分河間國設置，以其瀕臨渤海而得名。治今河北滄縣東南。東漢治今河北南皮東北。㊳邟鄉侯　《漢書》潁川有周承休侯國，元帝置。元始二年更名邟。㊴司隸　官名。司隸校尉的簡稱。本為《周禮》中秋官司寇的屬官，漢武帝時始設置司隸校尉，主要掌管糾察京師百官及所轄各郡，相當於州刺史。魏晉以後，司隸校尉所轄區域改為州，稱為司州。

【語　譯】袁紹，字本初，汝南汝陽人，是漢司徒袁湯的孫子。他的父親袁成曾做過五官中郎將，身體健壯，喜歡結交朋友，所以朝廷中大將軍梁冀以下的官吏都和他的關係相當好。

2 袁紹年輕時就做過郎官，被任命為濮陽縣長，後因母親去世，辭去了官職。守喪三年期滿後，回想自己自幼就失去了父愛，接著又為父親守喪三年。喪服結束後，他便移居到了洛陽。袁紹相貌英武，喜歡結交名士，藉以提高自己的聲望。他的家族歷代都曾做過高官，成為當時社會名流羨慕的對象，再加上袁紹能屈己下人，所以有才能的人紛紛投奔到他的門下，對於賢能之士，不問其社會地位高低，袁紹都能平等相待，於是前來投奔他的人乘坐的車子，擠滿了他家門外的街道。宦官們對此恨之入骨。中常侍趙忠在朝廷上說：「袁本初沽名釣譽，喜歡招攬亡命之徒，不知道這小子到底想幹什麼？」他在朝廷做太傅的叔叔袁隗聽說後，趕緊叫來袁紹，用趙忠說過的話教訓他，袁紹依然我行我素。

3 後來被徵召為大將軍何進的屬官，先後做過侍御史、虎賁中郎將等官。中平五年，開始設立西園八校尉，袁紹被任命為佐軍校尉。

4 漢靈帝死後，袁紹勸說何進徵調董卓等人的軍隊，逼迫太后消滅所有的宦官，袁紹被任命為司隸校尉，其勸說的言論已見於〈何進傳〉中。等到董卓率兵進京後，騎都尉太山人鮑信勸說袁紹說：「董卓手中掌握著強大的軍隊，將來肯定會有野心，現在如果不及早除掉他，將來一定受制於他。不如趁著他剛來，軍隊疲憊，突然襲擊，一定能抓住他。」袁紹很害怕董卓，不敢採取行動。不久，董卓意欲廢掉少帝，對袁紹說：「作為天下的君主，應當選擇賢明的，每當想起靈帝，就令人憤恨不已。董侯好像還可以，現在應該立他為皇帝。」袁紹說：「當今皇上正當青年，又沒有惡跡散布到天下。如果足下違反禮制執意妄為，廢掉嫡子，改立庶子，恐怕眾人議論難平。」董卓按劍訓斥袁紹說：「無知小子膽敢如此！天下的事情，難道不是我說了算？我想做的事情，誰敢不服從！」袁紹辯解說：「這是朝廷的大事，請出去和太傅們一起商量吧。」董卓又說：「劉家的天下不足以再傳下去了。」袁紹勃然大怒說：「天下勢力強大的，難道只有你董公一人！」於是袁紹手執刀，只行了拱手禮，就直奔而出。把符節掛在東門上，直奔冀州而去。

5 董卓懸賞捉拿袁紹。當時侍中周珌、城門校尉伍瓊深得董卓的信賴，伍瓊等人私下裡替袁紹勸解董卓說：「像皇帝的廢立這樣的大事，不是一般人所能辦得到的。袁紹不識大體，驚恐逃奔，不會有別的圖謀。現在這麼急地懸賞捉拿他，勢必釀成變故。袁家四代在朝為官，門生故吏遍布天下，如果他招募豪傑之士，聚眾鬧事，各地的英雄再趁機起兵，那麼山東一帶您就無法控制了。不如赦免了他，任命他為一個郡守，袁紹因為免罪而慶幸，就肯定不會有禍患了。」董卓認為可行，就派人任命袁紹做了渤海郡的太守，並封為邟鄉侯。袁紹又聲稱仍兼任司隸校尉。

1 初平❶元年，紹遂以勃海起兵，與從弟後將軍術、冀州牧韓馥、豫州❷刺史孔伷、兗州❸刺史劉岱、陳留❹太守張邈、廣陵❺太守張超、河內❻太守王匡、山陽❼太守袁遺、東郡❽太守橋瑁、濟北❾相鮑信等同時俱起，眾各數萬，以討卓為名。紹與王匡屯河內，伷屯潁川，馥屯鄴，餘軍咸屯酸棗❿，約盟，遙推紹為盟主。紹自號車騎將軍，領司隸校尉。

2 董卓聞紹起山東，乃誅紹叔父隗，及宗族在京師者，盡滅之⓫。卓乃遣大鴻臚韓融⓬、少府陰循⓭、執金吾胡母班⓮、將作大匠⓯吳循、越騎校尉王瓌譬解紹等諸軍⓰。紹使王匡殺班、瓌、吳循等，袁術亦執殺陰循，惟韓融以名德免。

3 是時豪傑既多附紹，且感其家禍，人思為報，州郡蜂起，莫不以袁氏為名。韓馥見人情歸紹，忌其得眾，恐將圖己，常遣從事⓱守紹門，不聽發兵。橋瑁乃詐作三公移書，傳驛州郡，說董卓罪惡，天子危逼，企望⓲義兵，以釋國難。馥於是方聽紹舉兵。乃謀於眾曰：「助袁氏乎？助董氏乎？」治中劉惠⓳勃然曰：

「興兵為國，安問袁、董？」馥意猶深疑於紹，每貶⑳節軍糧，欲使離散。

4 明年，馥將麴義反畔㉑，馥與戰失利。紹既恨馥，乃與義相結。紹客逢紀謂紹曰㉒：「夫舉大事，非據一州，無以自立。今冀部強實，而韓馥庸才，可密要公孫瓚㉓將兵南下，馥聞必駭懼。并遣辯士為陳禍福，馥迫於倉卒，必可因據其位。」紹然之，益親紀，即以書與瓚。瓚遂引兵而至，外託討董卓，而陰謀襲馥。紹乃使外甥陳留高幹及潁川荀諶㉔等說馥曰：「公孫瓚乘勝來南，而諸郡應之。袁車騎引軍東向，其意未可量也。竊為將軍危之。」馥懼，曰：「然則為之柰何？」諶曰：「君自料寬仁容眾，為天下所附，孰與袁氏？」馥曰：「不如也。」「臨危吐決，智勇邁㉕於人，又孰與袁氏？」馥曰：「不如也。」「世布恩德，天下家受其惠，又孰與袁氏？」馥曰：「不如也。」諶曰：「勃海雖郡，其實州也㉖。今將軍資三不如之埶，久處其上，袁氏一時之傑，必不為將軍下也。且公孫提燕、代之卒㉗，其鋒不可當。夫冀州天下之重資，若兩軍并力，兵交城下，危亡可立而待也。夫袁氏將軍之舊，且為同盟。當今之計，莫若舉冀州以讓袁氏，必厚德將軍，公孫瓚不能復與之爭矣。是將軍有讓賢之名，而身安於太山也。願勿有疑。」

馥素性恇怯㉘，因然其計。馥長史耿武、別駕㉙閔純、騎都尉㉚沮授聞而諫曰：「冀州雖鄙，帶甲百萬，穀支十年。袁紹孤客窮軍，仰我鼻息，譬如嬰兒在股掌之上，絕其哺乳，立可餓殺。奈何欲以州與之？」馥曰：「吾袁氏故吏，且才不如本初。度德而讓，古人所貴，諸君獨何病焉？」先是，馥從事趙浮、程渙將強弩萬人屯孟津㉛，聞之，率兵馳還，請以拒紹，馥又不聽㉜。乃避位，出居中常侍趙忠故舍，遣子送印綬以讓紹。

【章旨】以上記述袁紹在渤海起兵反董卓，各地響應，袁紹遂為盟主。董卓殺害袁紹在京師的家族，袁紹在道義上得到人們的同情。於是袁紹外聯公孫瓚，內迫韓馥，占有了冀州之地。

【注釋】❶初平　東漢獻帝劉協年號，西元一九〇—一九三年。❷豫州　州名。漢武帝時設置的「十三刺史部」之一。治今安徽亳州。❸兗州　西漢武帝時設置的「十三刺史部」之一。東漢治今山東金鄉西北。❹陳留　郡、國名。西漢元狩元年（西元前一二二年）始設置郡。治今河南開封東南。❺廣陵　郡、國名。西漢元狩二年（西元前一二一年）改江都國設置廣陵郡，元狩六年，又分廣陵郡的部分地區設置廣陵國。治今江蘇揚州。❻河內　郡名。秦朝開始設置。治今河南武陟西南。❼山陽　郡、國名。漢景帝中元六年（西元前一四四年）分梁國設置山陽國，建元年間改為郡。治今山東金鄉西北。❽東郡　郡名。戰國秦王嬴政五年（西元前二四二年）設置。治今河南濮陽西南。❾濟北　王國名。漢文帝二年（西元前一四九年）因朱虛侯劉章在誅滅諸呂過程中有功，立其為城陽王，立東牟侯劉興居為濟北王，治盧。故城在今山東長清南。❿紹與王匡四句　《英雄記》記載：孔伷字公緒，陳留人。王匡字公節，泰山人。袁遺字伯業，紹從弟術字公路，汝南汝陽人。橋瑁字元瑋，橋玄族子，先為兗州刺史，後被劉岱殺害。鄴，古都邑名。春秋時期齊桓公始築城，戰國時期魏文侯設置縣，都此。漢朝以後，為魏郡的治所。東漢末年後，又先後成為冀州、相州的治所。建安十八年（西元二一三年）曹操為魏公，定都於此。地在今河北臨漳西南鄴鎮村一帶。⓫盡滅之　《獻帝春秋》記載：袁紹在山東起兵後，董卓將京師的袁氏家族包括袁隗、袁基、袁紹的母親共五十餘人全部殺死，埋在青城門外東都門內。⓬韓融　《海內先賢傳》：「韓融，字元長，潁川人。」

⓭陰循　字元基，南陽新野人。⓮胡母班　字季友，泰山人，為「八廚」之一。⓯將作大匠　官名。秦朝始置，稱為將作少府。西漢景帝時改稱將作大匠。主要掌管宮室、宗廟、陵寢及其他土木建築。東漢以後相沿。⓰越騎校尉句　漢武帝時期設置屯騎、步兵、越騎、長水、射聲五校尉。越騎掌管越人來降之騎卒，一說取材力超越為名。秩二千石。後改為青巾，東漢光武帝建武十五年恢復舊名。東漢的五校皆典宿衛。譬解，勸說。⓱從事　官名。即從事史。漢代以後州刺史自辟僚屬，多稱之為從事，如別駕從事史、治中從事史等。隋朝以後，將州從事改為參軍。⓲企望　翹首盼望。⓳治中劉惠　治中，古代官名。漢代設置治中從事史，為州刺史的助理。劉惠，《英雄記》：「劉子惠，中山人。」⓴貶　減少。㉑畔　通「叛」。背叛。㉒紹客逢紀句　《英雄記》：「紀字元圖。初，紹去董卓，與許攸及紀俱詣冀州，以紀聰達有計策，甚親信之。」㉓公孫瓚　（?—西元一九九年），字伯珪，東漢末遼西令支（今河北遷安）人。初為遼東屬國長史，曾反擊烏桓的侵擾，並大破青州的黃巾軍。後割據幽州（今河北北部），與袁紹連年交戰。建安四年（西元一九九年），為袁紹所敗，自焚而死。㉔荀諶　荀彧之弟。㉕邁　超邁；超過。㉖勃海雖郡二句　勃海雖是郡，但其管轄的範圍與州差不多。㉗燕代之卒　燕，古國名。周朝初年分封的諸侯國，姬姓，開國君主為召公奭。在今河北北部和遼寧的西部，建都薊（今北京市區西南）。戰國時期成為七雄之一，西元前二二二年被秦國滅亡。代，古國名。在今河北蔚縣。西元前四七五年被趙襄子所滅，並以其地封其姪趙周，稱為代成君。西元前二二八年秦國攻破趙國，趙公子嘉出奔至代，自立為代王，後六年為秦所滅。漢初又以代地封為九位同姓諸侯國之一，治理範圍包括雲中、雁門、代三郡五十三縣，都代縣（今河北蔚縣東北）。代郡，郡名。戰國趙武靈王設置，秦朝和西漢治代縣。東漢移治今山西陽高西北。㉘恇怯　指膽小怕事，優柔寡斷。㉙別駕　官名。稱為別駕從事史，為刺史的佐吏，刺史巡視轄境時，別駕乘驛車隨行，故名。魏晉以後，均承襲漢制。㉚騎都尉　官名。漢武帝元鼎二年（西元前五九年）初置。以李陵為之，以後歷代相沿。㉛強弩萬人屯孟津　強弩，原指威力強勁的弩弓。這裡指手拿強弩的士兵。孟津，古代關梁名。故地在今河南孟津東北、孟州西南。㉜請以拒紹二句　《英雄記》記載：袁紹在朝歌清水口，趙浮等率戰船數百艘，軍隊萬餘人，整兵駭鼓過紹營，紹甚惡之。趙浮趕到後對韓說：「袁本初軍糧匱乏，各欲離散，旬日之間，一定會土崩瓦解。將軍您只管閉戶高枕，又有什麼可以擔心害怕呢？」

【語　譯】初平元年，袁紹從渤海起兵，與堂弟後將軍袁術、冀州牧韓馥、豫州刺史孔伷、兗州刺史劉岱、陳留太守張邈、廣陵太守張超、河內太守王匡、山陽太守袁遺、東郡太守橋瑁、濟北相鮑信等人同時起兵，各自擁有數萬軍隊，都打著討伐董卓的旗號。袁紹和王匡的軍隊駐紮在河內，孔伷駐紮在潁川，韓馥駐紮在鄴，其餘的軍隊都駐紮在酸棗，共同訂立盟約，遙尊袁紹為盟主。袁紹自稱車騎將軍，兼領司隸校尉。

2 董卓聽說袁紹在山東地區起兵反叛，就殺掉了袁紹的叔叔袁隗，並牽連到袁氏在京城的親屬全都遇害。董卓又派遣大鴻臚韓融、少府陰循、執金吾胡母班、將作大匠吳循、越騎校尉王瓌等勸說袁紹等各路軍隊。袁紹派王匡殺掉了胡母班、王瓌、吳循等人，袁術也抓住並殺掉了陰循，只有韓融因為享有很高的德義聲望，幸免於難。

3 當時各地的豪傑大都依附於袁紹，並且都很同情袁氏一族的遭遇，所有的人都想替他報仇，許多州郡紛紛起兵響應，全都打著袁氏的旗號。韓馥見人心歸向袁紹，擔心他獲得眾人的擁護，會威脅自己，就經常派下屬守著袁紹的軍門，不讓他出兵。橋瑁於是偽造了一份三公的書信，通過驛使傳遞到各個州郡，訴說董卓作惡多端，天子被逼到了危難的境地，翹首盼望各地的義軍解除國難。韓馥於是才聽任袁紹調動軍隊。他與眾人商量說：「是幫助袁紹呢？還是幫助董卓呢？」治中劉惠激動地說：「我們起兵是為了朝廷，怎麼反過來問袁紹、董卓呢？」韓馥還是對袁紹很不放心，常常克扣軍糧，想使他的軍隊軍心渙散。

4 第二年，韓馥的部將麴義反叛，韓馥與麴義作戰，結果兵敗。袁紹早已痛恨韓馥，就和麴義聯合起來。袁紹的謀士逢紀對袁紹說：「想要幹一番大事，如果不占有一州作為根據地，就無法自立。現在冀州的兵力強大，但韓馥卻是個庸才，可以祕密地約公孫瓚領兵南下，韓馥聽說後肯定會非常害怕。同時派能言善辯的人到韓馥那裡陳述利害關係，韓馥迫於突然變化的形勢，猝不及防，你就一定能夠趁機占有他的位置。」袁紹認為這樣做可以，更加相信逢紀，就隨即給公孫瓚寫信。公孫瓚立即率軍趕來，對外以討伐董卓為名，暗地裡卻謀劃偷襲韓馥。袁紹又派外甥陳留人高幹和潁川人荀諶等人勸說韓馥說：「公孫瓚乘勝南來，而且許多郡縣聞風響應。車騎將軍袁紹率軍東進，其意圖難以猜測啊。我們私下裡為您捏把汗。」韓馥很害怕，問：「既然這樣，我們應該怎麼辦？」荀諶問道：「您想一想，在仁義寬容上，受到天下人的歸附，您和袁紹相比，怎麼樣？」韓馥回答：「不如啊。」「面臨危急，果斷決策，具備超越常人的勇猛和智慧，您與袁氏相比又怎麼樣？」韓馥回答說：「不如啊。」「世代施恩惠於天下，天下很多人受其恩惠，您與袁氏相比又如何呢？」韓馥回答說：「不如啊。」荀諶說：「渤海雖然名義上是一個郡，實際上卻相當於一個州。現在將軍在許多方面不如袁氏，卻長期位居袁氏之上，袁氏乃當今雄傑，肯定是不會甘心位居將軍之下的。而且公孫瓚率領燕、代等地的軍隊，氣勢銳不可當。同時，冀州為天下的重鎮，如果他們兩支軍隊聯合起來，一起進攻冀州，那麼冀州即刻就會被攻破。袁紹是將軍的老朋友，而且又結同盟，以現在的形勢而論，不如把整個冀州讓給袁紹，袁紹必然對您感恩戴德，公孫瓚也沒能力與他再爭奪了。這樣一來，將軍既獲得了讓賢的美名，自身又能安如太山。希望您不要對此有所疑慮。」韓馥性情懦弱，膽小怕事，因此採納了這一計策。韓馥的長史耿武、別駕閔純、騎都尉沮授聽說後勸阻說：「冀州雖地處偏遠，但有軍隊百萬，糧食可以支持十年。袁紹缺乏糧草，孤軍前來，就像抱在懷裡的嬰孩一樣依賴我們，如果斷絕其哺乳，他就會立刻餓死。為何要把整個冀州拱手相讓呢？」韓馥說：「我是袁氏家族的舊部，而且才能也不如袁本初。從德義上考慮讓賢，這是自古以來所推重的，各位為何惟獨對此憂慮呢？」先前，韓馥的從事趙浮、程渙率軍一萬，配備強弩，駐紮在孟津，他們聽說了這件事後，率軍火速趕回，請求拒絕袁紹，韓馥還是不聽。於是韓馥讓出冀州牧，外出遷入了中常侍趙忠的故宅，讓兒子把印綬拱手送給了袁紹。

1　紹遂領冀州牧，承制❶以馥為奮威將軍，而無所將御。引沮授為別駕，因謂授曰：「今賊臣作亂，朝廷遷移。吾歷世受寵，志竭力命，興復漢室。然齊桓❷非夷吾❸不能成霸，句踐❹非范蠡❺無以存國。今欲與卿戮力同心，共安社稷❻，將何以匡濟之乎？」授進曰：「將軍弱冠❼登朝，播名海內。值廢立之際，忠義奮發，單騎出奔，董卓懷懼，濟河而北，勃海稽❽服。擁一郡之卒，撮❾冀州之眾，威陵河朔，名重天下。若舉軍東向，則黃巾可埽；還討黑山❿，則張燕可滅；回師北首，則公孫必禽；震脅戎狄，則匈奴立定。橫大河之北，合四州⓫之地，收英雄之士，擁百萬之眾，迎大駕於長安，復宗廟於洛邑，號令天下，誅討未服。以此爭鋒，誰能御之！比及數年，其功不難。」紹喜曰：「此吾心也。」即表授為奮武將軍，使監護⓬諸將。

2 魏郡⓭審配，鉅鹿田豐⓮，並以正直不得志於韓馥。紹乃以豐為別駕，配為治中，甚見器任⓯。馥自懷猜懼，辭紹索去⓰，往依張邈。後紹遣使詣邈，有所計議，因共耳語。馥時在坐，謂見圖謀，無何⓱，如廁自殺⓲。

3 其冬，公孫瓚大破黃巾，還屯槃河⓳，威震河北，冀州諸城無不望風響應。紹乃自擊之。瓚兵三萬，列為方陳，分突騎萬匹⓴，翼軍左右，其鋒甚銳。紹先令麴義領精兵八百，強弩千張，以為前登。瓚輕其兵少，縱騎騰之，義兵伏楯㉑下，一時同發，瓚軍大敗，斬其所置冀州刺史嚴綱，獲甲首千餘級。麴義追至界橋㉒，瓚斂兵還戰，義復破之，遂到瓚營，拔其牙門㉓，餘眾皆走。紹在後十數里，聞瓚已破，發鞌息馬，唯衛帳下強弩數十張，大戟士百許人。瓚散兵二千餘騎卒至，圍紹數重，射矢雨下。田豐扶紹，使卻入空垣。紹脫兜鍪㉔抵地，曰：「大丈夫當前鬭死，而反逃垣牆間邪？」促使諸弩競發，多傷瓚騎。眾不知是紹，頗稍引卻。會麴義來迎，騎乃散退。三年，瓚又遣兵至龍湊㉕挑戰，紹復擊破之。瓚遂還幽州㉖，不敢復出。

4 四年初，天子遣太僕㉗趙岐和解關東，使各罷兵。瓚因此以書譬紹曰：「趙太僕以周、邵之德㉘，銜命來征，宣揚朝恩，示以和睦，曠若開雲見日，何喜如之！昔賈復㉙、寇恂㉚爭相危害，遇世祖㉛解紛，遂同輿並出。釁㉜難既釋，時人美之。自惟邊鄙，得與將軍共同斯好，此誠將軍之眷㉝，而瓚之願也。」紹於是引軍南還。

5 三月上巳㉞，大會賓徒於薄落津㉟。聞魏郡兵反，與黑山賊干毒等數萬人共覆鄴城，殺郡守㊱。坐中客家在鄴者，皆憂怖失色，或起而啼泣，紹容貌自若，不改常度㊲。賊有陶升者，自號「平漢將軍㊳」，獨反諸賊，將部眾踰西城入，閉府門，具車重㊴，載紹家及諸衣冠㊵在州內者，身自扞衛，送到斥丘㊶。紹還，因屯斥丘，以陶升為建義中郎將。六月，紹乃出軍，入朝歌㊷鹿腸山蒼巖谷口，討干毒。圍攻五日，破之，斬毒及其眾萬餘級。紹遂尋㊸山北行，進擊諸賊左髭丈八等，皆斬之，又擊劉石、青牛角、黃龍、左校、郭大賢、李大目、于氐根等，復斬數萬級，皆屠其屯壁。遂與黑山賊張燕及四營屠各㊹、鴈門烏桓㊺戰於常山㊻。燕精兵數萬，騎數千匹，連戰十餘日，燕兵死傷雖多，紹軍亦疲，遂各退。麴義自恃有功，驕縱不軌，紹召殺之，而并其眾。

6 興平㊼二年，拜紹右將軍㊽。其冬，車駕㊾為李傕㊿等所追於曹陽(51)，沮授說紹曰：「將軍累葉台輔，世濟忠義。今朝廷播越(52)，宗廟殘毀，觀諸州郡，雖外託義兵，內實相圖，未有憂存社稷卹人之意。且今州城粗定，兵強士附，西迎大駕，即宮鄴都，挾天子而令諸侯，稸士馬以討不庭(53)，誰能禦之？」紹將從其計。潁川郭圖(54)、淳于瓊曰：「漢室陵遲，為日久矣，今欲興之，不亦難乎？且英雄並起，各據州郡，連徒聚眾，動有萬計，所謂秦失其鹿，先得者王(55)。今迎天子，動輒表聞，從之則權輕，違之則拒命，非計之善者也。」授曰：「今迎朝廷，於義為得，於時為宜。若不早定，必有先之者焉。夫權不失幾，功不厭(56)速，願其圖之。」帝立既非紹意(57)，竟不能從。

紹有三子：譚字顯思，熙字顯雍，尚字顯甫。譚長而惠，尚少而美。紹後妻劉有寵，而偏愛尚，數稱於紹，紹亦奇其姿容，欲使傳嗣。乃以譚繼兄後，出為青州58刺史。沮授諫曰：「世稱萬人逐兔，一人獲之，貪者悉止，分定故也59。且年均以賢，德均則卜，古之制也60。願上惟先代成敗之誡，下思逐兔分定之義。若其不改，禍始此矣。」紹曰：「吾欲令諸子各據一州，以視其能。」於是以中子熙為幽州刺史，外甥高幹為并州61刺史。

【章　旨】以上記述袁紹任冀州牧之後，部將沮授分析天下形勢，提出應採取的正確策略。在軍事上取得主動權後，卻暴露了袁紹胸無大志、處事優柔寡斷的弱點。他偏愛幼子袁尚，致後來譚、尚兄弟相爭而亡。

【注　釋】❶承制　秉承皇帝的旨意。❷齊桓　即齊桓公，春秋五霸之一。❸夷吾　即管仲。春秋時期的齊國穎上人。初事公子糾，後相齊桓公，九合諸侯，一匡天下，使齊桓公成為春秋五霸之首。❹句踐　春秋時期越國的國君。句，也作「勾」。初為吳王夫差打敗，被圍困於會稽。後臥薪嘗膽，發奮圖強，終於滅亡了吳國，稱霸中原。❺范蠡　字少伯，春秋時期的楚國宛人。為越國大夫，輔佐越王句踐發奮圖強，終於滅亡了吳國。❻社稷　原指古代帝王祭祀的土地神和穀神，後指國家政權的代稱。❼弱冠　古代男子二十歲舉行加冠禮，弱冠指二十歲左右的年齡。❽稽　指歸附。❾攝　奪取；攻占。❿黑山　在今河南浚縣西北。《九州春秋》：張燕，原本姓褚。黃巾農民軍起事後，他聚眾響應。博陵張牛角遙相呼應，與張燕合兵一處。張燕推張牛角為帥，一起攻打癭陶。張牛角被流矢所中，臨終時將帥位交給了張燕。張燕性格剽悍，行動敏捷，軍中號稱「飛燕」。此後，農民軍逐漸壯大，轉戰常山、趙郡、中山、上黨、河內等地，號稱「黑山軍」。⓫四州　指青州、冀州、幽州、并州。⓬監護　監督統領。⓭魏郡　郡名。漢高祖十二年（西元前一九五年）設置，一說漢景帝五年（西元前一五二年）設置。治今河北臨漳西南。⓮鉅鹿田豐　鉅鹿，郡名。秦朝時開始設置。治今河北平鄉西南。田豐，據《先賢行狀》：審配字正南。少忠烈慷慨，有不可犯之節。紹領冀州，委腹心之任。田豐字元皓。天姿瑰傑，權略多奇。袁紹兵敗，軍隊潰散，眾將都說：「那時假如田豐在場的話，絕對不會有這樣的結局。」⓯器任　器重，信任。⓰辭紹索去　《英雄記》：「紹以河內朱漢為都官從事。漢先時為馥所不禮，內懷忿恨，且欲徼迎紹意，擅發城郭兵圍守馥第，拔刃登屋，收得馥大兒，搥折兩腳。紹亦立收漢殺之。馥猶憂怖，故報紹索去。」索，孤身一人。⑰無何　不久。⑱如廁自殺　《九州春秋》：「至廁，因以書刀自殺。」⑲槃河　《爾雅》記載：有九河，鉤槃是其一也。故河道在今山東德州境內，入樂陵縣，今名枯槃河。⑳列為方陳二句　陳，通「陣」。突騎，能夠衝鋒陷陣的精銳騎兵。㉑楯　即「盾」。盾牌。㉒界橋　《九州春秋》：「還屯廣宗界橋。」故址在今河北威縣東北的古清河上。㉓牙門　古代軍營的大門口均置牙旗，所以軍營的大門也叫牙門。㉔兜鍪　指頭盔。先秦時期稱「冑」，秦漢以後稱「兜鍪」。㉕龍湊　古城名。在今山東德州東北，瀕臨古黃河渡口，為古代的軍事要地。㉖幽州　州名。西漢武帝所設置的「十三刺史部」之一。東漢治今北京市區西南。㉗太僕　官名。始於春秋時期，秦漢沿襲，為九卿之一，掌管皇帝的輿馬和馬政。㉘周邵之德　周邵，即「周」、「召」。周成王即位後，因其年幼，周公旦和召公奭分陝而治，共同輔佐周成王，史稱「周、召」。㉙賈復　字君文，今河南鄧州人。西漢末年曾為縣掾。光武帝起兵後，歸附光武帝，為東漢初年的著名將領。曾官執金吾，封冠軍侯。建武十三年（西元三七年）封為膠東侯，食邑六縣。建武三十一年卒，諡剛侯。㉚寇恂　字子翼，今北京昌平人，為世家大姓。西漢末年曾為郡功曹。王莽敗亡後，歸附光武帝。曾官潁川、汝南太守，封為雍奴侯，食邑萬戶。建武十二年卒，諡威侯。㉛世祖　漢光武帝劉秀的廟號。㉜釁　仇隙；禍端。㉝眷　照顧；關懷。㉞上巳　節日名。傳統節日中以陰曆的三月上旬的巳日為「上巳」日。㉟薄落津　酈道元《水經注》：「漳水又歷經鉅鹿縣故城西，水有故津，謂之薄落津。」《續漢志》：廮陶縣有薄落亭，在今河北寧晉一帶。㊱與黑山賊干毒二句　《管子》記載，齊桓公築五鹿、中牟、鄴，以禦諸侯。㊲紹容貌自若二句　據《獻帝春秋》：「紹勸督引滿投壺，言笑容貌自若。」㊳平漢將軍　據《英雄記》記載：陶升曾在內黃做過小吏。㊴車重　輜重車。古代軍隊中用以裝載軍用物資的車輛。㊵衣冠　代指士大夫、官吏。㊶斥丘　縣名。屬鉅鹿郡。故城在今河北成安東南。《十三州志》：「土地斥鹵，故曰斥丘。」㊷朝歌　故城在今河南淇縣。《續漢志》：「朝歌有鹿腸山。」㊸尋　沿著；順著。㊹屠各　匈奴族的一個分支。㊺烏桓　指當時生活在東北地區的少數民族。㊻常山　郡名。漢朝設置。治今河北元氏。原名恆山郡，因避漢文帝劉恆的名諱，而改為常山。㊼興平　東漢獻帝劉協年號，西元一九四—一九五年。㊽右將軍　將軍一職在漢代不常設，主要掌征伐背叛，地位同於三公者有四：一為大將軍，二為驃騎將軍，三是車騎將軍，四是衛將軍。此外還有前、後、左、右將軍，皆金紫，位次上卿，典京師兵衛，四夷屯警。㊾車駕　指東漢獻帝。㊿李傕　北地人（今甘肅東南部、寧夏南部一帶），為董卓的部將。董卓被殺後，率軍殺死王允，自任車騎將軍，專權朝政。(51)曹陽　俗名七里澗。在河南陝縣西南七里，因在曹水之陽而得名。52播越　居無定處；流離失所。53稸士馬以討不庭　稸，積；聚。不庭，指不聽從朝廷的號令。54郭圖　據《九州春秋》載：圖字公則。55所謂秦失其鹿二句　源出《史記》，蒯通曰：「秦失其鹿，天下共追之，高才者先得焉。」56猒　通「厭」。滿足。57帝立既非紹意　指董卓所擁立的東漢獻帝。58青州　州名。漢代設置，後代沿襲不改。舊治在今山東益都。59世稱萬人逐兔四句　語出《慎子》：「兔走於街，百人追之，貪人具存，人莫之非者，以兔為未定分也。積兔滿市，過不能顧，非不欲兔也，分定之後，雖鄙不爭。」分，名分。定，確定。60且年均以賢三句　語見《左傳》：「王后無嫡則擇立長，年鈞以德，德鈞以卜。」61并州　漢代設置并州。其地包括今內蒙古、山西大部及河北的部分地區。東漢時期併入冀州。三國魏復置，地約當於今山西汾水中游地區。

【語　譯】於是袁紹當上了冀州牧，並推薦朝廷任命韓馥為奮威將軍，但既無地盤也無軍隊。袁紹提拔沮授為別駕，對沮授說：「當今奸臣當道，天子被遷徙。我家世代蒙受皇帝的恩寵，因此發誓竭盡全力，復興漢朝皇室。但齊桓公沒有管仲就不能成就霸業，句踐沒有范蠡就難以保全國家。如今我想和您戮力同心，共同安定漢朝的天下，應該如何才能挽救現在危難的形勢呢？」沮授回答說：「將軍自年輕時就在朝廷擔任要職，聞名天下。當今正值董卓廢帝之時，您奮發忠義，單騎出奔，使董卓恐懼不安，您渡黃河，進軍河北，渤海郡望風歸附。您僅用一郡的軍隊，就奪取了冀州的兵權，威震黃河以北的地區，名揚海內。如果率軍東進，就可以掃除黃巾軍；回軍攻打黑山農民軍，就可以消滅張燕；率軍北伐，那麼公孫瓚必定束手就擒；威名使戎狄屈服，匈奴就可以立即安定。您就可以在黃河以北隨心所欲，兼有四州的地盤，廣收英雄豪傑，擁有百萬軍隊，到長安恭迎皇帝，在洛陽重建漢家宗廟，號令天下，征討那些不歸附的。憑藉這樣的有利形勢爭奪天下，誰又能阻擋呢！等幾年之後，安定天下的功業就唾手可得了。」袁紹高興地說：「這正是我夢寐以求的。」隨即推薦沮授為奮武將軍，讓他監領眾將領。

2 魏郡人審配、鉅鹿人田豐，都因為剛強正直得不到韓馥的重用和信任。袁紹就任用田豐為別駕、審配為治中，他們很得袁紹的器重和信任。韓馥猜疑不安，十分害怕，就辭別袁紹，孤身一人離開，投靠了張邈。後來，袁紹派使者到張邈那裡，因有要事商量，和張邈耳語。韓馥當時在坐，以為將要謀害自己，過了不大一會兒，就跑到廁所裡自殺了。

3 這年冬天，公孫瓚大敗黃巾軍，回軍駐紮在槃河，氣勢威震河北一帶，冀州的各城望風歸降。袁紹親率大軍攻打公孫瓚。公孫瓚三萬軍隊，列成方陣，以一萬精銳騎兵掩護左右兩側，其鋒芒十分銳利。袁紹先令麴義率領八百精兵攜帶千張強弩，作為先鋒。公孫瓚輕視麴義的兵少，命令騎兵發起進攻，麴義的士兵以盾牌作掩護，突然發動強弩進攻，大敗公孫瓚的軍隊，殺死了公孫瓚任命的冀州刺史嚴綱，斬殺士兵一千餘。麴義率軍乘勝追擊至界橋，公孫瓚收拾軍隊迎戰，又被打敗，麴義乘勝追擊到了公孫瓚的大營，破壞了軍營的大門，剩下的軍隊全都逃跑了。袁紹在後面十多里，聽說公孫瓚已經被打敗，便解除馬鞍，讓戰馬休息，只留下護衛營帳的幾十張強弩，和一百多名手執大戟的士兵。公孫瓚潰散的兩千多騎兵突然逃來，將袁紹層層包圍，箭如下雨般地射來。田豐扶著袁紹，讓他躲避到一堵空牆後。袁紹脫下頭盔扔在地上說：「大丈夫應當衝上前去拼殺戰死，怎麼能逃避到殘垣斷壁裡呢？」立即督促所有的強弩手發射弩箭，射傷了許多公孫瓚的騎兵。敵眾不知道是袁紹，就漸漸退去了。這時正好麴義來迎接，騎兵這才紛紛逃散。初平三年，公孫瓚又派軍隊到龍湊挑戰，又被袁紹打敗。隨後，公孫瓚退回幽州，不敢再出兵了。

4 初平四年年初，皇帝派遣太僕趙岐調解關東地區的割據勢力，使彼此各自罷兵。公孫瓚藉此機會寫信給袁紹修好，說：「趙太僕憑藉著類似於周公、召公的德名，奉皇上之命前來，宣揚朝廷的恩德，勸諭和睦相處，就像雲開日出一樣豁然開朗，沒有比此事再令人高興的了！回顧過去，賈復、寇恂互相傾軋，因得到了世祖的從中調解而和好，於是兩人並駕齊驅。化解了一場因個人恩怨而可能引起的禍端，被當時的人們傳為佳話。我處邊遠之地，能與將軍友好相處，這確實是將軍的格外關照，同時也是我的夙願啊。」隨後，袁紹率軍返回了南方。

5 三月的上巳日，袁紹在薄落津大會賓客。此時得知魏郡的軍隊反叛，與黑山賊寇干毒等幾萬人聯合攻陷了鄴城，殺死了郡守。在座的家住鄴城的客人都大驚失色，有的甚至起身痛哭起來，袁紹依然神情自若，不改平時的風度。叛賊中有位名陶升的，自稱「平漢將軍」，單獨行動，背棄各路叛軍，率領部下自城西進入鄴城，關閉府門，準備好車輛，載著袁紹的家人和滯留在當地的朝廷高官，親自護送他們到了斥丘。袁紹回來後，隨即駐軍斥丘，任命陶升為建義中郎將。六月，袁紹才率軍出征，進軍至朝歌鹿腸山蒼巖谷口，討伐干毒。一連圍攻了五天，大敗干毒，斬殺干毒和他的部眾一萬多人。袁紹隨後沿著鹿腸山向北進軍，攻打左髭丈八等叛賊的軍隊，將他們全部斬殺，接著又攻擊劉石、青牛角、黃龍、左校、郭大賢、李大目、于氐根等人，又斬殺了幾萬兵士，並將他們的軍營全部銷毀。隨後在常山與黑山叛賊張燕和四營屠各、鴈門烏桓大戰。張燕擁有精兵數萬，騎兵數千人，戰鬥持續了十幾天，張燕的軍隊雖然死傷很多，袁紹的部隊也非常疲憊，於是就各自退兵。麴義自恃功高，驕橫跋扈，不守法紀，被袁紹設計殺害，併吞了他的軍隊。

6 興平二年，袁紹被任命為右將軍。這年冬天，皇帝被李傕逼迫到了曹陽，沮授勸袁紹說：「將軍家世代官居三公，積累起了忠義的美德。如今皇上流離失所，宗廟殘破，再看看各州郡的長吏，雖然打著忠義的旗號紛紛起兵，實際上卻是互相殘殺，絲毫沒有保衛國家、體恤百姓的打算。何況現今冀州已大致安定，兵強馬壯，人心歸附，如西去恭迎皇帝，就地定都鄴城，挾持皇帝來號令天下的各路人馬，休整軍隊和戰馬，討伐那些不聽皇帝號令的人，又有誰能阻擋得了呢？」袁紹打算採納沮授的計謀。潁川人郭圖、淳于瓊說：「漢家朝廷的衰敗，已經很長時間了，如今想要復興，不是太困難了嗎？而且英雄豪傑不斷起兵，各自占據州郡，聚集部眾，招兵買馬，數以萬計，這就是俗話所謂的秦失其鹿先得者為王的時機。如今迎來皇帝，凡事動輒就要上奏，順從皇上就毫無權力，不順從就是違抗皇命，這不是最好的計謀啊。」沮授說：「現今迎接皇上，在道義上占了先機，在時機上恰到好處。如果不早下決斷，肯定會有捷足先登的人。應對事情的變化，不能失去有利時機，建功立業，行動必須迅速，希望將軍從速考慮這件事。」擁立漢獻帝本來就不是袁紹的本意，所以他終於也沒有聽從沮授的建議。

7 袁紹有三個兒子，袁譚字顯思，袁熙字顯雍，袁尚字顯甫。袁譚年齡最大，而且聰明賢惠，袁尚年齡最小，人很英俊。袁紹的續弦劉氏很受寵愛，而她偏愛袁尚，多次在袁紹面前說袁尚的好話，袁紹也認為袁尚的外表不同尋常，打算讓他繼承自己的事業。於是就把袁譚過繼給了哥哥做後嗣，派到外地做了青州刺史。

沮授勸袁紹說：「世人說，眾人追逐一隻兔子，其中一人捉住後，其餘想捉兔子的人也就全部停下來了，原因就在於名分已經確定。何況古代早有成規，選擇繼承人，年齡相仿，以有無才能和德行為標準；才能和德行不相上下，就用占卜來決定。希望從大的方面要吸取前代成敗的教訓，從小的方面注意逐兔分定的含義。如果不及時改變的話，禍亂從此就會接連不斷了。」袁紹回答說：「我打算讓兒子們每人治理一個州，以此來考驗他們的能力。」隨後，即任命次子袁熙為幽州刺史，外甥高幹做并州刺史。

1 建安❶元年，曹操迎天子都許，乃下詔書於紹，責以地廣兵多而專自樹黨，不聞勤王❷之師而但擅相討伐。紹上書曰：

2 「臣聞昔有哀歎而霜隕❸，悲哭而崩城者❹。每讀其書，謂為信然，於今況之，乃知妄作。何者？臣出身為國，破家立事，至乃懷忠獲釁，抱信見疑，晝夜長吟，剖肝泣血，曾無崩城隕霜之應，故鄒衍、杞婦何能感徹？

3 「臣以負薪❺之資，拔於陪隸❻之中，奉職憲臺，擢授戎校。常侍❼張讓等滔亂天常❽，侵奪朝威，賊害忠德，扇動姦黨。故大將軍何進❾忠國疾亂，義心赫怒，以臣頗有一介之節，可責以鷹犬之功，故授臣以督司，諮臣以方略。臣不敢畏憚強禦，避禍求福，與進合圖，事無違異。忠策未盡而元帥❿受敗，太后被質，宮室焚燒，陛下聖德幼沖，親遭厄困。時進既被害，師徒喪沮，臣獨將家兵百餘人，抽戈承明⑪，竦劍翼室⑫，虎叱群司，奮擊凶醜，曾不浹辰⑬，罪人斯殄⑭。此誠愚臣效命之一驗也。

4 「會董卓乘虛，所圖不軌。臣父兄親從，並當大位⑮，不憚一室之禍，苟惟寧國之義，故遂解節出奔，創謀河外⑯。時卓方貪結外援，招悅英豪，故即臣勃海，申以軍號⑰，則臣之與卓，未有纖芥⑱之嫌。若使苟欲滑泥揚波，偷榮求利⑲，則進可以享竊祿位，退無門戶之患。然臣愚所守，志無傾奪，故遂引會英雄，興師百萬，飲馬孟津，歃血漳河⑳。會故冀州牧韓馥懷挾㉑逆謀，欲專權埶，絕臣軍糧，不得踵係，至使猾虜肆毒，害及一門，尊卑大小，同日并戮。鳥獸之情，猶知號呼㉒。臣所以蕩然忘哀，貌無隱戚㉓者，誠以忠孝之節，道不兩立，顧私懷己，不能全功。斯亦愚臣破家徇㉔國之二驗也。

5 「又黃巾十萬焚燒青、兗，黑山、張楊蹈藉㉕冀域。臣乃旋師，奉辭伐畔。金鼓未震，狡敵知亡，故韓馥懷懼，謝咎歸土，張楊、黑山同時乞降。臣時輒承制㉖，竊比竇融，以議郎曹操權領兗州牧㉗。會公孫瓚師旅南馳，陸掠㉘北境，臣即星駕席卷，與瓚交鋒。假天之威，每戰輒克。臣備公族子弟，生長京輦㉙，頗聞俎豆㉚，不習干戈；加自乃祖先臣以來，世作輔弼，咸以文德盡忠，得免罪戾。

臣非與瓚角戎馬之埶，爭戰陣之功者也。誠以賊臣不誅，春秋所貶，苟云利國，專㉛之不疑。故冒踐霜雪，不憚劬勤，實庶㉜一捷之福，以立終身之功。社稷未定，臣誠恥之。太僕趙岐銜命來征，宣明陛下含弘㉝之施，蠲除細故，與下更新，奉詔之日，引師南轅㉞。是臣畏怖天威，不敢怠慢之三驗也。

6 「又臣所上將校，率皆清英宿德㉟，令名顯達，登鋒履刃，死者過半，勤恪之功，不見書列。而州郡牧守，競盜聲名，懷持二端，優游顧望，皆列土錫圭㊱，跨州連郡，是以遠近狐疑，議論紛錯者也。臣聞守文之世，德高者位尊；倉卒之時，功多者賞厚。陛下播越非所，洛邑乏祀，海內傷心，志士憤惋㊲。是以忠臣肝腦塗地，肌膚橫分而無悔心者，義之所感故也。今賞加無勞，以攜㊳有德；杜黜忠功，以疑眾望。斯豈腹心之遠圖？將乃讒慝㊴之邪說使之然也？臣爵為通侯，位二千石。殊恩厚德，臣既叨之，豈敢闚覬㊵重禮，以希彤弓玈矢㊶之命哉？誠傷偏裨列校，勤不見紀，盡忠為國，翻成重愆。斯蒙恬㊷所以悲號於邊獄，白起㊸歔欷㊹於杜郵㊺也。太傅日磾位為師保㊻，任配東征，而耗亂王命㊼，寵任非所，凡所舉用，皆眾所捐棄。而容納其策，以為謀主，令臣骨肉兄弟，還為讎敵，交鋒接刃，構難滋甚。臣雖欲釋甲投戈，事不得已。誠恐陛下日月之明，有所不照，四聰之聽有所不聞，乞下臣章，咨之群賢，使三槐九棘[48]，議臣罪戾。若以臣今行權為釁，則桓、文當有誅絕之刑[49]；若以眾不討賊為賢，則趙盾[50]可無書弒之貶矣。臣雖小人，志守一介。若使得申明本心，不愧先帝，則伏首歐刀，褰衣就鑊[51]，臣之願也。惟陛下垂尸鳩之平[52]，絕邪諂之論，無令愚臣結恨三泉[53]。」

7 於是以紹為太尉，封鄴侯[54]。時曹操自為大將軍，紹恥為之下[55]，偽表辭不受。操大懼，乃讓位於紹。二年，使將作大匠孔融持節拜紹大將軍，錫弓矢節鉞[56]，虎賁百人[57]，兼督冀、青、幽、并四州，然後受之。

【章旨】以上記述曹操假天子之口責備袁紹擁兵自重，不為朝廷出力，袁紹上書自辯。因袁紹軍事實力強，迫使曹操讓出大將軍之職位，於是袁紹以大將軍而兼冀、青、幽、并四州刺史。

【注釋】❶建安　東漢獻帝劉協年號，西元一九六—二二〇年。❷勤王　解救皇帝的危難。❸哀歎而霜隕　據《淮南子》記載：鄒衍對燕惠王非常忠誠，但燕惠王身邊的親信卻說鄒衍的壞話，離間了他們之間的關係，鄒衍仰天而哭。時值盛夏五月，天為降霜。❹悲哭而崩城者　事見《說苑》：齊莊公攻打莒國，齊國的大夫杞梁戰死，其妻迎喪於郊外，伏屍痛哭，哀痛異常，過往的人莫不流淚，十天後城牆為此而倒塌。❺負薪　指地位低賤之人。《禮記》：「問士之子長幼，長曰能負薪矣，幼曰未能負薪。」❻陪隸　猶「陪臣」。指社會地位低下的人。《左傳》：「王臣公，公臣卿，卿臣大夫，大夫臣士，士臣皁，皁臣隸，隸臣僚，僚臣僕，僕臣臺。」又曰：「是無陪臺也。」陪隸猶陪臺。❼常侍　官名。秦朝設置散騎，又設置中常侍散騎，隨侍皇帝。漢朝沿襲。東漢改用宦官，從入宮中，侍從左右，掌管文書、詔令，因親近帝后，其權力很大。三國魏時以散騎與中常侍合稱散騎常侍。開始用文人擔任此職。以後歷代都有散騎常侍，簡稱常侍。❽天常　指天理倫常。❾何進　（？—西元一八九年），字遂高，南陽宛縣（今河南南陽）人。因其妹為漢靈帝的皇后，任大將軍之職。靈帝死後，他擁立少帝，專斷朝政。後與袁紹等人密謀誅殺宦官，事洩，被宦官張讓等人所殺。❿元帥　這裡指何進。⓫承明　漢代的宮殿名，位於未央宮中。⓬翼室　指路寢旁的左右室。《山陽公載記》：「紹與王匡等並力入端門，於承明堂上格殺中常侍高望等二人。」《尚書》：「延入翼室。」孔安國注：「翼，明也。室謂路寢。」⓭浹辰　古代以干支紀日，自子至亥一周十二天稱為「浹辰」。《左傳》：「浹辰之間。」杜預注：「十二日也。」⓮殄　消滅；滅絕。⓯大位　指當時袁紹的叔父袁隗為太傅，從兄袁基為太僕。⓰河外　指黃河以北的地區。⓱故即臣勃海二句　即，指就地授官。據《山陽公載記》記載：董卓任命袁紹為前將軍，並封為邟鄉侯。袁紹只接受了封侯，沒有接受前將軍之職。⓲纖芥　絲毫；細微的。⓳滑泥揚波二句　出自《楚辭》：「滑其泥，揚其波。」比喻隨波逐流，沒有主見。偷榮，苟且貪圖榮華富貴。⓴興師百萬三句　據《獻帝春秋》記載：袁紹聯合冀州十郡的守相，眾數十萬，登壇歃血，盟誓說：賊臣董卓，趁朝廷衰微之機，依仗自己兵彊馬壯，專權朝政，濫殺大臣，毒死太后，挾持年幼的皇帝，淫亂後宮，盜發陵墓，天怒人怨。仁人志士，奮起反抗，戮力同心，共赴國難，若背此盟，天神不容。歃血，古代訂立盟約時表示不違背盟約的一種儀式。㉑懷挾　指包藏。㉒鳥獸之情二句　據《禮記》：「凡生天地之間者，有血氣之屬必有知，有知之屬莫不知愛其類。今是大鳥獸則失喪其群匹，越月踰時焉，則必反巡過其故鄉，翔回焉，鳴號焉，蹢躅焉，踟躕焉，然後乃能去之。小者至於燕爵，猶有啁噍之頃焉，然後乃能去之。」號呼，指因留戀、悲傷而痛哭。㉓隱戚　指內心的悲痛、哀傷。㉔徇　指為某種事情而甘願獻出生命。㉕蹈藉　蹂躪；踐踏。㉖承制　秉承皇帝的旨意。㉗竊比竇融二句　竇融行西河五郡大將軍事，以梁統為武威太守。議郎，官名。西漢設置，掌管顧問應對，隸屬於光祿勳。為郎官之一，不入直宿衛，官秩比中郎、侍郎、郎中等略高。東漢時期地位更高，能夠參與朝政。㉘陸掠　掠奪；搶劫。㉙京輦　指京城。輦，指皇帝坐的車子。㉚俎豆　原指古代用於祭祀的禮器，後引申為禮儀。㉛專　獨斷；不經報告，擅自行事。《左傳》：「苟利社稷，專之可也。」㉜庶　希冀；希望。㉝含弘　包容博厚。《易・坤》：「〈象曰〉至哉坤元，萬物資生……含弘光大，品物咸亨。」後指恩德廣被，寬厚仁慈。㉞南轅　返回南方。《左傳》：「令尹南轅反旆。」杜預注：「回軍南向。」㉟清英宿德　清英，精英；精華。宿德，指德高望重的人。㊱列土錫圭　列土，分封土地，這裡指封侯。錫，賞賜。圭，玉器名。古代朝聘、祭祀、喪葬所用的禮器。㊲憤惋　悲憤惋惜。㊳攜　疏遠。㊴讒慝　說人壞話挑撥離間。㊵闚覬　暗中謀求。㊶彤弓玈矢　古代多用於賞賜有特殊戰功的諸侯和大臣。《左傳》：「王命尹氏策晉文公為侯伯，賜之大路之服，戎路之服，彤弓一，彤矢百，玈弓十，玈矢千。」彤弓，紅色的弓。玈矢，黑色的箭。㊷蒙恬　（？—西元前二一〇年），秦始皇時官居內史，率軍三十萬北築長城，防禦匈奴。秦始皇死後，趙高、李斯等人密謀廢公子扶蘇，立二世胡亥，因蒙恬為朝廷重臣，又握有重兵，非常害怕，所以矯詔將其賜死。據《史記》記載，胡亥遣使者殺蒙恬，恬不肯死，使者即以屬吏，繫於陽周。恬喟然太息曰：「恬罪當死矣。起臨洮屬之遼東，城塹萬餘里。此其中不能無絕地脈，此乃恬之罪也！」遂吞藥自殺。㊸白起　戰國時期秦國著名的將領。擅長用兵，秦昭王時，曾率秦軍攻城略地七十餘城，因屢立戰功被封為武安君。秦趙長平之戰，曾坑殺趙國的降卒四十餘萬人。後因與范雎有矛盾，稱病不起，被免為士卒，後被迫自殺。㊹歔欷　歎氣。㊺杜郵　據《史記》：秦王免白起為士伍，遷之陰密。白起既行，出咸陽西門十里，至杜郵，秦王乃使使者賜之劍，自裁。故址在今陝西咸陽東北渭水北岸。㊻師保　古代擔任輔導和協助帝王的官，有師有保，統稱師保。㊼任配東征二句　指馬日磾東巡時被袁術扣押，憂憤而死一事。據《三輔決錄注》：「馬日磾字翁叔，馬融之族子。少傳融業，以才學進，歷位九卿，遂登台輔。」又據《獻帝春秋》：「日磾假節東征，循撫州郡。術在壽春，不肅王命，侮慢日磾，借節觀之，因奪不還，從術求去，而術不遣，既以失節屈辱，憂恚而死。」㊽三槐九棘　指三公九卿。《周官》：「三槐，三公位焉。左九棘，孤卿大夫位焉。右九棘，公侯伯子男位焉。」鄭玄注：「槐之言懷也，言懷來人於此欲與謀也。樹棘以為位者，取其赤心而外刺，像以赤心有刺也。」㊾桓文當有誅絕之刑　桓文，指齊桓公、晉文公。齊桓公、晉文公時期，周室衰弱，諸侯不朝，齊桓公、晉文公權行征伐，率諸侯以朝周天子。㊿趙盾　春秋時期晉國的執政大夫。趙穿殺了晉靈公，他沒有嚴懲趙穿，於是晉國的史臣便記載說：「趙盾弒其君。」(51)褰衣就鑊　褰，挽起來；提起來。鑊，古代的一種刑具，指烹人用的鼎。(52)尸鳩之平　尸鳩，一種鳥，或曰即鴶鵴。讚美尸鳩鳥處事公平，用以諷刺用心不公平的人。《詩·尸鳩》：「尸鳩在桑，其子七兮，叔人君子，其儀一兮。」毛萇注：「尸鳩之養其子，旦從上下，暮從下上，平均如一。言善人君子執義亦如此。」(53)三泉　指三重泉，指地下深處。後引申為埋葬死者的地方，猶如後世的「黃泉」、「九泉」。(54)封鄴侯　《獻帝春秋》：「使將作大匠孔融持節之鄴，拜太尉紹為大將軍，改封鄴侯。」(55)曹操自為大將軍二句　太尉位原在大將軍上。開始，漢武帝以衛青征伐有功，任命為大將軍，欲尊寵之，所以特設置大司馬官號以冠之。其後霍光、王鳳等都如此。東漢明帝時以其弟東平王蒼有賢材，任命為驃騎大將軍，以是王的緣故，位在公上。漢和帝因為其舅竇憲征匈奴有功，還遷大將軍，位在公上，以勳戚者不拘常例焉。(56)節鉞　指符節和斧鉞，是信物和權力的象徵。(57)虎賁百人　虎賁，指勇猛的戰士。《禮含文嘉》：「九錫一曰車馬，二曰衣服，三曰樂器，四曰朱戶，五曰納陛，六曰虎賁之士百人，七曰斧鉞，八曰弓矢，九曰秬鬯。」《春秋元命苞》：「賜虎賁得專征伐，賜斧鉞得誅」。

【語　譯】建安元年，曹操迎接天子，定都於許，隨即給袁紹下了一道詔書，指責他地廣兵多，結黨營私，軍隊不替朝廷出力，只是擅自互相攻伐。袁紹上書辯解說：

2 「我聽說，從前有人因為被冤枉而導致五月老天降霜，悲慟的哭聲而使城牆倒塌這樣的事情。每每讀到這樣的書，曾信以為真，若用現今的情形相對照的話，才明白是根本不可能的。為什麼這樣說呢？我為了國家出來做事，不惜家破成就事業，忠心耿耿竟然反而獲得了過錯，心懷一片忠心卻被無端猜疑，以致日夜哀聲長歎，心肝可以剖開，眼中哭出了血，卻一直沒有看到城牆崩塌、五月降霜的應驗，所以鄒衍、杞婦又怎麼能感動上天呢？

3 「我以平庸的才能，從僕役中被提拔重用，擔任高官，又兼任軍事要職。宦官張讓等人擾亂朝綱，損害朝廷的威嚴，殘害忠良，煽動奸臣違法亂紀。所以大將軍何進忠心為國，痛恨奸臣作亂，使忠義之心赫然憤怒，認為我還有正義之氣節，可以為國家效犬馬之勞，所以任命我督司的重任，向我徵詢計謀方略。我沒有畏懼強大的對手，躲避禍亂而求得自身的安穩，與何進共同反覆謀劃，事事言聽計從。但是忠誠的計劃還沒有完全實施，而何進元帥就遭到挫敗，太后被當作了人質，宮廷被燒毀，年幼賢德的皇上身陷困厄之中。當時何進已被殺害，軍隊士氣低落，我獨自率領二百多家兵，在承明宮兵戈相見，在大堂上仗劍而言，厲聲責問眾位大臣，奮勇擊殺窮兇極惡的亂黨，不到十二天，就將他們全部消滅了。這就是我為朝廷效命的一大驗證啊。

4 「恰逢董卓乘朝廷空虛之機，圖謀不軌。我的父兄親屬身居高官，我沒有懼怕全家遭殃的後果，僅僅考慮維護國家安寧的大義，所以拋棄官職憤然出走，到黃河以北去謀劃創業。當時董卓正全力勾結外援，討好並招徠英雄豪傑，因此任命我為渤海郡守，並授予我前將軍之職，而我與董卓之間，卻沒有絲毫的仇怨。如果我隨波逐流，拋棄大節，貪圖榮華富貴，謀求一己私利，那麼我上可以享受高官厚祿，退一步也可以避免家庭的禍患。但是，我追求的是國家大義，這一信念一刻也沒有動搖過，所以就大會各路英雄，率領百萬之師，進軍至孟津，在漳河邊訂立盟誓。趕上原冀州牧韓馥心懷叛逆禍心，圖謀專權獨斷，斷絕我軍的糧草，使我們不能乘勝追擊，致使狡詐的董卓得以肆意荼毒，禍及我的家族，全家無論大小尊卑一天之內全被殺害。即使是鳥獸，同類死了還知道悲哀鳴叫。我之所以全然不顧悲哀，表面上看起來沒有絲毫悲傷的意思，這確實是由於忠孝往往難以兩全，如果只考慮自己的私利，那就不能成就大業。這是我為國家利益不惜家破人亡的第二個驗證啊。

5 「同時，十萬黃巾軍攻陷了青州和兗州，黑山和張楊蹂躪著冀州一帶的地方。於是我調回大軍，奉命討伐叛亂。進軍的戰鼓尚未擂響，狡猾的敵人就預感到了滅亡的命運，所以韓馥恐懼異常，急忙請罪歸還失地，黑山和張楊也同時乞求投降。當時我秉承皇上的旨意，私下也將自己比作竇融，讓議郎曹操暫時做兗州牧。恰巧公孫瓚率軍南下，搶掠河北地區，我隨即率軍星夜兼程趕赴河北，與公孫瓚進行交戰。憑藉著朝廷的威風，我每戰必勝。我本是公族子弟，生長在天子腳下，熟悉禮儀，但對戰爭之事一竅不通；加之自我祖先以來，世代為朝廷的股肱大臣，都以文德盡忠報國，所以從未犯過國法。我並不是想與公孫瓚在軍事上決一高下，爭奪戰場上的戰功那樣的人。我確實以為不殺亂臣賊子，就會成為歷史的罪人；只要對國家社稷有利，即使專權獨斷也毫不猶豫。所以我爬冰臥雪，不辭辛勞，實是希望能有取得一場大勝的機會，以此創建終身的功業。國家動蕩不安，我確實感到無臉見人。太僕趙岐奉皇命遠道而來，宣明皇上寬厚仁慈的政策，拋棄那些微不足道的恩怨，與臣下一起開創嶄新的局面，接到詔書的當天，我就立即率軍南下。這是我害怕朝廷的威嚴，絲毫不敢怠慢的第三個驗證啊。

6 「再說，我向朝廷推薦的將校，大都是德高望重的精英人物，早已名聲顯赫。他們赴湯蹈火，衝鋒陷陣，已經戰死的超過一半，他們恪盡職守一心為國的功勞，卻不見史書記載。而那些州牧郡守，爭相欺世盜名，心懷首鼠兩端，遲疑不決，左右觀望，卻被分封土地，得到豐厚的賞賜，勢力跨州連郡。所以造成了朝野內外離心離德、議論紛紛。我聽說，實施文德教化時期，德高望重的人得到重用；兵荒馬亂時期，戰功卓著的人賞賜豐厚。皇上流離失所，祖宗早已無人祭祀，全國上下無不痛心，志士仁人悲憤惋惜。因此，忠臣即使肝腦塗地，身首異處，橫屍疆場也在所不惜，這是因為被正義所激勵的原因啊。如今無功者受賞，就疏遠了有才德的人；排斥忠臣和功臣，就使人們對期望產生懷疑。這難道是朝廷真正的長遠打算嗎？還是那些善於挑撥離間的小人故意如此呢？我位列侯爵，享有二千石的俸祿。大恩大德，我已經享有了，難道我還膽敢祈求更高的禮遇，希望得到規格更高的賞賜嗎？我實在是傷感那些將領和校尉，他們的功勞沒有人知曉，盡忠報國，反而獲得不可赦免的重罪。這正是蒙恬在邊疆的牢獄中悲慘長號，白起在杜郵唏噓歎息的原因吧。太傅馬日磾位尊三公，奉命巡視東方地區，卻敗壞皇帝的詔命，用非其人，大凡他所極力推薦重用的人，都是些被人們所鄙視的。但朝廷卻採納了他的建議，把他當作主事之人，使得我們骨肉兄弟反目成仇，兵鋒相見，造成的禍亂越來越大。即使我想解甲投戈，放棄戰爭，事實上也是不可能的了。我確實擔心即使皇上能有日月一樣的清明，但也有照耀不到的地方；廣開四方言路，也有聽不到的。我請求將我的奏章，交由群賢商議，讓三公九卿討論我的罪狀。如果認為我現在臨機處事構成禍端，那麼即使齊桓、晉文也應當受到斬盡殺絕的刑罰了；如果大家都認為不討伐逆賊為賢哲，那麼趙盾也就不會被記下『殺君』的罪名了。我雖然地位低下，卻始終堅守自己的志向。如果因此能夠讓我申明我的忠直之心，對得起死去的皇上，那麼即使我被砍頭、下油鍋，也心甘情願。希望皇上能夠像『尸鳩』一樣公平，杜絕奸邪諂媚的言論，不要讓我含恨在九泉之下。」

7 於是，朝廷任命袁紹為太尉，封為鄴侯。當時曹操已自封為大將軍，袁紹以為職位在曹操之下，面子上過不去，所以假意上奏推辭不接受任命。對此，曹操很害怕，就把大將軍的位置讓給了袁紹。建安二年，朝廷派將作大匠孔融持節任命袁紹為大將軍，並賞賜他弓矢和象徵權力的符節和斧鉞，以及勇士一百人，同時任命他兼領冀州、青州、幽州、并州四州的軍政事務，袁紹這才接受了朝廷的任命。

1 紹每得詔書，患有不便❶於己，乃欲移天子自近，使說操以許下埤溼❷，洛陽殘破，宜徙都甄城❸，以就全實。操拒之。田豐說紹曰：「徙都之計，既不克從，宜早圖許，奉迎天子，動託詔令，響號海內，此筭❹之上者。不爾，終為人所禽，雖悔無益也。」紹不從。四年春，擊公孫瓚，遂定幽土，事在瓚傳❺。

2 紹既并四州之地，眾數十萬，而驕心轉盛，貢御稀簡。主簿耿包密白紹曰：「赤德衰盡，袁為黃胤❻，宜順天意，以從民心。」紹以包白事示軍府僚屬，議者以包妖妄宜誅。紹知眾情未同，不得已乃殺包以弭❼其迹。於是簡精兵十萬，騎萬匹，欲出攻許，以審配、逢紀統軍事，田豐、荀諶及南陽許攸為謀主，顏良、文醜為將帥。沮授進說曰：「近討公孫，師出歷年，百姓疲敝❽，倉庫無積，賦役方殷❾，此國之深憂也。宜先遣使獻捷天子，務農逸人。若不得通，乃表曹操隔我王路，然後進屯黎陽，漸營河南，益作舟船，繕修器械，分遣精騎，抄其邊鄙，令彼不得安，我取其逸。如此可坐定也。」郭圖、審配曰：「兵書之法，十圍五攻，敵則能戰❿。今以明公之神武，連河朔⓫之強眾，以伐曹操，其埶譬若覆手⓬。今不時取，後難圖也。」授曰：「蓋救亂誅暴，謂之義兵；恃眾憑強，謂之驕兵。義者無敵，驕者先滅⓭。曹操奉迎天子，建宮許都。今舉師南向，於義則違。且廟勝⓮之策，不在彊弱。曹操法令既行，士卒精練，非公孫瓚坐受圍者也。今棄萬安⓯之術，而興無名之師⓰，竊為公懼之。」圖等曰：「武王伐紂，不為不義；況兵加曹操，而云無名！且公師徒精勇，將士思奮，而不及時早定大業，所謂『天與不取，反受其咎⑰』。此越之所以霸，吳之所以滅也。監軍之計，在於持牢⑱，而非見時知幾之變也。」紹納圖言。圖等因是譖沮授曰：「授監統內外，威震三軍，若其浸盛，何以制之？夫臣與主同者昌，主與臣同者亡，此黃石⑲之所忌也。且御眾於外，不宜知內⑳。」紹乃分授所統為三都督，使授及郭圖、淳于瓊各典一軍，未及行。

3 五年，左將軍劉備殺徐州㉑刺史車冑，據沛㉒以背曹操。操懼，乃自將征備。田豐說紹曰：「與公爭天下者，曹操也。操今東擊劉備，兵連未可卒解，今舉軍而襲其後，可一往而定。兵以幾動，斯其時也。」紹辭以子疾，未得行。豐舉杖擊地曰：「嗟乎，事去矣！夫遭難遇之幾，而以嬰兒病失其會㉓，惜哉！」紹聞而怒之，從此遂疏焉。

4 曹操畏紹過河，乃急擊備，遂破之。備奔紹，紹於是進軍攻許。田豐以既失前幾，不宜便行，諫紹曰：「曹操既破劉備，則許下非復空虛。且操善用兵，變化無方，眾雖少，未可輕也。今不如久持之。將軍據山河之固，擁四州之眾，外結英雄，內修農戰，然後簡其精銳，分為奇兵㉔，乘虛迭出，以擾河南，救右則擊其左，救左則擊其右，使敵疲於奔命，人不得安業，我未勞而彼已困，不及三年，可坐剋也。今釋廟勝之策而決成敗於一戰，若不如志，悔無及也。」紹不從。豐強諫忤紹，紹以為沮眾，遂械繫之。乃先宣檄曰：

5 「蓋聞明主圖危以制變，忠臣慮難以立權。曩者強秦弱主，趙高執柄㉕，專制朝命，威福由己，終有望夷之禍，汙辱至今㉖。及臻呂后，祿、產專政，擅斷萬機㉗，決事禁省㉘，下陵上替㉙，海內寒心。於是絳侯、朱虛興威奮怒，誅夷逆暴，尊立太宗，故能道化興隆，光明融顯㉚。此則大臣立權之明表也。

6 「司空曹操祖父騰，故中常侍，與左悺、徐璜並作妖孽，饕餮㉛放橫，傷化虐人。父嵩，乞匄攜養，因贓買位㉜，輿金輦寶，輸貨權門，竊盜鼎司㉝，傾覆重器㉞。操贅閹遺醜，本無令德，僄狡鋒俠㉟，好亂樂禍。幕府董統鷹揚㊱，埽夷凶逆㊲，續遇董卓侵官暴國，於是提劍揮鼓，發命東夏㊳，廣羅英雄，棄瑕錄用，故遂與操參咨策略，謂其鷹犬之才，爪牙㊴可任。至乃愚佻㊵短慮，輕進易退，傷夷折衄㊶，數喪師徒㊷。幕府輒復分兵命銳，修完補輯，表行東郡太守、兗州刺史，被以虎文㊸，授以偏師，獎就威柄，冀獲秦師一克之報㊹。而遂乘資跋扈，肆行酷烈，割剝元元㊺，殘賢害善。故九江㊻太守邊讓，英才儁逸，以直言正色，論不阿諂，身被梟懸之戮，妻孥受灰滅之咎。自是士林憤痛，人怨天怒，一夫奮臂，舉州同聲，故躬破於徐方，地奪於呂布[47]，彷徨東裔，蹈據無所。幕府惟強幹弱枝[48]之義，且不登畔人之黨[49]，故復援旌擐甲[50]，席卷赴征，金鼓響震，布眾破沮[51]，拯其死亡之患，復其方伯[52]之任。是則幕府無德於兖土，而有大造[53]於操也。

7 「會後鑾駕[54]東反，群虜亂政。時冀州方有北鄙之警[55]，匪遑離局[56]，故使從事中郎徐勳就發遣操，使繕修郊廟，翼衛[57]幼主。而便放志專行，威劫省禁，卑侮王僚，敗法亂紀，坐召三臺[58]，專制朝政，爵賞由心，刑戮在口，所愛光五宗[59]，所怨滅三族[60]，群談者受顯誅，腹議[61]者蒙隱戮，道路以目，百辟鉗口[62]，尚書記期會[63]，公卿充員品而已。

8 「故太尉楊彪[64]，歷典二司，元綱極位。操因睚眦，被以非罪，篣楚并兼，五毒[65]俱至，觸情放慝[66]，不顧憲章[67]。又議郎趙彥，忠諫直言，議有可納，故聖朝含聽，改容加錫。操欲迷奪時明，杜絕言路，擅收立殺，不俟報聞。又梁孝王[68]先帝母弟，墳陵尊顯，松柏桑梓，猶宜恭肅。操率將吏士，親臨發掘，破棺裸尸，掠取金寶，至今聖朝流涕，士民傷懷。又署發丘中郎將、摸金校尉，所過毀突[69]，無骸不露。身處三公之官，而行桀虜[70]之態，汙國虐民，毒施人鬼。加其細政苛慘，科防[71]互設，矰繳充蹊[72]，阬穽塞路，舉手挂網羅，動足蹈機陷，是以兗、豫有無聊[73]之人，帝都有吁嗟之怨。

9 「歷觀古今書籍所載，貪殘虐烈無道之臣，於操為甚。莫府[74]方詰外姦，未及整訓，加意含覆[75]，冀可彌縫[76]。而操豺狼野心，潛包[77]禍謀，乃欲撓折棟梁[78]，孤弱漢室，除忠害善，專為梟雄。往歲伐鼓北征，討公孫瓚，強禦桀逆，拒圍一年。操因其未破，陰交書命，欲託助王師，以見掩襲[79]，故引兵造河，方舟北濟。會行人發露[80]，瓚亦梟夷[81]，故使鋒芒挫縮，厥圖不果。屯據敖倉，阻河為固，乃欲運螳蜋之斧，禦隆車之隧[82]。莫府奉漢威靈，折衝[83]宇宙，長戟百萬，胡騎千群，奮中黃、育、獲[84]之士，騁良弓勁弩之埶，并州越太行，青州涉濟、漯[85]，大軍汎黃河以角其前，荊州下宛、葉而掎其後[86]。雷震虎步，並集虜廷，若舉炎火以焚飛蓬[87]，覆滄海而注熛炭[88]，有何不消滅者哉？

10 「當今漢道陵遲，綱弛網絕，操以精兵七百，圍守宮闕，外稱陪衛，內以拘質，懼篡逆[89]之禍，因斯而作。乃忠臣肝腦塗地之秋，烈士[90]立功之會也。可不勗哉[91]！」

11 乃先遣顏良攻曹操別將劉延於白馬[92]，紹自引兵至黎陽[93]。沮授臨行，會其宗族，散資財以與之。曰：「埶存則威無不加，埶亡則不保一身。哀哉！」其弟宗曰：「曹操士馬不敵，君何懼焉？」授曰：「以曹兗州[94]之明略，又挾天子以為資，我雖剋伯珪[95]，眾實疲敝，而主驕將忲[96]，軍之破敗，在此舉矣。揚雄有言：『六國蚩蚩，為嬴弱姬[97]。』今之謂乎！」曹操遂救劉延，擊顏良[98]斬之。紹乃度河，壁延津南[99]。沮授臨船歎曰：「上盈其志，下務其功，悠悠黃河，吾其濟乎！」遂以疾退，紹不許而意恨之，復省其所部，并屬郭圖。

【章　旨】以上記述袁紹在軍事上取得節節勝利之後，陰謀代漢自立。這就不免與曹操決戰。這部分描述了袁、曹雙方的軍事態勢，拉開官渡之戰的序幕。

【注　釋】❶不便　不利；有害。❷埤溼　指低窪潮溼的地方。❸甄城　縣名。甄，今作「鄄」。即山東鄄城。❹筭　同「算」。原指計算用的籌碼。這裡指計謀，策略。❺瓚傳　即本書的〈公孫瓚傳〉。❻黃胤　袁紹為虞舜的後代，崇尚黃色。胤，後代。按古代陰陽家的「五德終始說」，赤色為火，黃色為土，火生土，所以黃色應當興起。據《獻帝春秋》：「袁，舜後。黃應代赤，故包有此言。」❼弭　消弭；掩蓋；掩飾。❽疲敝　疲勞凋敝；困頓不堪。❾殷　繁重；繁雜。❿十圍五攻二句　即十倍則圍之，五倍則攻之。敵，勢力相當。⓫河朔　泛指黃河以北的地區。《尚書·泰誓》：「惟戊午，王次於河朔。」⓬覆手　翻覆其手，比喻事情很容易處理。《漢書》記載：陸賈對南越王說：「越殺王降漢，如反覆手耳。」⓭義者無敵二句　正義之師，天下無敵；驕橫之師，必然失敗。《漢書》魏相上書曰：「救亂誅暴，謂之義兵。兵義者王。敵加於己，不得已而起者，謂之應兵。兵應者勝。爭恨小故，不勝憤怒者，謂之忿兵。兵忿者敗。利人土地貨寶者，謂之貪兵。兵貪者破。恃國家之大，矜人庶之眾，欲見威於敵者，謂之驕兵。兵驕者滅。此非但人事，乃天道也。」⓮廟勝　指戰前在朝廷制定克敵制勝的方略。

據《淮南子》：「運籌於廟堂之中，決勝乎千里之外。」⑮萬安　萬無一失；非常周密。⑯無名之師　無名，指無正當的理由，理由不充分。據《漢書》記載：新城三老說高祖曰：「順德者昌，逆德者亡。兵出無名，事故不成。」《音義》：「有名，伐有罪也。」⑰天與不取二句　出自《史記》范蠡謂句踐曰：「天與不取，反受其咎。」⑱持牢　穩妥；穩固。⑲黃石　即《三略》，古代兵書的一種。舊題漢黃石公撰，《隋書・經籍志》著錄《黃石公三略》三卷，題下邳神人撰，已失傳。書中云：臣與主同者，權在於主也。主與臣同者，權在臣也。⑳御眾於外二句　源於《淮南子》：「國不可從外理，軍不可從中御。」㉑徐州　地名。《竹書紀年》：梁惠王三十年下邳遷於薛，改曰徐州。漢代以後的各個朝代都設置徐州，轄地也多有變化，但大致都在今淮北一帶地方，多以彭城（今江蘇徐州）或下邳（今江蘇睢寧）為治所。㉒沛　在今江蘇沛縣。秦朝開始設置縣，以沛澤而得名。又沛郡，漢高祖時期以秦朝的泗水郡南部設置郡。治今安徽濉溪縣西北。㉓會　有利時機。㉔奇兵　出其不意襲擊敵人的部隊。《孫子兵法》：「凡戰者以正合，以奇勝也。」㉕趙高執柄　趙高（？—西元前二〇七年），秦朝宦官。秦始皇死於沙丘，趙高與丞相李斯等合謀，擁立胡亥為二世皇帝。不久又殺李斯，自為丞相，獨攬大權。㉖望夷之禍二句　據《史記》：始皇崩，胡亥立，趙高為丞相。胡亥夢白虎齧其左驂馬，殺之，心不樂。問占夢，卜涇水為祟，胡亥乃齋望夷宮。趙高逼胡亥使自殺。張華云：「望夷之宮在長陵西北長平觀，東臨涇水，作之以望北夷。」故址在今陝西涇陽東南。㉗萬機　指繁重的事務。㉘禁省　朝廷；皇宮。㉙下陵上替　形容朝綱廢弛，上下失序。《左傳》中閔子馬曰：「下陵上替，能無亂乎？」㉚於是絳侯五句　呂后專權，以姪子呂祿為趙王、上將軍，呂產為梁王、相國，各領南北軍。呂后死後，他們計劃叛亂，絳侯周勃、朱虛侯劉章等聯手剷除了諸呂，擁立文帝，廟稱太宗。㉛饕餮　形容貪婪兇惡的人。貪財為饕，貪食為餮。㉜父嵩乞匄攜養三句　臧，通「贓」。指貪汙、受賄或盜竊所得的財物。據《續漢志》：「嵩字巨高。靈帝時賣官，嵩以貨得拜大司農、大鴻臚，代崔烈為太尉。」《三國志・魏書》：「嵩，騰養子，莫能審其生出本末。」〈曹瞞傳〉及郭頒代語並云：嵩，夏侯氏子，惇之叔父。魏太祖於惇為從父兄弟也。匄，同於「丐」。㉝鼎司　指三公之類的朝廷高官。㉞重器　是國家、社稷的象徵。㉟僄狡鋒俠　僄狡，矯健兇猛。鋒俠，形容銳氣就像兵刃一樣鋒利。據《三國志・魏書》：「操少機警有權數，而任俠放蕩，不修行業。」僄，有時作「剽」，搶劫財物。㊱鷹揚　比喻英勇威猛。㊲埽夷凶逆　指袁紹誅殺宦官，無論年齡大小一律殺死。㊳東夏　中國的東部。夏，中國的古稱。㊴爪牙　比喻英勇威武的下屬。㊵佻　輕佻；輕浮。㊶折衄　指損傷，失敗。㊷數喪師徒　據《三國志・魏書》：「操引兵西，將據成皋，到滎陽汴水，遇卓將徐榮，戰不利，士卒死傷多，操為流矢所中，所乘馬被創。曹洪以馬與操，得夜遁，又為呂布所敗。」㊸虎文　指裝飾有老虎圖案的官服。據《續漢志》：

「虎賁將，冠鶡冠，虎文單衣。襄邑歲獻織成虎文衣。」㊹秦師一克之報　據《左傳》：秦穆公使孟明視、西乞術、白乙丙伐鄭，晉襄公敗諸殽，執孟明等。文嬴請而舍之，歸於秦。穆公復用孟明伐晉，晉人不敢出，封殽屍而還。㊺割剝元元　割剝，殘害。元元，老百姓。據《太公金匱》：「天道無親，常與善人。今海內陸沉於殷久矣，何乃急於元元哉？」㊻九江　郡名。秦朝開始設置九江郡。治今江西九江市。㊼地奪於呂布　據《三國志・魏書》：「陶謙為徐州牧，操初征之，下十餘城。後復征謙，收五城，遂略地至東海。還過郯，會張邈與陳宮畔迎呂布，郡縣皆應。布西屯濮陽而操攻之，布出兵戰，操兵奔，陣亂，馳突火出，墜馬燒左手掌，司馬樓異扶操上馬，遂得引去。」㊽強幹弱枝　比喻削弱地方勢力，加強中央權力。㊾不登畔人之黨　《左傳》記載，宋大夫魚石等以宋彭城畔屬楚，《經》書「宋彭城」，《傳》：「非宋地，追書也，且不登畔人也」。杜預注：「登，成也。」㊿援旍擐甲　旍，同「旌」。古代旗幟的通稱。擐甲，穿戴著盔甲。(51)布眾破沮　據《三國志・魏書》：「操襲定陶未拔，會布至，擊破之。布將薛蘭、李封屯鉅野，操攻之。布救蘭敗，布走。布復與陳宮將萬餘人來戰，操時兵少，設伏縱奇兵擊，大破之。布夜走，東奔劉備。」(52)方伯　一方的諸侯之長。後泛指地方上的長官。(53)大造　大功；成就非凡。《左傳》使呂相絕秦曰：「秦師克還無害，則是我有大造於西也。」杜預注：「造，成也。」(54)鑾駕　原指天子使用的車駕，後也用以代指天子。(55)北鄙之警　謂公孫瓚進攻袁紹一事。北鄙，指北部邊境。(56)匪遑離局　遑，閒暇；時間。離局，指脫離職守。《左傳》：「局，部也。」杜預注：「遠其部曲為離局。」(57)翼衛　保衛；保護。(58)三臺　指尚書、御史、謁者。《晉書》：「漢官尚書為中臺，御史為憲臺，謁者為外臺，是謂三臺。」(59)五宗　指五服以內的親屬，指上至高祖，下及孫。(60)三族　指父族、母族、妻族。(61)腹議　指心懷不滿。據《漢書》：大農顏異與張湯有隙，人告異，湯推異與客言詔令下有不便者，異不言，微反脣。湯遂奏，異九卿，見令不便，不入言而腹非，論死。(62)百辟鉗口　百辟，指公卿百官。鉗口，指閉嘴，不說話。據《國語》：「厲王虐，國人謗王。邵公告王曰：『人不堪命矣。』王怒，得衛巫，使監謗，以告則殺之。國人莫敢言，道路以目。」《周書》：「賢哲鉗口，小人鼓舌。」何休注《公羊傳》：「柑，以木銜其口也。」鉗，或作「柑」。(63)尚書記期會　《漢書》記賈誼曰：「大臣特以簿書不報，期會之間，以為大故。」期會，指定時間。指政令文書的傳布呈報等。(64)楊彪　事見本書卷五十四。據《續漢書》：「彪代董卓為司空，又代黃琬為司徒。時袁術僭亂，操託彪與術婚姻，誣以欲圖廢置，奏收下獄，劾以大逆。」(65)五毒　指五種酷刑。《獻帝春秋》：「收彪下獄考實，遂以策罷。」(66)放慝　放縱；肆虐。(67)憲章　典章法令。(68)梁孝王　西漢文帝之子，漢景帝的弟弟。《漢書》記載：孝文皇帝竇皇后生孝景帝、梁孝王武。(69)毀突　同「隳突」。橫衝直撞。(70)桀虜　兇殘的強盜。(71)科防　禁令條例。(72)矰繳充蹊　矰繳，繫著絲繩用以射鳥的短箭。蹊，山間的小路。泛指道路。73無聊　指無法維持生活。《管子》：「天下無道，人在爵位者皆不自聊生。」74莫府　即幕府。75含覆　寬恕；包容。76彌縫　彌合；補救。《左傳》載：「彌縫敝邑。」杜預注：「彌縫猶補合。」77潛包　暗藏。《左傳》記載，楚司馬子良生子越椒，令尹子文曰：「必殺之。是子也，熊虎之狀而豺狼之聲，弗殺必滅若敖氏。諺曰『狼子野心』，是乃狼也，其可畜乎！」78橈折棟梁　橈，使彎曲。棟梁，比喻支撐國家局勢的大臣。《周易》：「棟橈之凶，不可有以輔。」79掩襲　趁人不備，從背後偷襲。據《獻帝春秋》：「操引軍造河，託言助紹，實圖襲鄴，以為瓚援。會瓚破滅，紹亦覺之，以軍退，屯於敖倉。」80發露　暴露。81梟夷　屠殺鏟平。指被消滅，滅亡。82隆車之隧　隆車，大車。隧，大路。《韓詩外傳》：「齊莊公獵，有螳蜋舉足將持其輪，問其御曰：『此何蟲？』對曰：『此螳蜋也。此蟲知進而不知退，不量其力而輕就敵。』公曰：『此為天下勇士矣。』迴車避之，勇士歸焉。」又見《淮南子》。《莊子》中也說：「螳蜋怒臂以當車轍，不知其不勝任也。」83折衝　抵禦敵人的戰車。衝，指用於衝撞敵人城牆的戰車。84中黃育獲　指古代著名的勇士中黃伯、夏育、烏獲。《尸子》：「中黃伯曰：『我左執太行之獶，右執彫虎，惟象未試。』」《史記》：范雎說秦昭王「烏獲、任鄙之力，慶忌、夏育之勇」。85騁良弓勁弩三句　《文子》：「狡兔得而獵犬烹，高鳥盡而良弓藏。」《史記》：蘇秦說韓王曰：「天下之強弓勁弩，皆從韓出。」并州越太行，時袁紹的外甥高幹為并州刺史，故言越太行山而來助。青州涉濟漯，當時袁紹的長子袁譚為青州刺史。濟漯，二水名。在今齊州界。86大軍汎黃河二句　角掎，後用來形容前後夾擊。角，從前面抓住野獸的角。掎，從後面抓住野獸的後腿。《國語》賈逵注：「從後牽曰掎。」《左傳》：「晉人角之，諸戎掎之」是也。荊州指劉表，曾與袁紹結盟，故說下宛、葉。87飛蓬　指蓬草。《楚辭》：「離憂患而乃寤，若縱火於秋蓬。」《荀子．勸學》：「蓬生麻中，不扶而直。」88熛炭　燃燒旺盛的木炭。《黃石公三略》：「夫以義而討不義，若決河而沉熒火，其剋必也。」89篡逆　篡位叛亂。90烈士　指立志建功立業的人。91可不勗哉　勗，勉力；努力。這篇檄文，據《陳琳集》所收文章出自陳琳之手。據《三國志．魏書》：「琳字孔璋，廣陵人，避難冀州，袁紹使典文章。紹敗，歸太祖。太祖謂曰：『卿昔為本初移書，但可罪狀孤而已，惡惡止其身，何乃上及父祖邪？』琳謝罪。太祖愛其才而不咎也。」92白馬　縣名。漢朝屬東郡。故城在今河南滑縣東。93黎陽　古縣名。漢代設置。屬魏郡。黎山在其南，河水經其東，縣取山之名，取水之陽以為名。故城在今河南浚縣東北。94曹兗州　即曹操。當時曹操為兗州牧。95伯珪　公孫瓚字伯珪。96忲　通「泰」。奢侈過度。97六國蚩蚩二句　蚩蚩，急急忙忙的樣子。語出《法言》。嬴，秦姓，指秦國。姬，周姓，指周王室。《方言》：「蚩，悖也。」六國悖惑，侵弱周室，終為秦所併也。98顏良　袁紹的大將。據《三國志．蜀書》：「曹公使張遼及關羽為先鋒，羽望見良麾蓋，策馬刺良萬眾之中，斬其首還，諸將莫能當，遂解白馬圍。」⑲壁延津南 壁，築軍營。酈道元《水經注》：「漢孝文時河決酸棗，東潰金堤，大發卒塞之，武帝作〈瓠子之歌〉，皆謂此口也。」又東北謂之延津。杜預注《左傳》：「陳留酸棗縣北有延津。」延津，古代黃河流經今河南延津西北至滑縣以北的一段，為重要的渡口，總稱延津。唐朝以前在今河南新鄉東南設置延津關。宋代以後，因黃河改道，延津遂湮。

【語譯】袁紹每次接到皇帝的詔書，都擔心裡面有對自己不利的內容，於是打算把皇上遷移到離自己近一點的地方，就派人遊說曹操，說許都地勢低窪潮溼，洛陽又殘破不堪，應該遷都甄城，這地方既安全也富裕一些。曹操拒絕了這一建議。田豐勸告袁紹說：「遷都的計劃，既然不被採用，就應該儘快地攻打許都，恭敬地把皇上接來，動輒就假託皇上的詔書號令全國，這是上策啊。不然的話，最終將會成為別人的階下囚，到那時再後悔也毫無意義了。」袁紹沒有採納。建安四年春天，袁紹攻打公孫瓚，隨即平定了幽州一帶，事情的經過記載在〈公孫瓚傳〉中。

2 袁紹兼併了四個州的土地，擁兵數十萬之後，驕橫之心越來越重，供奉給朝廷的貢品也越來越少。主簿耿包私下對袁紹說：「炎漢的德運已經衰竭了，袁氏為虞舜的後代，應該順應天意，同時順應民心所向。」袁紹就把耿包所說的事情告訴給了軍中的部屬，大家都認為耿包妖言惑眾，應該處死。袁紹明白部下的意見還沒有統一，迫不得已就殺了耿包來掩蓋自己的叛逆之心。隨後，挑選十萬精兵，騎兵一萬，計劃出兵進攻許都，讓審配、逢紀統領軍事，田豐、荀諶及南陽人許攸為主要謀士，任命顏良、文醜為將帥。沮授進言說：「近來攻打公孫瓚，出兵一年有餘，老百姓已經苦不堪言，倉庫空虛，頻繁地徵調賦稅和勞役，這是國家的嚴重憂患啊。當今之計，應該先派遣使者向朝廷報告軍事上的勝利，發展生產，使百姓安居樂業。如果這樣行不通，就上奏朝廷，就說曹操隔斷了我們面見皇上的道路，然後把軍隊駐紮在黎陽，慢慢地經營黃河以南的地區，增造舟船，修繕器械，派遣精銳騎兵，分路騷擾曹操的邊境，使他不得安寧，而我們以逸待勞。這樣就可以很容易地平定天下了。」郭圖、審配說：「兵法上說，十倍於敵人可以圍殲敵人，五倍於敵人可以進攻敵人，勢均力敵可以展開戰鬥。如今憑著袁將軍的神威，又聯合了河北地區的強大軍隊，攻打曹操，取勝易如反掌。現在不抓住有利時機一舉殲滅，以後恐怕就難以謀取了。」沮授說：「凡是平定亂世，誅滅強暴的軍隊，稱為正義之師；依仗人多勢眾，就是所謂的驕兵。正義之師，天下無敵，驕橫之兵必然首先滅亡。曹操恭迎皇帝，在許都修建皇宮。如今你率領軍隊大舉南下，就已經有悖於道義了。況且，克敵制勝的策略，不在於軍隊的強弱。曹操的法令已經通行，軍隊得到了精心的訓練，不像公孫瓚那樣坐而受困。如今放著萬無一失的策略不用，卻發起毫無正當理由的戰爭，我真為將軍擔憂。」郭圖等人說：「周武王討伐殷紂王，不能說是不義；何況對曹操用兵，怎麼能說師出無名呢！況且將軍的軍隊精良勇猛，將士士氣高昂，若不抓住時機早日完成偉大的事業，就會像人們所說的『上天送來的卻不要，反而會因此遭受禍患』。這就是越國之所以稱霸，吳國之所以滅亡的原因啊。監軍的策略，主要是求穩，並不是掌握有利時機、抓住機遇的靈活之策。」袁紹採納了郭圖的意見。郭圖趁機誣陷沮授說：「沮授統管軍隊內外事務，權威很大，如果他逐漸強大起來，將來如何控制他？大凡臣下服從主人者就興旺，主人屈從於臣下的必定滅亡，這是《黃石》兵書中最忌諱的。而且，在外統帥軍隊的人，不應該了解統兵之外的內部事情。」袁紹於是把沮授掌握的軍隊分為三個都督，讓沮授、郭圖和淳于瓊各自統率一軍，但沒來得及實施。

3 建安五年，左將軍劉備殺死徐州刺史車冑，占據沛地背叛曹操。曹操非常擔心，就親自率軍征討劉備。田豐勸袁紹說：「與將軍你爭奪天下的人，就是曹操啊。現在曹操東進，攻打劉備，戰事不可能馬上結束。現在立即統率全軍從其背後發動進攻，就能一舉消滅他。用兵要隨機而動，這正是最好的時機啊。」被袁紹以兒子生病為由予以拒絕，沒能實施。田豐舉杖敲著地說：「可惜啊，大事完啦！遇到了千載難逢的機會，卻因小孩子生病喪失機遇，太可惜啦！」袁紹聽說後，非常惱火，從此便疏遠了他。

4 曹操害怕袁紹渡過黃河，就加緊攻打劉備，終於打敗了他。劉備投奔了袁紹，袁紹這才率軍進攻許都。田豐認為既然錯過了先前的時機，就不應該草率行事，勸袁紹說：「曹操已經打敗了劉備，那麼許都就不再空虛。而且曹操善於用兵，變化多端，軍隊雖少，不能輕視。如今之計，不如與他長期對峙。將軍占據著山河的險要地帶，擁有四州的民眾，對外聯合各地的英雄豪傑，在內發展生產，訓練軍隊，然後挑選精兵，分為數路奇兵，乘虛不斷出擊，騷擾黃河以南地區，他救援右邊就打他的左邊，救援左邊就打他的右邊，使敵人疲於奔命，人人無法安居樂業，我們毫不費力，他們已經疲憊不堪了。用不了幾年，就可以坐等勝利了。如今放棄克敵制勝的上策，卻把勝敗寄託於一戰，如果不能取勝，就後悔也來不及了。」袁紹沒有採納他的建議。田豐極力勸說袁紹，觸怒了袁紹，袁紹認為他是在敗壞眾人的士氣，就把他抓了起來。隨即發布了一則討伐曹操的檄文：

5 「聽說賢明的皇帝為挽救危難而隨機應變，忠烈的大臣面臨危險的局面而臨時獨斷。歷史上，秦王朝非常強大，皇帝卻軟弱無能，趙高把持朝政大權，獨攬政令，作福作威，終於發生了望夷宮的禍亂，惡名流傳至今。而到了呂后之時，呂祿、呂產把持朝政，擅自決斷國家大事，在皇宮中處理朝政，朝綱廢弛，上下失序，令天下人寒心失望。於是絳侯周勃、朱虛侯劉章奮怒振威，剷除暴逆，擁立太宗皇帝，所以才能使道德教化興盛起來，而光明顯耀。這就是大臣臨機權變的著明例證。

6 「司空曹操的祖父曹騰，以前做過中常侍，與左悺、徐璜等人一起興風作浪，貪婪兇殘，橫行霸道，敗壞教化，暴虐百姓。他的父親曹嵩，乃是乞丐養大，用來路不正的錢財買取官位，用車裝載著金錢，用轎子抬著財寶，送到達官貴人家中，盜取了三公的職位，操縱國家、社稷。曹操本是宦官的後代，原本沒有良好的道德修養，性格狡詐陰險，喜歡惹是生非。袁幕府統率勇猛英武的勇士，消滅了叛逆兇殘的宦官。接著又遇到董卓擅權害國，於是手拿利劍，敲響戰鼓，自中國的東部發布命令，廣泛招納英雄豪傑，不計小過，量才錄用，所以就給曹操提供了參與議事謀略的機遇，認為他具有鷹犬一般的才幹，勇猛可以重用。沒想到他竟然目光短淺，愚魯輕浮，輕舉妄動，以致屢次失敗，損兵折將。袁幕府再次分給他精銳部隊，補充完善，並推薦他擔任東郡太守、兗州刺史，賞給他勇士所穿虎文衣服，任命他率領一支軍隊，以樹立他的威信，希望能得到立功贖罪的回報。但他卻憑藉著已有的資歷，專橫跋扈，濫施酷刑，荼毒百姓，殘害忠良。原九江太守邊讓，才華卓群，英姿灑脫，因為正義直言，剛正不阿，遭受了殺頭示眾的酷刑，妻子兒女全被殺害。從此文人學士憤恨痛心，天怒人怨，只要一人起來召喚，全州就會聞風響應。所以曹操大敗於徐州，地盤被呂布搶走，只得流離在偏遠的東方，沒有穩定的立足之處。袁幕府從強幹弱枝的大義考慮，並且不願意加入叛逆者的行列，所以再次舉起戰旗，身披盔甲，以迅猛之勢率軍征伐，進軍的戰鼓驚天動地，呂布的兵眾被擊敗四散奔逃，從死亡的災禍中拯救了曹操，恢復他一方之長的地位。這樣看來，袁幕府即使對兗州地方沒有恩德，但對曹操卻功德無量啊。

7 「恰逢後來皇上東返，一些奸臣擾亂朝政。當時冀州的北部邊境正發生戰事，袁幕府無暇離開冀州，所以就派從事中郎徐勳去安排曹操，讓他修繕宗廟，保護好年幼的皇帝。但他更加放縱自己，獨斷專行，威逼朝廷，侮辱王侯百官，違法亂紀，竟然坐著召見三臺官員，專斷朝政，封爵賞賜隨心所欲，刑罰殺戮全憑口說。被他寵愛的人可以光宗耀祖，被他討厭的人要滅三族。聚眾議論的人要殺頭示眾，心懷不滿者必被祕密殺害，人們在路上相遇只能用眼色示意，百官都不敢說話，尚書只是記錄朝會的日期，公卿僅是填充職位而已。

8 「原太尉楊彪，曾經主政兩司，是位極人臣的元老大臣。曹操因為微不足道的個人恩怨，給他捏造了莫須有的罪名，嚴刑拷打，用盡了所有的酷刑，隨心所欲，為所欲為，毫不顧及朝廷的王法。再如議郎趙彥，忠誠正直，仗義直諫，許多建議都被採納，所以皇上虛心聽取他的意見，常高興地予以賞賜。曹操想蒙蔽皇上，混淆是非，堵住向朝廷進言的途徑，就擅自逮捕並殺害了趙彥，根本不讓皇上知道。又如，先帝同母弟弟梁孝王的陵墳高大威肅，其上的松柏桑梓還是應該珍視保護的。曹操卻親自率領部下，挖掘墳墓，砸破棺材，暴屍荒野，掠奪金銀財寶，以至於當今皇上悲傷痛哭，士民感傷。曹操又設置發丘中郎將、摸金校尉，所經之地，墳墓無不被剖棺暴屍。身居三公要職，其行為卻像兇殘的強盜，玷汙朝廷，暴虐百姓，荼毒施加於人鬼。加之他為政苛刻殘忍，法律禁令無處不在，暗箭布滿山間小路，大道上遍布陷阱，人們一舉手就要觸犯禁令，一抬腳就可能踏入陷阱，動輒得咎，所以兗州、豫州等地的百姓根本無法生存，京城之內，到處充滿了喊冤叫屈的怨聲。

9 「查遍古今史書的記載，貪婪殘忍、暴虐無道的奸臣，曹操是其中最厲害的一個。當時袁幕府正在追查朝廷外部的奸臣，來不及整頓，對他格外寬容，希望他能夠改過自新。但曹操狼子野心，包藏禍謀，竟然想摧毀國家的棟梁之才，孤立削弱大漢王室，剷除忠良，謀害善類，專橫兇殘。去年袁幕府揮師北伐，征討公孫瓚，他頑強抗拒，戰爭僵持了整整一年。曹操乘公孫瓚尚未被打敗，暗中與他勾結，打算打著支援王師的旗號，從背後實施偷襲，所以率軍到達黃河岸邊，準備渡河北上。恰巧因使者被揭發而陰謀暴露，公孫瓚也被消滅，所以他的囂張氣焰被壓了下去，其陰謀也沒有得逞。曹操駐紮在敖倉，將黃河作為堅固的防線，竟然不自量力，螳臂當車。袁幕府憑藉大漢皇朝的威勢，橫掃天下，擁有百萬手持長戟的戰士，無數精銳騎兵，像中黃伯、夏育、烏獲一樣奮勇無畏，像強弩射出的箭一樣迅猛，從并州越過太行山，從青州渡過濟水、漯水，大軍渡黃河從正面發動進攻，荊州的軍隊出兵宛、葉，從後面夾擊。威武的軍隊如雷霆萬鈞之勢，深入敵人的腹地，就像用熊熊的大火焚燒飛蓬草，用大海的水澆滅燃燒的炭火一樣，能有什麼消滅不了的呢？

10 「如今朝廷衰弱，綱常廢弛，曹操用七百精兵，圍住皇宮，對外宣稱保衛皇上，實際是將皇上扣為人質，我們擔心曹操篡位謀逆禍患的發生，因此率軍趕來。這是忠烈大臣肝腦塗地，不怕犧牲的時候，也是英雄豪傑建功立業的機會。能不努力嗎！」

11 於是先派顏良進軍白馬，攻打曹操的別將劉延，袁紹自己率領大軍進駐黎陽。沮授臨行前召集他的族人，把自己的錢財全部分給他們。說：「這一仗打勝了，就可以威震天下；如果失敗了，就自身難保了。可悲啊！」他的弟弟沮宗說：「曹操的軍隊不是對手，你為何害怕呢？」沮授說：「憑曹操的聰明和謀略，再加上又控制著皇上作為資本，我們雖然打敗了公孫瓚，但軍隊確實已疲憊不堪，並且主帥自傲，將領奢侈，軍隊的失敗，就在這次行動了。揚雄早就說過：『六國爭鬥紛紛，實際上是在替秦國削弱周王室。』現在的情況也恰恰如此啊！」於是，曹操救援劉延，打敗並殺死了顏良。袁紹就渡過黃河，在延津以南安營紮寨。沮授臨上船歎息說：「主帥驕傲自大，部下只求立功，悠悠的黃河，我還能再回來嗎！」於是沮授藉口生病告辭，袁紹沒有同意，心中更加怨恨他，於是省併他的軍隊，歸郭圖指揮。

1 紹使劉備、文醜挑戰，曹操又擊破之，斬文醜。再戰而禽二將，紹軍中大震。操還屯官度❶，紹進保陽武❷。沮授又說紹曰：「北兵雖眾，而勁果不及南軍；南軍穀少，而資儲不如北。南幸於急戰，北利在緩師。宜徐持久，曠以日月。」紹不從。連營稍前，漸逼官度，遂合戰。操軍不利❸，復還堅壁。紹為高櫓❹，起土山，射營中，營中皆蒙楯而行。操乃發石車擊紹樓，皆破，軍中呼曰「霹靂車❺」。紹為地道欲襲操，操輒於內為長塹❻以拒之。又遣奇兵襲紹運車，大破之，盡焚其穀食。

2 相持百餘日，河南人疲困，多畔應紹。紹遣淳于瓊等將兵萬餘人北迎糧運。沮授說紹可遣蔣奇別為支軍於表❼，以絕曹操之鈔❽。紹不從。許攸進曰：「曹操兵少而悉師拒我，許下餘守埶必空弱。若分遣輕軍，星行掩襲❾，許拔則操成禽。如其未潰，可令首尾奔命，破之必也。」紹又不能用。會攸家犯法，審配收繫之，攸不得志，遂奔曹操，而說使襲取淳于瓊等。瓊等時宿在烏巢❿，去紹軍四十里。操自將步騎五千人，夜往攻破瓊等，悉斬之⓫。

3 初，紹聞操擊瓊，謂長子譚曰：「就操破瓊，吾拔其營，彼固無所歸矣。」乃使高覽、張郃等攻操營，不下。二將聞瓊等敗，遂奔操⓬。於是紹軍驚擾，大

潰。紹與譚等幅巾⑬乘馬，與八百騎度河，至黎陽北岸，入其將軍蔣義渠營。至
帳下，把其手曰：「孤以首領相付矣。」義渠避帳而處之，使宣令焉。眾聞紹在，
稍復集。餘眾偽降，曹操盡阬之，前後所殺八萬人。

沮授為操軍所執，乃大呼曰：「授不降也，為所執耳。」操見授謂曰：「分
4 野⑭殊異，遂用圮絕⑮，不圖今日乃相得也。」授對曰：「冀州失策，自取奔北。
授知力俱困，宜其見禽。」操曰：「本初無謀，不相用計。今喪亂過紀⑯，國家
未定，方當與君圖之。」授曰：「叔父、母、弟懸命袁氏，若蒙公靈，速死為福。」
操歎曰：「孤早相得，天下不足慮也。」遂赦而厚遇焉。授尋謀歸袁氏，乃誅之。

5 紹外寬雅有局度，憂喜不形於色，而性矜愎⑰自高，短於從善，故至於敗。
及軍還，或謂田豐曰：「君必見重。」豐曰：「公貌寬而內忌，不亮吾忠，而吾
數以至言迕⑱之。若勝而喜，必能赦我，戰敗而怨，內忌將發。若軍出有利，當
蒙全⑲耳，今既敗矣，吾不望生。」紹還，曰：「吾不用田豐言，果為所笑。」
遂殺之⑳。

【章　旨】以上寫官渡之戰的過程。袁紹拒絕沮授等人的建議，又逼走許攸，致有此敗。袁紹之敗，亦

有性格上的原因，「矜愎自高，短於從善」，不善用人，殺田豐，即是這種性格的典型表現。

【注　釋】❶官度　地名。在今河南中牟北。酈道元《水經注》：「莨蕩渠經曹公壘北，有高臺謂之官度臺，在中牟城北，俗謂之中牟臺。」❷陽武　漢代置縣。隸屬河南郡。在今河南原陽東南。❸不利　指戰場上形勢很被動。❹櫓　用於瞭望觀察敵情的望樓。《釋名》：「樓櫓者，露上無覆屋也。」今官度臺北土山猶在，臺之東，紹舊營遺基並存焉。❺霹靂車　向敵軍營壘中扔擲石塊的器械。以其發石時產生巨大的響聲，故當時呼為霹靂，即今之抛車也。❻塹　壕溝；護城河。❼表　外部，這裡指外援。❽鈔　同「抄」。偷襲。❾星行掩襲　星行，指披星戴月急行軍。掩襲，乘人不備偷襲。❿烏巢　地名。在今河南延津東南。⓫操自將步騎三句　此事《曹瞞傳》記載說：「公聞許攸來，跣出迎之。攸勸公襲瓊等，公大喜，乃選精銳步騎，皆執袁軍旗幟，銜枚縛馬口，夜從間道出，人把束薪。所歷道問者，語之曰：『袁公恐曹操鈔掠後軍，遣兵以益備。』問者信以為然。既至，圍屯，大放火，營中驚亂，大破之，盡燔其糧穀寶貨，斬督將眭元進等，割得將軍淳于仲簡鼻，殺士卒千餘人，皆取鼻，牛馬割唇舌，以示紹軍。將士皆惶懼。」⓬二將聞瓊二句　高覽、張郃投降曹操事，據《三國志・魏書》：「張郃字儁文，河間鄚人也。郃說紹曰：『曹公精兵往，必破瓊等，則事去矣。』郭圖曰：『郃計非也，不如攻其本營。』郃曰：『曹公營固，攻之必不拔。若瓊等見禽，吾屬盡為虜矣。』紹但遣輕騎救瓊，而以重兵攻太祖營，不能下。太祖果破瓊等。紹軍潰，圖慚，又更譖郃快軍敗，郃懼，歸太祖。」⓭幅巾　古代男子束髮多用絹一幅，故稱。⓮分野　指地域。古代天文學將天上的星宿與地上的行政區域相對應，稱為分野。⓯圮絕　指互不來往。⓰紀　古代的紀年單位，十二年曰紀。⓱矜愎　高傲，固執己見。⓲迕　違反；抵觸。⓳蒙全　得以保全。⓴吾不用田豐言三句　事見《先賢行狀》：「紹謂逢紀曰：『冀州人聞吾軍敗，皆當念吾；惟田別駕前諫止吾，與眾不同，吾亦慚之。』紀復曰：『豐聞將軍之退，拍手大笑，喜其言之中也。』紹於是有害豐之意。初，太祖聞豐不從戎，喜曰：『紹必敗矣。』及紹奔遁，復曰：『向使紹用其別駕計，尚未可知也。』」

【語　譯】袁紹讓劉備、文醜挑戰，又被曹操打敗，文醜戰敗被殺。打了兩仗損失了兩員大將，這在袁紹的軍隊中引起了巨大的恐慌。曹操退駐官渡，袁紹進駐陽武。沮授又勸袁紹說：「我們北方的軍隊雖然人數多，但不如曹操的南方軍隊英勇頑強；南方的軍隊缺少軍糧，並且軍用物質的儲備不如我們。他們希望速戰速決，我們利於拖延戰術。我們不應急於交戰，拖住他們，與他們曠日持久對峙下去。」袁紹沒有聽從這一建議。

軍營相連，向前慢慢地推進，進逼官渡，雙方隨即交戰。曹操的軍隊作戰失利，退回營壘，堅守不出。袁紹建起高高的望樓，築起土山，向曹軍營壘中射箭，曹操軍營中的士兵都頂著盾牌行走。曹操於是用石車攻擊袁紹軍營的望樓，望樓全被破壞，軍營中把這種戰車稱為「霹靂車」。袁紹命人挖掘地道，打算偷襲曹操，曹操就在軍營內挖掘壕溝來抵抗袁紹的軍隊。又派奇襲部隊偷襲袁紹運送軍用物資的車隊，大獲全勝，將他們的軍糧全部燒毀。

2 兩軍對峙了一百多天，曹操的軍隊疲憊不堪，很多人投奔了袁紹。袁紹派淳于瓊等率領一萬餘軍隊北進迎接運糧車隊。沮授勸說袁紹派蔣奇單獨率領一支軍隊作為外援，以阻止曹操偷襲運送糧草的車隊。袁紹不聽。許攸獻計說：「曹操的兵力少，而且又全部出動與我們對陣，許都剩下的守軍勢必薄弱。如果派遣軍隊，輕裝前進，星夜前去偷襲，攻下許都，曹操也就束手就擒了。即使他沒有潰敗，也會使他們首尾相顧，疲於奔命，那麼就一定能打敗曹操。」袁紹仍然沒有採納。恰巧這時許攸的家人犯了法，被審配抓進了監獄，許攸很不滿，就投奔了曹操，並獻上偷襲進攻淳于瓊等計謀。當時淳于瓊的軍隊駐紮在烏巢，距離袁紹的部隊有四十里的路程。曹操親自率領五千步兵、騎兵，乘夜前去偷襲淳于瓊等，一舉攻下了烏巢，殺了淳于瓊等。

3 當初袁紹聽說曹操攻打淳于瓊，對長子袁譚說：「乘著曹操攻打淳于瓊，我們攻占他的軍營，他就無處可歸了。」隨即派高覽、張郃等攻打曹軍的軍營，沒有得手。二位將領聽說淳于瓊等已經潰敗，就投降了曹操。於是，袁紹的軍隊驚慌失措，潰不成軍。袁紹與袁譚等慌張得來不及整裝，僅用幅巾束髮，騎著馬與八百騎兵渡過黃河，逃到了北岸的黎陽，逃入他的部將蔣義渠的軍營中。進入軍營後，袁紹拉著蔣義渠的手說：「我把我的頭顱交給你了。」蔣義渠把自己的軍營讓給袁紹，讓他發號施令。眾人聽說袁紹還活著，就又漸漸地聚集起來。其餘的士兵偽裝投降，被曹操全部活埋，先後被殺的有八萬之多。

4 沮授被曹軍抓住，就大聲叫喊說：「我是被抓住的，不是投降的啊。」曹操見到沮授，對他說：「由於我們彼此地域相隔，所以導致沒有交往，沒想到現在才得以相見。」沮授回答說：「袁冀州謀劃不周，自找失敗，我本身也心力俱已困乏，應該成為俘虜。」曹操說：「袁本初一向有勇無謀，不採納您的計策。如今戰亂已經持續了十餘年，國家還沒有安定，正應該和您謀劃安定的辦法。」沮授回答說：「我叔父、母親、弟弟的性命全掌握在袁紹的手中，假如承蒙您的威靈，儘快殺掉我，這是我的一種福氣。」曹操歎息著說：「如果我早日得到您的幫助，天下大事就不必擔心了。」於是赦免了沮授，並給他很高的待遇。不久，沮授暗中謀劃歸附袁紹，曹操就殺了他。

袁紹表面上待人寬厚，有容人之量，憂喜從不在表面表現出來，但他剛愎自用，高傲自大，聽不進別人的意見，所以導致了失敗。等軍隊返回後，有人對田豐說：「這回您肯定會得到重用啦。」田豐回答說：「袁公表面待人寬厚，實際心胸狹窄，他不可能體會到我的一片忠心，我卻曾多次直言不諱冒犯他。如果打勝了，他一高興，肯定還能寬恕我；打了敗仗心裡不痛快，心裡的不滿就會爆發出來。假如軍隊出征順利，我一定能保全性命，如今既然打了敗仗，我就沒有活命的希望了。」袁紹回來後，說：「我沒有聽從田豐的建議，果然被他所恥笑。」竟然殺了田豐。

官度之敗，審配二子為曹操所禽。孟岱與配有隙❶，因蔣奇言於紹曰：「配在位專政，族大兵強，且二子在南，必懷反畔。」郭圖、辛評亦為然。紹遂以岱為監軍，代配守鄴。護軍逢紀與配不睦❷，紹以問之，紀對曰：「配天性烈直，每所言行，慕古人之節，不以二子在南為不義也，公勿疑之。」紹曰：「君不惡之邪？」紀曰：「先所爭者私情，今所陳者國事。」紹曰：「善。」乃不廢配，配、紀由是更協。

冀州城邑多畔，紹復擊定之。自軍敗後發病，七年夏，薨❸。未及定嗣，逢紀、審配宿以驕侈為譚所病，辛評、郭圖皆比於譚而與配、紀有隙。眾以譚長，欲立之。配等恐譚立而評等為害，遂矯❹紹遺命，奉尚為嗣。

【章　旨】以上記述官渡之戰敗後，引起袁紹集團內部鬥爭。袁紹病死後，部將為立袁譚或袁尚，分為二派，雖審配「矯紹遺命」而立袁尚為嗣，也免不了兄弟之間的互相殘殺。

【注　釋】❶隙　矛盾；關係不和睦。❷護軍逢紀與配不睦　據《英雄記》記載：審配受重用，與逢紀有矛盾，辛評、郭圖都依附袁譚。辛評，辛毗之兄。事見《三國志・魏書》。❸薨　諸侯（後代也指大臣）死亡稱薨。據《三國志・魏書》：「紹自軍破後，發病歐血死。」《獻帝春秋》：「紹為人政寬，百姓德之。河北士女莫不傷怨，市巷揮淚，如或喪親。」又據《典論》：「袁紹妻劉氏性酷妒，紹死，僵屍未殯，寵妾五人盡殺之，為死者有知，當復見紹於地下，乃髡頭墨面，以毀其形。尚又為盡殺死者之家。」❹矯　假託；假稱。

【語　譯】官渡之戰失敗後，審配的兩個兒子被曹操俘虜。孟岱平常與審配就有矛盾，託蔣奇對袁紹說：「審配在位獨斷專行，家族人多，手下兵強馬壯，而且兩個兒子又在曹操那裡，他肯定有反叛之心。」郭圖、辛評也這樣認為。袁紹就任命孟岱為監軍，取代審配守衛鄴城。護軍逢紀和審配也有矛盾，袁紹向逢紀詢問這一事情，逢紀回答說：「審配秉性剛烈正直，他平常的言行，都是仿效古人的氣節，他不會因為兩個兒子在曹操那裡就做出不仁不義的事情的，希望主公不要懷疑他。」袁紹又問：「你難道不痛恨他嗎？」逢紀說：「過去爭論的是個人之間的事情，現在所說的是國家大事。」袁紹說：「好。」終於沒有廢掉審配，審配、逢紀因此變得團結。

冀州的城邑紛紛叛亂，袁紹重新加以平定。自在官渡軍隊打了敗仗後，袁紹就生了病，至漢獻帝建安七年夏天病逝。死前也沒有來得及確定繼承人，逢紀、審配因為平常霸道放縱，而遭到了袁譚忌恨，辛評、郭圖都依附袁譚並和審配、逢紀有矛盾。眾人因為袁譚是長子，打算立他做繼承人。審配等人害怕立了袁譚，辛評等人為害作亂，就偽造了袁紹的遺書，擁立袁尚做了繼承人。

卷七十四下

袁紹劉表列傳第六十四下

紹子譚

1 譚自稱車騎將軍，出軍黎陽❶。尚少與其兵，而使逢紀隨之。譚求益兵，審配等又議不與。譚怒，殺逢紀。

2 曹操度河攻譚，譚告急於尚，尚乃留審配守鄴，自將助譚，與操相拒於黎陽。自九月至明年二月，大戰城下，譚、尚敗退。操將圍之，乃夜遁還鄴。操進軍，尚逆擊破操，操軍還許。譚謂尚曰：「我鎧甲不精，故前為曹操所敗。今操軍退，人懷歸志，及其未濟，出兵掩之，可令大潰，此策不可失也。」尚疑而不許，既不益兵，又不易甲。譚大怒，郭圖、辛評因此謂譚曰：「使先公出將軍為兄後者，皆是審配之所構❷也。」譚然之。遂引兵攻尚，戰於外門❸。譚敗，乃引兵還南皮❹。

3 別駕王脩率吏人自青州往救譚，譚還欲更攻尚，問脩曰：「計將安出？」脩曰：「兄弟者，左右手也。譬人將鬭而斷其右手，曰『我必勝若❺』，如是者可乎？夫棄兄弟而不親，天下其誰親之？屬❻有讒人交鬭❼其間，以求一朝之利，願塞耳勿聽也。若斬佞臣❽數人，復相親睦，以御四方，可橫行於天下。」譚不從。尚復自將攻譚，譚戰大敗，嬰城固守❾。尚圍之急，譚奔平原❿，而遣潁川辛毗詣曹操請救⓫。

4 劉表以書諫⓬譚曰：

5 「天降災害，禍難殷流，初交殊族，卒成同盟，使王室震蕩，彝倫攸斁⓭。是以智達之士，莫不痛心入骨，傷時人不能相忍也。然孤與太公⓮，志同願等⓯，雖楚魏絕邈⓰，山河迥遠⓱，戮力乃心，共獎王室⓲，使非族不干吾盟，異類不絕吾好，此孤與太公無貳之所致也。功績未卒，太公殂隕⓳，賢胤承統，以繼洪業⓴。宣奕世㉑之德，履不顯之祚㉒，摧嚴敵於鄴都，揚休烈㉓於朔土㉔，顧定疆宇，虎視河外，凡我同盟，莫不景附㉕。何悟青蠅飛於竿旌，無忌游於二壘㉖，使股肱㉗分成二體，匈膂㉘絕為異身。初聞此問，尚謂不然，定聞信來，乃知閼伯、實沈之忿已成㉙，棄親即讎之計已決，旃旆㉚交於中原，暴尸累於城下。聞之哽咽，若存若亡。昔三王、五伯㉛，下及戰國，君臣相弒，父子相殺，兄弟相殘，親戚相滅，蓋時有之。然或欲以成王業㉜，或欲以定霸功㉝，皆所謂逆取順守，而徼富強於一世也。未有棄親即異，兀㉞其根本，而能全於長世者也。

6 「昔齊襄公報九世之讎㉟，士匄卒荀偃之事㊱，是故春秋美其義，君子稱其信。夫伯游之恨於齊，未若太公之忿於曹也；宣子㊲之臣承業，未若仁君之繼統㊳也。且君子違難㊴不適讎國，交絕不出惡聲㊵，況忘先人之讎，棄親戚之好，而為萬世之戒，遺同盟之恥哉！蠻夷戎狄將有誚讓㊶之言，況我族類，而不痛心邪？

7 「夫欲立竹帛㊷於當時，全宗祀㊸於一世，豈宜同生分謗㊹，爭校得失乎？若冀州㊺有不弟㊻之傲，無慙順之節，仁君當降志辱身，以濟事為務。事定之後，使天下平其曲直，不亦為高義邪？今仁君見憎於夫人，未若鄭莊之於姜氏；昆弟之嫌，未若重華之於象敖。然莊公卒崇大隧之樂，象敖終受有鼻㊼之封。願捐棄百痾㊽，追攝舊義，復為母子昆弟如初㊾。今整勒士馬，瞻望鵠立㊿。」

8 又與尚書諫之(51)，並不從。

9 曹操遂還救譚，十月至黎陽。尚聞操度河，乃釋平原還鄴。尚將呂曠、高翔畔歸曹氏，譚復陰刻將軍印，以假(52)曠、翔。操知譚詐，乃以子整娉譚女以安之(53)，而引軍還。

【章　旨】以上記述袁紹死後，袁譚、袁尚兄弟相殘，曹操繼續攻擊袁氏集團。王脩、劉表勸兄弟二人和好，無果。曹操利用二人相殘，救援袁譚，敗袁尚，並與袁譚結為兒女親家。

【注　釋】❶黎陽　縣名。治今河南浚縣東。據郭緣生的《述征記》記載：黎陽城西有袁譚故城，城南又有一城，就是曹操攻打袁譚時所修築的。❷構　造成。❸外門　指鄴郭之門。❹南皮　縣名。今屬河北。❺若　指示代詞，你；爾。❻屬　部屬；部下。❼交鬭　挑起爭執；挑起事端，衝突。❽佞臣　善於用花言巧語諂媚的人。❾嬰城固守　嬰，圍繞；環繞。李賢注引《漢書》：「蒯通曰：『必將嬰城固守。』」《音義》：「嬰謂以城自繞也。」」❿平原　郡、國名。西漢設置郡。治今山東平原縣西南。⓫辛毗詣曹操請救　李賢注引〈魏書〉：「辛毗，潁川陽翟人也。譚使毗詣太祖求和，毗見太祖致譚意。太祖悅，謂毗曰：『譚可信，尚必可克不？』毗對曰：『明公無問信與詐也，直當論其埶耳。袁氏本兄弟相伐，非謂他人能閒其閒，乃謂天下可定於己也。一旦求救於明公，此可知也。』」請救，請求援助；求援。⓬諫　直言勸告，使其改正過錯。⓭彝倫攸斁　彝倫，指倫理綱常。舊指人與人、人與社會之間的道德關係準則。攸，所也。斁，敗壞；廢弛。⓮太公　對袁譚之父的尊稱。即指袁紹。⓯志同願等　即志同道合。⓰楚魏絕邈　楚，指劉表所在的荊州，因其古代屬於楚國，故稱之。魏，指袁紹所在的冀州，因其古代屬於魏國疆域，故稱之。絕邈，形容相距很遠。⓱迥遠　形容距離非常遙遠。⓲奬王室　語出《左傳》：「同好惡，奬王室。」杜預曰：「奬，助也。」奬，輔佐；幫助。⓳殂隕　去世。⓴洪業　宏偉大業。㉑奕世　歷代。《國語》中說「奕代載德」。㉒丕顯之祚　丕，盛大。祚，福。㉓休烈　形容美好偉大的事業。㉔朔土　指北方地區。㉕景附　同「影附」。如影隨形。㉖何悟青蠅二句　《詩‧青蠅》：「營營青蠅，止于榛。讒人罔極，構我二人。」青蠅，指進讒言的小人。《史記》記載：費無忌得寵於楚平王，為太子建少傅，無寵於太子，日夜讒太子於王，欲誅太子。太子亡奔宋。《左傳》作「無極」。竿旌、二壘，指袁譚、袁尚兩軍的營壘。㉗股肱　指帝王左右得力的大臣。㉘匈膂　匈，同「胸」。膂，脊背。㉙乃知閼伯實沈之忿已成　《左傳‧昭公元年》：「高辛氏有二子，伯曰閼伯，季曰實沈，居于曠林，不相能也，日尋干戈，以相征討。」㉚旃旆　旃，也作「旜」。紅色的曲柄旗幟。旆，也作「斾」。泛指旌旗。㉛三王五伯　三王，指夏禹、商湯、周文王。五伯，也稱「五霸」。指齊桓公、晉文公、秦穆公、宋襄公、楚莊王，一說為：齊桓公、晉文公、秦穆公、吳王闔閭、越王句踐。㉜以成王業　像周公誅管、蔡之類。㉝以定霸功　像齊桓公殺子糾。㉞兀　動搖。㉟昔齊襄公報九世之讎　紀侯在周夷王面前說齊哀公的壞話，導致齊哀公被周夷王烹殺；九代之後，齊襄公即位，滅亡了紀國，為祖先報了仇。九世，據《史記》記載：紀侯譖齊哀公於周，周夷王烹哀公。其弟靜立，是為胡公。弟獻公立，子武公立，子厲公立，子文公立，子成公立，子莊公立，子釐公立，子襄公八年，紀遷去其邑，是為九代也。㊱士匄卒荀偃之事　荀偃，字伯游，晉國大夫。李賢注引《左傳》：「荀偃將中軍，士匄佐之，伐齊。濟河，病目出，及卒，而視不可含。欒盈曰：『其為未卒事於齊故也？』士匄撫之曰：『主苟終，所不嗣事於齊有如河！』乃瞑受含。」㊲宣子　即士匄。士燮之子，士會之孫。㊳繼統　繼承大統。㊴違難　躲避災難。㊵交絕不出惡聲　即使斷絕交往，也不惡言相加。㊶誚讓　譴責；責難。㊷竹帛　指竹簡和絹帛。古代沒有用於書寫的紙，記事載物用竹簡或絹帛，故後來竹帛成了書籍的代名詞。㊸宗祀　祭祀宗廟。㊹分謗　指互相指責。㊺冀州　指袁尚。㊻不弟　指對兄長或長輩不恭敬。㊼有鼻　古國名。鼻國在永州營道縣北，今猶謂之鼻亭，在今湖南道縣北。㊽痾　原指疾病。這裡指怨恨，矛盾。㊾復為母子昆弟如初　李賢注引《左傳》：「鄭武公娶於申，曰武姜，生莊公及叔段。莊公寤生，驚姜氏，遂惡之，愛叔段，欲立之，武公弗許。及莊公立，姜氏為請京，使居之。段繕甲兵，將襲鄭，夫人將啟之。莊公遂寘姜氏于城潁，而誓之曰：『不及黃泉，無相見也。』既而悔之。潁考叔曰：『君何患焉？若闕地及泉，隧而相見，其誰曰不然！』從之。公入而賦：『大隧之中，其樂也融融。』姜出而賦：『大隧之外，其樂也洩洩。』遂為母子如初。」據《史記》記載：舜名重華。父瞽叟盲而舜母死，瞽叟更娶妻，生象。瞽叟愛後妻子，常欲殺舜。舜踐帝位，封弟象為諸侯。《孟子》中也有「象至不仁，封諸有鼻。仁人之於其弟也，不藏怒焉，不宿怨焉，親愛之而已矣」的記載。㊿鵠立　像鵠一樣引頸而立，形容急切地盼望。(51)書諫之　李賢注引《魏氏春秋》中收錄了劉表給袁尚的信，信中說：「知變起辛、郭，禍結同生，追閼伯、實沈之蹤，忘〈常棣〉死喪之義，親尋干戈，僵尸流血，聞之哽咽，若存若亡。昔軒轅有涿鹿之戰，周公有商、奄之師，皆所以翦除穢害而定王業，非強弱之爭，喜怒之忿也。故雖滅親不尤，誅兄不傷。今二君初承洪業，纂繼前軌，進有國家傾危之慮，退有先公遺恨之負。當惟曹是務，惟國是康。何者？金木水火剛柔相濟，然後剋得其和，能為人用。今青州天性峭急，迷於曲直。仁君度數弘廣，綽然有餘，當以大苞小，以優容劣，先除曹操，以平先公之恨，事定之後，乃議曲直之評，不亦善乎！若留神遠圖，剋己復禮，當振旅長驅，共獎王室。若迷而不返，遵而無改，則胡夷將有誚讓之言，況我同盟，復能戮力仁君之役哉！此韓盧、東郭自困於前，而遺田父之獲者也。憤躍鶴望，冀聞和同之聲。若其泰也，則袁族其與漢升降乎！如其否也，則同盟永無望矣。」劉表的兩封書信都收在《王粲集》中。(52)假　給予；授予。

㊿53乃以子整娉譚女以安之 娉，同「聘」。聘娶；訂婚。李賢注引〈魏書〉記載：曹整，建安二十二年（西元二一七年）封郿侯，二十三年薨，無子。曹魏黃初二年（西元二二一年），追進爵，謚曰戴公。

【語譯】袁譚自封為車騎將軍，出兵黎陽，袁尚只給他很少軍隊，並且讓逄紀跟著他。袁譚請求增加軍隊，審配等人又商量不給他。袁譚很惱火，就殺了逄紀。

2 曹操率軍渡過黃河攻打袁譚，袁譚向袁尚告急，袁尚這才留下審配守衛鄴城，自己親自率軍援助袁譚，在黎陽抵抗曹操的軍隊。自當年的九月，至第二年的二月，一直在黎陽城下大戰，袁譚、袁尚兵敗後退。即將被曹軍包圍，他們就連夜逃回了鄴城。曹軍繼續進攻，袁尚率軍迎擊，打敗了曹軍，曹軍退回了許都。袁譚對袁尚說：「我的軍隊裝備不好，所以先前才被曹軍打敗。如今曹軍撤退了，人人歸心似箭，趁著他們尚未渡過黃河的時機，派兵從背後偷襲他們，就可以使他們潰不成軍，不要錯失這一妙計啊。」袁尚猶豫不定，沒有答應，既不增加兵力，也不給更換裝備。袁譚非常氣憤，郭圖、辛評乘機對袁譚說：「讓先公把你過繼為伯父後嗣的，都是由審配一手策劃的。」袁譚也認為如此。於是率軍攻打袁尚，兩軍戰於鄴城外門。袁譚被打敗，就率領自己的軍隊退回了南皮。

3 別駕王脩率官兵自青州前去援助袁譚。袁譚回南皮後，計劃再次攻打袁尚，問王脩說：「有何高見？」王脩回答說：「兄弟，就像左右手一樣。比如在打架之前卻先砍掉了自己的右手，說『我一定戰勝你』，像這樣能行嗎？拋棄兄弟情誼不去親近，世界上還有誰願意親近他呢？你的部下有人進讒言，挑動你們兄弟之間不和，以期謀取暫時的好處，希望你堵上耳朵不要聽信這些。如果你殺掉幾個奸佞的小人，兄弟重新和好，攜手抵禦周圍的敵人，就可以無敵於天下了。」袁譚根本聽不進去。袁尚又親自率軍攻打袁譚，袁譚被打得一敗塗地，只得環城固守。袁尚圍攻很急，袁譚敗逃到了平原，並派潁川人辛毗到曹操那裡請求援救。

4 劉表寫信勸袁譚說：

5 「上帝降下災禍，禍難橫流天下，不同類型的人相互勾結，最終結成聯盟，導致朝廷動蕩不安，倫理綱常被敗壞。所以明智通達之人，無不痛徹入骨，深深地惋惜當代人不能互相包容。但我與尊父，志同道合，雖分處南北，山河阻隔，卻同心協力，共同輔佐朝廷，使道不同者不能干預我們的同盟，異類不能阻隔我們的友好，這是我與尊父同心同德所造成的必然結果。功業尚未完成，尊父仙逝，貴公子接位，繼承大業。弘揚你們歷代的美德，踏著先祖光輝的業績，於鄴城摧毀了強大的敵人，於北方光大了宏偉的事業，奠定了疆土，虎視河外，同盟之內的人們，無不甘心歸附。哪曾想讒佞小人像蒼蠅一樣在旗杆上縈繞，費無忌似的人物遊說於兩軍之間，致使大腿和雙臂分離、前胸和脊骨分開。剛聽說此事，我還認為不是事實，後來得到確信，才知道兄弟之間的怨忿已經構成，拋棄骨肉，反目成仇的決心已經下定，戰爭的旌旗已在中原大地上相交，城牆下暴露著堆積如山的屍骨。我聽說這些事情後，非常難過，惶若隔世。過去，從三王、五霸，到戰國時代，雖也發生過君臣、父子、兄弟、親戚之間的相互殘殺，但是，不是想藉以成就帝王之業，就是想藉以創立霸主的功業，都是所謂的逆取順守，並謀取一世的富強。從沒有拋棄親人，勾結異己，動搖自己的根本，卻能保全長久的。

6 「過去齊襄公終於報了九代的冤仇，士匄完成了荀偃未竟的事業，所以《春秋》中讚美這種美德，君子稱讚這種信用。大概荀偃對伐齊的遺恨，比不上尊父對曹操的仇恨；士匄繼承大臣的遺願，也比不上你繼承尊父的大統啊。況且，君子即使躲避災難，也不去仇敵的疆域；斷絕交情，也不必惡言相加。更何況忘記了先人的仇恨，拋棄兄弟之情誼，卻成為萬世的鑑戒，給同盟之人留下恥辱呢！即使蠻夷戎狄也會說出譴責的言語，更何況我們是同族同類，能不痛心嗎？

7 「想要留名於史冊，保全對祖先的祭祀，怎麼能兄弟之間互相指責、計較得失呢？即使袁冀州有對兄長不恭敬的地方，不注意自責謙讓的禮節，你也應該稍微委屈自己，以成就大事為重。等事情安定下來之後，讓世人評論其是非曲直，你不是還能享有高尚的道義嗎？如今你被夫人所憎惡，不如鄭莊公被姜氏所憎恨；兄弟之間的矛盾，不如象敖對重華的迫害。但鄭莊公最終在隧道中享受了母子天倫之樂，象敖最終還是被分封在了有鼻。希望你拋棄各種矛盾，回想過去的深情厚誼，使母子兄弟和好如初。如今我正整頓兵馬，殷切盼望著你的好消息。」

8 劉表又給袁尚寫信，兩人都不聽勸告。

9 曹操於是回兵救援袁譚，十月份到達黎陽。袁尚聽說曹操渡過了黃河，就放棄了對平原的進攻回到了鄴城。袁尚的部將呂曠、高翔叛降歸順了曹操。袁譚又暗中刻了將軍的大印，送給呂曠、高翔。曹操知道袁譚狡詐，於是為兒子曹整聘娶袁譚的女兒為妻來安撫他，就帶領軍隊回去了。

1 九年三月，尚使審配守鄴，復攻譚於平原。配獻書於譚曰：「配聞良藥苦口而利於病，忠言逆耳而便於行❶。願將軍緩心抑怒，終省愚辭。蓋春秋之義，國君死社稷❷，忠臣死君命。苟圖危宗廟，剝亂❸國家，親疏一也。是以周公垂涕以蔽管、蔡之獄❹，季友歔欷而行叔牙之誅❺。何則？義重人輕，事不獲已故也。昔先公廢黜❻將軍以續賢兄❼，立我將軍以為嫡嗣❽，上告祖靈，下書譜牒❾，海內遠近，誰不備聞！何意凶臣郭圖，妄畫蛇足❿，曲辭諂媚⓫，交亂懿親。至令將軍忘孝友之仁，襲閼、沈之迹，放兵鈔突，屠城殺吏，冤魂痛於幽冥，創痍⓬被於草棘。又乃圖獲鄴城，許賞賜秦胡，其財物婦女，豫有分數。又云：『孤雖有老母，趣使身體完具而已。』聞此言者，莫不悼心揮涕，使太夫人憂哀憤隔⓭，我州君臣監寐⓮悲歎。誠拱默⓯以聽執事之圖，則懼違春秋死命之節，詒⓰太夫人不測之患，損先公不世⑰之業。我將軍辭不獲命，以及館陶之役。伏惟將軍至孝蒸蒸⑱，發於岐嶷⑲，友于之性，生於自然，章之以聰明，行之以敏達，覽古今之舉措，覩興敗之徵符，輕榮財於糞土，貴名位於丘岳。何意奄然迷沈，墮⑳賢哲之操㉑，積怨肆忿，取破家之禍！翹企延頸㉒，待望讎敵，委慈親於虎狼之牙，以逞一朝之志，豈不痛哉！若乃天啟尊心，革圖易慮，則我將軍匍匐悲號於將軍股掌㉓之上，配等亦當敷躬布體以聽斧鑕㉔之刑。如又不悛，禍將及之。願熟詳吉凶，以賜環玦㉕。」譚不納。

2 曹操因此進攻鄴。審配將馮禮為內應，開突門內操兵三百餘人㉖。配覺之，從城上以大石擊門，門閉，入者皆死。操乃鑿塹圍城，周回四十里，初令淺，示若可越。配望見，笑而不出爭利。操一夜濬㉗之，廣深二丈，引漳水以灌之。自五月至八月，城中餓死者過半。尚聞鄴急，將軍萬餘人還救城，操逆擊破之。尚走㉘依曲漳㉙為營，操復圍之，未合㉚，尚懼，遣陰夔、陳琳求降，不聽。尚還走藍口㉛，操復進，急圍之。尚將馬延等臨陣降，眾大潰，尚奔中山。盡收其輜重㉜，得尚印綬㉝節鉞㉞及衣物，以示城中，城中崩沮。審配令士卒曰：「堅守死戰，操軍疲矣。幽州方至，何憂無主！」操出行圍㉟，配伏弩射之，幾中。以其兄子榮為東門校尉，榮夜開門內操兵，配拒戰城中，生獲配。操謂配曰：「吾近行圍，弩何多也？」配曰：「猶恨其少。」操曰：「卿忠於袁氏，亦自不得不爾。」意欲活之。配意氣壯烈，終無撓辭㊱，見者莫不歎息，遂斬之㊲。全尚母妻子，還其財寶。高幹以并州降，復為刺史。

3 曹操之圍鄴也，譚復背㊳之，因略㊴取甘陵㊵、安平㊶、勃海、河間，攻尚於中山。尚敗，走故安從熙，而譚悉收其眾，還屯龍湊。

4 十二月，曹操討譚，軍其門。譚夜遁走南皮，臨清河而屯。明年正月，急攻之。譚欲出戰，軍未合而破。譚被髮㊷驅馳，追者意非恆人㊸，趨奔之。譚墯馬，顧曰：「咄，兒過我，我能富貴汝。」言未絕口，頭已斷地。於是斬郭圖等，戮其妻子。

【章　旨】以上記述袁譚、袁尚繼續相殘，勢不兩立。曹操趁機攻下鄴城，擊敗袁尚。袁譚背叛曹操，被曹操消滅。

【注　釋】❶忠言逆耳而便於行　《史記・留侯世家》：「忠言逆耳利於行，毒藥苦口利於病。」❷社稷　社，土地神。稷，穀神。後社稷成為國家政權的代名詞。❸剝亂　擾亂；攪亂。❹周公垂涕以蔽管蔡之獄　周公旦輔佐周武王滅掉商紂王，建立了周王朝。不久周武王去世，繼位的周成王年幼，周公攝政，管叔、蔡叔挾武庚在東方叛亂，周公東征，三年平定叛亂，殺武庚、管叔，放逐蔡叔，穩定了西周初年的政治局勢。❺季友歔欷而行叔牙之誅　季友（？—西元前六四四年），名友，號成季，故稱季友。春秋時期魯桓公的季子，魯莊公的弟弟，魯莊公去世，為防止叔牙作亂，他用藥酒毒殺了叔牙。叔牙，公子牙，魯莊公之弟，季友之兄。❻黜　廢黜。❼以續賢兄　指袁紹把袁譚立為其兄長的繼承人，派出任青州刺史。❽嫡嗣　嫡子繼承人。❾譜牒　指記述家族或宗族世系的著作。❿妄畫蛇足　《戰國策・齊策二》：「楚有祠者，賜其舍人卮酒，舍人相謂曰：『數人飲之不足，一人飲之有餘，請各畫地為蛇，先成者飲酒。』一人蛇先成，引酒且飲之，乃左手持卮，右手畫蛇曰：『吾能為之足。』未成，一人之蛇成，奪其卮曰：『蛇固無足，子安能為足？』遂飲其酒。為蛇足者，終亡其酒。」⓫諂媚　指巴結討好別人。⓬創痍　創傷；損害。⓭憤隔　積憤。⓮監寐　和衣而睡，又同於「假寐」。⓯拱默　拱手而默不作聲。⓰詒　遺留；送給。⓱不世　猶言非常。李賢注引《獻帝春秋》：「譚尚遂尋干戈，以相征討。譚軍不利，保于平原，尚乃軍於館陶。譚擊之敗，尚走保險。譚追攻之，尚設奇伏大破譚軍，僵屍流血不可勝計。譚走還平原。」⓲蒸蒸　淳厚的樣子。⓳岐嶷　指剛能直立行走。形容年幼的孩提時代。⓴墮　毀壞；毀棄。㉑操　操守；修養。㉒翹企延頸　形容盼望得非常殷切。㉓股掌　指大腿和手掌。㉔斧鑕　即鐵鍖子。這是古代的一種酷刑，把人放在鐵鍖子上面，以斧砍之。㉕環玦　指回信表明態度。㉖開突門內操兵三百餘人　突門，城下的小門。李賢注引《墨子・備突》：「城百步，一突門。突門用車兩輪，以木束之塗其上，維置突門內。度門之廣狹，令人入門四尺，中置窒突，門旁為橐，充竈狀，又置艾。寇即入，下輪而塞之，鼓橐薰之」也。內，同「納」。㉗濬　疏濬。㉘走　逃跑。㉙曲漳　即漳水的拐彎處。㉚合　兩軍交戰。㉛藍口　過相州安陽縣（今河南安陽）界有藍嵯山，與鄴相近，蓋藍山之口。㉜輜重　對軍用器械、糧草、軍裝、營帳等的統稱。㉝印綬　印和繫印用的絲帶。指官員使用的印章。㉞節鉞　符節和斧鉞。㉟行圍　外出打獵。這裡指巡視、視察部隊。㊱撓辭　屈服、求饒、投降的言語。㊲見者莫不歎息二句　李賢注引《先賢行狀》：「是日先縛配將詣帳下，辛毗等逆以馬鞭擊其頭，罵之曰：『奴，汝今日真死矣。』配顧曰：『狗輩！由汝曹破冀州，恨不得殺汝。』太祖既有意活配，配無撓辭，辛毗等號哭不已，乃殺之。」㊳背　背叛；叛變。㊴略　攻占；奪取。㊵甘陵　地名。秦朝名為厝縣，屬於鉅鹿郡，漢朝屬於清河郡，東漢安帝因孝德皇后埋葬於此，改名甘陵。故治在今河北臨清東北。㊶安平　郡國名。治今河北冀州。㊷被髮　披散著頭髮。被，通「披」。㊸恆人　平凡的人。

【語譯】建安九年三月，袁尚讓審配守衛鄴城，又出兵平原攻打袁譚。審配寫信給袁譚說：「我聽說，良藥苦口利於病，忠言逆耳利於行。希望將軍穩下心來，消消怒氣，看完我寫的這封信。大致《春秋》中宣揚的大義，無外乎國君為國家而獻身，忠臣為執行君主的命令而殉國。假如意圖危害宗廟，擾亂朝廷，無論親近還是疏遠的人，都要受到懲罰。因此，周公旦含著眼淚判決了管叔和蔡叔的案件，季友痛哭著宣判了叔牙的死刑。為什麼會如此呢？國家的大義為重，個人是次要的，事情不得不這樣處理罷了。過去尊公廢除您繼承人的身分，把您作為您伯父的繼承人，把我們將軍作為嫡子繼承人，並上告列祖列宗，寫進宗譜，對此天下人人皆知！沒有想到，用心險惡的郭圖，節外生枝，用違背事實的語言討好您，離間了骨肉至親的關係。致使將軍將孝順友愛的仁德忘得一乾二淨，重蹈閼伯、實沉的覆轍，縱兵攻殺，摧毀城池，屠殺官吏，使冤魂在九泉之下哀痛，遍地充滿了戰爭的創傷。竟然還想占領鄴城，並許諾賞賜北方的胡人，其中的財物婦女早已進行了分配。又說：『我雖然有老母親，但她只不過讓我有了個完好的身體而已。』聽到這話的人，無不傷心掉淚，使得太夫人更加憂憤哀傷，我們州中的君臣日夜悲歎。我如果保持沉默，聽任您任意妄為，就擔心違背了《春秋》所提倡的捐軀的原則，給太夫人留下難以預料的禍患，損害了尊公偉大的基業。由於我們將軍得不到您的原諒，故被迫牽扯進了館陶戰役。將軍的孝順敦厚，形成於孩提時代，兄弟之間的友愛之情，自然而然地產生，發揮您的聰明才智，迅速行動起來，借鑑古往今來的舉措，觀察興衰成敗的跡象，視金錢地位為糞土，視名譽重於山嶽。沒想到您卻如此低迷沉淪，毀棄賢哲的修養，火上澆油發洩私憤，從而招致家破人亡的禍患！翹首以待，盼望仇敵來救，把自己的親人投進虎狼的口中，來獲取暫時的滿足，怎麼不讓人痛心疾首呢！如果上天給您啟示，使您翻然悔悟，那麼我們將軍就會在將軍面前感激涕零，我審配等人也會心甘情願地聽從將軍的處罰。如果您再不悔改，大禍就要臨頭了。希望您詳細考慮事情的後果，回信表明您的態度。」袁譚沒有採納。

2　曹操趁勢進攻鄴城。審配的部將馮禮為曹軍作內應，打開城下的小門放進曹操的軍隊三百多人。被審配及時發現，從城上用大石塊捶擊小門，封閉了小門，進去的曹軍全被殺死。於是曹操就挖掘壕溝圍困鄴城，方圓四十里，開始時壕溝挖得很淺，表面上還可以通過。審配遠遠看見，感到可笑，也沒有派出軍隊進行干預。曹操一個晚上就疏通了圍城的壕溝，寬度和深度都有兩丈多，引來漳河的水灌滿了壕溝。圍城從五月到八月，鄴城中餓死了一半多人口。袁尚得知鄴城告急，就率領一萬多軍隊回來救援鄴城，被曹操迎擊打得大敗。袁尚敗退，在漳河的拐彎處安營紮寨，又被曹軍團團圍住，兩軍還未交戰，袁尚非常害怕，就暗中派陰夔、陳琳請求投降，曹操沒有同意。袁尚往回逃到了藍口，曹軍緊追不捨，迅速包圍了袁尚。袁尚的將領馬延臨陣投降，軍隊四散逃命，袁尚逃奔中山，曹軍收繳了袁尚的全部軍用物資，並繳獲了袁尚的印綬、節鉞和衣物，將這些戰利品向鄴城中炫耀，城中的守軍軍心渙散，士氣低落。審配鼓勵士兵說：「堅守城池，拼死作戰，曹軍已經堅持不住了。幽州的援兵就要到了，何愁沒人為我們做主！」曹操外出巡視部隊，審配埋伏弓弩手偷襲他，幾乎得手。審配任命他哥哥的兒子審榮擔任東門校尉，審榮夜裡打開城門放曹軍入城，審配率軍在城中巷戰，被活捉。曹操問審配說：「我近期外出巡查，弩箭怎麼這麼多啊？」審配回答說：「我還嫌弩箭少呢。」曹操說：「閣下對袁家忠心耿耿，也是不得不這樣做的。」打算保全他。審配性情剛烈，不屈不撓，始終不說屈服的話，在現場的人都十分感歎，最終還是殺了審配。曹操赦免了袁尚的母親、妻子和孩子，歸還了他們的財寶。高幹帶領并州的人馬投降，又被重新任命為刺史。

3 曹操圍攻鄴城時，袁譚又背叛了曹操，並趁機攻占了甘陵、安平、渤海、河閒，攻打在中山的袁尚。袁尚兵敗，逃到故安，投奔了袁熙，袁譚將他的軍隊全部收編，回兵駐紮在龍湊。

4 這年十二月，曹操攻打袁譚，軍隊駐紮在龍湊的城門口。袁譚連夜逃到了南皮，軍隊駐紮在清河之濱。第二年正月，曹軍發起猛烈進攻。袁譚打算出兵迎戰，但剛一交戰就被打敗。袁譚披頭散髮，騎著戰馬狂逃，追趕的士兵認為他不是一般的人，就拼命追趕。袁譚慌亂中掉下戰馬，回頭說：「嘿，你放了我，我可以讓你富貴。」話音未落，他的人頭已經落地。接著，曹操斬了郭圖，殺掉了他的妻子兒女。

1 熙、尚為其將焦觸、張南所攻，奔遼西烏桓。觸自號幽州刺史，驅率諸郡太守令長背袁向曹，陳兵數萬。殺白馬盟[1]，令曰：「違者斬！」眾莫敢仰視，各以次敵。至別駕代郡韓珩❷，曰：「吾受袁公父子厚恩，今其破亡，智不能救，勇不能死，於義闕矣。若乃北面❸曹氏，所不能為也！」一坐❹為珩失色。觸曰：「夫舉大事，當立大義。事之濟否，不待一人，可卒珩志，以厲事君。」曹操聞珩節，甚高之，屢辟❺不至，卒於家。

2 高幹復叛，執上黨太守，舉兵守壺口關❻。十一年，曹操自征幹，幹乃留其將守城，自詣❼匈奴求救，不得，獨與數騎亡，欲南奔荊州❽。上洛都尉捕斬之❾。

3 十二年，曹操征遼西，擊烏桓。尚、熙與烏桓逆操軍，戰敗走，乃與親兵數千人奔公孫康於遼東。尚有勇力❿，先與熙謀曰：「今到遼東，康必見我，我獨為兄手擊之，且據其郡，猶可以自廣也。」康亦心規⓫取尚以為功，乃先置精勇於廄⓬中，然後請尚、熙。熙疑不欲進，尚彊之，遂與俱入。未及坐，康叱伏兵禽之，坐於凍地。尚謂康曰：「未死之間，寒不可忍，可相與席。」康曰：「卿頭顱方行萬里，何席之為！」遂斬首送之。

4 康，遼東人。父度，初避吏⓭為玄兔⓮小吏，稍仕。中平元年，還為本郡守。在職敢殺伐，郡中名豪與己夙無恩者，遂誅滅百餘家。因東擊高句驪⓯，西攻烏桓，威行海畔。時王室方亂，度恃其地遠，陰獨懷幸。會襄平⓰社生大石丈餘，下有三小石為足，度以為己瑞。初平元年，乃分遼東為遼西、中遼郡，並置太守，越海收東萊諸縣，為⑰營州⑱刺史，自立為遼東侯、平州牧，追封父延為建義侯。立漢二祖廟。承制設壇墠⑲於襄平城南，郊祀⑳天地，藉田㉑理兵，乘鸞輅㉒九旒㉓旄頭㉔羽騎。建安九年，司空曹操表為奮威將軍，封永寧鄉侯。度死，康嗣，故遂據遼土焉。

【章　旨】以上記述袁尚及其兄袁熙敗逃遼西。曹操征烏桓，攻袁尚，袁尚奔遼東，被公孫康所殺。至此，袁紹及其子徹底失敗。

【注　釋】❶白馬盟　白馬，白色的馬。殺馬歃血，古代多用於盟誓或祭祀。❷代郡韓珩　代郡，郡名。戰國時期趙武靈王設置。秦朝和西漢治代縣（今河北蔚縣東北，一說西漢治桑乾，今河北陽原東）。東漢移治高柳（今山西陽高）。韓珩，李賢注引《先賢行狀》：「珩字子佩，代郡人，清粹有雅量。少喪父母，奉養兄姊，宗族稱悌。」❸北面　古代帝王面南坐北，大臣朝見帝王則面北，故對人稱臣即為「北面」。❹一坐　指在場的所有人。❺辟　徵召。❻壺口關　古關名。又名「壺關」。在今山西黎城東北太行山口，因山形勢險狹如壺口而得名。❼詣　前往；到。❽荊州　漢武帝設立的「十三刺史部」之一。東漢治今湖南常德東北。❾上洛都尉捕斬之　此事據李賢注引《典論》記載：「上洛都尉王琰獲高幹，以功封侯。其妻哭於室，以為琰富貴將更娶妾媵故也。」上洛，縣名。治今陝西商縣。❿勇力　勇猛強壯。⓫規　計劃；謀劃。⓬廄　馬棚。⓭避吏　指逃避官司。⓮玄兔　也作「玄菟」。郡名。西漢武帝元封三年（西元前一〇八年）設置。治今朝鮮咸鏡南道咸興。漢昭帝時移治今遼寧新賓西，東漢又移治今瀋陽東。⓯高句驪　也叫「高句麗」、「句麗」、「高麗」等。朝鮮古國。亦族名。相傳其祖朱蒙於西元前三七年建國。西元前四世紀初期南占樂浪郡地。此後百濟、新羅興起，互爭霸權，朝鮮歷史上稱為三國時代。廣開土王（好太王）在位時，打敗日本、百濟聯軍，臣服新羅。其子長壽王（西元四一三—四九一年）時期，加強王權，定都平壤。西元六世紀後逐漸衰落。西元七世紀中葉，為新羅所吞併。高句麗與古代中國有著極為密切的聯繫。⓰襄平　漢代縣名。屬遼東郡。故城在今遼寧遼陽。李賢注引〈魏書〉云：「時襄平延里社生大石，或謂度曰：『此漢宣帝冠石祥也，里名與先君同。社主土地，明當有土地，有三公輔也。』度益喜。」⑰為　設置。⑱營州　在今遼寧朝陽。⑲壇墠　古代舉行祭祀的場所。⑳郊祀　古代帝王在郊外舉行的祭祀大禮，用於祭祀天地眾神。㉑藉田　古代帝王於春耕前親往耕田種地，以奉祀宗廟，並有勸農之意。㉒鸞輅　古代天子專用的車輛。㉓九旒　天子使用的旗幟。旒，古代旗幟邊緣上懸垂的裝飾品。㉔旄頭　古代天子出行時在前面開路的騎兵。

【語譯】袁熙、袁尚遭到自己部將焦觸、張南的攻打，投奔了遼西的烏桓。焦觸自任幽州刺史，脅迫和率領各郡的太守令長背叛袁尚，歸附曹操。他集結軍隊數萬人，殺白馬盟誓，下命令說：「違抗不從者斬首！」眾人都嚇得低著頭，按順序依次進行歃血盟誓。輪到了別駕代郡人韓珩時，他說：「我蒙受袁氏父子的深情厚誼，如今他們破敗滅亡了，以我的智慧不能救助他們，又缺乏為他們而戰死的勇氣，在道義方面就已經很不足了。如果再對曹操北面稱臣，這是我不能做的啊！」在座的所有人都為韓珩的言詞大驚失色。焦觸說：「大凡創建宏大事業，應該樹立崇高的道義。事情成功與否，不在於哪一個人，可以成全韓珩的意願，以激勵那些為君王效力的人。」曹操聽說了韓珩的這種氣節後，認為他非同尋常，多次禮聘，都被他拒絕，最後老死在家鄉。

2 高幹再次叛變，拘捕了上黨太守，出兵把守壺口關。建安十一年，曹操親自率軍攻打高幹，高幹於是留下部將守衛城池，親自向匈奴請求救兵援助，沒有成功，自己帶著幾個騎兵逃跑了，打算向南投奔荊州。被上洛都尉抓住殺掉了。

3 建安十二年，曹操征討遼西地區，進攻烏桓。袁尚、袁熙與烏桓迎擊曹操的軍隊，戰敗逃走，他們就率領幾千名親兵逃到遼東投奔了公孫康。袁尚勇猛強壯，先與袁熙商量說：「如今到了遼東，公孫康肯定要接見我們，我替兄長把他殺了，暫時占據他的遼東郡，還可以擴張我們的勢力。」公孫康也在心裡計劃著抓住袁尚來請功，於是先在馬棚中埋伏好了精兵勇將，然後請袁尚、袁熙相見。袁熙猶豫不決，不想進去，被袁尚硬逼著一起進去了。還未等坐下，公孫康就呼喚埋伏的士兵捉住了他倆，讓他們坐在冰冷的地上。袁尚對公孫康說：「沒死之前，凍得難以忍受，給一個席子可以吧。」公孫康說：「你的頭顱馬上就要跑萬里路程了，還要席子幹什麼！」於是砍下他的頭，送給了曹操。

4 公孫康，遼東人。父親公孫度，當初為躲避官司，做了玄菟郡的一個小官，後逐漸升官。中平元年，返回老家做了本郡的太守。在任期間，殺人成性，郡中過去對他毫無恩惠的有名的大戶，他就殺了一百多家。向東進攻高句驪，向西攻打烏桓，橫行於海邊。當時朝廷正值離亂，公孫度仗著他地處邊遠地區，心中暗自慶幸。恰巧在襄平社壇裡發現了一塊以三塊小石頭作腳、一丈多高的巨大石頭。公孫度認為是自己的吉兆。初平元年，就把遼東分成了遼西、中遼兩個郡，都設置了太守，並渡過大海，奪取了東萊等縣，設立了營州刺史，他自立為遼東侯、平州牧，追封自己死去的父親公孫延為建義侯。設立了漢朝高祖、世祖的宗廟。按照禮制規定，他在襄平城南設立壇墠，祭祀天地鬼神，舉行藉田儀式，訓練軍隊，乘坐天子使用的鑾車，插九旒旌旗，用騎兵開路，還設置了羽林軍。建安九年，經曹操推薦，做了奮威將軍，被封為永寧鄉侯。公孫度死後，公孫康繼承了其父的官爵，所以就占據了遼東一帶。

1 劉表，字景升，山陽高平❶人，魯恭王❷之後也。身長八尺餘，姿貌溫偉❸。與同郡張儉等俱被訕議❹，號為「八顧❺」。詔書捕案黨人，表亡走得免。黨禁❻解，辟大將軍何進掾❼。

2 初平元年，長沙❽太守孫堅殺荊州刺史王叡❾，詔書以表為荊州刺史。時江南宗賊❿大盛，又袁術阻兵屯魯陽⓫，表不能得至，乃單馬入宜城⓬，請南郡⓭人蒯越、襄陽⓮人蔡瑁與共謀畫。表謂越曰：「宗賊雖盛而眾不附，若袁術因之，禍必至矣。吾欲徵兵，恐不能集，其策焉出？」對曰：「理平者先仁義，理亂者先權謀。兵不在多，貴乎得人。袁術驕而無謀，宗賊率多貪暴。越有所素養者，使人示之以利，必持眾來。使君⑮誅其無道，施其才用，威德既行，襁負⑯而至矣。兵集眾附，南据江陵⑰，北守襄陽，荊州八郡⑱可傳檄⑲而定。公路雖至，無能為也。」表曰：「善。」乃使越遣人誘宗賊帥，至者十五人，皆斬之而襲取其眾。唯江夏⑳賊張虎、陳坐擁兵據襄陽城，表使越與龐季往譬㉑之，乃降。江南悉平。諸守令聞表威名，多解印綬去。表遂理兵襄陽，以觀時變。

3 袁術與其從兄紹有隙，而紹與表相結，故術共孫堅合從襲表。表敗，堅遂圍襄陽。會表將黃祖救至，堅為流箭所中死，餘眾退走㉒。及李傕等入長安，冬，表遣使奉貢。傕以表為鎮南將軍、荊州牧，封成武侯，假節，以為己援。

4 建安元年，驃騎將軍張濟自關中走南陽，因攻穰城㉓，中飛矢而死。荊州官屬皆賀。表曰：「濟以窮來，主人無禮，至於交鋒，此非牧意，牧受弔不受賀也。」使人納其眾，眾聞之喜，遂皆服從㉔。三年，長沙太守張羨率零陵㉕、桂陽㉖三郡畔表㉗，表遣兵攻圍，破羨，平之。於是開土遂廣，南接五領㉘，北據漢川，地方數千里，帶甲十餘萬。初，荊州人情好擾，加四方駭震，寇賊相扇㉙，處處麋沸㉚。表招誘有方，威懷㉛兼洽，其姦猾宿賊㉜更為效用㉝，萬里肅清，大小咸悅而服之。關西㉞、兗、豫學士歸者蓋有千數，表安慰賑贍，皆得資全。遂起立學校，博求儒術，綦母闓、宋忠等撰立五經章句，謂之後定。愛民養士，從容自保。

【章　旨】以上記述劉表的籍里身世及早期經歷。繼寫其平定荊州八郡的經過。劉表悉心經營荊州，在武功、文治等方面取得很好的成績。比之於中原的殘破，荊州之地卻相對安定、繁榮。

【注　釋】❶山陽高平　山陽，郡、國名。西漢景帝中元六年（西元前一四四年）分梁國設置山陽國，建元年間改為郡。治今山東金鄉西北。高平，東漢章帝時改橐縣而設。治今山東微山縣西北。❷魯恭王　西漢景帝的兒子，名餘。❸溫偉　性情溫和，相貌英俊。❹訕議　評論；議論。❺八顧　指東漢末年的八位名士，有劉表、張隱、薛郁、王訪、宣靖、公緒恭、劉祇、田林。顧，義為能用自己的德行影響別人。❻黨禁　禁止被列為黨人者出仕。❼掾　屬官。❽長沙　郡名。戰國後期秦國滅掉楚國後設置。治今湖南長沙。❾王叡　據李賢注引《王氏譜》云：王叡，字通曜，晉太保王祥的伯父。《吳錄》中記載：叡被抓，非常吃驚地問道：「我有什麼罪？」孫堅回答說：「因為不知道的罪名。」王叡被逼無奈，刮金飲之而死。❿宗賊　指宗族勾結共同為賊。⓫魯陽　古邑、縣名。春秋戰國時期的楚國城邑。漢朝設置縣。治今河南魯山縣。⓬宜城　縣名。屬南郡，本名鄢，惠帝三年（西元前一九二年）改名宜城。在今湖北襄樊東南部。⓭南郡　郡名。戰國時期秦昭襄王二十九年（西元前二七八年）設置。治今湖北荊州北，後遷江陵（今荊州）。⓮襄陽　郡名。東漢建安十三年（西元二〇八年）分南郡、南陽兩郡設置。治今湖北襄樊襄陽舊城。據李賢注引《傅子》：「越，字異度，魏太祖平荊州，與荀彧書曰：『不喜得荊州，喜得異度耳。』」⓯使君　漢朝對刺史的別稱。東漢以後對州郡長官的尊稱。⓰襁負　用襁褓背著孩子。形容百姓踴躍歸附。⓱江陵　舊縣名。秦朝開始設置。治今湖北中部偏南、長江沿岸。⓲荊州八郡　荊州當時管轄長沙、零陵、桂陽、南陽、江夏、武陵、南郡、章陵等郡。⓳檄　古代官府用以徵召、曉諭或聲討的文書。⓴江夏　郡名。西漢高祖六年（西元前二〇一年）設置。治今湖北安陸北。㉑譬　勸告；勸解。㉒會表將黃祖救至三句　此事據李賢注引《典略》曰：「劉表夜遣將黃祖潛出兵，堅逆與戰，祖敗走，竄峴山中。堅乘勝夜追祖，祖部兵從竹木間射堅，殺之。」《英雄記》：「劉表將呂介將兵緣山向堅，堅輕騎尋山討介，介下兵射中堅頭，應時物故。」兩處記載有差異。㉓穰城　穰，古縣名。戰國時期為楚國的城邑，秦朝開始設置縣。治今河南鄧州。㉔表曰濟以窮來九句　張濟進攻穰城事，據李賢注引《獻帝春秋》云：張濟率領軍隊來到荊州，賈詡隨之投奔了劉表。襄陽城守拒不接受，張濟於是進攻穰城，為流矢所中。張濟的從子張繡收集剩餘的軍隊退去。劉表自責，以為已無賓主禮，遣使招張繡，張繡遂屯襄陽，作為劉表北面的屏障。㉕零陵　郡名。西漢元鼎六年（西元前一一一年）分桂陽郡設置，管轄區域甚廣，包括今湖南寶慶、永州，廣西桂林等地，東漢移治泉陵，領地漸小。㉖桂陽　郡名。漢朝設置。治今湖南郴州。㉗畔表　據李賢注引《英雄記》：「張羨，南陽人。先作零陵、桂陽守，甚得江湘間心。然性屈彊不順，表薄其為人，不甚禮也。羨因是懷恨，遂畔表。」㉘五領　同「五嶺」。在湘粵贛等省的交界處，包括大庾、始安、臨賀、桂陽、揭陽，是謂五領。㉙扇　煽動蠱惑。㉚麋沸　比喻局勢非常混亂。㉛威懷　威嚴與安撫。㉜宿賊　指長期做盜賊的人。㉝效用　效命；效力。㉞關西　古地區名。漢唐等時代一般是指函谷關或潼關以西的地區。

【語　譯】劉表，字景升，山陽高平人，魯恭王劉餘的後代。身高八尺有餘，相貌英俊，面容和善。和同郡人張儉等一起成為人們議論的焦點，號稱「八顧」。朝廷下詔搜捕黨人，劉表逃跑，才得以幸免。黨禁解除後，他做了大將軍何進的屬官。

2 初平元年，長沙太守孫堅殺了荊州刺史王叡，朝廷下詔任命劉表為荊州刺史。當時江南的門閥宗族作亂，勢力強大，再加上袁術的軍隊駐紮在魯陽，阻斷了交通，劉表無法到達荊州上任。於是劉表就隻身一人騎馬進入了宜城，請南郡人蒯越、襄陽人蔡瑁共同商量對策。劉表對蒯越說：「家族賊寇雖然氣焰囂張，但得不到民眾的支援，如果袁術借助於他們，互相勾結起來，就要大禍臨頭了。我想徵兵，但又怕難以成功，應該採取什麼辦法呢？」蒯越回答：「對局勢穩定的社會進行治理，首先要實行仁義的政策；治理形勢混亂的社會，要首先善於權謀。軍隊不在數量多，重要的是在於要得到人才。袁術驕橫跋扈又無計謀，家族賊寇大多貪婪殘暴。我平常和其中的一個交往密切，派人送給他一些好處，他肯定會率領眾人前來歸附。如果使君您剷除暴虐無道，重用有才能的人，恩威並施，那麼百姓就會拖家帶口地踴躍歸附您。有了軍隊和百姓的支援，南面占領江陵，北面守住襄陽，荊州下面的八個郡只要下一道檄文就可以平定了。袁公路即使來了，也沒有辦法了。」劉表說：「好啊。」隨即命令蒯越派人去利誘家族賊寇的首領，一共來了十五個，全被殺掉了，又襲擊收編了他們的部眾。只有江夏的賊寇張虎、陳坐手握重兵占據襄陽，劉表派蒯越和龐季去曉以利害，結果也投降了。江南地區完全平定。眾守令聽說了劉表的威名，紛紛解下印綬離去。劉表於是在襄陽訓練軍隊，靜觀時局的變化。

3 袁術和他的堂兄袁紹有矛盾，袁紹與劉表聯合在一起，所以袁術就與孫堅聯合襲擊劉表。劉表兵敗，孫堅於是就包圍了襄陽。恰巧劉表的部將黃祖率領援軍趕到，孫堅被亂箭射死，其餘的人退走了。等到李傕的軍隊進入長安後，這年冬天，劉表派遣使者向朝廷進貢。李傕任命劉表做了鎮南將軍、荊州牧，並被封為成武侯，持節，以其作為自己的幫手。

4 建安元年，驃騎將軍張濟從關中逃到了南陽，乘機攻打穰城，被亂箭射死。荊州的官吏上上下下都很高興。劉表說：「張濟因為被逼無奈才來這裡，作為主人沒有以禮相待，以致雙方發生了軍事衝突，這不是我的本意，我應該接受的是慰問而不是祝賀。」派人接收了張濟的軍隊，他們聽說後都很高興，就都歸附了劉表。建安三年，長沙太守張羨率領零陵、桂陽等三個郡背叛劉表，劉表派兵圍攻，打敗張羨，平定了三郡。於是，占據的地盤更加廣闊，南面到達了五嶺，北面占領了漢川，地域方圓數千里，擁兵十餘萬。當初，荊州的民俗剽悍好動，再加上周圍的局勢動蕩不安，賊寇煽動蠱惑，州內的局勢非常混亂。劉表採取得力措施安撫誘導，恩威並施，使那些奸猾的慣賊洗心革面，為他效力，轄境之內，社會安定，得到了社會各界的歡迎和佩服。關西、兗州、豫州等地的學者投奔他的大概有一千多人，劉表對他們都給予安慰資助，使他們全部都得到了妥善安排。於是設立學校，廣泛地研究儒家學術，綦母闓、宋忠等還撰述了《五經章句》，被稱為最後的定本。劉表愛護百姓，厚待學者，鎮靜沉著地保衛著自己的疆域。

及曹操與袁紹相持於官度，紹遣人求助，表許之，不至，亦不援曹操，且欲觀天下之變。從事中郎南陽韓嵩❶、別駕劉先❷說表曰：「今豪桀並爭，兩雄相持，天下之重在於將軍。若欲有為，起乘其敝可也；如其不然，固將擇所宜從。豈可擁甲十萬，坐觀成敗，求援而不能助，見賢而不肯歸！此兩怨必集於將軍，恐不得中立矣。曹操善用兵，且賢俊多歸之，其埶必舉袁紹，然後移兵以向江漢，恐將軍不能禦也。今之勝計，莫若舉荊州以附曹操，操必重德將軍，長享福祚❸，垂之後嗣，此萬全之策也。」蒯越亦勸之。表狐疑不斷❹，乃遣嵩詣操，觀望虛實。謂嵩曰：「今天下未知所定，而曹操擁天子都許，君為我觀其釁❺。」嵩對曰：「嵩觀曹公之明，必得志於天下。將軍若欲歸之，使嵩可也；如其猶豫，嵩至京師❻，天子假❼嵩一職，不獲辭命❽，則成天子之臣，將軍之故吏耳。在君為君，不復為將軍死也。惟加重思。」表以為憚使，強之。至許，果拜嵩侍中、零陵太守。及還，盛稱朝廷曹操之德，勸遣子入侍。表大怒，以為懷貳❾，陳兵詬❿嵩，將斬之。嵩不為動容，徐陳臨行之言。表妻蔡氏知嵩賢，諫止之。表猶怒，乃考殺⓫從行者。知無它意，但囚嵩而已⓬。

六年，劉備自袁紹奔荊州，表厚相待結而不能用也。十三年，曹操自將征表，未至。八月，表疽發背卒⓭。在荊州幾二十年，家無餘積。

【章旨】以上記述在官渡之戰時，劉表的謀士勸劉表助曹攻紹，劉表則既不助紹，亦不援曹，「欲觀天下之變」。曹操敗袁紹後，攻劉表，曹軍未至而劉表病死。

【注釋】❶韓嵩　字德高，義陽人。❷劉先　字始宗。博學強記，尤其喜好黃老之學，十分熟悉漢朝的典故。❸祚　福分。❹狐疑不斷　形容遇事猶豫不決，拿不定主意。❺釁　指事情的發展趨勢，徵兆。❻京師　指都城。❼假　授予；任命。❽辭命　推辭任命。❾懷貳　心懷異志；不忠。❿詬　責罵。⓫考殺　因受嚴刑拷打而死。考，同「拷」。拷打。⓬知無它意二句　此事見李賢注引《傅子》：劉表的妻子蔡氏勸說劉表說：韓嵩在楚地的聲望很高，而且他說的都是實情，殺他沒有正當的理由。劉表就沒有殺韓嵩，而是把他囚禁了起來。⓭表疽發背卒　疽，癰疽。據李賢注引《代語》：「表死後八十餘年，晉太康中，塚見發，表及妻身形如生，芬香聞數里。」

【語　譯】等到曹操和袁紹大戰於官渡的時候，袁紹派人向劉表求援，劉表答應了請求，卻沒有出兵，也不援助曹操，想暫時觀察一下天下形勢的變化。從事中郎南陽人韓嵩、別駕劉先勸劉表說：「如今豪傑並起，爭奪天下，曹操與袁紹勢均力敵，相持不下，天下的關鍵掌握在將軍手中。如果想有所作為，就應該趁著雙方兩敗俱傷的機會儘快行動；如果不是這樣，也應該選擇合適的一方作為靠山。怎麼能擁兵十萬，坐觀成敗，別人求援又不願意相助，發現了賢能的人又不能歸附呢！這樣，雙方的怨恨必定集中到將軍的身上，恐怕將軍就難以保持中立了。曹操善於用兵，況且很多才智出眾的人歸附了他，看形勢肯定能很容易地打敗袁紹，然後調集軍隊進攻江漢地區，恐怕到時將軍抵擋不住。如今的上策，不如帶領荊州歸附曹操，曹操必定非常感激將軍，將軍您也可以長期享受榮華富貴，並傳萬福於後代了。這是一個萬全之策啊。」蒯越也這樣勸劉表。劉表猶豫不決，於是派韓嵩到曹操那裡，探聽虛實。劉表對韓嵩說：「現在天下還不知道如何才能安定，而曹操挾持皇上，在許建都，閣下替我去觀察觀察那裡的情況。」韓嵩回答說：「我認為曹操很賢明，將來肯定得志於天下。將軍假如打算歸順他，可以讓我去；如果還在猶豫不決，等我到了京城，皇上授給我韓嵩一官半職，如果推脫不掉，我就變成了天子的大臣，只是將軍您過去的官員了。在天子的手下，就要為天子辦事，就不能再為將軍您效命了。希望將軍深思。」劉表認為他害怕出使，就強迫他必須去。韓嵩到了許都，果然被授予侍中、零陵太守。等回到荊州，韓嵩極力稱讚朝廷和曹操的德行，勸說劉表派兒子入朝為官。劉表大怒，認為他懷有二心，亮出兵器，辱罵韓嵩，要殺他。韓嵩鎮定自若，慢慢地把臨行之前的話復述了一遍。劉表的妻子蔡氏知道韓嵩賢能，就勸阻劉表。劉表餘怒未消，就把隨行的人嚴刑拷打死了。了解到韓嵩並沒有別的意圖，只把韓嵩關進了大牢罷了。

建安六年，劉備從袁紹那裡逃到了荊州，劉表隆重地接待了他，卻不予以重用。建安十三年，曹操親自率軍攻打劉表，軍隊還沒有到達荊州。這年八月，劉表就背部長癰疽病死了。劉表治理荊州近二十年，家裡沒有多餘的財產。

1 二子：琦，琮。表初以琦貌類於己，甚愛之，後為琮娶其後妻蔡氏之姪，蔡氏遂愛琮而惡琦，毀譽❶之言日聞於表。表寵耽❷後妻，每信受焉。又妻弟蔡瑁及外甥張允並得幸於表，又睦於琮。而琦不自寧，嘗與琅邪人諸葛亮謀自安之術。亮初不對。後乃共升高樓，因令去梯，謂亮曰：「今日上不至天，下不至地，言出子口而入吾耳，可以言未？」亮曰：「君不見申生在內而危，重耳居外而安乎❸？」琦意感悟，陰規❹出計。會表將江夏太守黃祖為孫權所殺，琦遂求代其任。

2 及表病甚，琦歸省❺疾，素慈孝，允等恐其見表而父子相感，更有託後之意，乃謂琦曰：「將軍命君撫臨❻江夏❼，其任至重。今釋眾擅來，必見譴怒。傷親之歡，重增其疾，非孝敬之道也。」遂遏❽于戶外，使不得見。琦流涕而去，人眾聞而傷焉。遂以琮為嗣。琮以侯印授琦。琦怒，投之地，將因奔喪作難。會曹操軍至新野❾，琦走江南。蒯越、韓嵩及東曹掾傅巽❿等說琮歸降。琮曰：「今與諸君據全楚之地，守先君之業，以觀天下，何為不可？」巽曰：「逆順有大體，強弱有定埶。以人臣而拒人主⓫，逆道也；以新造⓬之楚而禦中國⓭，必危也；以劉備而敵曹公，不當也。三者皆短，欲以抗王師之鋒，必亡之道也。將軍自料何與劉備？」琮曰：「不若也。」巽曰：「誠以劉備不足禦曹公，則雖全楚不能以自存也。誠以劉備足禦曹公，則備不為將軍下也。願將軍勿疑。」

3 及操軍到襄陽，琮舉州請降，劉備奔夏口⓮。操以琮為青州刺史，封列侯。蒯越等侯者十五人。乃釋嵩之囚，以其名重，甚加禮待，使條品⓯州人優劣，皆擢而用之。以嵩為大鴻臚，以交友禮待之。蒯越光祿勳，劉先尚書令。初，表之結袁紹也，侍中從事鄧義諫不聽。義以疾退，終表世不仕，操以為侍中。其餘多至大官。

4 操後敗於赤壁⓰，劉備表⓱琦為荊州刺史。明年卒。

【章　旨】以上記述劉表有二子，劉琦、劉琮，表愛琮而疏琦。琦求外任以自保。劉琮繼父位。曹操來攻，劉琮降。後曹操赤壁之敗，劉琦為劉備荊州刺史，亦卒。

【注　釋】❶毀譽　誹謗，讚譽。❷寵耽　極為寵幸。❸君不見二句　申生，春秋時期晉獻公的太子。為麗姬所譖，自縊而死。重耳，申生的弟弟。因害怕被麗姬的讒言所害而逃出晉國。晉獻公死後，重耳在秦國的幫助下奪取了王位，就是晉文公，並最終成為春秋時期的五霸之一。事見《左傳》。❹陰規　陰，暗中；偷偷地。規，計劃；謀劃。❺省　探視；問候。❻撫臨　安撫；鎮守。❼江夏　郡名。西漢高祖六年（西元前二〇一年）設置。治今湖北安陸北。❽遏　阻止；阻攔。❾新野　古縣名。西漢開始設置，隸屬於南陽郡。治今河南新野。❿傅巽　字公悌。相貌英俊，見多識廣，對時人和時局有敏銳的觀察力。⓫以人臣而拒人主　人臣，臣下。人主，皇帝。因當時曹操是以漢獻帝的名義出征的，故如此說。⓬新造　剛剛建立；剛成立。⓭中國　指中原地區。上古時代，我國華夏族主要活動在黃河流域一帶，以為這裡是天下的中心地區，所以中原地區古代又稱為中國。⓮夏口　又稱「沔口」、「漢口」、「魯口」。古地名。指夏水（漢水下游的古稱）注入長江之處。三國吳黃武二年（西元二二三年）築城，在今湖北武漢黃鵠山上。因與夏口相對，故名。背山臨江，形勢險要，歷來為兵家必爭之地。⓯條品　按照條例衡量、考察。品，評價；衡量。⓰赤壁　山名。故址在今湖北蒲圻西北。⓱表　古代奏摺的一種。這裡用為動詞，即上奏摺推薦。

【語　譯】劉表有兩個兒子：劉琦、劉琮。開始劉表認為劉琦最像自己，非常喜歡他，後來為劉琮娶了繼室蔡氏的姪女為妻，蔡氏就開始喜歡劉琮並討厭劉琦，詆毀劉琦、讚譽劉琮的話就天天傳到劉表的耳朵中。劉表非常寵愛自己的繼室，常常聽信這些話。同時，妻弟蔡瑁和外甥張允都很受劉表的重用，而他們和劉琮的關係都很密切。因此劉琦坐臥不寧，曾經向琅邪人諸葛亮請教保全自己的辦法。諸葛亮不回答。後來兩人一起登上高樓，劉琦趁機讓人抽掉上樓的梯子，對諸葛亮說：「現在上面不接觸天，下面不接觸地，話從你嘴裡說出來，只進入我一人的耳朵中，可以告訴我了吧？」諸葛亮說：「你沒看到申生在國內被殺，重耳在國外卻得以保全的典故嗎？」劉琦立即明白了，私下裡計劃著到外地的辦法。恰巧這時劉表的將領江夏太守黃祖被孫權殺死，劉琦隨即請求去接替他的職位。

2 等到劉表病危，劉琦回來探病，由於他一向溫和孝順，張允等人害怕劉琦見到劉表後，父子互相感動，說不定產生託付後事的想法，就對劉琦說：「將軍命令你鎮守江夏，這個位置責任重大。如今你丟下眾人擅自回來，一定會遭到憤怒的責罵。這樣既傷害了你們的父子親情，又會加重他的病情，這不是孝敬的行為。」就把劉琦擋在了門外，沒有讓他見到劉表。劉琦哭著回去了，人們聽說後都很傷心。最終把劉琮立為繼承人。劉琮授給劉琦侯爵的印綬，劉琦非常憤怒，把大印摔在了地上，準備趁著奔喪的機會發難。恰逢曹操的軍隊到達了新野，劉琦逃到了江南地區。蒯越、韓嵩和東曹掾傅巽等人都勸說劉琮投降曹操。劉琮說：「如今與各位占據著整個楚地，守著先君創立的基業，以此靜觀天下的變化，怎麼不行呢？」傅巽說：「悖逆和順從要看大道理，力量的強弱有固定的情勢。處於臣子的地位卻抗拒朝廷，是悖逆不道的；憑著新建的荊楚之地卻去對抗強大的中原，肯定是危險的；借助劉備與曹操為敵，是不恰當的。三方面都有所不足，卻想抗拒朝廷軍隊的鋒芒，是注定要滅亡的。將軍與劉備相比，你自認為怎麼樣？」劉琮回答說：「不如他。」傅巽說：「如果借助劉備也不能抵擋住曹操，那麼即使整個楚地也不能自存了。假如借助劉備能夠抵抗住曹操，那麼劉備也不會甘心處於將軍之下。希望將軍不要猶豫。」

3 等到曹操的軍隊到了襄陽，劉琮就帶著整個荊州投降了，劉備逃到了夏口。曹操任命劉琮為青州刺史，封為列侯。蒯越等十五人也被封為侯爵。於是從監牢裡釋放了韓嵩，因為他的聲望很高，給他很高的待遇，讓他考察評品荊州人才的優劣，並都給予提拔任用。任命韓嵩為大鴻臚，用朋友的禮節對待他。任命蒯越為光祿勳，劉先為尚書令。當初，劉表與袁紹聯合，侍中從事鄧義曾勸阻過，但劉表不聽。鄧義就藉口有病引退了，劉表在世的時候也一直沒有再出來做官，曹操任命他為侍中。其餘的人也都做了高官。

4 後來曹操在赤壁被打敗，劉備向朝廷推薦劉琦做了荊州刺史。第二年，劉琦去世。

論曰：袁紹初以豪俠得眾，遂懷雄霸之圖，天下勝兵❶舉旗者，莫不假以為名。及臨場決敵，則悍夫❷爭命；深籌高議，則智士傾心。盛哉乎，其所資也！韓非曰：「很剛而不和，愎過而好勝，嫡子輕而庶子重，斯之謂亡徵。」❸劉表道不相越，而欲臥收天運❹，擬蹤三分，其猶木禺❺之於人也。

贊曰：紹姿弘雅，表亦長者。稱雄河外❻，擅強南夏❼。魚儷❽漢舳❾，雲屯冀馬❿。闚圖訊鼎⓫，禋天類社⓬。既云天工⓭，亦資人亮⓮。矜彊⓯少成⓰，坐談⓱奚望。回皇⓲冢嬖⓳，身穨業喪。

【章旨】以上為史家的論贊。關於袁紹，本書作者借用韓非之語「很剛而不和，愎過而好勝，嫡子輕而庶子重，斯之謂亡徵」，可謂一語中的，入木三分。關於劉表，作者評其「欲臥收天運，擬蹤三分」，無異癡人說夢。對他們的失敗原因，作出恰當的分析。

【注釋】❶勝兵　規模較大的軍隊。❷悍夫　形容勇敢的人。❸韓非曰五句　《韓非子·亡徵》曰：「很剛而不和，愎諫而好勝，不顧社稷而輕為自信者，可亡也。」又曰：「太子輕，庶子伉……可亡也。」又曰：「太子卑而庶子尊……可亡也。」很剛，剛愎；違逆。愎，固執；任性。愎過，一意孤行，不聽勸告。❹天運　指上天的眷顧，興盛的氣數。❺木禺　即「木偶」。木刻的偶像。❻河外　指黃河以北的地區。❼南夏　指中國的南部，這裡指荊州地區。贊辭的第一、三、六句指的是袁紹，二、四、五句指的是劉表。❽魚儷　形容像魚群一樣密集地排列著。❾漢舳　漢水中的戰船。舳，船尾處。❿冀馬　冀州的戰馬。李賢注引《左傳》云：「冀之北土，馬之所生。」⓫闚圖訊鼎　闚圖，指相信圖讖妄想謀取帝位。訊鼎，出自《左傳》楚子問王孫滿鼎輕重的典故。指妄圖奪取政權。⓬禋天類社　禋，祭祀名稱，用於祭天。李賢注引《國語》：「精意以享謂之禋。」《爾雅》：「是類是禡，師祭也。」社，祭祀土地神的地方。⓭天工　指自然形勢，上天的安排。⓮亮　計謀；作為。⓯矜彊　自恃強大。⓰成　成功。⓱坐談　坐而清談，不見諸行動。李賢注引《九州春秋》：「曹公征烏桓，諸將曰：

「今深入遠征，萬一劉表使備襲許，悔無及也。」郭嘉曰：「劉表坐談客耳，自知才不足以御備，重任之則恐不能制，輕之則備不為用。雖遠國遠征，無憂矣。」公遂征之。」⑱回皇　彷徨；猶豫不決。⑲冢孼　指袁紹和劉表都廢嫡長子（袁譚、劉琦）不立而立庶子，引起內亂，導致滅亡。冢，指嫡長子。孼，寵愛的人。

【語　譯】史家評論說：當初袁紹因為豪放俠義得到眾人的擁護，於是他就有了稱雄稱霸的企圖，天下舉義旗、聚集義軍的，都打著他的旗號。戰場上和敵人決戰，勇猛的兵士爭先恐後地為他賣命；籌劃宏偉的謀略，智謀之士為他盡心盡力。他所具有的條件多麼優越啊！《韓非子》說過：「好強鬥狠而不團結，一意孤行而爭強好勝，輕視嫡子卻看重庶子，可以說這些都是滅亡的徵兆。」劉表謀略不如別人，卻想坐享天運，妄圖三分天下，這就像木偶與真人相比一樣。

史官評議說：袁紹外表寬宏大量，劉表也是忠厚長者。一個稱雄黃河以北，一個稱雄於南方。一個戰船排列在漢水中像魚群一樣密集，一個聚集著像密雲一樣的冀州戰馬。他們都妄想取代朝廷，祭祀天地。這既是由天運所決定的，也依靠人自身的努力。袁紹自恃強大，很難成功；劉表坐而論道，有何希望。他們在嫡長子和寵愛者之間彷徨不定，終於導致自身慘敗，功業淪喪。

【研　析】本卷將西元一八九年漢靈帝死後在東漢京城洛陽上層發生的一系列事件作為敘事的起點，並通過穿插進行倒敘的形式，追述了東漢中期以來外戚、宦官、士人、武人以及彼此之間的恩怨糾葛，將鬱積了一百餘年的社會各種矛盾，聚集在這一卷之中。正在「西園賣官」的宦官們、不甘心被政治邊緣化的西北武人、準備付諸暴力的清流士大夫們和意欲東山再起的皇親國戚們，在漢靈帝去世的這一年，圍繞著控制皇權進行著最後的殊死較量，一度因大將軍何進的猶豫不決而陷於僵局。有著四世三公這一顯赫家世背景的袁紹，率領軍隊突入皇宮，對宦官實施了滅絕式的大屠殺，乾淨利落地剷除了寄生在東漢皇權政治中樞中近百年的一顆毒瘤。病入膏肓的東漢王朝也在這一次大手術中名存實亡，龐大的帝國轟然倒塌，事態並沒有像那些清流名士們所預想的那樣恢復社會的正義與秩序，而是一發不可收拾：董卓進京，把持朝政，兇殘橫暴，濫殺無辜；關東聯盟，武人擁兵，尾大不掉；獻帝被迫西遷，顛沛流離；中原混戰，民不聊生……留下的是社會大崩潰後一片血肉模糊的血腥記載：「家家思亂，人人自危……大者連郡國，中者嬰城邑，小者聚阡陌，以還相吞滅……鄉邑望煙而奔，城郭睹塵而潰，百姓死亡，暴骨如莽。」

作為武人勢力突出代表的袁紹父子，憑藉著其先輩累世積累的盛名，「擁一郡之卒，撮冀州之眾，威陵河朔，名重天下」，破公孫瓚，敗張燕，「并四州之地，眾數十萬」，一時成為當時朝野寄予恢復朝綱、正義和秩序厚望的主要人選。但由於袁紹自身不可克服的致命缺陷：遇事優柔寡斷，首鼠兩端；驕心待人，苛刻猜忌；「矜愎自高，短於從善」；鼠目寸光，喪失良機。政治上失去了「挾天子以令諸侯」的大好時機，處處被動，受制於人。軍事上，將帥離心，最終於官渡一役，一敗塗地。

袁紹死後，並沒有將自己的職位傳給長子，而是傳給了愛子。這種立嗣不以長的反常作法，必然會引起袁氏集團內部利益的再劃分，必然激化集團內部的各種矛盾，於是在曹氏集團等外力的作用下，袁氏的二子袁尚和袁譚之間就上演了一幕兄弟相殘的殘酷拼殺，在這場殘酷的拼殺中，袁氏集團也就徹底土崩瓦解了。而曹操則趁機統一了包括黃河以北的中原地區，為其日後的雄霸天下奠定了雄厚的基礎。

而地處荊湘地區的劉表集團，雖然地盤「南接五領，北據漢川，地方數千里，帶甲十餘萬」，但由於其只圖「愛民養士，從容自保」，沒有利用當時中原地區戰亂不休的有利時機，積極擴充自己的勢力，而且也犯了袁紹「嫡子輕而庶子重」同樣的錯誤，從而導致內部的分崩離析，最後在曹操集團的強勢壓力下，很快消亡了。

但劉表在中國學術史上還是有其一席之地的。以劉表和宋衷為代表的荊州學派，在漢代易學向玄學派易學轉型過程中，是一支十分重要的學術力量。東漢末年，北方的中原地區一直處於戰爭狀態，社會極度動蕩不安，「白骨露於野，千里無雞鳴」，是當時社會的真實寫照。由劉表組織、扶植起來的荊州學派顯赫一時，在東漢末年的學術史、思想文化史上意義重大。雖然作為鎮南將軍、荊州牧的劉表，與曹操、袁紹、袁術、呂布等人同為軍事割據勢力，但由於一方面他並沒有直接參與當時中原地區的爭戰，而是中立自保，集中精力處理內政；另一方面他作為劉漢的宗室，又是黨人名士的代表（八顧之一），精研經學，有較高的學術文化修養。這就使得當時的荊州地區社會安定，成了戰火硝煙中的一片和平的綠洲，成了北方士人的避難所，「關西、兗、豫學士歸者蓋有千數」。這是劉表治理荊州、從事學術文化建設的重要資本和社會基礎。在此基礎上，劉表興建學校，博求儒術，發揮學術之士的優勢和特長，從而形成了漢朝學術史上頗具代表性的學派——荊州學派。一時間，「洪生巨儒，朝夕講誨，誾誾如也」（〈劉鎮南碑〉，見《全三國文》卷五六）。荊州學派以治經學著名，易學更是其中的重要組成部分。就治學風格而言，劉表堅持漢代古文經學的傳統，對馬融、鄭玄等人的學說均有所繼承和發揮，使得西漢末年以來雖然勢力很強，但一直沒有取得官學地位的古文經學成為荊州官學中的學術正宗。可以說，劉表是荊州學派的倡導者、創建者和組織者。（陳虎注譯）

卷七十五

劉焉袁術呂布列傳第六十五

【題解】本卷為劉焉、袁術和呂布三人的合傳，主要記載了三位傳主的生平，並附帶寫了張魯、劉璋、孫堅父子、劉備的相關事跡。傳中對東漢末年由州刺史改為州牧的記載，以及對張魯父祖三代創立五斗米道的記載，對於了解東漢末年地方行政機構的變化和道教的產生與形成，都是十分珍貴的材料。卷中對於以孫堅父子為代表的江東軍事集團的形成與發展，以及劉備軍事集團在巴蜀地區軍事行動的記載，可以幫助我們進一步了解後來三國鼎立局面是怎樣形成的。尤其是本傳最後對曹操、呂布、劉備及陳宮等人對話的記載，十分細膩、入微，使得相關歷史人物的性格特徵更加豐滿、生動。

1 劉焉，字君郎，江夏竟陵❶人也，魯恭王❷後也。肅宗❸時，徙竟陵。焉少任州郡，以宗室拜郎中。去官居陽城山❹，精學教授。舉賢良方正，稍遷南陽太守、宗正、太常。

2 時靈帝❺政化衰缺，四方兵寇，焉以為刺史威輕，既不能禁，且用非其人，輒增暴亂，乃建議改置牧伯⑥，鎮安方夏⑦，清選⑧重臣，以居其任。焉乃陰求為交阯⑨，以避時難。議未即行，會益州⑩刺史郤儉在政煩擾⑪，謠言遠聞，而并州刺史張懿、涼州⑫刺史耿鄙並為寇賊所害，故焉議得用。出焉為監軍使者，領益州牧，太僕黃琬為豫州⑬牧，宗正劉虞為幽州牧，皆以本秩⑭居職。州任之重，自此而始。

3 是時益州賊馬相亦自號「黃巾⑮」，合聚疲役之民數千人，先殺綿竹⑯令，進攻雒縣⑰，殺郤儉，又擊蜀郡、犍為⑱，旬月之間，破壞三郡⑲。馬相自稱「天子」，眾至十餘萬人，遣兵破巴郡⑳，殺郡守趙部。州從事賈龍，先領兵數百人在犍為，遂糾合吏人攻相，破之，龍乃遣吏卒迎焉。焉到，以龍為校尉，徙居綿竹。撫納離叛㉑，務行寬惠，而陰圖異計㉒。

4 沛人張魯，母有姿㉓色，兼挾鬼道，往來焉家，遂任魯以為督義司馬㉔，與別部司馬張脩將兵掩殺漢中㉕太守蘇固，斷絕斜谷㉖，殺使者。魯既得漢中，遂復殺張脩而并其眾。

5 焉欲立威刑以自尊大，乃託以佗㉗事，殺州中豪彊十餘人，士民皆怨。初平㉘二年，犍為太守任岐及賈龍並反，攻焉。焉擊破，皆殺之。自此意氣漸盛，遂造作乘輿車重㉙千餘乘。焉四子，範為左中郎將，誕治書御史，璋奉車都尉，並從獻帝在長安，唯別部司馬瑁隨焉在益州。朝廷使璋曉譬焉，焉留璋不復遣。興平㉚元年，征西將軍馬騰㉛與範謀誅李傕㉜，焉遣叟兵㉝五千助之，戰敗，範及誕並見殺。焉既痛二子，又遇天火燒其城府車重，延及民家，館邑無餘，於是徙居成都，遂疽㉞發背卒。

【章旨】以上為〈劉焉傳〉，記述劉焉的身世，及早期為官經歷。最終劉焉志未遂而病死。

【注釋】❶竟陵　古縣名。秦朝設置，漢朝屬於江夏郡。治今湖北潛江市西北。❷恭王　名餘，漢景帝的兒子。參見《漢書．景十三王傳》。❸肅宗　東漢章帝的廟號。❹陽城山　山名。又名車嶺山、馬嶺山。在今河南登封北，為洧水的發源地。❺靈帝　即劉宏（西元一五六—一八九年），漢章帝玄孫。西元一六八—一八九年在位。宦官繼續專權，黨錮之禍又起，執李膺等百餘人下獄處死。其統治期間，公開標價賣官，全國田畝增稅十錢，大修宮室等，社會矛盾激化，於中平元年（西元一八四年）爆發了黃巾之亂。❻牧伯　指州牧和方伯。州一級的長官，漢代原設刺史，東漢末年，為應付動蕩不安的社會局勢，選派朝廷大員到地方去做州牧，掌管一州的大權，代替了權力較小的州刺史，漢末地方州牧的權力很大。方伯，是指一方的諸侯。❼方夏　指四方的邊遠地區和中原地區。❽清選　精心選拔。❾交阯　漢武帝所設置的「十三刺史部」之一。轄境相當於今廣東、廣西的大部，越南的北部、中部。東漢改為交州。❿益州　州名。漢武帝設置的「十三刺史部」之一。東漢治今四川廣漢北，中平中移治今四川德陽東北，興平中又移至今四川成都。⓫煩擾　煩苛擾民。⓬涼州　西漢武帝時設置「十三刺史部」之一。東漢時期治今甘肅張家川回族自治縣。⓭豫州　州名。漢武帝設置的「十三刺史部」之一。東漢治今安徽亳州。⓮本秩　指原在朝廷所任職務與品級。⓯黃巾　指東漢末年由太平道首領張角發動和領導的農民軍，他們頭裹黃巾，故稱黃巾軍。可參見本書的〈靈帝紀〉、〈皇甫嵩傳〉等相關內容。⓰綿竹　縣名。屬廣漢郡。以其地竹性柔韌可以做繩索，因以為名。故城在今四川綿竹東。⓱雒縣　雒，漢朝設置雒縣，東漢為廣漢郡治。故城在今四川廣漢北。⓲蜀郡犍為　蜀郡，秦朝滅古蜀國設置。漢朝因之，屬益州。治今四川成都。轄區有今四川成都及湓江地區大部分縣境。犍為，郡名。西漢建元六年（西元前一三五年）設置。治今四川宜賓西南。屬益州。⑲三郡　指綿竹及雒所屬的廣漢郡，以及蜀郡、犍為郡。⑳巴郡　戰國時期秦惠文王滅巴子國設置巴郡。治今重慶北嘉陵江北岸。㉑撫納離叛　撫納，安撫收容。離叛，指參加起義的貧苦百姓。㉒異計　這裡指割據稱雄的野心。㉓恣　同「姿」。㉔司馬　官名。漢代諸宮門有司馬掌管警衛，大將軍營五部，部各設置軍司馬一人。將軍、校尉的屬官有司馬，邊郡也有司馬。專管兵事。㉕漢中　郡名。戰國楚懷王時設置。秦惠文王十三年（西元前三一二年）占領該地後沿襲，移治今陝西漢中東，漢朝仍之。西漢移治今陝西安康西北，東漢遷回舊治。㉖斜谷　山谷名。陝西終南山有褒斜二谷，北口曰斜，南口曰褒，同為一谷，長一百七十里，山高險峻，為古代陝蜀的通道。㉗佗同「他」。《三國志・劉二牧傳》作「又托他事殺州中豪強王咸、李權等十餘人」。㉘初平　東漢獻帝劉協年號，西元一九〇－一九三年。㉙重　輜重。㉚興平　獻帝年號，西元一九四－一九五年。㉛馬騰　漢代名將馬援的後代，初平三年被封為征西將軍。其子馬超，後為蜀漢的大將。㉜李傕　董卓的部將。㉝叟兵　漢代稱「蜀」為「叟」，故蜀地的士兵又稱為「叟兵」。《尚書》孔安國注：「蜀，叟也。」㉞疽　一種毒瘡。《說文》：「疽，久癰。」

【語　譯】劉焉字君郎，江夏竟陵人，他是西漢魯恭王劉餘的後代。東漢章帝時期，遷居到竟陵。劉焉年輕時，就在州郡為官，因為是宗室的緣故，被任命為郎中。離任後居住在陽城山，精心研究學問，教授學生。被推舉為賢良方正，後逐漸被提拔為南陽太守、宗正、太常。

2 當時，漢靈帝政令教化衰敗殘缺，各地戰亂四起，劉焉認為刺史的權威太輕，既不能制止不斷發生的暴亂，而且用非其人，就會激起新的暴亂，於是建議改設牧伯，鎮撫安定全國各地，精心挑選中央大臣，擔任這一職務。劉焉又暗中請求出任交阯牧，藉以躲避當時的災難。這一建議還沒有來得及實施，正趕上益州刺史郗儉在任上為政煩苛擾民，謠言傳遍天下，同時并州刺史張懿、涼州刺史耿鄙都被叛亂者殺害，所以劉焉的建議得到實施。派劉焉出外擔任監軍使者，兼任益州牧，太僕黃琬任豫州牧，宗正劉虞任幽州牧，都以原來的官級品位擔任現職。州牧的位高權重，就是從這時開始的。

3 當時益州的農民軍馬相也自稱「黃巾軍」，聚集聯合貧困不堪的百姓數千人，先殺掉了綿竹的縣令，進而進攻雒縣，殺死了郗儉，又進攻蜀郡和犍為郡，不到一個月，就攻下了三個郡的地方。馬相自稱「天子」，部眾達到十幾萬人，派兵攻占巴郡，殺死了郡守趙部。益州從事賈龍，原帶領數百軍隊駐在犍為，就組織官軍進攻馬相，打敗了馬相，賈龍於是派軍隊迎來了劉焉。劉焉到後，任命賈龍為校尉，遷徙到綿竹。安撫收容參加暴動的民眾，大力推行寬惠的政策，並且暗中另有圖謀。

4 沛地人張魯，母親頗有姿色，又擅長驅使鬼神的妖術，與劉焉交往密切，於是劉焉就任命張魯擔任了督義司馬，與別部司馬張脩率兵偷襲漢中太守蘇固，斷絕了斜谷通道，殺死朝廷派遣的使者。張魯占領漢中後，又殺死了張脩，並吞併了他的軍隊。

5 劉焉想用嚴酷的刑罰來樹立自己的權威，於是以其他的事情為藉口，殺死了十幾名州中的豪強，引起了士人和百姓的普遍不滿。初平二年，犍為太守任岐和賈龍聯合起兵造反，攻打劉焉。被劉焉打敗，任岐和賈龍被殺。從此以後，他的氣焰更加囂張，於是就製造了皇帝所用的車乘和輜重車輛一千多輛。劉焉有四個兒子：劉範擔任左中郎將，劉誕擔任治書御史，劉璋擔任奉車都尉，都在長安跟隨著漢獻帝，只有擔任別部司馬的劉瑁跟隨劉焉在益州。朝廷派劉璋到益州勸諭劉焉，劉焉就留下了劉璋不再讓他返回朝廷。興平元年，征西將軍馬騰與劉範合謀，計劃殺死李傕，劉焉派遣蜀軍五千人去幫助他們，結果被打敗，劉範和劉誕都被殺害。劉焉既痛失二子，又遇到天火燒毀了他的城府和車輛輜重，大火蔓延到普通百姓家，所有的房屋全被燒毀，於是他就遷居成都，最後因背部的疽瘡惡化而死。

1 州大吏趙韙等貪❶璋溫仁❷，立為刺史。詔書因以璋為監軍使者，領益州牧，以韙為征東中郎將。先是荊州牧劉表表❸焉僭擬❹乘輿器服，韙以此遂屯兵朐䏰❺備表。

2 初，南陽、三輔民數萬戶流入益州，焉悉收以為眾，名曰「東州兵」。璋性柔寬無威略，東州人侵暴為民患，不能禁制，舊士頗有離怨。趙韙之在巴中，甚得眾心，璋委之以權。韙因[6]人情不輯[7]，乃陰結州中大姓，建安五年，還共擊璋，蜀郡、廣漢、犍為皆反應[8]。東州人畏見誅滅，乃同心并力，為璋死戰，遂破反者，進攻韙於江州[9]，斬之。

3 張魯以璋闇懦，不復承順。璋怒，殺魯母及弟，而遣其將龐羲等攻魯，數為所破。魯部曲[10]多在巴土，故以羲為巴郡太守。魯因襲取之，遂雄於巴漢。

4 十三年，曹操自將征荊州[11]，璋乃遣使致敬。操加璋振威將軍，兄瑁平寇將軍。璋因遣別駕從事張松詣操，而操不相接禮。松懷恨而還，勸璋絕曹氏，而結好劉備。璋從之。

5 十六年，璋聞曹操當遣兵向漢中討張魯，內懷恐懼，松復說璋迎劉備以拒操。璋即遣法正[12]將兵迎備。璋主簿巴西黃權[13]諫曰：「劉備有梟[14]名，今以部曲遇之，則不滿其心；以賓客待之，則一國不容二主，此非自安之道。」從事廣漢王累自倒懸於州門以諫。璋一無所納。

6 備自江陵馳至涪城[15]，璋率步騎數萬與備會[16]。張松勸備於會襲璋，備不忍。

明年，出屯葭萌⑰。松兄廣漢太守肅懼禍及己，乃以松謀白璋⑱，收松斬之，勑諸關戍⑲勿復通。備大怒，還兵擊璋，所在戰剋。十九年，進圍成都，數十日，城中有精兵三萬人，穀支一年，吏民咸欲拒戰。璋言：「父子在州二十餘歲，無恩德以加百姓，而攻戰三載，肌膏草野⑳者，以璋故也。何心能安！」遂開城出降，群下莫不流涕。備遷璋於公安，歸其財寶，後以病卒㉑。

【章旨】以上記述劉焉死後，其子劉璋繼為益州刺史，趙韙叛亂，被劉璋平定。張魯起漢中，據巴漢。劉璋與劉備結盟，以抗拒曹操。劉備擊劉璋，璋降而後卒。

【注釋】❶貪　喜歡。❷溫仁　待人溫和寬厚。❸表　向朝廷上奏摺。❹僭擬　大臣超越身分，模仿帝王的器皿、服飾等。❺朐䏰　縣名。西漢置縣。屬巴郡。故城在今四川雲陽西。❻因　利用。❼輯　通「緝」。團結。❽反應　指背叛劉璋，響應趙韙。❾江州　古縣名。本是古巴國的國都，戰國時期秦惠王派張儀滅亡巴國，設置縣。屬巴郡。治今重慶。❿部曲　私人軍隊。⓫曹操自將征荊州　此指建安十三年（西元二〇八年）曹操親率大軍南下，欲一舉統一全國，被孫權、劉備的聯軍在赤壁打敗。⓬法正　字孝直，陝西郿縣人。祖父法真，字喬卿。父親法衍，字季謀。⓭巴西黃權　巴西，郡名。東漢建安六年（西元二〇一年）劉璋改巴郡而設置。治今四川閬中。黃權，字公衡，四川閬中人。劉備占領益州，諸縣望風景附，黃權閉城堅守，後歸順劉備。劉備稱帝，將東伐吳，黃權諫，劉備不從，以黃權為鎮北將軍，督江北軍，劉備自在江南。吳將陸義乘虛斷圍，南軍潰敗，劉備大敗而回。由於道路阻隔，黃權兵無退路，只得率軍投降了曹魏。⓮梟　勇猛難以制服。⓯涪城　古縣名。西漢設置。故城在今四川綿陽東涪江東岸。⓰璋率步騎數萬與備會　據李賢注引〈蜀書〉記載：這一年是建安十六年（西元二一一年）。⓱葭萌　古縣名。秦朝始置。治今四川廣元西南。⓲松兄廣漢太守二句　李賢注引《益郡耆舊傳》：「張肅有威儀，容貌甚偉。松為人短小放蕩，不持節操，然識理精果，有才幹。劉璋遣詣曹公，公不甚禮。楊脩深器之，白公辟松，不納。脩以公所撰兵書示松，飲宴之間，一省即便闇誦，以此異之。」⓳勑諸關戍　勑，命令。關戍，守衛關塞的軍隊。⑳肌膏草野 指戰死者的肌體變成了野草的肥料。㉑備還璋於公安三句 據李賢注引〈蜀書〉：「先主遷璋於公安南，猶佩振威將軍印綬。孫權破關羽，取荊州，以璋為益州牧，留駐秭歸。」公安，古縣名。東漢末年設置。在今湖北荊州南部的長江南岸，鄰接湖南。

【語譯】益州的大吏趙韙等人喜歡劉璋待人溫和寬厚，就擁立劉璋做了刺史。皇上因而下詔任命劉璋擔任監軍使者，兼任益州牧，任命趙韙擔任征東中郎將。以前，荊州牧劉表曾上書朝廷，舉報劉焉違反禮制製造乘輿、器皿、服飾，因此趙韙率軍在朐䏰駐防，防備劉表。

2 當初，南陽、三輔兩地的幾萬家老百姓流亡到了益州，劉焉全部把他們接收為自己的部下，取名「東州兵」。劉璋稟性溫和寬厚，既無威信，也缺少謀略，東州兵騷擾地方，成為地方百姓的禍患，劉璋也制止不了他們的行為，原來的士兵十分不滿，軍心渙散。趙韙在巴中，很得民心，劉璋就委任他全權處理。趙韙利用人心不團結的機會，就暗中勾結州中的大姓，於建安五年回兵聯合攻打劉璋，蜀郡、廣漢、犍為全都背叛劉璋，響應趙韙。東州兵害怕被屠殺消滅，就同仇敵愾，拼命替劉璋作戰，終於打敗了反叛的軍隊，進軍至江州，攻打趙韙，殺死了他。

3 張魯因為劉璋糊塗懦弱，就不再聽他的號令。劉璋非常憤怒，殺害了張魯的母親和弟弟，並派遣他的部將龐羲攻打張魯，幾次都被張魯擊敗。張魯的兵士大都居住在巴地，因此就任命龐羲為巴郡太守。張魯乘機偷襲，攻占了巴郡，於是稱雄於巴郡江漢地區。

4 建安十三年，曹操親率大軍征討荊州，劉璋馬上派使者向他表示慰問。曹操加封劉璋為振威將軍，加封他的哥哥劉瑁為平寇將軍。劉璋因而派他的別駕從事張松到曹操那裡，但曹操沒有按照禮儀相待。張松怒氣衝衝地返回後，勸說劉璋斷絕與曹操的關係，而與劉備結好。劉璋聽從了張松的話。

5 建安十六年，劉璋打聽到曹操正在派兵進軍漢中，征討張魯，心裡非常害怕，張松又勸說劉璋迎接劉備來抵抗曹操。劉璋就派法正帶兵迎接劉備。劉璋的主簿巴西人黃權勸阻說：「劉備一向有梟雄之名，如今用部下的待遇對待他，肯定不能滿足他的心願；用賓客的待遇對待他，那麼一國就容不下兩個主人，這不是使自己安全的辦法。」從事廣漢人王累把自己倒掛在益州的城門上以此進行勸阻。劉璋一概不予採納。

6 劉備從江陵快速趕到涪城，劉璋親率數萬步兵、騎兵與劉備會合。張松勸劉備在相會時偷襲劉璋，劉備於心不忍。第二年，劉備出兵駐紮在葭萌。張松的哥哥廣漢太守張肅害怕災禍牽連到自己，就把張松的陰謀報告給了劉璋，劉璋抓住張松，殺了他，命令把守關口的軍隊不再允許劉備通過。劉備非常憤怒，調集軍隊進攻劉璋，所到之處，戰無不克。建安十九年，劉備進軍包圍了成都，一連圍攻了幾十天，城內劉璋還有精兵三萬多，糧食可以支撐一年，全城上下都打算進行抵抗。劉璋說：「我們父子在益州二十多年，對百姓無德無恩，而三年連綿的戰爭，拋屍荒野，都是因為我劉璋的緣故啊。我怎麼能心安理得呢！」於是打開城門，出城投降了，群臣無不痛哭流涕。劉備把劉璋遷居到公安，歸還了他的財產，後來，劉璋因病去世。

1 明年❶，曹操破張魯，定漢中。

2 魯字公旗。初，祖父陵❷，順帝時客於蜀，學道鶴鳴山❸中，造作符書，以惑百姓。受其道者輒出米五斗，故謂之「米賊」。陵傳子衡，衡傳於魯，魯遂自號「師君」。其來學者，初名為「鬼卒」，後號「祭酒」。祭酒各領部眾，眾多者名曰「理頭」。皆校❹以誠信，不聽欺妄，有病但令首過❺而已。諸祭酒各起義舍❻於路，同之亭傳❼，縣置米肉以給行旅。食者量腹取足，過多則鬼能病之。犯法者先加三原❽，然後行刑。不置長吏，以祭酒為理，民夷❾信向❿。朝廷不能討，遂就拜魯鎮夷中郎將，領漢寧⓫太守，通其貢獻。

3 韓遂、馬超之亂⑫，關西民奔魯者數萬家。時人有地中得玉印者，群下欲尊魯為漢寧王。魯功曹閻圃諫曰：「漢川之民，戶出十萬，四面險固，財富土沃。上匡⑬天子，則為桓文⑭；次方竇融⑮，不失富貴。今承制署置，埶足斬斷。遽稱王號，必為禍先。」魯從之。

4 魯自在漢川垂三十年，聞曹操征之，至陽平⑯，欲舉漢中降。其弟衛不聽，率眾數萬，拒關⑰固守。操破衛，斬之。魯聞陽平已陷，將稽顙⑱歸降。閻圃說曰：「今以急往，其功為輕，不如且依巴中，然後委質⑲，功必多也。」於是乃奔南山。左右欲悉焚寶貨倉庫。魯曰：「本欲歸命國家，其意未遂。今日之走，以避鋒銳，非有惡意。」遂封藏而去。操入南鄭，甚嘉之。又以魯本有善意，遣人慰安之。魯即與家屬出逆，拜鎮南將軍，封閬中⑳侯，邑萬戶㉑，將還中國，待以客禮。封魯五子及閻圃等皆為列侯。

5 魯卒，謚曰原侯。子富嗣。

【章旨】以上記述張魯以創立五斗米道起家，後在曹操的軍事壓力下，歸降。其中記述五斗米道之資料，頗有價值。

【注釋】❶明年 第二年，即東漢獻帝建安二十年（西元二一五年）。❷陵 張陵，西元三四－一五六年，一名張道陵。

年輕時曾入太學，精通《五經》，漢明帝時期曾擔任過巴郡江州縣令，漢順帝時期進入鶴鳴山修道，編輯道書，創立「五斗米道」，被教徒尊稱為「天師」，後裔世代居住在江西的龍虎山。❸鶴鳴山　又稱「鵠鳴山」。在今四川大邑境內。❹校　考校；考察。❺首過　自己坦白所犯的過錯。❻義舍　指免費的食宿處所。❼亭傳　古代的驛站，專門為行人提供食宿的處所。❽原　原諒；赦免。❾民夷　指漢族和少數民族。❿信向　信仰和歸附。李賢注引《典略》：「初，熹平中，妖賊大起。〔三輔有駱曜。光和中，東方有張角〕。漢中有張脩。駱曜教民緬匿法，角為太平道，〔脩〕為五斗米道。太平道師持九節杖，為符祝，教病人叩頭思過，因以符水飲之。病或自愈者，則云此人通道，其或不愈，則云不信道。脩法略與角同，加施淨室，使病人處其中思過。又使人為姦令祭酒，主以《老子》五千文，使都習，號『姦令』。為鬼吏，主為病者請禱。〔請禱〕之法，書病人姓字，說服罪之意。作三通，其一上之天，著山上，其一埋之地，其一沉之水，謂之『三官手書』。使病者家出米五斗以為常，故號『五斗米師』也。實無益於療病，〔但為淫妄〕，小人昏愚，競共事之。後角被誅，脩亦亡。及魯自在漢中，因其人信行脩業，遂增飾之。教使起義舍，以米〔肉〕置其中，以止行人。又使自隱，有小過者，當循道百步，則罪除。又依〈月令〉，春夏禁殺。又禁酒。流移寄在其地者，不敢不奉也。」⓫漢寧　東漢末張魯改漢中郡設置。治所在南鄭（今陝西漢中東）。建安二十年復名漢中郡。⓬韓遂馬超之亂　指建安十六年（西元二一一年），馬超、韓遂與關中諸將，率兵十萬反叛朝廷，與曹操的軍隊在渭水流域大戰。⓭匡　匡正；輔佐。⓮桓文　指齊桓公和晉文公，春秋時期兩位著名的霸主，他們聯合諸侯，維護周王朝的正統地位。⓯竇融　東漢初年的名臣。其家族累世仕宦河西，歸附東漢光武帝後，任封疆大吏，子孫多被封為列侯。詳見本書卷二十三。⓰陽平　古關名。在褒谷西北。《周地圖記》：「褒谷西北有古陽平關。」其地在今陝西勉縣西。⓱拒關　把守關口。《三國志．魏書》：「太祖征魯至陽平關，衛拒關堅守。」⓲稽顙　叩頭至地，表示謝罪。⓳委質　古代人臣拜見君主時，必屈膝而委體於地。後也用來表示歸順臣服。質，通「贄」。為人的形體。⓴閬中　縣名。秦朝設置。漢朝屬巴郡。在四川閬中南嘉陵江南岸。漢末以來，為巴西郡治。㉑邑萬戶　被封者享受封地內的賦稅。邑，封邑；封地；食邑。

【語譯】第二年，曹操擊敗張魯，平定了漢中。

2 張魯字公旗。當初，他的祖父張陵在順帝時期客居於蜀地，在鶴鳴山修學道術，製作符籙和道書，用來迷惑老百姓。信奉他道術的往往要拿出五斗米，所以被稱為「米賊」。張陵傳授給兒子張衡，張衡傳授給兒子張魯，張魯就自封為「師君」。那些來學道的人，最初被稱為「鬼卒」，後來被稱為「祭酒」。祭酒各自帶領自己的部眾，部眾多的被稱為「理頭」。都用誠心進行考察，不允許胡言欺騙，生病後只讓病者坦白自己所犯的過錯而已。祭酒們各自在道路上設立義舍，功能與亭傳差不多，在義舍中準備米和肉，供應過往的路人。用餐的人吃飽為止，貪多的人，鬼就會讓他生病。犯法的人，先原諒三次，然後再執行懲罰。不設置官吏，用祭酒進行管理，百姓和夷族人都相信和嚮往五斗米道。朝廷拿他也沒辦法，就勢任命張魯擔任了鎮夷中郎將，兼任漢寧太守，接受他的貢品。

3 韓遂、馬超叛亂時，關西的老百姓有數萬家投奔張魯。當時有人從野外揀到了一顆玉印，部下都想擁立張魯做漢寧王。張魯的功曹閻圃勸阻說：「漢川的百姓超過十萬家，四周地勢險要，廣有財富，土地肥沃。上等的選擇是，輔佐天子，就可以成為齊桓公、晉文公那樣的人物；次之效仿竇融，也可以享受榮華富貴。如今若接受朝廷的任命，其情勢完全可以決斷一切；倉促稱王，肯定會成為罪魁禍首。」張魯採納了他的建議。

4 張魯占據漢中將近三十年，聽說曹操來攻，軍隊已經到達了陽平關，打算帶領整個漢中投降。他的弟弟張衛不同意，率領幾萬軍隊，占據陽平關固守。曹操打敗了張衛，殺了他。張魯聽說陽平關已經丟失，就準備謝罪請降。閻圃勸說：「如今為形勢所迫急急忙忙地去歸附，所獲的功勞必定很小，不如暫時退據巴中，然後再請求歸降，這樣就一定會立下大功。」於是張魯就逃到了南方的山區。張魯的手下想把財寶和倉庫全部焚燒掉。張魯說：「我本來是想歸順朝廷，這一願望一直沒能實現。現在逃跑，主要是為了躲避曹軍的鋒芒，並不是有不良的居心。」於是就封藏好財寶和倉庫撤退了。曹操進入南鄭後，十分讚賞張魯的做法。又因為張魯原本就心存善意，就派人前去對張魯進行慰問和安撫。張魯隨即帶領家屬出迎使者，被曹操任命為鎮南將軍，封為閬中侯，食邑萬戶，帶他回到中原，以賓客之禮相待。張魯的五個兒子和閻圃都被封為列侯。

5 張魯去世後，諡號為原侯。兒子張富承嗣。

論曰：劉焉覩時方艱❶，先求後亡之所❷，庶乎見幾❸而作。夫地廣則驕尊之心生，財衍❹則僭奢之情用，固亦恆人必至之期也。璋能閉隘養力，守案先圖，尚可與歲時推移，而遽輸利器❺，靜受流斥❻，所謂羊質虎皮，見豺則恐❼，吁哉！

【章旨】以上為范曄對劉焉、劉璋的評論。作者對劉氏父子行事，作了精確的分析，頗具同情的意味。

【注釋】❶覩時方艱　指遭遇亂世。覩，目睹。❷先求後亡之所　見《左傳》：鄭公孫黑肱有疾，歸邑於公，曰：「吾聞之，生於亂代，貴而能貧，人無求焉，可以後亡。」❸幾　指事情變化的微小跡象。《周易・繫辭下》：「幾者，動之微，吉之先見者也，君子見幾而作，不俟終日。」❹衍　豐饒；富裕。❺輸利器　這裡指交出政權，投降劉備。利器，比喻國家的權力。《老子》：「國之利器，不可以示人。」❻流斥　流放到荒涼的地方。❼所謂羊質虎皮二句　羊質，本質是羊。虎皮，披著虎皮。典故出自揚雄《法言》：「羊質虎皮，見草而悅，見豺而戰。」

【語譯】史家評論說：劉焉身處亂世，能事先謀求全身於亂世的計策，可以稱得上是「見幾而作」。大凡地域廣闊了就會產生驕傲自大的思想，財產富有了就會滋生超越本分的欲望，這本來也是平常人不可避免的結局啊。劉璋如果能把守住關隘，積蓄力量，守住先人的基業，還是可以延長歲月的，但他卻倉促之間把政權拱手交給了別人，靜等接受被流放到荒涼之地的結局，這就像羊身上雖然披上了虎皮，但見了豺狼仍然恐懼顫抖一樣，可歎啊！

1 袁術，字公路，汝南汝陽人，司空逢之子也。少以俠氣聞，數與諸公子飛鷹走狗❶，後頗折節❷。舉孝廉❸，累遷至河南❹尹、虎賁中郎將。

2 時董卓將欲廢立❺，以術為後將軍。術畏卓之禍，出奔南陽。會長沙太守孫堅殺南陽太守張咨❻，引兵從術。劉表上術為南陽太守，術又表堅領豫州刺史，使率荊、豫之卒，擊破董卓於陽人❼。

3 術從兄紹因堅討卓未反，遠，遣其將會稽周昕奪堅豫州。術怒，擊昕走之。紹議欲立劉虞❽為帝，術好放縱，憚立長君，託以公義不肯同，積此釁隙遂成。乃各外交黨援，以相圖謀，術結公孫瓚，而紹連劉表。豪桀多附於紹，術怒曰：「群豎不吾從，而從吾家奴❾乎！」又與公孫瓚書，云紹非袁氏子，紹聞大怒。初平三年，術遣孫堅擊劉表於襄陽，堅戰死。公孫瓚使劉備與術合謀共逼紹，紹與曹操會擊，皆破之。四年，術引軍入陳留❿，屯封丘⓫。黑山餘賊及匈奴於扶羅等佐術，與曹操戰於匡亭⓬，大敗。術退保雍丘⓭，又將其餘眾奔九江⓮，殺揚州⓯刺史陳溫而自領之，又兼稱徐州伯。李傕入長安，欲結術為援，乃授以左將軍，假節，封陽翟侯。

【章旨】以上為〈袁術傳〉的第一部分。先記述袁術的身世、為南陽太守、聯合孫堅，以反董卓。繼寫在軍閥混戰中，袁術與袁紹、公孫瓚、劉表、孫堅、曹操等軍事集團或和或戰的大致經過。

【注釋】❶飛鷹走狗　指打獵遊玩。❷折節　指改過自新。❸孝廉　本是漢朝選拔官吏的兩種科目名。孝，指孝子。廉，指廉潔之士。漢武帝元光元年初，令郡國舉孝、廉各一人。後來合稱孝廉。歷代因之，州舉秀才，郡舉孝廉。❹河南　古縣名。古郟、鄏地，漢朝為河南縣。屬河南郡。今為河南洛陽。❺時董卓將欲廢立　董卓，漢末的權臣。本書卷七十二有傳。廢立，指廢掉皇帝，另立新帝。❻會長沙太守句　張咨，字子議，潁川人。此事據李賢注引《吳曆》：「孫堅至南陽，咨不給軍糧，又不肯見。堅欲進兵，恐為後害，乃詐得急疾，舉軍震惶，迎呼巫醫，禱祀山川，遣所親人說咨，言病困欲以兵付咨。咨聞之，心利其兵，即將步騎五六百人入營看堅。堅與相見，無何，卒然而起，案劍罵咨，遂執斬之。」也可參見《三國志・吳書・孫堅傳》。❼陽人　邑聚名。在今河南汝州西。❽劉虞　當時為幽州牧。本書卷七十三有傳。❾吾家奴　我家的奴僕。此指袁紹。袁術是司空袁逢的嫡子，袁紹是袁逢的庶子，後過繼給伯父袁成。所以袁術看不起袁紹。❿陳留　舊縣名。秦朝開始設置縣。治今河南開封東南陳留。西漢元狩元年（西元前一二二年）設置郡。治陳留。⓫封丘　古縣名。商、周時期為封父國地，漢朝設置縣。因古代的封父國而得名。在今河南新鄉東南部。⓬匡亭　邑聚名。在今河南長垣西南。⓭雍丘　古縣名。春秋宋邑，戰國屬於魏。秦朝開始設置縣。漢朝因之。治今河南杞縣。⓮九江　戰國楚地，秦始設置郡。治所在壽春（今安徽壽縣）。⓯揚州　漢武帝設立的「十三刺史部」之一。東漢治今安徽和縣，東漢末年移今安徽壽縣、合肥西北。

【語　譯】 袁術，字公路，汝南汝陽人，是司空袁逢的兒子。袁術年輕時以行俠仗義聞名，經常與一群公子哥們縱情遊獵為樂，後來改過自新，立志向上。被推舉為孝廉，先後官升河南尹、虎賁中郎將。

2 當時董卓正打算廢掉漢獻帝，另立新皇帝，任命袁術為後將軍。袁術害怕董卓之禍殃及自己，就逃到了南陽。恰逢這時長沙太守孫堅殺害了南陽太守張咨，帶兵投靠了袁術。劉表推薦袁術擔任了南陽太守，袁術又上表推薦孫堅擔任豫州刺史，派遣他帶領荊州、豫州的軍隊在陽人打敗了董卓。

3 袁術的堂兄袁紹趁著孫堅征討董卓尚未回來，路途遙遠，就派他的部將會稽人周昕奪取了孫堅的豫州。袁術大怒，打敗並趕走了周昕。袁紹提議想立劉虞做皇帝，袁術性情放縱不羈，害怕立皇帝，就以大家不同意為藉口不肯贊同，誤會不斷積累，兄弟之間的隔閡終於形成了。於是他們各自結交外援，利用外力互相算計，袁術結交公孫瓚，袁紹結交劉表。豪傑之士很多投靠了袁紹，袁術憤怒地說：「一群無知小子，不投奔我，卻投奔我家的家奴！」又寫信給公孫瓚，說袁紹不是袁家的兒子，袁紹聽說後，非常憤怒。初平三年，袁術派孫堅到襄陽進攻劉表，孫堅戰死。公孫瓚派劉備與袁術合謀，威逼袁紹，袁紹與曹操聯合抗擊，戰勝了他們。初平四年，袁術率領軍隊進入陳留，駐紮在封丘。黑山的餘部和匈奴的於扶羅等幫助袁術，與曹操在匡亭大戰，被打得大敗。袁術撤退據守雍丘，又率領餘部奔襲九江，殺死揚州刺史陳溫，自封揚州刺史，還兼任徐州伯。李傕進入長安後，想聯合袁術作為外援，就任命他為左將軍，授予符節，封為陽翟侯。

1 初，術在南陽，戶口尚數十百萬，而不修法度，以鈔掠為資，奢恣無猒，百姓患之。又少見讖書，言「代漢者當塗高」，自云名字應之❶。又以袁氏出陳為舜後，以黃代赤，德運之次❷，遂有僭逆之謀。又聞孫堅得傳國璽❸，遂拘堅妻奪之。興平二年冬，天子播越❹，敗於曹陽。術大會群下，因謂曰：「今海內鼎沸，劉氏微弱。吾家四世公輔❺，百姓所歸，欲應天順民，於諸君何如？」眾莫敢對。主簿閻象進曰：「昔周自后稷至于文王，積德累功，參分天下，猶服事殷❻。明公雖奕世克昌❼，孰若有周之盛？漢室雖微，未至殷紂之敝也。」術嘿然，使召張範。範辭疾，遣弟承往應之❽。術問曰：「昔周室陵遲，則有桓文之霸；秦失其政，漢接而用之。今孤以土地之廣，士人之眾，欲徼福❾於齊桓，擬迹於高祖❿，可乎？」承對曰：「在德不在眾。苟能用德以同天下之欲，雖云匹夫，霸王可也。若陵僭無度，干時⓫而動，眾之所棄，誰能興之！」術不說。

2 自孫堅死，子策復領其部曲，術遣擊揚州刺史劉繇，破之，策因據江東。策聞術將欲僭號，與書諫曰：「董卓無道，陵虐王室，禍加太后，暴及弘農[12]，天子播越，宮廟焚毀，是以豪桀發憤，沛然[13]俱起。元惡既斃，幼主東顧[14]，乃使王人[15]奉命，宣明朝恩，偃武修文，與之更始[16]。然而河北異謀於黑山[17]，曹操毒被於東徐，劉表僭亂於南荊，公孫叛逆於朔北，正禮[18]阻兵，玄德[19]爭盟，是以未獲從命，櫜弓戢戈[20]。當謂使君與國同規[21]，而舍是弗恤[22]，完然[23]有自取之志，懼非海內企望之意也。成湯討桀，稱『有夏多罪[24]』；武王伐紂，曰『殷有重罰[25]』。此二王者，雖有聖德，假使時無失道之過，無由逼而取也。今主上非有惡於天下，徒以幼小脅於彊臣，異於湯武之時也。又聞幼主明智聰敏，有夙[26]成之德，天下雖未被其恩，咸歸心焉。若輔而興之，則旦、奭之美，率土所望也[27]。使君五世相承[28]，為漢宰輔，榮寵之盛，莫與為比，宜效忠守節，以報王室。時人多惑圖緯之言，妄牽非類之文[29]，苟以悅主為美，不顧成敗之計，古今所慎，可不孰慮！忠言逆耳，駮議[30]致憎，苟有益於尊明，無所敢辭。」術不納，策遂絕之。

3 建安二年，因河內[31]張炯符命[32]，遂果僭號[33]，自稱「仲[34]家」。以九江太守為淮南尹，置公卿百官，郊祀[35]天地。乃遣使以竊號告呂布，并為子娉布女。布執術使送許㊱。術大怒，遣其將張勳、橋蕤攻布，大敗而還。術又率兵擊陳國，誘殺其王寵㊲及相駱俊，曹操乃自征之。術聞大駭，即走度淮，留張勳、橋蕤於蘄陽㊳，以拒操。操擊破斬蕤，而勳退走。術兵弱，大將死，眾情離叛。加天旱歲荒，士民凍餒，江、淮間相食㊴殆盡。時舒仲應為術沛相，術以米十萬斛與為軍糧，仲應悉散以給飢民。術聞怒，陳兵將斬之。仲應曰：「知當必死，故為之耳。寧可以一人之命，救百姓於塗炭。」術下馬牽之曰：「仲應，足下獨欲享天下重名，不與吾共之邪？」

【章旨】以上為〈袁術傳〉的第二部分。記述袁術野心膨脹，欲代漢自立，孫策進行勸阻，而袁術不聽，遂稱帝，號「仲家」。稱帝後，與呂布、曹操互相爭鬥。

【注釋】❶言代漢者當塗高二句　代漢者，取代漢朝的人。當塗高，迷信隱語。後世認為指的是「魏」。因為「魏」為宮門前的樓觀，有高聳於路途之義。袁術，字公路。「術」有城中的道路之義，因此「術」（名）及「路」（字）與「塗」同義，故袁術認為讖語是說他要取代漢朝。❷又以袁氏出陳三句　袁氏出陳為舜後，虞舜娶帝堯的女兒為妻，住在媯汭，子孫為媯姓。周武王滅商後，封媯滿為陳國國君，並把大女兒嫁給他，媯滿諡號陳胡公，後代以陳為氏；陳胡公的後代中有一個轅濤塗，在陳國擔任大夫，後代以「轅」為氏，「轅」又寫作「袁」、「爰」。以黃代赤二句，古代陰陽家用五行來解釋歷史上的朝代更替，稱為五德終始說。漢朝是火德，赤色；五行中火生土，土為黃色，袁術以為袁家是土德，要接替漢朝。❸傳國璽　皇帝使用的印信。據李賢注引韋昭〈吳書〉：「漢室大亂，天子北詣河上，六璽不自隨，掌璽者以投井中。孫堅北討董卓，頓軍城南，甄官署有井，每旦有五色氣從井中出，使人浚井，得漢傳國玉璽，其文曰『受命於天，既壽永昌』。」❹播越　離散；逃亡。❺四世公輔　四代擔任三公高級官職。袁術的高祖父袁安為司空，袁安的兒子袁敞及袁京，袁京的兒子袁湯，袁湯的兒子袁逢都擔任過司空一職。❻昔周自后稷四句　據《國語》：「后稷勤周，十五代而王。」《毛詩‧國風‧序》：「國君積行累功，以致爵位。」《論語》載孔子曰：「三分天下有二，猶服事殷。」❼奕世克昌　奕世，累世；一代接著一代。《詩》：「不顯奕代。」又：「克昌厥後。」❽範辭疾二句　張範，字公儀。張承，字公先，河內人。是司徒張歆的孫子。❾徼福　求福。徼，通「邀」。祈求；招來。❿擬迹於高祖　擬迹，追蹤。高祖，指漢高祖。⓫干時　指違反事物發展的時勢。⓬禍加太后二句　指西元一八九年漢靈帝死後，其子劉辯即位，稱為少帝。不久，權臣董卓廢黜少帝為弘農王，接著又殺害了弘農王和何太后。⓭沛然　行動迅速的樣子；蓬勃的樣子。⓮幼主東顧　幼主，指漢獻帝。東顧，指漢獻帝自洛陽遷都許昌。⓯王人　王臣；帝王的使臣。⓰更始　指開創新的局面。⓱謀於黑山　指袁紹為冀州牧，與黑山軍相勾結。⓲正禮　劉繇字。⓳玄德　劉備字。⓴櫜弓戢戈　櫜，指收藏弓箭的袋子。戢，收藏。㉑規　謀劃。㉒恤　考慮。㉓完然　怡然自得的樣子。㉔有夏多罪　語出《尚書‧湯誓》：「有夏多罪，天命殛之。」有夏，指夏王朝。㉕殷有重罰　指商王朝有重罪。語出《史記‧周本紀》：「武王遍告諸侯曰：『殷有重罰，不可不伐。』」㉖夙　早。㉗旦奭之美二句　旦，指周公旦。奭，指召公奭。周武王死後，二人輔佐周成王，成為西周初年著名的輔政大臣。率土，指天下。㉘五世相承　袁安生袁京，袁京生袁湯，袁湯生袁逢，袁逢生袁術，共五代。㉙時人多惑圖緯二句　圖緯，指附會儒家經典，妄言治亂興衰、吉凶禍福的圖書。圖，指圖讖。緯，指緯書。妄牽，胡亂聯繫。非類，不同類別的事物。㉚駮議　指不同意見。駮，非難。㉛河內　郡名。漢高祖二年（西元前二〇五年）設置。地當今河南黃河南北兩岸的地區。治所懷縣（今河南武陟西南）。㉜符命　古代指上天賜給某人稱王、稱帝的吉祥徵兆。㉝僭號　這裡指稱帝號。㉞仲　一本作「沖」。㉟郊祀　在郊外舉行祭祀儀式，表示秉承天命。㊱許　指許都。春秋時期為許國，秦設立縣。治今河南許昌東。當時漢獻帝以許為都。㊲寵　指劉寵。漢明帝之後，襲封為陳王。參見本書卷五十。㊳蘄陽　《水經》：「蘄水出江夏蘄春縣北山。」酈道元注：「即蘄山也。西南流經蘄山，又南對蘄陽，注于大江，亦謂之蘄陽口。」㊴相食　指人吃人的現象。

【語　譯】當初，袁術在南陽仍然擁有數十百萬戶百姓，但他不遵守法度，用搶掠的辦法籌集資財，奢侈放縱，貪得無厭，引起了百姓的強烈不滿。同時，他年輕時期曾在讖緯之書上看到過「代漢者當塗高」的讖語，自認為自己的名字與此相應。他還認為袁氏出自陳姓，是舜帝的後裔，以尚黃的土德代替尚赤的火德，符合五德輪迴興替的規律，於是就產生了自己想當皇帝的篡逆之心。他又聽說孫堅得到了皇帝的傳國玉璽，就拘禁了孫堅的妻子，奪取了玉璽。興平二年冬天，天子逃出京城，兵敗曹陽。袁術召集部下，對他們說：「如今天下動蕩不安，劉氏朝廷勢力微弱。我家四代輔佐天子，早已民心所向，我想順應天意民心，各位認為怎麼樣？」大家都不敢說話。主簿閻象勸阻說：「過去周朝自后稷至文王，歷代積累功德，擁有了三分之二的天下，仍然臣服殷商。明公一家雖然歷代顯貴，難道還比得上周朝的昌盛？朝廷雖然衰微，但還沒有達到殷紂王那樣的衰敗程度。」袁術無話可說，派人召見張範。張範以生病為藉口加以推託，派弟弟張承前去應付袁術。袁術問：「過去周朝衰落，就有齊桓公、晉文公稱霸諸侯；秦朝失去天下，漢朝取而代之。現在我憑著廣闊的土地，人才濟濟，想託福於齊桓公，效法漢高祖，可以嗎？」張承回答說：「得天下主要在於有沒有仁德，不在於人數眾多。如果能夠廣施恩德，順應天下的民心，即使是匹夫，也可以稱霸為王。如果毫無節制地不守禮法，違反時事而行動，就會眾叛親離，那誰又能讓他成功呢！」袁術很不高興。

2 自孫堅死後，他的兒子孫策繼承了其父的兵眾，袁術派他進攻揚州刺史劉繇，打敗了劉繇，孫策趁機占領了江東地區。孫策聽說袁術打算稱帝，就寫信勸阻說：「董卓暴虐無道，凌辱王室，殺害太后，把少帝廢為弘農王，天子流離失所，宮廷宗廟被焚毀，因此，英雄豪傑群情激憤，迅速奮起反抗。罪魁禍首董卓已經伏法，幼小的皇帝遷都許昌，於是派遣使者向天下宣明朝廷的恩德，要求停止戰爭，講究文治教化，一起開創新的局面。但是河北地區的袁紹與黑山軍相互勾結圖謀不軌，曹操在東方的徐州為非作歹，劉表在南方的荊州不守禮法犯上作亂，公孫瓚在北方發動叛亂，劉繇手握重兵，不聽政令，劉備爭當盟主，由於我沒有得到朝廷征討的命令，只得收起弓箭和長矛。我認為你應該和朝廷同心同德，共謀國事，但你卻對此全然不顧，洋洋得意地打算取皇位而代之，這恐怕有負天下人的厚望啊。成湯討伐夏桀，打著『有夏多罪』的旗號；周武王討伐殷紂王，宣布『殷有重罰』。商湯、周武王，雖然具備了崇高的德行，但假如不是當時當權者暴虐無道，他們也沒有任何藉口取而代之。現在皇上並沒有在天下留下惡名，只是因為年幼而被權臣所脅迫，這與商湯、周武王所面臨的時局是不同的。我還聽說，年幼的皇上賢明聰慧，少年老成，天下雖然還沒有受到他的恩惠，但他還是人心所向的。如果你輔佐他振興起來，那麼你就具備周公旦和召公奭的美譽，這是天下人的希望啊。你的家族連續五代擔任漢朝的宰輔，尊崇和榮華富貴無人能比，你應該謹守臣子的名分，效忠皇上，報效朝廷。世上的人往往被圖讖上面的語言所迷惑，牽強附會歪理邪說，只是暫時討得主子的歡心，完全不顧成敗得失的後果，這是自古及今都要謹慎小心的，可以不對此深思熟慮嗎！忠言逆耳，不同的意見往往會招人討厭，假如能夠使你回心轉意，我也在所不惜。」袁術不聽勸告，孫策就和他斷絕了關係。

3 建安二年，藉著河內張炯獻上的符命，袁術終於稱帝，自稱「仲家」。任命九江太守擔任淮南尹，設立公卿百官，祭祀天地。於是派遣使者把稱帝之事通告給呂布，並為自己的兒子聘娶呂布的女兒為妻。呂布抓住了袁術的使者並送到了許都。袁術大怒，派遣自己的部將張勳、橋蕤攻打呂布，被打得大敗而回。袁術又親率軍隊進攻陳國，誘殺了國王劉寵和國相駱俊，於是曹操親自率軍征討袁術。袁術聽到消息，非常驚恐，即刻渡過淮河，把張勳、橋蕤留在蘄陽，抵抗曹操。曹操打敗張勳、橋蕤率領的軍隊，橋蕤被殺，張勳逃走。袁術兵力弱小，大將戰死，軍心渙散，眾叛親離。加上久旱無雨，糧食歉收，官民受凍挨餓，長江和淮河之間的地區以致人吃人，幾乎斷絕了人煙。當時舒仲應擔任袁術沛地的相國，袁術調撥十萬斛米給他做軍糧，舒仲應全部散發給了飢餓的百姓。袁術聽說後，非常憤怒，調集軍隊要殺舒仲應。舒仲應說：「我早就知道一定會死，故意這麼做的。我甘願用一個人的生命，救助處在水深火熱中的老百姓。」袁術下了戰馬，拉著舒仲應的手說：「仲應，你是想獨自享有天下的美名，不願意和我一起共享嗎？」

術雖矜名尚奇，而天性驕肆，尊己陵物。及竊偽號，淫侈滋甚，媵御數百❶，無不兼羅紈，厭粱肉，自下飢困，莫之簡卹❷。於是資實空盡，不能自立。四年夏，乃燒宮室，奔其部曲陳簡、雷薄於灊山❸；復為簡等所拒，遂大困窮，士卒散走。憂懣不知所為，遂歸帝號於紹，曰：「祿❹去漢室久矣，天下提挈，政在家門❺。豪雄角逐，分割疆宇。此與周末七國無異，唯彊者兼之耳。袁氏受命當王，符瑞炳然。今君擁有四州❻，人戶百萬，以彊則莫與爭大，以位則無所比高。曹操雖欲扶衰獎微，安能續絕運，起已滅乎！謹歸大命，君其興之。」紹陰然其計。

術因欲北至青州從袁譚，曹操使劉備徼❼之，不得過，復走還壽春。六月，至江亭。坐簀牀❽而歎曰：「袁術乃至是乎！」因憤慨結病，歐血死。妻子依故吏廬江太守劉勳❾。孫策破勳，復見❿收視，術女入孫權宮，子曜仕吳為郎中。

【章　旨】以上為〈袁術傳〉的第三部分。記述袁術荒淫無能，以致眾叛親離，遂歸帝號於袁紹。又欲投靠袁譚，被劉備邀擊，在壽春「歐血死」。其妻子為孫策所收。

【注　釋】❶媵御數百　媵御，指宮中的姬妾。李賢注引《九州春秋》：「司隸馮方女，國色也，避亂揚州。袁術登城，見而悅之，遂納焉，甚愛幸。諸婦害其寵，紿之曰：『將軍貴人有志節，當時時涕泣憂愁，必長見敬重。』馮氏以為然，後見術輒垂涕，術果以有心志，益哀之。諸婦因是共絞殺之，懸之廁梁，術誠以為不得志而死也，厚加殯斂焉。」❷卹　同「恤」。關心；愛護。❸灊山　即今天柱山，縣因山而得名。即今安徽安慶西北部、皖河上游。❹祿　祿命；天命。❺天下提挈二句　提挈，被操縱。政在家門，指朝政大權被權臣所操縱。《左傳．昭公三年》：「政在家門，民無所依。」❻四州　指青州、冀州、幽州、并州。❼徼　攔截；截擊。❽簀牀　鋪著竹席的床。❾故吏廬江太守劉勳　故吏，舊時的部下。據《三國志．魏書》記載：劉勳字子臺，琅邪人。與曹操有舊，被孫策打敗後，投降了曹操，被封列侯。劉勳自恃與曹操有交情，漸漸地驕慢起來，多次犯法，又誹謗別人，遂被免官。廬江，郡名。楚漢之際分秦朝的九江郡設置。轄今安徽長江以南，涇縣、宣州以西，江西信江流域及其以北地區。漢武帝後徙治今安徽廬江縣。❿見　被。

【語譯】袁術雖然自我標榜注意名節，愛護人才，但他秉性驕狂放肆，自高自大，看不起別人。竊位稱帝以後，驕奢淫逸更加變本加厲，宮內姬妾多達數百人，都有穿不完的綾羅綢緞，享受著美味佳餚，下面的人飢寒交迫，他絲毫也不關心。於是導致了物資匱乏，不能自立。建安四年夏天，袁術竟然燒毀宮室，到灊山去投奔部下陳簡、雷薄；又被陳簡等拒絕，於是極度窮困潦倒，士兵紛紛逃跑。袁術憂憤交加，不知如何是好，就把帝號送給了袁紹，並說：「天命厭棄漢王朝已經很久了，天下已被操縱，朝政大權掌握在權臣的手中。英雄豪傑互相攻伐，瓜分天下。這與周朝末年七國爭雄沒有什麼差別，只有勢力強大的人才能兼併天下。我們袁氏承受天命，理應稱王，符命瑞兆顯示得非常清楚。如今您擁有四個州的地盤，人口超過百萬戶，論強大，沒有能與你相提並論的；論地位，沒有比你更高的。曹操雖然想極力輔佐衰微的漢王朝，又怎麼能延續已經斷絕的國運，讓已經瀕臨滅亡的漢朝復興呢！我恭敬地把天命還給你，希望你興旺發達。」袁紹內心認為他的意見非常正確。

袁術打算北上青州投奔袁譚，曹操派劉備進行攔截，袁術無法通過，就又逃回了壽春。六月，到達江亭。他坐在竹席床上感歎的說：「我袁術怎麼竟然到了這種地步！」因憤恨而病，吐血而亡。妻子和兒子投靠了他舊時的部下廬江太守劉勳。孫策打敗劉勳後，又被孫策收留，袁術的女兒被孫權納入後宮之中，兒子袁曜在吳國為官，做過郎中。

論曰：天命符驗，可得❶而見，未可得而言也。然大致受大福者，歸於信順乎❷！夫事不以順，雖彊力廣謀，不能得也。謀不可得之事，日失忠信，變詐妄生矣。況復苟肆❸行之，其以欺天乎！雖假符僭稱，歸將安所容哉！

【章　旨】以上為史家對袁術的行事，持全面否定的態度。稽其所為，亦確無可稱。

【注　釋】❶可得　可以；能夠。❷歸於信順乎　信，取信於人；講究誠信。順，指順應天命。《周易・繫辭上》：「天之所助者，順也；人之所助者，信也。履信思順，自天祐之。」❸苟肆　指行為不正當又毫不收斂。

【語　譯】史家評論說：天命符瑞的應驗，可以看得見，但無法說清楚。大致說來，能夠享受大富大貴的人，都是由於取信於人，順應天命啊！做事情不順應天命，即使是勢力強大，計謀無窮，也不會成功。謀求難以得到的東西，且日復一日地喪失忠信，必然就要發生奸詐虛妄的事情了。又何況肆無忌憚地推行狂妄的意圖，難道可以欺騙上天嗎！袁術雖然假託天命稱帝，最終又能在哪裡找到立足之地呢！

1 呂布，字奉先，五原❶九原人也。以弓馬驍武給并州。刺史丁原為騎都尉，屯河內，以布為主簿❷，甚見親待。靈帝崩，原受何進召，將兵詣洛陽，為執金吾。會進敗，董卓誘布殺原而并其兵。

2 卓以布為騎都尉，誓為父子，甚愛信之。稍遷至中郎將，封都亭侯。卓自知凶恣，每懷猜畏，行止常以布自衛。嘗小失卓意，卓拔手戟擲之。布拳捷❸得免，而改容顧謝，卓意亦解。布由是陰怨於卓。卓又使布守中閤，而私與傅婢❹情通，益不自安。因往見司徒王允，自陳卓幾見殺❺之狀。時允與尚書僕射❻士孫瑞密謀誅卓，因以告布，使為內應。布曰：「如父子何？」曰：「君自姓呂，本非骨肉。今憂死不暇，何謂父子？擲戟之時，豈有父子情也？」布遂許之，乃於門刺殺卓，事已見卓傳。允以布為奮威將軍，假節，儀同三司❼，封溫侯。

3 允既不赦涼州人❽，由是卓將李傕等遂相結，還攻長安。布與傕戰，敗，乃將數百騎，以卓頭繫馬鞌，走出武關❾，奔南陽。袁術待之甚厚。布自恃殺卓，有德袁氏❿，遂恣兵鈔掠。術患之。布不安，復去從張楊⓫於河內。時李傕等購募⓬求布急，楊下諸將皆欲圖之。布懼，謂楊曰：「與卿州里⓭，今見殺，其功未必多。不如生賣布，可大得傕等爵寵。」楊以為然。有頃，布得走投袁紹，紹與布擊張燕於常山。燕精兵萬餘，騎數千匹。布常御良馬，號曰赤菟⓮，能馳城飛塹，與其健將成廉、魏越等數十騎馳突燕陣，一日或至三四，皆斬首而出。連戰十餘日，遂破燕軍。布既恃其功，更請兵於紹，紹不許，而將士多暴橫，紹患之。布不自安，因求還洛陽。紹聽之，承制⓯使領司隸校尉，遣壯士送布而陰使殺之。布疑其圖己，乃使人鼓箏於帳中，潛自遁出。夜中兵起，而布已亡⓰。紹聞，懼為患，募遣追之，皆莫敢逼，遂歸張楊。道經陳留，太守張邈遣使迎之，相待甚厚，臨別把臂言誓。

【章旨】以上為〈呂布傳〉的第一部分。記述呂布初從并州刺史丁原，後投董卓而殺丁原。又投靠王允而殺董卓。後又從袁術、張楊，又投袁紹，又投張邈。呂布反覆無常，但卻勇猛善戰。

【注　釋】❶五原　古郡名。秦朝設立九原郡，漢武帝改置五原郡，有九原縣。治今內蒙古自治區包頭西北。❷主簿　古代官名。漢朝以後中央各機構及地方郡、縣官府都設有主簿，負責文書簿籍，掌管印鑑，為掾吏之首。❸拳捷　動作敏捷。❹傅婢　貼身的侍婢。後世傳說即為美女貂蟬。❺見殺　被殺害。❻尚書僕射　官名。西漢建始元年（西元前三二年）設尚書五人，以一人為僕射。漢末分別設置左右僕射。❼三司　東漢改大司馬為太尉，與司徒、司空並稱三公，也稱三司。本書卷六〈順帝紀〉：陽嘉元年，令刺史二千石之選，歸任三司。❽涼州人　董卓的部下籍貫均屬涼州。❾武關　關隘名。在今陝西丹鳳東南。為戰國時期秦國的南關。❿有德袁氏　指對袁氏有恩。袁紹、袁術起兵後，董卓將袁氏在京的大小五十餘口全部殺害，呂布殺死董卓，是替袁家報了仇。⓫張楊　雲中人。雲中，在今內蒙古自治區的托克托，與呂布的家鄉很近。⓬購募　指懸賞捉拿。⓭州里　此指同鄉。⓮赤菟　古代的良馬。〈曹瞞傳〉：「時人語曰：『人中有呂布，馬中有赤菟。』」⓯承制　指根據皇帝的旨意。⓰亡　逃跑。

【語　譯】呂布，字奉先，五原郡九原縣人。因善於騎馬射箭、驍勇善戰在并州做官。刺史丁原擔任騎都尉，駐紮在河內地區，任命呂布為主簿，對他非常信賴。漢靈帝駕崩，丁原接受何進的命令，率兵進入洛陽，官任執金吾。正趕上何進敗亡，董卓誘使呂布殺掉丁原，並兼併了丁原的軍隊。

2　董卓任命呂布為騎都尉，盟誓為父子，非常喜愛和信任呂布。呂布逐漸官升中郎將，並被封為都亭侯。董卓清楚自己兇殘橫暴，對人常常懷有猜忌畏懼之心，讓呂布寸步不離地保衛自己。曾經因一點小事沒有讓董卓滿意，董卓就隨即拔出手戟扔向呂布。幸虧呂布動作敏捷，才幸免，並陪著笑臉請罪，董卓才消除了憤怒。從此，呂布暗中開始仇恨董卓。董卓又命令呂布把守內宅的大門，於是呂布與董卓的貼身侍婢有了私情，心裡更加不安。於是，呂布去拜見了司徒王允，述說了自己幾乎被董卓殺害的情形。當時王允正與尚書僕射士孫瑞一起密謀除掉董卓，趁機將計劃告訴呂布，並讓呂布作為內應。呂布說：「我們可是父子呢，怎麼辦呢？」王允說：「您本姓呂，本來就不是骨肉之親。如今連考慮死活的空暇都沒有了，還講什麼父子？在他向你扔手戟的時候，難道有父子之情嗎？」呂布最後還是答應了，就在門旁刺死了董卓，事情的經過已經記載在〈董卓傳〉中了。王允任命呂布為奮威將軍，授予符節，待遇與三公一樣，並被封為溫侯。

3 王允既然不赦免董卓的部下，因此董卓的部將李傕等人便聯合起來，反攻長安。呂布與李傕作戰失敗，就帶領幾百騎兵，把董卓的頭顱拴在馬鞍子上，逃出武關，投奔南陽。袁術用隆重的禮節接待了呂布。呂布自恃殺死了董卓，有恩於袁家，就放縱他的士兵搶掠百姓。袁術感覺到呂布是禍患。呂布內心不安，就又跑到河內郡投靠了張楊。當時李傕等人緊追不捨地懸賞捉拿呂布，張楊手下的人都想把呂布抓起來。呂布很害怕，對張楊說：「我們是同鄉，如今殺了我，功勞不一定很大。不如把我出賣了，一定能得到李傕的爵賞和信任。」張楊認為這樣可行。不久，呂布逃脫，投奔了袁紹，袁紹與呂布在常山攻打張燕。張燕有精兵一萬多，騎兵數千人。呂布平常乘坐的戰馬，是被稱為「赤菟」的寶馬，能翻越城牆，跨越護城河，呂布與他手下的猛將成廉、魏越等數十騎兵衝進張燕的軍營中，每天三四次，每次都斬獲敵人的首級而回。連續作戰十幾天，終於打敗了張燕的軍隊。呂布自恃作戰有功，向袁紹請求增加自己的兵眾，被袁紹拒絕，而且呂布的部下大多殘暴蠻橫，袁紹對這種情況十分擔心。呂布也內心不安，於是請求返回洛陽。袁紹同意了他的要求，並根據朝廷的旨意任命他為司隸校尉，派遣壯士護送呂布而打算讓他們悄悄地把呂布殺掉。呂布懷疑袁紹暗算自己，就讓人在軍帳中彈箏，自己悄悄地逃走了。等埋伏的軍隊深夜行動時，呂布早已逃脫。袁紹聽說後，害怕將來成為自己的禍患，就召集軍隊追捕呂布，但追趕的人誰也不敢靠近呂布，於是呂布投奔了張楊。路過陳留時，太守張邈派人迎接，很隆重地款待了他，臨別之時，兩人又握手盟誓。

1 邈字孟卓，東平❶人，少以俠聞。初辟公府❷，稍遷陳留太守。董卓之亂，與曹操共舉義兵。及袁紹為盟主，有驕色，邈正義責之。紹既怨邈，且聞與布厚，乃令曹操殺邈。操不聽，然邈心不自安。興平元年，曹操東擊陶謙❸，令其將武陽人陳宮屯東郡❹。宮因說邈曰：「今天下分崩，雄桀並起。君擁十萬之眾，當四戰之地❺，撫劍顧眄❻，亦足以為人豪，而反受制，不以鄙❼乎！今州軍東征，其處空虛，呂布壯士，善戰無前，迎之共據兗州，觀天下形埶，俟時事變通，此亦從❽橫一時也。」邈從之，遂與弟超及宮等迎布為兗州牧，據濮陽，郡縣皆應之。

2 曹操聞而引軍擊布，累戰，相持百餘日。是時旱蝗少穀，百姓相食，布移屯山陽。二年間，操復盡收諸城，破布於鉅野❾，布東奔劉備。邈詣袁術求救，留超將家屬屯雍丘。操圍超數月，屠之❿，滅其三族⓫。邈未至壽春，為其兵所害。

3 時劉備領徐州⓬，居下邳⓭，與袁術相拒於淮上。術欲引布擊備，乃與布書曰：「術舉兵詣闕⓮，未能屠裂董卓。將軍誅卓，為術報恥⓯，功一也。昔金元休南至封丘，為曹操所敗⓰。將軍伐之，令術復明目於遐邇⓱，功二也。術生年以來，不聞天下有劉備，備乃舉兵與術對戰。憑將軍威靈，得以破備，功三也。將軍有三大功在術，術雖不敏，奉以死生。將軍連年攻戰，軍糧苦少，今送米二十萬斛。非唯此止，當駱驛復致⓲。凡所短長⓳亦唯命。」布得書大悅，即勒兵襲下邳，獲備妻子。備敗走海西⓴，飢困，請降於布。布又恚㉑術運糧不復至，乃具車馬迎備，以為豫州刺史，遣屯小沛㉒。布自號徐州牧。術懼布為己害，為子求婚[23]，布復許之。

4 術遣將紀靈等步騎三萬以攻備，備求救於布。諸將謂布曰：「將軍常欲殺劉備，今可假手[24]於術。」布曰：「不然。術若破備，則北連太山，吾為在術圍中，不得不救也。」便率步騎千餘，馳往赴之。靈等聞布至，皆斂兵而止。布屯沛城外，遣人招備，并請靈等與共饗[25]飲。布謂靈曰：「玄德，布弟也，為諸君所困，故來救之。布性不喜合鬭[26]，但喜解鬭耳。」乃令軍候[27]植戟[28]於營門，布彎弓顧曰：「諸君觀布射戟小支[29]，中者當各解兵，不中可留決鬭。」布即一發，正中戟支。靈等皆驚，言「將軍天威也」。明日復歡會，然後各罷。

5 術遣韓胤以僭號事告布，因求迎婦，布遣女隨之。沛相陳珪恐術報布成姻，則徐揚合從[30]，為難未已。於是往說布曰：「曹公奉迎天子，輔贊國政，將軍宜與協同策謀，共存大計。今與袁術結姻，必受不義之名，將有累卵[31]之危矣。」布亦素怨術，而女已在塗，乃追還絕婚，執胤送許，曹操殺之。

【章旨】以上為〈呂布傳〉的第二部分。記述張邈依陳宮之計，迎呂布為兗州牧，與曹操對抗。操敗布，布又投靠劉備。袁術引誘呂布攻劉備，備敗。因袁術失信，呂布又與劉備聯合，以營門射戟解劉備之難。袁術欲與呂布結親，被陳珪用計破壞。

【注釋】❶東平　郡、國名。西漢甘露二年（西元前五二年）改大河郡為東平國。治今山東東平東。❷辟公府　辟，徵召。公府，指三公的官府。❸陶謙　當時任徐州牧。❹武陽人陳宮屯東郡　武陽縣，故城在今山東莘縣東南。陳宮，字公臺，東郡人。性情剛直烈壯，年輕時期就廣交天下的知名之士。曾經為曹操的部屬，後歸附呂布。為呂布出謀劃策，呂布常常不採納。東郡，戰國秦王嬴政五年設置。治今河南濮陽。❺四戰之地　陳留地勢平坦，四面受敵，故稱之為四戰之地。❻眄　看。❼鄙　目光短淺，胸無大志。❽從　同「縱」。❾鉅野　縣名。漢朝設置縣，以古鉅野澤而得名。故城在今山東巨野東北。❿屠之　指縱兵屠殺雍丘城。⓫三族　一說是父母、妻子、兄弟；一說是父族、母族、妻族。⓬徐州　漢武帝所設「十三刺史部」之一。東漢治今山東郯城，三國魏移至今江蘇徐州。⓭下邳　古縣名。秦朝設置。治今江蘇睢寧西北。東漢永平十五年（西元七二年）改臨淮郡設置諸侯國。⓮闕　古代指皇宮門前兩邊的觀樓。這裡代指京城。⓯為術報恥　這裡指董卓殺隗及術兄基等男女二十餘人。⓰昔金元休二句　據李賢注引《典略》記載：金元休，名尚，京兆人。同郡韋休甫、第五文休俱著名，號為「三休」。漢獻帝初，金元休曾做過兗州刺史，東之郡，但曹操已經到達兗州。金元休只得依附於袁術，術僭號，打算讓金元休做太尉，不敢顯言，私使諷之，術亦不敢強也。建安初年，金元休逃回，被袁術所害。⓱明目於遐邇　明目，這裡有揚眉吐氣的意思。遐邇，遠近。⓲駱驛復致　駱驛，後作「絡繹」。指車、船、人、馬等前後相接，連綿不斷。⓳所短長　指短缺的物品。⓴海西　縣名。漢置晉廢。故城在今江蘇東海縣南。漢武帝時期封李廣利為海西侯，即此。㉑恚　怨恨；惱怒。㉒小沛　漢高祖本是泗水郡沛縣人。及得天下，改泗水為沛郡，小沛即沛縣。㉓為子求婚　這裡指娶呂布的女兒做兒媳婦。㉔假手　借助別人之手。㉕饗　用酒食款待別人。㉖合鬭　挑起爭鬥。㉗軍候　指古代軍中監督軍紀的軍官。㉘戟　古代的兵器，合矛和戈為一體，既可以直刺，也可以側擊。㉙射戟小支　據李賢注引《周禮・考工記》曰：「為戟博二寸，內倍之，胡參之，援四之。」鄭注云：「援，直刃；胡，其子也。」小支，謂胡也。即今之戟傍曲支，戟上的橫刃。㉚徐楊合從　指徐州的呂布與揚州的袁術聯合在一起。徐，指徐州。轄今山東東南部與江蘇、安徽北部。楊，指揚州。轄今江蘇中部與南部、安徽東部、江西東部、浙江北部。㉛累卵　形容形勢十分危急。典故出自《說苑》：晉靈公營建九層高臺，耗費巨大，對左右大臣說：「膽敢勸諫者一律處斬。」孫息請求晉見。晉靈公手持弓箭召見了他，對他說：「你想勸諫我嗎？」孫息回答說：「臣哪裡敢進諫啊！臣能把十二個博棋累加起來，並在上面放九個雞蛋。」晉靈公說：「這倒是從來沒見過，你做給我看看吧。」於是孫息穩定心緒，氣色安然地把十二枚棋子累成一摞，並在上面放置雞蛋。左右大臣全都屏住了呼吸。晉靈公說：「實在太危險了！」孫息回答說：「還有比這更危險的呢。」晉靈公說：「那就再讓我見識一下吧！」孫息說：

「營造九層高臺，數年不成，男子不能種田，女子不能織布。國庫空虛，人口減少，這樣鄰國入侵的禍患就不遠了。」於是晉靈公停止了建高臺的工程。

【語　譯】 張邈，字孟卓，東平人。年輕時期就以行俠仗義聞名。開始時被三公官府徵召，後逐步升任陳留太守。董卓作亂時，與曹操一起共同起兵反卓。等袁紹當上盟主，露出驕傲的跡象後，張邈義正詞嚴地進行批評。於是袁紹對張邈懷恨在心，同時又聽說他和呂布關係很好，就命令曹操殺掉張邈。曹操沒有聽從袁紹的話，但張邈的心裡十分害怕。興平元年，曹操攻打東方的陶謙，命令部將武陽人陳宮駐守東郡。陳宮趁機勸張邈說：「如今天下分崩離析，豪傑並起。您擁有十萬大軍，占據著四通八達的戰略要地，手拿寶劍環顧四周，也完全可以成為人中的豪傑，卻反而受制於人，眼光也太短淺了吧！如今州中的軍隊隨曹操東征，那裡兵力空虛，呂布乃當今壯士，英勇善戰，所向無敵，把他接來共同占據兗州，靜觀天下的形勢，等待有利時機隨機應變，這也可以縱橫於一時啊。」張邈聽信了陳宮的勸告，就與弟弟張超和陳宮一起迎接呂布做了兗州牧，占據濮陽，各郡縣紛紛響應。

2 曹操聽說後，就親率軍隊攻打呂布，雙方發生了多次交戰，一直持續了一百多天。這時，正巧發生了旱災和蝗災，糧食歉收，以致發生了人吃人的現象，呂布只好帶領軍隊轉移到山陽。兩年之內，曹操又重新收復了各個城池，在鉅野擊潰了呂布，呂布東逃投奔了劉備。張邈親自向袁術請求援助，留下張超率領家屬留守雍丘。曹操圍攻張超，連續幾個月都沒有攻下，城陷之日，曹操縱兵屠城，夷滅了張超的三族。張邈還沒有到壽春，就被他手下的士兵殺害了。

3 當時劉備兼任徐州牧，住在下邳，與袁術的軍隊在淮河邊相持不下。袁術想引誘呂布攻打劉備，就寫信給呂布說：「我袁術帶領軍隊到達京城，未能殺掉董卓。將軍殺掉了董卓，為我袁術報仇雪恨，這是你的第一項功勞。過去我的部下金元休南下封丘，被曹操打敗。將軍討伐曹操，使我袁術重新揚眉吐氣於天下，這是你的第二個功勞。我袁術有生以來，還沒有聽說有劉備這個人，劉備竟然率軍與我作對。如果藉著將軍的威名，能夠打敗劉備，這將是將軍的第三大功勞。將軍對我袁術有三大功勞，我袁術即使再愚笨，也會不惜生命報答你的。將軍連年征戰，苦於缺少軍糧，現送給你米二十萬斛。並非僅限於這些，以後還會源源不斷地送去。凡是你缺少的物品，我都惟命是從。」呂布收信後非常高興，立即帶兵偷襲下邳，抓獲了劉備的家屬。劉備敗逃到海西，窮困交加，被迫向呂布請求投降。呂布又惱怒袁術不再繼續供應軍糧，就備好車馬接來了劉備，讓他做了豫州刺史，派他駐紮在小沛。呂布自稱為徐州牧。袁術擔心呂布成為自己的禍患，就向呂布為自己的兒子求婚，呂布也答應了。

4 袁術派遣部將紀靈等率領步兵、騎兵三萬人攻打劉備，劉備向呂布求救。手下的將領對呂布說：「將軍常常想除掉劉備，現在可以借袁術之手實現了。」呂布說：「錯了。袁術如果打敗了劉備，北面就會與太山連成一片，我們就會處在袁術的包圍之中，我們不得不去救劉備。」就率領步兵騎兵一千餘人，火速前往救援劉備。紀靈等人聽說呂布帶兵來了，都收兵停止了進攻。呂布駐紮在小沛城外，派人請來劉備，並請紀靈等人一起赴宴。呂布對紀靈說：「劉玄德是我呂布的弟弟，被各位圍困，因此我來救他。我呂布生來就不喜歡挑起別人爭鬥，只喜歡化解爭端。」於是命令軍候在軍營門上豎起一支戟，呂布拉開弓對眾人說：「各位請看呂布射戟的小支，如果射中了，各方就都撤兵，如果射不中，就任憑你們在這裡決戰。」呂布隨手一箭，正中戟的小支。紀靈等人大為吃驚說「將軍真是神威啊」。第二天又共同赴宴，然後各自撤兵。

5 袁術派韓胤把稱帝一事告訴呂布，並順便請求迎娶兒媳婦，呂布讓女兒跟著韓胤他們走了。沛相陳珪害怕袁術與呂布聯姻成功，徐州和揚州就會連成一體，災難將會永無休止。於是就去勸說呂布說：「曹操恭迎天子，輔佐國政，將軍應該與曹操同心協力，共謀大業。如今和袁術聯姻，必定會落下不義的惡名，將處於非常危險的境地。」呂布平常也非常痛恨袁術，但女兒已經在半路上了，於是呂布便追回了女兒，斷絕了這門親事，抓住了韓胤押送許昌，曹操殺死了韓胤。

1 陳珪欲使子登詣曹操，布固不許，會使至，拜布為左將軍，布大喜，即聽登行，并令奉章謝恩。登見曹操，因陳布勇而無謀，輕於去就❶，宜早圖之。操曰：「布狼子野心❷，誠難久養，非卿莫究其情偽。」即增珪秩中二千石❸，拜登廣陵太守。臨別，操執登手曰：「東方之事，便以相付。」令陰合部眾，以為內應。始布因登求徐州牧，不得。登還，布怒，拔戟斫机❹曰：「卿父勸吾協同曹操，絕婚公路。今吾所求無獲，而卿父子並顯重，但為卿所賣耳。」登不為動容，徐對之曰：「登見曹公，言養將軍譬如養虎，當飽其肉，不飽則將噬人。公曰：『不如卿言。譬如養鷹，飢即為用，飽則颺❺去。』其言如此。」布意乃解。

2 袁術怒布殺韓胤，遣其大將張勳、橋蕤等與韓暹、楊奉連埶❻，步騎數萬，七道攻布。布時兵有三千，馬四百匹，懼其不敵，謂陳珪曰：「今致術軍，卿之由也，為之柰何？」珪曰：「暹、奉與術，卒❼合之師耳。謀無素❽定，不能相維❾。子登策之，比於連雞，埶不俱棲❿，立可離也。」布用珪策，與暹、奉書曰：「二將軍親拔大駕⓫，而布手殺董卓，俱立功名，當垂竹帛。今袁術造逆，宜共誅討，柰何與賊還來伐布？可因今者同力破術，為國除害，建功天下，此時不可失也。」又許破術兵，悉以軍資與之。暹、奉大喜，遂共擊勳等於下邳，大破之，生禽橋蕤，餘眾潰走，其所殺傷、墮⑫水死者殆盡。

3 時太山臧霸⑬等攻破莒城⑭，許布財幣以相結，而未及送，布乃自往求之。其督將高順諫止⑮曰：「將軍威名宣播，遠近所畏，何求不得，而自行求賂。萬一不剋⑯，豈不損⑰邪？」布不從。既至莒，霸等不測往意，固守拒之，無獲而還。順為人清白有威嚴，少言辭，將眾整齊，每戰必剋。布性決易⑱，所為無常。順每諫曰：「將軍舉動，不肯詳思，忽⑲有失得，動輒言誤。誤事豈可數乎？」布知其忠而不能從。

4 建安三年，布遂復從袁術，遣順攻劉備於沛，破之。曹操遣夏侯惇救備⑳，為順所敗。操乃自將擊布，至下邳城下。遺布書，為陳禍福。布欲降，而陳宮等自以負罪於操，深沮㉑其計，而謂布曰：「曹公遠來，埶不能久。將軍若以步騎出屯於外，宮將餘眾閉守於內。若向將軍，宮引兵而攻其背；若但攻城，則將軍救於外。不過旬月，軍食畢盡，擊之可破也。」布然之。布妻曰：「昔曹氏待公臺如赤子㉒，猶舍而歸我。今將軍厚公臺不過於曹氏，而欲委全城，捐妻子㉓，孤軍遠出乎？若一日有變，妾豈得為將軍妻哉？」布乃止。而潛遣人求救於袁術，自將千餘騎出。戰敗走還，保城不敢出。術亦不能救。

【章　旨】以上為〈呂布傳〉的第三部分。記述曹操以鷹為喻，說呂布如鷹，「飢即為用，飽則颺去」，說明呂布「輕於去就」。繼寫呂布用陳珪之計，敗袁術七路圍攻。又述呂布與劉備、曹操之間的戰爭，呂布聽信夫人之言，疏遠陳宮。

【注　釋】❶輕於去就　行動反覆無常，不可信任。❷狼子野心　像狼崽子一樣的秉性，比喻本性險惡的人。典出《左傳・宣公四年》：「初，楚司馬子良生子越椒，子文曰：『必殺之。是子也，熊虎之狀而豺狼之聲，弗殺必滅若敖氏矣。諺曰：狼子野心。是乃狼也，其可畜乎！』」❸秩中二千石　秩，俸祿。中二千石，《漢書・宣帝紀》：「中二千石者，一歲得二千一百六十石，舉成數言之，故曰二千石。中者，滿也。」❹机　同「几」。几案。❺颺　飛得又高又遠。❻韓暹楊奉連埶　韓暹，本來是黃巾軍餘部白波軍的將領。楊奉，原是李傕的部將，後謀殺李傕失敗，與李傕決裂，聯合韓暹等人的軍隊，救援漢獻帝。事詳本書卷七十二。❼卒　通「猝」。倉促。❽素　平素。❾維　維繫；團結。❿比於連雞二句　連雞，指連成一隊的雞群。李賢注引《戰國策》：「秦惠王謂寒泉子曰：『蘇秦欺弊邑，欲以一人之知，反覆山東之君。夫諸侯之不可一，猶連雞之不能俱上於棲。』」⓫親拔大駕　指韓暹、楊奉救援漢獻帝一事。⓬墯　同「墮」。墜落。⓭太山臧霸　太山，即泰山。郡名。漢高祖時設置。治今山東泰安東北。臧霸，先依附陶謙，與呂布聯合，後投靠曹操。⓮莒城　莒，古城邑名。在今山東莒縣。⓯其督將高順諫止　督將，統率軍隊的將領。高順，《英雄記》：「順為人不飲酒，不受饋。所將七百餘兵，號為千人，名『陷陣營』。布後疏順，奪順所將兵，亦無恨意。」⓰剋　獲勝；成功。⓱損　丟面子；降低威信。⓲決易　輕率多變；反覆無常。⓳忽　輕率；不經意。⓴夏侯惇救備　夏侯惇，曹操大將。李賢注引〈魏書〉：「夏侯惇，字元讓，沛國譙人。年二十四，就師學，人有辱其師者，惇殺之。後從征呂布，為流矢傷左目。領陳留、濟陰太守，加建武將軍。太祖常同輿載，特見親重，出入臥內，諸將莫之比。」㉑沮　阻止。㉒公臺如赤子　公臺，陳宮字公臺。赤子，親生兒子。㉓捐妻子　捐，拋棄。妻子，妻子和兒女。

【語　譯】陳珪想派兒子陳登去拜見曹操，呂布堅決不同意，恰好這時朝廷的使臣到了，任命呂布為左將軍，呂布非常高興，立刻就允許陳登出發，並命令他帶著奏章向皇帝謝恩。陳登拜見了曹操，趁機述說呂布有勇無謀，朝三暮四，毫無信用，應該及早想辦法除掉他。曹操說：「呂布狼子野心，確實很難長期加以安撫，但若非閣下，還真難看清他的真面目。」隨即把陳珪的俸祿增加到中二千石，任命陳登擔任廣陵太守。臨別之時，曹操握著陳登的手說：「東部地區的大事，就全權拜託你了。」命令他暗中聚集力量，作為內應。開始，呂布是想借助陳登爭取徐州牧一職，但最終沒有如願。陳登回來後，呂布很惱火，拔戟砍在几案上說：「你父親勸說我與曹操聯合，斷絕與袁術聯姻。如今我的要求無一得到滿足，但你們父子都榮華富貴了，只是我被你們所出賣罷了。」陳登面不改色，慢慢地回答說：「我見到曹操，說養將軍就像養老虎，一定要你吃飽了肉，如果吃不飽，就要吃人。曹操說：『不是你說的那樣。而是像養老鷹，飢餓的時候，就能為你所用，一旦吃飽了，就會遠走高飛了。』他的話就是這樣。」呂布心中的怒氣這才平息下去。

2 袁術痛恨呂布殺害了韓胤，就派他手下的大將張勳、橋蕤等聯合韓暹、楊奉的軍隊，帶領步兵、騎兵數萬人，兵分七路攻打呂布。呂布當時只有三千兵士，戰馬四百匹，害怕打不過對方，就對陳珪說：「如今招引來袁術的軍隊，都是由於你的原因，怎麼辦呢？」陳珪回答說：「韓暹、楊奉和袁術，只是匆忙之間組合起來的烏合之眾而已。平常根本沒有預先商定的計劃，互相又不團結。我兒子陳登判斷，他們就像連成一隊的雞群，根本不可能同棲一枝，立刻就能讓他們分崩離析。」呂布採取了陳珪的計謀，給韓暹、楊奉寫信說：「二位將軍親自救援皇上的大駕，而我呂布親手殺掉了董卓，我們都立下了大功，應當名垂青史。如今袁術叛逆，我們應該聯合起來討伐他，為何你們與叛賊聯合反而攻打我呂布呢？你們可以利用現在的有利時機，同心協力擊敗袁術，為國除害，為天下立功，這種大好時機千萬不能錯過啊。」同時許諾打敗袁術後，把繳獲的軍用物資全部送給他們。韓暹、楊奉非常高興，隨即進軍至下邳共同進攻張勳等人，把張勳打得大敗，活捉了橋蕤，剩餘的軍隊四散潰逃，許多人因受傷、落水而死，幾乎全軍覆沒。

3 當時太山的臧霸等人攻下了莒城，答應給呂布財物以求互相聯合，但還沒來得及送來，呂布就迫不及待地親自去討要了。呂布的督將高順勸阻說：「將軍威名遠揚，威震遐邇，還有什麼要求不能實現的，卻親自去索要財物。萬一不成功，難道不怕有損於將軍的威名？」呂布不聽勸告。到了莒城後，臧霸等不了解呂布的來意，就堅守莒城對抗呂布，呂布一無所獲地返回了。高順為人嚴謹，光明磊落，不善言詞，治軍嚴肅，每戰必勝。呂布本性輕率多變，舉止無常。高順常常勸阻他說：「將軍的一舉一動，不願仔細考慮，行事疏忽有失，說話經常出錯。耽誤的事情難道還能數得清嗎？」呂布明白他的忠誠，但就是聽不進去。

4 建安三年，呂布又投靠了袁術，派高順帶兵前往小沛攻打劉備，擊潰了劉備的軍隊。曹操派遣大將夏侯惇救援劉備，被高順打敗。於是曹操親自率軍攻打呂布，兵臨下邳城下。派人送信給呂布，信中向呂布詳細說明利害禍福關係。呂布打算投降曹操，但陳宮等人自以為有罪於曹操，就千方百計地阻撓呂布計劃的實施，並對呂布說：「曹操遠道而來，看情況難以堅持很長時間。將軍你如果率領步兵、騎兵駐紮在城外，我帶領剩餘的軍隊在內堅守城池。如果曹操攻打將軍，我就帶領軍隊從後面進攻他們；如果曹操只攻城，那麼將軍就從城外救援。用不了一個月的時間，曹操軍隊的軍糧就會消耗殆盡，再去攻打他們，就可以打敗他們。」呂布認為陳宮的計謀很好。呂布的妻子說：「過去曹操對待陳宮就像對待自己的親生兒子，但他還是拋棄了曹操投奔了我們。如今將軍對待陳宮的恩情比不上曹操，卻打算把整個下邳城交給他，拋妻離子，帶領軍隊孤軍遠出嗎？如果一旦發生變故，我難道還能做成將軍的妻子嗎？」於是呂布放棄了這一計劃。並暗中派人向袁術求援，自己率領一千多騎兵出戰。戰敗後退回城內，堅守城池不敢出戰。袁術也無法救援他。

曹操塹❶圍之，壅沂、泗❷以灌其城，三月，上下離心。其將侯成使客牧其名馬，而客策之以叛。成追客得馬，諸將合禮以賀成。成分酒肉，先入詣布而言曰：「蒙將軍威靈，得所亡馬，諸將齊賀，未敢嘗也，故先以奉貢。」布怒曰：「布禁酒而卿等醞釀，為欲因酒共謀布邪？」成忿懼，乃與諸將共執陳宮、高順，率其眾降。布與麾下登白門樓❸。兵圍之急，令左右取其首詣操。左右不忍，乃下降。布見操曰：「今日已往，天下定矣。」操曰：「何以言之？」布曰：「明公之所患不過於布，今已服矣。今布將騎，明公將步，天下不足定也。」顧謂劉備曰：「玄德，卿為坐上客，我為降虜，繩縛我急，獨不可一言邪？」操笑曰：「縛虎不得不急。」乃命緩布縛。劉備曰：「不可。明公不見呂布事丁建陽、董太師乎？」操頷之❹。布目備曰：「大耳兒最叵信❺！」操謂陳宮曰：「公臺平生自謂智有餘，今意何如？」宮指布曰：「是子不用宮言，以至於此。若見從，未可量也。」操又曰：「柰卿老母何？」宮曰：「老母在公，不在宮也。夫以孝理天下者，不害人之親。」操復曰：「柰卿妻子何？」宮曰：「宮聞霸王之主，不絕人之祀❻。」固請就刑，遂出不顧，操為之泣涕。布及宮、順皆縊殺之，傳首許市。

【章旨】以上為〈呂布傳〉的第四部分。記述呂布不用陳宮之計，在曹操大軍的圍困之下，眾叛親離，終於被曹操所俘，被殺。至死不悟，仍自恃勇武。陳宮也以事呂布被殺。

【注釋】❶壍　同「塹」。挖掘壕溝。❷壅沂泗　壅，堵塞河道。沂、泗，河流名，兩河在下邳城合流。❸白門樓　李賢注引宋武《北征記》：「下邳城有三重，大城之門周四里，呂布所守也。魏武禽布於白門。白門，大城之門也。」酈道元《水經注》：「南門謂之白門，魏武禽陳宮於此。」故址在今江蘇睢寧西北古邳鎮東。❹頷之　點頭稱是。❺大耳兒最叵信　傳說劉備的耳朵很大，自己都可以看到自己的耳朵。《三國志·蜀書》：「備顧自見其耳。」叵，不能；不可。❻祀　祭祀。後代指後嗣、後代。

【語　譯】曹操繞城挖掘壕溝，攔截沂河、泗河的水用以淹下邳城；雙方相持三個月，呂布的軍隊軍心渙散。呂布的部將侯成讓屬下去替呂布放馬，屬下卻騎著馬逃跑了。侯成追到了叛逃者，奪回了馬，眾位將領一起準備了禮品祝賀侯成。侯成分配好酒肉，就先到呂布那裡報告說：「承蒙將軍的神威，丟失的馬找回來了，眾位將領都來祝賀，但都不敢先品嘗，所以首先拿來向你敬奉。」呂布憤怒地說：「我明令禁酒，你們卻私自在釀造，難道你們是想用酒謀害我呂布嗎？」侯成又怕又恨，就聯絡眾位將領一起抓住了陳宮、高順，帶領軍隊投降了曹操。呂布帶領部下登上了白門樓。曹軍圍攻非常緊急，呂布命令左右的人割下自己的頭送給曹操。左右的人都於心不忍，於是就下城投降了。呂布見了曹操說：「從今以後，天下就可以平定了。」曹操問：「為什麼這樣說？」呂布說：「明公最擔心的只有我呂布而已，如今也已經歸附了。如果命令我呂布統率騎兵，明公統率步兵，天下就很容易平定了。」又看著劉備說：「玄德，你是座上客，我是階下囚，繩子把我捆綁得這麼緊，你就不願意替我說句話嗎？」曹操笑著說：「捆老虎不能不緊。」於是就命人鬆緩捆綁呂布的繩索。劉備制止說：「不可。明公沒見呂布是怎樣對待丁建陽、董太師的嗎？」曹操點頭稱是。呂布怒視著劉備說：「大耳朵的小子最不可信！」曹操問陳宮說：「公臺你自稱平生聰明有餘，如今你是怎麼想的？」陳宮指著呂布說：「這小子不聽我陳宮的話，才落到這一地步。如果聽了我的話，形勢就難以預測了。」曹操又問：「怎麼處理你的老母親呢？」陳宮說：「老母由你處置，由不得我陳宮。大凡以孝治理天下的人，就不會殺害人家的親人。」曹操又問：「怎麼處置你的老婆孩子呢？」陳宮說：「我聽說稱霸天下的人，不會斷絕別人的後代。」他堅決要求殺掉自己，就頭也不回地走了出去，曹操也為他流下了眼淚。呂布和陳宮、高順都被絞死，他們的首級被送往許都示眾。

贊曰：焉作庸❶牧，以希後福❷。曷❸云負荷？地墮身逐❹。術既叨❺貪，布亦飜覆❻。

【章　旨】以上是作者對劉焉、劉璋、袁術、呂布四人的贊語。這等贊語，高度概括，幾於空洞，相比之下，作者的「論曰」卻分析透徹，一針見血。

【注　釋】❶庸　地名。即益州。王莽時改益州曰庸部。❷以希後福　希，祈求；盼望。後福，子孫後代的福祉。❸曷　難道。❹地墮身逐　指劉璋丟掉了自己的地盤，被放逐到公安。❺叨　同「饕」。貪婪。❻飜覆　指行動反覆無常。飜，同「翻」。

【語　譯】史官評議說：劉焉做庸州牧，並祈求子孫後代的福祉。其子劉璋又怎麼能守得住呢？結果丟失了地盤，自己也被放逐。袁術貪得無厭，呂布又反覆無常，都被征服。

【研　析】從西元一八九年洛陽動亂開始，到西元二二〇年曹魏代漢的三十一年的時間中，中國歷史又經過了空前酷烈的戰爭兼併。當天命與綱常禮教隨著東漢的皇權一起轟然倒塌之後，遊戲就失去了應有的規則，道德不再有任何底線，「物競天擇，適者生存」，不講禮義廉恥，智力和武力才是生存的唯一依據。廢墟中站起來的士大夫，毅然決然地埋葬了自己的過去，拿起刀槍劍戟，開始了由儒士向軍閥的轉化，從溫文爾雅的書生，迅速蛻變為「不仁不孝而有治國用兵之術」的強人。本卷不僅繪聲繪色地描述了陰謀詭計、叛賣廝殺的歷史細節，而且還展現了這些細節背後的動機、意志、情感與欲望，描繪了相關歷史人物心靈的掙扎與無奈。像劉焉、劉璋父子，「假符僭稱」的袁術，「造作符書，以惑百姓」的張魯，狼奔豕突的劉備，反覆無常、勇猛鹵莽的呂布，但歷史選擇的北中國的霸主並不是這些人，也不是武夫董卓、懦夫韓馥、迂夫孔融，而是頗有些惡少習氣的「英雄」曹操。

這一時期還是中國土生土長的宗教——道教的形成時期。作為中國本土宗教的道教，在教理上充分吸收了道家的理論成果和神仙方術的思想，在組織上取法於兩漢時期的基層社會組織形式，在宗教儀典上吸取了原始的巫術信仰和道術形式，從而形成了十分龐雜的宗教理論形式。對於這一曾經對中國傳統的政治生活和社會民俗生活均產生過巨大影響的宗教形式的初期形態，在歷史典籍中卻記載闕如，幸賴本卷中的片鱗隻爪，我們才能對其了解一二。（陳虎注譯）

卷七十六

循吏列傳第六十六

【題解】本卷為記述東漢循吏事跡的類傳，計有衛颯、任延、王景、王渙等十餘人。衛颯、任延等任職邊郡，或修庠序之教，或設婚姻之禮，敬賢養士，移風易俗，教化大行，郡內清理。王景好學多藝，尤善治水，創堨流法修成浚儀渠；又修治黃河、汴渠而免除水患，利國惠民，可謂豐功偉績。秦彭行崇禮之教，設興農之法，百姓懷愛，天降祥瑞。王渙盡職奉公，居身平正，務在惠民，寬猛得宜。其糾剔奸盜則風威大行，而發擿奸伏則稱有神算。至於許荊之克讓化民，孟嘗之革除時弊，第五訪仁義救民而得順帝嘉獎，劉寵以仁惠愛民而為鄉老敬重，以及仇覽、童恢勸農崇德以化育縣邑等，不一而足。總之，本卷所載，皆為奉公守法，忠正其職，仁惠愛民，德義普施之官，有了他們的施教行化，才使得政理民安，社會和諧。因此說，國家需要這樣的長吏，百姓懷愛這樣的職官。

初，光武長於民間，頗達情偽❶。見稼穡❷艱難，百姓病害，至天下已定，務用安靜，解王莽之繁密，還漢世之輕法。身衣大練❸，色無重綵，耳不聽鄭衛之音❹，手不持珠玉之玩，宮房無私愛，左右無偏恩。建武❺十三年，異國有獻名馬者，日行千里，又進寶劍，賈兼百金❻，詔以馬駕鼓車❼，劍賜騎士。損上林池籞之官❽，廢騁望弋獵之事。其以手迹賜方國❾者，皆一札❿十行，細書成文。勤約之風，行于上下。數引公卿郎將，列于禁坐。廣求民瘼，觀納風謠⓫。故能內外匪懈⓬，百姓寬息。自臨宰邦邑者，競能其官⓭。若杜詩守南陽，號為「杜母」，任延、錫光移變邊俗，斯其績用之最章章者也⓮。又第五倫、宋均之徒，亦足有可稱談⓯。然建武、永平⓰之間，吏事刻深，亟以謠言單辭⓱，轉易守長。故朱浮數上諫書，箴切峻政⓲，鍾離意等亦規諷殷勤⓳，以長者為言，而不能得也。所以中興之美，蓋未盡焉。自章、和以後，其有善績者，往往不絕。如魯恭、吳祐、劉寬及潁川四長⓴，並以仁信篤誠，使人不欺；王堂、陳寵㉑委任賢良，而職事自理，斯皆可以感物而行化也。邊鳳、延篤先後為京兆尹，時人以輩前世趙、張㉒。又王渙、任峻㉓之為洛陽令，明發姦伏，吏端禁止，然導德齊禮㉔，有所未充，亦一時之良能也。今綴集殊聞顯迹，以為循吏篇云。

【章旨】以上為〈循吏列傳〉的引言。記述東漢自光武帝劉秀即愛民勤政，率身儉樸，使勤約之風行於上下；而臨宰邦邑者則競能其官，爭盡其職。受此影響，後世皇帝雖時有缺失，然仁義篤誠而感物行化之官則往往不絕，故綴集其事以流傳於世。

【注釋】❶情偽　指民風的真偽。情，民風。❷稼穡　泛指農業生產勞動。稼，播種五穀。穡，收穫農作物。❸大練　指素白而無色彩的絹帛。❹鄭衛之音　指淫靡的歌樂。春秋時鄭、衛兩地的民間歌樂，因與孔子提倡的雅樂大相逕庭而被儒家貶斥為靡靡之音，後世因以其作為淫靡歌樂的代稱。❺建武　東漢光武帝劉秀年號，西元二五—五六年。❻賈兼百金　價值為百兩黃金的一倍。賈，同「價」。❼鼓車　載鼓之車。為古代帝王外出時的儀仗之一。❽上林池籞之官　指皇家御苑即上林苑中主管陂池、園林的職官。籞，禁苑。❾方國　本指四方來附的小國，後用以泛指地方州郡。❿札　古時寫字所用的木板。《說文》：「札，牒也。」⓫觀納風謠　聽取採集各地流傳的民歌民謠。⓬內外匪懈　指朝廷及郡縣之官全都毫不懈怠，認真負責地辦理公務。匪，通「非」。⓭臨宰邦邑者二句　臨宰，親臨主持郡國縣邑之政。競能其官，競相在其職位上顯示出才能。⓮若杜詩守南陽四句　這是說杜詩任南陽太守時，民眾稱號為「杜母」，任延、錫光任職邊境之郡時，移風易俗，社會進步。這些都是績效最為顯著的官吏。杜詩，字君公，河內汲（今河南汲縣）人。東漢初任南陽太守，性行節儉，政治清平；善於計略，省愛民役。時人比於西漢名臣召信臣，為之語曰：「前有召父，後有杜母。」事詳本書卷三十一。任延，字長孫，南陽宛人。事詳本傳。錫光，漢中人。西漢平帝時任交阯太守，建武初降於光武帝，因封為列侯。其在任時教民耕稼，製為冠履，建立學校，導之禮義，移風易俗，功效顯著。事見本書卷八十六。績用，績效；功績。章章，極其顯明的樣子。⓯第五倫宋均之徒二句　第五倫，字伯魚，京兆長陵（今陝西咸陽）人。少介然有義行，後舉孝廉，補淮陽國醫工長。光武帝召見，甚異之。拜會稽太守，後坐法徵，免歸鄉里。數年後復拜宕渠令，遷蜀郡太守，擢為司空。其奉公盡節，貞白儉樸，無私無欲，寬厚敦重，時人譽為愷悌之士。宋均，字叔庠，南陽安眾（今河南鄧州）人。少通詩書，善於論難。補辰陽長時，立學校，絕淫祀，人皆安之。後為謁者，從伏波將軍馬援征武陵蠻，面對馬援卒去而軍士多溫溼疾病，宋均矯制專命，招降蠻夷，光武嘉其功。後任九江太守、東海相，所在寬政恩化，百姓愛戴。明帝以其能，徵拜尚書令。每有駁議，多合上旨。二人事跡詳見本書卷四十一。稱談，稱揚；讚許。⓰永平　東漢明帝劉莊年號，西元五八—七五年。⓱謠言單辭　指傳聞之言與片面之詞。⓲故朱浮數上諫書二句　此指朱浮因此多次上書規諫，警告批評那些峻急之政。朱浮，字叔文，沛國蕭（今安徽蕭縣）人。東漢之初，光武帝以二千石長吏多不勝任，往往罷黜其官。一時間換易紛擾而百姓不寧。朱浮乃上書規諫其事，語甚懇切嚴直。事詳本書卷三十三。⓳鍾離意等亦規諷殷勤　鍾離意，字子阿，會稽山陰（今浙江紹興）人。舉孝廉，辟大司徒府。後任為瑕丘令，遷堂邑令。明帝即位，徵為尚書，轉為尚書僕射；出為魯國相，以久病卒於官。其為政愛民惠眾，輕刑慎罰，撫循百姓如赤子。任尚書時數上書勸諫，秉公持正，意誠心忠，多能糾正補益朝廷之失。事詳本書卷四十一。規諷，規諫諷諭。殷勤，情意誠摯懇切。⑳如魯恭吳祐句　魯恭，字仲康，扶風平陵人。少好學，為諸儒所稱。後以經明得章帝特召，參加白虎觀會議討論《五經》同異。任為中牟令，專以德化為理，不任刑罰。後拜侍御史，遷侍中，又遷樂安相、光祿勳、司徒等職。其生性謙退，從不自顯，每政事有益於人，輒言其便而毫不隱諱。事詳本書卷二十五。吳祐，字季英，陳留長垣人。舉孝廉，遷膠東侯相，政唯仁簡，以身率眾，常勸諭和解爭訴者，使爭隙省息。後遷齊相，大將軍梁冀表為長史。以忠直得罪梁冀，出為河間相，因自免歸家。年九十八卒。事詳本書卷六十四。劉寬，字文饒，弘農華陰人。桓帝時得大將軍府辟為吏，遷為司徒長史，出為東海相。後徵拜尚書令，歷任公卿之職。性溫仁寬恕，雖倉卒時亦無疾言厲色。施政以勸勉德化為務，不行苛暴之政，海內稱為長者。事詳本書卷二十五。潁川四長，指荀淑為當塗長，韓韶為嬴縣長，陳寔為太丘長，鍾皓為林慮長。四長並皆潁川人，因稱為潁川四長。㉑王堂陳寵　王堂，字敬伯，廣漢郪（今四川簡陽）人。初舉光祿茂才，遷穀城令，治有名跡。拜巴郡太守，郡內清靜，吏民生為立祠。復拜魯國相，政存簡一，至數年無訟辭。遷汝南太守，搜才禮士，委功曹陳蕃，任主簿應嗣，郡內稱治。事詳本書卷三十一。陳寵，字昭公，沛國洨（今安徽蚌埠）人。初辟司徒府，顯高其能，轉為辭曹，掌天下獄訟。章帝初任為尚書，諫帝「務深厚之政，去慘酷之科」，帝納其言，使人俗和平。後轉為廣漢太守，任用良吏王渙、鐔顯等，郡中清肅。和帝時任為廷尉，務從寬恕，濟活者甚眾。事詳本書卷四十六。㉒邊鳳延篤二句　邊鳳，陳留人，為京兆尹時，治有能名。郡人為之語曰：「前有趙張三王，後有邊延二君。」延篤，字叔堅，南陽犨人。少從大儒馬融受業，博通經傳及百家之言。桓帝以博士徵，與朱穆、邊韶共著作東觀。遷左馮翊，又遷京兆尹。其政用寬仁，憂恤民黎，郡中歡愛，三輔稱讚。後遭黨事禁錮，卒於家。事詳本書卷六十四。輩，比。趙張，指趙廣漢和張敞，並西漢名臣。趙廣漢，字子都，涿郡蠡吾（今河北蠡縣）人。少為郡吏、州從事，以廉潔通敏下士為名。後為陽翟令，以治行尤異遷京輔都尉，守京兆尹。其和顏接士，推功屬吏，尤善明察真偽以發奸擿伏。京兆政清，吏民稱之不容於口，以為自漢興以來治京兆者莫能及。後以侵犯貴戚大臣竟坐腰斬。張敞，字子高，河東平陽（今山西臨汾）人。以數上事有忠言，宣帝時徵為太中大夫，平尚書事。自趙廣漢誅後，數更守尹皆不稱職，京師漸廢，偷盜尤多，宣帝遂以張敞為京兆尹。其略循廣漢之跡以治京兆，誅賞並用，由此枹鼓稀鳴，偷盜無有，天子嘉之。㉓王渙任峻　二人事跡詳見本傳。㉔導德齊禮　用道德來教化勸導民眾，用禮制來整頓約束民眾。語本《論語・為政》：「子曰：『導之以政，齊之以刑，民免而無恥；導之以德，齊之以禮，有恥且格。』」有恥且格，謂百姓有廉恥之心且恭敬上進。

【語　譯】當初，光武帝劉秀是在民間長大成人的，對於民情虛實真偽的種種情況全都了解得清清楚楚。他親眼看到了耕耘稼穡的艱難辛苦和平民百姓所遭受的傷痛病害，在平定天下以後，遂以簡政利民、安穩清靜作為自己治理國家的重要政策，廢除了王莽執政時期實行的繁苛嚴密的法令，恢復了西漢初期寬鬆簡約的法制。他自己身穿大練粗帛製作的衣服，沒有一點兒豔麗多彩的顏色，兩耳不聽淫蕩奢靡的鄭衛之音，雙手不拿精美玩巧的珠玉等物，於宮房之內沒有私愛寵幸的姬妾，對左右大臣也沒有偏心濫賞的恩惠。建武十三年，外國貢獻了名馬，能夠日行千里，又進獻了寶劍，價值倍於百金，光武帝即刻下詔用名馬去駕御鼓車，而寶劍則賞賜給了騎士。又裁減了上林苑中管護園林的官員，廢止了遊陟觀賞、弋射馳獵的各種活動。他親筆書寫的賜給四方侯國的璽書，都是一札十行，用細筆小字撰寫成文。當時，勤勉簡約的施政風氣，通行於上上下下各級官吏。光武帝曾多次召集公卿郎將，列坐於禁省之中和自己討論問題。又廣泛地體察了解民眾的疾苦，觀聽收集反映風土人情的民間歌謠。因此使得當時的內外職官都能忠心盡職而毫不懈怠，百姓得以在輕徭薄賦的環境中休養生息。那些管理郡國縣邑的地方官員，競相在各自的職位上盡展才能。如杜詩任南陽太守時，當地的百姓尊稱他為「杜母」，任延、錫光則施教行化改易邊疆地區的風俗，這些都是郡縣職官政績卓著最為典型的事例。另外第五倫、宋均等人，也都有許多值得稱譽和讚美的事跡。然而自光武帝建武至孝明帝永平年間，對官吏的處置往往過於嚴苛，時常因為聽信傳言或只憑一面之詞，就匆忙草率地撤換掉郡守縣令等地方長官。因此朱浮屢屢上書勸諫，警告批評這種峻急之政，鍾離意等人也情意懇切地諷諫規勸，他們憑著長者的身分發表中肯的意見，然而卻沒有被接受採納。由此看來，光武帝中興的所謂善政，並未達到盡善盡美的境界。從章帝、和帝以後，那些有著良好政績的官員，在各地接連不斷地湧現出來。比如魯恭、吳祐、劉寬以及被稱為潁川四長的荀淑、韓韶、陳寔、鍾皓等，都因為有仁義守信、篤實忠誠的品德，使得民眾被教誨感化而不為欺蒙之事；王堂、陳寵委任賢良之士輔政，而使職分之事都能得到治理，這些都可以感動百姓而使教化得以推行。邊鳳和延篤曾先後擔任京兆尹，當時的人們把他們看成是西漢的趙廣漢、張敞那樣的賢臣。另外王渙、任峻任洛陽縣令時，也都能揭露懲治那些奸邪隱伏的壞人壞事，使得吏治端正而令行禁止，然而由於用仁德來勸導民眾，用禮教來整頓百姓方面還有所不足，這些郡守縣令也只是一時出現的賢能之才。現在就把關於他們的特異傳聞及其顯要的事跡收集整理出來，編為〈循吏篇〉。

1 衛颯，字子產，河內脩武❶人也。家貧好學問，隨師無糧，常傭以自給。王莽時，仕郡歷州宰❷。

2 建武二年，辟大司徒鄧禹府。舉能案劇❸，除侍御史，襄城令。政有名迹，遷桂陽❹太守。郡與交州❺接境，頗染其俗，不知禮則。颯下車，修庠序之教❻，設婚姻之禮。朞年❼間，邦俗從化。

3 先是含洭、湞陽、曲江❽三縣，越之故地，武帝平之，內屬桂陽。民居深山，濱溪谷，習其風土，不出田租。去郡遠者，或且千里。吏事往來，輒發民乘船，名曰「傳役❾」。每一吏出，傜及數家❿，百姓苦之。颯乃鑿山通道五百餘里，列亭傳，置郵驛⓫。於是役省勞息，姦吏杜絕。流民稍還，漸成聚邑，使輸租賦，同之平民。又耒陽縣⓬出鐵石，佗郡民庶常依因聚會，私為冶鑄，遂招來亡命，多致姦盜。颯乃上起鐵官⓭，罷斥私鑄，歲所增入五百餘萬。颯理卹民事，居官如家，其所施政，莫不合於物宜⑭。視事十年，郡內清理。

4 二十五年，徵還。光武欲以為少府，會颯被疾，不能拜起，勅以桂陽太守歸家，須後詔書⑮。居二歲，載病詣闕，自陳困篤，乃收印綬，賜錢十萬，後卒于家。

5 南陽茨充⑯代颯為桂陽。亦善其政，教民種殖桑柘麻紵之屬，勸令養蠶織履，民得利益焉。

【章　旨】以上為〈衛颯傳〉。記述衛颯任職桂陽太守時，重教興學，設禮化俗，省役息勞，恤民理事。對於桂陽郡的社會發展貢獻極大。其後茨充繼任其職亦善其政，勸農行教而民得利益。

【注　釋】❶脩武　縣名。治今河南獲嘉。❷州宰　此指州里之長。州里即鄉里，古代五黨為州。❸案劇　指能案驗究劾重大繁難的案件。❹桂陽　荊州刺史部屬郡。郡治今湖南郴州。❺交州　即交州刺史部。轄地在今廣東西部與廣西大部地區。❻修庠序之教　頒布實行修建學校發展教育的政令。庠序，我國古代對學校的稱呼。❼朞年　一週年；一整年。朞，「期」的異體字。❽含洭湞陽曲江　並為桂陽郡屬縣。含洭，治今廣東英德西北。湞陽，治今廣東英德東南。曲江，治今廣東韶關東南。❾傳役　因傳送官吏所徵發的傜役。❿傜及數家　指徵用若干人家的男丁服役。傜，同「徭」。勞役。⓫郵驛　古代用以傳遞文書而設立的供應食宿和車馬的驛站。⓬耒陽縣　為桂陽郡屬縣。治今湖南耒陽。⓭上起鐵官　上奏朝廷，設置專營鐵冶鑄造的職官。⓮合於物宜　指符合於當地的民俗風情。⓯須後詔書　等待之後再正式下達朝廷的詔書。⓰茨充　唐李賢注引《東觀漢記》：「充字子河，宛人也。」又「建武中，桂陽太守茨充教人種桑蠶，人得其利。至今江南頗知桑蠶織履，皆充之化也。」

【語　譯】衛颯，字子產，河內郡脩武縣人。雖家境貧寒但愛好學問，隨從老師學習時，因家中無糧，常常要替人做傭工以供給自己的衣食。王莽當政時，他曾任職郡中而為鄉里之長。

2 建武二年，衛颯被辟召入大司徒鄧禹府任職。被鄧禹舉薦為能處理繁難的政事，任命為侍御史，又任為襄城縣令。由於善於理政而很有名望，遂升遷為桂陽太守。桂陽郡與交州之地接境連壤，受到交州民俗的影響，百姓因此不懂得禮制法規。衛颯到任後，立即頒布修建學校發展教育的政令，又制定了婚姻嫁娶的禮儀制度。歷經一年的時間，郡內的風俗就有了明顯的改變。

3 先前，含洭、湞陽、曲江三縣原是百越聚居的地區，漢武帝平定南越後，劃歸屬於桂陽郡。這三縣的百姓居住在深山之中或溪谷旁邊，已經習慣於當地的風土民情，從不向官府交納田租。那些離郡治最遠的地方，有的將近上千里路。官吏有公事辦理，往來都要徵發民丁來駕船傳送，叫做「傳役」。每當官吏外出時，總要調發好幾家的民丁服役，老百姓普遍感到負擔沉重。衛颯於是下令開鑿山嶺，修築通道五百餘里，沿途又修建了驛所，設置了郵遞驛站。從此以後，減輕了徭役，停止了徵調，也杜絕了官吏的藉機舞弊。那些流亡在外的民眾逐漸返回原地，慢慢形成了村落和城邑，於是便讓他們與其他百姓一樣繳納租稅。另外，耒陽縣出產鐵礦石，其他郡的人常常糾結聚集在鐵礦附近，私自進行冶煉鑄造，因此也就招致了許多亡命之徒和不少奸猾盜賊。衛颯便奏請朝廷設置了鐵官，取締私人的冶鑄，每年增加的收入有五百餘萬。衛颯處理民政時善於體恤民情，居官就像治家一樣認真負責。他所施行的各項政策措施，沒有不順乎民情民意且符合實際情況的。在桂陽郡施政十年，使得郡內社會安定而政事條理。

4 建武二十五年，衛颯被徵召回京。光武帝想要任命他擔任少府，恰逢衛颯不幸患病而不能任職，便敕命他以桂陽太守的官職回家養病，等待日後再下達詔書。衛颯家居養病兩年後，帶病到了朝廷，說明自己困頓不堪的情況，光武帝這才收回了印綬，並賞賜給他十萬錢。最後衛颯死於家中。

5 南陽郡人茨充接替衛颯擔任了桂陽太守。他也善於管理政務，教會了當地民眾種植桑柘麻紵之類作物，又勉勵指導民眾養蠶織布及做鞋穿履，使人民得到了許多好處。

1 任延，字長孫，南陽宛人也。年十二，為諸生，學於長安，明詩、易、春秋，顯名太學，學中號為「任聖童」。值倉卒❶，避兵之隴西❷。時隗囂❸已據四郡，遣使請延，延不應。

2 更始元年❹，以延為大司馬屬❺，拜會稽都尉❻。時年十九，迎官驚其壯。及到，靜泊無為，唯先遣饋禮祠延陵季子❼。時天下新定，道路未通，避亂江南者皆未還中土，會稽頗稱多士。延到，皆聘請高行如董子儀、嚴子陵❽等，敬待以師友之禮。掾吏貧者，輒分奉祿以賑給之。省諸卒，令耕公田，以周窮急❾。每時行縣，輒使慰勉孝子，就餐飯之。

3 吳有龍丘萇者，隱居太末❿，志不降辱⓫。王莽時，四輔三公⓬連辟，不到。掾史白請召之。延曰：「龍丘先生躬德履義，有原憲、伯夷⓭之節。都尉埽灑其門，猶懼辱焉，召之不可。」遣功曹奉謁⓮，修書記，致醫藥，吏使相望於道。積一歲，萇乃乘輦⓯詣府門，願得先死備錄⓰。延辭讓再三，遂署議曹祭酒⓱。萇尋病卒，延自臨殯，不朝三日。是以郡中賢士大夫爭往宦焉。

4 建武初，延上書願乞骸骨⓲，歸拜王庭。詔徵為九真⓳太守。光武引見，賜馬雜繒，令妻子留洛陽。九真俗以射獵為業，不知牛耕，民常告糴交阯⓴，每致困乏。延乃令鑄作田器，教之墾闢。田疇歲歲開廣，百姓充給。又駱越㉑之民無嫁娶禮法，各因淫好，無適對匹㉒，不識父子之性，夫婦之道。延乃移書屬縣，各使男年二十至五十，女年十五至四十，皆以年齒相配。其貧無禮娉，令長吏以下各省奉祿以賑助之。同時相娶者二千餘人。是歲風雨順節，穀稼豐衍。其產子者，始知種姓㉓。咸曰：「使我有是子者，任君也。」多名子為「任」。於是徼外蠻夷夜郎等慕義保塞，延遂止罷偵候戍卒㉔。

5 初，平帝時，漢中錫光為交阯太守，教導民夷，漸以禮義，化聲侔㉕於延。王莽末，閉境拒守。建武初，遣使貢獻，封鹽水侯。領南華風㉖，始於二守焉。

6 延視事四年，徵詣洛陽，以病稽留，左轉睢陽㉗令，九真吏人生為立祠。拜武威太守，帝親見，戒之曰：「善事上官，無失名譽。」延對曰：「臣聞忠臣不私，私臣不忠。履正奉公，臣子之節。上下雷同，非陛下之福。善事上官，臣不敢奉詔。」帝歎息曰：「卿言是也。」

7 既之武威，時將兵長史㉘田紺，郡之大姓，其子弟賓客為人暴害。延收紺繫之，父子賓客伏法者五六人。紺少子尚乃聚會輕薄數百人，自號將軍，夜來攻郡。延即發兵破之。自是威行境內，吏民累息㉙。

8 郡北當匈奴，南接種羌，民畏寇抄，多廢田業。延到，選集武略之士千人，明其賞罰，令將雜種胡騎休屠黃石㉚屯據要害，其有警急，逆擊追討。虜恆多殘傷，遂絕不敢出。

9 河西㉛舊少雨澤，乃為置水官吏，修理溝渠，皆蒙其利。又造立校官㉜，自掾史子孫，皆令詣學受業，復其傜役。章句既通㉝，悉顯拔榮進之。郡遂有儒雅之士。

10 後坐擅誅羌不先上，左轉召陵㉞令。顯宗即位，拜潁川太守。永平二年，徵會辟雍㉟，因以為河內太守。視事九年，病卒。

11 少子愷，官至太常。

【章旨】以上為〈任延傳〉。記述任延其幼而善學，號為「聖童」。壯年為官，則禮賢下士，眾人敬服。任職九真太守時，教民耕種之法，設制婚姻之禮，使當地百姓安居樂業。後轉任武威太守，到任即除暴禦寇，保境安民；復修理溝渠，謀利富民；又造立校館，興學教士。其行政施教皆以民為本，而百姓從化。

【注釋】❶倉卒　指突然間發生的急遽事變。卒，同「猝」。❷隴西　亦稱「隴右」，指隴山以西的地區。約今甘肅六盤山以西，黃河以東的地區。❸隗囂　字季孟，天水成紀人。西漢末年，舉兵反王莽，攻占隴西、武都、金城、武威、張掖諸郡。後至長安為更始帝將軍，以勸說更始帝服從於光武帝劉秀而更始不聽，遂亡歸天水，招聚兵眾，自稱西州上將軍。東漢初，以不能臣服被光武帝派兵攻擊，憂病而死。事詳本書卷十三。❹更始元年　當王莽地皇四年，西元二三年。更始，西漢末劉玄的年號。❺大司馬屬　大司馬的屬吏。大司馬指劉秀。據〈光武帝紀〉載，更始元年九月，三輔豪傑共誅王莽，傳首詣宛。及更始至洛陽，乃遣光武以破虜將軍行大司馬事。❻會稽都尉　會稽郡的都尉之職。都尉，原稱郡尉，西漢景帝時改稱都尉，輔佐郡守並掌管全郡的軍事。❼禮祠延陵季子　依照禮儀祭祀延陵季子。延陵季子，即吳王壽夢之少子札，以封於延陵，因名延陵季札，亦稱延陵季子。以多次推讓國君之位而為世人所敬重。❽董子儀嚴子陵　董子儀，生平事跡不詳。嚴子陵，即嚴光，一名嚴遵，字子陵，會稽餘姚（今浙江餘姚）人。少有高名，與光武帝劉秀同遊學，及光武即位，乃隱身不見。後耕於富春山，年八十終於家。事詳本書卷八十三。❾令耕公田二句　讓他們耕種官府掌管的田地，以救助生活的困迫。周，同「賙」。救濟；救助。❿太末　縣名。治今浙江衢縣東北。⓫降辱　指屈身降志，謙卑處下。語本《論語・微子》：「不降其志，不辱其身，伯夷、叔齊與！」⓬四輔三公　太師、太傅、國師、國將為四輔；大司馬、司徒、司空為三公。並王莽時所置官。⓭原憲伯夷　原憲，字子思，春秋時魯人。孔子弟子。居於陋巷之中，敝衣破冠，不厭糟糠，被認為是孔子弟子中的賢者。伯夷，商末孤竹君長子，孤竹君初以其弟叔齊繼位，叔齊讓位於他，他不受，遂投奔於周。後反對武王進軍討伐商王朝，遂逃往首陽山中，不食周粟而死。⓮奉謁　前去進見。奉，敬辭。謁，一般用於下對上，幼對長的進見，或用作謙辭。⓯輦　人推挽的車。⓰先死備錄　謂於身死之前編入郡職名錄之中，即擔任郡中官職。⓱議曹祭酒　為主管評議郡事的部門長官。祭酒，本為古代饗宴時酹酒祭神的長者，後亦泛稱年長或位尊者。⓲乞骸骨　古代官員因年老病弱或因事自請退休稱乞骸骨。⓳九真　交州刺史部屬郡。轄地在今越南中部地區。⓴告糴交阯　謂請求到交阯郡去購買糧食。交阯，交州刺史部屬郡。轄地在今越南北部地方。㉑駱越　古越人的一支，為百越的西部族落。㉒無適對匹　沒有確定的正妻。適，主；正。對匹，對偶；配偶。㉓種姓　即族姓。指家族與姓氏。㉔於是徼外二句　因此境外的蠻夷如夜郎等部族，紛紛仰慕任延的仁義而負責保守邊境的關塞，任延於是撤銷了偵察敵情和戍衛邊塞的士卒。徼，邊塞。候，伺望；偵察。也指偵察敵情的士卒。㉕侔　相等；相同。㉖領南華風　指嶺南地區所展現的華夏族的社會文化風俗。領南，即嶺南，亦稱嶺表，泛指五嶺以南的地區。㉗左轉睢陽　左轉，猶左遷、降職。睢陽，梁國屬縣。治今河南商丘南。㉘將兵長史　兩漢時與少數民族鄰接的各郡，郡守屬官設長史之職以輔佐太守，其掌統兵作戰者稱將兵長史。㉙吏民累息　郡中的官吏百姓都被震懾而不敢張狂。累息，因恐懼而大氣不敢出。㉚雜種胡騎休屠黃石　指雜種匈奴組成的騎兵部隊休屠的黃石部。李賢注：「黃石，雜種號也。」雜種，此指多個部落種姓的匈奴人混雜居住而成的族群。據本書〈郡國志〉載，武威郡乃故匈奴休屠王地，武帝時置郡。所轄有休屠縣。㉛河西 指今甘肅、青海兩地黃河以西地區，即河西走廊與湟水流域。㉜造立校官 修建學校館舍。㉝章句既通 指能夠正確地分章析句，通解明瞭《五經》的意義。㉞召陵 汝南郡屬縣。治今河南郾城東。㉟辟雍 本為西周天子設立的大學。《禮記・王制》：「大學在郊，天子曰辟雍，諸侯曰頖宮。」東漢後為天子祭祀之所。亦作「辟廱」、「辟雝」、「璧雍」。

【語 譯】任延，字長孫，南陽郡宛縣人。他十二歲時，就成為太學學生，在長安學習，以明通《詩》、《易》、《春秋》而顯名於太學，被稱譽為「任聖童」。遭逢兵亂突起，任延便逃到隴西去避難。當時隗囂已經據有隴西四郡，遂派遣使者延請任延任職，而任延沒有答應。

2 更始元年，更始帝任命任延為大司馬屬官，又拜為會稽都尉。當時任延才十九歲，迎接他的官吏對他如此年少感到十分驚奇。任延到職後，淡泊虛靜無欲無為，只是先派人致饋獻食祭祀延陵季子。當時天下剛剛平定，道路尚未完全暢通，避亂江南的士人都還未能返歸中原之地，因此會稽郡中有很多士人。任延一到任，立即聘請那些高行賢能之士如董子儀、嚴子陵等，恭敬地以師友之禮接待他們。對於那些貧困的屬吏，任延又往往把自己的俸祿分給他們予以救濟。同時又減省吏卒，讓他們耕種公田，以此賙濟窮急。每次巡行所轄各縣時，都要派人慰問勉勵當地的孝子，邀請他們聚餐以示獎勵。

3 吳郡有個名叫龍丘萇的士人，隱居於會稽郡的太末縣，決心不降身屈志而任職為官。王莽時，四輔三公接連辟召他為官，他一概不應。掾史將此事報告給任延，並請求召聘他到郡中任職。任延說：「龍丘先生履行道德而實踐仁義，有著原憲、伯夷那樣的高尚節操。我這個都尉替他灑掃門庭都怕有辱於他，絕對不可以召請他。」之後又派遣功曹前往謁見，並修書致信表示慰問，請醫送藥表示關懷，前去探問的官吏常常相望於道。這樣經過一年時間，龍丘萇便乘坐輦車來到府門，表示願意在有生之年編入郡職的名錄以盡心效力。任延再三辭讓，最後讓他署理了議曹祭酒之職。不久，龍丘萇患病去世，任延親臨其殯為其送葬，一連三日停止入署辦公。由此郡中的賢士大夫爭先恐後地前往郡府任職為官。

4 建武初年，任延上書請求辭職退休，以返歸京城拜謝君王於朝廷之上。光武帝徵召他為九真太守，並在召見時賞賜給他馬匹和各種繒帛，又准許他的妻子兒女留居在洛陽。九真郡的民俗世代以射獵為業，不懂得使用牛耕種田，百姓常常要到交阯郡去購買糧食，生活往往因此陷於困乏。任延便下令鑄造農具，並教給百姓墾荒種田之法。於是田地年年都墾闢增多，百姓也因此變得充足富裕。另外駱越地區的百姓沒有婚姻嫁娶的禮法，各自按照自己的喜好交媾淫配，沒有固定的嫡妻配偶，也不懂得父子之情與夫婦之道。任延便給所屬各縣下達文書，讓他們以男子二十至五十歲的，女子十五至四十歲的，全都依據年齡大小互相婚配。那些家境貧窮無法依禮聘娶的，就讓長吏以下的屬吏各自減省自己的俸祿來資助他們。這樣同時相娶成婚者有二千多人。這一年風調雨順，莊稼豐收。那些生育兒女的人家，開始知曉了自己的宗族姓氏，都說：「是任府君使我有了自己的孩子啊。」因此，許多人家都給孩子取名為「任」。從此以後，境外的蠻夷如夜郎等全都仰慕其義而保邊守塞，任延也因此撤回了在邊境上偵察和戍衛的兵卒。

5 當初，在西漢平帝時，漢中郡人錫光為交阯太守。他用禮義教化和訓導蠻夷之人，使他們逐漸遵從禮儀制度。其善於教化的名聲，與任延相同。王莽末年，錫光閉境自守以防止戰亂侵擾。建武初年，錫光遣使向朝廷貢獻土物特產，被封為鹽水侯。嶺南地區華夏文明的傳承，就是從任延、錫光這兩任太守開始的。

6 任延在九真郡任職四年後，被徵召回洛陽。後因疾病滯留了一段時間，遂降職為睢陽縣令。九真郡的吏民為了紀念他，在他還活著時就為他修建了祠堂。其後任延被任為武威太守，光武帝親自召見他，告誡他說：「好好事奉你的上級官員，不要損壞了自己的名譽。」任延回答說：「我聽說過『忠臣不私，私臣不忠』的話，奉公盡職是臣子遵行的節操，若上下回護彼此串通，那絕不是陛下的福分。因此，好好事奉上司的詔令，臣實在不敢遵奉。」光武帝感歎說：「你說得確實很對呀。」

7 到任武威郡後，當時的將兵長史名叫田紺，是郡中的大姓，他的子弟賓客經常仗勢虐害民眾。任延立即將田紺逮捕關押，其父子賓客也有五六人被依法懲處。田紺的小兒子田尚隨即招聚了數百個輕薄違法之徒，自號將軍，乘夜來攻打郡城。任延立即發兵將他攻破。從此以後，任延的聲威震動武威境內，吏民全都不敢違法妄為。

8 武威郡的北邊面對著匈奴，南邊接臨於種羌，百姓因為害怕匈奴和種羌的侵害寇略，許多人都荒廢了農事。任延到任後，挑選了一千名勇武謀略之士，明確其賞罰獎懲的規定，讓他們率領雜種匈奴組成的騎兵休屠的黃石部屯據在要害之處，若出現緊急警報，立即出兵迎擊追討。敵虜常常因此多有傷殘，後來便不敢再進犯邊塞了。

9 河西地區過去乾旱少雨，任延便設置了主管水利的官吏，修理溝渠以引水灌溉，百姓都蒙受其利。任延又設置學館，命令自掾史以下，子孫全部都去學習受業，並免除他們的徭役。粗通經書章句之後，又都選拔任用他們為官，郡中從此便有了儒雅之士。

10 後來，任延因為擅自誅殺羌人而不先向朝廷奏報，被降職為召陵縣令。明帝即位後，又任命他為潁川太守。永平二年，被徵會參加在辟雍舉行的祭祀大典，接著又被任為河內太守。在職九年，因疾病而死。

11 任延的小兒子任愷，官至太常卿。

1 王景，字仲通，樂浪䛁邯❶人也。八世祖仲，本琅邪不其❷人。好道術，明天文。諸呂作亂，齊哀王襄謀發兵❸，而數問於仲。及濟北王興居❹反，欲委兵師仲，仲懼禍及，乃浮海東奔樂浪山中，因而家焉。父閎，為郡三老❺。更始敗，土人王調殺郡守劉憲，自稱大將軍、樂浪太守。建武六年，光武遣太守王遵將兵擊之。至遼東，閎與郡決曹史❻楊邑等，共殺調迎遵，皆封為列侯，閎獨讓爵。帝奇而徵之，道病卒。

2 景少學易，遂廣闚眾書，又好天文術數之事，沈深多伎藝❼。辟司空伏恭府。

時有薦景能理水者，顯宗詔與將作謁者❽王吳共修作浚儀渠❾。吳用景堨流法❿，水乃不復為害。

3 初，平帝時，河、汴決壞，未及得修。建武十年，陽武令張汜⓫上言：「河決積久，日月侵毀，濟渠⓬所漂數十許縣。脩理之費，其功不難。宜改脩隄防，以安百姓。」書奏，光武即為發卒。方營河功，而浚儀令樂俊復上言：「昔元光⓭之間，人庶熾盛，緣隄墾殖，而瓠子河決⓮，尚二十餘年，不即擁塞。今居家稀少，田地饒廣，雖未脩理，其患猶可。且新被兵革，方興役力，勞怨既多，民不堪命。宜須平靜，更議其事。」光武得此遂止。後汴渠⓯東侵，日月弥廣，而水門⓰故處，皆在河中，兗、豫百姓怨歎，以為縣官⓱恒興佗役，不先民急。永平十二年，議修汴渠，乃引見景，問以理水形便⓲。景陳其利害，應對敏給，帝善之。又以嘗修浚儀，功業有成，乃賜景山海經、河渠書、禹貢圖，及錢帛衣物⓳。夏，遂發卒數十萬，遣景與王吳脩渠築隄，自滎陽東至千乘⓴海口千餘里。景乃商度地埶㉑，鑿山阜，破砥績㉒，直截溝澗，防遏衝要，疏決壅積，十里立一水門，令更相洄注㉓，無復潰漏之患。景雖簡省役費，然猶以百億計㉔。明年夏，渠成。帝親自巡行，詔濱河郡國置河堤員吏，如西京舊制㉕。景由是知名。王吳及諸從事掾史皆增秩一等。景三遷為侍御史。十五年，從駕東巡狩，至無鹽㉖，帝美其功績，拜河堤謁者，賜車馬縑錢。

4 建初㉗七年，遷徐州刺史。先是杜陵杜篤㉘奏上論都賦，欲令車駕遷還長安。耆老聞者，皆動懷土之心，莫不眷然佇立西望。景以宮廟已立，恐人情疑惑，會時有神雀諸瑞㉙，乃作金人論，頌洛邑之美，天人之符㉚，文有可採。

5 明年，遷廬江㉛太守。先是百姓不知牛耕，致地力有餘而食常不足。郡界有楚相孫叔敖所起芍陂㉜稻田。景乃驅率吏民，修起蕪廢，教用犂耕，由是墾闢倍多，境內豐給。遂銘石刻誓，令民知常禁。又訓令蠶織，為作法制，皆著于鄉亭，廬江傳其文辭。卒於官。

6 初，景以為六經㉝所載，皆有卜筮，作事舉止，質於蓍龜㉞，而眾書錯糅，吉凶相反，乃參紀眾家數術文書，冢宅禁忌㉟，堪輿日相㊱之屬，適於事用者，集為大衍玄基云。

【章　旨】以上為〈王景傳〉。記述王景好學多藝，而尤善治水。先創墕流法與王吳修成浚儀渠，又自滎陽東至千乘海口築堤修渠千餘里以解除河決之患，可謂豐功偉績。其遷任廬江太守後，則興修水利，教民犂耕，使境內豐給；又作法立制，使民知常禁。

【注釋】❶詘邯　縣名。在今朝鮮平壤西北。❷不其　縣名。西漢時置。因山為名。東漢時屬東萊郡。治今山東即墨西南。❸諸呂作亂二句　此指漢高祖劉邦死後，太后呂雉掌握實權，遂任用呂氏諸人如呂台、呂產、呂祿等為將，且封為侯王。高后死後，諸呂擅權，欲為亂。齊哀王劉襄得知其謀後，遂發兵西進以誅諸呂。劉襄為齊悼惠王劉肥之子，高祖劉邦之孫，襄封為齊王。❹濟北王興居　為齊哀王劉襄之弟，始封為東牟侯，文帝二年立為濟北王。立二年，謀反，兵敗自殺。❺三老　古時為掌教化的鄉官，西漢增置縣三老，東漢又置郡三老。❻郡決曹史　為郡中行法之官，主管案罪決獄之事。❼沈深多伎埶　指性格沉穩，善於謀略，且多有技能才藝。伎埶，同「技藝」。❽將作謁者　職掌同將作大匠，掌修作宗廟、路寢、宮室、陵園等木土之功。漢承秦制，設將作少府之官，景帝時改稱將作大匠。光武中元二年，由謁者領其事，因稱為將作謁者。❾浚儀渠　古狼湯渠分黃河水東流至浚儀縣境內的一段，別稱浚儀渠。浚儀，縣名。治今河南開封。❿堨流法　指於河道中修築較低的擋水堰，橫截河中以抬高上游水位。堨，同「堰」。⓫陽武令張汜　陽武，河南尹屬縣。治今河南原陽東南。張汜，生平事跡不詳。⓬濟渠　李賢原注：「濟水出今洛州濟源縣西北，東流經溫縣入河，度河東南入鄭州，又東入滑、曹、濟、齊、青等州入海，即此渠也。」黃河北段稱為北渠；黃河南段稱為南渠。⓭元光　西漢武帝劉徹年號，西元前一三四—前一二九年。⓮瓠子河決　西漢武帝元光三年，黃河決於瓠子河，東南注入鉅野澤而通於淮、泗，至元封二年始發卒築塞。瓠子河，古河名。在東郡濮陽北（今河南濮陽南）分黃河水向東北曲折注入濟水。⓯汴渠　東漢時指汴水所入滎陽一帶由黃河分出的狼湯渠。⓰水門　指渠上所立閘門。⓱縣官　此指朝廷。⓲理水形便　謂治理河水的地形之宜。⓳賜景山海經二句　於是賞賜給王景《山海經》、〈河渠書〉、《禹貢圖》及錢帛衣服等物品。《山海經》，我國古代的地理著作，共十八篇，作者不詳。內容主要為民間傳說中的地理知識，包括山川、道里、民族、物產、風俗等。〈河渠書〉，當即司馬遷《史記》八書中的〈河渠書〉，為記述我國古代浚通川渠，興修水利的專篇。禹貢圖，《漢書・藝文志》未見著錄，疑為依據《尚書・禹貢》所作的地理圖。〈禹貢〉篇為我國最早的一部地理著作，假託為大禹治水後的政區制度，分全國為九州，分別記述其山川、物產等情況，具有很高的科學價值。⓴千乘　樂安國屬縣。治今山東高青東北。㉑商度地埶　計算丈量地勢的高低遠近。㉒砥績　沙石積成的淺灘。績，同「磧」。㉓洄注　洄，逆流而上曰洄。注，流入；灌入。㉔以百億計　謂所修工程支出工費有數千萬之巨。億，十萬。㉕如西京舊制　指按照西漢時期實行的制度設置管護河堤的官吏。西漢時修造河堤等水利工程，設河堤謁者領其事，秩千石，亦名為護都水使者。東漢初，改以三府掾屬為之。㉖無鹽　東平國屬縣。本戰國時齊邑，西漢置縣。治今山東東平東。㉗建初　東漢章帝劉炟年號，西元七六—八四年。㉘杜陵杜篤　杜陵，京兆尹屬縣。治今陝西西安東南。杜篤，字季雅，少博學，不修小節。東漢初，上奏〈論都賦〉，以兩千言之長篇，論說長安為先帝舊京，關中表裡山河，地勢便宜。勸阻光武帝不宜改營洛邑。後仕郡為文學掾。詳見本書卷八十。㉙神雀諸瑞　李賢注：「章帝時有神雀、鳳皇、白鹿、白烏等瑞也。」㉚天人之符　此指上天對人事滿意時相感應而出現的符瑞。西漢董仲舒倡立天人感應說，以為上天能干預人事，人的行為也能感應上天，自然界出現的災異和祥瑞表示著上天對人們的譴責或嘉獎。㉛廬江　屬揚州刺史部。郡治今安徽廬江縣西。㉜芍陂　水塘名。一名「期思陂」、「安豐塘」。古代淮水流域最著名的水利工程，故址在今安徽壽縣南。漢唐時陂徑百里，灌田萬頃。隋唐後因在安豐縣境內，又名安豐塘。宋元後逐漸湮廢。傳說為春秋時楚相孫叔敖所造，殆不可信。㉝六經　泛指《詩》、《書》、《禮》、《樂》、《易》、《春秋》等儒家經典。㉞質於蓍龜　指遇有疑問不決時而問訊於卜筮之事。質，詢問。蓍，蓍草，古人用其草莖占卦。龜，古人用其甲以占卜。蓍龜因代指卜筮。㉟冢宅禁忌　指記載解說修墳冢，行殯葬，造宅第，宜居處時如何趨吉利，避忌諱的書籍。㊱堪輿日相　堪輿，指相度宅第或墳墓的地理形勢，即相宅相墓的術數。日相，指根據人的生日和相貌來預言吉凶禍福的術數。

【語譯】王景，字仲通，樂浪郡詌邯縣人。他的八世祖王仲，原本是琅邪郡不其縣人，愛好道術，精通天文。西漢初期呂氏作亂時，齊哀王劉襄謀劃發兵攻擊諸呂，曾多次徵詢咨訪於王仲。等到濟北王劉興居起兵反叛時，劉襄想把軍隊交給王仲統率。王仲害怕因此而招致禍災，遂乘船渡海向東逃奔到樂浪郡的大山中，並在那裡安家定居。王景的父親王閎，是樂浪郡的三老。更始帝敗亡後，當地人王調殺死了郡守劉憲，自稱為大將軍、樂浪太守。建武六年，光武帝派遣太守王遵率兵攻打王調。軍隊到達遼東後，王閎和樂浪郡決曹史楊邑等人共同殺死了王調而迎接王遵，二人因此都被封為列侯，而王閎卻辭讓封爵沒有接受。光武帝感到驚訝並認為王閎非同尋常，便徵召他到京城來，可是王閎卻在半路上患病而死。

2　王景年輕時學習過《周易》，之後又博覽群書，特別喜好天文、術數方面的學問。他性格沉穩，具有多種技能才藝。被辟召入司空伏恭的府內任職。當時有人向朝廷推薦王景，說他能夠治理水患，孝明帝便詔命他和將作謁者王吳一起修築浚儀渠。王吳採用了王景的堨流法，河水才不再橫行為害。

3　起初，西漢平帝時，黃河、汴水曾破堤決口，沒有能及時修治。建武十年，陽武縣令張汜上書說：「黃河決口已經很長時間了，一天天浸蝕毀壞堤岸，濟水匯入黃河處所漂沒危害的區域有幾十個縣。修理所花費的錢財和用工並不難解決，如今應當改築和修理堤防，以安定遭受水害的百姓。」上書奏報朝廷後，光武帝立即為此調集了民工。開始修造治河工程的時候，浚儀縣令樂俊又上書說：「從前在武帝元光年間，黃河兩岸人口眾多，往往沿著河堤墾田種植。在瓠子河口決壞之後將近二十多年，都沒有立即動工堵塞。現今黃河沿岸的住家稀少而田地寬廣豐足，即使河堤不加修理，造成的禍患也能承受。況且國家剛剛經歷了戰爭，現在就興造工程調發民役，百姓所受的勞苦和怨恨必定很多，不堪忍受。因此，應該等待國家安定以後，再來考慮治河的事情。」光武帝聽取了他的建議，中止了修治黃河的工程。後來汴水向東氾濫，面積一天天向外擴展，原來設置水閘的地方，已經全都淹沒在河水中間了。兗州、豫州的百姓怨憤歎息，認為朝廷只管興造其他工程，而不優先考慮民眾急需解決的事情。永平十二年，朝廷準備討論修治汴渠一事，明帝於是召見王景，向他詢問關於治理水患的適宜之事。王景陳述了修治河水的利弊得失。他的應對回答都能敏給而詳細，明帝因此極為讚賞。又因為先前他曾經負責修治浚儀渠，並且取得了成功，明帝於是賞賜給他《山海經》、〈河渠書〉、《禹貢圖》以及許多錢帛衣物。這年夏天，朝廷徵發民工數十萬人，派王景與王吳主持修渠築堤之事，整個工程從滎陽往東到達千乘海口共有一千多里。王景於是丈量勘察地勢的高低遠近，開鑿山阜，清除河底的石頭和淤沙，徑直開截溝澗以導流河水，在要害地段加固堤圍嚴加防護，又疏浚決通壅塞的河道，每隔十里設置一道水閘，讓河水迴旋流注入大海中，於是再也沒有了河道潰決的禍患。王景雖然盡量節省工程的費用，但開支花費的錢款還是有數千萬。第二年夏天，修治水道的工程全部完成。明帝親自巡視勘查，又詔命沿河郡國，按照西漢原來的制度設置守護河堤的官吏。王景因此而知名於世。王吳以及其他參與治河的從事掾史等官吏，也都晉升了一級俸祿。王景後經三次升遷任職為侍御史。永平十五年，王景隨從明帝往東方各個州郡進行巡視，到達無鹽縣時，明帝對王景治河的功績大加稱讚，並任命他為河堤謁者，賞賜給他車馬、縑帛和錢幣。

4 建初七年，王景升任徐州刺史。此前，杜陵人杜篤曾把自己寫的〈論都賦〉上奏朝廷，希望皇帝能把國都遷回到長安。許多耆舊老臣聽說後，也都引發了懷念故土之心，全都滿懷眷戀之情，佇立西向遠望故都長安。王景則認為中興後已經在洛陽修建了宮殿宗廟，如今再遷回長安恐怕會引起人們的猜疑。正好這時有神雀、鳳凰等祥瑞相繼出現，於是他便撰寫了一篇〈金人論〉，來歌頌洛邑的壯美與天人感應而出現的祥瑞符應，文章多有可取之處。

5 第二年，王景遷任廬江太守。此前，廬江的百姓還不懂得使用牛耕地，以致廬江的土地雖然肥沃，而糧食卻常常不足食用。郡內有當年楚國名相孫叔敖所修造墾闢的芍陂及其灌溉的稻田。王景於是組織帶領郡中的屬吏和百姓，修復整治廢壞的陂塘和荒蕪的農田，又教給百姓使用牛拉犁來耕種田地。從此，被開墾的土地成倍地增長，廬江境內變得富饒充裕。接著王景又刻石立碑來告誡百姓，讓他們了解官府的法規禁令。又訓導百姓學習養蠶紡織的技術，並為他們制定了規章制度，全都公布於各個鄉亭。因而廬江郡內到處都流傳著王景的文辭。最後，王景死於官任上。

6 起初，王景認為《六經》所記載的內容，其中許多都與卜筮有關，人們興辦事業以及行為舉動，往往都要通過卜問蓍龜再做決定。然而許多書中的內容錯亂紛雜，所說的吉凶之兆彼此之間也常有矛盾。他便參考各種關於數術方面的圖書，諸如修墳造屋的禁忌，堪輿相宅的方法，以及日角、相面等等，選取其中適合日常實用的內容，編集成了《大衍玄基》一書。

1 秦彭，字伯平，扶風茂陵❶人也。自漢興之後，世位相承。六世祖襲，為潁川太守，與群從❷同時為二千石者五人，故三輔號曰「萬石秦氏」。彭同產女弟❸，顯宗時入掖庭為貴人，有寵。永平七年，以彭貴人兄，隨四姓小侯❹擢為開陽城門侯❺。十五年，拜騎都尉，副駙馬都尉耿秉北征匈奴❻。

2 建初元年，遷山陽太守。以禮訓人，不任刑罰。崇好儒雅，敦明庠序。每春秋饗射❼，輒修升降揖讓之儀。乃為人設四誡，以定六親❽長幼之禮。有遵奉教化者，擢為鄉三老，常以八月致酒肉以勸勉之。吏有過咎，罷遣而已，不加恥辱。百姓懷愛，莫有欺犯。開墾稻田數千頃，每於農月，親度頃畝，分別肥塉，差為三品❾，各立文簿，藏之鄉縣。於是姦吏跼蹐❿，無所容詐。彭乃上言，宜令天下齊同其制。詔書以其所立條式⓫，班令三府，並下州郡。

3 在職六年，轉潁川太守，仍有鳳皇、麒麟、嘉禾、甘露之瑞⓬，集其郡境。肅宗⓭巡行，再幸潁川，輒賞賜錢穀，恩寵甚異。章和⓮二年卒。

4 彭弟惇、褒，並為射聲校尉⓯。

【章　旨】以上為〈秦彭傳〉。記述秦彭雖出身官宦之家，然崇好儒雅，敦明教育；以禮訓人，不任刑罰。遷為山陽太守時，開墾稻田數千頃。其親度頃畝，設立條式，使奸吏無所容詐，由此足見其能。

【注　釋】❶茂陵　縣名。治今陝西咸陽西。❷群從　指眾多的堂房親屬，即同祖的親屬。❸同產女弟　同母所生的妹妹。❹四姓小侯　孝明帝時，封外戚樊氏、郭氏、陰氏、馬氏四家子弟，以幼小封侯，故曰小侯。❺開陽城門候　開陽門為洛陽城南面東頭第一門。城門候，為城門校尉屬官，城門校尉主管洛陽十二所城門的守衛。❻副駙馬都尉句　即任為駙馬都尉耿秉的副職出兵北擊匈奴。駙馬都尉，為光祿勳屬官，掌駙馬，秩比二千石。駙馬即皇帝的副車之馬。❼春秋饗射　春秋兩季郡守舉行祭獻及射箭比賽以會民行教。饗射，古代的禮儀。宴客後，舉行射箭比賽。❽六親　李賢注：「六親謂父子、兄弟、夫婦也。」❾差為三品　將田地依肥沃貧瘠的程度區分成三類。❿跼蹐　被限制而不得恣肆。跼，彎曲；畏縮。蹐，後腳緊接著前腳走路。⓫條式　科條法式；條令法規。⓬仍有鳳皇句　頻繁有鳳凰、麒麟、嘉禾、甘露等祥瑞現象出現。鳳皇，傳說為百鳥之王。麒麟，為傳說中的一種神獸，其狀如鹿，獨角，身披鱗甲，尾像牛。嘉禾，生長得特別茁壯的禾稻，古人視為瑞徵。甘露，甘甜的雨露，古人視為天下太平的象徵。⓭肅宗　即孝章帝。肅宗為其廟號。⓮章和　東漢章帝劉炟年號，西元八七—八八年。⓯射聲校尉　為北軍中候屬官，掌宮省宿衛兵。

【語譯】 秦彭，字伯平，扶風郡茂陵縣人。自漢興立國之後，其家世代官職相承。六世祖秦襲，曾為潁川太守，家族中叔伯兄弟同時任職二千石的共有五人，以此三輔地區稱其名號為「萬石秦氏」。秦彭的同母妹妹，顯宗孝明帝時選入掖庭封為貴人，被皇帝所寵幸。永平七年，秦彭因為是彭貴人的哥哥，隨同四姓小侯一起被提拔為開陽門的城門候。永平十五年，又拜為騎都尉，作為駙馬都尉耿秉的副將率兵北征匈奴。

2 建初元年，秦彭升遷為山陽太守。他在職期間，以禮教儀制訓導百姓，而不使用刑罰。尊崇並結交儒雅之士，重視並發展學校教育。每年春秋舉行饗射之禮時，總是嚴格遵守進退升降的禮儀程式。又為百姓制訂了四誡的規定，以明確家族中六親長幼次序的禮節。那些遵奉教化的人，秦彭就提拔他們為鄉三老，每年八月總要饋送酒肉予以勉勵。屬吏犯有過錯，秦彭只是將其罷職遣還而已，從不加以責罰侮辱。因此百姓對他心懷敬愛，沒有人存有欺誑與冒犯之意。秦彭又曾開墾稻田數千頃，每年農耕之時，他都親自計量稻田的畝數，分別土地的肥瘠，定為三品，然後各立文簿檔案，收藏在鄉縣之中。這樣一來，奸邪之吏受到了限制，沒有辦法再進行欺詐矇騙。秦彭還上奏朝廷，建議天下各地一同實行這種制度。章帝特下詔命，將他所制定的科條法式班令三府，並下達到各個州郡具體推行。

3 在職六年後，秦彭轉為潁川太守。他在任期間，不斷有鳳凰、麒麟、嘉禾、甘露等祥瑞在郡內出現。章帝巡行天下，先後兩次來到潁川，每次都賞賜給他錢帛糧穀，對他的恩寵特別優厚。章和二年間，秦彭去世。

4 秦彭的弟弟秦惇、秦褒，都曾任職為射聲校尉。

1 王渙，字稚子，廣漢郪❶人也。父順，安定太守。渙少好俠，尚氣力，數通剽輕少年❷。晚而改節，敦儒學，習尚書，讀律令，略舉大義。為太守陳寵❸功曹，當職割斷，不避豪右❹。寵風聲大行，入為大司農。和帝問曰：「在郡何以為理？」寵頓首謝曰：「臣任功曹王渙以簡賢選能，主簿鐔顯❺拾遺補闕，臣奉宣詔書而已。」帝大悅。渙由此顯名。

2 州舉茂才❻，除溫❼令。縣多姦猾，積為人患。渙以方略❽討擊，悉誅之。境內清夷，商人露宿於道。其有放牛者，輒云以屬稚子，終無侵犯。在溫三年，遷兗州刺史，繩正部郡❾，風威大行。後坐考妖言不實論❿。歲餘，徵拜侍御史。

3 永元⓫十五年，從駕南巡，還為洛陽令。以平正居身，得寬猛之宜。其冤嫌久訟，歷政所不斷，法理所難平者，莫不曲盡情詐⓬，壓塞群疑。又能以譎數發擿姦伏⓭。京師稱歎，以為渙有神筭⓮。元興⓯元年，病卒。百姓市道莫不咨嗟。男女老壯皆相與賦斂，致奠醊⓰以千數。

4 渙喪西歸，道經弘農⓱，民庶皆設槃案於路。吏問其故，咸言平常持米到洛，為卒司所鈔⓲，恆亡其半。自王君在事，不見侵枉，故來報恩。其政化懷物⓳如此。民思其德，為立祠安陽亭西，每食輒弦歌而薦之。

5 永初[20]二年，鄧太后詔曰：「夫忠良之吏，國家所以為理也。求之甚勤，得之至寡。故孔子曰：『才難，不其然乎？』[21]昔大司農朱邑[22]、右扶風尹翁歸[23]，政迹茂異，令名顯聞，孝宣皇帝嘉歎愍惜，而以黃金百斤策賜其子。故洛陽令王渙，秉清脩之節，蹈羔羊之義[24]，盡心奉公，務在惠民，功業未遂，不幸早世，百姓追思，為之立祠。自非忠愛之至，孰能若斯者乎？今以渙子石為郎中，以勸勞勤。」延熹中，桓帝事黃老道，悉毀諸房祀[25]，唯特詔密縣存故太傅卓茂[26]廟，洛陽留王渙祠焉。

6 鐔顯後亦知名，安帝時為豫州刺史。時天下飢荒，競為盜賊，州界收捕且萬餘人。顯愍其困窮，自陷刑辟[27]，輒擅赦之，因自劾奏[28]。有詔勿理。後位至長樂衛尉[29]。

7 自渙卒後，連詔三公特選洛陽令，皆不稱職。永和[30]中，以劇[31]令勃海任峻補之。峻擢用文武吏，皆盡其能，糾剔姦盜，不得旋踵[32]，一歲斷獄[33]，不過數十。威風猛於渙，而文理不及之。峻字叔高，終於太山太守。

【章旨】以上為〈王渙傳〉。記述王渙少好俠義，後改節敦學。入仕為官則理政公平，而得寬猛之宜。又能以詐譎之術揭發姦伏，而世人稱有神算。病卒後，民思其德而為之立祠。朝廷對其亦多加表彰。延熹中悉毀諸房祀時，特許洛陽保留王渙之祠。

【注釋】❶郪　縣名。西漢時置，因郪江而得名。治今四川中江縣東南。❷剽輕少年　指輕薄無行時或劫奪人財的青少年。❸陳寵　字昭公，沛國洨縣（今安徽蚌埠）人。少為州郡吏，辟司徒鮑昱府，昱推重其能而轉為辭曹，掌天下獄訟。其所平決，無不厭服眾心。章帝初遷為尚書，所奏之事甚得其宜，又忠心在公，故朝廷器之。以忠直無忌為竇憲所深恨，得人救助，出為泰山太守。後轉為廣漢太守，和帝時擢為大司農，又任為廷尉、大鴻臚、司空等職。所在有治績，見稱當時。事詳本書卷四十六。❹當職割斷二句　謂能稱職行事而裁決處置時，從不畏懼豪門大族。割斷，裁斷；裁決。❺鐔顯　生平事跡不甚詳明，安帝時任為豫州刺史，後位至長樂衛尉。❻茂才　即秀才。避光武帝劉秀諱改稱茂才。為漢代察舉科目之一。❼溫　縣名。治今河南溫縣。❽方略　謀略；策略。❾繩正部郡　指整治糾正所部各郡的官員。❿坐考妖言不實論　因為追查糾核妖妄傳言不能確實而被治罪。⓫永元　東漢和帝劉肇年號，西元八九—一〇五年。⓬曲盡情詐　詳盡地查明其事實真相和詐偽之狀。⓭能以譎數發擿姦伏　這是說能夠以詭詐權術，發現揭露出種種奸邪隱祕的壞事。譎數，機詐之術。⓮神筭　謂智算有若神明。筭，謀劃。⓯元興　東漢和帝劉肇年號，西元一〇五年。⓰致奠醊　獻送祭品表示對神靈的祭奠。醊，祭祀時用酒澆灑酹地。⓱弘農　縣名。為弘農郡治所在，其地在今河南三門峽市西南。⓲為卒司所鈔　被主管吏卒強行掠取。鈔，亦作「抄」。搶奪；掠奪。⓳政化懷物　指其行政施教能化民而愛眾。懷物，仁愛民眾。⓴永初　東漢安帝劉祜年號，西元一〇七—一一三年。㉑故孔子曰二句　因此孔子說：「(常言道)：『人才難得』，不正是這樣嗎？」語見《論語·泰伯》。㉒朱邑　字仲卿，廬江舒人。西漢大臣。曾任北海太守，以治行第一入為大司農。為人淳厚，廉潔守節，可謂淑人君子。及死，宣帝下詔賜其子黃金百斤奉其祭祀，民為其起冢立祠，歲時祭祀。事詳《漢書·循吏傳》。㉓尹翁歸　字子況，河東平陽人。西漢大臣。拜東海太守，以高第入守右扶風。其為政以任刑威嚴為主，然絕無濫施；其處世則清潔自守，語不及私。後病卒，家無餘財。天子賢之，制詔賜其子黃金百斤以奉其祭祠。事詳《漢書·趙尹韓張兩王傳》。㉔蹈羔羊之義　典出《詩·羔羊》。比喻卿大夫品德高尚，進退循禮。㉕桓帝事黃老道二句　指桓帝時信奉黃老道，把其他的廟宇祠堂全都下令拆毀。房祀，亦作「房祠」。祠堂廟宇。〈桓帝紀〉李賢注：「房謂祠堂也。」黃老道，為道教的前身，以傳說中的黃帝與道家創始人老子相配而尊奉為教主，為黃老學與方仙道相結合的產物。㉖卓茂　字子康，南陽宛人。性寬仁恭愛，以儒術舉為侍郎，給事黃門。後遷為密縣令，勞心諄諄，視民如子；舉善而教，口無惡言，數年後教化大行。東漢初，光武帝用為太傅，封褒德侯。事詳本書卷二十五。㉗刑辟　指因罪而被刑罰誅殺。㉘劾奏　此指上奏章給朝廷，舉發自己擅赦刑徒的罪狀。㉙長樂衛尉　長樂宮的衛尉，掌宮門衛士，宮中徼巡事。李賢注引《漢官儀》：「帝祖母稱長信宮，帝母稱長樂宮。」故有長信少府、長樂少府及職吏。㉚永和　東漢順帝劉保年號，西元一三六－一四一年。㉛劇　北海郡屬縣。治今山東壽光南。㉜不得旋踵　不能拖延遲緩，形容雷厲風行。㉝斷獄　指審理判決罪案。

【語　譯】王渙，字稚子，廣漢郡郪縣人。父親王順，曾任安定郡太守。王渙年輕時喜歡行俠義而尚氣力，常常與那些強悍輕剽的青少年結交往來。後來才改節勵志，敦重儒學。通習了《尚書》，研讀了律令，概要地理解了其中的主要內容。王渙在擔任了太守陳寵的功曹後，能夠忠於職守，處事果斷，就是對豪強大族也毫不畏懼。陳寵治郡有方的名聲也因此在社會上廣為傳揚，後來遂入朝擔任了大司農。和帝詢問他說：「你在郡中是如何治理政事的？」陳寵叩頭回答說：「我任用功曹王渙，由他來選拔賢良才能之士處理各種事務，又任用主簿鐔顯，由他來拾遺補闕以完善各項措施，我自己只是宣布傳達皇上的詔書而已。」和帝聽後十分高興，王渙也由此知名於世。

2 王渙後來被益州舉薦為茂才，並被任命為溫縣令。溫縣境內有許多奸猾之徒，長久以來一直都是百姓的禍害。王渙指揮部署給予討伐打擊，全部誅殺處死。境內因此清靜平安，商旅之人甚至露宿於路途也不受侵害。其中有個放牛的，總是說自從歸屬於王渙之後，便始終沒有再被侵犯。王渙在溫縣任職三年後，升遷為兗州刺史。他嚴厲地糾治整頓所屬郡縣，威嚴的名聲廣為傳稱。後來因為考問查核流傳的妖言未能確實而被免官。一年以後，又被徵召任命為侍御史。

3 永元十五年，王渙隨從皇帝南行巡視，返回後被任命為洛陽縣令。他以忠正公平來嚴格要求自己，行政施教能夠恩威相濟、寬嚴適宜。那些含有冤情而嫌疑不明因此連年爭訟不止的，或者歷任縣令久拖不決的，以及依照法律條文難以公平處置的案件，王渙無不想方設法來弄清真偽而公平裁斷。他的判決準確無誤，使人們不能有絲毫疑問。他還能用機巧權詐的辦法，發現和揭露那些深藏隱祕的壞人壞事，京師的人們無不讚歎稱奇，認為王渙有神機妙算。元興元年，王渙因病去世。當時集市中和路途上的百姓沒有不吁嗟歎息的，男女老少共同集資前去祭奠，致敬酹酒的多達數千人。

4 王渙的靈柩向西運回家鄉，路經弘農縣時，庶民百姓都在路旁擺設盤盒桌案盛放祭品以示祭奠。官吏詢問其中的原因，眾人都說往日攜帶粟米到洛陽售賣，常被士卒衙役所抄掠盤剝，往往要損失一半。自從王渙任為洛陽縣令，不再被官吏所侵犯抄掠，所以大家都來祭奠以報答恩情。王渙的行政施教所體現的化民愛眾，就是這樣的非同一般。百姓思念王渙的恩德，在安陽亭西邊為他修建了祠堂，每到吃飯時都要伴著絃歌禮樂，貢獻祭品來祭祀他。

5 永初二年，鄧太后下詔說：「忠正賢良的官吏是國家賴以穩固安定的根本。雖然我們千方百計地廣為尋求，可是得到的賢能之才卻總是很少。所以孔子說：『人才難得啊，不是這樣的嗎？』從前大司農朱邑、右扶風尹翁歸，政教之跡特別優異，美名令譽傳揚於世。孝宣皇帝曾稱揚讚歎其賢而哀傷憐惜其死，並以黃金百斤賞賜給他們的兒子奉其祭祀。原洛陽縣令王渙，秉持清正廉明的品節，踐行潔白無私、屈柔和順的美德，盡心奉公而忠於職守，全心全意為民造福，可惜功業未成而不幸早逝。老百姓追思懷念，為他建立了祠堂。如果不是忠義仁愛達到極致，誰又能像這樣受到百姓的衷心愛戴呢？現在朝廷詔命任用王渙的兒子王石為郎中，以此來勉勵那些辛勞勤奮的官員。」延熹年間，桓帝崇信黃老道，下令拆毀各地的祠堂廟宇，只有下詔特許密縣保留了原太傅卓茂的廟宇，洛陽保留了原縣令王渙的祠堂。

6 鐔顯後來也知名於世，安帝時任為豫州刺史。當時天下發生饑荒，人們競相搶掠而成為盜賊，豫州境內收捕了將近萬餘人。鐔顯哀憐他們實屬窮困所迫，不得已而違法犯罪陷於刑辟，就擅自決定赦免他們，然後自己上奏朝廷請求懲處。皇帝下詔不予追究。後來他擔任了長樂宮衛尉的官職。

7 自從王渙死後，皇帝接連下詔，命令太尉、司徒、司空三公特為選任洛陽縣令，可是選用者都不稱職。永和年間，又挑選劇縣令、渤海郡人任峻補任為洛陽縣令。任峻提拔任用的文官武吏，全都各盡其能，糾治違法，抓捕奸盜，行動迅速而毫不拖延。以至於一年所審理判決的案件，不過幾十件。任峻治理洛陽，威武嚴厲之風要比王渙迅猛，而禮教文治之功則不如王渙。任峻字叔高，最後死於太山太守的職任上。

1 許荊，字少張，會稽陽羨❶人也。祖父武，太守第五倫舉為孝廉。武以二弟晏、普未顯，欲令成名，乃請之曰：「禮有分異之義，家有別居之道❷。」於是共割財產以為三分，武自取肥田廣宅奴婢強者，二弟所得並悉劣少。鄉人皆稱弟克讓而鄙武貪婪，晏等以此並得選舉❸。武乃會宗親❹，泣曰：「吾為兄不肖，盜聲竊位，二弟年長，未豫榮祿，所以求得分財，自取大譏。今理產所增，三倍於前，悉以推二弟，一無所留。」於是郡中翕然❺，遠近稱之。位至長樂少府。

2 荊少為郡吏，兄子世嘗報讎殺人，怨者操兵攻之。荊聞，乃出門逆怨者，跪而言曰：「世前無狀❻相犯，咎皆在荊不能訓導。兄既早沒，一子為嗣，如令死者傷其滅絕❼，願殺身代之。」怨家扶荊起，曰：「許掾郡中稱賢，吾何敢相侵？」因遂委去。荊名譽益著。太守黃兢舉孝廉。

3 和帝時，稍遷桂陽太守。郡濱南州❽，風俗脆薄❾，不識學義❿。荊為設喪紀婚姻制度，使知禮禁。嘗行春⓫到耒陽縣，人有蔣均者，兄弟爭財，互相言訟。荊對之歎曰：「吾荷國重任，而教化不行，咎在太守。」乃顧使吏上書陳狀，乞詣廷尉。均兄弟感悔，各求受罪⓬。在事十二年，父老稱歌。以病自上，徵拜諫議大夫，卒於官。桂陽人為立廟樹碑。

4 荊孫馘，靈帝時為太尉。

【章　旨】以上為〈許荊傳〉。記述許荊祖父許武即以仁義孝悌為郡人稱譽，許荊亦以賢良聞名。任桂陽太守時，為設喪葬婚姻制度，使知禮禁。又以禮讓教民，而得父老稱揚。

【注　釋】❶陽羨　縣名。治今江蘇宜興。❷禮有分異之義二句　這是說同族兄弟的分財別居既合於禮制，又正在各個家族中實行著。❸並得選舉　都被選拔推舉而任為官吏。❹宗親　同族的親屬。❺翕然　形容輿論歸於一律，無復雜言。翕，聚合。❻無狀　無理。❼如令死者傷其滅絕　假使死者會傷悼其家因此而滅絕子嗣宗族。如令，假令；假使。❽南州　泛指嶺南的州郡。❾脆薄　李賢注：「脆薄猶輕薄也。」❿不識學義　既沒有學問知識，又不知禮節法度。⓫行春　郡守常以春季巡行，視察所主之縣，勸民農桑，賑救窮乏，稱為行春。⓬受罪　指接受罪罰、受到懲處。

【語　譯】許荊，字少張，會稽郡陽羨縣人。祖父許武，被太守第五倫舉為孝廉。許武因為兩個弟弟許晏、許普尚未顯榮，便想讓他們成名，於是對他們說：「禮制中有分財析產的內容，家族中有分家異居之成例。」於是與弟弟共同把家中財產分為三份，許武先挑選了肥田大宅，以及強壯奴婢取為己有，留給兩個弟弟的兩份全都質劣量少。同鄉人都稱讚弟弟能夠禮讓而鄙視許武的貪婪，許晏、許普因此而被選舉任用為官。許武這才召集宗族的親戚，流著淚說：「我作為兄長表現不好，盜取名聲而竊居祿位。兩個弟弟長大了，尚未得到榮譽官職，所以我要求與他們分家異財，而自取肥田廣宅以引發鄉人的譏議。如今我理財所得是先前家產的三倍，現在把它們全部分給兩個弟弟，我自己一無所留。」於是郡中之人全都肅然起敬，遠鄉近鄰紛紛稱讚許武。後來，許武升任至長樂少府。

2 許荊年輕時曾為郡吏，他哥哥的兒子許世因為報仇而殺人，仇家操執兵器想要攻殺他。許荊聞聽此事，便出門迎接仇家，下跪認罪對仇家說：「許世先前無禮非法而相侵犯，罪過都在我沒有嚴加訓導。我哥哥死得很早，只留下這麼一個兒子為後嗣，如果被他殺死的人家哀憐我哥哥因此滅門絕戶的話，我願意以死來代替姪子許世。」仇家之人將許荊扶起，說：「掾史您在郡中被稱為賢明，我們怎敢相侵？」於是便委棄而去。許荊的名譽因此更加卓著。後來，太守黃兢察舉他為孝廉。

3 和帝時，許荊逐漸升遷為桂陽太守。桂陽郡鄰接南州，當地的風俗輕薄，人們既沒有文化知識，又不懂得禮法制度。於是許荊為他們定立了喪葬和婚姻制度，使他們知曉了禮制法禁。許荊曾於春季巡行到耒陽縣，縣民蔣均兄弟因為爭奪財產而互相爭訟。許荊感歎地對他們說：「我身為太守，擔負著國家重任，而政令教化卻沒能通行於此。這罪過全在我這太守身上啊。」於是就讓郡吏上書朝廷陳述情況，請求自己前往廷尉投案治罪。蔣均兄弟都被感動而悔恨，自願要求接受處罰。許荊在郡十二年，郡中父老全都稱譽歌頌其賢。後因患病上書求歸京師，被徵召為諫議大夫，後死於官任之上。桂陽人為他立廟樹碑以表紀念。

4 許荊的孫子許馘，漢靈帝時曾任職太尉。

1 孟嘗，字伯周，會稽上虞❶人也。其先三世為郡吏，並伏節死難❷。嘗少脩操行，仕郡為戶曹史❸。上虞有寡婦至孝養姑❹。姑年老壽終，夫女弟先懷嫌忌，乃誣婦厭苦供養，加鴆其母❺，列訟縣庭。郡不加尋察，遂結竟其罪❻。嘗先知枉狀，備言之於太守，太守不為理。嘗哀泣外門，因謝病去，婦竟冤死。自是郡中連旱二年，禱請無所獲。後太守殷丹到官，訪問其故，嘗詣府具陳寡婦冤誣之事。因曰：「昔東海孝婦，感天致旱，于公一言，甘澤時降❼。宜戮訟者，以謝冤魂，庶幽枉獲申，時雨可期。」丹從之，即刑訟女而祭婦墓，天應澍雨❽，穀稼以登。

2 嘗後策孝廉，舉茂才，拜徐⑨令。州郡表其能，遷合浦⑩太守。郡不產穀實，而海出珠寶，與交阯比境，常通商販，貿糴糧食。先時宰守並多貪穢，詭人採求，不知紀極⑪，珠遂漸徙於交阯郡界。於是行旅不至，人物無資，貧者餓死於道。嘗到官，革易前敝，求民病利⑫。曾未踰歲，去珠復還，百姓皆反其業，商貨流通，稱為神明。

3 以病自上，被徵當還，吏民攀車請之。嘗既不得進，乃載鄉民船夜遁去。隱處窮澤，身自耕傭⑬。鄰縣士民慕其德，就居止者百餘家。

4 桓帝時，尚書同郡楊喬⑭上書薦嘗曰：

5 「臣前後七表言故合浦太守孟嘗，而身輕言微，終不蒙察。區區破心，徒然而已⑮。嘗安仁弘義，耽樂道德⑯，清行出俗，能幹絕群。前更守宰，移風改政，去珠復還，飢民蒙活。且南海多珍，財產易積，掌握之內，價盈兼金⑰，而嘗單身謝病，躬耕壟次，匿景藏采，不揚華藻⑱。實羽翮⑲之美用，非徒腹背之毛也。而沈淪草莽，好爵莫及⑳，廊廟之寶，棄於溝渠。且年歲有訖，桑榆行盡㉑，而忠貞之節，永謝聖時。臣誠傷心，私用流涕。夫物以遠至為珍，士以稀見為貴。

槃木朽株，為萬乘用者，左右為之容耳㉒。王者取士，宜拔眾之所貴。臣以斗筲之姿，趨走日月之側㉓。思立微節，不敢苟私鄉曲㉔。竊感禽息㉕，亡身進賢。」

6 嘗竟不見用。年七十，卒于家。

【章　旨】以上為〈孟嘗傳〉。記述孟嘗祖先三代並赴難死節，其自身亦厲修操行。為上虞孝婦申冤，堅持不懈而感天動地。替合浦百姓革弊求利，民樂其業而稱其神明。以病還鄉後，尚書楊喬特向朝廷薦舉孟嘗，然最終孟嘗也未被任用，以此可見桓帝不能重用賢能。

【注　釋】❶上虞　縣名。治今浙江上虞。❷伏節死難　指堅守節操死於國難。❸戶曹史　此為郡府掾史之一，所掌略如公府曹，主民戶、祠祀、農桑事。❹至孝養姑　指贍養侍奉婆婆非常孝順。姑，丈夫的母親，今稱婆婆。❺乃誣婦厭苦供養二句　遂誣告寡婦厭惡供養服侍其婆婆的勞苦，而以毒酒加害於婆婆。鴆，為傳說中一種有毒的鳥，用牠的羽毛泡過的酒，喝了能毒死人。因指毒酒，亦指用毒酒害人。❻結竟其罪　結案而判定其罪。❼昔東海孝婦四句　從前東海郡的孝婦因被冤屈而感動上天，以致郡中枯旱連年，于公具言其事而為之昭雪，於是天降大雨。于公，東海人，為宣帝時丞相于定國之父。為郡決曹史，以決獄公平而甚得百姓愛戴。據《漢書・于定國傳》：東海有孝婦，少寡，亡子，養姑甚謹，姑欲嫁之，終不肯。其後姑自經死，姑女告吏，吏捕孝婦。孝婦自誣服。于公以為必不如此，遂爭於太守，太守不聽，因辭疾去。太守竟論殺孝婦，郡中枯旱三年。後太守至，于公具言其事，太守祭孝婦塚，因表其墓，而天立大雨。❽天應澍雨　指上天感應而即時下雨救旱。澍，應時之雨。❾徐　臨淮郡徐縣。治今江蘇泗洪南。臨淮郡於東漢永平間更為下邳國。❿合浦　交州刺史部屬郡。治今廣西合浦。⓫詭人採求二句　強迫責令郡人入海採珠，而不知要有極限。李賢注：「詭，責也。」⓬求民病利　訪求民間的利害。⓭身自耕傭　指本身或親自耕種田地，或受人雇傭而勞作。⓮楊喬　字聖達，會稽郡烏傷縣（今浙江義烏）人。前後數次上書陳政事，竇武稱讚他「文質彬彬，明達國典。」桓帝愛其才貌，詔妻以公主，喬固辭不聽，絕食七日而死。⓯區區破心二句　這是說自己雖有赤誠之心，只是枉然而已。區區，猶「拳拳」。懇切忠誠。破心，猶剖心。形容竭盡真誠之意。⓰耽樂道德　深切地喜好並忠實地體行道德之義。指遵守道德的準則，躬行道德的規範。⓱掌握之內二句　珠小易藏，手掌把握中的珍珠，價值就會倍於黃金。⑱匿景藏采二句　指隱居鄉野之間，藏身窮澤之中，不事張揚，不顯華采。景，同「影」。采，風采；風華。⑲羽翮　羽翼；翅膀。代指朝廷的輔佐重臣。⑳好爵莫及　沒能得到封賞尊位高爵。語本《易・中孚》：「鳴鶴在陰，其子和之；我有好爵，吾與爾靡之。」㉑年歲有訖二句　指人的年歲終有止時，若日落桑榆之間，行將隕喪。㉒槃木朽株三句　那些蟠曲朽壞之木都能被帝王所重用，是因為有左右之人先為之接納推舉的緣故。槃木，盤繞交錯之木。語本《漢書・鄒陽傳》：「蟠木根柢，輪囷離奇，而萬乘器者，左右為之先容耳。」㉓日月之側　即人君之旁。古人常以日月之明以喻帝王之聖。㉔苟私鄉曲　因私情而舉薦同鄉之人。鄉曲，鄉間。引申指同鄉之人。楊喬與孟嘗同為會稽郡人，故有此言。㉕禽息　李賢原注：「禽息，秦大夫，薦百里奚而不見納。繆公出，當車以頭擊闑，腦乃播出，曰：『臣生無補於國，不如死也。』繆公感寤而用百里奚，秦以大化。見《韓詩外傳》。」

【語譯】孟嘗，字伯周，會稽郡上虞縣人。他的祖輩三代都曾為郡吏，並都為國家盡忠死節。孟嘗自幼就堅持好的操行，後在郡中任為戶曹史。上虞縣有個寡婦贍養婆婆至為孝順，婆婆年老壽終，她丈夫的妹妹以前和她有嫌怨，便誣告她因為厭煩勞苦而不願意供養婆婆，遂用毒酒將婆婆害死，並告到了縣衙。郡守不加明審詳察，便給寡婦結案定罪。孟嘗此前已經知道她的冤枉，就詳盡地對太守說明情況，而太守卻不予審理。孟嘗在府衙外門哀泣傷心，遂稱病辭職而去。寡婦最後也含冤而死。從此郡中接連兩年大旱，禱告祈請也沒下一點雨。後來太守殷丹到任，訪問其中的原因，孟嘗便到府中詳細陳說了寡婦被冤誣致死的經過，又對太守說：「過去東海郡的孝婦被冤屈，因此感動上天而致旱連年，後來于公為其申明昭雪，上天即刻就普降甘霖。現在應該立即誅戮誣告她的人，以向冤魂謝罪。這樣或許能在沉冤得到申雪之後，可以期待上天降下時雨。」殷丹聽從了他的話，立即刑殺了誣告寡婦的人而祭奠冤婦之墓，上天便應時降雨，莊稼因此也獲得了好收成。

2 孟嘗後來被察為孝廉，又舉為茂才，拜為徐縣令。州郡上表奏報其績能，遂升遷為合浦太守。合浦郡中不產糧穀，而海中出產珍珠，又與交阯接境，所以常與交阯往通商販，交易購買糧食。先前，合浦的太守大多貪殘汙穢，經常強令郡人採求海珠而不知極限。珠蚌便逐漸遷徙到了交阯郡界。於是商旅之人再也不到合浦來，而百姓的生活遂無所資取，貧困者以至於餓死路途。孟嘗到任後，改革先前的弊政，訪求民間利害。不到一年時間，離去的珠蚌又回到了合浦，百姓也都返歸本業，商貨又開始交易流通。郡中百姓都稱頌孟嘗為「神明」。

3 後來孟嘗因為有病而上奏朝廷，被朝廷徵召還京。當返還之日，合浦的吏民紛紛攀援其車而請求他留下。孟嘗既不能乘車前行，便乘坐鄉民的小船乘夜遁去。此後，他就隱處於窮澤水鄉，親自耕種田地，辛勤勞作。鄰縣士民欽慕他的品德，湊集到他那兒居住的有一百多家。

4 桓帝時，同郡人尚書楊喬上書舉薦孟嘗，說：

5 「我曾前後七次上表舉薦原合浦太守孟嘗，然而由於身微言輕，始終未被皇帝留心明察，使我的一片赤誠之心只是枉然操勞而已。孟嘗安於仁愛而弘揚正義，深信摯愛於禮教道德，清正廉明的行為超世越俗，能力才幹也卓絕無雙。以前被任命為郡守時，就能移風易俗革除弊政，使得離去的珠蚌重返合浦，而飢餓之民得到救助。且南海之地多有珍寶，資財錢物極易積蓄，掌心把握之內的珍寶，價值就會倍於黃金。然而孟嘗毫無所貪，單身獨行謝病而去，躬耕勞作於壟畝之間。他匿影藏形於窮鄉僻壤，不事張揚，不顯華采。實在是朝廷的羽翼之臣，而不像腹背上的細毛一樣微不足道。然而這樣寶貴的人才，卻沉淪於草野鄉村間，沒能授予美爵高位，遂使得國家的棟梁重臣，棄置於溝渠河瀆之中。況且人的年歲有限，孟嘗已年近晚暮，若日落桑榆，行將隕落。這樣，他的忠貞之節，將永久地辭別聖明之時。為此，我的內心感到十分的傷痛而潸然流涕。物以遠至難得為珍，士以卓異稀見為貴。盤木朽株之才都被陛下所任用，是您的左右推舉的緣故。帝王取用賢士，應該選拔那些被眾人所尊崇的人才。下臣我以微賤之身，在陛下左右奔走效力，總想著建立微小的功勳，而不敢苟且私愛於同鄉之人。只是因為內心有感於禽息忠心愛國而亡身進賢，才大膽地向您進言以推薦孟嘗。」

6 但最終孟嘗也未被任用。七十歲時，死於家中。

1 第五訪，字仲謀，京兆長陵❶人，司空倫之族孫也。少孤貧，常傭耕❷以養兄嫂。有閑暇，則以學文❸。仕郡為功曹，察孝廉，補新都❹令。政平化行，三年之間，鄰縣歸之，戶口十倍。

2 遷張掖太守。歲飢，粟石數千❺，訪乃開倉賑給以救其敝。吏懼譴❻，爭欲上言。訪曰：「若上須報❼，是棄民也。太守樂以一身救百姓！」遂出穀賦人。順帝璽書嘉之❽。由是一郡得全。歲餘，官民並豐，界無姦盜。

3 遷南陽太守，去官。拜護羌校尉❾，邊境服其威信。卒於官。

【章旨】以上為〈第五訪傳〉。記述第五訪少孤貧而好學，拜官後政平而化行，百姓歸之。其任張掖太守，開倉賑給以救眾民，得順帝嘉獎。拜護羌校尉，邊境之民服其威信。

【注釋】❶長陵　縣名。漢高帝十二年築陵置縣。治今陝西咸陽東北。❷傭耕　指受人雇傭耕種田地。❸學文　指學習道術才藝。❹新都　為廣漢郡屬縣。治今四川新都。❺粟石數千　謂糧缺而價貴，每石米價值數千錢。石，容量單位，十斗為一石。❻吏懼譴　官吏害怕因此而招致罪責。譴，責備；責罰。❼須報　指等待朝廷批覆。❽璽書嘉之　此指以特用皇帝印璽的詔書，嘉獎其不懼責罰而開倉救民。❾護羌校尉　主理西羌事務，秩比二千石。屬官有長史、司馬等。

【語譯】第五訪，字仲謀，京兆尹長陵縣人，司空第五倫的族孫。父早死而自幼孤貧，常常為人雇傭耕田以奉養兄嫂。閒暇之時，便用心學習道術。後來被任為郡功曹，又察舉為孝廉，補職新都縣令。在他任職期間，政治清平而教化大行，鄰縣的百姓紛紛前來歸附他，短短三年時間，戶口就增加了十倍。

後升遷為張掖太守。郡中遭遇饑荒，粟米一石漲價至數千錢。第五訪於是決定開倉放糧以賑給救助百姓。

屬吏害怕因此受到朝廷責罰，爭相勸阻。第五訪說：「如果上奏之後等待批覆，這樣耽誤時間就等於棄置百姓而不顧。我甘願以一身被治罪來救助百姓！」便立即開倉出穀分發給百姓。順帝聞聽後親自以璽書嘉獎他，一郡之人因此得以保全。一年多後，張掖郡的官府和民眾全都豐足充裕，境內的奸盜也絕跡無蹤。

其後第五訪被遷任為南陽太守，他辭去了官職。又被任命為護羌校尉，邊境之民也都非常敬服他的威信。後死於任內。

1 劉矩，字叔方，沛國蕭❶人也。叔父光，順帝時為司徒。矩少有高節，以父
叔遼未得仕進，遂絕州郡之命。太尉朱寵、太傅桓焉嘉其志義❷，故叔遼以此為
諸公所辟，拜議郎，矩乃舉孝廉。

2 稍遷雍丘❸令，以禮讓化之，其無孝義者，皆感悟自革。民有爭訟，矩常引
之於前，提耳訓告❹，以為忿恚可忍，縣官不可入，使歸更尋思。訟者感之，輒
各罷去。其有路得遺者，皆推尋其主。在縣四年，以母憂去官❺。

3 後太尉胡廣舉矩賢良方正，四遷為尚書令。矩性亮直❻，不能諧附貴埶，以
是失大將軍梁冀意，出為常山❼相，以疾去官。時冀妻兄孫祉為沛相，矩懼為所
害，不敢還鄉里，乃投彭城友人家。歲餘，冀意少悟，乃止。補從事中郎，復為
尚書令，遷宗正、太常。

4 延熹四年，代黃瓊為太尉。瓊復為司空，矩與瓊及司徒种暠同心輔政，號為賢相。時連有災異，司隸校尉以劾三公❽。尚書朱穆❾上疏，稱矩等良輔，及言殷湯、高宗不罪臣下之義❿。帝不省，竟以蠻夷反叛免⓫。後復拜太中大夫。靈帝初，代周景為太尉。矩再為上公，所辟召皆名儒宿德。不與州郡交通。

5 順辭默諫⓬，多見省用。復以日食免⓭。因乞骸骨，卒於家。

【章 旨】以上為〈劉矩傳〉。記述劉矩少有高節，志義可嘉。任雍丘令時，以禮讓孝義教化其民；遷職朝廷，公亮忠直不諂附貴勢。後任職太尉，與司空黃瓊、司徒种暠同心輔政，號為賢相。

【注 釋】❶蕭 縣名。治今安徽蕭縣。❷嘉其志義 讚美其志存仁而行守義。❸雍丘 秦置縣。屬陳留郡。治今河南杞縣。❹提耳訓告 指當面親自訓導告誡。提耳，形容盡心而中肯。❺以母憂去官 因為母親之喪而辭官去職。❻亮直 義同「諒直」。誠信正直。❼常山 常山國。高帝時置。治今河北元氏。❽司隸校尉以劾三公 這是說司隸校尉以原陵火災、三輔及涼州地震等事上書劾奏太尉劉矩、司空黃瓊、司徒种暠。自董仲舒倡立「天人感應」說後，凡地震、水災、火災、日蝕等各種災害的出現，都被認為是上天對帝王的警告，帝王則往往以免職朝廷大臣表示改過從善。故而司隸校尉於此上書劾奏三公。❾朱穆 字公叔，南陽宛人。家世衣冠。初舉孝廉，後大將軍梁冀使典兵事。感世風澆薄而慕尚敦篤，撰〈崇厚論〉、〈絕交論〉以矯時弊。尊德重道，為時所服。永興元年，擢冀州刺史，以舉劾權貴得罪宦官，輸作左校。得救助赦免，復拜尚書。雖深疾宦官，志欲除之，然終不得意，憤懣而卒。事詳本書卷四十三。❿殷湯高宗不罪臣下之義 指商王成湯、武丁時雖有不善，並不罪責臣下。李賢原注：「《尚書．湯誥》曰：『余一人有罪，無以爾萬方。萬方有罪，在余一人。』《尚書》高宗誡傅說曰：『一夫不獲，則曰時予之辜。』」殷湯即商王成湯。高宗即商王武丁。⓫竟以蠻夷反叛免 據〈桓帝紀〉：延熹五年夏四月，長沙賊起，寇桂陽、蒼梧。八月，艾縣賊焚燒長沙郡縣；又零陵蠻亦叛，寇長沙。冬十月，武陵蠻叛，寇江陵。太尉劉矩免。⓬順辭默諫 指當廷承順皇帝旨意而退朝後入諫忠正之言。順辭，不忤旨。默諫，諍諫而不顯揚。⓭以日食免因為日蝕天象的出現而被免職。

【語譯】劉矩，字叔方，沛國蕭縣人。叔父劉光，順帝時任職司徒。劉矩年輕時就有高尚的志節，因為父親劉叔遼尚未仕進為官，他便拒絕了州郡的辟召。太尉朱寵、太傅桓焉等嘉美他的忠義之心，以此劉叔遼被朝廷大臣辟舉而拜為議郎，劉矩這才應舉為孝廉。

2 後來，劉矩逐漸升遷為雍丘縣令，在職時以禮讓教化百姓，那些沒有孝行的人，全都感悟自新。縣民有相互爭訟的，劉矩常把他們叫到跟前，當面訓導耐心教誨，曉諭他們憤恨惱怒時應當忍讓克制，不可輕易進入縣衙去打官司，讓他們回家後再仔細考慮。爭訟者感念他的誠意，全都停止訴訟而罷去。有人在路上撿到東西，也都尋找失主。劉矩在縣任職四年，後因母親去世而離職。

3 後來太尉胡廣舉薦劉矩為賢良方正，四次升遷而任為尚書令。劉矩的性格開朗正直，不會迎奉附合權勢貴臣，因此違背了大將軍梁冀的心意，被派出京擔任常山國相。劉矩遂以疾病為由辭官。當時梁冀的妻兄孫祉為沛國相，劉矩擔心被他陷害，因此不敢返還鄉里，便投奔到彭城的朋友家中。一年多後，梁冀的內心稍有醒悟，劉矩才終止了寄居他鄉的生活。補任為從事中郎，並再次擔任尚書令，又遷轉為宗正、太常等。

4 延熹四年，劉矩代替黃瓊任職太尉，黃瓊被任為司空。劉矩與黃瓊及司徒种暠同心輔政，三人號稱為賢相。當時接連有災異出現，司隸校尉以此上書劾奏三公。尚書朱穆上疏，稱譽劉矩等人為國家的忠臣良輔，又陳說了殷湯及高宗不歸罪臣下的道理。而桓帝未能聽取其說，最終因為蠻夷反叛一事罷免了劉矩的官職。後來又任命他為太中大夫。

5 靈帝初年，劉矩代替周景任為太尉。他再次居於上公之位，所辟召任用的都是名儒宿德之士，在職期間也從不與州郡串通聯絡。當廷順迎皇帝之旨，下朝後入諫忠正之言，所陳奏的意見多被朝廷採納。又以出現日蝕而被免官，遂請求退職回鄉，後死於家中。

1 劉寵，字祖榮，東萊牟平❶人，齊悼惠王❷之後也。悼惠王子孝王將閭❸，將閭少子封牟平侯，子孫家焉。父丕，博學，號為通儒。

2 寵少受父業，以明經❹舉孝廉，除東平陵❺令，以仁惠為吏民所愛。母疾，棄官去。百姓將送塞道❻，車不得進，乃輕服遁歸。

3 後四遷為豫章太守，又三遷拜會稽太守。山民愿朴❼，乃有白首不入市井❽者，頗為官吏所擾。寵簡除煩苛，禁察非法，郡中大化。徵為將作大匠。山陰縣❾有五六老叟，尨眉皓髮❿，自若邪⓫山谷間出，人齎百錢以送寵。寵勞之曰：「父老何自苦？」對曰：「山谷鄙生，未嘗識郡朝。它守時吏發求民間，至夜不絕，或狗吠竟夕，民不得安。自明府⓬下車以來，狗不夜吠，民不見吏。年老遭值聖明，今聞當見棄去⓭，故自扶奉送。」寵曰：「吾政何能及公言邪？勤苦父老！」為人選一大錢受之。

4 轉為宗正、大鴻臚。延熹四年，代黃瓊為司空，以陰霧愆陽⓮免。頃之，拜將作大匠，復為宗正。建寧元年，代王暢為司空，頻遷司徒、太尉。二年，以日食策免，歸鄉里。

5 寵前後歷宰二郡，累登卿相，而清約省素，家無貨積。嘗出京師，欲息亭舍，亭吏止之，曰：「整頓洒埽，以待劉公，不可得止。」寵無言而去，時人稱其長者。以老病卒于家。

6 弟方，官至山陽太守。方有二子：岱字公山，繇字正禮。兄弟齊名稱⑮。

7 董卓入洛陽，岱從侍中出為兗州刺史。虛己愛物，為士人所附。初平三年，青州黃巾賊入兗州，殺任城相鄭遂⑯，轉入東平。岱擊之，戰死。

8 興平中，繇為揚州牧、振威將軍⑰。時袁術據淮南，繇乃移居曲阿⑱。值中國喪亂，士友多南奔，繇攜接收養，與同優劇⑲，甚得名稱。袁術遣孫策攻破繇，因奔豫章，病卒。

【章旨】以上為〈劉寵傳〉。記述劉寵受父業而明經典，心仁惠而愛吏民。任會稽太守時，簡除煩苛之政，禁察非法之行，郡中大化而得老叟禮敬。一生清約省素，家無貨積。其弟劉方及二子亦有名聲。

【注釋】❶牟平　縣名。治今山東牟平。❷齊悼惠王　指齊悼惠王劉肥。高祖劉邦之子，高祖六年立為齊王。❸孝王將閭　為齊悼惠王劉肥中子，封楊虛侯。以孝文帝十六年，紹封為齊王。❹明經　謂明通於經術。❺東平陵　濟南國屬縣。治今山東章丘西。西漢時以齊平陵邑置，因右扶風已有平陵，故加「東」字以相區別。❻將送塞道　指為其送行的人很多，以至於阻塞道途。將，送。❼愿朴　謹慎誠樸；老實厚道。❽市井　即集市。古代因井為市，交易進退，故稱市井。❾山陰縣　會稽郡屬縣。治今浙江紹興。❿尨眉皓髮　指老年人的眉毛黑白相雜而頭髮皓白。尨，雜色。⓫若邪　或作「若耶」。山名。在紹興南。⓬明府　「明府君」的省稱。漢代對郡守尊稱「明府君」。⓭見棄去　謂棄離我們而去。見，用在動詞前面表示對我怎麼樣。⓮陰霧愆陽　指陰雲彌漫，霧氣極重，使太陽久不得見。⓯齊名稱　指名望與稱譽彼此相當。李賢注引〈吳書〉：

「平原陶丘洪薦繇，欲令舉茂才。刺史曰：『前年舉公山，奈何復舉正禮？』洪曰：『若明使君用公山於前，擢正禮於後，所謂御二龍於長途，騁騏驥於千里，不亦可乎？』」⑯任城相鄭遂　任城國，治今山東濟寧。鄭遂，汝南人，為李固弟子。其餘事跡不詳。⑰振威將軍　蓋為臨時設置的雜號將軍。⑱曲阿　本戰國時楚雲陽邑。秦置曲阿縣。東漢時屬吳郡，治今江蘇丹陽。⑲優劇　同甘共苦之意。優，美好；充裕。劇，病情惡化；艱苦。

【語　譯】劉寵，字祖榮，東萊郡牟平縣人，齊悼惠王劉肥的後代。悼惠王的兒子為孝王劉將閭，將閭的小兒子被封為牟平侯，於是子孫後代便定居於牟平。劉寵的父親劉丕，博學多識，號稱通儒。

2 劉寵少時即從父受業，以明通經術舉為孝廉，被任命為東平陵縣令，以仁愛慈惠被吏民所愛戴。後母親患病，劉寵遂棄官而去。百姓聞知後相送者塞道，車馬不能前行，劉寵只得輕身微服遁逃回家。

3 後來，劉寵經四次遷轉而任職為豫章太守，又經三次遷轉而拜為會稽太守。山民老實厚道，甚至有的人年老髮白還沒有進過市井，因此常常被官吏所侵擾。劉寵到任後，刪簡廢除那些煩苛的政令，糾治察劾那些違法之事，郡中很快就變得清平安定。後來，劉寵被徵召為將作大匠。山陰縣有五六個老叟，一個個花白的眉毛、皓白的頭髮，從若邪山谷中前來，每人手持百錢送給劉寵。劉寵慰勞他們說：「諸位父老為何要如此辛苦？」老人回答說：「我們都是山谷間的賤民，未曾見識過郡府。別的太守在任時，官吏常常徵發搜刮於民間，甚至夜晚都不休止，鬧得通宵狗吠不斷，百姓不得安寧。自從您到任以來，狗不夜吠而民不見吏，我們年老了還有幸遇上這樣的聖明之世。如今聽說您將要棄離我們而去，所以就相互扶持著趕來相送。」劉寵說：「我的施政哪裡像您們說的那樣好呢？真是有勞諸位父老辛苦了！」於是從他們每人手中選取了一個大錢留存下來。

4 此後劉寵轉任為宗正、大鴻臚。延熹四年，又代替黃瓊任為司空，以陰霧過重傷害陽氣而被免官。不久，又被任命為將作大匠，再轉為宗正。建寧元年，代替王暢任為司空，又轉為司徒、太尉等職。建寧二年，又因出現日蝕而被策免，遂回歸鄉里。

5 劉寵前後歷任二郡太守，又多次登上卿相之位，然而其為政則清廉簡約，生活則儉省素樸，家中沒有任何錢財貨積。他曾經外出京師，想在亭舍中休息一下，亭吏阻止他說：「我已將亭舍整理灑掃得乾乾淨淨，準備接待劉先生，你現在不能在此停息。」劉寵什麼話也沒說就走了，當世之人因此稱譽他為長者。最後劉寵以老病死於家中。

6 劉寵的弟弟劉方，官至山陽太守。劉方有兩個兒子：劉岱字公山，劉繇字正禮。兄弟二人也都很有名望。

7 董卓進入洛陽後，劉岱由侍中外任為兗州刺史。在任期間能虛心律己而仁愛惠眾，深得士人的擁戴與依附。初平三年，青州的黃巾軍攻入兗州，殺死了任城國相鄭遂，又轉入東平郡。劉岱率眾出擊時戰死。

8 興平年間，劉繇任為揚州牧、振威將軍。當時袁術據有淮南，劉繇遂移居於曲阿。正值中原大亂，士人多逃亡南奔，劉繇便接待收養他們，與他們同甘共苦，因此得到世人的稱譽讚揚。後袁術派遣孫策攻破曲阿，劉繇遂逃奔到了豫章，不久即病死。

1 仇覽，字季智，一名香，陳留考城❶人也。少為書生淳默，鄉里無知者。年四十，縣召補吏，選為蒲亭長。勸人生業，為制科令❷，至於果菜為限，雞豕有數，農事既畢，乃令子弟群居，還就黌學❸。其剽輕游恣者，皆役以田桑，嚴設科罰。躬助喪事，賑恤窮寡。朞年稱大化。覽初到亭，人有陳元者，獨與母居，而母詣覽告元不孝。覽驚曰：「吾近日過舍，廬落❹整頓，耕耘以時。此非惡人，當是教化未及至耳。母守寡養孤，苦身投老，柰何肆忿於一朝，欲致子以不義乎？」母聞感悔，涕泣而去。覽乃親到元家，與其母子飲，因為陳人倫❺孝行，譬以禍福之言。元卒成孝子。鄉邑為之諺曰：「父母何在？在我庭。化我鳲梟，哺所生❻。」

2 時考城令河內王渙，政尚嚴猛，聞覽以德化人，署為主簿❼。謂覽曰：「主簿聞陳元之過，不罪而化之，得無少鷹鸇之志❽邪？」覽曰：「以為鷹鸇，不若鸞鳳❾。」渙謝遣曰：「枳棘非鸞鳳所棲，百里豈大賢之路？今日太學曳長裾❿，飛名譽，皆主簿後耳。以一月奉為資，勉卒景行⓫。」

3 覽入太學。時諸生同郡符融有高名，與覽比宇，賓客盈室。覽常自守，不與融言。融觀其容止⓬，心獨奇之，乃謂曰：「與先生同郡壤，鄰房牖。今京師英雄四集，志士交結之秋，雖務經學，守之何固？」覽乃正色曰：「天子脩設太學，豈但使人游談其中！」高揖而去，不復與言。後融以告郭林宗，林宗因與融齎刺⓭就房謁之，遂請留宿。林宗嗟歎，下牀⓮為拜。

4 覽學畢歸鄉里，州郡並請，皆以疾辭。雖在宴居⓯，必以禮自整。妻子有過，輒免冠⓰自責。妻子庭謝，候覽冠，乃敢升堂⓱。家人莫見喜怒聲色之異。後徵方正，遇疾而卒。

5 三子皆有文史才，少子玄，最知名。

【章　旨】以上為〈仇覽傳〉。介紹仇覽少時性淳默，四十歲始補為亭長。然勸田桑，設科令，宣孝道，行德化，頗有成效。後得河內王渙之助入太學讀書，學畢歸鄉里，而益愈務經學，敦禮教。

【注　釋】❶考城　縣名。治今河南民權東。❷為制科令　指制定頒布規章條令。❸黌學　即學校。黌，古時的學校。❹廬落　室廬院落。❺人倫　指人們彼此間的相互關係，及其相處時應當遵守的行為準則。❻父母何在在我庭二句　意謂仇覽如同父母一樣，教化那兇頑之子反哺贍養其母。鴟梟，李賢注：「鴟梟即鵂梟也。」鵂梟，亦作「鵂鶹」。貓頭鷹一類的凶鳥，傳說梟食其母。❼署為主簿　指試充主簿之職。主簿，典領文書，辦理事務之官。漢代中央政府及郡縣官署均設此職，為重要職官之一。❽鷹鸇之志　威猛勇武的意願。鷹、鸇並為猛禽鷙鳥，善捕食鳥雀之屬，因以喻之。❾鸞鳳　鸞鳥和鳳凰。鸞鳥為傳說中鳳凰一類的鳥。鳳凰為傳說中的鳥王。人們常以鸞鳳比喻仁愛和諧。❿曳長裾　指儒雅之士穿著褒衣大袖。曳，拖著。裾，衣袖。⓫勉卒景行　這是說要勤勉努力地最終實現崇高的志向，與達至善美的德行。景行，崇高的德行。⓬容止　儀容舉止。⓭齎刺　手持名帖。刺，名帖；名片。趙翼《陔餘叢考》：「古人通名，本用削木書字，漢時謂之謁，漢末謂之刺。漢以後則雖用紙，而仍相沿曰刺。」⓮下牀　指起身離開坐榻。牀，坐榻。⓯宴居　安居；閒居。一般指無事歇息時。⓰免冠　古人去掉冠帽表示謝罪。⓱升堂　進入廳堂。古代的宮室一般前為堂，後為室，會客、議事、行禮等都在廳堂進行。

【語　譯】仇覽，字季智，又名仇香，陳留郡考城縣人。少年時為書生，性情純樸敦厚、少言寡語，鄉里沒有多少人認識他。到四十歲時，縣裡召用他補為屬吏，又選任為蒲亭長。他鼓勵鄉人勤於生業，並為此制定了科律條令，甚至於種植果菜的限額和餵養雞、豬的數量都有具體的規定。農事完畢後，他就讓鄉民的子弟一起居住，共同到學校學習。對那些剽輕遊蕩之人，就讓他們都去從事田桑之役，並且嚴格設定處罰的條令。他還親自幫助別人料理喪事，賑救撫慰貧窮困苦之家。週年之後，蒲亭地區社會安定稱為大化。仇覽初為亭長時，有個叫陳元的人獨自與母親居住在一起，而其母卻找上仇覽狀告陳元不孝。仇覽感到非常奇怪，說：「我近日到你家中去時，見到室廬潔淨、院落整齊，田地也都按時耕耘。看來陳元並非惡人，當是教化之功尚未及至的緣故。老母守寡而養孤，窮苦一生直到年邁，怎能因為發洩一時的忿恨，而將兒子置於不義之地呢？」其母聽後感到悔悟，傷心地哭泣而去。仇覽又親自到陳元家，與他們母子同桌共飲，並藉機給他們講述人倫孝行之理，用禍福相倚之言曉諭警示他們。陳元終於轉變成為孝子，鄉里民眾為此編造諺語說：「父母之官在哪裡？就在我的家庭中。教化我那鴟梟般的逆子，反哺生養他的親人。」

2 當時的考城縣令為河內人王渙，他的施政崇尚嚴猛。聽說仇覽以仁德感化百姓，便署任他為主簿，對他說：「仇主簿聞聽陳元有罪過，不依法懲治反而感化他，該不是缺少鷹鸇那樣的武猛勇決之志吧？」仇覽回答說：「我以為鷹鸇的武猛勇決不如鸞鳳的仁愛和諧。」王渙立即認錯道歉並遣送他入太學學習，說：「低矮的枳棘並不是鸞鳳所棲息的地方，方圓百里的考城小縣哪裡是大賢的通途之路？今日太學中那些儒雅風流，美名傳譽的學士，就是主簿你的將來。今以一月的俸祿作為資助，希望你勤勉努力，最終學成以實現崇高的德行。」

3 仇覽進入了太學學習。當時同郡人名叫符融的諸生有高名，他與仇覽鄰室而居，常常賓客滿堂。仇覽則常獨居自守，不與符融交往。符融觀察他的行為舉止，心中感到很奇怪，便對他說：「我與先生為同鄉之人，現在又相鄰而居。如今京師中英雄四集，正是志義之士結交往來的時候。先生雖以經學為首要之事，但又何必如此慎行固守呢？」仇覽嚴肅地回答：「天子修設太學，難道只是讓人們在這裡交遊閒談嗎！」說完便深深地行禮而去，不再與他談說。後來符融將此事告訴了郭林宗，郭林宗便與符融帶著名帖到房舍拜謁，仇覽於是邀請他們一同留宿。通過深入交談，郭林宗大為讚歎其才學之優異，遂離開坐床恭敬地對他行禮拜謝。

4 仇覽學成後返歸鄉里，州郡都延請他任職，他以有病為由推辭不應。即使在家閒居，也必定遵從禮儀約束自己。妻子有過錯，他總是免冠自責，妻子只得當庭認錯，等他戴好冠帽，妻子才敢進入廳堂。家裡人從未見過他有喜怒聲色的變化。後來仇覽被朝廷徵為方正，因染上疾病不幸去世。

5 仇覽的三個兒子都有文史之才，小兒子仇玄，最為知名。

1 童恢，字漢宗，琅邪姑幕❶人也。父仲玉，遭世凶荒，傾家賑卹，九族❷鄉里賴全者以百數。仲玉早卒。

2 恢少仕州郡為吏，司徒楊賜❸聞其執法廉平，乃辟之。及賜被劾當免，掾屬悉投刺去，恢獨詣闕爭之❹。及得理，掾屬悉歸府，恢杖策而逝。由是論者歸美。

3 復辟公府，除不其❺令。吏人有犯違禁法，輒隨方曉示❻。若吏稱其職，人行善事者，皆賜以酒肴之禮，以勸勵之。耕織種收，皆有條章❼。一境清靜，牢獄連年無囚。比縣流人歸化，徙居二萬餘戶。民嘗為虎所害，乃設檻捕之，生獲二虎。恢聞而出，呪虎曰：「天生萬物，唯人為貴。虎狼當食六畜❽，而殘暴於人。王法殺人者死，傷人則論法❾。汝若是殺人者，當垂頭服罪；自知非者，當號呼稱冤。」一虎低頭閉目，狀如震懼，即時殺之。其一視恢鳴吼，踴躍自奮，遂令放釋。吏人為之歌頌。青州舉尤異，遷丹陽太守，暴疾而卒。

4 弟翊字漢文，名高於恢，宰府❿先辟之。翊陽喑⓫不肯仕，及恢被命，乃就孝廉，除須昌⓬長。化有異政，吏人生為立碑。聞舉將喪⓭，棄官歸。後舉茂才，不就。卒於家。

【章旨】以上為〈童恢傳〉。記述童恢少仕州郡，即執法廉平。後辟公府，亦仗義秉公。任不其縣令，以禮教為先，使一境清靜。所傳論罪二虎之事雖不可信，然由此亦可見其公正廉明而深得民眾擁戴。

【注　釋】❶姑幕　縣名。治今山東諸城西北。❷九族　泛指內外遠近的族屬。據《尚書孔傳》，當指本身以上的父、祖、曾祖、高祖和以下的子、孫、曾孫、玄孫。而據孔穎達引夏侯歐陽氏說，以父族四、母族三、妻族二為九族。❸楊賜　字伯獻，為名臣楊震之孫。少傳家學，篤志博聞。初辟大將軍梁冀府，後以高第遷侍中，任越騎校尉。建寧中為靈帝侍講《尚書》。後歷任少府、司空等職。中平二年卒。事詳本書卷五十四。❹掾屬悉投刺去二句　這是說司徒府中的屬吏全都棄官離職而去，只有童恢獨自到宮闕之上為楊賜爭辯申冤。投刺，丟棄名刺。表示棄官離職。❺不其　東萊郡不其縣。治今山東即墨西南。❻隨方曉示　隨時隨地對其告誡曉諭，使其明知法禁。❼條章　條令規章。❽六畜　指馬、牛、羊、豬、狗、雞等家禽家畜。❾論法　依法論罪。❿宰府　此指三公之府。東漢以司徒等於丞相，與司空、太尉共同處理政務，故此稱為宰府。⓫陽暗　假裝口啞失言。陽，通「佯」。暗，口失音不能言語。⓬須昌　秦置縣。屬東平國。治今山東東平西北。⓭聞舉將喪　聽說舉薦他的官長去世後。舉將，猶舉主，舉薦士人為官的守相等官長。

【語　譯】童恢，字漢宗，琅邪郡姑幕縣人。父親童仲玉，曾在遭遇凶荒之年，傾盡家財賑恤困苦，九族親屬及同鄉之人賴此得以保全性命的有數百人。童仲玉早年就去世了。

2 童恢年輕時在州郡為屬吏，司徒楊賜聽說他執法清正，便辟召他入府。後來當楊賜被彈劾免職時，掾屬們全都棄職離他而去，只有童恢獨自到朝廷為楊賜申辯冤情。楊賜的冤情得以申理後，掾屬們又都回到司徒府任職，而童恢卻揮鞭驅馬遠離而去。由此輿論都稱譽讚美童恢之賢。

3 其後童恢又被公府辟召為吏，不久任命為不其縣令。他在為政期間，縣中吏民有犯禁違法的，童恢總是隨時隨地曉諭告誡。若有屬吏能夠稱職、縣民能夠做好事的，童恢又往往賜給他們酒飯表示禮敬，以此來勉勵他們。耕田織布、種養收穫，各行各業都有規章條令，縣境之內清平安定，牢獄之中多年沒有囚犯。鄰近各縣的流民嚮往歸化，徙居而至的有二萬多戶。曾有縣民被老虎傷害，眾人便設置籠檻，捕獲了兩隻老虎。童恢聞訊而出，對老虎咒告說：「上天降生萬物，人是最為尊貴的。虎狼應當吃雞豬羊犬等牲畜，然而你們卻殘害人命。王法規定：殺人者死，傷人則要依法論罪。你若是殺人的老虎，就應當垂頭認罪；如果自己不曾害人，就呼號吼叫表示冤枉。」其中一虎低頭閉目，現出震懼之態，童恢下令即時殺之。另一虎回視童恢而高聲吼叫，且奮起跳躍，遂令人將牠釋放歸山。縣中吏民為作歌謠傳頌此事。青州刺史推舉童恢為治績優異，遂遷任為丹陽太守。後遇暴病死去。

4 弟弟童翊字漢文，聲名高於童恢。被宰府先行辟召時，童翊假裝喑啞失言而不肯應職。後來童恢被任用，他才應孝廉之舉，被任命為須昌縣長。他教化百姓有異政，須昌吏民在他活著時就為他立碑頌功。聽說舉薦他的官長去世，自己便棄官歸鄉。後被察舉為茂才，也沒有就職，最後死於家中。

贊曰：政畏張急❶，理善亨鮮❷。推忠以及，眾瘼自蠲❸。一夫得情，千室鳴弦❹。懷我風愛，永載遺賢❺。

【章　旨】以上為撰者所作贊語。總結了〈循吏列傳〉中所載傳主行政施教的基本經驗，一為去除煩苛，順乎事理；一為推忠及眾，仁愛惠民。如此則教化得行，而深得百姓愛戴。

【注　釋】❶政畏張急　指施政理事最怕過於緊迫躁急。李賢注：「《韓詩外傳》曰：『水濁則魚喁，令苛則人亂。理國者譬若張琴然，大弦急則小弦絕矣。故急轡銜者，非千里之御也。』」❷理善亨鮮　這是說理政治國最好是清靜無為，順其自然。亨鮮，謂烹煮小魚時不可反覆撓動翻攪，撓動多則易糜爛。亨，煮；烹飪。李賢注：「《老子》曰：『理大國者若烹小鮮也。』」❸眾瘼自蠲　謂民眾遭遇的疾患痛苦自然就會消除掉。瘼，病患；疾苦。蠲，免除。❹一夫得情二句　守令之人若能知曉民情而理之以道，則千家萬戶就會安樂歌頌。李賢注：「一夫謂守長也，千室謂黎庶。言上得化下之情，則其下鳴弦而安樂也。」❺懷我風愛二句　心中十分懷念這些民眾所愛戴的賢士，而永遠記載這些留存英名的循吏於史冊。風愛，指民眾所敬愛之人。風，民風；民俗。

【語　譯】史官評議說：行政施教最怕的是嚴酷武猛，就像弓弦繃得太緊太急，治國安民最好是如同烹煮小魚那樣，切勿煩擾躁動。能夠心存忠恕而志在仁愛，處處事事推己及人，老百姓的貧病困苦自然就會免除。如果守令一人能得理政教化的實情，那麼千家萬戶就會安樂而歡慶。我十分懷念這些民眾所愛戴的循吏，而將這些遺賢們的英名與功績永載史冊。

【研 析】〈循吏列傳〉創設於《史記》一書，司馬遷以為「法令所以導民也，刑罰所以禁姦也。文武不備，良民懼然身修者，官未曾亂也。奉職循理，亦可以為治，何必威嚴哉？」故選集像孫叔敖、鄭子產等恤民施教而奉法循理的官吏，合為一卷。班固《漢書》亦沿其例，而載文翁、黃霸、龔遂、召信臣等良吏之事於其中。上行而下效，故范曄本書中，亦撰有本篇〈循吏列傳〉。

顏師古注言：「循，順也。上順公法，下順民情也。」據此，則為官理政能導德而齊禮，感物而行化，居官則民富，去職則見思，生有榮號而死被奉祀者，則可載入〈循吏〉傳中。然檢尋本篇所記述者，才只十餘人，其數竟如此之少！即使加上專傳、合傳中所記載的仁惠賢能之官，數量也並不算多。究其原因，一則封建社會中清平忠正之官原本就稀少，雖儒教以修齊治平之道訓導士子，而真能實行者卻如鳳毛麟角。二則漢代職官遷用多由察舉，而主其事者或行私用其親故，或貪濁取其貨賄，那些奉法循理之官吏往往不被任用。民謠所傳「直如弦，死道邊；曲如鉤，反封侯」、「舉秀才，不知書；舉孝廉，父別居」，正是對這種社會現象的真實描述。范曄對此亦憤憤不平，故而於傳中詳載了尚書楊喬為薦舉孟嘗給桓帝的上書。其中稱揚循吏的「安仁弘義，耽樂道德，清行出俗，能幹絕群」；歎息循吏的「沉淪草莽，好爵莫及，廊廟之寶，棄於溝渠」，請求朝廷拔取而進用之。通篇所言誠懇切直，雖為尚書楊喬上書之語，實亦范曄內心之意。（辛戰軍注譯）

卷七十七

酷吏列傳第六十七

【題　解】本卷是繼《史記・酷吏列傳》、《漢書・酷吏傳》之後又一篇記載酷吏的著作。在卷前引言中，作者論述了酷吏產生的原因，酷吏的作用，酷吏之酷及其對酷吏的看法。作者批判了酷吏之酷，然後說：「若其揣挫彊埶，摧勒公卿，碎裂頭腦而不顧，亦為壯也。」這正是繼承了司馬遷、班固的觀點，肯定了酷吏打擊豪強的作用。本卷作者共寫了七個酷吏，其共同特點是執法嚴酷。但他們也有區別，此七人中，有的剛直不阿、廉潔無私，有的嗜殺成性、兇狠慘毒，有的斷事如神，有的疾惡如仇。

〈酷吏列傳〉所揭示的社會問題有三：一是豪強大姓稱霸鄉曲，為當地害；二是權門貴戚仗勢欺人，作威作福；三是宦官得寵，其父兄子弟姻婭侵害天下。東漢時，酷吏的嚴酷手段，基本上對著這三類社會勢力。

漢承戰國餘烈①，多豪猾②之民。其并兼者則陵橫③邦邑④，桀健⑤者則雄張⑥閭里⑦。且宰守⑧曠遠⑨，戶口殷大⑩。故臨民⑪之職，專事威斷，族⑫滅姦軌⑬，先行後聞⑭。肆情剛烈⑮，成其不橈之威⑯。違眾用己⑰，表其難測之智⑱。至於重文橫入⑲，為窮怒之所遷及者⑳，亦何可勝言。故乃積骸滿穽㉑，漂血十里㉒。致溫舒有虎冠之吏㉓，延年受屠伯之名㉔，豈虛也哉！若其揣挫㉕彊埶，摧勒㉖公卿，碎裂頭腦而不顧㉗，亦為壯也。

自中興㉘以後，科網稍密㉙，吏人之嚴害㉚者，方㉛於前世省㉜矣。而閹人㉝親婭㉞，侵虐㉟天下。至使陽球磔王甫之屍㊱，張儉剖曹節之墓㊲。若此之類，雖厭㊳快眾憤，亦云酷矣！儉知名，故附黨人篇㊴。

【章旨】以上為本卷之引言。寫酷吏產生的原因，酷吏的獨斷專行及威猛嚴酷。認為酷吏「揣挫彊埶，摧勒公卿，碎裂頭腦而不顧」是壯烈之行。但又指出酷吏的行為，雖大快人心，平息眾憤，但畢竟還是殘酷的。

【注釋】❶餘烈　遺留的風氣。❷豪猾　指強暴狡猾而不守法紀的人。❸陵橫　欺壓人；橫行霸道。❹邦邑　指封地。《禮記・檀弓上》：「謀人之邦邑，危則亡之。」後用以指政區、地區。❺桀健　兇暴。❻雄張　勢力囂張。❼閭里　里巷；平民居住的地方。❽宰守　泛指地方行政長官。❾曠遠　遼闊。指遠離中央。❿殷大　眾多。⓫臨民　治民。⓬族　滅族。一人犯罪，刑及親族的刑法。⓭姦軌　亦作「奸宄」。指犯法作亂的人。《尚書・堯典》：「蠻夷猾夏，賊寇姦軌。」《孔傳》：「在外曰姦，在內曰軌。」⓮先行後聞　謂先行刑而後奏聞。即「先斬後奏」。⓯肆情剛烈　縱情行施剛戾猛烈之刑罰。⓰成其不橈之威　顯示了自己獨斷專橫的威力。橈，亦作「撓」。彎曲。不橈，可引申為「獨斷專橫，說一不二」。⓱違眾用己　違背眾意，堅持己見。⓲表其難測之智　表現自己使人摸不透的智謀。⓳重文橫入　謂以嚴苛的法律條文陷人於罪。重文，嚴苛的法律條文。橫入，冤屈入獄。⓴為窮怒之所遷及者　謂遷怒於無罪之人。為，因。窮怒，盛怒。㉑穽　坑。㉒漂血十里　謂西漢酷吏王溫舒為河內太守時，捕郡中豪猾，相連坐者千餘家，上書請，大者至族，小者乃死，處決犯人，至血流十餘里。㉓致溫舒有虎冠之吏　以致使王溫舒的部下由於殘酷嚴苛，被稱為虎冠之吏。《史記・酷吏列傳》：「溫舒復為中尉，姦猾窮治，大抵盡靡爛獄中，行論無出者，其爪牙吏虎而冠。」王溫舒，陽陵（今陝西高陵）人。少時椎埋為姦。為吏，至廷尉史，事張湯，遷御史、廣平都尉、中尉。督盜賊，豪惡吏盡復為用。王溫舒為人諂，善事有勢者；無勢者，視之如奴。有勢之家，雖有罪如山，不加追究。奸猾之人，被他深追窮究，往往皮開肉綻，死於獄中。後有人告發他受正額騎士贓及其他奸利事，罪當族誅，王溫舒自殺。其家產累計上千斤黃金。傳見《史記・酷吏列傳》及《漢書・酷吏傳》。㉔延年受屠伯之名　延年，即嚴延年，西漢宣帝時酷吏。嚴延年，字次卿，東海下邳（今江蘇睢寧）人。其父為丞相掾，延年少學法律於丞相府，歸為郡吏，補御史掾、涿郡太守，遷河南太守。其治嚴酷，致使豪強脅息，野無行盜，威震旁郡。其治務在摧折豪強，扶助貧弱。貧弱雖陷法，曲文以出之；豪桀侵小民者，以文內之。吏民莫能測其意深淺，皆戰栗不敢犯禁。延年敏捷於事，尤巧為獄文，善史書，所欲誅殺，奏成於手，快速如神。冬月，總集屬縣囚犯至郡處決，血流數里，河南號曰「屠伯」。傳見《漢書・酷吏傳》。㉕揣挫　打擊摧抑。㉖摧勒　摧抑壓制。㉗碎裂頭腦而不顧　謂打擊摧折豪強勢力，不避誅戮。㉘中興　指光武帝劉秀建立東漢。㉙科網稍密　律令條文法網逐漸嚴密。科網，猶言法網。稍，逐漸。㉚嚴害　嚴酷兇殘。㉛方　比。㉜省　減少。㉝閹人　宦官。㉞親婭　指親戚。《爾雅・釋親》：「兩婿相謂曰婭。」㉟侵虐　侵凌殘害。㊱至使陽球磔王甫之屍　事見本卷〈陽球傳〉。㊲張儉剖曹節之墓　張儉（西元一一五—一九八年），字元節，山陽高平（今山東微山縣）人。曾為山陽東部督郵，劾宦官侯覽，沒收他的財產，為太學生所敬仰。靈帝建寧二年，宦官大捕反對他們的官員，他逃亡出塞，沿途人爭相隱匿。獻帝初，任衛尉，不久，去世。詳見本書卷六十七。張儉剖曹節之墓事，此誤。曹節應為侯覽。本書卷七十八〈宦者列傳・侯覽傳〉：「豫作壽冢，石椁雙闕，高廡百尺。……儉遂破覽冢宅，籍沒資財，具言罪狀。」李賢注：「生而自為冢為壽冢。」㊳厭　同「饜」。滿足；心服。㊴黨人篇　即本書〈黨錮列傳〉。

【語　譯】漢朝承接戰國所遺留的風氣，多有豪猾違法之人。勢力大者兼併土地，在邦國城邑欺壓黎民，橫行霸道，兇暴的在民間稱雄稱霸，氣焰囂張。由於地方行政長官遠離中央，戶口眾多，故治民之官專以威猛斷案，誅滅為非作歹者的全族，往往先斬後奏。有的任情嚴酷，顯示其獨斷專橫的威烈。有的違背眾意，表現其使人難以琢磨的智謀。至於以嚴苛的法律條文陷人於罪，遷怒於無辜平民的事例，那是說不盡的。因此，便出現了屍體填滿阱坑和血流十里的淒慘景象。以致使王溫舒的下屬由於殘暴兇狠被稱為虎冠之吏，嚴延年以其殺人過多被加上屠伯之名。這些，難道是虛妄的嗎！酷吏們對於打擊豪強，摧折公卿，即使自己碎裂頭腦，亦在所不顧，這也是壯烈的行為啊。

自光武帝建立東漢以後，法網律令逐漸嚴密，官吏之中兇狠殘暴的，比較西漢時也有所減少。然而宦官及其親屬，卻侵擾危害天下。致使陽球車裂了王甫的屍體，張儉剖破了曹節的墳墓。若此之類，雖大快人心，平息眾怒，但畢竟還是殘酷的！張儉乃知名之士，所以附於〈黨錮列傳〉。

1 董宣，字少平，陳留圉❶人也。初為司徒侯霸所辟❷，舉高第❸，累遷北海相❹。到官，以大姓❺公孫丹為五官掾❻。丹新造居宅，而卜工以為當有死者❼，丹乃令其子殺道行人，置屍舍內，以塞其咎❽。宣知，即收❾丹父子殺之。丹宗族親黨❿三十餘人，操兵詣府，稱冤叫號。宣以丹前附王莽，慮交通海賊，乃悉收繫劇獄⓫，使門下書佐⓬水丘岑盡殺之。青州⓭以其多濫，奏宣考岑⓮，宣坐徵詣廷尉。在獄，晨夜諷誦⓯，無憂色。及當出刑，官屬具饌⓰送之，宣乃厲色曰：「董宣生平未曾食人之食，況死乎！」升車而去。時同刑九人，次應及宣，光武馳使騶騎⓱特原宣刑，且令還獄。遣使者詰宣多殺無辜，宣具以狀對，言「水丘岑受臣旨意，罪不由之，願殺臣活岑」。使者以聞，有詔左轉⓲宣懷令⓳，令青州勿案⓴岑罪。岑官至司隸校尉。

2 後江夏㉑有劇賊夏喜等寇亂郡境，以宣為江夏太守。到界，移書㉒曰：「朝廷以太守能禽㉓姦賊，故辱㉔斯任㉕。今勒兵㉖界首㉗，檄㉘到，幸思自安之宜。」喜等聞，懼，即時降散。外戚陰氏為郡都尉，宣輕慢之，坐免。

3 後特徵為洛陽令。時湖陽公主㉙蒼頭㉚白日殺人，因匿主家，吏不能得。及主出行，而以奴驂乘㉛，宣於夏門亭候之，乃駐車叩馬，以刀畫地，大言數㉜主之失，叱奴下車，因格殺㉝之。主即還宮訴帝，帝大怒，召宣，欲箠殺㉞之。宣叩頭曰：「願乞一言而死。」帝曰：「欲何言？」宣曰：「陛下聖德中興，而縱奴殺良人，將何以理天下乎？臣不須箠，請得自殺。」即以頭擊楹㉟，流血被面。帝令小黃門持之，使宣叩頭謝主，宣不從，彊使頓㊱之，宣兩手據㊲地，終不肯俯。主曰：「文叔㊳為白衣㊴時，臧㊵亡匿死，吏不敢至門。今為天子，威不能行一令乎？」帝笑曰：「天子不與白衣同。」因敕彊項令出。賜錢三十萬，宣悉以班㊶諸吏。由是搏擊㊷豪彊，莫不震慄。京師號為「臥虎」。歌之曰：「枹鼓不鳴董少平㊸。」

4 在縣五年。年七十四，卒於官。詔遣使者臨視㊹，唯見布被覆屍，妻子對哭，有大麥數斛㊺、敝車一乘。帝傷之，曰：「董宣廉絜㊻，死乃知之！」以宣嘗為二千石㊼，賜艾綬㊽，葬以大夫禮。拜子並為郎中，後官至齊㊾相。

【章　旨】以上為〈董宣傳〉。旨在讚揚董宣搏擊豪強，境內安定，公平無私，剛直不阿，清正廉潔。

【注　釋】❶陳留圉　陳留，東漢郡名。治今河南開封東南。圉，縣名。今河南杞縣西南。❷司徒侯霸所辟　司徒，官名。三公之一。西周始置，掌管國家的土地和人民。金文多作「司土」。西漢哀帝時丞相改稱「大司徒」，東漢改稱司徒。侯霸（？—西元三七年），字君房，河南密縣（今河南新密）人。曾師事九江太守房元，治《穀梁春秋》，新莽時任淮平大尹。東漢初，為尚書令。他熟知舊制，收錄遺文，條奏前代法令制度，多被採行。後為司徒，封關內侯。傳見本書卷二十六。辟，徵召。❸舉高第　在官吏考績中列為優等。❹累遷北海相　經多次升遷做了北海國的相。北海，郡、國名。漢景帝中元二年（西元前一四八年）分齊郡置。治今山東昌樂東南。東漢改為國。治所移今山東壽光南。相，諸侯王國的行政長官，位相當於郡守。❺大姓　世家大族。❻五官掾　王國相及郡守的屬官，署功曹及諸曹事。❼而卜工以為當有死者　占卜的人以為住這所房子是要死人的。❽以塞其咎　用來抵擋災禍。咎，災禍。❾收　拘捕。❿親黨　親族和黨羽。⓫劇獄　劇縣的監獄。劇縣，北海國治。⓬門下書佐　門下，下屬。書佐，官名。兩漢郡國各曹都有書佐，主起草和繕寫文書。⓭青州　指青州刺史。⓮奏宣考岑　彈劾董宣，拷問水丘岑。⓯晨夜諷誦　早晚誦念詩文。諷，背誦。⓰具饌　具，備辦。饌，食物。⓱騶騎　古時帝王導從的騎士。⓲左轉　降官；貶職。⓳懷令　懷縣縣令。懷，古縣名。戰國魏邑，秦置縣。治今河南武陟西南。縣令，一縣的行政長官，萬戶以上的縣稱縣令，萬戶以下的縣稱縣長。⓴案　查辦。㉑江夏　郡名。西漢高祖六年置。東漢治今湖北新洲西。㉒移書　布告。㉓禽　同「擒」。㉔辱　謙辭。辱臨。㉕斯任　此任。即來此任太守。㉖勒兵　統領軍隊。㉗界首　邊界前緣。㉘檄　古代官方用來徵召、曉諭或聲討的文書。㉙湖陽公主　光武帝劉秀之姐。㉚蒼頭　亦作「倉頭」。古代私家所屬的奴隸。㉛驂乘　古代乘車在車右陪乘的人。㉜數　數落；列舉罪責。㉝格殺　擊殺。㉞箠殺　以刑杖擊殺。㉟楹　廳堂的前柱。也泛指柱子。㊱頓　以頭叩地。㊲據　按著。㊳文叔　光武帝劉秀的表字。㊴白衣　平民。㊵臧　同「藏」。㊶班　分給；賞賜。㊷搏擊　懲處打擊。㊸枹鼓不鳴董少平　意謂董宣搏擊豪強得力，境內安定，枹鼓不鳴。是對董宣治理有方，境內安定的讚揚。枹鼓，報警之鼓。枹，亦作「桴」。㊹臨視　弔唁祭奠。㊺斛　古代容量單位，十斗為一斛。㊻絜　同「潔」。㊼二千石　漢代內自九卿郎將，外至郡守的俸祿等級都是二千石。二千石分三等：中二千石，二千石，比二千石。

中二千石者，月得一百八十斛。中者，滿也。二千石者，月得一百二十斛。比二千石者，月得一百斛。東漢二千石稱真二千石。後因稱郎將、郡守和知府為二千石。㊽艾綬　繫印紐的綠色絲帶。㊾齊　郡國名。西漢改臨淄郡置（舊說秦即稱齊郡）。治今山東淄博東北。

【語　譯】董宣，字少平，陳留郡圉縣人。起初為司徒侯霸聘用，在官吏考績中，列為優等，經幾次升遷，任北海國相。到任後，聘當地大族公孫丹為五官掾。公孫丹新建住宅一所，占卜之人以為居住此房是要死人的。公孫丹於是命他的兒子殺死了一個過路的人，放屍體於房內，以抵當災禍。董宣聞知此事後，立即逮捕了公孫丹父子，處以死刑。公孫丹的親族與鄉黨三十餘人，手持武器來到官府，喊冤叫屈。董宣以為公孫丹前曾依附於王莽，擔心他們會與海賊勾結，於是把這些人全部逮捕，關進了劇縣監獄，派其手下的書佐水丘岑將他們全部處死。青州刺史以為董宣殺人太多太濫，於是彈劾董宣，拷問水丘岑，董宣因此至廷尉受審。在獄中，董宣早晚誦念詩文，毫無憂愁之色。到了要行刑的那天，董宣原來的舊部屬備好酒飯與他訣別，董宣聲色俱厲地說：「董宣平生未曾吃過別人的東西，況且現在就要死了呢！」於是登車而赴刑場。同董宣一起受死刑的有九人，下一個就該董宣了，光武帝派騶騎飛馳而至刑場，特地赦免了董宣，令其仍回監獄。光武帝派使者問董宣為何多殺無辜，董宣乃說明了事情的原委，說「水丘岑是受了我的指派，罪責不應由他來承擔，希望殺了我，保全水丘岑」。使者將此情況奏明光武帝，光武帝乃頒下詔書，將董宣降職為懷縣縣令，命青州刺史不要再治水丘岑的罪。水丘岑後來官至司隸校尉。

2　後來江夏郡有勢力強大的盜賊夏喜等擾亂郡境，朝廷乃任命董宣為江夏太守。董宣來到江夏郡邊界，頒發公告說：「朝廷因為本太守擅長擒奸捉盜，故派到此地任太守。現已統領軍隊來到郡界，公文到達之時，希望你們好好考慮一下自己的出路。」夏喜等人聞聽之後，十分恐懼，隨即投降的投降，散夥的散夥。當時外戚陰氏有人任江夏郡都尉，董宣對待他態度輕慢，因此，被免去了太守之職。

3　後來，董宣被特別徵召做了洛陽縣令。這時，光武帝之姐湖陽公主的僕人光天化日之下殺人，事後，隱匿於公主家中，官吏無法捉拿他。當公主出門時，竟讓這個僕人陪乘。董宣於是在夏門亭等候，待公主經過時，董宣即攔住車，勒住馬，持刀在地上畫一條線，大聲斥責公主的過失，喝叱陪乘的僕人下車，當場擊殺這個僕人。公主立即回宮，把事情告訴了光武帝，光武帝大怒，把董宣召來，欲以刑杖擊殺董宣。董宣叩頭說：「乞求陛下讓我說一句話再死。」光武帝問：「你想說什麼？」董宣說：「陛下聖明仁德，使漢家中興，但卻縱容奴僕殺死良民，如何能治理好天下？臣不須箠打，請讓我自殺吧。」說完，就一頭撞在楹柱上，血流滿面。光武帝令太監捉住董宣，迫使他向公主叩頭謝罪，董宣不肯，太監強迫董宣叩頭，董宣雙手按地，始終不肯低頭。公主說：「文叔為平民時，藏留逃亡之人，隱匿犯死罪的人，官吏都不敢上門索取。現在做了皇帝，你的權威還不能使一個縣令屈服嗎？」光武帝笑著說：「皇帝和平民不一樣啊。」於是命這個硬脖子的縣令出去。賜給董宣錢三十萬，董宣把錢全分給了他手下的官吏。此後，董宣奮力打擊豪強，豪強們個個膽戰心驚。京城的人們稱董宣為「臥虎」。歌頌他說：「枹鼓不鳴董少平。」

4 董宣為洛陽縣令五年。七十四歲那年，於官任上去世。光武帝詔命使者前往弔唁祭奠，只見董宣的遺體上覆蓋著布被，妻子兒女相對痛哭，家中只有幾斛大麥和一輛破車。光武帝得知此情後，為之哀傷，說道：「董宣為官如此廉潔，他死後我才知道！」因為董宣曾為二千石的官，光武帝因而賜給他綠色的綬帶，以大夫之禮安葬董宣。任命董宣的兒子董並為郎中，後來董並官至齊國相。

1 樊曄，字仲華，南陽新野人也。與光武少游舊。建武初，徵為侍御史，遷河東❶都尉，引見❷雲臺❸。初，光武微❹時，嘗以事拘於新野❺，曄為市吏❻，餽餌❼一笥❽，帝德之不忘，仍❾賜曄御食，及乘輿服物。因戲之曰：「一笥餌得都尉，何如？」曄頓首辭謝。及至郡，誅討大姓馬適匡等。盜賊清，吏人畏之。數年，遷揚州牧❿，教民耕田種樹理家之術。視事十餘年，坐法左轉軹⓫長。

2 隗囂⓬滅後，隴右⓭不安，乃拜曄為天水⓮太守。政嚴猛，好申韓法⓯，善惡立斷。人有犯其禁者，率不生出獄，吏人及羌胡畏之。道不拾遺。行旅至夜，聚衣裝道傍，曰「以付樊公⓰」。涼州⓱為之歌曰：「游子常苦貧，力子天所富⓲。寧見乳虎穴，不入冀府寺⓳。大笑期⓴必死，忿怒或見置㉑。嗟我樊府君㉒，安可再遭值㉓！」視事十四年，卒官。

3 永平㉔中，顯宗㉕追思曄在天水時政能，以為後人莫之及，詔賜家錢百萬。子融，有俊才，好黃老㉖，不肯為吏。

【章　旨】以上為〈樊曄傳〉。旨在突出樊曄的為政威猛、明斷。雖郡中安定，路不拾遺，但百姓對其卻畏之如虎，作歌以戒之。

【注　釋】❶河東　郡名。秦置。治今山西夏縣西北。❷引見　舊時皇帝接見臣下或外賓，須由禮賓官引領，叫做「引見」。❸雲臺　漢宮中高臺名，在洛陽南宮。明帝圖畫中興功臣二十八人於雲臺。❹微　貧賤。此指為平民時。❺嘗以事拘於新野　本書〈光武紀上〉：「地皇三年，南陽荒饑，諸家賓客多為小盜，光武避吏新野。」李賢注曰：「《續漢書》曰：『伯升賓客劫人，上避吏於新野鄧晨家。』」即光武帝之兄劉伯升的賓客劫人，光武帝恐受牽連，至新野縣躲避官府的追捕。拘，躲避、隱藏之意。❻市吏　管理市場的官吏。❼餌　餅。❽笥　盛飯食或衣物的竹器。圓者曰簞，方者曰笥。❾仍　因而；乃。❿揚州牧　揚州，西漢武帝置「十三刺史部」之一。治今安徽和縣，後移治安徽壽縣。轄境相當今安徽淮水和長江以南及江西、浙江、福建三省，湖北英山、黃梅、廣濟，河南固始、商城等縣地。牧，西漢武帝初置州刺史十三人，秩六百石，成帝更為牧，秩二千石。東漢光武帝建武十八年（西元四二年）復為刺史。東漢末成為一州的軍政長官，稱「州牧」。⑪軹　古縣名。戰國魏邑，漢置縣。故城在今河南濟源南。⑫隗囂（？—西元三三年），字季孟，東漢初天水成紀（今甘肅秦安）人。新莽末，被當地豪強擁立，據有天水、武都、金城等郡。一度依附劉玄。不久，自稱西部上將軍。建武九年，以屢為漢軍所敗，憂憤而死。傳見本書卷十三。⑬隴右　古地區名。泛指隴山以西地區，古代以西為右，故名。約相當今甘肅六盤山以西，黃河以東一帶。⑭天水　郡名。西漢元鼎三年置。治今甘肅通渭西北。東漢明帝永平十七年改為漢陽郡，移治冀縣（今甘肅甘谷東南）。⑮申韓法　即申不害、韓非之法。申不害（約西元前三八五—前三三七年），鄭國人。戰國時法家。曾任韓昭侯相十五年。他主張法治，又著重談「術」。韓非（約西元前二八〇—前二三三年），戰國末期法家的代表人物，為法家學說之集大成者。出身韓國貴族。他綜合了商鞅的「法」治，申不害的「術」治，慎到的「勢」治，提出以「法」為中心的法、術、勢三者合一的封建君主統治術。⑯以付樊公　意謂天水郡在樊曄的治理下，社會安定，路不拾遺，行旅之人不必擔心財物丟失，故夜間將自己的衣物行裝堆放在路旁，說：「把它交給樊公了。」⑰涼州　漢武帝時置。為西漢「十三刺史部」之一。東漢時治今甘肅張家川回族自治縣。⑱游子常苦貧二句　遊手好閒的人總是貧困，辛勤勞動的人自然會富有。天，可解釋為自然。所，指事之詞。⑲寧見乳虎穴二句　寧願入乳虎穴，也不願入天水郡的衙門。見，同「現」。出現。可引申為「進入」。乳虎，產虎之母虎。母虎為護其子，往往非常兇猛，故以此為喻。冀，古縣名。為漢陽郡治。府寺，官署之通稱。⑳期　必。㉑置　赦罪；釋放。㉒府君　漢代用稱太守。㉓遭值　猶遇到。㉔永平　東漢明帝劉莊年號，西元五八—七五年。㉕顯宗　明帝劉莊廟號。㉖黃老　即黃帝老子之學。其主旨為「清淨無為」。戰國漢初的道家學派，以傳說中的黃帝和老子相配，尊為道家的創始人。西漢初期，統治者採取與民休息、恢復生產的政策，頗崇黃老「無為」的治術。

【語譯】樊曄，字仲華，南陽郡新野縣人。與光武帝自幼一起遊玩，有舊交。建武初年，徵樊曄為侍御史，又升遷河東都尉，光武帝在雲臺召見樊曄。當初，光武帝為平民時，曾因事隱藏於新野縣，時樊曄為市吏，送給光武帝一籃子餅，光武帝不忘他的恩德，乃賜樊曄御食以及車馬衣服等物。於是和他開玩笑說：「您以一籃子餅換了一個都尉，怎麼樣？」樊曄於是叩頭辭謝。及樊曄到郡，誅殺大姓馬適匡等人。境內盜賊清除，吏民都懼怕他。數年後，樊曄遷為揚州牧，教民耕田種樹和管理家產的方法。在任十餘年，因犯法降職為軹縣長。

2 隗囂被消滅以後，隴右地區不安定，光武帝便任命樊曄為天水太守。他為政嚴猛，好行申不害、韓非之法，善惡立即判斷明白。那些犯其禁令的人，通常都不能活著出獄，吏民和羌族人都懼怕他。郡中道不拾遺。行旅之人到了夜間，就把衣物、行裝堆放在道旁，說「把它交給樊公了」。涼州人為其作歌，唱道：「遊手好閒的人總是貧困，辛勤勞動的人自然會富有。我們寧願入乳虎之穴，也不願入天水郡的衙門。他大笑時你必死無疑，他忿怒時你或許被釋放。唉，我們的樊府君啊，哪能再遇上這樣的官！」樊曄任天水太守十四年，於官任上去世。

3 永平年間，顯宗追思樊曄在天水時的政績，以為後人沒有比得上他的，下詔書賜給他家錢一百萬。其子樊融，有俊才，好黃老之術，不肯為官。

1 李章，字第公，河內❶懷人也。五世二千石。章習嚴氏春秋❷，經明教授，歷州郡吏。光武為大司馬❸，平定河北，召章置東曹屬❹，數從征伐。

2 光武即位，拜陽平❺令。時趙、魏❻豪右❼往往屯聚，清河❽大姓趙綱遂於縣界起塢壁❾，繕甲兵，為在所害。章到，乃設饗會，而延謁❿綱。綱帶文劍⓫，被羽衣⓬，從士百餘人來到。章與對讌飲，有頃，手劍斬綱，伏兵亦悉殺其從者，因馳詣塢壁，掩擊破之，吏人遂安。

3 遷千乘⓭太守，坐誅斬盜賊過濫，徵下獄免。歲中拜侍御史，出為琅邪⓮太守。時北海安丘⓯大姓夏長思等反，遂因太守處興，而據營陵⓰城。章聞，即發兵千人，馳往擊之。掾史⑰止章曰：「二千石行不得出界，兵不得擅發。」章按劒怒曰：「逆虜無狀，囚劫郡守，此何可忍！若坐討賊而死，吾不恨也。」遂引兵安丘城下，募勇敢燒城門，與長田忠戰，斬之，獲三百餘級⑱，得牛馬五百餘頭而還。興歸郡，以狀上帝，悉以所得班勞吏士。後坐度人田不實徵⑲，以章有功，但司寇論⑳。月餘免刑歸。復徵，會病卒。

【章　旨】以上為〈李章傳〉。旨在寫李章精明強悍，用兵神速，討賊不分本郡他郡，以為民除害為己任的無私精神。

【注　釋】❶河內　郡名。楚漢之際置。治懷縣。在今河南武陟西南。❷嚴氏春秋　西漢宣帝時博士嚴彭祖所傳的《春秋》。《漢書・儒林傳》：「嚴彭祖字公子，與顏安樂俱事眭孟，孟弟子百餘人，唯彭祖、安樂為明，質疑問誼，各持所見。孟曰：『《春秋》之意，在二子矣！』孟死，彭祖、安樂各顓門教授。由是《公羊春秋》有顏、嚴之學。」❸光武為大司馬　新莽末年，農民軍新市、平林諸將立劉玄為皇帝，號更始帝。更始元年（西元二三年）十月，三輔豪桀共誅王莽，更始帝至洛陽，乃遣劉秀以破虜將軍行大司馬事，持節北渡河鎮慰州郡。大司馬，官名。漢武帝罷太尉置大司馬。東漢初，為三公之一，建武二十七年（西元五一年）改太尉，末年又別置大司馬。❹東曹屬　東曹，太尉府分科辦事的機構之一。主管二千石長史遷除及軍吏。屬，東曹屬官。❺陽平　古縣名。西漢置。治今山東莘縣。❻趙魏　泛指河南東北部，河北南部，山東西南部一帶。❼豪右　富豪家族，世家大戶。❽清河　郡、國名。漢高祖置郡。治今河北清河縣東南。❾塢壁　建築在村落外圍作為屏障的土堡、土障。❿延謁　邀請。⓫文劒　裝飾華麗的劍。劒，「劍」的本字。⓬被羽衣　被，同「披」。羽衣，以羽毛製成的衣服。⓭千乘　郡名。西漢置。治今山東高青東北。⓮琅邪　郡名。秦置。治今山東膠南琅邪臺西北。西漢移治今山東諸城，東漢改為國，移治今山東臨沂北。⓯安丘　縣名。屬北海國。⓰營陵　縣名。屬北海國。⓱掾史　太守屬官。⓲級　古代戰爭或行刑所斬下的人頭。一級即一顆。〈光武帝紀〉李賢注：「秦法，斬首一賜爵一級，故因謂斬首為級。」⓳後坐度

人田不實徵　後來李章由於計算戶口田畝數字不確切，被徵還論罪。⑳但司寇論　只是定了司寇之罪。司寇，漢代刑名，罰往邊地戍守防敵，為二年徒刑。司，同「伺」。論，定罪。

【語　譯】李章，字第公，河內郡懷縣人。其家五世為二千石的官。李章習研《嚴氏春秋》，經學博洽，教授生徒，歷任州郡之吏。光武帝為大司馬，平定河北，召李章，安置為東曹屬，多次隨從光武帝征伐。

2 光武帝即位，任命李章為陽平縣令。當時趙、魏地區的豪強大族，往往集結人眾，屯聚糧草，清河大族趙綱於縣界築起塢堡，製造兵器鎧甲，成為當地的大害。李章到任，乃設宴會邀請趙綱。趙綱佩帶裝飾華麗的寶劍，身披羽衣，帶著百餘護衛來到。李章與他相對宴飲。過了一會，李章揮劍斬殺趙綱，伏兵擁出，悉殺其從者。李章於是率人迅速趕到趙綱的塢堡，乘其不備，攻破了塢堡，吏民遂安。

3 李章後升遷為千乘郡太守，因誅殺盜賊過濫，被徵至京城下獄免官。當年又任命其為侍御史，外任為琅邪郡太守。當時，北海安丘大姓夏長思等人叛亂，囚其太守處興，占據了營陵城。李章聞訊，立即發兵千人，欲馳往擊夏長思。其掾史勸止李章說：「二千石行不得出界，兵不得擅發。」李章按劍發怒說：「反賊無禮，囚劫郡守，如何能忍受！即使因違制討賊身犯死罪，我毫不悔恨。」便領人馬來到安丘城下，招募勇猛敢死之士燒其城門，與夏長思戰，斬夏長思，並斬首三百餘級，獲牛馬五百餘頭而還。處興歸郡，將李章之功上報皇帝，李章將所獲之物全部分發慰勞吏士。後李章由於計算人口田畝數字不確切而獲罪，被徵還，因為李章有功，只定了司寇罪。月餘，即免刑歸。後又徵召，恰在此時病卒。

1 周紆，字文通，下邳徐❶人也。為人刻削少恩，好韓非之術。少為廷尉史❷。

2 永平中，補南行唐❸長。到官，曉吏人曰：「朝廷不以長不肖，使牧黎民，而性讎猾吏，志除豪賊，且勿相試！」遂殺縣中尤無狀者數十人，吏人大震。遷博平④令。收考姦臧，無出獄者。以威名遷齊相，亦頗嚴酷，專任刑法，而善為辭案條教⑤，為州內所則。後坐殺無辜，復左轉博平令。

3 建初⑥中，為勃海⑦太守。每赦令到郡，輒隱閉不出，先遣使屬縣盡決刑罪，乃出詔書。坐徵詣廷尉，免歸。

4 紆廉絜無資，常築墼⑧以自給。肅宗⑨聞而憐之，復以為郎，再遷召陵侯相⑩。廷掾⑪憚紆嚴明，欲損其威，乃晨取死人斷手足，立寺門。紆聞，便往至死人邊，若與死人共語狀。陰察視口眼有稻芒，乃密問守門人曰：「悉誰載藁⑫入城者？」門者對：「唯有廷掾耳。」又問鈴下⑬：「外頗有疑令與死人語者不？」對曰：「廷掾疑君。」乃收廷掾考問，具服「不殺人，取道邊死人」。後人莫敢欺者。

5 徵拜洛陽令。下車，先問大姓主名，吏數閭里豪彊以對。紆厲聲怒曰：「本問貴戚若馬、竇等輩，豈能知此賣菜傭乎？」於是部吏望風旨，爭以激切為事。貴戚跼蹐⑭，京師肅清。皇后弟黃門郎⑮竇篤從宮中歸，夜至止姦亭，亭長霍延遮止篤，篤蒼頭與爭，延遂拔劍擬⑯篤，而肆詈恣口。篤以表聞。詔召司隸校尉、河南尹⑰詣尚書譴問，遣劍戟士收紆送廷尉詔獄⑱。數日貰⑲出。帝知紆奉法疾姦，不事貴戚，然苛慘失中，數為有司所奏，八年⑳，遂免官。

6 後為御史中丞㉑。和帝㉒即位，太傅鄧彪㉓奏紆在任過酷，不宜典司京輦㉔。免歸田里。後竇氏貴盛，篤兄弟秉權，睚眦宿怨，無不僵仆㉕。紆自謂無全，乃柴門自守，以待其禍。然篤等以紆公正，而怨隙有素㉖，遂不敢害。

7 永元㉗五年，復徵為御史中丞。諸竇雖誅，而夏陽侯瓌㉘猶尚在朝。紆疾之，乃上疏曰：「臣聞臧文仲㉙之事君也，見有禮於君者，事之如孝子之養父母；見無禮於君者，誅之如鷹鸇㉚之逐鳥雀。案夏陽侯瓌，本出輕薄，志在邪僻，學無經術，而妄搆講舍，外招儒徒，實會姦桀。輕忽天威，侮慢王室，又造作巡狩封禪㉛之書，惑眾不道，當伏誅戮。而主者營私，不為國計。夫涓流雖寡，浸成江河；爝火㉜雖微，卒能燎野。履霜有漸㉝，可不懲革㉞？宜尋呂產㉟專竊之亂，永惟王莽篡逆之禍，上安社稷之計，下解萬夫之惑。」會瓌歸國，紆還司隸校尉。

8 六年㊱夏旱，車駕㊲自幸洛陽錄囚徒㊳，二人被掠生蟲，坐左轉騎都尉㊴。七年，遷將作大匠㊵。九年，卒於官。

【章旨】以上為〈周紆傳〉。旨在寫周紆廉潔、嚴明及其刻削少恩，殘酷成性。

【注釋】❶下邳徐　下邳國徐縣。下邳，東漢諸侯王國名。西漢為臨淮郡，東漢明帝永平十五年（西元七二年）改為下邳國。治今江蘇睢寧西北。徐，縣名。今江蘇泗洪南。❷廷尉史　廷尉屬官。❸南行唐　漢置縣。治今河北行唐西北。❹博平古縣名。治今山東茌平西北。❺辭案條教　辭案，案牘；官府文書。條教，法規；條令。❻建初　東漢章帝劉炟年號，西元七六—八四年。❼勃海　東漢郡名。勃，一作「渤」。西漢高祖五年置。以其地濱渤海得名。治今河北滄縣東南東關。東漢移治今河北南皮東北。❽築墼　做磚坯。墼，磚頭。也指磚坯。❾肅宗　東漢章帝劉炟廟號。❿召陵侯相　召陵，古邑名。春秋時楚邑。在今河南郾城東。東漢屬汝南郡。侯相相當於縣令。⓫廷掾　侯國屬吏。⓬藁　禾稈。此指稻草。⓭鈴下　護衛的兵士。⓮跼蹐　謹慎小心貌。⓯黃門郎　官名。即黃門侍郎。屬少府，秩六百石。掌侍從左右，關通中外及諸王朝見，於殿中引王就坐。⓰擬　指向；比劃。⓱河南尹　政區名、官名。本書〈郡國志〉河南尹，南朝梁劉昭注：「秦三川郡，高帝更名。世祖都雒陽，建武十五年改曰河南尹。」尹，治理，亦為官名。商、西周時為輔弼之官。春秋時楚國長官多稱尹。漢代始以京城的行政長官稱尹，有京兆尹、河南尹。河南尹治今河南洛陽。⓲廷尉詔獄　廷尉，官名。秦始置，西漢景帝改為大理，武帝時復稱廷尉。掌刑獄，為九卿之一。詔獄，奉皇帝詔令拘禁犯人的監獄。也指奉詔審理案件。⓳貰　赦免；寬縱。⓴八年　指章帝建初八年，西元八三年。㉑御史中丞　官名。漢代以御史中丞為御史大夫之佐。亦稱中執法。在殿中蘭臺掌圖籍祕書；外督部刺史，監察郡國行政；內領侍御史，糾察百官，考察四方文書計簿，劾案公卿章奏。西漢末期，御史大夫改為大司空，御史中丞遂為御史臺長官。㉒和帝　名肇，東漢第四帝，章帝第四子。西元八九—一〇五年在位。㉓鄧彪　（？—西元九三年），字智伯，南陽新野人。太傅鄧禹之宗人。彪少厲志，修孝行。曾官桂陽太守、太僕、光祿大夫、奉車都尉、大司農、太尉。彪在位清白，為百僚式。和帝即位，以彪為太傅錄尚書事，賜爵關內侯。傳見本書卷四十四。㉔典司京輦　指主管監察京師百官。輦，皇帝乘坐的車子。所以稱京城為「京輦」。㉕睚眦宿怨二句　睚眦，指微小的怨隙，如瞪眼發怒之類的事。宿怨，舊怨。無不僵仆，無不遭到報復而致死亡。僵仆，倒下；死亡。㉖素　由來已久；人所共知。㉗永元　東漢和帝劉肇年號，西元八九—一〇五年。㉘夏陽侯瓌　竇篤之弟，瓌少好經書，節約自修，封夏陽侯。後歸封國，坐稟假貧人（以糧食貸貧人），徙封羅侯。永元十年，被迫自殺。其事見本書卷二十三。㉙臧文仲　（？—西元前六一七年），臧孫氏，名辰。春秋時魯國執政大夫。文仲為其諡號。歷事魯莊公、閔公、僖公、文公四君。其執政期間，廢除關卡，有利於商業的發展。㉚鶡　猛禽，為食肉之鳥。㉛巡狩封禪　巡狩，一作「巡守」。古代帝王五年一巡狩，視察諸侯所守的地方。封禪，古代帝王到泰山舉行祭祀天地的大典。在泰山頂築壇祭天曰「封」；在泰山下梁父山辟基祭地曰「禪」。秦始皇、漢武帝都曾舉行過封禪大典。㉜爝火　小火把。㉝履霜有漸　意謂因腳履霜而知寒冬將至。比喻看到事物目前的跡象而對未來要有所戒備或警惕。漸，比喻事物發展變化的開端。履霜，腳踏著霜。《易·坤卦》：「履霜堅冰至。」㉞懲革　謂鑑於前失而要有所戒備。㉟呂產　（？—西元前一八〇年），西漢呂太后兄之子，封梁王。呂太后死，與弟呂祿欲作亂，被殺。事見《史記・呂太后本紀》。㊱六年　東漢和帝永元六年（西元九四年）。㊲車駕　指皇帝。㊳錄囚徒　省察甄別囚徒的罪名。㊴騎都尉　官名。次於將軍的武官。漢武帝元鼎二年置，以李陵為之。宣帝時，以騎都尉監羽林騎，屬光祿勳。後掌駐屯騎兵，也領兵征伐。秩比二千石，無定員。㊵將作大匠　秦官，初名將作少府。西漢景帝中元六年（西元前一四四年）改。東漢秩二千石。掌修作宗廟、路寢、宮室及陵園木土之功，並樹桐梓之類列於道側。

【語譯】 周紆，字文通，下邳國徐縣人。為人刻薄少恩，好韓非之術。年輕時做過廷尉史。

2 永平年間，周紆補南行唐縣長。到任後，警告屬吏百姓說：「朝廷不以為本縣長不賢，使我管理黎民。本縣長生性仇視狡猾之吏，立志除豪賊，你們且勿以身試法！」於是殺掉縣中幾十個特別無賴、流氓成性的傢伙，吏民大為震恐。後周紆遷博平縣令。其在任，逮捕拷問奸贓之人，沒有一個能活著出獄的。周紆以威名遷為齊國相，但也頗為嚴酷，專憑刑法，且善作公文條令，為州內所效法。後由於殺戮無辜，又降職為博平縣令。

3 建初年間，周紆為渤海太守。每次朝廷赦令到郡，他都把赦令扣下不公布，先派人至屬縣將罪人全部處決，然後才出示赦令。因此而犯罪，被徵下廷尉獄，免官回鄉。

4 周紆廉潔無資，常靠做磚坯養活自己。章帝聞聽憐憫他，又讓他為郎，再遷為召陵侯相。廷掾畏其嚴明，想減削其威，便於淩晨取一死人，斷其手足，立於相府門前。周紆聞知，便至死人身邊，做出與死人談話的樣子。他暗中觀察死人嘴中眼中都有稻芒，便祕密問守門之人說：「你知道今天有誰載稻草入城？」守門人說：「只有廷掾。」周紆又問護衛的兵士：「外面有懷疑我與死人說話的人嗎？」兵士回答說：「廷掾懷疑您。」周紆便將廷掾逮捕拷問，廷掾全部招認說「我未曾殺人，只取路邊的死人」。以後再沒有人敢欺騙他。

5 周紆被徵為洛陽令。他一到任，先問當地大姓之名，吏人數著閭里中豪強的姓名回答。周紆大怒，厲聲說：「我本問貴戚如馬氏、竇氏那樣的人，怎能只知道這些賣菜的人呢？」於是部吏承望其意旨，爭以激切嚴峻辦事。貴戚們都小心謹慎不敢胡行，京城肅清。皇后弟黃門郎竇篤從宮中歸來，夜至止姦亭，亭長霍延攔任竇篤，竇篤的奴僕與之爭吵，霍延於是拔劍指著竇篤，肆意詈罵。竇篤於是上表奏聞。章帝下詔召司隸校尉、河南尹到尚書那裡責問，又遣持劍戟的武士逮捕周紆送廷尉監獄。數日後，赦周紆出獄。章帝知道周紆奉行國法，疾惡如仇，不巴結貴戚，但苛虐不當，屢次被有關部門彈劾，建初八年，免周紆官。

6 後周紆為御史中丞。和帝即位，太傅鄧彪上奏周紆在任過於酷烈，不宜主管監察京師百官。於是周紆被免官，歸還鄉里。後竇氏貴盛，竇篤兄弟掌權，凡與他們有一點兒舊怨的，無不遭到報復，而致死亡。周紆自料不能保全，便閉門不出，靜待禍事到來。然而竇篤等因為周紆公正，而且他們的怨隙又一向為人所知，因而不敢加害周紆。

7 永元五年，再次徵召周紆為御史中丞。此時竇氏雖已被誅，而夏陽侯竇瓌仍在朝中。周紆疾恨，乃上疏說：「臣聽說臧文仲事奉君主，看到有禮於君者，對待他就如同孝子奉養父母那樣；看到無禮於君者，就像鷹鸇追逐鳥雀一樣將其誅殺。查實夏陽侯竇瓌，本性輕浮刻薄，心懷邪僻，不學無術，然而妄建講舍，外以招儒徒為名，其實是為了會集奸桀之人。輕視天威，侮慢王室，又假造巡狩封禪之書，迷惑百姓，大逆不道，當受誅戮。而主事者營私包庇，不為國家考慮。細流雖小，漸成江河；小火雖弱，終能燎原。既已履霜，知寒冬就會到來，鑑於前失能不引以為戒嗎？應當借鑑呂產專權竊位之亂，永遠記住王莽篡位逆行之禍，上安國家之計，下解萬民之惑。」恰好此時竇瓌已歸封國，周紆遷司隸校尉。

8 永元六年夏天，大旱，皇帝親至洛陽監獄省察甄別囚犯的罪名，見有兩個被拷掠的囚徒傷處生長蛆蟲，因此，周紆被降職為騎都尉。永元七年，遷將作大匠。永元九年，周紆在任上去世。

1 黃昌，字聖真，會稽餘姚❶人也。本出孤微。居近學官，數見諸生修庠序❷之禮，因好之，遂就經學。又曉習文法❸，仕郡為決曹❹。刺史❺行部，見昌，甚奇之，辟從事❻。

2 後拜宛❼令，政尚嚴猛，好發姦伏。人有盜其車蓋者，昌初無所言，後乃密遣親客至門下賊曹❽家掩取❾得之，悉收其家，一時殺戮。大姓戰懼，皆稱神明。

3 朝廷舉能，遷蜀郡太守。先太守李根年老多悖政，百姓侵冤。及昌到，吏人訟者七百餘人，悉為斷理，莫不得所。密捕盜帥一人，脅使條諸縣彊暴之人姓名居處，乃分遣掩討，無有遺脫。宿惡大姦，皆奔走它境。

4 初，昌為州書佐❿，其婦歸寧於家，遇賊被獲，遂流轉入蜀為人妻。其子犯事，乃詣昌自訟。昌疑母不類蜀人，因問所由。對曰：「妾本會稽餘姚戴次公女，州書佐黃昌妻也。妾嘗歸家，為賊所略，遂至於此。」昌驚，呼前謂曰：「何以識黃昌邪？」對曰：「昌左足心有黑子，常自言當為二千石⓫。」昌乃出足示之。因相持悲泣，還為夫婦。

5 視事四年，徵，再遷陳相⓬。縣人彭氏舊豪縱，造起大舍，高樓臨道。昌每出行縣，彭氏婦人輒升樓而觀。昌不喜，遂敕收付獄，案殺之。

6 又遷為河內太守，又再遷潁川太守。永和⓭五年，徵拜將作大匠。漢安⓮元年，進補大司農⓯，左轉太中大夫⓰，卒於官。

【章　旨】以上為〈黃昌傳〉。突出黃昌的政尚嚴猛，好發姦伏，斷案公平，捕盜有方等特點。中間穿插與其妻相認一事，頗具戲劇性。

【注　釋】❶會稽餘姚　會稽，郡名。秦置。治今江蘇蘇州。東漢順帝時移治今浙江紹興。餘姚，縣名。秦置。治今浙江餘姚。❷庠序　中國古代的學校。夏曰校，殷曰庠，周曰序。後通稱庠序為鄉學。❸文法　法規；法律條文。❹決曹　郡守屬吏，主管罪犯、法令之事。❺刺史　指揚州刺史。會稽郡屬揚州刺史部。❻辟從事　辟，徵召。從事，官名。漢以後三公及州郡長官皆辟屬僚，多以從事為稱。如從事史、從事中郎、別駕從事、治中從事等。❼宛　古縣名。治今河南南陽。❽賊曹即賊曹史，郡守屬官。主管盜賊之事。❾掩取　乘人不備而奪取。❿書佐　郡守屬官，主管文書。⓫當為二千石　李賢注：「《相書》曰：『足心有黑子者二千石。』」黃昌左足心有黑子。常自言當為二千石，即做官至太守。⓬陳相　陳國之相。陳國，東漢諸侯王國名。西漢高祖置淮陽國，東漢章帝章和二年（西元八八年）改為陳國。治今河南淮陽。⓭永和　東漢順帝劉保年號，西元一三六－一四一年。⓮漢安　東漢順帝劉保年號，西元一四二－一四四年。⓯大司農　官名。秦置治粟內史，西漢景帝改大農令，武帝時改稱大司農。掌租稅錢糧鹽鐵和國家的財政收支。為九卿之一。⓰太中大夫　官名。屬光祿勳，掌議論，無定員，多至數十人。秩比千石。

【語　譯】黃昌，字聖真，會稽郡餘姚縣人。出身孤微。由於家住在學校附近，他多次看到學生們習練學校中的禮節，十分喜好，於是便開始學習經學。又通曉熟習法律條文，出仕為郡決曹。刺史視察所部，見到黃昌，十分看重他，便徵辟黃昌為從事。

2 後來黃昌為宛縣縣令，處理政務崇尚嚴猛，喜歡揭發潛伏未發的壞人壞事。有人盜竊了他的車蓋，開始時黃昌並不聲張，後來密派親信的人到其下屬賊曹史家中，乘其不備，找到了車蓋，於是逮捕了賊曹史的全家，並同時將他們殺死。豪族大姓驚慌恐懼，皆稱黃昌斷案如神。

3 朝廷選拔賢能的人才，遷黃昌為蜀郡太守。原任太守李根年老昏庸，處理政務多違背情理，使百姓遭受侵害，蒙受冤枉。及黃昌到任，吏民訴訟冤枉者達七百餘人，黃昌都為他們判斷處理，各得其所。黃昌密捕了一名強盜首領，迫使他交代了各縣強暴之人的姓名及住處，於是派人分頭對他們進行突然襲擊，那些強暴之人，沒有一個漏網脫逃的。那些首惡大奸，都逃到外地去了。

4 當初，黃昌為本州書佐時，其妻回娘家，路上被強盜抓獲，於是輾轉流落到蜀郡，成為別人的妻子。她的兒子犯了事，她便到黃昌的太守衙門訴說情狀。黃昌懷疑她不是蜀地之人，於是便問她的來歷。她回答說：「我本是會稽郡餘姚縣戴次公之女，揚州書佐黃昌之妻。回娘家時，被賊寇擄掠，所以流落至此。」黃昌大驚，便把她叫到近前，問道：「你認識黃昌，有什麼證據嗎？」她回答說：「黃昌左腳心有黑痣，他常自己說當為二千石的官。」黃昌乃脫下鞋襪，抬起腳來讓她看。二人相認，不勝傷感，因而相對悲泣，乃恢復了夫妻關係。

5 黃昌在蜀郡任太守四年，受徵召，再遷陳國相。當地有一家姓彭的豪強，一貫恣肆放縱，他建造了一所寬大的住宅，高樓臨近大街。黃昌每次外出視察各縣，彭家的婦人即登高樓觀看。黃昌很不喜歡，於是下令將其收捕入獄，審問之後，處以死刑。

6 黃昌又調為河內太守，又調為潁川太守。永和五年，徵召為將作大匠。漢安元年，升為大司農。後降職為太中大夫，於官任上去世。

1 陽球，字方正，漁陽泉州❶人也。家世大姓冠蓋❷。球能擊劍，習弓馬。性嚴厲，好申韓之學。郡吏有辱其母者，球結少年數十人，殺吏，滅其家，由是知名。初舉孝廉，補尚書侍郎❸，閑達故事❹，其章奏處議，常為臺閣❺所崇信。出為高唐❻令，以嚴苛過理，郡守收舉❼，會赦見原。

2 辟司徒劉寵❽府，舉高第。九江❾山賊起，連月不解。三府❿上球有理姦才，拜九江太守。球到，設方略，凶賊殄破，收郡中姦吏盡殺之。

3 遷平原⑪相。出教曰：「相前莅高唐，志埽姦鄙，遂為貴郡所見枉舉⑫。昔桓公釋管仲射鉤之讎⑬，高祖赦季布逃亡之罪⑭。雖以不德，敢忘前義。況君臣分定，而可懷宿昔哉！今一蠲往愆，期諸來效。若受教之後而不改姦狀者，不得復有所容矣。」郡中咸畏服焉。時天下大旱，司空張顥條奏長吏苛酷貪汙者，皆罷免之。球坐嚴苦，徵詣廷尉，當免官。靈帝⑮以球九江時有功，拜議郎。

4 遷將作大匠，坐事論。頃之，拜尚書令。奏罷鴻都文學⑯，曰：「伏承⑰有詔敕中尚方⑱為鴻都文學樂松、江覽等三十二人圖象立贊，以勸學者。臣聞傳曰：『君舉必書。書而不法，後嗣何觀！』⑲案松、覽等皆出於微蔑，斗筲⑳小人，依憑世戚，附託權豪，俛㉑眉承睫，徼㉒進明時。或獻賦一篇，或鳥篆㉓盈簡㉔，而位升郎中，形圖丹青㉕。亦有筆不點牘，辭不辯心㉖，假㉗手請字，妖偽百品，莫不被蒙殊恩，蟬蛻滓濁㉘。是以有識掩口，天下嗟歎。臣聞圖象之設，以昭勸戒，欲令人君動鑒得失。未聞豎子㉙小人，詐作文頌，而可妄竊天官，垂象圖素者也㉚。今太學㉛、東觀㉜足以宣明聖化。願罷鴻都之選，以消天下之謗。」書奏不省。

5 時中常侍王甫[33]、曹節[34]等姦虐弄權，扇動外內，球嘗拊髀[35]發憤曰：「若陽球作司隸，此曹子安得容乎！」光和二年，遷為司隸校尉。王甫休沐[36]里舍，球詣闕[37]謝恩，奏收甫及中常侍淳于登、袁赦、封昱、中黃門[38]劉毅、小黃門龐訓、朱禹、齊盛等，及子弟為守令者，姦猾縱恣，罪合滅族。太尉段熲[39]諂附佞倖，宜並誅戮。於是悉收甫、熲等送洛陽獄，及甫子[40]永樂少府[41]萌、沛相[42]吉。球自臨考甫等，五毒[43]備極。萌謂球曰：「父子既當伏誅，少以楚毒假借老父。」球曰：「若罪惡無狀，死不滅責，乃欲求假借邪？」萌乃罵曰：「爾前奉事吾父子如奴，奴敢反汝主乎？今日困吾，行自及也！」球使以土窒萌口，箠朴[44]交至，父子悉死杖下。熲亦自殺。乃僵磔[45]甫屍於夏城門，大署牓[46]曰「賊臣王甫」。盡沒入財產，妻子皆徙比景[47]。

6 球既誅甫，復欲以次[48]表曹節等，乃勑中都官從事[49]曰：「且先去大猾，當次案豪右。」權門聞之，莫不屏氣。諸奢飾之物，皆各緘縢[50]，不敢陳設。京師畏震。

7 時順帝虞貴人[51]葬，百官會喪還，曹節見磔甫屍道次，慨然抆淚[52]曰：「我曹自可相食，何宜使犬舐其汁乎[53]？」語諸常侍，今且俱入，勿過里舍也。節直入省，白帝曰：「陽球故酷暴吏，前三府奏當免官，以九江微功，復見擢用。愆過之人，好為妄作，不宜使在司隸，以騁毒虐[54]。」帝乃徙球為衛尉[55]。時球出謁陵，節勑尚書令召拜，不得稽留尺一[56]。球被召急，因求見帝，叩頭曰：「臣無清高之行，橫蒙[57]鷹犬之任[58]。前雖糾誅王甫、段熲，蓋簡落狐狸[59]，未足宣示天下。願假臣一月，必令豺狼鴟梟[60]，各服其辜。」叩頭流血。殿上呵叱曰：「衛尉扞[61]詔邪？」至於再三，乃受拜。

8 其冬，司徒劉郃[62]與球議收案張讓[63]、曹節，節等知之，共誣白郃等。語已見陳球傳[64]。遂收球送洛陽獄，誅死，妻子徙邊。

【章旨】以上為〈陽球傳〉。突出記述陽球執法嚴酷，掃除奸邪，疾惡如仇及除惡務盡的決心。

【注釋】❶漁陽泉州 漁陽，郡名。戰國燕置。秦漢治今北京密雲西南。泉州，古縣名。在今天津武清西南。❷冠蓋 舊指仕宦者的冠服和車蓋，也用作仕宦的代稱。❸尚書侍郎 官名。漢代郎官的一種，本為宮廷近侍，東漢以後，為尚書的屬官。初任稱郎中，滿一年稱尚書郎，三年稱侍郎。❹故事 舊日的典章制度。❺臺閣 即尚書臺。東漢以尚書輔佐皇帝，直接處理政務，三公之權漸輕。因尚書臺在宮廷建築之內，故有此稱。臺閣往往與公府對舉。❻高唐 縣名。治今山東禹城西南。屬平原郡。❼收舉 收，拘捕。舉，列舉罪過而彈劾。❽劉寵 字祖榮，東萊郡牟平縣人。齊悼惠王（劉邦庶長子劉肥）之後。父丕，學號通儒。劉寵少受父業，以明經舉孝廉，除東平陵（今山東章丘西）令，以仁惠為吏民所愛。後四遷為豫章太守，又三遷為會稽太守。寵簡除煩苛，禁察非法，郡中大化。徵為將作大匠。轉為宗正、大鴻臚。桓帝延熹四年（西元一六一年）代黃瓊為司空。後免官，復為將作大匠、宗正。靈帝建寧元年（西元一六八年），代王暢為司空，頻轉司徒、太尉。

二年，以日蝕免歸鄉里。劉寵前後歷宰二郡，累登卿相，而廉約省素，家無貨積，以老病卒於家。傳見本書卷七十六。❾九江　郡名。秦置。治今安徽壽縣。東漢治今安徽定遠西北。❿三府　即太尉、司徒、司空府。⓫平原　郡、國名。西漢置郡。東漢或為郡或為國。治今山東平原縣南。⓬所見枉舉　看作是錯誤的行動。所見，看作；當作。枉，錯誤。舉，行動。⓭桓公釋管仲射鉤之讎　桓公，即齊桓公，姜姓，名小白。春秋時齊國的國君。西元前六八五－前六四三年在位。管仲（？－西元前六四五年），名夷吾，字仲，潁上人。春秋時政治家。相齊桓公。由於齊襄公誅殺不當，弟公子糾奔魯，管仲、召忽傅之。小白奔莒，鮑叔牙傅之。齊君無知被殺後，高、國二大夫暗召小白。魯國亦發兵送公子糾歸國，使管仲將兵攔截小白。小白至，管仲射中小白帶鉤，小白佯死以騙管仲。因此魯送公子糾歸國行路遲緩，六日始至齊境。小白已先入，高、國立之，是為桓公。桓公發兵拒魯送公子糾之兵。魯人殺公子糾。召忽自殺，管仲請囚。桓公欲殺管仲，鮑叔牙進曰：「君將治齊，即高傒與叔牙足矣。君欲圖霸王之業，非管仲不可。願君勿失。」於是桓公從之。齊桓公在管仲的輔佐之下，以「尊王攘夷」相號召，終於成為春秋時期的第一個霸主。事見《史記．齊太公世家》。⓮高祖赦季布逃亡之罪　高祖，即漢高祖。姓劉，名邦，字季，沛縣（今屬江蘇）人。西漢王朝的建立者，西元前二〇二－前一九五年在位。其事見《史記．高祖本紀》、《漢書．高帝紀》。季布，漢初楚人。楚漢戰爭中為項羽部將，多次圍困高祖。漢朝建立，高祖下令捉拿季布，季布乃為鉗奴匿魯大俠朱家處。朱家通過夏侯嬰向高祖進言，季布得赦免，後季布為河東守。季布為楚地著名大俠，當時人稱：「得黃金百，不如得季布一諾」。傳見《史記．季布欒布列傳》。⓯靈帝　名宏，東漢第十一帝。西元一六八－一八九年在位。⓰鴻都文學　東漢靈帝光和元年（西元一七八年）在洛陽鴻都門設立學校，專習辭賦書畫。學生由州、郡、三公舉送，學成後多授予高級官職。本書卷六十〈蔡邕傳〉：「光和元年，遂置鴻都門學，畫孔子及七十二弟子像。其諸生皆敕州、郡、三公舉用辟召，或出為刺史、太守，入為尚書、侍中，乃有封侯賜爵者，士君子皆恥與為列焉。」鴻都文學，即鴻都門學的教官。漢代於州郡及王國置文學，或稱文學掾，或稱文學史，略如後世的教官。⓱伏承　以卑奉尊之意。伏，表敬副詞。伏者，以卑承尊之詞。古人俯伏所以為敬。承，奉。⓲中尚方　尚方，官署名。秦置。漢末分為中、左、右三尚方，屬少府。主管造皇室所用刀劍等兵器及玩好之物。主官有令及丞，東漢沿置。⓳傳曰四句　傳，指《左傳》。「君舉必書」三句，見《左傳．莊公二十三年》，曹劌諫魯莊公之詞。⓴斗筲　斗和筲都是較小的容器。用以比喻人的才短識淺。筲是一種竹器，僅容一斗二升。㉑俛　同「俯」。屈身；低頭。㉒徼　求取。㉓鳥篆　八體書有鳥篆，象形以為字。㉔簡　戰國至魏晉時代的書寫材料。為削製而成的狹長的竹片或木片。竹片叫簡，木片叫札或牘。㉕丹青　泛指繪畫藝術。丹砂和青雘是兩種可做顏料的礦物。丹和青是中國古代繪畫中常用的顏色。㉖辭不辯心　猶詞不達意。㉗假　借。㉘蟬蛻滓濁　如同蟬從汙濁的泥土中脫殼一樣。㉙豎子　鄙賤的稱謂，猶「小子」。㉚妄竊天官二句　以虛妄竊取朝廷的官職，留象形於潔白的絲絹上。㉛太學　古代中國的大學。西周時已有太學之名。漢武帝元朔五年（西元前一二四年）為《五經》博士置弟子五十人，為西漢太學建立之始。東漢太學大為發展，質帝時太學生達三萬人。㉜東觀　漢代宮中藏書的地方。王先謙《後漢書集解》引惠棟：「漢法，名臣有德誼者，圖形東觀也。」㉝王甫　東漢靈帝時宦官。任中常侍、黃門令，後與曹節誣奏桓帝弟渤海王謀反，封冠軍侯。光和二年（西元一七九年）司隸校尉陽球奏誅王甫及其養子萌、吉。甫死，車裂以徇。其事見本書卷七十八。㉞曹節　字漢豐，南陽新野人。順帝初，以西園騎遷小黃門。桓帝時，遷中常侍、奉車都尉，以北迎靈帝封長安鄉侯。後又遷長樂衛尉，封育陽侯，位特進，秩中二千石。尋轉大長秋。又與王甫等誣奏桓帝弟渤海王謀反，增食邑至七千六百戶。父兄子弟皆為公卿、列校、牧守、令長，掠人妻女，淫暴無道。曹節為尚書令。光和四年（西元一八一年）死，贈車騎將軍，以養子傳國。傳見本書卷七十八。㉟拊髀　亦作「拊脾」。以手拍股，表示激動。㊱休沐　休息沐浴。指古代官吏的例假。㊲闕　古代宮殿、祠廟和陵墓前的高建築物，通常左右各一。此指宮闕，帝王所居之處。㊳中黃門　在宮廷中服役的太監，屬少府。因居禁中，在黃門之內故稱中黃門。㊴段熲　（？—西元一七九年），字紀明，武威姑臧（今甘肅武威）人。少習弓馬，尚游俠，輕財賄。長折節好古，舉孝廉，遷遼東屬國都尉，又拜議郎，遷并州刺史、護羌校尉。在邊十餘年，屢破羌眾。入朝官至司隸校尉、太尉。以曲意事宦官，故得保其富貴。光和二年，司隸校尉陽球劾殺中常侍王甫，並及段熲，下獄，自殺。傳見本書卷六十五。㊵甫子　太監無子。甫子者，乃王甫之養子。㊶永樂少府　桓帝母孝崇皇后之宮曰永樂宮，置太僕、少府。㊷沛相　沛國之相。沛國，西漢高祖改泗水國為沛郡，治今安徽濉溪縣西北。東漢改為國。㊸五毒　此謂五種酷刑。本書〈陳禪傳〉王先謙《集解》引《通鑑》胡注：「五毒，四肢及身備受楚毒也。」或云：鞭、棰、灼、徽（捆綁）、纆（亦捆綁之意）為五毒。㊹箠朴　杖刑。箠，同「棰」。㊺僵磔　謂死後被車裂。僵，死。磔，古代的一種酷刑，即車裂。㊻牓　告示。㊼比景　縣名。屬交州日南郡。在今越南境內。㊽以次　按次序。㊾中都官從事　即都官從事，司隸校尉屬官。主察舉百官犯法者。中興以後，專令掊擊貴戚。㊿緘縢　緘、縢皆繩，用以捆綁箱篋。51順帝虞貴人　順帝，名保，安帝之子。西元一二五—一四四年在位。虞貴人，順帝之妃。52抆淚　揩拭眼淚。53我曹自可相食二句　我曹，我們；我輩。自可，本來可以；應當。相，共同；互相。食，作為；有為。《尚書・堯典》：「食哉！惟時柔遠能邇。」清孫星衍疏曰：「《爾雅・釋詁》云：『食，偽也。』」案：偽即為也，言勸使有為。」（《尚書今古文注疏・堯典第一下》，《清經解》卷七三六）王引之《經義述聞・爾雅》：「今案：『載謨食，皆為也。』哀元年《左傳》曰：『違天而長寇讎，後雖悔之，不可食已。』「不可食」，不可為也。」《清經解》卷一二〇五）俞正燮《癸巳存稿》一：「古言食為用力之辭。『食哉惟時』是也。哀元年《左傳》云：『後雖悔之，不可食已。』《國語》作『不可為』。」（《清經解續編》卷八四〇）舐，以舌舔物。其，虛指，無義。二句謂：我們應當共同努力，有所作為，怎麼能讓犬舔到湯汁呢？意思是我們應共同努力，參奏陽球，不能使陽球得逞，不能使他撈到任何東西，即使湯汁也不能讓他舔到一點兒。以「犬舐其汁」為比喻，表現了其對陽球的憎恨。所以語諸常侍曰：「今且俱入，勿過里舍也。」即不使諸常侍回家，先共同進宮參奏陽球。據《資治通鑑》卷五十七，靈帝光和二年，胡注引《考異》曰：「袁《紀》云：球會虞貴人葬，還入夏城門，曹節見謁於道旁。球大罵曰：『賊臣曹節！』節收淚於車中，而有是語。」(54)以騁毒虐　使其肆意施行殘酷暴虐的手段。騁，本縱馬奔馳。引申為放任、肆意。(55)衛尉　官名。始於戰國，漢為九卿之一。掌管宮門警衛，秩中二千石。(56)不得稽留尺一　謂不得使皇帝的詔書有絲毫停留。稽留，停留。尺一，亦稱「尺一牘」、「尺一板」。古時詔書板長一尺一寸，故稱天子的詔書為「尺一」。(57)横蒙　意外蒙受。(58)鷹犬之任　比喻受驅使而為之奔走效力。(59)簡落狐狸　比喻制裁了小的奸邪之人。簡落，剔除；去除。(60)豺狼鴟梟　比喻罪惡多端的人。(61)扞　違抗。(62)劉郃　東漢宗室。靈帝時為司徒。與永樂少府陳球謀表陽球仍為司隸校尉，以收捕曹節等。尚書劉納以正直忤宦官，出為步兵校尉，亦勸劉郃收捕宦官。劉郃許諾，乃與陽球謀誅宦官。事洩，曹節上奏靈帝說：「劉郃等常與藩國交通，有惡意，收受狼藉。步兵校尉劉納及永樂少府陳球、衛尉陽球交通書疏，謀議不軌。」帝大怒，策免劉郃。劉郃與陳球、劉納、陽球皆下獄死。(63)張讓　（？—西元一八九年），潁川人。東漢宦官。任中常侍，封列侯，為十常侍之一。以能搜刮聚斂，靈帝極為寵信，常謂：「張常侍是我父。」他霸占民田，勸靈帝每畝田增稅十錢，以大修宮室。中平六年（西元一八九年），何進謀誅宦官，事洩，他和宦官趙忠殺何進。不久，在袁紹捕殺宦官時，投河死。傳見本書卷七十八。(64)語已見陳球傳　謂曹節等誣劉郃之事在〈陳球傳〉中。陳球（西元一一八—一七九年），字伯真，下邳淮浦（今江蘇）人。球少涉儒學，善律令。陽嘉中，舉孝廉，稍遷繁陽令，辟公府，舉高第，拜侍御史。後為零陵太守、魏郡太守，徵拜將作大匠，遷南陽太守，復為廷尉。光和元年（西元一七八年）遷太尉，以日蝕免。復拜光祿大夫。明年為永樂少府。乃暗與司徒劉郃謀誅宦官，事洩，下獄死。傳見卷五十六。

【語　譯】陽球，字方正，漁陽郡泉州縣人。其家世代為豪族和官僚。陽球善擊劍，精射騎。生性嚴厲，喜好申不害、韓非的學說。郡中有個官吏侮辱了他的母親，陽球集結少年數十人，殺了那個官吏，滅了他的全家，因此，陽球之名為人所知。當初，陽球被舉為孝廉，補缺為尚書侍郎。由於他通曉以前的典章制度，所寫的奏章和處理問題的建議，常常為尚書們所推崇和信任。出京為高唐縣令，因為他處理問題嚴苛超過了常理，被郡守拘捕並加以彈劾，正好遇到赦令而被寬免。

2 後陽球被徵召到劉寵的司徒府任職，經過考核，列為優等。這時，九江郡有山賊為亂，數月不能平息。太尉、司徒、司空三府上奏說陽球有處理奸人的才能，於是朝廷任命陽球為九江太守。陽球到郡，制定破賊方略，山賊很快被消滅，又逮捕郡中犯法作奸的官吏，將他們全部處死。

3 陽球調任為平原國相，到任後，發布教令說：「本相前為高唐縣令，志在掃除奸邪，卻被貴郡認為是錯誤的行動。從前齊桓公不記管仲射其帶鉤之仇，漢高祖赦免季布逃亡之罪。本相雖無德行，怎敢忘記前人的大義。況且我們上下之名分已定，我怎能對過去的事耿耿於懷呢！現在我對你們以前的過失既往不咎，希望今後能有好的表現。如果受教之後，仍有不改邪歸正之人，我即不再寬容了。」於是郡中上下都害怕，服從陽球。當時，天下大旱，司空張顥列出苛刻殘酷及貪汙官吏的姓名上奏，全部罷免了他們。陽球因為嚴猛苛刻，徵召至廷尉，應當免官。靈帝因為陽球任九江太守時有功，便又任命他做了議郎。

4 後陽球升遷為將作大匠，因事被彈劾。不久，又任尚書令。陽球上書要求罷去鴻都文學，說：「臣接到詔書，命中尚方為鴻都文學樂松、江覽等三十二人畫像並配以贊語，以勉勵學者。臣聞《左傳》說：『君主的一行一動都要記載於史冊。若記載之事不足以效法，後代子孫將怎麼看呢！』據查樂松、江覽等人皆出身微賤，實為斗筲之人，憑依外戚，附託權貴，俯首低眉，察顏觀色，在太平之世步步高升。有的獻賦一篇，有的在簡冊上畫滿鳥篆之文，因而官位升至郎中，以丹青繪其圖像。還有的人連字都不會寫，言語詞不達意，請人代寫文章獻上，那真是妖異怪謬，形形色色，他們卻都蒙受皇帝的特殊恩寵，如同蟬蛻於汙泥一般。因此，有識之人皆掩口而笑，四方之士莫不驚訝嗟歎。臣了解之所以為其畫像，為的是顯示勸勉和懲戒，欲使君主有所借鑒。不曾聽說豎子小人弄虛作假，寫了幾篇歌頌之文，就可以竊取朝廷的官職，留自己的圖像於潔白的絲絹之上。現在太學、東觀完全可以彰顯聖明的教化，希望廢除鴻都文學的選拔，以消除天下對朝廷的誹謗。」奏書呈上，皇帝未加理睬。

5 當時中常侍王甫、曹節等人，奸邪暴虐，玩弄權柄，煽動朝廷內外，陽球曾拍著大腿氣憤地說：「若我陽球做司隸校尉，豈能容得這幫壞蛋！」光和二年，陽球遷司隸校尉。其時王甫休假回私宅，陽球進宮謝恩，上奏收捕王甫及中常侍淳于登、袁赦、封昱、中黃門劉毅、小黃門龐訓、朱禹、齊盛等人及其擔任太守、縣令的子弟，說這些人奸邪狡猾，肆意妄為，罪當滅族。還有太尉段熲，諂媚阿附奸邪之人，也應一起誅戮。於是逮捕了王甫、段熲等人，押送洛陽監獄，同時逮捕了王甫的兒子永樂少府王萌和沛國相王吉。陽球親自拷問王甫等人，五種慘毒的刑罰全都使用了。王萌對陽球說：「我父子既然該處死，就少用酷刑寬容我老父吧。」陽球說：「你等罪大惡極至無法形容，死有餘辜，還想求得寬容嗎？」王萌乃罵道：「你從前奉侍我父子像奴僕一樣，你這奴僕敢反抗主子嗎？今日你拷問我們，不久將輪到你自己身上！」陽球命人用土塞王萌之口，棍棒交加，王甫父子都死於杖下。段熲也自殺了。陽球乃在夏城門車裂了王甫的屍體，並在告示上大字寫著「賊臣王甫」。沒收了王甫的全部家產，妻子兒女皆流放比景縣。

6 陽球誅殺王甫之後，又想按次序參奏曹節等人，於是命令中都官從事說：「暫且先去除大奸猾，其次就該審訊豪強了。」權貴之家聞聽後，都不敢吭聲。把各種奢侈華麗的裝飾之物，都封存起來，不敢再陳列擺設。整個京城都感到畏懼震驚。

7 此時順帝的虞貴人安葬，百官參加葬禮回城，曹節看到路旁被車裂的王甫的屍體，氣憤地揩拭眼淚說：「我們應當共同努力，有所作為，怎麼能讓犬舔到湯汁呢？」於是對同去參加葬禮的諸常侍說，現在先一起進宮，不要回自己的宅第。曹節徑直進宮，上奏靈帝說：「陽球原來是個殘酷暴虐的官吏，以前三府奏當免官，因為他在九江有微小的功勞，又被提拔任用。有過失的人，喜歡肆意妄為，不宜讓他擔任司隸校尉，使他肆意行其毒虐的手段。」靈帝於是改任陽球為衛尉。這時陽球出去拜謁皇陵，曹節便命尚書令速召陽球回來拜官，不得使詔書有片刻的停留。陽球被緊急召回，於是求見靈帝，叩頭說：「臣我沒有清正高尚的德行，意外地被任命為司隸校尉，得以效鷹犬之力。前雖糾察誅殺了王甫、段熲，然剪除了狐狸，還不足以向天下宣示皇帝的聖明。請給臣我一個月的時間，必使如豺狼鴟梟那樣的罪惡多端之人，都得到應有的懲罰。」陽球叩頭流血。這時殿上傳來呵叱聲：「衛尉陽球要違抗聖命嗎？」反覆了好幾次，陽球乃接受了衛尉的職務。

8 這年冬天，司徒劉郃與陽球商議逮捕審訊張讓、曹節，曹節等人得此消息，共同誣告劉郃等人。此事已見於〈陳球傳〉。於是逮捕陽球關進洛陽監獄，處以死刑，其妻子兒女也被流放到邊疆。

王吉者，陳留浚儀❶人，中常侍甫之養子也。甫在宦者傳❷。吉少好誦讀書傳，喜名聲，而性殘忍。以父秉權寵，年二十餘，為沛相。曉達政事，能斷察疑獄，發起姦伏，多出眾議。課❸使郡內各舉姦吏豪人諸常有微過酒肉為臧❹者，雖數十年猶加貶棄，注其名籍。專選剽悍吏，擊斷非法。若有生子不養，即斬其父母，合土棘埋之。凡殺人皆磔屍❺車上，隨其罪目，宣示屬縣。夏月腐爛，則以繩連其骨，周徧一郡乃止，見者駭懼。視事五年，凡殺萬餘人。其餘慘毒刺刻❻，不可勝數。郡中惴恐❼，莫敢自保。及陽球奏甫，乃就收執，死於洛陽獄。

【章旨】以上為〈王吉傳〉。突出寫王吉的嗜殺成性，慘無人道。

【注釋】❶浚儀 古縣名。西漢置。治今河南開封。❷宦者傳 本書無王甫傳。其事見本書卷七十八。❸課 督促。❹臧 同「贓」。❺磔屍 陳屍。❻刺刻 傷害。❼惴恐 不安；恐懼。

【語譯】王吉，陳留郡浚儀縣人，是中常侍王甫的養子。王甫之事見〈宦者列傳〉。王吉幼好讀書，追逐名聲，而生性殘忍。因其父王甫掌權受寵，王吉二十餘歲就做了沛國相。他通曉政事，善斷疑案和揭發奸詐隱伏之事，其見解往往高於眾人之議。他督促郡中的人各檢舉奸吏豪人，凡有微小過錯如受過酒肉之賜的人，即使事過數十年，也要加以貶斥，注銷其官籍。他專選矯捷勇猛的人為吏，不依法拷問犯人。若有生子不養的人，即斬其父母，用土和荊棘混合埋了他們。凡被殺之人都要陳屍車上，列舉其罪狀，宣示各縣。夏天屍體腐爛，即以繩子連接其骨，轉遍全郡乃止，見者無不駭懼。王吉為沛相五年，共殺一萬餘人。其餘遭其慘毒傷害者不可勝數。郡中恐懼，沒有人能夠保全自己。後陽球劾奏王甫，王吉被逮捕，死於洛陽獄中。

論曰：古者敦庬[1]，善惡易分。至於畫衣冠，異服色，而莫之犯[2]。叔世偷薄[3]，上下相蒙[4]，德義不足以相洽[5]，化導[6]不能以懲違[7]，遂乃嚴刑痛殺[8]，隨而繩[9]之，致刻深之吏，以暴理姦，倚[10]疾邪[11]之公直，濟[12]忍苛[13]之虐情[14]。漢世所謂酷能者[15]，蓋有聞也。皆以敢悍[16]精敏[17]，巧附文理[18]，風行[19]霜烈[20]，威譽諠赫。與夫斷斷[21]守道之吏，何工否[22]之殊乎！故嚴君蚩黃霸之術[23]，密人笑卓茂之政[24]，猛既窮矣，而猶或未勝。然朱邑不以笞辱加物[25]，袁安未嘗鞫人臧罪[26]，而猾惡自禁，人不欺犯。何者？以為威辟[27]既用，而苟免[28]之行興；仁信道孚[29]，故感被[30]之情著。苟免者威隙[31]則姦起，感被者人亡而思存。由一邦[32]以言天下，則刑訟繁措[33]，可得而求乎！

贊曰：大道[34]既往，刑禮為薄[35]。斯人[36]散矣，機詐萌作。去殺由仁[37]，濟寬非虐㊳。末暴雖勝，崇本或略㊴。

【章　旨】以上為作者的評論：古代民風淳樸，只要「畫衣冠，異服色」即無人犯法；風氣澆薄的社會，教化不能懲惡，於是酷吏任情。但「猛既窮矣，而猶或未勝」；守道之吏治民，「猾惡自禁，人不欺犯」。兩相比較，作者態度鮮明。認為寬猛相濟，崇尚根本，才是正確的治國方略。

【注　釋】❶敦厖　敦厚；質樸淳厚。❷至於畫衣冠三句　相傳舜時對有罪的人，在其衣帽上畫上特別的圖形或穿不同顏色的衣服以示刑戮，就沒有人犯法。❸叔世偷薄　叔世，末世。即社會道德風氣敗壞的時代。偷薄，苟且浮薄。❹蒙　欺。❺洽和睦；融洽。❻化導　教化開導。❼懲違　制止違法之事發生。❽痛殺　狠狠地打擊。❾繩　糾正；約束。❿倚　倚仗；仗恃。⓫疾邪　憎恨邪惡。⓬濟　實行。⓭忍苛　殘忍苛刻。⓮虐情　殘暴的行為。⓯漢世所謂酷能者　漢代所說以殘酷為能的人。⓰敢捍　強橫。⓱精敏　精細敏捷。⓲文理　指法律條文。⓳風行　迅速威猛。⓴霜烈　像嚴霜一般猛烈。比喻嚴酷。㉑斷斷　誠篤之貌。㉒工否　善惡。㉓嚴君蚩黃霸之術　嚴君，即嚴延年。見本卷〈序言〉注㉔。黃霸為潁川太守，以寬恕為治，郡中清平，連年豐收，鳳皇出現，皇帝下詔稱揚其行，加金爵之賞。延年素輕黃霸為人，及比郡為太守，褒賞反在己前，心內不服。蚩，同「嗤」。譏笑。黃霸（？—西元前五一年），字次公，淮陽陽夏（今河南太康）人。西漢大臣。宣帝時，為揚州刺史，潁川太守。後官至御史大夫、丞相。封建成侯。甘露三年去世，諡定侯。傳見《漢書・循吏傳・黃霸》。㉔密人笑卓茂之政　本書〈卓茂列傳〉：「茂遷密令，初，茂到縣，有所廢置，吏人笑之。鄰城聞者，皆嗤其不能。」密，漢置縣，故地在今河南密縣東南。卓茂（？—西元二八年），字子康，南陽宛（今河南南陽）人。西漢元帝時，卓茂學於長安，稱為通儒。性寬仁。初辟丞相府史。後以儒術舉為侍郎，給事黃門，遷密令。王莽秉政，遷茂為京部丞。及王莽攝居，以病免歸郡。卓茂與上黨鮑宣等六人同志，不仕王莽，名重當時。更始立，以茂為侍中祭酒。茂見更始政亂，以年老乞骸骨歸。光武即位，訪求茂，以茂為太傅，封褒德侯，食邑二千戶。賜几杖、車馬、衣物。建武四年（西元二八年）去世。傳見本書卷二十五。㉕朱邑不以笞辱加物　《漢書・循吏傳・朱邑》：朱邑「廉平不苛，以愛利為行，未嘗笞辱人。存問耆老孤寡，遇之有恩，所部吏民愛敬焉。」朱邑（？—西元前六一年），字仲卿，廬江舒（今安徽廬江縣）人。少時為舒桐鄉嗇夫，遷補太守卒史，舉賢良，為大司農丞，遷北海太守，以治行第一，入為大司農。為人淳厚，性公正，不可交以私。天子器之，朝廷敬重。身為列卿，居處儉節，俸祿以賜九族鄉黨，家無餘財。神爵元年（西元前六一年）去世。傳見《漢書·循吏傳·朱邑》。㉖袁安未嘗鞫人臧罪　袁安未曾審問過貪汙受賄罪的人。意謂袁安以嚴明著稱，人皆感激自勵，境內安定，無貪汙受賄之事，所以他不曾審問過犯有贓罪之人。鞫，審問。臧，同「贓」。袁安（?—西元九二年），字邵公，汝南汝陽（今河南商水縣）人。袁安為人嚴重有威，見敬於州里。初為縣功曹，後舉孝廉。為陰平縣長、任城縣令、楚郡太守、河南尹，後歷任太僕、司空、司徒。和帝即位，外戚竇憲兄弟專權，他不避權貴，多次彈劾竇氏的專橫。永元四年（西元九二年）春，去世，朝廷痛惜。其子孫世代為大官僚，「汝南袁氏」成為東漢有名的世家大族。傳見本書卷四十五。㉗辟　法。㉘苟免　苟且求免；僥倖得免。㉙孚　為人所信服。㉚感被　受感化。㉛威隙　威猛之政稍微鬆動。㉜一邦　一個地區。㉝措　擱置不用。㉞大道　古指政治上的最高理想。㉟刑禮為薄　實行刑法禮制，便標志著世風輕薄。㊱斯人　此人。指理想中的人物，即所謂仁人。㊲去殺由仁　意謂普施教化，使殘暴之人不為惡。《史記·孝文本紀·太史公曰》：孔子言「必世然後仁，善人之治國百年，亦可以勝殘去殺。」《集解》引王肅曰：「勝殘暴之人，使不為惡。去殺，不用殺也。」去殺，即不用嚴刑苛法。㊳濟寬非虐　李賢注曰：「《左傳》曰：『寬以濟猛，猛以濟寬』。言政寬則人慢，故須以猛濟之，非故為暴虐也。」濟，輔助。㊴末暴雖勝二句　謂行殘暴之法是政化之末。即最低級的辦法。末暴，謂殘暴是末。崇本，崇尚根本，此指以仁政治國。或，句中助詞。略，被忽略。

【語　譯】史家評論說：古時之人，忠厚質樸，善惡容易區分。只要畫圖於衣冠，穿不同顏色的衣服以代替各種刑罰，就沒有人犯法。社會道德敗壞的時代，人們苟且浮薄，上下相欺，德義不能使天下和睦融洽，教化開導不能制止違法之事發生，於是乃施以嚴刑，狠狠地打擊，隨時繩之以法，致使嚴酷的官吏，以強暴的手段治理奸邪，倚仗其疾恨邪惡的公直之心，行施其殘忍嚴苛的暴虐之法。漢代所謂以殘酷為能者，是有所耳聞的。他們皆因強橫精敏，能巧妙附會法律條文，迅速威猛，如同嚴霜，於是聲威喧赫。他們和那些誠篤循禮之吏相比，是何等善惡不同！所以嚴延年譏訕黃霸的治理之術，密縣人嘲笑卓茂為政的方法，威猛既已用盡，有時仍然不能勝過奸邪。然朱邑不以笞辱施加於人，袁安不曾審問過有贓罪之人，而奸猾自然禁止，人們都不欺詐犯法。這是什麼原因呢？因為威猛之法既用，而希望僥倖免罪的思想就會產生；仁信之道使人信服，故使人受感化的效果就顯著。希望幸免的人，必然乘威猛鬆動時而行其奸，受感化的人，改惡從善，即使執法者已經去世，對他的思念之情依然存在。從一個地區而觀天下，則刑罰頻繁擱置不用，是能追求得到的吧！

史官評議說：大道既已消失，刑禮使世風變得澆薄。仁人已經散去，於是巧詐之心開始萌發。去除殺戮是由行仁政開始，以猛政濟助寬政並非暴虐。末暴雖能勝奸邪，但崇尚根本的治法卻被忽略。

【研　析】作者說，光武帝中興以後，法網漸密，嚴酷的官吏，較之西漢為少。但由於宦官及其親屬侵虐天下，因此，宦官及其親屬便成了東漢酷吏打擊的對象之一。酷吏打擊的對象還有仗勢欺人的貴戚和地方上「陵橫邦邑」的豪強。酷吏所管轄的地區，確實「豪強脅息，野無行盜」；但循禮而治的官吏的轄區，同樣是「猾惡自禁，人不欺犯」。故作者說：「由一邦以言天下，則刑訟繁措，可得而求乎！」其對嚴刑苛法的態度，不言而喻。〈酷吏列傳〉寫了七個酷吏，他們的共同特點是執法嚴酷。但東漢的酷吏都很廉潔，連王吉那樣的宦官之養子，雖「性殘忍」，嗜殺成性，作者說他「少好誦讀書傳，喜名聲」，「曉達政事，能斷察疑獄，發起姦伏，多出眾議」，卻未說他有贓穢之行。我們將本卷中的幾個酷吏加以簡略分析。

董宣可謂剛直不阿、廉潔無私的典型代表。首先，他打擊豪強堅決徹底。為北海相時，殺公孫丹父子，其宗族親黨三十餘人操兵器至公府稱冤叫號。實屬擾亂公堂，無理取鬧。董宣乃悉收捕殺之，亦有些過頭，故作者將其劃入酷吏。其二，平息寇亂有方。江夏巨賊夏喜等寇亂郡境，董宣為江夏太守，移書告誡，使賊自行瓦解。其三，執法不避權貴，使皇帝亦大受感動。董宣擊殺湖陽公主之蒼頭，公主訴之於帝。光武帝初則大怒，「召宣，欲箠殺之」，再則「令小黃門持之，使宣叩頭謝主」，繼則「笑曰：『天子不與白衣同。』」最後「勅彊項令出。賜錢三十萬」。其四，董宣廉潔無私。光武帝賜錢三十萬，董宣悉以班諸吏。死後，「布被覆屍」，家中唯有「大麥數斛、敝車一乘」。因此，帝傷之，賜艾綬，葬以大夫禮，拜其子董並為郎中。董宣的人格是應該肯定的。京師號為「臥虎」，是豪門權貴畏懼其剛直不阿；「枹鼓不鳴董少平」是百姓為其唱的贊歌。京劇《強項令》還是頗受觀眾歡迎的。

樊曄為天水太守，「政嚴猛，好申韓法，善惡立斷」，「羌胡畏之。道不拾遺」。此其政績。但為政過於嚴酷，使百姓望而生畏，官民之間若水火之不相容，致使百姓作歌以戒之。《史記・酷吏列傳》：寧成為關都尉，出入關者，號曰「寧見乳虎，無值寧成之怒」。樊曄為天水太守，涼州為之歌曰：「寧見乳虎穴，不入冀府寺。大笑期必死，忿怒或見置。嗟我樊府君，安可再遭值！」寧成一怒，人皆戰慄觳觫。樊曄大笑，必置人於死地。樊曄之笑，可謂笑裡藏刀！

周紆之「刻削少恩」為其全篇之主線。由於「刻削少恩」，曾三次被免官，二次被降職，仍不改其所為，真可謂本性難移。周紆雖「刻削少恩」，但廉潔，免官後曾一度「築墼以自給」，自食其力，甚是可取。

陽球為疾惡如仇、除惡務盡的代表。陽球出身於世家大姓，好申韓之學。為九江太守，設方略，平九江山賊。為平原相以嚴酷，徵詣廷尉。「時中常侍王甫、曹節等姦虐弄權，扇動外內。」陽球遷司隸校尉，乃上奏收捕王甫及中常侍淳于登、袁赦及諂附宦官的太尉段熲，王甫之養子王萌、王吉等。陽球親臨拷問，「五毒備極」，「箠朴交至」，王甫父子悉死杖下，又車裂王甫屍體，真是疾惡如仇。雖云酷烈，然「路人士女，莫不稱善，若除父母之讎。」（〈宦者列傳・曹節傳〉）的確不如此不足以平民憤。靈帝聽信宦官曹節之言，徙陽球為衛尉。陽球見帝，叩頭流血，曰：「願假臣一月，必令豺狼鴟梟，各服其辜。」表現其除惡務盡的決心。司徒劉郃與陽球等議收捕審訊張讓、曹節等人，事洩，曹節等誣告劉郃、陽球等，於是收捕劉郃、陽球等，誅死。靈帝寵信宦官，尤寵信張讓，常說：「張常侍是我父。」有皇帝為宦官做後盾，陽球等是必然要失敗的。宦官專權，貪殘暴虐，賄賂公行，朝政日非，東漢國勢，江河日下，陵夷至於滅亡。

王吉可謂嗜殺成性，為沛相五年，殺人一萬餘，日殺七八人。時其年僅二十餘歲。由於「性殘忍」，故以殺人為快。專選剽悍之吏，其爪牙亦可謂「虎而冠者也」，故受其慘毒刺刻者不可勝數。陽球收捕王吉，杖下斃命，亦是罪有應得。（王明信注譯）

卷七十八

宦者列傳第六十八

【題解】本卷為記述東漢宦官事跡的類傳，共載入了鄭眾、蔡倫、孫程等十九侯、曹騰、單超等五侯、侯覽、曹節、呂強及張讓、趙忠等宦官的列傳。其中頗有一心王室，不事豪黨，盡心奉公，匡弼得失者，如鄭眾、蔡倫、曹騰、呂強等。而蔡倫的創立新意，用樹皮、麻頭及敝布、魚網等物造紙，對中華文化及世界文明的意義，都可謂極其巨大。然而更多的宦官則為乘勢專權，亂國干政，暴虐恣肆，貪侈奢縱之徒。如孫程等十九人以謀立順帝之功封侯，遂張揚跋扈；單超、徐璜等五人以誅梁冀之功同日封侯，遂專權奪政而使得朝廷日亂；侯覽以佞猾進用，遂倚勢貪放，受納貨賄；張讓、趙忠等封侯貴寵，遂搜刮聚斂，無所畏憚。東漢的黨錮之禍即緣於閹宦而起，名賢善士，莫不罹被災毒。而其後引發的黃巾之亂，則直接對東漢王朝造成了嚴重衝擊。難怪范曄有「西京自外戚失祚，東都緣閹尹傾國」的評論。

1 易曰：「天垂象，聖人則之❶。」宦者四星，在皇位之側，故周禮置官，亦備其數❷。閽者守中門之禁，寺人掌女宮之戒❸。又云：「王之正內者五人❹。」

月令：「仲冬，命閹尹審門閭，謹房室。」❺詩之小雅，亦有巷伯刺讒之篇❻。然宦人之在王朝❼者，其來舊矣。將以其體非全氣，情志專良，通關中人，易以役養乎❽！然而後世因之，才任稍廣。其能者，則勃貂、管蘇有功於楚、晉❾，景監、繆賢著庸於秦、趙❿。及其敝也，則豎刁亂齊，伊戾禍宋⓫。

2 漢興，仍襲秦制，置中常侍⓬官。然亦引用士人，以參其選，皆銀璫左貂⓭，給事殿省⓮。及高后稱制，乃以張卿為大謁者⓯，出入臥內，受宣詔命。文帝時，有趙談、北宮伯子⓰，頗見親倖。至於孝武，亦愛李延年⓱。帝數宴後庭，或潛游離館⓲，故請奏機事，多以宦人主之。至元帝之世，史游⓳為黃門令，勤心納忠，有所補益。其後弘恭、石顯以佞險自進，卒有蕭、周之禍，損穢帝德焉⓴。

3 中興之初，宦官悉用閹人，不復雜調它士㉑。至永平㉒中，始置員數，中常侍四人，小黃門十人。和帝即祚幼弱，而竇憲兄弟專總權威㉓，內外臣僚，莫由親接，所與居者，唯閹宦而已。故鄭眾得專謀禁中，終除大憝，遂享分土之封，超登宮卿之位㉔。於是中官始盛焉。

4 自明帝以後，迄乎延平㉕，委用漸大，而其員稍增，中常侍至有十人，小黃門二十人，改以金璫右貂，兼領卿署之職㉖。鄧后㉗以女主臨政，而萬機殷遠，朝臣國議，無由參斷帷幄；稱制下令，不出房闈㉘之間，不得不委用刑人，寄之國命㉙。手握王爵，口含天憲，非復掖廷永巷之職，閨牖房闥之任也㉚。其後孫程定立順之功㉛，曹騰參建桓之策㉜，續以五侯合謀，梁冀受鉞㉝。迹因公正，恩固主心，故中外服從，上下屏氣。或稱伊、霍之勳，無謝於往載㉞；或謂良、平之畫，復興於當今㉟。雖時有忠公，而竟見排斥㊱。舉動回山海，呼吸變霜露。阿旨曲求，則光寵三族；直情忤意，則參夷五宗㊲。漢之綱紀大亂矣。

若夫高冠長劍，紆朱懷金㊳者，布滿宮闈；苴茅分虎，南面臣人者㊴，蓋以十數。府署第館，棊列於都鄙㊵；子弟支附㊶，過半於州國。南金、和寶、冰紈、霧縠之積，盈仞珍臧㊷；嬙媛㊸、侍兒、歌童、舞女之玩，充備綺室。狗馬飾雕文，土木被緹繡㊹。皆剝割萌黎，競恣奢欲。搆害明賢，專樹黨類。其有更相援引，希附權彊者，皆腐身熏子，以自衒達㊺。同敝相濟，故其徒有繁，敗國蠹政之事，不可單書㊻。所以海內嗟毒，志士窮棲，寇劇緣間，搖亂區夏㊼。雖忠良懷憤，時或奮發，而言出禍從，旋見孥戮㊽。因復大考鉤黨，轉相誣染㊾。凡稱善士，莫不離被災毒㊿。竇武、何進，位崇戚近，乘九服之囂怨，協群英之埶力(51)，而以疑留不斷，至於殄敗。斯亦運之極乎！雖袁紹龔行，芟夷無餘(52)，然以暴易亂，亦何云及！自曹騰說梁冀，竟立昏弱[53]，魏武因之，遂遷龜鼎[54]。所謂「君以此始，必以此終[55]」，信乎其然矣！

【章　旨】以上為〈宦者列傳〉序的引言。追述閹宦在帝王宮廷中供職役使的歷史、功能與變化，慨嘆東漢時期宦官權勢漸盛，以致禍國殃民，敗亂綱紀的情況。

【注　釋】❶天垂象聖人則之　上天顯現各種自然現象，聖人則效法這種天象制定各種社會制度。垂，流傳；傳布。則，依準；仿效。《易・繫辭上》：「天垂象，見吉凶，聖人象之；河出圖，雒出書，聖人則之。」❷宦者四星四句　在帝星附近有四顆小星，聖人效仿此天象而在帝王近旁設任了宦官。在《周禮》中所設定的職官制度，宦官也列入其數。帝星，星官名。也叫「天帝」，屬紫微垣。周禮，亦稱《周官》或《周官經》。全書共有〈天官〉、〈地官〉、〈春官〉、〈夏官〉、〈秋官〉、〈冬官〉等六篇。在〈天官・冢宰〉中有宦官人數的記載。❸閹者守中門之禁二句　閹人負責守護王宮中門的禁衛，寺人掌管王宮內女宮的戒命。閹者，守門人。鄭玄注：「閹即刖足者。」寺人，宮省中供役使的小臣。《周禮・天官・冢宰》：「閹人掌守王宮中門之禁。」又：「寺人掌王之內人及女宮之戒命。」❹王之正內者五人　指在宮省中負責侍從皇后寢宮的宦者有五人。正內，指皇后居處的宮室。語見《周禮・天官・冢宰》。❺月令四句　《禮記・月令》：「仲冬之時，命令掌管宮門出入的閹人認真看護好宮門，管理好房室。」仲冬，指農曆十一月。屬冬季之中，故稱仲冬。閹尹，掌管宮門的宦官。❻詩之小雅二句　在《詩・小雅》中也記載有關於宦官巷伯譏刺幽王聽信讒言的詩歌。〈巷伯〉：「寺人孟子，作為此詩」。《詩・序》：「〈巷伯〉，刺幽王也。寺人傷於讒，故作是詩。」巷伯，寺人孟子的官名，因居於宮巷，故稱巷伯。❼王朝　指帝王的宮廷。❽將以其體非全氣四句　這大概是因為閹宦體非全氣而思想單純性情馴良，因而能出入宮廷之中接觸後宮嬪妃，且易於役使和教養吧。將，抑或；大概是。體非全氣，指宦官因生殖器被閹割而精氣不全。情志專良，指思想單純，性情馴良。通關中人，指往來宮廷之中，接觸後宮嬪妃等。中人，此指後宮嬪妃、宮女等。易以役養，容易被役使和訓教。❾勃貂管蘇有功於楚晉　勃貂，即寺人披。一名勃鞮，字伯楚，春秋時晉人。晉文公返國後，他的政敵想要謀殺他，寺人披及時報告了他們要焚毀文公宮室的消息，使文公免於災難。因此說有功於晉。事詳《左傳・僖公二十四年》。管蘇，春秋時楚恭王的近臣，能以禮義勸諫恭王。據劉向《新序》載：楚恭王有疾，告諸大夫曰：「管蘇犯我以義，違我以禮，與處不安，不見不思，然而有得焉。吾死之後，爵之於朝。」⑩景監繆賢著庸於秦趙　景監，戰國時秦孝公的寵臣。商鞅西入秦，即通過景監介紹而見到了秦孝公，而後輔佐孝公變法圖強，成就霸業。故景監建功於秦。事見《史記・商君列傳》。繆賢，戰國時趙惠文王的宦者令。他推薦自己的舍人藺相如出使秦國，粉碎了秦王霸占和氏璧的企圖；後藺相如任為趙相，與老將廉頗同心一志抗拒強秦。故繆賢有功於趙。事見《史記・廉頗藺相如列傳》。著庸，建立功勳。庸，功績。⑪豎刁亂齊二句　這是說亦出現了豎刁造成齊國內亂，伊戾造成宋國禍災的事件。豎刁，一作「豎貂」。為齊桓公的近臣。管仲輔佐齊桓公成就霸業，管仲死後，豎刁與易牙、開方等專權。其後桓公死去而諸子爭奪王位，豎刁同易牙、開方殺害群吏，擁立公子無虧為王而逼迫太子昭奔宋，導致了齊國的內亂。事詳《左傳・僖公十七年》。伊戾，春秋時宋國寺人。本為太子痤的內師而無寵，因誣告太子痤為取得王位而勾結楚國使臣，導致太子痤自縊身死。後宋公查明真相，遂烹殺伊戾。事詳《左傳・襄公二十六年》。⑫中常侍　官名。秦始置，西漢沿置，出入宮廷，侍從皇帝，常為列侯至郎中的加官。東漢時則專用宦官，以傳達詔命和掌理文書，權力極大。⑬銀璫左貂　指中常侍頭戴銀製的冠飾，冠前左方配有貂尾。璫，原為武官之冠，附以蟬文，飾以貂尾，後改為中常侍冠戴。用銀製成的名銀璫，用金製成的名金璫。或於冠前左方配置貂尾，名左貂。或於冠前右方配置貂尾，名右貂。⑭給事殿省　在殿省中供職任事。殿省，指皇帝理政的殿廷和居處的宮禁之地。⑮高后稱制二句　這是說在漢高帝死後，皇后呂雉臨朝稱制時，宦官張釋卿被任用為大謁者，出入宮闈而傳達詔命。高后，即漢高帝的皇后呂雉。高帝劉邦死後，惠帝即位，但朝廷大權實際掌握在呂后手中。惠帝死後，呂后則臨朝稱制，行使皇帝的權力。其時大謁者張釋卿甚得親幸。謁者，官名。掌給事臥內，傳達詔命。大謁者，為謁者之長。張卿，或云張釋卿，高后時封為建陵侯。⑯趙談北宮伯子　並為漢文帝時宦官，生平事跡不詳。《漢書・佞幸傳》：「趙談者，以星氣幸。北宮伯子長者愛人，故親幸。」⑰李延年　中山（今河北定州）人，漢武帝時樂官。曾坐法腐刑，給事狗監中。後其妹得幸武帝，號為李夫人；其本人善歌樂，常變造新曲，遂得武帝愛幸而任為協律都尉，佩二千石印綬。後坐法誅死。事詳《漢書・佞幸傳》。⑱離館　即離宮、別館。古代帝王正宮之外所建的供居處遊樂的宮館。⑲史游　漢元帝時任黃門令，曾編著《急就篇》，將日常用字按姓名、衣服、飲食、器用等分類編成韻語，以供學童識字之用。⑳卒有蕭周之禍二句　西漢宣帝時，宦官弘恭、石顯奸巧陰險，固寵專權。元帝即位後，弘恭死而石顯任為中書令。因元帝被疾，不親政事，遂委政於石顯。前將軍蕭望之及光祿大夫周堪等憎惡石顯邪辟，建議元帝取消中常侍且不近刑餘之人。石顯因此大怒，多進讒言誣陷蕭、周等人，最終導致蕭望之自殺身死，周堪被廢黜禁錮。這使得元帝的威望也因此受到了毀損。㉑中興之初三句　光武帝劉秀建立東漢政權以後，內侍之官全部任用閹人，而不再雜用士人。中興，古代王朝由衰落而復興昌盛稱為中興。㉒永平　東漢明帝劉莊年號，當西元五八－七五年。㉓和帝即祚幼弱二句　和帝劉肇即位時年僅十歲，故稱幼弱。時竇太后臨朝，太后兄竇憲以侍中內主機密，出宣詔命。竇憲之弟竇篤為虎賁中郎將，竇景、竇瓌並為中常侍，皆在親要之地。永元元年，竇憲以車騎將軍率兵擊敗匈奴，升任大將軍。竇氏兄弟遂專制威權，橫暴京師。竇憲，字伯度，扶風平陵（今陝西咸陽）人。事詳本書卷二十三。㉔鄭眾得專謀四句　此指和帝長大成人後，不滿意於竇氏的專權橫暴，遂欲誅滅之。鄭眾首謀其事，遂誅殺竇憲兄弟。以功升任大長秋，封為鄛鄉侯，食邑一千五百戶。和帝遂常與其論議朝政，所言多為聽用。由此開始了東漢宦官參政專權的局面。鄭眾，字季產，南陽犨縣（今河南平頂山市）人。章帝時為中常侍，和帝即位，又被親信。事見本傳中。大憝，大奸大惡。此指竇氏兄弟。㉕延平　東漢殤帝劉隆年號，即西元一〇六年。㉖改以金璫右貂二句　這是說隨著宦官權勢的增大，其頭戴的冠飾也由銀製的改為金製的，貂尾由冠前左方改置於冠前右方。並且還兼任朝廷中九卿官署的職務。宦官原本為內省宮禁之官，此則兼理外朝廷臣之職，則為其進一步專斷朝政奠定了基礎。㉗鄧后　名綏，為東漢和帝劉肇的皇后。和帝死時，殤帝始生百日，其即位後則由鄧后臨朝稱制。不久殤帝死，鄧后又定策立安帝劉祜。安帝時年十三，故鄧后仍臨朝聽政。依照常例，太后不能直面朝臣聽彙報，發指示，不能直接處理朝廷政事，故下文言其「萬機殷遠」。㉘房闈　即宮闈。指皇后所居的宮室。㉙委用刑人二句　這是說必須任用宦官來傳達朝臣的奏議，以及宣布太后下達的詔令。刑人，指宦官。其遭受閹割而形體虧損，若刑餘之人。㉚手握王爵四句　宦官宣達詔命時，手中握有帝王的封賞爵命，而口中含有朝廷的制詔法令。已經不再像先前那樣是僅僅在後宮內省中服役聽差的角色。掖廷，亦作「掖庭」。指帝王後宮中嬪妃所居的宮室。以其在正宮的兩旁，若人之肘掖，因稱掖廷。秦時名「永巷」，武帝太初元年改名掖廷。由掖廷令主其事。㉛孫程定立順之功　此指中黃門孫程策謀與宦官王康等擁立順帝一事。孫程，字稚卿，涿郡新城（今河北徐水縣）人。安帝時為中黃門。安帝死，閻皇后兄閻顯等廢皇太子劉保為濟陰王，而擁立北鄉侯劉懿為天子。不久劉懿病死，孫程等遂密謀而與中黃門王康等十八人擁立濟陰王劉保即位為順帝。孫程以功封為浮陽侯。㉜曹騰參建桓之策　此指中常侍曹騰參與定策迎立桓帝劉志一事。曹騰，字季興，沛國譙縣（今安徽亳州）人。順帝時遷任中常侍。大將軍梁冀鴆弒質帝後，曹騰參與定策迎立劉志為桓帝，以功封為費亭侯，遷為大長秋。㉝五侯合謀二句　此指桓帝時，由於外戚梁冀專權驕橫，梁冀妹為皇后亦乘勢妒忌，恣意逼畏於帝，使得桓帝心懷不平而不能申言，遂欲誅除梁冀。中常侍單超、徐璜、具瑗及小黃門史左悺、唐衡等五人與桓帝合謀定策，遂收捕梁冀宗族親黨悉誅之。五人也因功同日封侯，世稱「五侯」。㉞或稱伊

霍之勳二句　這是說有人稱讚宦官的擁立順帝、桓帝及定國安邦之功，同往年的伊尹、霍光相比也毫不遜色。伊，指伊尹。曾佐助商湯攻滅夏桀，為商朝的開國功臣。後來湯孫太甲即位為王，破壞商湯舊法且不理國政，伊尹遂將其放逐。三年後太甲悔過，伊尹又將其迎歸復位。霍指霍光，西漢名將霍去病的異母弟。昭帝即位時年紀尚幼，霍光與桑弘羊同受武帝遺詔輔政。昭帝死後，迎立昌邑王劉賀即位。又見劉賀淫亂，遂廢之而迎立宣帝劉詢。霍光前後執政達二十餘年，有定國安邦之功。

㉟或謂良平之畫二句　這是說有人稱讚宦官所密謀的定國安邦之策，就如同張良、陳平的奇謀策劃復興於當代一樣。良指張良，平指陳平，並為高帝劉邦的重要謀臣。楚漢戰爭中，兩人都曾提出許多計謀而為劉邦採用。漢初，張良被封為留侯，陳平被封為曲逆侯。㊱雖時有忠公二句　這是說宦官五侯的權勢極盛，朝臣中雖有忠心為國之人，亦終被排斥。如左車騎將軍皇甫嵩，其平黃巾，撫百姓，「夙夜在公，心不忘忠」，因見中常侍趙忠的宅第逾制而奏請沒入之，及中常侍張讓私下求錢五千萬而拒之不與，則為宦官所怨恨，遂被譖毀而罷官削爵。㊲光寵三族三句　三族，指父族、母族、妻族。或說指父輩、己輩、子輩的眾兄弟。參夷五宗，指三族五宗之人被誅殺夷滅。李賢原注：「夷，滅也。參夷，夷三族也。五宗，五服內的親故也。」上言「光寵三族」，下言「參夷五宗」，上下文對稱，疑「參」字當通「慘」。㊳紆朱懷金　此指繫結朱紱懷持金印。紆，繫；結。朱，指朱紱。繫在印璽上的紅色絲帶。金，指金印。㊴苴茅分虎二句　指分封為諸侯王而統治其侯國。古代帝王祭祀的社壇用五色土建成。青色代表東方，赤色代表南方，白色代表西方，黑色代表北方，黃色代表中央。分封諸侯時，把與封國相應方位的色土用茅草包裹好授給侯王，作為分封土地的象徵，稱為苴茅。分虎，指朝廷授任郡守時，剖分虎符給郡守作為憑信。虎，虎形的銅符。南面，指封立為侯國之君。古代以面向南為尊位，君王臨朝時遂南向而坐，因稱君人治國為「南面」。臣人，統治人民。㊵棊列於都鄙　像棋子一樣布列在京都的城內郊外。棊，「棋」的異體字。都，大的城市。指京城。鄙，城外郊野之地。㊶子弟支附　指宦官家的子姪輩人和宗族親屬及附從的賓客。支，指支屬。宗族中旁支的親屬。

㊷南金和寶二句　泛指各種珍稀貴重之物裝滿了寶庫。南金，古代荊州、揚州為產金之地，因稱黃金為南金。和寶，春秋時楚人卞和向楚王進獻寶玉，世稱「和氏璧」，因稱寶玉為和寶。冰紈，像冰一樣潔白晶瑩的細絹。霧縠，像薄霧一樣輕軟透明的縐紗。盈仞，裝滿；充滿。仞，通「牣」。珍臧，儲存珍寶的庫房。㊸嬙媛　泛指宮嬪美女。嬙，古代宮廷中的女官。媛，美女。㊹狗馬飾雕文二句　這是說宦官所豢養的走狗、跑馬的身上都披掛著雕刻或描繪有紋彩的各種飾物；宦官所居住的宮室都裝飾有織造精美的絲綢錦緞。緹繡，泛指各種精美的絲織品。緹，丹黃色或淺絳色的繒帛。㊺皆腐身熏子二句　許多人往往閹割自身或子孫以進宮成為宦官而求得富貴顯達。㊻不可單書　不能全部記載下來。單，同「殫」。竭；盡。㊼寇劇緣間

二句　寇盜劇賊乘隙而起，震動搖撼華夏大地。緣間，利用其間隙而起事；乘機而起。區夏，諸夏之地。指中國。寇劇，是對農民軍的汙蔑。㊽旋見孥戮　不久就被誅殺刑戮。孥戮，誅及子孫。㊾大考鉤黨二句　此指嚴加拷問而逼使招供同夥，以至於互相誣告而牽連獲罪。鉤，鉤取。染，被牽連而獲罪。㊿離被災毒　遭受到災禍毒害。離，通「罹」。遭受；遭遇。51乘九服之釁怨二句　憑藉全國上下對宦官專權橫暴的憤恨抨擊，協同朝廷內外許多英才名士的強盛氣勢。九服，本指京畿以外的九等藩屬之地。此則泛指全國各地。據《周禮》載，古代帝王所轄地域，以京畿為中心，其外每五百里為一服，共有侯服、甸服、男服、采服、衛服、蠻服、夷服、鎮服、藩服等九服。52袁紹龔行二句　此指袁紹在大將軍何進被宦官殺害後，率兵盡捕宦官，無論少長全部斬殺一事。龔行，指恭行上天的懲罰。龔，同「恭」。芟夷，剷除；消滅。53曹騰說梁冀二句　曹騰曾勸說大將軍梁冀擁立幼弱的劉志為桓帝。大將軍梁冀以質帝聰慧而心生忌恨，遂毒殺之。議定立嗣時，太尉李固與司徒胡廣、司空趙戒等以為清河王劉蒜明德著聞，又屬最尊親，議欲立之。梁冀則欲立蠡吾侯劉志。中常侍曹騰等聞知，遂夜往說梁冀，言「清河王嚴明，若果立，則將軍受禍不久矣。不如立蠡吾侯，富貴可長保也。」梁冀贊同其說而最終定策迎立桓帝劉志。桓帝即位時僅十五歲，故言昏弱。54魏武因之二句　曹操沿用了梁冀擁立幼弱小皇帝的作法，挾制漢獻帝劉協而號令天下，最終改朝換代而建立了魏國。遷龜鼎，喻改朝換代。龜甲用以占卜而通天意，鼎為夏禹所鑄而歷代傳承，並為國之寶器，故用以代指帝王之位。魏武，即曹操。其子曹丕代漢立魏後，追尊為武皇帝。55君以此始二句　宦官因幼主昏弱而專權橫暴，而最終也因為幼主昏弱而被誅滅。《左傳·宣公十二年》載：屈蕩曰：「君以此始，亦必以終。」此與原文稍異。

【語　譯】《易》說：「上天顯示各種徵象，聖人就效法它來設官施政。」天上那象徵宦者的四顆小星，就在帝星之位的旁邊，所以《周禮》中設置的職官，也把宦官列入其中。閽人負責守護王宮內中門的禁衛，寺人則掌管王宮中女宮的警戒。《周禮》又說：「君王的後宮內室有五個寺人侍候。」〈月令〉則說：「仲冬時節，命令閽人之官認真查禁宮廷門戶，謹慎看守君王的屋室。」《詩》的〈小雅〉中也有關於宦官諷刺周幽王聽信讒言的〈巷伯〉之篇。可見，宦官在帝王的宮廷中差遣任事已經歷時久遠了。這大概是因為宦者被閹割後精氣不全，所以情志單純無邪，性格和順善良，因而能夠交往接觸後宮內人，並且容易役使和訓教的緣故吧！然而後代因襲其制使用宦官時，卻使他們的職任的範圍逐漸擴大。宦者中那些有才能的，如勃貂、管蘇等則多有功德於晉國和楚國，景監、繆賢等則建立勳勞於秦國和趙國。至於其中的敗類，就有宦臣豎刁擾亂齊國之政，寺人伊戾禍害宋國之君。

2 漢朝立國後，承襲沿用秦朝的制度，設置了中常侍這一官職。但是也引用士人來參選其職，他們都戴著飾有銀璫、左垂貂尾的帽子，在殿廷和宮省中服事供職。到呂后臨朝稱制時，就讓張釋卿擔任大謁者，出入於內宮臥室，來接受傳達詔令。漢文帝時有趙談、北宮伯子也深得寵信。到了漢武帝時，也非常寵愛李延年。漢武帝曾多次在後宮中歡宴暢飲，或是悄悄地到離宮別墅去居住遊玩，所以奏請機密大事，則多由閹人宦者負責其事。到漢元帝時，史游為黃門令，他辦事勤懇忠誠，對朝政多所補益。後來弘恭、石顯倚仗其陰險奸詐而得以升遷，最終導致了蕭望之被殺、周堪被黜的禍災，天子的美德也因此受到損害和玷汙。

3 東漢王朝建立初期，皇帝的近侍之官全部都使用閹宦，而不再徵召任用其他士人。到明帝永平年間，則開始規定宦官的數額，中常侍設四人，小黃門設十人。和帝即位時年紀幼小，竇憲兄弟總持朝政威權，宮廷內外的百官群臣不能接近皇帝，與和帝一同起居生活的只有閹宦而已。因此宦官鄭眾得以在禁省之中祕密為皇帝謀劃，最終翦除了大奸大惡的竇憲兄弟，於是鄭眾被封為享土食邑的列侯，並被破格提升為總管後宮事務的大長秋。從此以後，宦官的勢力則日益強盛。

4 東漢從明帝以後直到殤帝延平年間，朝廷對宦官的委任使用逐漸擴大了範圍，宦官的員額也逐漸增加，中常侍增加到十人，小黃門增加到二十人，並且改為頭戴飾有金璫而右垂貂尾的帽子，還常常兼任九卿等政府官員的職務。鄧太后以女主的身分臨朝聽政，而各種朝政機事她又不能親自調查處理，朝廷大臣商議國家大事，也無法參與決策；這樣一來，鄧太后在行使皇權、下達詔命時，總不能外出於後宮禁省，因此不得不任用閹宦，把國家政令託付給他們。宦官也就得以手握帝王的爵命，口含天子的憲令，已經不只是在掖廷、永巷之中僅供役使的職務，在後宮嬪妃的門戶前看管守護的責任了。後來宦官孫程有定策擁立順帝的功績，曹騰則曾參與擁立桓帝的策謀，接著又有單超、徐璜、具瑗、左悺、唐衡這五個被封侯的宦官合謀，誅殺了專權跋扈的外戚梁冀。由於這些宦官的所作所為公正無私，他們的恩義也能夠堅定皇帝對他們的信任，因此朝廷內外對這些宦官都能敬順服從，上上下下也都能恭謹畏懼而不敢非議。有的人稱頌他們有伊尹、霍光一般的輔佐之功，絲毫都不遜於前代；也有人讚揚這如同當年張良、陳平的神謀奇策，復興重現於今世。雖然這期間時時出現忠心為公的大臣，而最終則被宦官所排斥廢黜。宦官們的權勢急劇膨脹，他們的一舉一動具有排山倒海之勢，他們的一言一語甚至能夠改變人間冷暖。阿諛奉承、曲意順從他們的人，就被提拔重用而光耀三族；秉公直言、違背他們的旨意，就被誅殺殘害，甚至夷滅三族五宗。漢朝的政綱法紀由此陷入極度的混亂之中。

5　至於那些頭戴高冠身攜長劍、佩掛朱紅綬帶手持黃金大印的宦官，布滿於宮廷內外；那些裂土剖符被封為列侯，君人面南而統治百姓的宦官，大概也有數十個。他們的府第館舍，星羅棋布於京都的城內郊外；他們的子弟親族，任職掌權而分布在半數以上的郡國。珍貴稀見的南金、奇玉、輕薄淨潔的細絹、縐紗，堆積盈滿於祕府寶庫之中；美貌華麗的宮嬪、侍兒、才藝雙全的歌童、舞女，備列充斥於華屋綺室之內。走狗跑馬所用之物都飾有雕刻的花紋，土牆木柱之上也披掛著秀美精緻的錦緞絲綢。他們一個個剝削殘害黎民百姓，競相奢侈揮霍、放恣縱欲。他們誣衊陷害忠良賢能，專門網羅黨羽結立團夥。以至於那些互相攀援結納、趨炎附勢的人，或者自腐其身，或者閹割其子，以賣身投靠而求取顯貴。他們臭味相投狼狽為奸，故此黨徒眾多，敗壞國家、禍害朝政的罪惡，罄竹難書。因此使得四海之內哀怨悲歎，志士仁人無處棲身，寇盜奸賊乘機而起，震驚擾亂華夏之地。雖然忠良之士滿懷憤恨，時常有人拍案奮起抨擊閹宦，但是一言始出而大禍即來，很快就會遭到滅族之禍。宦官閹黨又藉此大興冤獄拷問逼供，許多人因此被誣陷株連。凡是被稱譽為善士的，沒有誰不蒙受災禍，遭遇殘毒。竇武、何進位勢崇高，是皇帝親近的外戚，乘著天下各地對宦官專權的憤怒怨恨，協合各路英豪奮發有為的強盛勢力，結果卻因遲疑不決而至於失敗被殺。這也是漢朝的國運到了盡頭啊！雖然後來袁紹恭行天罰，將宦官斬盡殺絕，但是這種以暴易亂的作法，對於維護漢家王朝的統治又有什麼用處呢！自從曹騰勸說梁冀最終擁立了童昏幼弱的桓帝，後來魏武帝曹操也因襲仿效其法，遂將漢家的政權竊奪在手。這正是所謂「如果你從這裡開始，最終就必定在此結束」。的的確確，天下的事情確實就是如此啊！

1 鄭眾，字季產，南陽犨❶人也。為人謹敏有心幾❷。永平❸中，初給事太子家。肅宗即位，拜小黃門，遷中常侍。和帝初，加位鉤盾令❹。

2 時竇太后秉政，后兄大將軍憲等並竊威權，朝臣上下莫不附之，而眾獨一心王室，不事豪黨，帝親信焉。及憲兄弟圖作不軌，眾遂首謀誅之，以功遷大長秋。策勳班賞，每辭多受少。由是常與議事。中官用權，自眾始焉。

3 十四年，帝念眾功美，封為鄛鄉❺侯，食邑千五百戶。永初❻元年，和熹皇后益封三百戶。

4 元初❼元年卒，養子閎嗣。閎卒，子安嗣。後國絕。桓帝延熹二年，紹封眾曾孫石讎為關內侯❽。

【章旨】以上為〈鄭眾傳〉，介紹了他的主要事跡。蓋東漢的宦官用權，始自鄭眾。然其一心王室，忠正無私，故能有益而無害。

【注釋】❶犨　縣名。治今河南平頂山市西南。❷心幾　心計；機謀。幾，同「機」。❸永平　東漢明帝劉莊年號，西元五八－七五年。❹鉤盾令　為少府屬官，掌管近池苑囿遊觀之處。由宦官充任其職。❺鄛鄉　李賢注：「《說文》：南陽棘陽縣有鄛鄉。」棘陽故城在今河南南陽南。❻永初　東漢安帝劉祜年號，西元一〇七－一一三年。❼元初　東漢安帝劉祜年號，西元一一四－一二〇年。❽關內侯　爵位名。為二十等爵的第十九級，位序僅次於徹（通）侯。未有封土，但食租稅。

【語譯】鄭眾，字季產，南陽郡犨縣人。為人謹慎勤敏而有心計。明帝永平年間，開始在太子家中供職。章帝即位後，任命他為小黃門，又升任為中常侍。和帝初年，被提拔為鉤盾令。

2 當時竇太后執掌朝政，太后的哥哥竇憲等人則仗勢篡奪了大權，滿朝的文武群臣幾乎沒有不攀援依附於他的，而鄭眾卻一心一意忠誠漢室，不肯聽命於權貴之黨，皇帝對他也非常信任。等到竇憲兄弟圖謀不軌的時候，鄭眾於是首先提出策謀誅殺他們，因為有功而升任為大長秋。在論功行賞時，鄭眾總是辭去最高賞賜而接受最低賞賜。因此皇帝時常讓他參與議論朝廷政事。宮省中的宦官參政掌權，就是從鄭眾開始的。

3 和帝永元十四年，皇帝考慮到鄭眾的功勳卓著，便封他為鄛鄉侯，食邑一千五百戶。安帝永初元年，和熹皇后又加封給他三百戶。

4 元初元年，鄭眾去世，由養子鄭閎繼承爵位。鄭閎死後，由他的兒子鄭安繼承。後來封國絕嗣。桓帝延熹二年，又下詔續封鄭眾的曾孫鄭石雛為關內侯。

1 蔡倫，字敬仲，桂陽❶人也。以永平末始給事宮掖，建初❷中，為小黃門。及和帝即位，轉中常侍，豫參帷幄❸。

2 倫有才學，盡心敦慎，數犯嚴顏，匡弼得失。每至休沐❹，輒閉門絕賓，暴體田野。後加位尚方令。永元❺九年，監作祕劍及諸器械，莫不精工堅密，為後世法。

3 自古書契多編以竹簡，其用縑帛❻者謂之為紙。縑貴而簡重，並不便於人。倫乃造意，用樹膚、麻頭及敝布、魚網以為紙。元興❼元年奏上之，帝善其能，自是莫不從用焉，故天下咸稱「蔡侯紙」。

4 元初元年，鄧太后以倫久宿衛，封為龍亭❽侯，邑三百戶。後為長樂太僕❾。四年，帝以經傳之文多不正定，乃選通儒謁者劉珍及博士良史❿詣東觀，各讎校家法，令倫監典其事。

5 倫初受竇后諷旨，誣陷安帝祖母宋貴人。及太后崩，安帝始親萬機，勑使自致廷尉。倫恥受辱，乃沐浴整衣冠，飲藥而死。國除。

【章　旨】以上為〈蔡倫傳〉。蔡倫不但在和帝時參與帷幄，匡弼得失，且其任職尚方令時監作器械，皆精工堅密而為後世所效法。尤其重要的是其創意造紙，對於中華文化及世界文明，都意義巨大。

【注　釋】❶桂陽　郡名。治今湖南郴州。❷建初　東漢章帝劉炟年號，西元七六—八四年。❸豫參帷幄　參與策謀籌劃軍國大計。帷幄，本義指帳幕，為隱密機謀之處。引申而代指籌謀機密之事。❹休沐　休息沐浴。為古代官吏的常例假日。❺永元　東漢和帝劉肇年號，西元八九—一〇五年。❻縑帛　薄軟的絲絹。❼元興　東漢和帝年號，西元一〇五年。❽龍亭　故址在今陝西洋縣東。❾長樂太僕　長樂，為皇太后所居宮。太僕，秦置官，為九卿之一，掌輿馬。蓋此為太后長樂宮的掌輿馬之官。❿博士良史　指博士官與有才學的史官。舊說以為博士之名良史者。

【語　譯】蔡倫，字敬仲，桂陽郡人。從明帝永平末年開始在後宮禁省中供職，章帝建初年間，任職為小黃門。等到和帝即位，遂升轉為中常侍，侍從皇帝並參與決策朝廷政事。

2 蔡倫很有才學，辦事能盡心竭力、敦厚謹慎，屢次冒犯皇帝的威嚴，以輔弼匡正皇帝的過失。每到休沐假日，蔡倫總是閉門謝客，在野外曝曬身體。後來升遷為尚方令。和帝永元九年，蔡倫監管製造皇宮專用的刀劍及各種器械，所有器物全都製作得精良工巧、緻密堅固，成為後代尚方工匠製作的法式。

3 自古以來，文冊書籍大多刻寫於竹簡，然後編聯而成。那些使用縑帛書寫的，稱之為紙。縑帛價貴而竹簡笨重，全都不便於人們使用。蔡倫於是創新立意，使用樹皮、麻頭和破布、魚網等廢物來造紙。和帝元興元年，他將用新法造成的紙上奏給皇帝，和帝對他的才幹非常讚賞。此後人們都使用這種辦法造紙，故而天下之人都稱這種紙為「蔡侯紙」。

4 安帝元初元年，鄧太后因為蔡倫在宮中宿衛供職的時間長久，便封他為龍亭侯，食邑三百戶。後來他又任職為長樂宮的太僕。元初四年，安帝因為傳世的儒家經傳中的文字很多都淆亂不確，就挑選了精通儒學的謁者劉珍及博士良史等集合到東觀，依照各家經師的解說整理校勘其中收藏的書籍。並詔命蔡倫去監管主持其事。

5 當初，蔡倫曾接受竇太后暗示，誣陷安帝的祖母宋貴人。竇太后去世後，安帝開始親理朝政，就敕命蔡倫到廷尉中去認罪服法。蔡倫羞恥於被廷尉拷問受辱，就沐浴潔身，端正衣冠，吞服毒藥自殺而死。他死後，所封的侯國也被廢除。

1 孫程，字稚卿，涿郡新城❶人也。安帝時，為中黃門，給事長樂宮。

2 時鄧太后臨朝，帝不親政事。小黃門李閏與帝乳母王聖❷常共譖太后兄執金吾悝等，言欲廢帝，立平原王翼，帝每忿懼。及太后崩，遂誅鄧氏而廢平原王，封閏雍鄉❸侯；又小黃門江京以讒諂進，初迎帝於邸，以功封都鄉侯❹，食邑各三百戶。閏、京並遷中常侍，江京兼大長秋，與中常侍樊豐、黃門令劉安、鉤盾今陳達及王聖、聖女伯榮扇動內外，競為侈虐。又帝舅大將軍耿寶、皇后兄大鴻臚閻顯更相阿黨，遂枉殺太尉楊震❺，廢皇太子為濟陰王❻。

3 明年帝崩，立北鄉侯❼為天子。顯等遂專朝爭權，乃諷有司奏誅樊豐，廢耿寶、王聖，及黨與皆見死徙。

4 十月，北鄉侯病篤。程謂濟陰王謁者長興渠❽曰：「王以嫡統❾，本無失德，先帝用讒，遂至廢黜。若北鄉疾不起，共斷江京、閻顯，事乃可成。」渠等然之。又中黃門南陽王康，先為太子府史，自太子之廢，常懷歎憤。又長樂太官丞京兆王國，並附同於程。至二十七日，北鄉侯薨。閻顯白太后，徵諸王子簡為帝嗣❿。未及至。十一月二日，程遂與王康等十八人聚謀於西鍾⓫下，皆截單衣為誓⓬。四日夜，程等共會崇德殿上，因入章臺門。時江京、劉安及李閏、陳達等俱坐省門下，程與王康共就斬京、安、達。以李閏權埶積為省內所服，欲引為主⓭，因舉刃脅閏曰：「今當立濟陰王，無得搖動。」閏曰：「諾。」於是扶閏起，俱於西鍾下迎濟陰王立之，是為順帝。召尚書令、僕射以下，從輦幸南宮雲臺⓮，程等留守省門，遮扞⓯內外。

5 閻顯時在禁中，憂迫不知所為，小黃門樊登勸顯發兵，以太后詔召越騎校尉馮詩、虎賁中郎將閻崇，屯朔平門，以禦程等。誘詩入省，太后使授之印，曰：「能得濟陰王者封萬戶侯，得李閏者五千戶侯。」顯以詩所將眾少，使與登迎吏士于左掖門外。詩因格殺登，歸營屯守。顯弟衛尉景⑯遽從省中還外府，收兵至盛德門。程傳召諸尚書使收景。尚書郭鎮⑰時臥病，聞之，即率直宿羽林⑱出南止車門，逢景從吏士，拔白刃，呼曰：「無干兵！」鎮即下車，持節詔之。景曰：「何等詔？」因斫鎮，不中。鎮引劍擊景墮車，左右以戟叉其匈，遂禽之⑲，送廷尉獄，即夜死。旦日，令侍御史收顯等送獄，於是遂定。下詔曰：

「夫表功錄善，古今之通義也。故中常侍長樂太僕江京、黃門令劉安、鉤盾
6 令陳達與故車騎將軍閻顯兄弟謀議惡逆，傾亂天下。中黃門孫程、王康、長樂太官丞王國、中黃門黃龍、彭愷、孟叔、李建、王成、張賢、史汎、馬國、王道、李元、楊佗、陳予、趙封、李剛、魏猛、苗光等，懷忠憤發，勠力協謀，遂埽滅元惡，以定王室。詩不云乎：『無言不讎，元德不報⑳。』程為謀首，康、國協同。其封程為浮陽㉑侯，食邑萬戶；康為華容㉒侯，國為酈㉓侯，各九千戶；黃龍為湘南㉔侯，五千戶；彭愷為西平昌㉕侯，孟叔為中廬㉖侯，李建為復陽㉗侯，各四千二百戶；王成為廣宗㉘侯，張賢為祝阿㉙侯，史汎為臨沮㉚侯，馬國為廣平㉛

侯，王道為范縣[32]侯，李元為褒信[33]侯，楊佗為山都[34]侯，陳予為下雋[35]侯，趙封為析縣[36]侯，李剛為枝江[37]侯，各四千戶；魏猛為夷陵[38]侯，二千戶；苗光為東阿[39]侯，千戶。」

7 是為十九侯。加賜車馬金銀錢帛各有差。李閏以先不豫謀，故不封。遂擢拜程騎都尉。

8 永建[40]元年，程與張賢、孟叔、馬國等為司隸校尉虞詡訟罪[41]，懷表上殿，呵叱左右。帝怒，遂免程官，因悉遣十九侯就國，後徙封程為宜城侯。程既到國，怨恨恚懟[42]，封還印綬、符策，亡歸京師，往來山中。詔書追求，復故爵土，賜車馬衣物，遣還國。

9 三年，帝念程等功勳，悉徵還京師。程與王道、李元皆拜騎都尉，餘悉奉朝請[43]。陽嘉[44]元年，程病甚，即拜奉車都尉，位特進[45]。及卒，使五官中郎將追贈車騎將軍印綬，賜謚剛侯。侍御史持節監護喪事，乘輿幸北部尉傳[46]，瞻望車騎。

10 程臨終，遺言上書，以國傳弟美。帝許之，而分程半，封程養子壽為浮陽侯[47]。後詔書錄微功，封興渠為高望亭侯。四年，詔宦官養子悉聽得為後，襲封爵，定著乎令。

11 王康、王國、彭愷、王成、趙封、魏猛六人皆早卒。黃龍、楊佗、孟叔、李建、張賢、史汎、王道、李元、李剛九人與阿母山陽君宋娥㊽更相貨賂，求高官增邑，又誣罔中常侍曹騰、孟賁等。永和㊾二年，發覺，並遣就國，減租四分之一。宋娥奪爵歸田舍。唯馬國、陳予、苗光保全封邑。

12 初，帝見廢，監太子家小黃門籍建、傅高梵、長秋長趙熹、丞良賀、藥長夏珍皆以無過獲罪，建等坐徙朔方。及帝即位，並擢為中常侍。梵坐臧罪㊿，減死一等。建後封東鄉侯，三百戶。

13 賀清儉退厚，位至大長秋。陽嘉中，詔九卿舉武猛[51]，賀獨無所薦。帝引問其故，對曰：「臣生自草茅，長於宮掖，既無知人之明，又未嘗交知士類。昔衛鞅因景監以見，有識知其不終[52]。今得臣舉者，匪榮伊辱[53]。」固辭之。及卒，帝思賀忠，封其養子為都鄉侯，三百戶。

【章　旨】以上為孫程及其同夥十九侯之合傳。在皇室內部矛盾異常尖銳，皇太子被廢黜為濟陰王後，孫程等聯絡同黨，迎立濟陰王劉保立為順帝。孫程等十九名宦官因此均被封侯加官，其權勢之盛前所未有，而依仗權勢張揚跋扈亦成事之必然。當然，宦官中依然有清儉謙厚、奉公忠正者如良賀存在。

【注　釋】❶新城　縣名。治今河北徐水縣西。❷乳母王聖　為安帝乳母，得安帝信任封為野王君。與小黃門李閏等譖毀太后兄鄧悝及平原王劉翼，遂誅滅鄧氏。順帝即位後，以謀逆罪徙雁門。❸雍鄉　據〈郡國志〉載，東郡燕縣有雍鄉。燕縣治今河南延津東北。❹都鄉侯　東漢時封爵多有都鄉侯。據顧炎武《日知錄》：「都鄉，蓋即今之坊廂也。」坊廂，指城內及近郊之地。❺枉殺太尉楊震　楊震，字伯起，弘農華陰人。明經博覽，為當世名儒。年五十始仕州郡，歷任荊州刺史、東萊太守、太僕、太常、司徒等職。延光二年，楊震任為太尉。帝舅大鴻臚耿寶薦中常侍李閏兄於楊震，震不從。皇后兄閻顯薦所親厚者於楊震，震又不從，二人以此心懷怨恨。後楊震上書切責宦官樊豐等罪惡，樊豐等遂共同譖毀楊震，有詔遣歸本郡。楊震出發後，行至城西幾陽亭，飲酖而卒。❻廢皇太子為濟陰王　此皇太子即安帝太子劉保，後即位為順帝。時宦官江京、樊豐、劉安等譖殺太子乳母王男、廚監邴吉後，恐將來太子登基後有禍，遂共同構陷太子，以此劉保被廢為濟陰王。❼立北鄉侯　指北鄉侯劉懿。為章帝之孫，濟北惠王劉壽之子。安帝四年春三月即位為天子，同年十月病死。❽謁者長興渠　興渠，姓興名渠，為濟陰王的謁者之長。謁者，掌殿上威儀，傳達君命。❾嫡統　指直系的嫡子。宗法社會中，正妻為嫡，正妻所生的兒子稱嫡子。❿徵諸王子簡為帝嗣　這是說徵召諸位王子入京，簡選其中才德優異者使為帝嗣以承繼皇位。⓫西鍾　在崇賢門內德陽殿下。⓬𢧵單衣為誓　截斷單衣而共起盟誓。𢧵，「截」的本字。割斷；裁斷。⓭以李閏權埶二句　因為李閏在省內權重勢大，很久以來就為大小宦官所畏服，以此想脅迫他作為擁立濟陰王的事主。埶，通「勢」。⓮雲臺　位置在南宮中。永平中，明帝追思前世功臣，遂將隨從光武帝劉秀興復漢業的二十八將圖畫於此。⓯遮扞　阻遏捍衛宮省禁地。扞，同「捍」。⓰衛尉景　衛尉，掌宮門衛士及宮中徼循事，為九卿之一，秩中二千石。閻景，為閻顯之弟，安帝親政後，任為卿校而典禁兵。北鄉侯劉懿立為皇帝後，遂升任衛尉。⓱郭鎮　字桓鍾，潁川陽翟（今河南禹州）人。少修家業，後辟太尉府，延光中為尚書，因擊殺閻景之功遷尚書令，封定潁侯。後卒於家。事詳本書卷四十六。⓲直宿羽林　當值的羽林軍。羽林軍為皇帝的護衛軍，掌宿衛侍從，由羽林中郎將統領。羽林取「為國羽翼，如林之盛」之意。直，通「值」。當值；值班。⓳左右以戟叉其匈二句　隨從於郭鎮的羽林軍用戟交叉逼迫於閻景胸前，接著便把閻景擒獲了。戟，為將矛、戈合於一體，既能直刺又能橫擊的古代兵器，用青銅製成。匈，同「胸」。禽，通「擒」。⓴無言不讎二句　人有話言則必有應答，人有恩德則須有回報。讎，答對。語出《詩·抑》。㉑浮陽　渤海郡屬縣。治今河北滄州東南。㉒華容　南郡屬縣。治今湖北潛江市東南。㉓酈　南陽郡屬縣。治今河南內鄉北。㉔湘南　長沙郡屬縣。治今湖南湘潭西南。㉕西平昌　平原郡屬縣。治今山東商河縣西北。㉖中廬　南郡屬縣。治今湖北襄樊西南。㉗復陽　南陽郡屬縣。治今河南桐柏西北。㉘廣宗　鉅鹿郡屬縣。治今河北威縣東。㉙祝阿　平原郡屬縣。治今山東濟南西。㉚臨沮　南郡屬縣。治今湖北遠安西北。㉛廣平　鉅鹿郡屬縣。治今河北曲周東北。

㉜范縣　東郡屬縣。治今山東梁山縣西北。㉝褒信　汝南郡屬縣。治今河南息縣東北。㉞山都　南陽郡屬縣。治今湖北襄樊西北。㉟下雋　長沙郡屬縣。治今湖北通城西北。㊱析縣　南陽郡屬縣。治今河南西峽縣。㊲枝江　南郡屬縣。治今湖北枝江市東北。㊳夷陵　南郡屬縣。治今湖北宜昌東南。㊴東阿　東郡屬縣。治今山東東阿西南。㊵永建　東漢順帝劉保年號，西元一二六—一三二年。㊶為司隸校尉虞詡訟罪　虞詡為司隸校尉時，苛法嚴禁，案劾權貴。時中常侍張防特見信任而濫用權勢，常常請託受賄。虞詡奏請案治其罪而屢寢不報，遂不勝其憤而自繫廷尉。張防心中憎恨而必欲害之，二日之中即傳考四獄。孫程、張賢等心知虞詡以忠直獲罪，相率上殿為虞詡訟冤。順帝怒其盛氣淩人而恣意呵叱左右，遂免孫程官，並遣十九侯各就其封國。事詳本書卷五十八。㊷怨恨恚懟　指心生氣惱而憤怒怨恨。懟，怨恨。㊸奉朝請　本為貴族、官僚定期朝見皇帝的稱謂。漢代退休的大臣、外戚多以奉朝請的名義參加朝命。㊹陽嘉　東漢順帝劉保年號，西元一三二—一三五年。㊺拜奉車都尉二句　指任命孫程為奉車都尉而加授特進之位。奉車都尉，為光祿勳屬官，掌御乘輿車，無員數。特進，官名。以授列侯之有特殊地位者。西漢時始置，東漢沿置。㊻乘輿幸北部尉傳　指順帝親自乘坐輿車前往北部尉的傳舍中。幸，特指帝王駕臨。㊼帝許之三句　順帝准許將孫程的封國傳承於其弟孫美，且分出一半封授給其養子孫壽為浮陽侯。㊽阿母山陽君宋娥　宋娥為順帝幼時阿母（乳母），陽嘉二年被封為山陽君。後與中常侍張防等用權行私，構奸誣罔，事被發覺後放歸田里。㊾永和　東漢順帝劉保年號，西元一三六—一四一年。㊿坐臧罪　因貪汙受賄而被治罪。臧，通「贓」。(51)武猛　即勇武健猛之士，為漢代選舉科目之一。(52)昔衛鞅因景監以見二句　此指商鞅西入秦時，由宦者景監薦引面見孝公，趙良以為「君之見秦王也，因嬖人景監，非所以為名也。」後秦惠王時商鞅被車裂而死。商鞅，本衛國人，故稱衛鞅；因封於商，號商君，因稱商鞅。(53)匪榮伊辱　不是榮耀，而是恥辱。匪，通「非」。不；不是。伊，通「繄」。是。

【語　譯】孫程，字稚卿，涿郡新城縣人。安帝時，為中黃門，在長樂宮供職任事。

2　當時鄧太后臨朝聽政，安帝並不親理政事。小黃門李閏和皇帝的奶媽王聖經常造謠中傷太后的哥哥、執金吾鄧悝等人，他們一起向皇帝誣告，說鄧悝圖謀廢黜皇帝，而擁立平原王劉翼。安帝心裡因此總是既忿恨又害怕。等到鄧太后死去，安帝就誅殺了鄧氏家族並廢黜了平原王，而封賞李閏為雍鄉侯；另外，小黃門江京以讒佞阿諛而被信任，當初還曾從府邸迎接安帝入宮，因功被封為都鄉侯，兩人各自食邑三百戶。其後，李閏、江京一起升任為中常侍，江京還兼任大長秋，他們和中常侍樊豐、黃門令劉安、鉤盾令陳達以及王聖、王聖的女兒伯榮相互勾結，在宮省內外煽風點火，競相作出許多奢靡和兇殘之事。此外，皇帝的舅舅大將軍耿寶、皇后的哥哥大鴻臚閻顯也同宦官阿附勾結，因而冤屈殺害了太尉楊震，並把皇太子廢黜為濟陰王。

3 第二年，安帝駕崩，北鄉侯劉懿被擁立為帝。閻顯等人於是專擅朝政，恃權橫行，暗示有關部門奏請誅殺了樊豐，罷免了耿寶、王聖，以及他們的同夥都被處以死刑或者流放到邊遠之地。

4 十月，北鄉侯重病垂危。孫程對濟陰王的謁者長興渠說：「濟陰王是安帝的嫡子正統，本來沒有失德之處，先帝聽信讒言以至於廢掉他的太子之位。如果北鄉侯果真重病不起，我們一起殺掉江京和閻顯，就能擁立濟陰王即位稱帝。」興渠等人非常贊成他的主意。此外中黃門南陽郡人王康，先前曾任太子府史，自從太子被廢黜，心中常懷惋歎憤慨之情。還有長樂宮的太官丞京兆人王國，都對孫程表示附從。十月二十七日，北鄉侯劉懿去世。閻顯遂向太后建議，徵召諸位王子從中挑選出帝位的繼承人。諸位王子尚未到來時，十一月二日，孫程就和王康等十八人在西鍾下聚會商議，然後截斷單衣共同盟誓。四日夜晚，孫程等人全部集合於崇德殿，由此進入章臺門。當時江京、劉安和李閏、陳達等人都坐在內省的大門下面，孫程和王康遂一起上前斬殺了江京、劉安和陳達。由於李閏的權勢重大，向來為禁省內侍的眾人所信服，所以就想拉他入夥做主謀，於是舉刀威脅李閏說：「現在應該擁立濟陰王為帝，不許猶疑動搖。」李閏答應說：「好吧。」於是把李閏扶起來，一起到西鍾下面迎接並擁立濟陰王，這就是孝順帝。接著又召集尚書令、僕射以下的官員，隨從皇帝的御輦行幸南宮的雲臺。孫程等人則留守在省門，以阻遏和捍衛南宮內外。

5 閻顯當時在禁省之中，憂愁焦慮不知該怎麼辦。小黃門樊登勸閻顯發兵，用太后的詔令召集越騎校尉馮詩和虎賁中郎將閻崇，讓他們屯駐在朔平門，以抵禦孫程等人。誘騙馮詩入宮後，太后命人授給他印綬，對他說：「能抓獲濟陰王的人封為萬戶侯，抓獲李閏的人封為五千戶侯。」閻顯因為馮詩帶領的士卒太少，就讓他和樊登去左掖門外迎接將吏和士卒。馮詩乘機格殺掉樊登，然後返回軍營中屯兵駐守。閻顯的弟弟衛尉閻景於是急忙從宮省回到外府，收聚兵卒趕往盛德門。孫程傳令召集諸位尚書，讓他們逮捕閻景。尚書郭鎮當時臥病在床，聽說這個情況，馬上帶領當值宿衛的羽林軍從南止車門出宮，正好碰見閻景率領著一群吏士，全都拔出了明晃晃的刀劍，就大聲叫道：「不要動武！」郭鎮立即下車，手持著符節叫閻景前來聽宣詔書。閻景說：「什麼詔書？」就用刀砍擊郭鎮，卻沒有砍到。郭鎮拔劍擊刺閻景使之墜落車下，左右的士卒立刻用矛戟叉在他的胸前，這樣就將閻景抓獲，送進了廷尉的監獄，當天晚上閻景就死去了。第二天天明後，又命令侍御史逮捕了閻顯等人送進監獄。從此局勢就安定下來。順帝下詔說：

6 「表彰功勳和記錄善行，是自古至今通行的作法。前中常侍長樂太僕江京、黃門令劉安、鉤盾令陳達與前車騎將軍閻顯兄弟圖謀叛逆作亂，傾覆天下。中黃門孫程、王康、長樂太官丞王國、中黃門黃龍、彭愷、孟叔、李建、王成、張賢、史汎、馬國、王道、李元、楊佗、陳予、趙封、李剛、魏猛、苗光等人，心懷忠義而奮發有為，同心協力而團結戰鬥，終於掃滅了元兇，穩定了王室。《詩》不是這樣說嗎：『別人有話就須回覆，別人有恩德就應報答。』孫程是首要的謀劃者，王康和王國與他協同共謀。現在封賞孫程為浮陽侯，食邑萬戶；王康為華容侯，王國為酈侯，食邑各九千戶；黃龍為湘南侯，食邑五千戶；彭愷為西平昌侯，孟叔為中廬侯，李建為復陽侯，食邑各四千二百戶；王成為廣宗侯，張賢為祝阿侯，史汎為臨沮侯，馬國為廣平侯，王道為范縣侯，李元為褒信侯，楊佗為山都侯，陳予為下雋侯，趙封為析縣侯，李剛為枝江侯，食邑各四千戶；魏猛為夷陵侯，食邑二千戶；苗光為東阿侯，食邑千戶。」

7 這些人共為「十九侯」。另外又賞賜給他們數量不同的車馬、金銀、錢帛等物。李閏因為事先沒有參與策劃，故此不予封賞。其後又提拔任命孫程為騎都尉。

8 順帝永建元年，孫程和張賢、孟叔、馬國等人為司隸校尉虞詡申訴冤情，他們懷揣著章表來到大殿，大聲呵斥皇帝左右的人。皇帝見狀大怒，即刻罷免了孫程的官職，接著又下令把十九侯都遣送回他們的封國。後來又改封孫程為宜城侯。孫程回到封國後，怨恨憤怒，遂封還了朝廷頒發的印綬和符策，想偷偷跑回京城，而往來奔波於山野之中。順帝聞知後下詔將他尋找回京，恢復了他原先的封爵和食邑，並賞賜給他車馬衣物，把他送回到封國。

9 永建三年，順帝想起孫程等人的功勞，便把他們全部徵召回京。孫程和王道、李元都被委任為騎都尉，其他人也都被詔命為奉朝請。陽嘉元年，孫程病情危重，順帝立即拜任他為奉車都尉，並授予特進之位。孫程去世後，順帝派五官中郎將為特使追贈給他車騎將軍的印綬，並賜以剛侯的謚號。又派侍御史持節監護孫程的喪事，順帝的乘輿車馬則幸臨北部尉的傳舍，在那裡瞻望出喪的車騎人眾。

10 孫程臨死時，曾遺言上書給皇帝，請求把他的封國傳承給弟弟孫美。順帝同意了他的請求，但把孫程封地的一半，封賞給了孫程的養子孫壽為浮陽侯。後來順帝下詔記錄獎勵群臣的功勞，前謁者長興渠以微功封為高望亭侯。陽嘉四年，順帝又詔令宦官的養子都准許作為後代繼承其封賞和爵位，並明確為定法寫進朝廷的律令之中。

11 王康、王國、彭愷、王成、趙封和魏猛六個人都死得很早。黃龍、楊佗、孟叔、李建、張賢、史汎、王道、李元和李剛等九人，與順帝幼時的阿母即山陽君宋娥相互勾結，收受賄賂，企求升遷自己的官位和增封食邑，還誣告陷害中常侍曹騰、孟賁等人。永和二年，事情敗露後，他們都被遣送回封國，並削減了他們所食租賦的四分之一。宋娥則被削奪爵位遣送回鄉村田舍。只有馬國、陳予、苗光保全了各自的封邑。

12 當初順帝被廢黜太子位時，監護太子家的小黃門籍建、太子傅高梵、長秋長趙熹、長秋丞良賀、藥長夏珍，都受到牽連，沒有罪過而被加上罪名，籍建等人因此被流放到朔方郡。順帝即位後，把他們都提拔為中常侍。高梵後因貪贓而犯罪，被判處減死一等的刑罰。籍建後來被封為東鄉侯，食邑三百戶。

13 良賀清正儉樸，謙讓厚道，官位升到了大長秋。陽嘉年間，順帝詔令九卿舉薦武勇威猛的人才，唯獨良賀沒有推薦。順帝召見並問他原因，良賀回答說：「我出生在貧寒的人家，又在後宮禁省中長大，既沒有鑑知人才的賢明，也未曾和士人們有什麼深交。當年商鞅憑藉景監的引薦而進見秦王，有識之士因此知道他不會有什麼好的結果。現在如果有人得到我的引薦，那對他或許將不是榮幸而是恥辱。」遂堅決地推辭此事。良賀死後，順帝追思他的忠誠，遂封賞他的養子為都鄉侯，食邑三百戶。

1 曹騰，字季興，沛國譙人也。安帝時，除黃門從官。順帝在東宮❶，鄧太后以騰年少謹厚，使侍皇太子書，特見親愛。及帝即位，騰為小黃門，遷中常侍。桓帝得立，騰與長樂太僕州輔等七人，以定策功，皆封亭侯❷，騰為費亭侯，遷大長秋，加位特進。

2 騰用事省闥❸三十餘年，奉事四帝❹，未嘗有過。其所進達，皆海內名人，陳留虞放、邊韶、南陽延固、張溫、弘農張奐、潁川堂谿典等。時蜀郡太守因計吏❺賂遺於騰，益州刺史种暠❻於斜谷關❼搜得其書，上奏太守，并以劾騰，請下廷尉案罪。帝曰：「書自外來，非騰之過。」遂寢暠奏。騰不為纖介，常稱暠為能吏，時人嗟美之。

3 騰卒，養子嵩嗣。种暠後為司徒，告賓客曰：「今身為公，乃曹常侍力焉。」

4 嵩靈帝時貨賂中官及輸西園錢❽一億萬，故位至太尉。及子操起兵，不肯相隨，乃與少子疾避亂琅邪，為徐州刺史陶謙所殺。

【章　旨】以上為〈曹騰傳〉。記述曹騰用事省闥三十餘年，奉事安、順、質、桓四帝，謹慎從事而未曾有過；亦多進達名賢，為宦官中的忠厚端正者。

【注　釋】❶東宮　太子所居宮稱東宮。❷亭侯　爵位名。漢承秦制，亦立二十等爵以賞有功。列侯之功大者食縣稱縣侯，功小者食鄉、亭，稱鄉侯、亭侯。並得臣其吏民。❸省闥　指宮廷內省。古代王宮禁地稱省。宮中小門稱闥。❹四帝　即安帝、順帝、質帝、桓帝。❺計吏　即上計簿使。漢時郡國守相皆掌治民，每歲盡，則將包括人口、土田、租賦等情況登記於簿冊向朝廷彙報，其所遣官員稱上計簿使或上計吏，簡稱計吏。❻种暠　字景伯，河南洛陽人。舉孝廉，辟太尉府。順帝末為侍御史，其糾劾違法，臨事不懼，常為人稱道。出為益州刺史，甚得百姓歡心。後入為大司農，遷司徒，卒於官。事詳本書卷五十六。❼斜谷關　當為褒斜道中斜谷口所設置的關塞。褒斜谷為往來秦嶺的重要通道，南口為褒，北口為斜，長約一百七十里。斜谷在今陝西眉縣西南。❽輸西園錢　靈帝光和元年，初開西園賣官，自關內侯、虎賁、羽林入錢各有差。又私令左右賣公卿，所得錢於西園立庫貯之。曹嵩時輸錢買得大司農，又升任太尉。

【語　譯】曹騰，字季興，沛國譙縣人。安帝時，被任命為黃門從官。順帝在東宮為太子時，鄧太后看到曹騰年少而又謹慎厚道，就派他服侍皇太子讀書，特別受到親幸和寵愛。順帝即位後，曹騰被任為小黃門，又升遷為中常侍。桓帝被擁立稱帝後，曹騰和長樂太僕州輔等七人，因為有謀劃決策的功勞，都被封為亭侯。曹騰為費亭侯，後升任大長秋，又加授特進之位。

2　曹騰在內省宮禁中任職辦事達三十多年，先後服侍過四位皇帝，從未有什麼過錯。由他所推薦而升任高官的，都是些海內的名士，像陳留郡人虞放、邊韶，南陽郡人延固、張溫，弘農郡人張奐和潁川郡人堂谿典等。當時蜀郡太守通過計吏向曹騰饋贈錢財行賄，益州刺史种暠在斜谷關搜查得到他給曹騰的書信，就向朝廷上奏太守之罪，並以此彈劾曹騰，請求把他交給廷尉案察定罪。桓帝說：「信是從外州寄送來的，這並非曹騰的過錯。」就把种暠的劾奏擱置下來。曹騰並不因此而對种暠有絲毫怨恨，經常稱讚种暠是很有才幹的官員，時人都由衷地感歎和讚美此事。

3　曹騰死後，由養子曹嵩繼承爵位。种暠後來任職為司徒，他常對賓客說：「我今天能身為三公，都是因為曹常侍的鼎力相助。」

4　曹嵩在漢靈帝時因為賄賂宦官和交納給西園一億萬錢財，所以升任為太尉。後來他的兒子曹操起兵時，他不肯隨從，就和小兒子曹疾到琅邪郡躲避戰亂，但不久卻被徐州刺史陶謙殺害。

1 單超，河南人；徐璜，下邳良城❶人；具瑗，魏郡元城❷人；左悺，河南平陰❸人；唐衡，潁川郾❹人也。桓帝初，超、璜、瑗為中常侍，悺、衡為小黃門史。

2 初，梁冀兩妹為順桓二帝皇后，冀代父商為大將軍❺，再世權戚，威振天下。冀自誅太尉李固、杜喬❻等，驕橫益甚，皇后乘埶忌恣，多所鴆毒，上下鉗口❼，莫有言者。帝逼畏久，恆懷不平，恐言泄，不敢謀之。延熹二年，皇后崩，帝因如廁，獨呼衡問：「左右與外舍❽不相得者皆誰乎？」衡對曰：「單超、左悺前詣河南尹不疑❾，禮敬小簡，不疑收其兄弟送洛陽獄，二人詣門謝，乃得解。徐璜、具瑗常私忿疾外舍放橫，口不敢道。」於是帝呼超、悺入室，謂曰：「梁將軍兄弟專固國朝，迫脅外內，公卿以下從其風旨❿。今欲誅之，於常侍意何如？」超等對曰：「誠國姦賊，當誅日久。臣等弱劣，未知聖意何如耳？」帝曰：「審然者，常侍密圖之。」對曰：「圖之不難，但恐陛下復中狐疑。」帝曰：「姦臣脅國，當伏其罪，何疑乎！」於是更召璜、瑗等五人，遂定其議，帝齧超臂出血為盟。於是詔收冀及宗親黨與悉誅之。悺、衡遷中常侍，封超新豐⓫侯，二萬戶，璜武原⓬侯，瑗東武陽⓭侯，各萬五千戶，賜錢各千五百萬；悺上蔡⓮侯，衡汝陽⓯

侯，各萬三千戶，賜錢各千三百萬。五人同日封，故世謂之「五侯」。又封小黃門劉普、趙忠等八人為鄉侯。自是權歸宦官，朝廷日亂矣。

3 超病，帝遣使者就拜車騎將軍。明年薨，賜東園祕器⑯，棺中玉具，贈侯將軍印綬，使者理喪。及葬，發五營騎士⑰，侍御史護喪，將作大匠起冢塋。

4 其後四侯轉橫，天下為之語曰：「左回天，具獨坐，徐臥虎，唐兩墮⑱。」皆競起第宅，樓觀壯麗，窮極伎巧。金銀罽毦⑲，施於犬馬。多取良人⑳美女以為姬妾，皆珍飾華侈，擬則宮人㉑。其僕從皆乘牛車而從列騎。又養其疏屬，或乞嗣異姓㉒，或買蒼頭㉓為子，並以傳國襲封。兄弟姻戚皆宰州臨郡，辜較㉔百姓，與盜賊無異。

5 超弟安為河東太守，弟子匡為濟陰太守，璜弟盛為河內太守，悺弟敏為陳留太守，瑗兄恭為沛相，皆為所在蠹害。

6 璜兄子宣為下邳令，暴虐尤甚。先是求故汝南太守下邳李暠女不能得，及到縣，遂將吏卒至暠家，載其女歸，戲射殺之，埋著寺內㉕。時下邳縣屬東海，汝南黃浮為東海相，有告言宣者，浮乃收宣家屬，無少長悉考之。掾史以下固諫爭。浮曰：「徐宣國賊，今日殺之，明日坐死，足以瞑目矣。」即案宣罪棄市，暴其尸以示百姓，郡中震慄。璜於是訴怨於帝，帝大怒，浮坐髡鉗，輸作右校㉖。五侯宗族賓客虐偏天下，民不堪命，起為寇賊。七年，衡卒，亦贈車騎將軍，如超故事。璜卒，賻贈錢布㉗，賜冢塋地。

7 明年，司隸校尉韓演㉘因奏悺罪惡，及其兄太僕南鄉㉙侯稱請託州郡，聚斂為姦，賓客放縱，侵犯吏民。悺、稱皆自殺。演又奏瑗兄沛相恭臧罪，徵詣廷尉。瑗詣獄謝，上還東武侯印綬，詔貶為都鄉侯，卒於家。超及璜、衡襲封者，並降為鄉侯，租入歲皆三百萬，子弟分封者，悉奪爵土。劉普等貶為關內侯。

【章　旨】以上為桓帝時以單超為首的宦官五侯之合傳。在桓帝不滿於外戚梁冀的專橫恣肆時，五人參與密謀誅除梁冀而被封侯，然自此則權歸閹宦而朝廷益亂。不但此五侯暴虐專橫，其宗族賓客亦放縱恣肆，虐遍天下。民不堪命而起兵反抗，漢之統治日益陷入困亂之中。

【注　釋】❶良城　縣名。治今江蘇邳州東。❷元城　縣名。治今河北大名東。❸平陰　縣名。治今河南孟津東北。❹郾　縣名。治今河南漯河市西。❺冀代父商為大將軍　順帝永建元年，梁商襲父爵為乘氏侯，陽嘉元年，其女被立為皇后。三年，梁商任為大將軍。永和六年秋，商病卒，順帝乃拜梁冀為大將軍，以代替其父之職。桓帝建和元年，立梁冀妹為皇后。則梁冀兩妹，一為順帝皇后，一為桓帝皇后。故言「再世權戚，威振天下。」❻誅太尉李固杜喬　李固、杜喬並為忠直之臣，以違忤梁冀意而於桓帝建和元年皆下獄死。事詳本書卷六十三。❼鉗口　亦作「拑口」、「箝口」。閉口不言。❽外舍　猶言外家。此指梁皇后之家。❾河南尹不疑　即河南尹梁不疑，梁冀之弟。建和元年封為潁陽侯，曾任河南尹、光祿勳等職。❿從其風旨　順從迎合其旨意。風旨，神色旨意。⓫新豐　為京兆尹屬縣。治今陝西臨潼東北。⓬武原　彭城國屬縣。治今江蘇邳縣西北。⑬東武陽　東郡屬縣。治今山東莘縣東南。⑭上蔡　汝南郡屬縣。治今河南上蔡西南。⑮汝陽　汝南郡屬縣。治今河南商水縣西南。⑯東園祕器　東園，署名。屬少府，主作梓棺及喪葬器物。祕器，棺材。冢藏之中，故言祕也。⑰五營騎士　指屯騎、越騎、步兵、長水、射聲五校尉所統管的宿衛兵。⑱左回天四句　宦官左悺霸道橫行有回天之力，具瑗則驕貴獨尊無人可比，徐璜如臥虎一般令人畏懼，唐衡則或左或右而隨情任意。⑲金銀罽毦　泛指各種用金銀毛羽之物製作的用品飾物。罽，一種質地精良的毛織品。毦，用羽毛作的裝飾物。⑳良人　猶美人。語本《詩・綢繆》：「今夕何夕？見此良人。」㉑擬則宮人　模擬仿效皇宮中妃嬪的穿著打扮。㉒乞嗣異姓　請求批准異姓之人過繼給自己為子嗣。㉓蒼頭　私家所屬的僕隸之人。㉔辜較　亦作「辜榷」。指搜刮財利而侵吞獨占。㉕戲射殺之二句　在將李暠的女兒戲弄侮辱之後用箭射死，而將屍體埋在縣衙院內。寺，此指縣衙。古代的官署名寺，如大理寺。㉖浮坐髡鉗二句　黃浮因此被治罪而處以髡鉗之刑，送抵右校署中服役勞作。我國古代剃去頭髮的刑罰叫髡，用鐵圈束於脖頸叫鉗。右校，即右校署。設右校令以掌右工徒，屬將作大匠。《陳蕃傳》記此事作「坐髡鉗，輸作左校」，與此不同。㉗賻贈錢布　贈送錢財布帛等物為徐璜辦理喪事。賻，以財物助人料理喪事。㉘韓演　字伯南，潁川舞陽人。其家世為鄉里著姓。順帝時任為丹陽太守，理政有能名。桓帝時任為司徒，梁冀被誅時，以阿黨抵罪，遣歸本郡。後復徵入京，拜司隸校尉，遂奏報宦官罪惡。㉙南鄉　南陽郡屬縣。治今河南淅川縣西南。

【語譯】 單超，河南尹人；徐璜，下邳國良城縣人；具瑗，魏郡元城縣人；左悺，河南尹平陰縣人；唐衡，潁川郡郾縣人。桓帝初年，單超、徐璜、具瑗均任中常侍，左悺、唐衡任為小黃門史。

2 先前，梁冀的兩個妹妹先後做了順帝、桓帝的皇后，梁冀代替其父梁商任為大將軍，父子兩代都是權重勢大的外戚而威行天下。梁冀自從誅殺了太尉李固、杜喬等人之後，益加驕橫。梁皇后則乘勢恣肆妒忌，後宮嬪妃中很多人被她用鴆酒毒死，致使朝廷上下鉗口緘默，沒有人敢隨便言說。桓帝受到梁氏的逼迫已經很久，心中總是憤恨不平，只是惟恐走漏消息，因而未敢策謀誅殺梁冀。延熹二年，梁皇后去世時，桓帝趁著上廁所的機會，單獨叫來唐衡，問道：「我身邊這些人中與外戚梁氏合不來的都有誰呢？」唐衡回答說：「單超、左悺先前到河南尹梁不疑府中，禮節上稍微有些不周，梁不疑就抓捕了他二人的兄弟送進洛陽獄關押，後來單超、左悺登門謝罪，才得以釋放。徐璜、具瑗也常常私下對外戚的放縱專橫表示忿恨，但口頭上卻不敢明說。」於是桓帝把單超、左悺叫入內室，對他們說：「梁將軍兄弟專橫地把持朝政，控制脅迫內外的官員，公卿以下的群臣也都服從於他們的意旨。現在我要誅殺他們，你們幾位常侍意下如何？」單超等回答說：「梁冀的確是國家的奸賊，早就該將其誅殺。只是我們如今力薄勢弱，不知聖上有何打算？」桓帝說：「確實如此的話，你們就祕密籌劃此事吧。」單超回答說：「誅殺梁冀並不難，只是擔心陛下心中疑惑而猶豫不決。」桓帝說：「奸臣威脅著國家，理當論罪伏法，這有什麼疑惑的！」接著又召見徐璜、具瑗等五人，而確定下誅殺梁冀的決議，桓帝還將單超的手臂咬破出血作為盟誓。於是下詔逮捕了梁冀以及他的宗親黨與，全部誅殺掉。之後，左悺、唐衡升任為中常侍；單超封為新豐侯，食邑二萬戶；徐璜封為武原侯，具瑗封為東武陽侯，每人食邑一萬五千戶，賞錢一千五百萬；左悺封為上蔡侯，唐衡封為汝陽侯，食邑各一萬三千戶，賜錢各一千三百萬。五人同日受封為侯，所以世人稱之為「五侯」。另外，有小黃門劉普、趙忠等八人被封為鄉侯。從此以後，內外大權落入宦官之手，朝廷則日益陷於混亂之中。

3 單超病重時，桓帝派使者到他家中任命他為車騎將軍。明年，單超去世，桓帝賞賜給他宮省內東園署製作的棺柩等喪器，及棺柩中陪葬的玉器，並贈給他新豐侯及車騎將軍的印綬，派遣使者為他料理喪事。下葬時，朝廷又調派宿衛五營的騎士及侍御史護送發喪；並由將作大匠為他修建墳塋。

4 從此以後，四侯開始專權橫行，民間為他們編造的歌謠說：「左悺力能回天，具瑗尊貴無雙，徐璜威猛似虎，唐衡任意而為。」四個人都競相興建第宅，樓宇觀閣壯美華麗，極盡雕琢繪飾之技巧。金銀器物、氈罽毛羽，甚至穿戴配飾到狗馬身上。他們強取了許多良善美貌的女子為姬妾，把她們打扮得華麗奢侈，如同皇宮中的妃嬪。就是他們的僕從外出時，也都乘坐牛車而隨從著騎士衛隊。他們往往把自己的遠房親戚收養為子，或是請求皇帝准許收養異姓之人為子嗣，或是收買親信的奴僕做兒子，都是用這些養子來繼承封國和爵位的。他們的兄弟、姻親全都安插到各個州、郡擔任長官，竭力盤剝搜刮百姓的財物，簡直與盜賊沒有兩樣。

5 單超的弟弟單安做了河東郡太守，弟弟的兒子單匡做了濟陰郡太守，徐璜的弟弟徐盛做了河內郡太守，左悺的弟弟左敏做了陳留郡太守，具瑗的哥哥具恭做了沛國之相，他們都是所在地方上的大禍害。

6 徐璜哥哥的兒子徐宣在任下邳縣令時，暴虐的行為尤其嚴重。先前他想求娶原汝南太守下邳人李暠的女兒而未能得到，等到他任為下邳縣令後，就率領吏卒到李暠家，強行用車載回李暠的女兒，調笑戲耍後將她射殺，並將屍首埋在官衙院內。當時下邳縣屬於東海國管轄，汝南郡人黃浮任東海國相，有人向他告發徐宣的罪行，黃浮於是逮捕了徐宣及其家屬，無論老幼一併拷問。其府中掾史以下的官吏都竭力勸阻他不要觸怒宦官而獲罪，黃浮說：「徐宣這種國賊，今日殺掉他，就是明天因此把我判罪處死，也足以瞑目了。」隨即判處徐宣死罪並在鬧市執行，而後陳屍街頭示眾，一郡之中為之震驚而畏懼顫慄。徐璜為此向桓帝訴怨，桓帝大怒，遂將黃浮判處髡鉗之刑，並送入右校中去服苦役。單超等五侯的宗族賓客橫暴殘虐遍布天下，百姓不堪忍受其痛楚，紛紛聚眾起事進行反抗。延熹七年，唐衡死去時，桓帝也贈予他車騎將軍的官職，葬禮規格一如單超時的先例。徐璜去世時，桓帝贈送了大量錢帛財物以助喪事，又賜予他墳冢之地。

7 第二年，司隸校尉韓演藉機向桓帝奏言左悺的罪惡，以及左悺的哥哥太僕南鄉侯左稱收買請託州郡長官，聚斂財貨剝削百姓，放縱門下賓客恣意妄為，侵犯吏民等事。左悺、左稱都畏罪自殺了。韓演又向桓帝奏言具瑗的哥哥沛相具恭的貪汙罪行，朝廷於是徵召具恭到廷尉案察拷問。具瑗親赴廷尉獄謝罪，又交還了東武侯的印綬，有詔將其貶為都鄉侯，具瑗後來死於家中。單超、徐璜、唐衡三人的爵位繼承者，都被降為鄉侯，每年的田租收入都為三百萬錢。那些被分封的子弟，都被剝奪了爵位和食邑。劉普等人被貶為關內侯。

1 侯覽者，山陽防東❶人。桓帝初為中常侍，以佞猾進，倚埶貪放，受納貨遺以巨萬❷計。延熹❸中，連歲征伐，府帑❹空虛，乃假百官奉祿，王侯租稅。覽亦上縑五千匹，賜爵關內侯。又託以與議誅梁冀功，進封高鄉侯。

2 小黃門段珪家在濟陰，與覽並立田業，近濟北界，僕從賓客侵犯百姓，劫掠行旅。濟北相滕延一切收捕，殺數十人，陳尸路衢。覽、珪大怨，以事訴帝，延坐多殺無辜，徵詣廷尉，免。延字伯行，北海人，後為京兆尹，有理名，世稱為長者。

3 覽等得此愈放縱。覽兄參為益州刺史，民有豐富者，輒誣以大逆❺，皆誅滅之，沒入財物，前後累億計。太尉楊秉奏參，檻車徵，於道自殺。京兆尹袁逢於旅舍閱參車三百餘兩，皆金銀錦帛珍玩，不可勝數。覽坐免，旋復復官❻。

4 建寧❼二年，喪母還家，大起塋冢。督郵❽張儉因舉奏覽貪侈奢縱，前後請奪人宅三百八十一所，田百一十八頃。起立第宅十有六區，皆有高樓池苑，堂閣相望，飾以綺畫丹漆之屬，制度重深，僭類宮省。又豫作壽冢❾，石椁雙闕，高廡百尺，破人居室，發掘墳墓。虜奪良人，妻略婦子❿，及諸罪釁，請誅之。而覽伺候遮截⓫，章竟不上。儉遂破覽冢宅，藉沒資財，具言罪狀。又奏覽母生時交通賓客，干亂郡國。復不得御⓬。覽遂誣儉為鉤黨⓭，及故長樂少府李膺、太僕杜密等，皆夷滅之。遂代曹節領長樂太僕⓮。

5 熹平元年，有司舉奏覽專權驕奢，策收印綬，自殺。阿黨者皆免。

【章　旨】以上為〈侯覽傳〉。侯覽為東漢宦官中佞猾貪放之最者，亦為宦官中干亂朝政禍國殃民的典型人物。其與造黨錮之禍而夷滅忠直之士，可謂十惡不赦。

【注　釋】❶防東　縣名。治今山東金鄉西南。❷巨萬　萬萬。形容數目極大。❸延熹　東漢桓帝劉志年號，西元一五八—一六七年。❹府帑　即國庫。政府存儲錢財的府庫。❺大逆　指犯上作亂，謀逆造反的罪名。❻旋復復官　不久又重新恢復了官職。❼建寧　東漢靈帝劉宏年號，西元一六八—一七二年。❽督郵　官名。漢代郡守的重要屬吏，掌督察縣鄉，宣達教令及獄訟捕亡事。❾壽冢　生前為自己修造的墳冢。❿妻略婦子　指掠奪人家的婦女為妻。⓫伺候遮截　指窺伺守候張儉給皇帝的奏章而阻擋攔截之使不得遞上。⓬復不得御　又沒能上奏給皇帝使其御覽。⓭鉤黨　勾取同黨而使轉相誣陷。⓮領長樂太僕　兼任長樂宮的太僕之職。兼任官職稱領。

【語　譯】侯覽，山陽郡防東縣人。桓帝初年擔任中常侍，憑藉他的奸佞狡猾得以進身升職，又倚仗權勢貪賄放縱，所收受賄賂的財物價值有數萬萬錢。延熹年間，由於連年征戰，導致國庫空虛，於是就借用百官的俸祿和王侯的租稅來勉強維持。侯覽也進獻細絹五千匹，因而被賞賜給關內侯的爵位。又藉參與謀劃誅殺梁冀有功，遂進封為高鄉侯。

2 小黃門段珪的老家在濟陰郡，和侯覽都在鄰近濟北國的邊界地方置立田產，他們的僕從和賓客經常侵犯老百姓的利益，劫掠過往的行商旅客。濟北國相滕延對此一律予以抓捕治罪，殺掉了幾十個人，並且在街路上暴屍示眾。侯覽和段珪對此恨之入骨，他們遂向皇帝誣告訴冤，滕延因此以濫殺無辜獲罪，被免去官職而送交廷尉查處。滕延字伯行，北海國人，後來任職為京兆尹，有擅長於理政行教的美名，當時人稱譽他是德高望重的長者。

3 侯覽等人因此更加放縱恣肆，任意妄為。侯覽的哥哥侯參任益州刺史，家境富裕的百姓，往往被他誣陷犯有大逆之罪，遂將其家人全部殺害，然後沒收他們的財產。前後因此而掠取的錢財累計有數億。太尉楊秉奏劾侯參，朝廷命令用檻車把他押送至京師，在路途上侯參自殺身死。京兆尹袁逢在傳舍中檢查侯參的三百多輛馬車，上面全都是金銀綢緞和珍寶奇玩，數量之多數不勝數。侯覽因此也被治罪而罷官，但很快又被恢復原職。

4 建寧二年，侯覽因為母喪返回家鄉，並為其母修造了規模宏大的墳冢。督郵張儉於是舉奏侯覽貪婪奢侈，前後謀取強占別人的住宅三百八十一所，田地一百一十八頃，修造建築的宅第有十六處。全都是高樓池苑、亭臺相連，用絢麗多彩的繪畫、朱紅明亮的油漆精修裝飾，其規模宏偉，庭院重深，僭越而相似於皇宮。此外還預先為自己修造壽冢，建有石槨雙闕，高大的廊屋周圍長百尺。為此，毀壞了他人的房屋，挖掘了他人的墳墓。虜掠了許多美貌的女子，強占了人家的婦女逼作妻妾，其他各種罪惡還有許許多多，為此請求朝廷下詔誅殺侯覽。但是侯覽卻藉機阻擋攔截，使得奏章最終未能上達皇帝之手。張儉於是就挖掘毀壞掉侯覽的墳墓，沒收他家的財產，然後詳細地向朝廷奏報陳列他的罪狀，同時又舉奏侯覽的母親在世時與賓客勾結，干涉擾亂郡國的政務。奏章仍然未能到達皇帝手中。侯覽於是誣告張儉網羅勾結黨人以危害國家，連同前長樂少府李膺、太僕杜密等人，也全部被誅殺夷滅。之後侯覽接替曹節兼任長樂太僕一職。

5 熹平元年，有司奏劾侯覽等人專權奪勢，驕橫奢侈，皇帝詔命收回了他的印綬，侯覽遂自殺身亡。阿附他的同夥也都被免職罷官。

1 曹節，字漢豐，南陽新野人也。其本魏郡人，世吏二千石。順帝初，以西園騎遷小黃門。桓帝時，遷中常侍，奉車都尉。建寧元年，持節將中黃門虎賁羽林千人，北迎靈帝，陪乘入宮。及即位，以定策封長安鄉侯，六百戶。

2 時竇太后臨朝，后父大將軍武與太傅陳蕃謀誅中官，節與長樂五官史❶朱瑀、從官史共普、張亮、中黃門王尊、長樂謁者騰是等十七人，共矯詔以長樂食監❷

王甫為黃門令，將兵誅武、蕃等，事已具蕃、武傳。節遷長樂衛尉，封育陽❸侯，增邑三千戶；甫遷中常侍，黃門令如故；瑀封都鄉侯，千五百戶；普、亮等五人各三百戶；餘十一人皆為關內侯，歲食租二千斛❹。

3 先是瑀等陰於明堂❺中禱皇天曰：「竇氏無道，請皇天輔皇帝誅之，令事必成，天下得寧。」既誅武等，詔令太官給塞具❻，賜瑀錢五千萬，餘各有差，後更封華容侯。二年，節病困，詔拜為車騎將軍。有頃疾瘳，上印綬，罷，復為中常侍，位特進，秩中二千石，尋轉大長秋。

4 熹平元年，竇太后崩，有何人書朱雀闕❼，言「天下大亂，曹節、王甫幽殺太后，常侍侯覽多殺黨人，公卿皆尸祿❽，無有忠言者」。於是詔司隸校尉劉猛逐捕，十日一會。猛以誹書言直，不肯急捕，月餘，主名不立❾。猛坐左轉諫議大夫❿，以御史中丞段熲⓫代猛，乃四出逐捕，及太學游生，繫者千餘人。節等怨猛不已，使熲以它事奏猛，抵罪輸左校。朝臣多以為言，乃免刑，復公車徵之。

5 節遂與王甫等誣奏桓帝弟勃海王悝⓬謀反，誅之。以功封者十二人。甫封冠軍⓭侯。節亦增邑四千六百戶，并前七千六百戶。父兄子弟皆為公卿列校、牧守令長，布滿天下。

6 節弟破石為越騎校尉，越騎營五百⑭妻有美色，破石從求之，五百不敢違，
妻執意不肯行，遂自殺。其淫暴無道，多此類也。

7 光和⑮二年，司隸校尉陽球奏誅王甫及子長樂少府萌、沛相吉，皆死獄中。
時連有災異，郎中梁人審忠以為朱瑀等罪惡所感，乃上書曰：

8 「臣聞理國得賢則安，失賢則危，故舜有臣五人⑯而天下理，湯舉伊尹不仁
者遠⑰。陛下即位之初，未能萬機⑱，皇太后念在撫育，權時攝政，故中常侍蘇
康、管霸應時誅殄⑲。太傅陳蕃、大將軍竇武考其黨與，志清朝政。華容侯朱瑀
知事覺露，禍及其身，遂興造逆謀，作亂王室，撞蹋省闥⑳，執奪璽綬，迫脅陛
下，聚會群臣，離間骨肉母子之恩，遂誅蕃、武及尹勳等。因共割裂城社，自相
封賞㉑。父子兄弟被蒙尊榮，素所親厚布在州郡，或登九列，或據三司㉒。不惟
祿重位尊之責，而苟營私門，多蓄財貨，繕修第舍，連里竟巷。盜取御水以作魚
釣，車馬服玩擬於天家。群公卿士杜口吞聲，莫敢有言。州牧郡守承順風旨，辟
召選舉，釋賢取愚。故蟲蝗為之生，夷寇為之起。天意憤盈，積十餘年。故頻歲
日食於上，地震於下，所以譴戒人主，欲令覺悟，誅鉏無狀。昔高宗以雉雊之變，
故獲中興之功㉓。近者神祇啟悟陛下，發赫斯之怒㉔，故王甫父子應時馘戮㉕，路

人士女莫不稱善，若除父母之讎。誠怪陛下復忍孽臣之類，不悉殄滅㉖！昔秦信趙高，以危其國；吳使刑人，身遘其禍㉗。虞公抱寶牽馬㉘，魯昭見逐乾侯㉙，以不用宮之奇、子家駒以至滅辱。今以不忍之恩，赦夷族之罪，姦謀一成，悔亦何及！臣為郎十五年，皆耳目聞見，瑀之所為，誠皇天所不復赦。願陛下留漏刻之聽，裁省臣表㉚，埽滅醜類，以荅天怒。與瑀考驗，有不如言，願受湯鑊之誅㉛，妻子并徙，以絕妄言之路。」

9 章寢不報。節遂領尚書令。四年，卒，贈車騎將軍。後瑀亦病卒，皆養子傳國。

10 審忠字公誠，宦官誅後，辟公府。

【章旨】以上為〈曹節傳〉。靈帝時，曹節與朱瑀等十七人矯詔誅外戚竇武等而被封侯加官。至此，宦官挾制皇帝專斷朝政，已經到了非常嚴重的地步。曹節等人不但禍害臣民，甚至誣陷皇族成員，其暴虐無道使人不可容忍。然而，郎中審忠舉劾宦官罪行請求嚴加懲處的奏章卻不被理睬，曹節亦得終其天年。

【注釋】❶長樂五官史　為長樂宮屬官，由宦官充任，掌長樂宮宿衛。長樂宮為太后所居宮。❷長樂食監　主太后長樂宮主飲食之官。❸育陽　南陽郡屬縣。治今河南南陽西南。❹斛　量器名。亦為容量單位。漢代以十斗為一斛。❺明堂　古代天子舉行朝會及祭祀、慶賞、選士等大典的地方。❻塞具　報祠還願所用的酬神之物。塞，通「賽」。唐顏師古云：「賽，謂報其所祈也。」❼有何人書朱雀闕　有不知姓名的人在朱雀闕上書寫文字。朱雀闕，為洛陽皇宮的北宮門闕之一。❽尸祿指居位受祿而不盡其職。❾主名不立　謂書寫誹言的主犯未能確定為誰。❿左轉諫議大夫　降職為諫議大夫。諫議大夫，掌顧問應對，無常事，唯詔令所使。左轉，猶左遷。即降職。⓫段熲　字紀明，武威姑臧（今甘肅武威）人。初舉孝廉，為陽陵令。後以擊殺泰山等地農民軍拜為中郎將，封列侯。延熹二年，遷護羌校尉，因功封新豐縣侯。後徵還京師，拜侍中，又任執金吾、河南尹等職。與宦官王甫、鄭颯等為黨。王甫被誅後，段熲亦因罪自殺。事詳本書卷六十五。⓬勃海王悝　為桓帝同母弟，因被降封為廮陶王而欲復國，遂許給中常侍王甫謝錢五千萬請其為己干請。後桓帝臨終前詔令允許復國，劉悝以為王甫未出力而不肯予錢。王甫怒而陰求其過，密告渤海王悝與司隸校尉段熲、中常侍鄭颯、中黃門黃騰等密謀迎立劉悝，大逆不道。遂收捕鄭颯等，劉悝則被逼自殺。⓭冠軍　南陽郡屬縣。治今河南鄧州西北。⓮五百　亦作「伍佰」。古代衙門中前驅除道的役卒。李賢注引韋昭《辯釋名》：「使之導引當街陌中以驅除也。」⓯光和　東漢靈帝劉宏年號，西元一七八—一八四年。⓰舜有臣五人　舜帝得禹、稷等五位賢臣輔佐而使得天下太平，社會安定。五臣謂禹、稷、契、皋陶、伯益。⓱湯舉伊尹不仁者遠　商湯選舉賢臣伊尹使為輔相，那些不仁的奸人紛紛逃身離去。語出《論語・顏淵》：「湯有天下，選於眾，舉伊尹，不仁者遠矣。」⓲未能萬機　指靈帝未能親自執政處理各種重要事情。⓳故中常侍蘇康句　此指竇太后臨朝聽政時，大將軍竇武與陳蕃、尹勳等名士欲謀誅宦官。時中常侍管霸等專制省內，竇武遂請於太后而誅死管霸、蘇康等人。⓴擅蹋省闥　此指竇武多次奏請太后盡誅宦官，太后猶豫未決。後朱瑀偷看了竇武的奏章，遂糾合宦官決計誅除竇武等人。隨後他們召入尚書官屬，脅以白刃，使作詔板，捕殺尹勳、山冰等。又共同闖入禁中劫持太后，奪取璽書，率領虎賁、羽林千餘人追殺竇武等。擅蹋，擅擊蹋破。省闥，禁省的宮門。㉑割裂城社二句　指宦官朱瑀等分割城邑和土地作為封國，封賞自己為列侯。㉒或登九列或據三司　指宦官的親屬賓客等有的位列九卿之職，有的竊據三司之權。㉓昔高宗以雊雉之變二句　這是說殷代高宗時，有雉雞飛到鼎耳上鳴叫，高宗明察這種反常之事實為上天的警示，遂日修其德，終於實現了殷代的中興盛世。雊，雉雞鳴叫。㉔赫斯之怒　指帝王的勃然震怒。語本《詩・皇矣》：「王赫斯怒，爰整其旅。」㉕應時馘戮　立即斬殺。馘，本指戰時割取敵人左耳，引申為誅殺。㉖誠怪陛下二句　對陛下不全部誅滅宦官，反而重用曹節、朱瑀等孽臣，實在是令人感到奇怪。㉗吳使刑人二句　吳國國君因任用刑餘之人，而自身反遭其弒。《左傳・襄公二十九年》：「吳人伐越，獲俘焉，以為閽，使守舟。吳子餘祭觀舟，閽以刀弒之。」閽者即為刑人。㉘虞公抱寶牽馬　春秋時晉君以屈產之乘與垂棘之璧假道於虞以伐虢，宮之奇諫阻其事而虞君不聽。後晉滅虞，虞君只好抱寶牽馬而投降於晉。㉙魯昭見逐乾侯　魯昭公將欲誅殺季氏而告於子家駒，子家駒諫止其事而昭公不聽，遂逐季氏。然魯國之政在於季氏已經三世，魯君喪政已有四公，魯公焉能逞其心志？結果昭公不能勝而奔於乾侯，不久即死於乾侯。㉚願陛下留漏刻之聽二句　希望陛下能夠留神片刻而聽從我的諫言，省察明裁我所奏上的章表。漏，我國古代所用滴水計時的儀器。漏刻，形容時間短暫。㉛湯鑊之誅　古代的一種酷刑，把人投入沸水中煮死。湯，沸水；滾燙的開水。鑊，無足的大鼎。

【語　譯】曹節，字漢豐，南陽郡新野縣人。他的祖輩原本是魏郡人，家族中世代有人擔任二千石的官職。順帝初年，他由西園寺的騎士升任為小黃門。桓帝時，又升遷為中常侍和奉車都尉。靈帝建寧元年，他持節率領中黃門、虎賁和羽林軍共千人，北上迎接靈帝，又陪乘靈帝的車輿進宮。因此，靈帝即位後，曹節便以決策擁立靈帝的功勞，受封為長安鄉侯，食邑六百戶。

2 當時竇太后臨朝聽政，太后的父親大將軍竇武，和太傅陳蕃密謀要誅殺宦官，曹節就和長樂宮五官史朱瑀、從官史共普、張亮、中黃門王尊、長樂宮謁者騰是等十七人一起，偽造詔書任命長樂宮食監王甫為黃門令，帶領兵卒誅殺了竇武和陳蕃等人，這件事在〈陳蕃傳〉和〈竇武傳〉中有詳細記述。此後曹節升任為長樂衛尉，受封為育陽侯，增加食邑至三千戶；王甫升任為中常侍，仍舊擔任黃門令一職；朱瑀被封為都鄉侯，食邑一千五百戶；共普和張亮等五人食邑各三百戶；其餘十一人全都封為關內侯，每年食用租稅二千斛。

3 此前，朱瑀等人在明堂內暗暗向皇天祈禱說：「竇氏一家橫行無道，請求皇天幫助靈帝誅殺他們，保佑此事順利成功，使得天下平定安寧。」誅殺了竇武等人之後，靈帝詔令太官給予還願報祠所需的錢物，並賞賜給朱瑀五千萬錢，其他人則多少不等，後來又封朱瑀為華容侯。建寧二年，曹節病重，靈帝詔令任命他為車騎將軍。不久曹節病癒，上還了車騎將軍的印綬，朝廷遂免去其職，重新又任命為中常侍，加位特進，官秩為中二千石。不久，又轉任為大長秋。

4 靈帝熹平元年，竇太后去世，不知是什麼人在朱雀闕上書寫文字，說是「天下大亂，宦官曹節、王甫幽閉而殺死了太后，常侍侯覽也殺害了很多黨人，王公大臣們全都是白拿朝廷俸祿，沒有人敢盡忠直言」。皇帝因此詔令司隸校尉劉猛調查追捕，每十天開會報告一次情況。劉猛認為誹謗之書言詞直切，遂不肯盡力搜捕，過了一個多月，寫字的人仍然沒有抓到。劉猛因此被降職為諫議大夫，而用御史中丞段熲代替他，於是四出追捕，遂涉及到太學中遊學的學生，抓捕關押了一千多人。曹節等人仍然非常怨恨劉猛，就讓段熲尋找其他事由狀告劉猛，於是把劉猛判罪而押送到左校中去勞役服刑。朝臣中很多人都為劉猛說情，這才免除了對劉猛的刑罰，後來又由公車徵召他入朝為官。

5 曹節後來和王甫等人一起誣告桓帝的弟弟渤海王劉悝謀反，並將他處死。這次因功受封的有十二人，王甫被封為冠軍侯。曹節也增封食邑四千六百戶，加上以前的共有七千六百戶。他的父兄子弟都做了公卿、列校、牧守、令長，遍布於天下各地。

6 曹節的弟弟曹破石任職為越騎校尉，越騎軍營裡任職為五百的一個下級軍官的妻子長得美貌，曹破石就想要據為己有，五百不敢違抗他的旨意，而妻子卻執意不從，最後遂自殺身亡。曹破石淫暴無道，類似這樣的事情還有很多。

7 靈帝光和二年，司隸校尉陽球奏請誅殺王甫以及他的兒子長樂少府王萌和沛國相王吉，後來他們都死在牢獄之中。當時連年發生種種災異，郎中梁國人審忠認為這是朱瑀等人的罪惡觸怒了上天的感應，就上書說：

8 「我聽說治理國家得到賢才就能安定，失去賢才就會危險，因此舜帝有了禹、稷等五個賢臣而使得天下治理得井井有條，商湯任用了賢臣伊尹，那些不仁不義的奸人只好逃身離去。陛下剛剛即位時，還不能親自處理各種事務，皇太后為了更好地培養撫育您成人，權且臨朝攝政，因此中常侍蘇康和管霸以專制省禁而即刻被誅。太傅陳蕃、大將軍竇武進而拷問他們的黨羽，決心要清理好朝綱國政。華容侯朱瑀察覺到事情已經敗露，大禍即將臨頭，於是發動製造了反叛的逆謀，企圖擾亂王室，擁兵在宮廷中橫衝直撞，搶奪控制了皇帝的璽綬，然後脅迫陛下您聚會群臣，離間太后與您的骨肉親情，最終誅殺了陳蕃、竇武和尹勳等人。之後，他們又分割城邑和土地，相互封賞而使自己成為列侯。他們的父子兄弟受到朝廷的重用而任職高位，享盡榮華富貴，他們的親信也被安插到各個州郡為官，有的登位九卿，有的盤據三司。他們不思考位尊祿重的責任，反而為整個家族營私謀利，大量蓄積財物，修造府第房舍，占滿大街小巷，處處成群連片。偷取宮苑中的御水，引入自家的池苑用來養魚垂釣，所用的車馬服飾、珍寶奇玩則應有盡有，簡直比同天子之家。朝中的文武群臣個個忍氣吞聲，誰也不敢隨便說話。州牧和郡守也都順承他們的旨意辟用和選任官員，往往廢棄賢能而取用愚劣。故此不僅各地的蝗蟲大量滋生為害，蠻夷和盜賊也往往興兵作亂。天意憤懣不平，已經有十多個年頭了。所以多年以來日蝕出現於上，地震頻發於下，這就是在譴責和告誡人君，應該立即察覺醒悟，進而剷除那些罪惡之人。當年商代高宗因為野雞跳上鼎耳鳴叫的變異而修整德行，最終取得了中興的功業。近來神靈又啟示感悟陛下，興發天威神怒，故而王甫父子即刻被誅殺梟首，行路的男女老幼無不拍手稱快，就像除掉父母的仇家一樣。實在是奇怪陛下您為何至今還在容忍那些亂臣賊子，而不趕快把他們全部誅滅！當年秦皇因為寵信宦官趙高，最終導致了危害國家；吳王也因任用刑餘之人，隨即招來殺身之禍。虞國君主抱寶牽馬而歸降於晉人，魯昭公自取困辱被放逐至乾侯，都是因為不聽宮之奇、子家駒的勸告，以至於國敗家亡而自身受辱。如今陛下以不忍懲治的私恩，饒恕那些匪類的殺身滅族之罪，等到他們的陰謀得逞，那時後悔也都來不及了！我任郎中已經十五年了，親耳所聞親眼所見，朱瑀的所作所為確確實實是皇天所不能寬恕的。希望陛下拿出一點時間聽聽我的意見，判斷和思考一下我所上奏的章表，堅決掃滅那些醜類，以應答和平息上天的憤怒。我願同朱瑀當面查驗對質，如果言不屬實，甘願受到湯鑊之刑，妻子兒女也一併流放邊地，以此來警告和杜絕其他人的胡言亂語。」

9 章表奏上後被擱置不問。不久曹節又得以兼領尚書令。光和四年，曹節死去，靈帝追贈他為車騎將軍。後來朱瑀也因病死去，他們的封爵都傳給了養子繼承。

10 審忠字公誠，宦官被誅殺後，他被辟召到三公府任職。

1 呂強，字漢盛，河南成皋❶人也。少以宦者為小黃門，再遷中常侍。為人清忠奉公。靈帝時，例封宦者，以強為都鄉侯。強辭讓懇惻❷，固不敢當，帝乃聽之。因上疏陳事曰：

2 「臣聞諸侯上象四七，下裂王土❸，高祖重約非功臣不侯，所以重天爵明勸戒也。伏聞中常侍曹節、王甫、張讓等，及侍中許相，並為列侯。節等宦官祐薄，品卑人賤，讒諂媚主，佞邪徼寵，放毒人物，疾妒忠良，有趙高之禍，未被轘裂之誅❹；掩朝廷之明，成私樹之黨。而陛下不悟，妄授茅土，開國承家，小人是用❺。又并及家人，重金兼紫，相繼為蕃輔❻。受國重恩，不念爾祖，述脩厥德❼，而交結邪黨，下比群佞。陛下或其瑣才❽，特蒙恩澤。又授位乖越，賢才不升，素餐私倖❾，必加榮擢。陰陽乖剌，稼穡荒蔬❿，人用不康，罔不由茲。臣誠知封事已行，言之無逮，所以冒死干觸陳愚忠者，實願陛下損改既謬，從此一止⓫。

3 「臣又聞後宮綵女⓬數千餘人，衣食之費，日數百金。比穀雖賤，而戶有飢色。案法當貴而今更賤者，由賦發繁數，以解縣官⓭，寒不敢衣，飢不敢食。民有斯戹，而莫之卹⓮。宮女無用，填積後庭，天下雖復盡力耕桑，猶不能供。昔楚女悲愁，則西宮致災⓯，況終年積聚，豈無憂怨乎！夫天生蒸民⓰，立君以牧之。君道得，則民戴之如父母，仰之猶日月，雖時有征稅，猶望其仁恩之惠。易曰：『悅以使民，民忘其勞；悅以犯難，民忘其死⓱。』儲君副主⓲，宜諷誦斯言；南面當國⑲，宜履行其事。

4 「又承詔書，當於河間故國起解瀆之館⑳。陛下龍飛即位，雖從藩國，然處九天之高，豈宜有顧戀之意？且河間疏遠，解瀆邈絕，而當勞民單力，未見其便㉑。又今外戚四姓㉒貴倖之家，及中官公族㉓無功德者，造起館舍，凡有萬數。樓閣連接，丹青素堊㉔，雕刻之飾，不可單言。喪葬踰制，奢麗過禮，競相放效，莫肯矯拂㉕。穀梁傳曰：『財盡則怨，力盡則懟。』尸子㉖曰：『君如杅，民如水，杅方則水方，杅圓則水圓㉗。』上之化下，猶風之靡草。今上無去奢之儉，下有縱欲之敝，至使禽獸食民之甘，木土衣民之帛。昔師曠諫晉平公曰：『梁柱衣繡，民無褐衣；池有棄酒，士有渴死；廄馬秫粟，民有飢色。近臣不敢諫，遠臣不得暢。』㉘此之謂也。

5 「又聞前召議郎蔡邕對問於金商門㉙，而令中常侍曹節、王甫等以詔書喻旨。邕不敢懷道迷國㉚，而切言極對，毀刺貴臣，譏呵豎宦。陛下不密其言，至令宣露，群邪項領，膏脣拭舌㉛，競欲咀嚼，造作飛條㉜。陛下回受誹謗㉝，致邕刑罪，室家徙放，老幼流離，豈不負忠臣哉！今群臣皆以邕為戒，上畏不測之難，下懼劍客之害㉞，臣知朝廷不復得聞忠言矣。故太尉段熲，武勇冠世，習於邊事，垂髮服戎，功成皓首㉟，歷事二主㊱，勳列獨昭。陛下既已式序，位登台司㊲，而為司隸校尉陽球所見誣脅，一身既斃，而妻子遠播。天下惆悵㊳，功臣失望。宜徵邕更授任，反頴家屬㊴，則忠貞路開，眾怨以弭矣。」

6 帝知其忠而不能用。

7 時帝多稸私臧，收天下之珍。每郡國貢獻，先輸中署㊵，名為「導行費」。

8 強上疏諫曰：

「天下之財，莫不生之陰陽㊶，歸之陛下。歸之陛下，豈有公私？而今中尚方㊷斂諸郡之寶，中御府㊸積天下之繒，西園引司農之臧㊹，中廄㊺聚太僕之馬，而所輸之府，輒有導行之財。調廣民困，費多獻少，姦吏因其利，百姓受其敝。又阿媚之臣，好獻其私，容諂姑息，自此而進。

9 「舊典㊻選舉委任三府，三府有選，參議掾屬㊼，咨其行狀，度其器能，受試任用，責以成功。若無可察，然後付之尚書。尚書舉劾，請下廷尉，覆案虛實，行其誅罰㊽。今但任尚書，或復敕用㊾。如是，三公得免選舉之負，尚書亦復不坐，責賞無歸，豈肯空自苦勞乎？

10 「夫立言無顯過之咎，明鏡無見玼之尤㊿。如惡立言以記過，則不當學也；

不欲明鏡之見玼，則不當照也。願陛下詳思臣言，不以記過見玼為責。」

11 書奏不省。

12 中平元年，黃巾賊起，帝問強所宜施行。強欲先誅左右貪濁者，大赦黨人，料簡[51]刺史、二千石能否。帝納之，乃先赦黨人。於是諸常侍人人求退，又各自徵還宗親子弟在州郡者。中常侍趙忠、夏惲等遂共搆[52]強，云「與黨人共議朝廷，數讀霍光傳[53]。強兄弟所在並皆貪穢」。帝不悅，使中黃門持兵召強。強聞帝召，怒曰：「吾死，亂起矣。丈夫欲盡忠國家，豈能對獄吏乎！」遂自殺。忠、惲復譖曰：「強見召未知所問，而就外草自屏[54]，有姦明審。」遂收捕宗親，沒入財產焉。

13 時宦者濟陰丁肅、下邳徐衍、南陽郭耽、汝陽李巡、北海趙祐等五人稱為清忠，皆在里巷，不爭威權。巡以為諸博士試甲乙科[55]，爭弟高下，更相告言，至有行賂定蘭臺漆書經字，以合其私文者[56]，乃白帝，與諸儒共刻五經文於石，於是詔蔡邕等正其文字[57]。自後五經一定，爭者用息。趙祐博學多覽，著作校書，諸儒稱之。

14 又小黃門甘陵吳伉，善為風角[58]，博達有奉公稱。知不得用，常託病還寺舍[59]，從容養志云。

【章 旨】以上為〈呂強傳〉。呂強清忠奉公，傳中詳載了他的奏疏。其內容主要有四條：一、諫阻朝廷不要封賞宦官為侯。二、勸諫朝廷要減少賦稅。三、諫阻靈帝不要建造解瀆之館。四、建議朝廷為遭受陷害的曹節等忠臣平反昭雪。後來針對靈帝多蓄私錢而設法搜刮，以及侵奪三府職權而專任尚書選用官吏之事，呂強又上奏疏，明確指出其害而勸諫靈帝改正，然所言不被聽取。最終呂強被誣衊陷害，自殺身亡。後附丁肅等人之小傳，以見宦者中仍有如呂強之清流。

【注 釋】❶成皋 縣名。治今河南滎陽。❷辭讓懇惻 推辭謙讓之意誠懇殷切。惻，通「切」。誠懇。❸上象四七二句 諸侯封國分布在各地就像天象中的二十八宿一樣。我國古代在二十八宿體系形成後，把它們分為四組，每組七星組成一種動物形象，東為青龍，南為朱鳥，西為白虎，北為玄武。因稱二十八宿為四七。被封賞於各地的諸侯則被稱為「上象四七，垂曜在天，下應分土，藩屏上國。」❹轘裂之誅 指用車裂分屍的酷刑將其誅殺。轘，用車裂解肢體。❺陛下不悟四句 因為陛下的不能明察，胡亂地分封土地給曹節等宦官，讓他們建立侯國並得以傳承，遂使這些卑鄙小人得以倡狂跋扈。《易》：「開國承家，小人勿用。」此反其意而用之。❻重金兼紫二句 宦官的親屬相繼在朝廷任職，一個個都被封授給金印紫綬，從而竊據了州郡蕃輔之位。金，金印。紫，紫綬。重、兼，言為數眾多。❼不念爾祖二句 曹節、王甫等一點兒也不考慮如何光宗耀祖，從而整飭改善自己的德行。語本《詩．文王》：「無念爾祖，聿脩厥德。」❽或其瑣才 謂迷惑於宦官的才藝技巧。或，通「惑」。瑣才，小才。指宦官的藝能技巧。❾素餐私倖 指沒才幹不做事的人和因私愛而被寵幸的人。素餐，白吃飯不幹事。語本《詩．伐檀》：「彼君子兮，不素餐兮？」❿陰陽乖剌二句 指陰陽乖謬，災害頻生，以至於農業荒廢，五穀不收。乖剌，乖戾；失和違常。蔬，借作「疏」。⓫從此一止 從此歸正。正，從一從止，故以一止代「正」。⓬後宮綵女 指皇宮中形形色色衣著華美的宮女。⓭案法當貴三句 依照法律規定農民的社會地位應當尊貴，而現實中反而越發低賤的原因，是由於政府總是頻繁地賦稅徵調錢糧布帛，而使農民過著飢寒交迫的生活。縣官，此指朝廷；官府。漢代實行重農抑商的政策，故法律規定中農民的地位較高。⓮莫之卹 沒有誰去體恤賙濟他們。卹，「恤」的異體字。⓯楚女悲愁二句 楚國的女子被廢居西宮而不得寵愛，因此導致西宮發生了火災。《春秋》中記有「西宮災」一事，何休注：「是時僖公為齊桓公所脅，以齊媵為嫡，楚女廢居西宮而不見恤，悲愁怨曠所生也。」以齊國的姬妾為正妻，楚女當然會悲愁憂怨了。⑯蒸民　眾多的人民。蒸，通「烝」。眾多。⑰悅以使民四句　仁愛萬民而役使他們勞作，民眾就會不辭辛苦；慈愛萬民而使他們赴險救難，民眾就能不顧生死。悅，喜愛，引申為仁愛、慈愛。犯難，冒險赴難；迎戰危難。《易．兌卦．彖辭》：「說以先民，民忘其勞；說以犯難，民忘其死。」說，通「悅」。⑱儲君副主　指皇太子。亦稱儲宮。後備之君，故稱副主。⑲南面當國　指即位為君而主持國政。古代以面南為尊位，帝王之位居於北而面向南，故稱居帝位為「南面」。⑳當於河間故國句　靈帝劉宏即位前襲封為解瀆亭侯，桓帝無子嗣以承繼皇位，太后遂與大將軍竇武定策，自河間迎立劉宏繼位為帝。今靈帝欲敬祖崇本，因此要在河間解瀆亭起造館舍。㉑河閒疏遠四句　河間故國的解瀆亭距離京都遙遠懸絕，起造館舍必然勞民竭財，多有不便。邈，同「邈」。單，通「殫」。竭盡。㉒外戚四姓　泛指外戚諸家。明帝時外戚樊氏、郭氏、陰氏、馬氏號為四姓；桓帝時亦有「四姓及梁、鄧小侯」之說。靈帝時蓋稱竇氏、董氏、宋氏、何氏為外戚四姓。㉓中官公族　此指朝廷職官及三公之家。與郡守國相等外官相對而言，朝廷之官為中官。㉔丹青素堊　指白色的牆壁上繪飾著五彩的圖畫。丹青，泛指各種色彩的顏料。堊，白色土。㉕莫肯矯拂　指沒有人能夠抵制並矯正這種奢華的風氣。拂，違背；抵制。㉖尸子　書名。戰國尸佼著。尸佼，為商鞅門客，曾參與商鞅變法的策劃。商鞅被刑後遂逃亡入蜀，作書二十篇，名為《尸子》。書已佚，清代學者有輯本。㉗君如杅四句　君王能規範約束民眾，而民眾則服從於君王的規範。杅，同「盂」。碗一類的容器。㉘昔師曠諫晉平公曰九句　據李賢注：「《說苑》咎犯諫晉文公之辭也。」此言師曠諫晉平公，蓋有誤。㉙前召議郎蔡邕句　此指光和元年，有虹蜺晝降於嘉德殿前，靈帝惡之，遂引光祿大夫楊賜與議郎蔡邕入金商門崇德署，使中常侍曹節、王甫問以祥異禍福之所在。戴延之《西征記》：太極殿西有金商門。㉚懷道迷國　心中明於治國之道而不能奏言朝廷，以至於迷誤國政。㉛群邪項領二句　朝中佞臣豎宦等奸邪之人一個個憤恨惱怒，梗直著脖頸，用舌頭舔潤唇吻而競欲讒毀中傷他人。項，挺起；隆起。語見《詩．節南山》：「駕彼四牡，四牡項領。」鄭玄箋：「項，大也。四牡者人所駕，今但養大其領，不肯為用。喻大臣自恣，王不能使也。」㉜造作飛條　指書寫匿名信誣告他人。飛條，又名「飛書」。李賢注：「飛書者，無根而至，若飛來也。即今匿名書也。」㉝回受誹謗　錯誤地聽信佞臣豎宦的造謠誣衊。回，邪僻；邪枉。㉞下懼劍客之害　蔡邕流徙朔方時，中常侍程璜勾結朝臣陽球暗中派刺客追殺蔡邕，後刺客感慨於蔡邕的正義忠直而沒有下手。從此朝臣人人懼怕刺客暗害。㉟垂髮服戎二句　指段熲自年輕未冠時就從軍參戰，至於年老白髮時才功成卒業。垂髮，指童子未冠時。㊱歷事二主　先後在桓、靈二帝時任職供事。㊲既已式序二句　指已經序列其功勳而封授官職爵級，使他位居臺司之職。台司，猶台鼎。古代稱三公或宰相為台鼎，言其職位顯要，有如帝星旁邊的三台星一樣。當時段熲任職為太尉，故稱其位登台司。㊳惆悵　因失望或失意而心中哀傷。㊴反熲家屬　使段熲流放到邊遠之地的妻子兒女返歸於家鄉。反，同「返」。㊵先輸中署　先要向內署交納錢財，作為郡國貢獻珍奇之物時的引導錢。中署，內署。管理皇宮內省事務的機構。㊶生之陰陽　指天下萬物皆稟受陰陽之氣而化育生成。㊷中尚方　內署中主尚方之官，當即尚方令。掌宮省中所用器物的製作與保藏。㊸中御府　內署中掌御府之官，當即御府令。掌宮省中衣服帳幕的製作及補浣之事。㊹西園引司農之臧　靈帝又在西園中修造萬金堂，調發大司農所掌管的國庫錢財藏儲其中。㊺中廄　內署中主廄馬之官，當即御者監。㊻舊典　指先帝時所制定實行的典章制度。㊼參議掾屬　指由太尉、司徒、司空三府中的掾屬官吏參與評議選舉之事。㊽尚書舉劾四句　尚書如果揭發被選舉者的罪狀而提出彈劾，則交付廷尉考問審察，核實真偽。㊾勑用　由皇帝直接詔令任用職官。㊿立言無顯過之咎二句　群臣奏言不應因揭露過錯而遭罪責，明鏡鑑人不應因顯現瑕疵而被責怪。玼，通「疵」。尤，責怪。(51)料簡　指對官員的行政施教考查審核而評判其優劣。料，統計；核查。簡，選擇。(52)搆　即構陷。羅織罪名陷害別人。搆，同「構」。(53)數讀霍光傳　呂強經常閱讀《霍光傳》，欲仿效其事而密謀廢立。《漢書・霍光傳》中載有其廢昌邑王劉賀而另立宣帝劉詢之事。(54)外草自屏　謂躲避到野外荒草中自殺身死。(55)試甲乙科　指太學中考試博士弟子，以射策之法區分甲乙等第。西漢武帝時，立《五經》博士教授弟子員，又設甲乙科以勸勉學者。(56)至有行賂二句　甚至於有人行賄蘭臺藏書處的官員，來私自改定蘭臺書室中所藏典籍的文字，使其符合於私家之學所主張的內容。(57)共刻五經文於石二句　此事發生在漢靈帝熹平四年，蔡邕等校正經書文字，用當時流行的隸書寫於石上，刊刻而成後立於太學門外，作為經書的標準讀本。後世稱為「熹平石經」或「漢石經」。(58)風角　通過觀察四方四角的風向及大小來占卜吉凶的一種方術。(59)寺舍　指宦官所居住的館舍。

【語　譯】呂強，字漢盛，河南尹成皋縣人。年少時作為閹人而任職小黃門，後經兩次升遷而任為中常侍。為人清正忠誠，廉明奉公。靈帝時依照成例封賞宦官，呂強被封為都鄉侯。呂強懇切地辭讓，堅持說自己不敢承當，皇帝於是答應了他。呂強因此上書陳事，他說：

2 「我聽說諸侯封國上符二十八宿的天象，下應裂分君王疆土的封賞，高祖曾經嚴格地規定不是功臣不許封侯，就是因為非常重視朝廷的爵位而鄭重地申明人君的獎懲勸戒。我聽說中常侍曹節、王甫、張讓等人，以及侍中許相，都被封為列侯。曹節等身為閹宦而福分淺薄，品行低劣且人格卑賤。他們利用讒言阿諂討好人主，靠著奸佞邪枉來取得君王的寵信。他們惡毒地中傷和陷害仁人義士，放肆地嫉妒和誣告忠正賢良。身有奸臣趙高那樣專權害國的罪惡，卻未受到車裂肢解等酷刑的誅殺；欺蒙聖上從而掩蓋了朝廷的英明，結成營私的黨與。然而陛下卻不能覺悟明察，輕易地就封授給他們邑土，讓他們建立侯國而傳承爵位，使得這些小人得以倡狂跋扈。以致他們的家人也因此竊權奪勢，一個個都有金印紫綬、高官顯爵，相繼擔任了州郡藩輔之職。受到國家如此的重恩厚愛，他們不但不為祖宗著想，整飭其身而繼承美善的德行，反而交結邪黨，與奸猾兇惡的小人為伍。陛下被他們的小技小才所迷惑，對他們總是特別的降施恩澤。此外，任命官職時也乖謬失誤，那些賢能之士得不到提拔重用，而素餐私倖之人卻能顯榮升遷。陰陽不和顛錯失序，莊稼荒蕪顆粒不收，人才物力匱乏不足，都是由此造成的。我知道封侯賞賜之事已經實行，說也來不及了。之所以要冒著死罪衝撞陛下，陳述表達自己的忠言，實在是希望陛下能夠減少和改正已經造成的錯誤，從此以後一切都歸於正常。

3 「我還聽說後宮中有衣著華美的宮女好幾千人，穿衣吃飯的費用，每天就需要幾百兩黃金。近年來糧價雖然低廉，但農戶中許多人還是經常都會挨餓。依照國家的法律，農民應當地位尊貴，而如今反而更加貧賤，這是因為需要增加賦斂租稅和徵調頻繁，用以供應並解決朝廷的需求，結果導致農民寒冷了也不敢穿衣，飢餓了也不敢進食。老百姓有這樣的困難，卻沒有誰給予體恤關懷。那麼多無用的宮女積聚充塞於後宮，黎民百姓即使拼命地耕種和紡織，仍然不能供奉朝廷的徵求。當年楚國的宮女因為得不到寵愛而悲愁，於是西宮遭遇了火災；何況現在後庭的宮女成年累月地聚居其中，怎麼能不產生憂愁和怨憤呢！上天降生普天下的黎民百姓，又扶立君主來治理他們；君主的統治合乎天道，人民就會像對待自己的父母一樣愛戴他，像仰望天上的日月一樣敬仰他，雖然常常要徵發賦取，仍然指望能夠得到他的仁愛和恩惠。《易》說：『愛護關懷百姓然後再役使他們，民眾就會忘掉種種的辛苦勞累；愛護關懷百姓然後再讓他們冒險赴難，民眾就會捨生忘死萬難不辭。』當太子的時候，應該時時諷誦這些話；做了皇帝治理天下的時候，就應當切切實實地依照它去行事。

4 「此外又接到皇上的詔書，要在從前的河間封國中建造解瀆亭侯的宮館。陛下真龍騰飛而登臨皇位，雖然是從藩國而來，但現在已經身居天子之位，怎麼能有留戀故國的心思呢？況且河間封國地處遙遠，解瀆亭館並非近在咫尺，修造宮館就要耗費民財彈盡民力，實在看不出會有什麼好處。另外，如今外戚四姓被寵幸的家族，以及那些無功少德的中朝之官與三公之家，建造修築的樓臺館閣，總共已有萬餘所。全都是樓宇高聳而閣道相連，丹青妙筆描繪於白牆之上，雕刻裝飾盡顯出奢麗華美，真是難以言表。他們的喪葬規格完全超越了身分等級，他們的揮霍奢靡早已超越了禮法規定。而且還互相仿效，竭力攀比，沒有誰肯抵制和矯正這種風氣。《穀梁傳》說：『錢財被搜刮得乾乾淨淨，人們就會怨恨；力氣被耗費得竭盡無餘，人們就會憤怒。』《尸子》說：『君王如碗，民眾如水，碗方則水方，碗圓則水圓。』人君教化百姓，就像是勁風吹伏青草一樣。如今在上的君王缺少不尚奢華的儉樸之行，下面的百姓有著縱欲揮霍的奢靡之弊，以至於讓狗馬禽獸吞食了民眾賴以充飢裹腹的美食，讓樓閣宮館披蓋了民眾應該穿著身上的布帛。當年師曠勸告晉平公時說：『屋宇梁柱披掛著絲帛錦繡，人民卻沒有粗褐布衣；池子裡有喝不完的美酒，士卒卻有人乾渴而死；廄中的馬匹餵食的是粟米，平民百姓卻面有飢色。身邊的大臣不敢進諫，遠方的群臣又不能暢所欲言。』說的就是現在這種情況啊。

5 「我又聽說此前陛下曾經召見議郎蔡邕在金商門回答問題，卻下令讓中常侍曹節、王甫等人手捧詔書傳達陛下的旨意。蔡邕不敢因為隱瞞自己的見解而誤國害民，於是就盡忠直言，慷慨陳詞，非議和抨擊貴幸大臣，譏諷和斥責閹宦小人。陛下不為他的話保守祕密，以至於宣揚洩露於眾，使得那些奸佞邪枉的醜類們惱怒憤恨，紛紛都搖唇鼓舌撥弄是非；個個咬牙切齒必欲將其吞食，競相捏造炮製誣告陷害的飛書。陛下反而聽信他們的造謠誹謗，把蔡邕定罪判刑，妻子兒女流徙遠方，一家老少流離失所，這豈不是有負於忠正之臣嗎！現在群臣都將蔡邕引為鑑戒，既害怕無端而飛來橫禍，又畏懼劍客殺手的暗害。我知道，朝廷今後再也聽不到群臣的忠心直言了！已故的太尉段熲，武勇蓋世而又熟悉於邊防事務，自年少時就投身行伍，至滿頭白髮才大功告成，先後跟隨服侍於桓帝與您兩位皇帝，真可謂功勳卓著。陛下即位以後，已經序列功勳，封授給他臺司之職。但是後來卻被司隸校尉陽球誣陷迫害，不但自己被害身死，妻兒老小也被流放到了邊遠之地。天下民眾傷心歎息，功勳大臣喪氣失望。現在應當徵召蔡邕回京，重新授任他官職，並讓段熲的家屬返還家鄉。這樣，忠貞之士才會挺身而出，眾人的憤恨才能逐漸消除。」

6 靈帝雖然知道他忠心耿耿，但卻不採用他的諫言。

7 當時靈帝蓄藏很多私人財寶，攬取天下的奇珍異物。每次郡國向朝廷貢獻時，都要先行交納錢物給宦官內署，美其名曰「導行費」。呂強於是上書說：

8 「天下各地的財物，沒有不是稟受陰陽而生長，然後歸屬於陛下所有的。既然全都歸屬陛下，又怎麼會有公私之分呢？但是如今內府尚方之官經常斂取各郡的珍寶奇物，中御府聚積著全國各地斂取的綾羅綢緞，西園內彙集有大司農掌管的錢物，內廄中聚攏著太僕寺馴養的馬匹，而負責收繳財物的府庫，還要收取所謂『導行費』的額外之財。官府的徵調增加了，百姓的困苦加重了，斂取的費用更多了，而進獻的財物卻減少了。貪官汙吏乘機謀利，平民百姓深受其害。另外，那些阿諛奉承的奸佞之臣，又往往進獻他們的私藏以取悅於陛下；這樣一來，聽信讒言而姑息放縱的事情，也就隨之增多了。

9 「以往的典章制度，選拔錄用職官的事情都是委派給三府主管。三府選拔人才時首先參考掾屬的評議，然後考察其品行事跡，衡量其器度才能，經過試用之後再委任以官職，責令其建功立業取得成就。如果沒有什麼值得察核的，然後再交付給尚書。如果尚書提出彈劾，則奏請送交廷尉糾治，廷尉覆查審核情況的真假虛實，最後再依其罪行來懲罰。然而現在選用職官卻只是委派給尚書負責，或者由皇帝親自下令予以任用。這樣一來，三公得以免除承擔選拔錄用官員的責任，尚書也不再因為用人不當而受到責罰，懲處和獎賞得不到落實，怎麼會有人願意白白地勞苦盡力？

10 「建言立議不能因有過錯而受到責罰，對照明鏡不能因顯現汙點而受到埋怨。如果厭惡立言建議時的過錯，就不該再去求學問道；如果不喜歡被明鏡照出汙點，就不應當再去鑑照明鏡。希望陛下能夠仔細考慮我的諫言，不要因為其中揭露了過錯和顯現出疵病而責怪於我。」

11 奏章上報到皇帝那裡，仍沒有被理睬。

12 中平元年，黃巾暴動突起，靈帝遂問訊呂強應該儘快做好哪些事情。呂強認為首先要殺掉皇帝周圍那些貪贓枉法的人，大赦那些被禁錮的黨人，然後考核審察刺史、二千石是否能夠稱職。皇帝聽從了他的建議，首先赦免了黨人。於是那些宦官常侍們紛紛要求退職，還把他們各自安插在州郡任職的宗族子弟們召回京城。中常侍趙忠、夏惲等人因此一起編排罪名構陷呂強，說他「勾結黨人一起非議朝廷，多次閱讀〈霍光傳〉，圖謀廢立叛逆之事。此外，呂強兄弟在任職期間亦貪贓受賄」。皇帝聞聽後很不高興，指派中黃門手持兵器去召喚呂強。呂強聽說皇帝召喚自己，憤怒地說：「我死之後，天下必將大亂。大丈夫一心想要盡忠報國，怎麼能入獄受辱！」於是自殺身死。趙忠、夏惲又誣陷說：「呂強被皇帝召見，還不知道皇上要問他什麼，就在外面的野草中妄自了斷，由此可見其有奸邪之事確定無疑。」接著就收捕了呂強的家人親族，財產也被沒收入宮。

13 當時的宦官濟陰郡人丁肅、下邳國人徐衍、南陽郡人郭耽、汝陽郡人李巡、北海國人趙祐等五人，被稱譽為清廉忠正。他們都住在里巷之中，從不爭權奪利。李巡認為博士們甲乙科考試的時候，為了爭議師法的高低而互相告發彼此攻訐，甚至於用行賄來改寫蘭臺中保藏的漆書經文，以符合自己一派所主張的經說。於是就向皇帝報告，要求和儒士們一起在石碑上刻寫《五經》的文字。皇帝於是詔令蔡邕等人校正其中的文字。從此以後《五經》就確定下來，爭議也因此平息。趙祐則飽覽群書、博學多才。曾著作和校訂過圖書，儒學之士也都稱譽他。

14 另外，小黃門甘陵郡人吳伉，擅長以風角之術占卜吉凶，見識廣博，心胸豁達，有忠心奉公的美稱。知道自己得不到重用，常常推說身體有病回到居舍之中，優閒從容地修心養性。

1 張讓者，潁川人；趙忠者，安平❶人也。少皆給事省中，桓帝時為小黃門。忠以與誅梁冀功封都鄉侯。延熹八年，黜為關內侯，食本縣租千斛。

2 靈帝時，讓、忠並遷中常侍，封列侯，與曹節、王甫等相為表裡❷。節死後，忠領大長秋。讓有監奴典任家事❸，交通貨賂，威形諠赫❹。扶風人孟佗，資產饒贍，與奴朋結，傾竭饋問，無所遺愛。奴咸德之，問佗曰：「君何所欲？力能辦也。」曰：「吾望汝曹為我一拜耳。」時賓客求謁讓者，車恆數百千兩，佗時詣讓，後至，不得進，監奴乃率諸倉頭❺迎拜於路，遂共轝車入門❻。賓客咸驚，謂佗善於讓，皆爭以珍玩賂之。佗分以遺讓，讓大喜，遂以佗為涼州刺史。

3 是時讓、忠及夏惲、郭勝、孫璋、畢嵐、栗嵩、段珪、高望、張恭、韓悝、宋典十二人，皆為中常侍，封侯貴寵，父兄子弟布列州郡，所在貪殘，為人蠹害。黃巾既作，盜賊糜沸❼，郎中中山張鈞上書曰：「竊惟張角所以能興兵作亂，萬人所以樂附之者，其源皆由十常侍多放父兄、子弟、婚親、賓客典據州郡，辜榷財利，侵掠百姓，百姓之冤無所告訴，故謀議不軌，聚為盜賊。宜斬十常侍，縣頭南郊，以謝百姓，又遣使者布告天下，可不須師旅，而大寇自消。」天子以鈞章示讓等，皆免冠徒跣頓首❽，乞自致洛陽詔獄，並出家財以助軍費。有詔皆冠履視事如故。帝怒鈞曰：「此真狂子也。十常侍固當有一人善者不？」鈞復重上，猶如前章，輒寢不報。詔使廷尉、侍御史考為張角道⑨者，御史承讓等旨，遂誣奏鈞學黃巾道，收掠死獄中。而讓等實多與張角交通。後中常侍封諝、徐奉事獨發覺坐誅⑩，帝因怒詰讓等曰：「汝曹常言黨人欲為不軌，皆令禁錮，或有伏誅。今黨人更為國用，汝曹反與張角通，為可斬未？」皆叩頭云：「故中常侍王甫、侯覽所為。」帝乃止。

4 明年，南宮災。讓、忠等說帝令斂天下田畝稅十錢，以修宮室。發太原、河東、狄道⑪諸郡材木及文石⑫，每州郡部送至京師，黃門常侍輒令譴呵不中者，因強折賤買，十分雇一⑬，因復貨之於宦官，復不為即受，材木遂至腐積，宮室連年不成。刺史、太守復增私調，百姓呼嗟。凡詔所徵求，皆令西園騶密約勅⑭，號曰「中使」，恐動州郡，多受賕賂。刺史、二千石及茂才孝廉遷除⑮，皆責助軍修宮錢，大郡至二三千萬，餘各有差。當之官者，皆先至西園諧價⑯，然後得去。有錢不畢者，或至自殺。其守清者，乞不之官，皆迫遣之。

5 時鉅鹿太守河內司馬直新除，以有清名，減責⑰三百萬。直被詔，悵然曰：「為民父母，而反割剝百姓，以稱時求，吾不忍也。」辭疾，不聽。行至孟津⑱，上書極陳當世之失，古今禍敗之戒，即吞藥自殺。書奏，帝為暫絕修宮錢。

6 又造萬金堂於西園，引司農金錢繒帛，仞積⑲其中。又還河間買田宅，起第觀⑳。帝本侯家，宿貧，每歎桓帝不能作家居，故聚為私臧，復寄小黃門常侍錢各數千萬。常云：「張常侍是我公，趙常侍是我母。」宦官得志，無所憚畏，並起第宅，擬則宮室。帝常登永安候臺㉑，宦官恐其望見居處，乃使中大人尚但諫曰：「天子不當登高，登高則百姓虛散。」自是不敢復升臺榭㉒。

7 明年，遂使鉤盾令宋典繕修南宮玉堂。又使掖庭令畢嵐鑄銅人四列於倉龍、玄武闕㉓。又鑄四鐘，皆受二千斛，縣於玉堂及雲臺殿前。又鑄天祿蝦蟆㉔，吐水於平門外橋東，轉水入宮。又作翻車渴烏㉕，施於橋西，用灑南北郊路，以省百姓灑道之費。又鑄四出文錢㉖，錢皆四道。識者竊言侈虐已甚，形象兆見㉗，此錢成，必四道而去。及京師大亂，錢果流布四海。復以忠為車騎將軍，百餘日罷。

8 六年，帝崩。中軍校尉袁紹說大將軍何進，令誅中官以悅天下。謀泄，讓、忠等因進入省，遂共殺進。而紹勒兵斬忠，捕宦官無少長悉斬之。讓等數十人劫質天子走河上㉘。追急，讓等悲哭辭曰：「臣等殄滅，天下亂矣。惟陛下自愛！」

皆投河而死。

【章　旨】以上為張讓、趙忠二人之傳。由郎中張鈞奏請誅除宦官張讓等以謝罪百姓而消除黃巾之亂，可見宦官為害天下之重。而張鈞所言既不被聽用，之後反被張讓等誣陷下獄致死，由此可見張讓等的專橫貪殘。兩人又迎合靈帝的貪愛私錢而設法斂財，賣官鬻爵，肆意搜刮。而當張讓、趙忠等共謀誅殺外戚何進後，袁紹率軍將其捕獲而盡殺之，則最終導致了東漢宦官全數覆滅的結果。

【注　釋】❶安平　國名。屬冀州刺史部。治今河北冀州。❷相為表裡　指關係極為密切而互相倚賴。❸監奴典任家事　由監奴負責主管家族中的各種事務。監奴，漢代主管家務的奴僕稱監奴。典任，主管；執掌。❹威形諠赫　威勢顯赫而氣焰囂張。諠，「喧」的異體字。❺倉頭　古代私家所屬的奴隸。倉，同「蒼」。❻轝車入門　把車子抬起來扛進家門。轝，同「輿」。扛；抬。❼麋沸　極其混亂的樣子。❽免冠徒跣頓首　指脫去冠帽赤腳步行而叩頭拜謝。表示誠惶誠恐，認罪伏法。徒跣，赤腳而行。頓首，頭叩地而拜；叩頭。❾張角道　即張角所傳太平道。張角創立太平道，自稱「大賢良師」，藉行醫治病傳道收徒，祕密組織教徒數十萬人。提出「蒼天已死，黃天當立，歲在甲子，天下大吉」的口號，於甲子歲發動起事。因其以頭纏黃巾為標誌，稱「黃巾軍」，故其道又被稱為「黃巾道」。❿後中常侍封諝句　此指宦官封諝、徐奉等祕密加入太平道之事被發覺而誅死。張角傳布太平道祕密組織徒眾時，其重要成員馬元義經常往來京師，收納了中常侍封諝、徐奉等人為信徒；並以其為內應，約定於中平元年三月五日發動起事。起事前因叛徒告密，馬元義被捕後車裂而死，封諝、徐奉等也被誅殺。張角知事已敗露，遂傳令四方立即起事。⓫狄道　隴西郡治所在（今甘肅臨洮）。則此狄道郡當作隴西郡。⓬文石　有紋理的石材。⓭強折賤買二句　指強行折價後賤價買入，只給人家十分之一的價錢。雇，酬其價值。⓮皆令西園騶密約勑　總是讓西園的騶騎祕密地傳達皇帝的敕命。騶，養馬人。⓯遷除　泛指官員的升遷調動、拜官授職。⓰諧價　討價還價。指商定買官的價錢。⓱減責　減少索取。責，責求；索取。⓲孟津　黃河津渡名。在今河南孟津東北、孟州西南。東漢時孟津關為洛陽周圍八關之一。⓳仞積　充積；積存。仞，通「牣」。充滿。⓴又還河閒買田宅二句　靈帝本為河閒孝王劉開的後代，襲封為解瀆亭侯，由太后及竇武等定議自河閒迎至京師即位。今追思祖父之恩而欲返還河閒置辦府第宮觀。㉑永安候臺　永安宮中的候臺。候臺，為瞭望遠處的樓臺。永安宮在北宮東北處。㉒中大人尚但諫曰四句　中大人，指宦官中之耆舊年長者。時宦官出入宮廷，多能有所毀譽，故外官敬畏之而尊稱中大人。據李賢注：「《春秋潛潭巴》曰：『天子無高臺榭。高臺榭，則下畔之。』蓋因此以誑帝也。」高臺榭本指修建高臺大榭，尚但曲解為登臨高臺大榭，以此誑騙靈帝。㉓倉龍玄武闕　倉龍闕，皇宮之東闕。玄武闕，皇宮之北闕。㉔天祿蝦蟇　天祿，為傳說中的神獸。蝦蟇，即蛤蟆。㉕翻車渴烏　翻車，即水車，設機車以引水。渴烏，如虹吸筒之類的引水器具。㉖四出文錢　指錢中間四道凸文通出錢唇的銅錢。㉗形象兆見　指侈虐過分之狀已由圖形顯現其象，徵兆已經十分明顯。㉘劫質天子走河上　指張讓等宦官劫持脅迫皇帝為人質而逃亡至黃河岸邊。

【語　譯】張讓，潁川郡人；趙忠，安平國人。年少時都在內省中做事，桓帝時任為小黃門。趙忠因為參與誅殺梁冀的功勞，被封為都鄉侯。延熹八年，被貶為關內侯，只食用本縣一千斛的租稅。

2　靈帝時，張讓和趙忠一起升遷為中常侍，被封為列侯，遂同曹節、王甫等人互為表裡，協和共事。曹節死後，趙忠兼任了大長秋。張讓有一個監奴主管家事，他廣為交結，行賄受賄，氣焰囂張，威勢顯赫。扶風人孟佗，家資豐饒極其富有，他和張讓的家奴相交而結為團夥，竭盡家財饋贈問候於監奴，簡直不遺餘力。奴僕們都很感激孟佗，問他：「你想要得到什麼？我們一定盡力辦到。」孟佗說：「我只是希望你們當眾向我施以拜謝之禮。」當時請求謁見張讓的客人非常多，馬車常常有成百上千輛，孟佗來到張讓的府第，因為遲到而被其他車輛阻擋，所以進不了門，監奴就帶領著奴僕們在路上拜見迎接他，然後一起抬著車子進了大門。所有的客人都大為吃驚，認為孟佗同張讓的關係非常親近，爭先恐後地用奇珍異寶賄賂他。孟佗分出部分珍寶饋贈給張讓，張讓當然特別高興，就把孟佗任命為涼州刺史。

3　當時張讓、趙忠和夏惲、郭勝、孫璋、畢嵐、栗嵩、段珪、高望、張恭、韓悝、宋典等十二人，都任職中常侍，又被封為列侯而受到寵幸，父兄子弟都安插在各個州郡為官，所到之處貪暴殘虐，成為當地百姓的禍害。黃巾軍起事後，各地的盜賊興兵作亂而沸沸揚揚，郎中中山人張鈞上書說：「我認為張角之所以能夠舉兵作亂，成千上萬的人願意追隨依附他，其根源就在於十常侍總是指使放縱他們的父兄、子弟、姻親及賓客主管各個州郡，大肆徵收民眾的財物，侵害掠奪當地的百姓。老百姓的冤屈無處申訴，所以才圖謀不軌，聚集起兵而成為盜賊。應該立即誅殺掉十常侍，把他們的頭懸掛在南郊示眾，以此來向百姓謝罪，然後再派遣使者向天下各地發布告示，這樣就能不勞師動眾，而使盜賊自然歸於消亡。」靈帝把張鈞的奏章拿給張讓等人看，他們一個個全都脫掉冠履，蓬頭赤腳地叩頭謝罪，乞求自己到洛陽的監獄裡認罪服刑，並拿出家財來充作軍費。靈帝卻下令讓他們正冠著履，照常任職辦事。並對張鈞心生惱怒，說：「這真是個顛狂之人，難道十常侍中就沒有一個好人嗎？」張鈞再次上書，內容仍舊和先前的奏章一樣，被擱置起來不予理睬。後來靈帝詔令廷尉和侍御史審查考問信奉傳揚張角太平道的人，侍御史就順承張讓等人的旨意，誣陷張鈞信奉黃巾軍的太平道，把他抓捕入獄並拷掠致死。實際上張讓等人暗中多與張角有往來。後來中常侍封諝、徐奉勾結黃巾軍為內應的事情被發現而殺頭後，靈帝因此非常憤怒，責備張讓等人說：「你們這些人經常說黨人想要圖謀不軌，要把他們都禁錮終身不許做官，有的人還被誅殺身死。現在黨人反而在為國效力，你們這些人卻和張角私通勾結，這是不是該殺呢？」張讓等人都叩頭說：「這都是前中常侍王甫和侯覽他們幹的。」靈帝這才不再追究。

4 第二年，南宮發生火災。張讓和趙忠等人勸說皇帝下令，要全國各地每畝田地收稅十錢，用來修建南宮，並調發太原、河東、狄道等郡的木材和文石。每次州郡運送這些東西到京城時，黃門常侍們總是訓斥指責說不合規格，於是強行折價賤買，僅給十分之一的價錢，州郡不得已就只好送錢賄賂宦官。另外，材木送到後又不立即接收，大量的木材堆積日久而逐漸腐朽，宮室因此也多年不成。刺史和太守又乘機私自增加徵調，百姓被毒虐禍害，只能哀傷悲歎。凡是皇帝下詔有所徵用時，都讓西園的騶騎為使，祕密地傳達皇帝的詔令，號為「中使」，以恐嚇驚動州郡之官，大量收受他們賄賂的錢財。刺史、二千石和茂才、孝廉的升遷任職，也都責令交納助軍錢或修宮錢，任職大郡所交納的多達二三千萬，其餘的則官職等級、錢數多少各有差別。將要上任的官員，都要先到西園去討價還價，確定之後才能動身。有的人因為錢數不夠，甚至於被迫自殺。那些堅守清廉的，只能乞求不去任職，卻往往都被強迫赴任。

5 當時的鉅鹿太守河內郡人司馬直剛剛被任命，因為有清廉的名聲，被允許減少數額僅索取三百萬錢。司馬直奉詔後，惆悵地說：「我去做百姓的父母官，反而先要剝削老百姓，來滿足朝廷隨時之索求，我真不忍心這樣做呀！」於是推說有病而辭職，但朝廷不予批准。走到孟津時，司馬直遂上書揭露當朝的行政之失，以及古往今來禍敗的教訓，隨即服毒自殺。奏章上達後，靈帝為此暫停了徵收修宮錢。

6 又在西園建造萬金堂，把大司農所掌管的金銀錢幣、絲綢錦緞調運過來，滿滿地藏儲在其中。還回到河間國去購買田產宅院，修建府第樓觀。靈帝原本出生在亭侯之家，一向貧窮，常常感歎於桓帝不能經營家業，建造府第，因此自己就大量地聚斂私藏，又在小黃門、常侍那裡分別寄藏了幾千萬錢。靈帝常常說：「張常侍如同我父，趙常侍如同我母。」宦官們更加得意忘形，一個個肆無忌憚。他們全都起造府第宅院，並且仿照宮廷的規模。靈帝時常登上永安宮的瞭望臺，宦官們害怕他望見自己的府第樓宇，就讓中大人尚但勸諫說：「天子不應該登臨高處，否則老百姓就會虛散而去。」從此靈帝再也不敢登上樓亭臺榭了。

7 第二年，遂派鉤盾令宋典重新修繕南宮的玉堂。又派掖庭令畢嵐鑄造銅人四個，分別擺放在倉龍闕和玄武闕前。又鑄造四口大鐘，每口都有二千斛的容量，分別懸掛在玉堂和雲臺殿前。又鑄造天祿、蛤蟆，安放在平門外的橋東，引水從獸口內吐出，然後流轉入宮省中。又製造了翻車、渴烏等引水器具，設置在平門外橋西，引水來潑灑通往南北郊的道路，以省去百姓挑水潑灑的花費。又鑄造四出文錢，這種錢幣都有四條通邊的紋道。有見識的人私下裡說：朝廷奢侈暴虐已經到了極點，因而徵兆已經顯現在圖形上。這種錢鑄成後，一定會四道散出。後來等到京城大亂，四出文錢果然流傳到四面八方。又任用趙忠為車騎將軍，一百多天就又罷免其職。

8 中平六年，靈帝駕崩後，中軍校尉袁紹勸說大將軍何進，讓他下令誅殺宦官以取悅於天下百姓。後策謀洩露，張讓、趙忠等人就趁著何進入宮時，一起殺死了何進。於是袁紹便指揮軍隊斬殺了趙忠，又率兵抓捕宦官，不論老少一律殺掉。張讓等幾十人劫持脅迫少帝沿黃河逃走。追兵臨近時，張讓等人悲傷地哭訴告別少帝，說：「我們這些近臣被斬盡殺絕，天下也就大亂了。只希望陛下多多保重！」接著就都跳進黃河中淹死了。

論曰：自古喪大業絕宗禋❶者，其所漸有由矣。三代以嬖色取禍❷，嬴氏以奢虐致災，西京自外戚失祚❸，東都緣閹尹傾國。成敗之來，先史商之久矣。至於釁起宦夫，其略猶或可言。何者？刑餘之醜，理謝全生❹，聲榮無暉於門閥，肌膚莫傳於來體，推情未鑒其敝，即事易以取信，加漸染朝事，頗識典物❺，故少主憑謹舊之庸，女君資出內之命，顧訪無猜憚之心，恩狎有可悅之色。亦有忠厚平端，懷術糾邪；或敏才給對，飾巧亂實❻；或借譽貞良，先時薦譽❼。非直苟恣凶德❽，止於暴橫而已。然真邪並行，情貌相越❾，故能回惑昏幼，迷瞀❿視聽，蓋亦有其理焉。詐利既滋，朋徒日廣，直臣抗議，必漏先言之間⓫，至戚發憤，方啟專奪之隙⓬。斯忠賢所以智屈，社稷故其為墟。易曰：「履霜堅冰至⓭。」云所從來久矣。今迹其所以，亦豈一朝一夕哉！

贊曰：任失無小，過用則違。況乃巷職⓮，遠參天機⓯。舞文巧態，作惠作威。凶家害國，夫豈異歸⓰？

【章旨】此章為作者針對東漢宦官亂政害國所作的評論。著重探討了宦官之所以被帝王信任重用，以至於造成其專權奪政的根源。

【注釋】❶絕宗禋　斷絕宗族的祭祀；使宗族敗亡絕祀。❷三代以嬖色取禍　三代因寵幸女色而招致亡國之禍。李賢注：

「夏以末嬉，殷以妲己，周以褒姒。」❸西京自外戚失祚　指西漢因為外戚勢重而導致王莽篡權以致喪失國祚。❹刑餘之醜二句　遭受閹割而被人瞧不起的這些閹宦，於理而言已經比不上那些健全之人。謝，遜於；差於。❺典物　指典章故事。即朝廷的法令制度。❻或敏才給對二句　有的宦官才智機敏，答對敏捷，把事情解說得條理圓滿。如良賀應對順帝追問不舉武猛之選事。❼或借譽貞良二句　有的宦官借助於社會上對忠貞善良之士的讚譽，自己先行向皇帝薦舉。如曹騰薦進邊韶、延固等人。❽非直苟恣凶德　不僅只是放縱恣肆其兇惡之性。非直，非特；非但。❾情貌相越　指情實與外貌相違背，貌似忠直而情實奸邪。李賢注：「越，違也。」❿迷瞀　迷亂；迷惑。瞀，心緒紛亂。⓫必漏先言之間　指在奏言皇帝之前，先洩漏於外。如蔡邕金商門對答詔問，王甫、曹節預先聞知，而後陷害蔡邕下獄。⓬至戚發憤二句　皇帝的外戚竇武、何進發憤而要誅除宦官，正好開啟了宦官專權奪政的機會。至戚，最近的親戚，此指外戚。⓭履霜堅冰至　本義是說因為踐踏晨霜而預知寒冬之將至。此喻指事物的發展是漸而至大的。語見《易·坤》。⓮巷職　指寺人、閹宦。春秋時宮中內官稱巷伯，因稱宦官為巷職。⓯天機　此指帝王之事、朝廷的機要事宜。⓰夫豈異歸　宦官自己也只能同歸於禍亂而別無異途。

【語　譯】史家評論說：自古以來斷送國家大業及滅絕宗廟祭祀的，其逐漸發生的這種變化都是各有緣由的。夏商周三代因為寵愛女色而招致禍災，秦皇嬴政因為奢侈暴虐而導致滅亡，西漢因為外戚篡權而喪失了社稷，東漢則因為宦官干政而傾覆了國家。其興衰成敗所以產生的原因，前輩的史家已經商榷探討了很長時間。至於閹宦們導致禍災的根源，其中或許還有值得研究討論的地方。為什麼呢？這些人身受閹割之刑的恥辱，於理而言已經比不上健全的正常人。名聲和榮譽既不能光耀家族的門庭，身體髮膚又無法傳承給後人，推論情理時未能鑑察其弊害，辦理事情時更易於取得人們的信任，再加上他們耳濡目染於君臣處理朝政國事，對典章故事又頗有見識而多能熟悉，所以年少的君主依靠重用他們的謹慎老成來辦事，而臨朝的太后則借助他們來傳達旨意發號施令，咨訪詢問時使人沒有猜忌畏懼的心理，恩愛親近時對人能有歡愉喜悅的相貌容色。其中有些人忠厚端謹而正直無私，能夠心懷謀策以糾治邪惡；有些人則才思敏捷而應答周全，能夠掩飾巧偽而惑亂實情；也有人借助於忠貞賢良之士的聲譽，率先舉薦他們。並不都是放縱恣肆於凶德惡行，專弄威權殘暴驕橫而已。然而由於正直與邪枉並存其中，外貌和實情又常常相互乖背，所以往往能夠迷惑年幼昏昧的君主，擾亂蒙蔽眾人的視聽，這些也都是自有其道理的。不正當的權利滋長之後，同夥和附從自然會與日俱增，正直大臣的憤恨非議，必然會在上奏朝廷之前洩露出來，而至親外戚想要將其全部誅除，最終導致了宦官竊權奪政的發生。這就是忠正賢良之臣無計可施，漢家社稷終於淪為廢墟的根本原因。《易》中說：「腳踩踏到薄霜，冬天的堅冰也就快要出現了。」這是說任何事情的形成，都是由來已久的。如今我們探尋宦官致禍的原因，又怎能僅僅局限於一朝一夕呢！

史官評議說：用人失誤決非是小事，過於重用就違背了事理。何況他們原本是宮內的閹宦，卻參與起朝廷的機要大事。他們或舞弄文墨或巧飾虛偽，或行惠施恩或專威暴虐。然而對國家的種種凶害禍亂，最終也必然使自己陷於禍亂之中，除此之外難道還會有什麼別的結果嗎？

【研 析】宦者，亦稱寺人、閹人、閹官、宦官、中官、內官、內臣、太監等，專指那些在古代社會中被閹割後失去性能力，因而被帝王及其家族成員驅使奴役的人。雖然從本質上講他們是帝王的奴隸，且形虧不全，被人鄙棄，然而也正因為此，他們極易取得帝王的信任，即范曄所謂「顧訪無猜憚之心，恩狎有可悅之色」，成為帝王寵愛的佞幸之臣。司馬遷《史記》始設〈佞幸列傳〉記載其事，班固《漢書》亦沿其例。然而，漢承秦制，中常侍官亦引用士人以參其選，若鄧通、韓嫣等士人亦得帝王的寵幸。因此，〈佞幸列傳〉並非記載宦官事跡的專傳。

東漢之初，內官即悉用閹宦，而不再調選士人；此范曄在本書中所以改〈佞幸列傳〉為〈宦者列傳〉的原因之一。且東漢時期的宦官，不只是像西漢宦官那樣僅僅得到帝王的親倖寵信而已，還專奪朝權，干亂國政。有的封侯拜爵，有的位列公卿，即范曄所謂「高冠長劍，紆朱懷金者，布滿宮闈；苴茅分虎，南面臣人者，蓋以十數」。改稱〈宦者列傳〉，更能名副其實，更能確切地反映出東漢歷史的客觀情況。

然而范曄所言東漢禍起宦官的原因，或許尚可研討。范曄以為宦官「真邪並行，情貌相越，故能回惑昏幼，迷瞀視聽，蓋亦有其理焉」。然深究其實，這只是「閹尹傾國」的原因之一。原因之二，便是趙翼《廿二史箚記》中論〈明代宦官〉所說的：「大概總由於人主童昏，漫不省事，故若輩得以愚弄而竊威權。」如光武帝劉秀之英明神武，廟謨雄斷；若孝明帝劉莊之三十即位，胸有成見，閹宦何得回惑迷眘？而桓帝劉志十五歲登基，靈帝劉宏十二歲踐位，獻帝劉協被擁立時僅僅九歲，一個個童幼無知，不能自主，如何又能不被迷惑？然而，導致這些孩童即位稱帝的原因，又在於外戚的專奪威權，行私害國。如果竇武、何進等能公而忘私，或擁立明主使其獨立，或效伊、霍之事忠心輔政，又何能形成宦官奪權，閹尹傾國呢？可見，外戚的行私專權乃其原因之三。（辛戰軍注譯）

卷七十九上

儒林列傳第六十九上

【題解】本傳是承襲《史記》、《漢書》體例的人物類傳之一。儒林，即儒者之林。兩漢時期，儒學為官學，在各學派中處於獨尊地位，大儒者因地位顯達而載入史傳。本傳是東漢時期經學家們的傳記，按《易》、《書》、《詩》、《禮》、《春秋》經傳分類，各類以時間為序，一一為傳。各類起始均上接《漢書》所載，記其源流，文末則附錄本傳以外經學大事，以備互見，以明始終，是一部簡明有序的東漢經學史。本傳所載經學大師們或官居顯位，或為僚臣謀士，或隱居授徒，他們都學識深廣，在各自的經學領域中具有承前啟後的作用。閱讀本卷，有助於我們了解東漢儒學的大體情況。

1 昔王莽❶、更始❷之際，天下散亂，禮樂分崩，典文殘落❸。及光武中興❹，愛好經術❺，未及下車❻，而先訪儒雅❼，採❽求闕❾文，補綴漏逸❿。先是四方學士多懷協圖書⓫，遁逃林藪⓬。自是莫不抱負墳策⓭，雲會京師⓮，范升⓯、陳元⓰、鄭興⓱、杜林⓲、衛宏⓳、劉昆⓴、桓榮㉑之徒，繼踵㉒而集。於是立五經博士㉓，各以家法[24]教授，易[25]有施、孟、梁丘、京氏[26]，尚書[27]歐陽、大小夏侯[28]，詩齊、魯、韓[29]，禮[30]大小戴[31]，春秋[32]嚴、顏[33]，凡十四博士，太常差次總領焉[34]。

2 建武[35]五年，乃修起太學[36]，稽式古典[37]，籩豆干戚[38]之容，備之於列，服方領習矩步者，委它乎其中[39]。中元元年[40]，初建三雍[41]。明帝[42]即位，親行其禮。天子始冠通天[43]，衣日月[44]，備法物之駕[45]，盛清道之儀[46]，坐明堂而朝群后[47]，登靈臺以望雲物[48]，袒割辟雍[49]之上，尊養三老五更[50]。饗射[51]禮畢，帝正坐自講，諸儒執經問難[52]於前，冠帶縉紳[53]之人，圜橋門[54]而觀聽者蓋億萬計。其後復為功臣子孫、四姓末屬[55]別立校舍[56]，搜選高能以受其業，自期門羽林[57]之士，悉令通孝經章句[58]，匈奴亦遣子入學[59]。濟濟[60]乎，洋洋[61]乎，盛於永平[62]矣！

3 建初[63]中，大會諸儒於白虎觀[64]，考詳[65]同異，連月乃罷。肅宗[66]親臨稱制[67]，如石渠故事[68]，顧命[69]史臣，著為通義[70]。又詔高才生受古文尚書、毛詩[71]、穀梁[72]、左氏春秋[73]，雖不立學官[74]，然皆擢高第為講郎[75]，給事近署[76]，所以網羅遺逸[77]，博存眾家。孝和[78]亦數幸[79]東觀，覽閱書林[80]。及鄧后[81]稱制，學者頗[82]懈。時樊準[83]、徐防[84]並陳敦[85]學之宜，又言儒職多非其人，於是制詔公卿妙簡其選[86]，三署郎[87]能通經術者，皆得察舉[88]。自安帝[89]覽政[90]，薄於藝文[91]，博士倚席不講[92]，朋徒相視怠散[93]，學舍穨敝[94]，鞠[95]為園蔬，牧兒蕘豎，至於薪刈其下[96]。順帝感翟酺之言[97]，乃更脩黌宇[98]，凡所造構[99]二百四十房，千八百五十室。試明經下第補弟子[100]，增甲乙之科員各十人，除郡國耆儒皆補郎、舍人[101]。本初[102]元年，梁太后[103]詔曰：「大將軍下至六百石，悉遣子就學，每歲輒於鄉射月一饗會[104]之，以此為常。」自是遊學增盛，至三萬餘生。然章句漸疏，而多以浮華相尚，儒者之風蓋衰矣。黨人既誅[105]，其高名善士多坐流廢[106]，後遂至忿爭，更相言告[107]，亦有私行金貨，定蘭臺桼書經字[108]，以合其私文[109]。熹平四年，靈帝[110]乃詔諸儒正定五經，刊於石碑，為古文、篆、隸三體書法以相參檢[111]，樹之學門，使天下咸取則[112]焉。

4 初，光武遷還洛陽，其經牒祕書載之二千餘兩[113]，自此以後，參[114]倍於前。及董卓移都[115]之際，吏民擾亂，自辟雍、東觀、蘭臺、石室[116]、宣明[117]、鴻都[118]諸藏典策[119]文章，競共剖[120]散，其縑帛[121]圖書，大則連為帷蓋[122]，小乃制為縢[123]囊。及王允[124]所收而西[125]者，裁[126]七十餘乘，道路艱遠，復棄其半矣。後長安之亂[127]，一時焚蕩[128]，莫不泯盡[129]焉。

5 東京[130]學者猥[131]眾，難以詳載，今但錄其能通經名家者，以為儒林篇。其自有列傳[132]者，則不兼[133]書。若師資所承[134]，宜標名為證者，乃著之云。

【章旨】以上是作者在卷首所作長篇序論。介紹西漢末年至東漢末年儒學的發展走向：一是記述了光武帝為推動儒學採取的文化政策與明帝時的儒學繁榮盛況；二是概述了東漢時期儒者之風與儒學發展的幾度盛衰。其中對《易》、《書》、《詩》、《禮》、《春秋》五家學說的傳承作簡要說明，為下面正文分類敘述釐定頭緒。

【注釋】❶王莽　新王朝的建立者。原為西漢末年外戚，後獨攬大權，終至代漢。詳見《漢書》卷九十九。❷更始　年號（西元二三—二五年）。王莽新朝末，農民暴動不斷爆發，漢皇族劉玄被推為更始將軍，後稱帝，建元更始。❸典文殘落　典籍文辭殘缺散落。❹光武中興　光武，即漢光武帝劉秀。中興，由衰落而重新興盛起來。漢光武帝劉秀稱帝統一天下後，廢除苛政，約法省刑，招賢進能，輕徭薄賦，鼓勵農耕，提倡節儉，釋放奴婢，懷柔少數民族，整頓吏治，精兵簡政，終於使漢王朝絕而復興。❺經術　經學；儒術。❻下車　帝王始即位或官吏剛到任稱為「下車」。❼儒雅　博學的儒者。❽採　選擇；搜集。❾闕　殘缺；虧損。❿補綴漏逸　補充連綴遺漏的字句。漏逸，脫漏散佚的文辭。逸，散佚；亡失。⓫四方學士多懷協圖書　學士，泛指讀書人。懷協圖書，汲古閣本、武英殿本「協」作「挾」。懷協，即「懷挾」。攜帶。⓬藪　大澤。特指有淺水茂草的沼澤地帶。⓭自是莫不抱負墳策　在此之後，避亂學者們都手抱肩負古代典籍。莫，不定代詞；沒有誰。負，用背載物。墳策，古代典籍。⓮京師　都城。當時的都城為洛陽。⓯范升　字辯卿。東漢初大臣、學者。事見本書卷三十六。⓰陳元　字長孫。東漢初學者，善《春秋左氏》學，與桓譚、杜林、鄭興俱為儒者所宗。事見本書卷三十六。⓱鄭興　字少贛。東漢初官吏、經學家。王莽時頗得著名學者劉歆賞識，使撰《左傳》條例、章句，並校《三統曆》。事見本書卷三十六。⓲杜林　字伯山。著名儒生，博學多聞，號通儒。事見本書卷二十七。⓳衛宏　字敬仲。東漢學者，先後師從謝曼卿和杜林。著有《毛詩序》、《古文尚書訓旨》和記載西京雜事的《漢舊儀》四篇。⓴劉昆　東漢著名儒學大師，善《易》學。見本傳。㉑桓榮　字春卿。東漢初學者、官吏，習《歐陽尚書》，為明帝之師。事見本書卷三十七。㉒繼踵　前後相接。踵，腳後跟。㉓五經博士　官名，為太常屬官。漢武帝建元五年（西元前一三六年）初置。博士作為官號始於戰國。秦代博士掌通古今，漢《五經》博士職掌傳授儒家《五經》。《五經》，指《詩》、《書》、《禮》、《易》、《春秋》這五部儒家經典。這些典籍中保存有中國古代豐富的歷史資料。㉔家法　古代學者師徒相傳的學術理論和治學方法。即經學中一家一派的句讀、解釋和規範等。㉕易　書名。又稱《易經》，上古占卜書，後成為儒家經典。以其能簡易地辯明事物「變易」、「不易」之理，內涵周密而深邃。內容包括「經」、「傳」兩部分。「經」主要是六十四卦和三百八十四爻。卦有卦名和卦辭，爻有爻題和爻辭。舊題伏羲畫八卦，神農演之成六十四卦，周文王作卦辭，周公撰爻辭。據近人研究，大抵萌芽於殷周之際，形成於西周，實際出自上古卜史之手。「傳」是對「經」的解釋，共十篇，經考訂為春秋戰國時代作品。全書以卦象形式，通過天、地、雷、火、風、澤、水、山八種自然現象和陰陽二氣的交感作用，藉以推測各種變化與人事間吉凶禍福，認為陰陽相互作用形成了萬物。是中國最古老的具有哲學思想的著作。㉖施孟梁丘京氏　施，即施讎，字長卿，西漢經學家，沛（今江蘇沛縣）人，曾與孟喜、梁丘賀同學《易》於田何的再傳弟子田王孫。今文《易》學「施氏學」開創者。其所傳《易》學稱《施氏易》。孟，即孟喜，字長卿，西漢東海蘭陵（今山東蒼山縣）人。今文《易》學「孟氏學」開創者。其所傳《易》學稱《孟氏易》。梁丘，即梁丘賀，字長翁，西漢琅邪諸（今山東諸城）人。今文《易》學「梁丘學」開創者。其所傳《易》學稱《梁丘易》。京氏，即京房，本姓李，字君明，西漢東郡頓丘（今河南清豐）人。今文《易》學「京氏學」開創者。其所傳《易》學稱《京氏易》。㉗尚書　又稱《書》、《書經》。尚，通「上」。以其記載上古之事，故名。為儒家經典之一，亦是中國古代著名史籍。此書在秦以前多達百篇，秦火之後，漢初由伏勝傳出二十九篇，用當時通行的文字隸書寫成，故稱《今文尚書》。相傳西漢武帝時，魯恭王劉餘壞孔子宅，從牆壁中發現用古蝌蚪文寫成的《尚書》，史稱《古文尚書》。當時孔子後裔孔安國以之校《今文尚書》，多出十六篇，獻於朝廷，遂引發今古文之爭。此書在西晉永嘉之亂後逐漸散佚不傳。㉘歐陽大小夏侯　歐陽，即歐陽生，名容，字和伯，西漢經學家，千乘（今山東高青）人。從伏生受《尚書》，後又授於兒寬，《今文尚書》學「歐陽學」開創者。其所傳《尚書》學稱《歐陽尚書》。大夏侯，即夏侯勝，字長公，西漢東平（今山東東平）人。《今文尚書》學「大夏侯學」開創者。其所傳《尚書》學稱《大夏侯尚書》。小夏侯，夏侯建，字長卿，西漢寧陽侯國（今山東寧陽）人，為夏侯勝族姪。少從夏侯勝及歐陽高受《尚書》，左右採獲，自成一家之學。《今文尚書》學「小夏侯學」開創者。其所傳《尚書》學稱《小夏侯尚書》。㉙詩齊魯韓　王先謙《後漢書集解》以汲古閣本為主，汲本「韓」下衍「毛」字。《集解》引何焯曰：「衍一毛字，此時《毛詩》未得立也。且如此乃十五非十四矣。」詩，中國最早詩歌總集，為儒家經典之一，共三百零五篇。大都為周至春秋中期作品。主要產生於陝西、山西、河南、山東及湖北等地。相傳係孔子刪定。《詩》經秦火後，至漢復出。其時有魯、齊、韓、毛四家。《魯詩》，漢初魯人申公培所傳。《齊詩》，漢初齊人轅固生所傳。《韓詩》，漢初燕人韓嬰所傳。《毛詩》為魯人毛亨所傳。其中齊、魯、韓三家為今文詩學，西漢時皆立於學官，置博士。《毛詩》為古文詩學，相傳出自孔子弟子，較前三家晚出，未立於學官，但仍傳於世。東漢鄭玄為其作注後，傳習者漸多。故魏晉以後通行之《詩》即《毛詩》，而齊、魯、韓三家趨於散佚而不傳。㉚禮　書名。為儒家經典之一。相傳周公姬旦所作，或謂出自孔子。實非出於一人之手，應為戰國儒家後學編撰而成。此書記載周代社會上諸般禮節及其儀式，可略見當時親族關係、宗教思想及貴族生活情景。㉛大小戴　大戴，即戴德，字延君，西漢梁國（今河南商丘）人。今文禮學「大戴學」開創者。曾編集古代各種有關禮儀等的論述八十五篇，稱《大戴禮記》，彙集了漢代以前的有關論著，是研究古代社會禮儀制度和儒家學說的重要參考資料。被立為博士。自鄭玄為《小戴禮記》作注，《大戴禮記》不被重視，逐漸散佚。今存三十六篇。小戴，即戴聖，字次君，西漢梁國人。戴德之姪，今文禮學「小戴學」開創者。他從《大戴禮記》中選出古代各種有關禮儀的論著，編成《小戴禮記》，共四十九篇，即今本《禮記》。㉜春秋　書名。孔子根據春秋年間魯國編年史《魯春秋》，參考周王室及各諸侯國史官記載編修而成，是現存最早的編年史。記事上起魯隱西元年（西元前七二二年），下至魯哀公十四年（西元前四八一年），共二四二年。內容主要為周王室及各諸侯國的政治軍事活動及自然現象等。文字簡略，本為史籍，自西漢以來，被儒家奉為經典。㉝嚴顏　嚴，即嚴彭祖，字公子，西漢東海下邳（今江蘇睢寧）人。今文《春秋》學「嚴氏學」開創者。其所傳春秋學稱《春秋嚴氏學》。顏，即顏安樂，字公孫，西漢魯國薛（今山東滕州）人。今文《春秋》學「顏氏學」創者。其所傳春秋學稱《春秋顏氏學》。㉞太常句　由太常分別按順序統管他們。太常，官名。秦置奉常，漢初因之，景帝時改名太常，列九卿之首。職掌宗廟祭祀之禮。差次，等級次序。亦指分別等次，順序安排。總領，統領；統管。㉟建武　東漢光武帝劉秀年號，西元二五—五六年。㊱太學　中國古代最高學府。西漢武帝元朔五年（西元前一二四年）立《五經》博士，置弟子員五十人，為漢代設立太學之始。㊲稽式古典　考察效法古代的典章制度。稽，考核。式，法則；榜樣。引申為取法。古典，古代的典章制度。㊳籩豆干戚　唐李賢注曰：「籩豆，禮器也。竹謂之籩，木謂之豆。干，盾也。戚，鉞也。舞者所執。」籩豆，古代祭祀及宴會時常用的兩種禮器。籩為竹制，豆為木制。干戚，古代的兩種兵器，亦為武舞所執的舞具。干，盾牌。戚，大版斧。㊴服方領習矩步者二句　身穿直領服裝、步履端方合度的儒生莊重從容。方領，李賢注曰：「方領，直領也。委它，行貌也。」矩步，端方合度的行步姿態。形容舉動合乎規矩，一絲不苟。矩，木工用以畫方形或直角的尺子。引申為法度。委它，同「委蛇」。莊重而又從容自得的樣子。㊵中元元年　即建武中元元年。中元，東漢光武帝年號，西元五六—五七年。㊶三雍　漢代對辟雍（太學）、明堂（宣明政教的地方）、靈臺（觀測氣象之所）的總稱。為帝王舉行祭祀、典禮的場所。㊷明帝　為光武帝之子。㊸冠通天　李賢注引徐廣《輿服雜注》曰：「天子朝，冠通天冠，高九寸，黑介幘，金薄山，所常服也。」冠，戴帽子。名詞用作動詞。㊹衣日月　李賢注曰：「續漢志曰：『乘輿備文日月星辰』也。」即乘坐繡有日月星辰圖樣的車駕。衣，穿著。日月，乘輿備有日月星辰的花紋。㊺法物之駕　即「法駕」。天子的車馬。也借指天子。法物，漢代宗廟祭祀所用樂器、車駕、儀仗等器物。㊻清道之儀　皇帝出行時，要清除道路、禁止行人留止。㊼坐明堂而朝群后　坐於明堂之中接受文武百官的朝見。群后，本為諸侯之稱，此處指文武百官。后，指諸侯國君。㊽登靈臺以望雲物　登上靈臺觀望雲氣的形象與顏色。靈臺，古時觀察天文星象、妖祥災異的建築。雲物，雲氣的形象與顏色，古人觀測雲象以預測吉凶與氣候。㊾袒割辟雍　在辟雍太學裡袒露右膊切割牲肉。袒割，袒右膊而割切牲肉，古代天子敬老、養老之禮。辟雍，本為西周天子所設大學，校址圓形，中央積高為「雍」，四周圍以水池叫「辟」，前門外有便橋。㊿尊養三老五更　古代帝王為示天下孝悌，特選三老五更，以父兄之禮養之。三老，秦漢鄉官，執掌鄉里教化。秦置鄉三老，漢初增置縣三老。五更，年老致仕而經驗豐富的人。更，或作叟。漢代沿襲古制，有尊事三老五更之禮。51饗射　古代的射禮。《漢官儀》曰：「春三月，秋九月，習饗射禮，禮生皆使太學生。」射，射箭是古代六種技藝之一。52難　詰難。53縉紳　指官吏士紳。縉，通「搢」。插，將笏板插在帶上。此為官吏的裝束。笏，古時君臣朝見時所持的狹長板子，用玉、象牙或竹片製成，在上面記事，以備遺忘。紳，古代貴族束在腰間的帶子。54圜橋門　《漢官儀》曰：「辟雍四門外有水，以節觀者。」門外皆有橋，觀者水外，故云圜橋門也。圜，繞也。55四姓末屬　外戚樊、郭、陰、馬四姓的親屬。四姓，指東漢外戚樊氏、郭氏、陰氏、馬氏四姓。末屬，猶言支屬。即親屬；宗支。56別立校舍　指永平九年（西元六六年）為四姓子弟別立學校、另置經師之事。57期門羽林　泛指武士。期門，官名。光祿勳的屬官，期門郎的省稱。漢武帝建元三年（西元前一三八年）置，掌出入護衛。羽林，皇帝衛軍名。漢武帝太初元年（西元前一〇四年）置。58孝經章句　《孝經》的章節文句及其意義。孝經，儒家經典之一。今文本十八章。宣揚孝道、宗法思想，認為孝乃天經地義之常理，齊家治國之根本。作者各說不一，以孔門後學所作一說較為合理。章句，經傳的章節文句及其意義。59匈奴亦遣子入學　指匈奴遣伊秩訾王大車且渠來入學之事。60濟濟　眾多貌。61洋洋　盛美貌。62永平　東漢明帝劉莊年號，西元五八—七五年。63建初　東漢章帝劉炟年號，西元七六—八四年。64白虎觀　漢代宮觀名。在今河南洛陽。東漢章帝建初四年於此會諸儒，講論《五經》同異，用皇帝名義制成定論，名《白虎議奏》。65詳　審慎。66肅宗　東漢章帝諡號。67稱制　行使皇權。秦始皇統一中國後以命為「制」，令為「詔」。故將皇帝即位執政行使皇權為「稱制」。68石渠故事　指西漢甘露三年（西元前五一年）宣帝召集諸儒在石渠閣召開會議，講論《五經》異同，由宣帝「稱制臨決」，會議成果後來彙編成《石渠奏議》，又名《石渠論》。石渠，指石渠閣，為漢宮中藏書之處，在未央宮北。由丞相蕭何主持修造。故事，先例。69顧命　回頭命令。70通義　即《白虎通義》，亦稱《白虎通德論》。主要宣揚董仲舒以來今文學派思想政治主張，強調君權神授。提出三綱（君為臣綱，父為子綱，夫為妻綱）。此書以官方提倡的神學與讖緯迷信統一對儒家經典的認識，實現經學與讖緯的統一，使之成為一部法定的神學化的經學教科書。71毛詩　見前注。72穀梁　即《穀梁傳》，又稱《春秋穀梁傳》。為戰國魯人穀梁赤所撰。與《公羊》、《左傳》合稱《春秋》三傳。73左氏春秋　又稱《左傳》、《春秋左氏傳》。相傳為春秋時魯國史官左丘明所作，記載春秋歷史，是中國第一部較完整的編年史。74學官　指學校或主管學務的官員。75擢高第為講郎　選拔成績優異者擔任講郎。擢，選拔；提拔。高第，凡進士、舉官、考績，成績優異者為高第。講郎，官名。主講授儒家經籍。76給事近署　在皇帝身邊的官署供職。給事，供職。近署，帝王身旁的官署。77網羅遺逸　搜求網羅隱士、遺才。網羅，搜羅。遺逸，隱士；遺才。78孝和　東漢和帝劉肇，章帝之子。79數幸　多次臨幸。幸，古代稱皇帝親臨為「幸」。80書林　藏書處。林為誇讚其藏書之多。81鄧后　東漢和帝皇后鄧綏。和帝死後，她臨朝執政近二十年。82頗　略微；稍微。83樊準　字幼陵。著名儒生。本書卷三十二有傳。84徐防　字謁卿，善《易》學。本書卷四十四有傳。85敦　督促；勉勵。86制詔公卿妙簡其選　皇帝下令三公九卿認真挑選學官。制詔，皇帝的命令。公卿，三公九卿的合稱。泛指中央政府高級行政官員。妙簡，精選。87三署郎　官名。秦漢郎中令（武帝太初元年改名光祿勳），屬官有：議郎、郎中、侍郎，除議郎外，諸郎皆職掌宮廷門戶，出充車騎，分別隸屬於左、右、五官中郎將，稱為三署郎。88察舉　漢代至隋代的一種選官制度。始於漢高祖，至漢武帝時成為一種制度，即由公卿、列侯和地方郡守等高級官吏通過考察把品德高尚、才幹出眾的人才推薦給朝廷，經過考核，然後授予官職。察舉的科目很多，主要有孝廉、明經、賢良方正等。89安帝　名劉祜。東漢皇帝。章帝之孫。90覽政　執政。覽，通「攬」。91薄於藝文　對文獻典籍不重視。薄，輕視；減少。92博士倚席不講　博士、經師的坐席倚於一側，指不設講座，廢棄學術。倚席，李賢注曰：「倚席言不施講坐也。」93怠散　懈怠散漫。94學舍積敝　學校的房舍頹廢衰敗。學舍，學校的房舍；學校。積敝，頹廢衰敗。敝，破舊。95鞠　通「鞫」。阻塞；窮困。96牧兒蕘豎二句　牧童樵夫來到這裡砍柴割草。蕘豎，打柴割草的人。蕘，柴草。豎，僕人。薪刈，打割柴草。薪，柴草。刈，割。97順帝感翟酺之言　順帝有感於翟酺之言。順帝，名劉保。東漢皇帝，安帝之子。翟酺，字子超。著名儒生。詳見本書卷四十八。98黌宇　學舍。黌，古代學校名。99造構　建造；構築。100試明經下第補弟子　考明經科成績下等的人補員為太學弟子。明經，通曉經學。漢代察舉科目之一，自漢武帝尊崇儒術，此科頗盛。下第，下等；劣等。[101]除郡國耆儒皆補郎舍人　郡、國年高的老儒都增補為郎官、舍人。除，拜官；授職。郡國，漢代地方行政區劃名稱。郡由朝廷直接管轄，下設縣。國即諸侯王的封國。耆儒，年高資深的老儒。耆，老；老人。特指資深的老者。郎，泛指郎官。秦有郎中，漢依職責不同，有郎中、中郎、侍郎、議郎等。舍人，戰國、秦漢時貴戚官僚皆有舍人。其身分類似賓客，亦為主人之親近侍從。[102]本初　東漢質帝年號。[103]梁太后　東漢順帝皇后，名梁妠。順帝死後，臨朝執政。[104]饗會　宴會。[105]黨人既誅　指東漢桓帝延熹九年（西元一六六年）的第一次黨錮之禍，與靈帝建寧二年（西元一六九年）至熹平五年（西元一七六年）的第二次黨錮之禍。[106]流廢　流放貶謫。[107]言告　訴訟；控告。[108]定蘭臺桼書經字　改定蘭臺所藏漆書的經字。蘭臺，漢代宮中收藏圖書祕籍之處。桼書，漆書。古代用漆寫於竹簡。[109]以合其私文　為的是跟自己學派的文字相符合。私文，本派傳承的文字。[110]靈帝　東漢皇帝劉宏。[111]為古文句　用古文、篆書、隸書三種書法鐫刻在石碑上，以便相互考察驗證。古文，指秦以前的古文字。篆，漢代篆書指「小篆」而言。春秋戰國時秦國曾使用籀文（大篆），後逐漸簡化演變成小篆。隸，書體名。也稱「佐書」、「史書」，由小篆簡化演變而成。王先謙《後漢書集解》：「杭世駿曰：按趙明誠《金石錄》云：『〈儒林傳・序〉云為古文、篆、隸三體者，非也。蔡邕所書乃八分，而《三體石經》乃魏時所建。』」參　考察；驗證。[112]使天下咸取則　指立「熹平石經」事。熹平石經，又稱《漢石經》。因經文用隸書一體寫成，也稱「一字石經」。為統一儒家典籍因師承不同而導致的經文歧異，東漢熹平四年（西元一七五年），靈帝命蔡邕書寫經文，使工匠鐫刻，共刻成四十六碑，立於洛陽開陽門外太學前，所刻石經包括《周易》、《尚書》、《魯詩》、《儀禮》、《春秋》、《公羊傳》、《論語》等七經。這是歷史上最早的儒家經典官定本。取則，取法。[113]其經牒祕書句　那些載有經籍簡札、祕藏之書的車有二千多輛。經牒，經籍。牒，書籍；簿冊。祕書，祕密機要的書籍檔案；宮禁祕藏之書。兩，通「輛」。[114]參　通「三」。[115]董卓移都　東漢獻帝初平元年（西元一九〇年），董卓懼曹操、袁紹等起兵伐己，遷都長安，驅使京師百姓都西遷入關。董卓，字仲穎，本為涼州豪強。後擁兵入京，廢少帝，立獻帝，把持朝政。後為王允、呂布所殺。移都，搬遷京都。[116]石室　東漢藏圖書檔案之處。[117]宣明　宮殿名。在洛陽北宮德陽殿後。[118]鴻都　亦稱「鴻都門」。東漢皇家藏書之所。[119]典策　亦作「典冊」。記載典章制度等的重要冊籍。[120]剖　破開。[121]縑帛　絲織成的細絹。常用於賞賜、酬謝、饋贈等，亦用作貨幣或書寫材料。[122]帷蓋　車的帷幕和篷蓋。[123]縢　通「幐」。袋子。[124]王允　字子師，東漢大臣。獻帝時任司徒。後與呂布合力誅殺董卓。不久，被董卓部將郭汜等所殺。[125]西　向西。名詞作動詞。[126]裁　通「才」。[127]長安之亂　指東漢初平三年（西元一九二年）司徒王允同呂布謀誅董卓後，董卓部將李傕、郭汜等人攻掠長安之事。[128]焚蕩焚毀；燒光。蕩，毀壞。(129)泯盡　消失。泯，盡；滅。(130)東京　代指東漢。東漢建都洛陽，因在西漢都城長安之東，故稱「東京」。(131)猥　眾多。(132)列傳　紀傳體史書中列敘歷史人物事跡或少數民族與外國歷史的傳記。司馬遷《史記》首創，後紀傳體史書承襲此體例。(133)兼　同時並有。(134)師資所承　指師生承受關係。師資，可以效法的人和可以引為戒鑒的事；亦指老師。

【語譯】 從前王莽、更始皇帝劉玄政權交替期間，國家分散混亂，禮樂制度分崩離析，典籍文辭殘缺散落。等到光武中興，皇帝愛好儒術，沒有等到登上皇位，就先訪求學問淵博的儒士，搜集求取散失的文字，補充連綴脫漏散失的字句。在此之前，全國各地的學者大都攜帶圖書文籍，逃到山林草澤之中避亂。光武帝中興之後，避難學者們都手抱肩負古代典籍，迅速到京城集合，范升、陳元、鄭興、杜林、衛宏、劉昆、桓榮等人，前後相繼聚集在一起。於是朝廷設立《五經》博士，他們各自用本學派的治學方法傳授，《易》有施、孟、梁丘、京氏，《尚書》有歐陽、大夏侯、小夏侯，《詩》有齊、魯、韓，《禮》有大戴、小戴，《春秋》有嚴、顏兩家，共十四家博士，由職掌宗廟祭祀之禮的太常分別按順序統管他們。

2　建武五年，朝廷便重修國家的最高學府太學，考核效法古代典章制度，籩、豆等祭祀用的禮器，干、戚等武舞所用的兵器，都齊備地陳列其中，身穿直領服裝、步履端方合度的儒生在裡面莊重從容地學習。中元元年，開始建造辟雍、明堂、靈臺。明帝登上皇位，親自舉行典禮。天子開始頭戴通天冠，乘坐繡有日月星辰圖樣的車駕，備齊儀仗、祭祀器物的車駕，隆盛清除道路、驅散行人的威儀，天子坐在明堂之中接受文武百官朝見，登上靈臺觀望雲氣的形象與顏色，在辟雍裡袒露右膊切割牲肉，以表示對三老五更的尊養。饗射禮結束後，明帝正身而坐親自講解儒學，儒生們在御前手捧經書詰問駁辯，數以萬計的官吏士紳圍繞圜橋門外觀看聆聽。此後明帝又為功臣的子孫與樊、郭、陰、馬四姓外戚的親屬另建校舍，在外戚與功臣子弟中尋求選拔高才之人來從師受學，連職掌護衛的期門、羽林武士，也都命令他們通曉《孝經》的章節文句及其意義，匈奴也派遣王子前來學習。明帝永平年間真是學者眾多，儒學繁盛啊！

3　建初年間，朝廷在白虎觀大規模地召集眾多儒生，審慎研究《五經》的同異，集會持續數月才結束。章帝親自駕臨行使決策權，如同西漢宣帝時石渠閣會議先例，回頭命令史官，寫成《白虎通義》。又下詔令才學優異的儒生學習《古文尚書》、《毛詩》、《穀梁》、《左氏春秋》，雖然不為它們設立博士，但都選拔考核成績優異者擔任講郎，讓他們在皇帝身邊的官署供職，為的是網羅搜求逸士遺才，廣泛保留眾家學說。和帝也多次親臨東觀，閱覽如林的書籍。等到鄧太后臨朝執政，學者們略微懈怠。當時樊準、徐防一同向朝廷建言應當勉勵督促儒學，又建言說擔任學官之職的人大都不稱職，於是朝廷詔令三公九卿要認真選擇學官的人選，三署郎中能夠通曉經學的，都可以得到舉薦。自從安帝執掌權力，輕視六藝群書，博士之席放置一邊，講學廢止，弟子相視懈怠散漫，校舍頹廢破敗，淪為種植果木菜蔬的園地，牧童樵夫甚至來到這裡砍柴割草。順帝有感於翟酺之言，於是重新修建校舍，總共建造二百四十棟房子，共一千八百五十間。考明經科成績下等的人補員為太學弟子，增加甲乙二科的員額各十人，將郡、國中資深的老儒都任命為郎官、舍人。本初元年，梁太后下詔說：「大將軍以下至六百石的官吏，都要遣送兒子進入太學學習，每年鄉射月舉辦一次宴會，把這些作為常例。」從此全國各地儒生到太學求學的人數劇增，多達三萬餘人。但是研究經傳的章節文句及其意義的儒者越來越少，而大多儒者推崇浮華不實的學風，儒者的學風更加衰敗了。黨人被誅殺後，有名望、德行高尚的儒者大多因獲罪遭到流放廢黜，後來儒者之間乃至產生怨恨，發生爭執，他們之間相互控告、打官司，有的儒者私下以財物進行賄賂，改定蘭臺漆書的經字，為的是跟自己學派的文字相符合。熹平四年，靈帝就詔令諸儒校正定立《五經》文字，把它們用古文、篆書、隸書三種書法鐫刻在石碑上，立在太學門口，為的是讓儒者們相互考察驗證，使天下讀書人都把石碑上的《五經》文字作為準則。

4　起初，光武帝將都城遷到洛陽，那些經籍簡札、秘藏之書的車有二千多輛，從此以後，圖書增加到以前的三倍。等到董卓遷都長安的時候，官吏百姓紛擾混亂，那些辟雍、東觀、蘭臺、石室、宣明、鴻都等處收藏的典冊文章，被人們爭相撕裂散離，縑帛製作的圖書，大的被拼接製成車的帷幕和篷蓋，小的被製成袋子。等到王允下令收集後向西運往長安的，才有七十多輛車，運送途中道路境況遙遠艱難，又丟棄了一半。後來長安之亂時，長安城被焚燒毀壞，殘存的圖籍被消毀殆盡。

5　東漢儒者眾多，記載詳備是很困難的，如今只記錄那些能夠通曉經學且成一家之學的，將他們的事跡列為〈儒林傳〉。那些獨自有列傳的儒者，在本傳中就不同時記載。如果是師生承受關係，應該標明其人、作出說明的，才記錄他們。

1 前書❶云：田何❷傳易授丁寬❸，丁寬授田王孫❹，王孫授沛人施讎、東海孟喜、琅邪梁丘賀，由是易有施、孟、梁丘之學。又東郡京房受易於梁國焦延壽❺，別為京氏學。又有東萊❻費直❼傳易，授琅邪❽王橫❾，為費氏學。本以古字，號古文易。又沛人高相❿傳易，授子康及蘭陵⓫毋將永⓬，為高氏學。施、孟、梁丘、京氏四家皆立博士，費、高二家未得立。

2 劉昆⓭字桓公，陳留⓮東昏⓯人，梁孝王之胤也⓰。少習容禮⓱。平帝⓲時，受施氏易於沛人戴賓⓳。能彈雅琴，知清角之操⓴。

3 王莽世，教授弟子恆㉑五百餘人。每春秋饗射，常備列典儀，以素木瓠葉為俎豆，桑弧蒿矢，以射「菟首」㉒。每有行禮，縣宰㉓輒率吏屬而觀之。王莽以昆多聚徒眾，私行大禮，有僭上㉔心，乃繫㉕昆及家屬於外黃㉖獄。尋㉗莽敗得免。既而天下大亂，昆避難河南㉘負犢山㉙中。

4 建武五年，舉孝廉㉚，不行，遂逃，教授於江陵㉛。光武聞之，即除為江陵令[32]。時縣連年火災，昆輒向火叩頭，多能降雨止風。徵拜[33]議郎[34]，稍遷侍中[35]、弘農[36]太守[37]。

5 先是崤、黽驛道[38]多虎災，行旅[39]不通。昆為政三年，仁化大行，虎皆負子度[40]河。帝聞而異之[41]。二十二年，徵代杜林為光祿勳[42]。詔問昆曰：「前在江陵，反[43]風滅火，後守弘農，虎北度河，行何德政而致是事？」昆對曰：「偶然耳。」左右[44]皆笑其質訥[45]。帝歎曰：「此乃長者[46]之言也。」顧命書諸策[47]。乃令入授皇太子及諸王小侯[48]五十餘人。二十七年，拜騎都尉[49]。三十年，以老乞骸骨[50]，詔賜洛陽第舍[51]，以千石祿終其身。中元二年卒。

6 子軼，字君文，傳昆業，門徒亦盛。永平中，為太子中庶子[52]。建初[53]中，稍遷宗正[54]，卒官，遂世掌宗正焉。

7 洼丹字子玉，南陽[55]育陽[56]人也。世傳孟氏易。王莽時，常避世教授，專志不仕，徒眾數百人。建武初，為博士，稍遷，十一年，為大鴻臚[57]。作易通論七篇，世號洼君通。丹學義[58]研深[59]，易家宗[60]之，稱為大儒。十七年，卒於官，年七十。

8 時中山[61]觟陽鴻[62]，字孟孫，亦以孟氏易教授，有名稱[63]，永平中為少府[64]。

9 任安字定祖，廣漢(65)綿竹(66)人也。少遊太學，受孟氏易，兼通數經。又從同郡楊厚(67)學圖讖(68)，究極其術(69)。時人稱曰：「欲知仲桓問任安。」又曰：「居今行古任定祖。」學終，還家教授，諸生自遠而至。初仕州郡。後太尉(70)再辟(71)，除博士，公車(72)徵，皆稱疾不就。州牧劉焉表薦之(73)，時王塗(74)隔塞，詔命竟不至。年七十九，建安(75)七年，卒於家。

10 楊政字子行，京兆(76)人也。少好學，從代郡(77)范升受梁丘易，善說經書。京師為之語曰：「說經鏗鏗(78)楊子行。」教授數百人。

11 范升嘗為出婦(79)所告，坐繫獄，政乃肉袒(80)，以箭貫耳(81)，抱升子潛伏道傍，候車駕，而持章(82)叩頭大言曰：「范升三娶，唯有一子，今適(83)三歲，孤之(84)可哀。」武騎虎賁懼驚乘輿(85)，舉弓射之，猶不肯去；旄頭又以戟叉政(86)，傷胸，政猶不退。哀泣辭請，有感帝心，詔曰：「乞楊生師(87)。」即尺一(88)出升。政由是顯名。

12 為人嗜酒，不拘小節，果敢自矜(89)，然篤於義(90)。時帝壻梁松(91)，皇后弟陰就(92)，皆慕其聲名，而請與交友。政每共言論，常切磋懇至(93)，不為屈撓。嘗詣楊虛侯馬武(94)，武難(95)見政，稱疾不為起。政入戶，徑升牀排武(96)，把臂責之曰：「卿蒙國恩，備位藩輔(97)，不思求賢以報殊寵，而驕天下英俊(98)，此非養身之道也。今日動者刀入脅[99]。」武諸子及左右皆大驚，以為見劫[100]，操兵滿側，政顏色自若。
會[101]陰就至，責數[102]武，令為交友。其剛果任情，皆如此也。建初中，官至左中
郎將[103]。

13 張興字君上，潁川[104]鄢陵[105]人也。習梁丘易以教授。建武中，舉孝廉為郎[106]，
謝[107]病去，復歸聚徒。後辟司徒[108]馮勤[109]府，勤舉為孝廉，稍遷博士。永平初，遷
侍中祭酒[110]。十年，拜太子少傅[111]。顯宗[112]數訪問經術。既而聲稱著聞[113]，弟子自
遠至者，著錄[114]且萬人，為梁丘家宗。十四年，卒於官。

14 子魴，傳興業，位至張掖屬國都尉[115]。

15 戴馮字次仲，汝南[116]平輿[117]人也。習京氏易。年十六，郡舉明經[118]，徵試博士，
拜郎中[119]。

16 時詔公卿大會，群臣皆就席[120]，馮獨立。光武問其意。馮對曰：「博士說經
皆不如臣，而坐居臣上，是以不得就席。」帝即召上殿，令與諸儒難[121]說，馮多
所解釋。帝善之，拜為侍中，數進見問得失。帝謂馮曰：「侍中當匡[122]補國政，
勿有隱情。」馮對曰：「陛下嚴。」帝曰：「朕何用嚴？」馮曰：「伏[123]見前太
尉西曹掾[124]蔣遵，清亮忠孝，學通古今，陛下納膚受之訴[125]，遂致禁錮[126]，世以是

為嚴。」帝怒曰：「汝南子欲復黨乎[127]？」憑出，自繫廷尉[128]，有詔勑出。後復引見，憑謝曰：「臣無謇諤[129]之節，而有狂瞽[130]之言，不能以尸伏諫[131]，偷生苟活，誠慙聖朝。」帝即勑尚書[132]解遵禁錮，拜憑虎賁中郎將[133]，以侍中兼領之。

17 正旦[134]朝賀，百僚畢會[135]，帝令群臣能說經者更[136]相難詰，義有不通，輒奪其席以益通者[137]，憑遂重坐五十餘席。故京師為之語曰：「解經不窮戴侍中。」在職十八年，卒於官，詔賜東園梓器[138]，錢二十萬。

18 時南陽魏滿字叔牙，亦習京氏易，教授。永平中，至弘農[139]太守。

19 孫期字仲彧，濟陰[140]成武[141]人也。少為諸生[142]，習京氏易、古文尚書。家貧，事母至孝，牧豕於大澤中[143]，以奉養焉。遠人從其學者，皆執經壟畔[144]以追之，里落[145]化其仁讓。黃巾賊起[146]，過期里陌，相約不犯孫先生舍。郡舉方正[147]，遣吏齎羊酒請期[148]，期驅豕入草不顧[149]。司徒[150]黃琬[151]特辟，不行，終於家。

20 建武中，范升傳孟氏易[152]，以授楊政，而陳元、鄭眾[153]皆傳費氏易，其後馬融[154]亦為其傳[155]。融授鄭玄[156]，玄作易注，荀爽[157]又作易傳，自是費氏興，而京氏遂衰[158]。

【章　旨】以上介紹東漢《易》學的發展和傳承。著重記述了劉昆、洼丹、任安、楊政、張興、戴憑、孫期等學者們的生平事跡，以及他們值得稱頌的忠信剛惇的人品和在治學方面的高深造詣。

【注　釋】❶前書　指《漢書》。❷田何　字子裝，西漢淄川（今山東壽光）人。今文《易》學的開創者，後徙杜陵，號杜田生。專治《周易》，師事東武孫虞。教授王同、周王孫、丁寬、伏生等。西漢立為博士的今文《易》學，都出於他的傳授。《史記‧儒林列傳》、《漢書‧儒林傳》有傳。❸丁寬　字子襄，西漢經學家，梁國（今河南商丘）人。從田何學《易》，精於《易》學。《漢書‧儒林傳》有傳。❹田王孫　西漢碭縣（今河南夏邑）人。從丁寬受《易》。傳之於施讎、孟喜、梁丘賀。此後《易》有施、孟、梁丘之學。❺焦延壽　名贛，字延壽，西漢梁國人。專研《易》學，授京房，於是《易》有京氏之學。❻東萊　郡名。治所在今山東龍口市東。❼費直　字長翁，古文《易》學「費氏學」開創者。❽琅邪　郡名。治所在今山東膠南。❾王橫　《漢書》橫字作「璜」。字平仲，西漢琅邪人。❿高相　西漢沛人。與費直同時。擅《易》，專說陰陽災異。⓫蘭陵　郡名。治所在山東蒼山縣。⓬毋將永　姓毋將，名永。⓭劉昆　《後漢書集解》：「惠棟曰：《論衡》『昆』作『琨』。」⓮陳留　西漢郡名。治所在今河南開封東南。⓯東昏　縣名。在今河南蘭考東北。⓰梁孝王之胤也　西漢梁孝王劉武的後代。梁孝王，即西漢文帝之子、景帝之弟劉武，封梁王，諡孝。在平定七國之亂中起過重要作用。胤，後代。⓱容禮　容儀之禮。指容止進退的禮儀規定。⓲平帝　名劉衎。西漢皇帝。⓳戴賓　戴崇的後代。⓴能彈雅琴二句　他能夠彈奏雅琴，懂得清角的琴曲。雅琴，古琴曲的一種。清角，古人以為角音清，故曰清角。角，古代五聲音階的第三音。操，琴曲或鼓曲名。本書〈曹褒傳〉李賢注引劉向《別錄》曰：「其道閉塞悲愁而作者名其曲為操，言遇災害不失其操也。」㉑恆　經常。㉒以素木瓠葉三句　李賢注曰：「昆懼禮之廢，故引以瓜葉為俎實，射則歌『菟首』之詩而為節也。」即劉昆恐怕禮儀廢棄，所以用不做漆飾的素木和瓠瓜葉作為俎豆禮器，以桑木為弓、蓬草為箭，行射時歌唱「菟首」的詩句作為節拍。素木，沒有油漆雕飾的木製器皿。瓠葉，瓠瓜的葉。桑弧蒿矢，古時男子出生，以桑木為弓，蓬草為箭，射天地四方，象徵男兒應有志於四方。此處指行桑弧蒿矢之禮以立志。菟首，《詩‧瓠葉》中的詩句。菟，通「兔」。㉓縣宰　官名。縣令、縣長的別稱。㉔僭上　指超越身分冒用尊者的儀禮或宮室、器物等。僭，超越身分。㉕繫　拘囚；拘禁。㉖外黃　古縣名。在今河南民權西北。㉗尋　隨後；不久。㉘河南　郡名。治所在今河南洛陽。㉙負犢山　李賢注曰：「〈郡國志〉河南郡有負犢山。」㉚孝廉　漢代選舉科目之一。孝廉指孝子廉吏。原為察舉二科，然常連稱，乃混為一科。㉛江陵　地名。在今湖北江陵。㉜即除為江陵令就任命他為江陵縣令。除，任命。令，縣令。縣級最高行政長官。㉝拜　授官。㉞議郎　官名。郎中令屬官，郎官中地位較高者，掌顧問應對。㉟稍遷侍中　逐漸升遷到侍中。稍，逐漸。遷，漢代官吏轉職曰遷。遷有平遷、超遷之分。官吏貶職降級，亦稱之為左遷。侍中，官名。秦始置，為丞相屬官，往來殿中，入侍天子，故名侍中。漢沿置，為天子近侍官，掌顧問應對，為加官。東漢地位日尊，由加官發展為實職，為皇帝心腹，多以外戚、功臣子弟及重臣擔任。㊱弘農　郡名。治所在今河南靈寶。㊲太守　官名。為一郡的最高行政長官。戰國時設郡守，秦、兩漢沿設。景帝時普遍改稱郡守為太守。㊳崤黽驛道　崤山（今河南盧氏北）至黽隘（今河南信陽南平靖關）之間的驛道。㊴行旅　旅客。㊵度　通「渡」。㊶異之　以之為異。認為他與眾不同。㊷光祿勳　官名。秦置郎中令，執掌宮殿門戶宿衛，為九卿之一。漢初沿置，武帝時更名為光祿勳。㊸反　通「返」。㊹左右　《漢書》顏師古注曰：「左右謂近臣在天子左右者。」㊺訥　說話遲鈍；口才不佳。㊻長者　德高寬厚之人。㊼書諸策　記錄在典冊中。書，記錄。諸，之於。㊽小侯　漢代承襲侯爵的子弟，以其別於列侯，故稱。後泛指皇族子弟。㊾騎都尉　官名。光祿勳屬官，掌監羽林騎。㊿乞骸骨　意思是使骸骨得以歸葬故鄉。古時官員因年老自請退休的委婉之辭。乞，討求。骸骨，屍骨。(51)第舍　宅第。(52)太子中庶子　官名。東漢太子屬官有太子中庶子，職掌如侍中，為太子少傅的屬官。(53)建初　東漢章帝年號，西元七六—八四年。(54)宗正　官名。秦置，漢沿置，掌管皇族與外戚事務。此職多由宗室擔任，位列九卿。(55)南陽　郡名。治所在今河南南陽。(56)育陽　縣名。今河南南陽市南、白河西岸。(57)大鴻臚　官名。秦置典客，西漢景帝時更名為大行令，武帝時更名為大鴻臚，掌諸侯王和邊疆民族使臣入京朝見諸禮儀。(58)學義　學問；學識。(59)研深　精詳深入。(60)宗　尊崇。(61)中山　郡國名。治所在今河北定州。(62)觟陽鴻　姓觟陽，名鴻。(63)名稱　名聲；聲望。(64)少府　官名。秦官，西漢沿置，為九卿之一。西漢時掌管皇室財政，東漢時掌管宮中服御諸物、寶貨、珍膳等。(65)廣漢　郡名。西漢時治所在今四川金堂東，東漢時治所移至今四川廣漢北。(66)綿竹　縣名。今四川德陽北。(67)楊厚　字仲桓，善讖緯之學。詳見本書卷三十。(68)圖讖　漢代宣傳符命占驗的書。圖，《河圖》。《易．繫辭上》云：「河出圖，洛出書，聖人象之。」孔安國謂「河圖」即八卦。據稱伏羲氏時有龍馬從黃河出，背負「河圖」，有神龜從洛水出，背負「洛書」。伏羲氏依此《圖》、《書》而畫成八卦，此即《周易》之起源。經考訂，實由漢代讖緯學者依據神話歷史傳說，附會有關儒家經義雜撰而成，主要宣傳天人感應與讖緯迷信之學。讖，方士、巫師編造的隱語或預言。(69)究極其術　把楊厚的圖讖之術學盡了。究，窮；盡。(70)太尉　官名。輔助皇帝，掌全國軍事，東漢時與司徒、司空合稱「三公」。(71)辟　徵召。(72)公車　漢代官署名。屬衛尉，掌管宮殿司馬門的警衛與天下臣民上書和應徵召等工作。(73)州牧劉焉表薦之　州牧劉焉給朝廷上表舉薦他。

州牧，官名。古分九州，每州置牧為一州之長官。秦置監御史掌監郡，武帝時置刺史，奉詔條察州。後幾度廢置，靈帝時選列卿為州牧，掌軍政大權，統治一方。劉焉，東漢末江夏竟陵（今湖北潛江市）人。歷任朝廷要職。後出為益州牧。詳見本書卷七十五。表，古代的一種文體。給皇帝的書信、奏章。這裡用作動詞。(74)王塗　入仕的途徑。塗，通「途」。(75)建安　東漢獻帝劉協年號，西元一九六－二二〇年。(76)京兆　漢代京畿的行政區域，為三輔之一。西漢武帝時改右內史置京兆，在今陝西西安以東至華縣之間，下轄十二縣。(77)代郡　郡名。治所在今河北蔚縣。(78)鏗鏗　象聲詞。鼓聲。形容語言響亮有力。(79)出婦　被丈夫休棄的女子。(80)肉袒　脫去上衣，裸露身體。古代在祭祀或謝罪時肉袒之以示恭敬和惶恐。(81)以箭貫耳　用箭穿耳。貫，穿。(82)章　奏章。(83)適　方才；剛剛。(84)孤之　使之孤。孤，這裡用作動詞，使動用法。(85)武騎虎賁懼驚乘輿　武騎、虎賁等衛士懼怕他驚動皇帝的車駕。騎，一人一馬稱為騎。虎賁，勇士的通稱。意謂如虎之奔，勇武之意。賁，通「奔」。乘輿，天子或諸侯所乘坐的車子。(86)旄頭又以戟叉政　皇帝車駕的先驅騎兵又用戟刺他。旄頭，古代皇帝儀仗中一種擔任先驅的騎兵，披頭散髮，故稱旄頭。叉，刺。(87)乞楊生師　放還楊生的老師。乞，給予。生，古時對讀書人的尊稱。(88)尺一　漢制，一般簡牘文書長度為一尺，唯詔令簡長一尺一寸。故稱皇帝的詔書為尺一。(89)自矜　自負。矜，驕傲；自滿。(90)然篤於義　然而重於義。篤，重視；堅定。(91)梁松　字伯孫，東漢外戚梁氏家成員。詳見本書卷三十四。(92)陰就　光武帝陰皇后之弟。(93)切磋懇至　互相研討極其誠摯。至，到達了極點。(94)馬武　字子張，東漢開國功臣。明帝時圖畫功臣，列為雲臺二十八將之一。詳見本書卷二十二。(95)難　拒斥。(96)徑升牀排武　直接上床推馬武。徑，直接。排，擠；推。(97)備位藩輔　擔當屏蔽輔助國家重任的職位。藩，屏蔽；藩籬。(98)驕天下英俊　傲慢地對待天下英才。驕，傲慢；高傲。這裡用作動詞。英俊，英才。(99)脅　從腋下至肋骨盡處，亦指肋骨。(100)見劫　被劫掠。見，被。(101)會　恰巧。(102)數　責備。(103)左中郎將　官名。秦置，漢沿置，隸屬郎中令（光祿勳）。主掌屬下中郎、侍郎等宿衛宮殿。(104)潁川　郡名。治所在陽翟（今河南禹州）。(105)鄢陵　縣名。今河南鄢陵西北。(106)郎　官名。亦稱「郎官」、「郎吏」。秦置，漢沿設，為九卿之一郎中令的屬官。有議郎、中郎、侍郎、郎中等名目，職責為護衛陪從、隨時建議、備顧問及差遣。(107)謝　推辭；拒絕。(108)司徒　官名。西周始置，職掌治理民事、掌握戶口、管理籍田、徵發徒役及收納賦稅。秦廢司徒而置丞相，漢因之。哀帝時改丞相為大司徒，為三公之一。東漢去「大」，稱司徒，主教化。(109)馮勤　字偉伯，善圖讖，得光武帝劉秀賞識。官職累遷。封爵關內侯。詳見本書卷二十六。(110)侍中祭酒　官名。秦漢以侍中功高者一人為僕射。東漢光武帝改僕射為祭酒，或置或罷。(111)太子少傅　官名。為太子師傅。東漢時除輔導太子外還統管太子官屬。(112)顯宗　東漢明帝劉莊的諡號。(113)既而聲稱著聞　不久後聲名遠聞。既而，不久。聲稱，名聲；聲譽。著聞，眾所周知。(114)著錄　李賢注曰：「著於籍錄。」即登記於名冊。(115)張掖屬國都尉　官名。掌邊郡，安置歸屬的少數民族。秦置典屬國，管理歸義蠻夷，漢因之。武帝時置屬國都尉，東漢沿置。治所在今甘肅高臺北、金塔東與內蒙古交界處。(116)汝南　郡名。漢高祖始置。治所在今河南上蔡。東漢移治今河南平輿。(117)平輿　縣名。在今河南平輿。(118)明經　漢代選舉科目之一，即通曉經學。(119)郎中　官名。郎中令屬官。參與謀議、執行宿衛、奉命出使。(120)就席　入席，舉行宴會或儀式時各就位次。就，靠近；接近。(121)難　詰問。(122)匡　正；糾正。(123)伏　謙恭之辭。(124)西曹掾　官名。為行政長官的屬官。西曹，太尉衙屬分曹治事，有東、西曹之分。曹，分職治事的部門。掾，古代行政長官的屬官佐史的稱呼。漢代自三公、九卿至郡縣皆分曹治事，通稱掾史，由行政長官自己任命。(125)膚受之訴　李賢注曰：「《論語》孔子曰：『膚受之訴。』注云：『謂受人之訴辭，在皮膚之外，不深知其情核也。』」即不實之辭；讒言。訴，誹謗；進讒言。(126)禁錮　漢代禁止官員或士人任官職的一種懲處。被禁錮者或因犯罪，或因低賤，以及其他原因等，終身不仕，一般不得解除。(127)汝南子欲復黨乎　你這個汝南人又想勾結大臣嗎（因戴憑為汝南人，故曰）。子，古時對男子的尊稱。黨，勾結。(128)自繫廷尉　自己到廷尉府請求拘囚。廷尉，官名。為九卿之一，掌刑獄。(129)謇諤　正直敢言。謇，正直。諤，言語正直。(130)瞽　盲人。引申為瞎說。(131)以尸伏諫　即「尸諫」。指以死勸諫君王。(132)尚書　官名。秦少府屬官，掌殿內文書，地位很低。西漢中期以後尚書職權漸重，成帝時置尚書五人，一人為僕射，四人分曹治事，組成宮廷政治機構，地位不高但有相當權力。東漢時「雖置三公，事歸臺閣」，尚書臺正式成為總理國家政權的中樞。(133)虎賁中郎將　官名。西漢武帝初置期門郎，掌執兵送從。平帝時更名為虎賁郎，置中郎將，統領虎賁、中郎、侍郎、郎中，掌宿衛侍從，屬光祿勳。(134)正旦　農曆正月初一。(135)百僚畢會　百官們全都聚集在一起。僚，官吏。畢，完全。(136)更　更換；替代。引申為交替。(137)義有不通二句　如果有人不通曉經義，就撤去他的座席，把它加給通曉經義的人。輒，就。益，增加。(138)東園梓器　東園製作的棺材。東園，官署名。主作陵內器物，屬少府。梓器，梓棺；棺材。(139)弘農　郡名。治所在今河南靈寶。(140)濟陰　郡名。西漢景帝時改濟陰國置。治所在今山東定陶。(141)成武　縣名。在今山東成武。(142)諸生　儒生。古代對讀書人的通稱。(143)牧豕於大澤中　在大澤中放豬。豕，豬。澤，沼澤；湖澤。(144)壟畔　田埂；田界。壟，土埂；種植作物的壟埂。畔，田界。(145)里落　村落。里，古代基層行政單位。(146)黃巾賊起　指東漢末年張角領導的農民暴動。黃巾，農民軍的稱號。張角領導的農民軍以黃巾裹頭，被稱為「黃巾軍」。賊，統治者對農民軍的蔑稱。(147)方正　漢代選拔官吏的科目之一。始於西漢文帝時。(148)遣吏齎羊酒請期　派遣官吏饋贈羊酒邀請孫期。遣，派。齎，送給。(149)期驅豕入草不顧　孫期趕著豬進入草澤不予理會。驅，驅趕；驅使。顧，顧念；考慮。(150)司徒官名。春秋始置，掌民事、戶口、籍田、財賦等。秦罷司徒置丞相，漢因之。哀帝時改丞相為大司徒，東漢稱司徒，主教化。[151]黃琬　字子琰。東漢末歷任要職。詳見本書卷六十一。[152]范升傳孟氏易　《後漢書集解》：「錢大昭曰：〈范升傳〉云習《梁丘易》，又上疏云：『臣與博士梁恭、山陽太守呂羌俱修《梁丘易》』，此傳亦云楊政從升受《梁丘易》，則此云《孟氏易》誤。」」[153]鄭眾　字仲師。東漢官吏、經學家。少從父鄭興受《左傳》，精力於學，明《三統曆》，作《春秋難記條例》，兼通《易》、《詩》，知名於世。詳見本書卷六十三。[154]馬融　字季長。東漢經學大師，遍注儒經，著述極豐，時稱通儒。詳見本書卷六十上。[155]傳　解釋經書的文字。[156]鄭玄　字康成，東漢大儒，學通古今，遍注群經，自成一家之言，為漢代經學之集大成者。詳見本書卷三十五。[157]荀爽　字慈明，東漢末大臣，曾參與王允等謀誅董卓事。[158]而京氏遂衰　《後漢書集解》：「先謙曰：官本『考證』云：何焯校本：『京氏』上疑當有『孟氏』二字。」

【語　譯】《漢書》載：田何傳習《易》教授給丁寬，丁寬教授給田王孫，田王孫教授給沛人施讎、東海人孟喜、琅邪人梁丘賀，由此《易》有施、孟、梁丘三家學派。又有東郡人京房於梁國人焦延壽處學《易》，另立為《京氏易》。又有東萊人費直傳習《易》，教授給琅邪人王橫，成為《費氏易》。經書以古字寫成，稱為《古文易經》。又有沛人高相傳習《易》，教授給其子高康及蘭陵人毋將永，成為《高氏易》。施讎、孟喜、梁丘賀、京房四家《易》學都設立博士，費直、高相兩家沒有能夠設立博士。

2 劉昆字桓公，是陳留郡東昏縣人，為西漢梁孝王劉武的後代。他年輕時學習容儀之禮。西漢平帝時，向沛人戴賓學習《施氏易》。他能夠彈奏雅琴，懂得清角的琴曲。

3 王莽執政時期，劉昆教授學生經常多達五百多人。每年春秋兩季舉行饗射禮時，他經常完備地陳列典禮儀式，用不做漆飾的素木和瓠瓜葉作為俎豆禮器，以桑木為弓、蓬草為箭，行射時歌唱「菟首」的詩句作為節拍。每次舉行射禮時，縣宰總是率領下屬吏員前來觀看。王莽認為劉昆聚集眾多生徒，私自舉行大禮，懷有超越身分、越權行事的想法，於是將劉昆和他的家人拘禁在外黃縣牢獄中。不久王莽敗亡，劉昆才得以免罪。不久天下大亂，劉昆到河南負犢山躲避戰亂。

4 建武五年，劉昆被薦舉為孝廉，不願赴行，於是逃避歸隱，在江陵教授學生。光武帝聽說這件事後，就任命他為江陵縣令。當時縣中連續多年發生火災，每逢火災，劉昆總是對著大火磕頭，多次能使雨降風止，火勢熄滅。朝廷徵召任命他為議郎，逐漸升遷為侍中、弘農太守。

5 在此之前崤山至黽隘的驛道上多次發生虎患，旅客無法通行。劉昆任職三年，廣泛推行仁慈的教化，老虎都背負虎子渡過黃河離去。光武帝聽說此事後感到他與眾不同。建武二十二年，朝廷徵召他接替杜林擔任光祿勳。皇帝詔見詢問他說：「你之前在江陵，使風返火滅，後來擔任弘農太守，老虎便北渡黃河，推行什麼樣的德政才會招致這種事情發生？」劉昆回答說：「偶然罷了。」光武帝身邊的近臣們都笑他質樸實在，口遲語鈍。光武帝感嘆道：「這才是德高寬厚之人說的話啊。」命人將此事記錄在典冊中。光武帝於是令他入宮教授皇太子及諸侯王子弟五十多人。建武二十七年，朝廷任命他為騎都尉。建武三十年，劉昆因年老請求辭官歸家，光武帝下詔賞賜給他洛陽的宅第，賜給他終身享受一千石的俸祿。劉昆於中元二年去世。

6 劉昆之子劉軼，字君文，傳習劉昆的學業，生徒也十分眾多。永平年間，劉軼擔任太子中庶子。建初年間，逐漸升遷為宗正，死在官任上，於是他的家族世代擔任宗正一職。

7 洼丹字子玉，是南陽育陽人。世代傳習《孟氏易》。王莽時期，他經常逃避亂世隱居教授，他專志於經書，不肯做官，教授生徒數百人。建武初年，他擔任博士，逐漸升遷，建武十一年，擔任大鴻臚。洼丹著有《易通論》七篇，當時人稱之為「洼君通」。洼丹學問精詳深入，研究《易》的學者們尊崇他，稱他為大儒。建武十七年，死於官任上，終年七十歲。

8 當時中山國人觟陽鴻，字孟孫，也教授《孟氏易》，很有名望，於永平年間擔任少府。

9 任安字定祖，是廣漢綿竹人。少年時離家到太學遊學，學習《孟氏易》，同時通曉其他幾種經學。又向同郡人楊厚學習圖讖，把他的本事都學到了。當時人們稱讚說：「要想知道楊仲桓的學問就去問任安。」又說：「居於當世能行古道的是任定祖。」他學業結束後回到家鄉教授，學生們從遠方前來求學。他最初在州郡擔任官職。後來太尉一再徵召，朝廷任命他為博士，公車府徵召，他都推說有病不肯就任。州牧劉焉給朝廷上表舉薦他，當時入仕的途徑隔斷阻塞，任命的詔令最終沒有送到。七十九歲時，於建安七年逝於家中。

10 楊政字子行，京兆人。年輕時喜好學習《梁丘易》，擅於講論經書義理。京城百姓為他編了句話說：「講論儒家經書鏗鏘有力的是楊子行。」他教授數百名學生。

11 范升曾經被自己休棄的妻子控告，獲罪被拘禁於牢獄，楊政便脫衣裸露上體，用箭穿耳，懷抱著范升之子暗藏在路邊等候皇帝車駕到來，然後拿著奏章向皇帝磕頭，並大聲說道：「范升三次娶妻，只有一個兒子，現在才三歲，使他成為無父的孤兒，太悲哀了。」武騎、虎賁等衛士懼怕他驚動皇帝的車駕，舉弓射他，還是不肯離去；皇帝車駕的先驅騎兵又用戟刺他，刺傷他的胸部，楊政還是不肯退下。皇帝被他的哀泣請求感動了，下詔說：「放還楊生的老師。」當即下詔釋放范升，楊政因此事名聲鵲起。

12 楊政為人喜愛喝酒，不拘小節，果斷、敢於行事，性格自負，但重於義。當時光武帝的女婿梁松、陰皇后的弟弟陰就都仰慕他的名聲，請求與他交往。楊政每次和他們一起談論，經常互相研討極其誠摯，不為屈從。他曾經往赴楊虛侯馬武的府邸拜訪，馬武拒絕接見楊政，托詞有病不肯起身。楊政進門後，直接上床推馬武，抓住他的手臂指責他說：「您承蒙朝廷恩惠，擔當輔助國家重任的職位，不思慮尋求賢才來報答特殊的榮寵，反而傲慢地對待天下英才，這不是修養自身的正途。如今敢動的話刀刃就會刺入你的脅部。」馬武的兒子們及身邊的人都大驚失色，認為馬武被劫持，他們手拿兵器站滿兩側，楊政神色自如。恰巧陰就來到，責備馬武，讓他與楊政交朋友。楊政剛毅果斷任性所為，皆如此類事情。建初年間，他官至左中郎將。

13 張興字君上，是潁川郡鄢陵縣人。學習《梁丘易》並教授學生。建武年間，被薦舉為孝廉擔任郎官，因病辭官離去，又回到家鄉聚集生徒教授。後來被徵召到司徒馮勤府，被馮勤薦舉為孝廉，逐漸升遷為博士。永平初年，升遷為侍中祭酒。永平十年，擔任太子少傅。明帝多次向他詢問經學方面的事。不久他便名聲大噪，從遠方前來求學的生徒，登記於名冊的接近萬人，為研習《梁丘易》的學者所尊崇。永平十四年，他死於官任上。

14 張興之子張魴，傳承張興的學問，官位至張掖屬國都尉。

15 戴憑字次仲，是汝南平輿人。研習《京氏易》。十六歲時被郡守薦舉為明經，朝廷徵召他參加博士考試，之後擔任郎中。

16 當時皇帝詔令公卿集會，眾臣都已入席就座，唯獨戴憑站立不就座。光武帝問他何意，戴憑回答道：「在座博士解說儒家經書都不如臣下，但位居臣下之上，因此不能入席就座。」光武帝立即召他上殿，命令他與儒生們詰問解說，戴憑多有所解。光武帝認為他儒學水平高，任命他為侍中，多次召見他詢問施政的得失。光武帝對戴憑說：「侍中您應當糾正補助國家政事，不要有所隱瞞。」戴憑回答說：「陛下您為人嚴苛。」光武帝說：「為什麼說朕嚴苛？」戴憑說：「臣看到前太尉西曹掾蔣遵，為人清白亮潔、忠正孝道，學問博古通今，陛下聽信讒言，就使他遭受不能做官的處罰，世人認為這樣做很嚴苛。」光武帝發怒說：「你這個汝南人又想勾結大臣嗎？」戴憑出來後到廷尉府請求拘囚，皇帝下詔書放他出獄。後來他又被引見到皇帝面前，謝罪說：「臣下沒有正直勸諫的節操，卻有狂悖糊塗的亂語，不能以死勸諫陛下，苟且偷生，實在有愧於聖朝。」光武帝便下詔書令尚書解除對蔣遵的禁錮處罰，任命戴憑為虎賁中郎將，並以侍中身分兼任。

17 正月初一朝正慶賀，文武百官全部聚集在一起，光武帝命令群臣中能夠解說儒家經書的人交替互相詰問辯駁，如果有人不通曉經義，就撤去他的坐席，把它加給通曉經義的人，戴憑的席位增至五十多個。所以京城的人為他編了句話說：「能無窮無盡講解經書的是戴侍中。」戴憑在職十八年，死在官任上，皇帝下詔賞賜給他東園的棺材，並賞錢二十萬。

18 當時南陽郡人魏滿，字叔牙，也研習《京氏易》，教授生徒。永平年間，官至弘農太守。

19 孫期字仲彧，是濟陰成武人。少年時為儒生，研習《京氏易》、《古文尚書》。他家境貧寒，極其孝順地侍奉母親，在大澤中牧豬以奉養母親。從遠方前來向他學習的人，都手拿著經書到田埂上追隨他。鄉里被他的仁愛禮讓感化。黃巾之亂爆發，農民軍經過孫期的家鄉，相約不要侵犯孫先生的房舍。郡薦舉他為方正，派遣官吏饋贈羊酒邀請他，孫期趕著豬進入草澤不予理會。司徒黃琬特意徵召，他不肯赴命，逝於家中。

20 光武帝建武年間，范升傳習《孟氏易》，並教授給楊政，而陳元、鄭眾都傳習《費氏易》，之後馬融為《費氏易》作傳。馬融教授給鄭玄，鄭玄撰寫《易注》，荀爽又撰寫《易傳》，從此《費氏易》興起，而《京氏易》

便衰落了。

1 前書云：濟南❶伏生❷傳尚書，授濟南張生❸及千乘歐陽生，歐陽生授同郡兒寬❹，寬授歐陽生之子，世世相傳，至曾孫歐陽高❺，為尚書歐陽氏學；張生授夏侯都尉，都尉授族子始昌❻，始昌傳族子勝，為大夏侯氏學；勝傳從兄子建，建別為小夏侯氏學：三家皆立博士。又魯人孔安國❼傳古文尚書授都尉朝❽，朝授膠東❾庸譚❿，為尚書古文學，未得立。

2 歐陽歙字正思，樂安⓫千乘人也。自歐陽生傳伏生尚書⓬，至歙八世，皆為博士。

3 歙既傳業，而恭謙好禮讓。王莽時，為長社宰⓭。更始立，為原武⓮令。世祖⓯平河北，到原武，見歙在縣脩政⓰，遷河南都尉，後行太守事⓱。世祖即位，始為河南尹⓲，封被陽⓳侯。建武五年，坐事免官。明年，拜揚州牧⓴，遷汝南太守。推用賢俊，政稱異迹。九年，更封夜㉑侯。

4 歙在郡，教授數百人，視事㉒九歲，徵為大司徒。坐在汝南臧罪千餘萬發覺下獄㉓。諸生守闕㉔為歙求哀者千餘人，至有自髡剔㉕者。平原㉖禮震㉗，年十七，聞獄當斷㉘，馳之京師，行到河內㉙獲嘉㉚縣，自繫，上書求代歙死。曰：「伏見臣師大司徒歐陽歙，學為儒宗，八世博士，而以臧咎當伏重辜㉛。歙門單㉜子幼，未能傳學，身死之後，永為廢絕，上令陛下獲殺賢之譏，下使學者喪師資㉝之益。乞殺臣身以代歙命。」書奏，而歙已死獄中。歙掾陳元上書追訟之㉞，言甚切至㉟，帝乃賜棺木，贈印綬，賻㊱縑三千匹。

5 子復嗣。復卒，無子，國除。

6 濟陰曹曾字伯山，從歙受尚書，門徒三千人，位至諫議大夫㊲。子祉，河南尹，傳父業教授。

7 又陳留陳弇，字叔明，亦受歐陽尚書於司徒丁鴻㊳，仕為蘄長㊴。

8 牟長字君高，樂安臨濟人也。其先封牟㊵，春秋㊶之末，國滅，因氏焉。

9 長少習歐陽尚書，不仕王莽世。建武二年，大司空弘㊷特辟，拜博士，稍遷河內太守，坐墾田不實免。

10 長自為博士及在河內，諸生講學者常有千餘人，著錄前後萬人。著尚書章句，皆本㊸之歐陽氏，俗號為牟氏章句。復徵為中散大夫㊹，賜告㊺一歲，卒於家。

11 子紆，又以隱居教授，門生㊻千人。肅宗聞而徵之，欲以為博士，道物故㊼。

12 宋登字叔陽，京兆長安人也。父由，為太尉。

13 登少傳歐陽尚書，教授數千人。為汝陰[48]令，政為明能，號稱「神父[49]」。遷趙相[50]，入為尚書僕射[51]。順帝以登明識禮樂，使持節臨太學[52]，奏定典律[53]，轉拜侍中。數上封事[54]，抑退權臣，由是出為潁川太守。市無二價，道不拾遺。病免，卒于家，汝陰人配社祠之[55]。

14 張馴字子儁，濟陰定陶[56]人也。少遊太學，能誦春秋左氏傳。以大夏侯尚書教授。辟公府[57]，舉高第[58]，拜議郎。與蔡邕[59]共奏定六經[60]文字。擢拜[61]侍中，典領[62]祕書近署，甚見納異[63]。多因便宜陳政得失[64]，朝廷嘉之。遷丹陽[65]太守，化有惠政。光和[66]七年，徵拜尚書，遷大司農[67]。初平[68]中，卒於官。

15 尹敏字幼季，南陽堵陽[69]人也。少為諸生。初習歐陽尚書，後受古文[70]，兼善毛詩[71]、穀梁[72]、左氏春秋。

16 建武二年，上疏陳洪範消災之術[73]。時世祖方草創[74]天下，未遑其事[75]，命敏待詔公車，拜郎中，辟大司空府。

17 帝以敏博通經記，令校[76]圖讖，使蠲去崔發所為王莽著錄次比[77]。敏對曰：「讖書非聖人所作，其中多近鄙[78]別字，頗類世俗之辭，恐疑誤後生。」帝不納。

敏因其闕文增之曰：「君無口，為漢輔。」帝見而怪之，召敏問其故。敏對曰：「臣見前人增損圖書，敢不自量，竊幸萬一。」帝深非之，雖竟不罪[79]，而亦以此沈滯[80]。

18 與班彪[81]親善，每相遇，輒日旰[82]忘食，夜分[83]不寢，自以為鍾期伯牙、莊周惠施之相得[84]也。

19 後三遷長陵令[85]。永平五年，詔書捕男子[86]周慮。慮素有名稱，而善於敏，敏坐繫免官。及出，歎曰：「瘖[87]聾之徒，真世之有道者也，何謂察察而遇斯患乎[88]？」十一年，除郎中，遷諫議大夫。卒於家。

20 周防字偉公，汝南汝陽[89]人也。父揚，少孤微[90]，常脩逆旅[91]，以供過客，而不受其報。

21 防年十六，仕郡小吏。世祖巡狩[92]汝南，召掾史試經，防尤能誦讀，拜為守丞[93]。防以未冠[94]，謁去[95]。師事徐州刺史[96]蓋豫，受古文尚書。經明，舉孝廉，拜郎中。撰尚書雜記三十二篇，四十萬言。太尉張禹[97]薦補博士，稍遷陳留太守，坐法免。年七十八，卒於家。

22 子舉，自有傳。

23 孔僖字仲和[98]，魯國魯人也。自安國以下，世傳古文尚書、毛詩[99]。曾祖父子建，少遊長安，與崔篆[100]友善。及篆仕王莽為建新[101]大尹[102]，嘗勸子建仕。對曰：「吾有布衣[103]之心，子有袞冕[104]之志，各從所好，不亦善乎！道既乖[105]矣，請從此辭。」遂歸，終於家。

24 僖與崔篆孫駰[106]復相友善，同遊太學，習春秋。因讀吳王夫差時事[107]，僖廢[108]書歎曰：「若是，所謂畫龍不成反為狗者[109]。」駰曰：「然。昔孝武皇帝始為天子，年方十八，崇信聖道，師則先王，五六年間，號勝文、景[110]。及後恣[111]己，忘其前之為善[112]。」僖曰：「書傳若此多矣！」鄰房生梁郁儳和[113]之曰：「如此，武帝亦是狗邪？」僖、駰默然不對。郁怒恨之，陰[114]上書告駰、僖誹謗先帝，刺譏當世[115]。事下有司，駰詣吏受訊。僖以吏捕方至，恐誅，乃上書肅宗自訟曰：「臣之愚意，以為凡言誹謗者，謂實無此事而虛加誣之[116]也。至如孝武皇帝，政之美惡，顯在漢史，坦如日月[117]。是為直說書傳實事，非虛謗也。夫帝者為善，則天下之善咸歸焉；其不善，則天下之惡亦萃[118]焉。斯皆有以致之，故不可以誅[119]於人也。且陛下即位以來，政教未過[120]，而德澤有加，天下所具[121]也，臣等獨何譏刺哉？假使所非實是，則固應悛[122]改；儻[123]其不當，亦宜含容，又何罪焉？陛下不推原大數[124]，深自為計，徒肆私忿[125]，以快其意。臣等受戮，死即死耳，顧天下之人，必回視易慮，以此事闚[126]陛下心。自今以後，苟見不可之事，終莫復言者矣。臣之所以不愛其死，猶敢極言[127]者，誠為陛下深惜此大業。陛下若不自惜，則臣何賴焉？齊桓公親揚其先君之惡，以唱管仲[128]，然後群臣得盡其心。今陛下乃欲以十世之武帝，遠諱實事，豈不與桓公異哉？臣恐有司卒然見構[129]，銜恨蒙枉[130]，不得自敘，使後世論者，擅以陛下有所方比[131]，寧可復使子孫追掩之乎[132]？謹詣闕伏待重誅。」帝始亦無罪僖等意，及書奏，立詔勿問，拜僖蘭臺令史[133]。

25 元和[134]二年春，帝東巡狩，還過魯，幸闕里[135]，以太牢[136]祠孔子及七十二弟子，作六代之樂[137]，大會孔氏男子二十以上者六十三人，命儒者講論語[138]。僖因自陳謝。帝曰：「今日之會，寧於卿宗有光榮乎？」對曰：「臣聞明王聖主，莫不尊師貴道。今陛下親屈萬乘，辱臨敝里[139]，此乃崇禮先師，增煇[140]聖德。至於光榮，非所敢承。」帝大笑曰：「非聖者子孫，焉有斯言乎！」遂拜僖郎中，賜褒成[141]侯損[142]及孔氏男女錢帛，詔僖從還京師，使校書東觀[143]。

26 冬，拜臨晉[144]令，崔駰以家林[145]筮[146]之，謂為不吉，止僖曰：「子盍辭乎[147]？」

信曰：「學不為人，仕不擇官，凶吉由己，而由卜乎？」在縣三年，卒官，遺令即葬。

27 二子長彥、季彥，並十餘歲。蒲阪[148]令許君然勸令反[149]魯。對曰：「今載柩[150]而歸，則違父令；舍墓而去，心所不忍。」遂留華陰[151]。

28 長彥好章句學[152]，季彥守其家業，門徒數百人。延光[153]元年，河西大雨雹[154]，大者如斗[155]。安帝詔有道術之士極陳變眚[156]，乃召季彥見於德陽殿[157]，帝親問其故。對曰：「此皆陰乘陽之徵也[158]。今貴臣擅權，母后黨盛，陛下宜脩聖德，慮此二者。」帝默然，左右皆惡之。舉孝廉，不就。三年，年四十七，終於家。

29 初，平帝時王莽秉[159]政，乃封孔子後孔均為褒成侯，追謚孔子為褒成宣尼[160]。及莽敗，失國。建武十三年，世祖復封均子志為褒成侯[161]。志卒，子損嗣。永元[162]四年，徙封褒亭侯。損卒，子曜嗣。曜卒，子完嗣。世世相傳，至獻帝[163]初，國絕。

30 楊倫字仲理[164]，陳留東昏人也。少為諸生，師事司徒丁鴻，習古文尚書。為郡文學掾[165]。更歷數將[166]，志乖於時，以不能人間事，遂去職，不復應州郡命。講授於大澤中，弟子至千餘人。元初[167]中，郡禮請，三府[168]並辟，公車徵，皆辭疾不就。

31 後特徵博士，為清河王傅[169]。是歲，安帝崩，倫輒棄官奔喪，號泣闕下不絕聲。閻太后[170]以其專擅去職，坐抵罪[171]。

32 順帝即位，詔免倫刑，遂留行喪於恭陵[172]。服闋[173]，徵拜侍中。是時邵陵令任嘉在職貪穢，因遷武威[174]太守，後有司奏嘉臧罪千萬，徵考廷尉[175]，其所牽染將相大臣百有餘人。倫乃上書曰：「臣聞春秋誅惡及本，本誅則惡消；振裘持領，領正則毛理[176]。今任嘉所坐狼藉[177]，未受辜戮[178]，猥以垢身[179]，改典大郡，自非案坐舉者[180]，無以禁絕姦萌。往者湖陸[181]令張疊、蕭[182]令駟賢、徐州刺史劉福等，釁穢既章[183]，咸伏其誅，而豺狼之吏至今不絕者，豈非本舉之主不加之罪乎？昔齊威之霸[184]，殺姦臣五人，并及舉者，以弭謗讟[185]。當斷不斷，黃石所戒[186]。夫聖王所以聽僮夫匹婦[187]之言者，猶塵加嵩岱[188]，霧集淮海[189]，雖未有益，不為損也。惟陛下留神省察[190]。」奏御，有司以倫言切直，辭不遜順[191]，下之[192]。尚書奏倫探知密事，激以求直。坐不敬[193]，結鬼薪[194]。詔書以倫數進忠言，特原之，免歸田里。

33 陽嘉[195]二年，徵拜太中大夫[196]。大將軍梁商以為長史[197]。諫諍不合，出補常山[198]王傅，病不之官。詔書勑司隸[199]催促發遣，倫乃留河內朝歌[200]，以疾自上，曰：

「有留死一尺，無北行一寸。刎頸不易，九裂不恨[201]。匹夫所執，彊於三軍[202]。固敢有辭。」帝乃下詔曰：「倫出幽升高[203]，寵以藩傳，稽留[204]王命，擅止道路，託疾自從，苟肆狷志[205]。」遂徵詣廷尉，有詔原[206]罪。

34 倫前後三徵，皆以直諫不合。既歸，閉門講授，自絕人事。公車復徵，遜[207]遁不行，卒於家。

35 中興[208]，北海[209]牟融[210]習大夏侯尚書，東海王良[211]習小夏侯尚書，沛國[212]桓榮習歐陽尚書。榮世習相傳授，東京[213]最盛。扶風杜林傳古文尚書，林同郡賈逵[214]為之作訓[215]，馬融作傳，鄭玄注解，由是古文尚書遂顯於世。

【章　旨】以上介紹東漢《尚書》學派的發展和傳承。重點記述歐陽歙、牟長、宋登、張馴、尹敏、周防、孔僖、楊倫等著名《尚書》學大師們的生平，以及他們的學術成就。

【注　釋】❶濟南　郡國名。治所在東平陵（今山東章丘）。❷伏生　即伏勝。曾任秦博士，是《今文尚書》的最早傳授者。漢初，以《尚書》教授於齊、魯間。西漢的《尚書》學者，都出自其門下。今本《今文尚書》二十八篇，即由他傳授而流傳下來。❸張生　從伏生受《尚書》。為博士。❹兒寬　西漢經學家，名臣。從歐陽生學《尚書》。位至博士。曾與司馬遷等共定太初曆。❺歐陽高　字子陽。歐陽生的後代。為博士。❻始昌　即夏侯始昌。西漢魯（今山東曲阜）人。通《五經》。以《齊詩》與《尚書》教授。曾任武帝子昌邑王太傅。❼孔安國　字子國。西漢經學家，為孔子後裔。他曾受《詩》於申公，受《尚書》於伏生。武帝時為博士。相傳他曾得孔子住宅壁中所藏《古文尚書》，於是創《古文尚書》學派。❽都尉朝　姓都尉，名朝。❾膠東　郡名。治所在今山東平度。❿庸譚　為孔安國再傳弟子。⓫樂安　郡國名。東漢和帝時改千乘郡置。治所在臨濟（今山東高青）。⑫伏生尚書　指西漢初伏生所傳《今文尚書》。⑬長社宰　長社縣宰，即長社縣令、長。長社，縣名。在今河南長葛。⑭原武　縣名。在今河南原武。⑮世祖　東漢光武帝劉秀廟號。⑯脩政　處理政務。脩，整治；修理。⑰行太守事　即兼任太守。行，兼任。⑱河南尹　官名。東漢建武十五年（西元三九年）置，為京都洛陽所在地河南郡長官，秩兩千石。職掌京畿地區行政、財稅、軍防等一切政務。⑲被陽　李賢注曰：「被陽故城在今淄川高苑縣西南。」治所在今山東高青東南苑城。⑳揚州牧　官名。為揚州地區行政長官。揚州，西漢武帝所置「十三刺史部」之一。東漢治所在歷陽（今安徽和縣），東漢末年移至壽春（今安徽壽春）。㉑夜　李賢注曰：「夜，今萊州掖縣。」治所在今山東萊州。㉒視事　就職治事。㉓坐在汝南句　因在汝南時貪汙千餘萬錢，事發後獲罪入獄。臧，通「贓」。貪汙；受賄。㉔闕　宮門左右樓觀。引申為宮廷。㉕髡剔　古代剃去頭髮的刑罰。髡，剃去頭髮。剔，通「剃」。㉖平原　郡名。治所在今山東平原縣。㉗禮震　字仲威。曾受業於歐陽歙。光武褒獎其仁義，拜為郎中。㉘斷　決斷。㉙河內　郡名。治所在懷縣（今河南武陟）。㉚獲嘉　縣名。治所在今河南新鄉。㉛而以臧咎當伏重辜　然而因貪汙的過失當判重罪。咎，過失。重辜，重罪。辜，罪。㉜門單　子孫不繁，門戶衰微。㉝師資　這裡指老師。㉞歙掾陳元上書追訟之　歐陽歙的屬官陳元上書皇帝，回溯歐陽歙的業績為他申辯鳴冤。追，回溯往事。訟，爭論；爭辯。引申為特指訴訟。㉟言甚切至　言詞十分懇切盡理。至，極點；達到了極點。㊱賻　贈送財物以助喪事。㊲諫議大夫　官名。東漢光武帝時改諫大夫為諫議大夫，掌顧問應對，無常事，唯詔令所使。㊳丁鴻　字孝公，從桓榮學《歐陽尚書》，歷任要職。章帝時與諸儒論定《五經》異同於白虎觀。詳見本書卷三十七。㊴蘄長　蘄縣的最高行政長官。蘄，古縣名。治所在今安徽宿州東南。長，即縣長。漢時大縣設令，小縣設長。縣令、長皆為縣級最高行政長官。㊵牟　周代國名。傳為祝融之後，曹姓，在今山東萊蕪東。㊶春秋　時代名。因魯國編年史《春秋》得名。東周分春秋、戰國兩個時期。春秋始於周平王元年（西元前七七〇年），終於周敬王四十四年（西元前四七六年）。這個時期出現了大國爭霸局面。㊷弘　指宋弘。見前注。㊸本　根據。㊹中散大夫　官名。東漢時屬光祿勳。職掌顧問應對。㊺賜告　漢代官吏的一種休假制度。漢律規定，吏病滿三月當免，皇帝優賜其告，使得帶印綬、率官屬歸家治病，謂之賜告。告，請假。㊻門生　受業於經師的生徒，又稱門人、門徒。漢代特指再傳弟子。㊼物故　死亡。㊽汝陰　縣名。在今安徽阜陽。㊾神父　是為尊稱。有敬之如神，尊之若父之意。㊿趙相　趙國丞相。趙，諸侯國名。治所在今河北邯鄲。相，諸侯國相，掌管諸侯國民事。(51)尚書僕射　官名。尚書臺副長官。秦置尚書僕射，屬少府，漢因之。東漢為尚書令之副職，尚書缺則奏下眾事。(52)使持節臨太學　讓他持符節親到太學。節，符節。綴有犛牛尾的竹竿，作為使者的憑據。(53)典律　典章律令。(54)數上封事　多次向皇帝呈遞密封的奏章。封事，密封的奏章。古代臣下上書奏機密事，為防止洩露，用皂囊封緘呈進，也稱「封章」。(55)配社祠之　即祭祀社神時一同祭祀宋登。配社，配食於社廟。社，社神；土神。(56)定陶　縣名。在今山東定陶西北。(57)公府　即三公之府。(58)舉高第　以考試成績優異獲薦舉。高第，考核成績優秀，名列前茅。(59)蔡邕　字伯喈，東漢大儒，好詞章、數術、天文，善音律。歷任要職。熹平年間奉詔校訂《六經》。並撰寫《熹平石經》。所著詩賦等一百零四篇傳於世。(60)六經　指《詩》《書》《禮》《樂》《易》《春秋》。(61)擢拜　選拔；提拔。(62)典領　主管。典，掌管。(63)甚見納異　不同見解多被採納。見，被。納異，接受不同見解。(64)多因便宜陳政得失　多次趁方便之機陳述施政得失。因，趁；趁機。便宜，方便。(65)丹陽　郡名。治所在今安徽宣城。(66)光和　東漢靈帝劉宏年號，西元一七八－一八四年。(67)大司農　官名。秦置治粟內史，漢初因之，景帝更名為大農令，武帝更名為大司農，掌管國家財政。東漢亦置。(68)初平　東漢獻帝劉協年號，西元一九〇－一九三年。(69)堵陽　縣名。治所在今河南方城東。(70)古文　指《古文尚書》。(71)毛詩　亦稱《毛氏》、《毛詩古文經》，儒家經典之一。為西漢毛亨、毛萇所傳。由「風」、「雅」、「頌」三部分組成。《漢書・藝文志》著錄二十九卷，又有《毛詩故訓傳》三十卷。經傳合編始於東漢時，自鄭玄《毛詩傳箋》問世後，原齊、魯、韓三家今文《詩》逐漸散佚，《毛詩》獨盛。(72)穀梁　亦稱《穀梁春秋》、《春秋穀梁傳》，儒家經典，《春秋》三傳之一。舊題穀梁赤撰寫，相傳其為子夏弟子。近世學者多認為此書由其口述，再由其後傳弟子於兩漢時筆錄而成。上起魯隱公元年（西元前七二二年），下至魯哀公十四年（西元前四八一年），專門闡述《春秋》，以問答形式解經，略於史實，重在探求義理，為研究戰國至漢初儒家思想與歷史理論的重要典籍。(73)上疏陳洪範消災之術　向皇帝上書陳述〈洪範〉中消除災禍的方法。疏，奏疏。洪範，《尚書・周書》篇名。洪，大。範，法；規範。篇中載周武王克商後箕子告之以「洪範九疇（即九類）」之事。近人或疑為戰國後期儒者所作，或認為作於春秋時。(74)草創　開始創立。(75)未遑其事　沒有閒暇顧及尹敏所書之事。遑，閒暇。(76)校　校對；校勘。(77)使蠲去崔發句　讓他把崔發替王莽在簿籍並列記載的內容清除去掉。蠲，清除。崔發，西漢末年官吏，以才能受王莽寵幸，為騎都尉。次比，並列。(78)鄙　粗俗；淺陋。(79)雖竟不罪　雖然最終沒有加罪。竟，終於；最終。罪，加罪；降罪。(80)沈滯　指仕宦久不遷升。滯，停滯；不流通。(81)班彪　字叔皮，東漢著名史學家，班固、班超之父。以《史記》記載止於武帝太初年間，乃搜集其後資料，作《史記後傳》數十篇。班固根據《史記後傳》續修《漢書》，班昭最後補作完成。詳見本書卷四十。(82)旰　李賢注曰：「旰，晚也。」(83)夜分　猶言「夜半」。(84)自以為鍾期伯牙句　自認為像鍾子期與伯牙、莊周與惠施一樣彼此投合，互為知己。鍾期伯牙，皆為春秋時期楚國人。《說苑》載：伯牙鼓琴，鍾子期聽之，高山、流水，子期都明曉。子期死後，伯牙摒琴絕弦，不再鼓琴。

莊周惠施，皆為戰國時期宋國人。二人互為知己，結為摯友。相得，彼此投合。85長陵令　官名。長陵，漢高祖劉邦陵墓，位於今陝西咸陽東北。西漢中期以前在諸帝陵設縣邑，置令（為太常屬官）等官員掌管，並徙關東貴族、富豪及諸功臣家族實諸陵，以達到强幹弱枝之治。86男子　古代稱無爵的成年男子。87瘖　通「喑」。口不能言。88何謂察察而遇斯患乎　為什麼明辨是非的人卻遭逢這樣的災禍呢？謂，通「為」。察察，分別；辨析。89汝陽　縣名。在今河南商水縣西北。90孤微　孤苦貧賤。微，低賤；卑下。91逆旅　李賢注曰：「杜預注《左傳》曰：『逆旅，客舍也。』」92巡狩　亦稱「巡守」。古代帝王五年一巡守，離開國都視察地方。93守丞　輔助郡守的主要官吏。94未冠　未滿二十歲。冠，冠禮。古代男子滿二十歲，行加冠的禮儀，表示已經成年。95謁去　李賢注曰：「《禮》男子二十而冠。自以年未成人，故請去。謁，請也。」96徐州刺史　官名。徐州，西漢武帝時所置「十三刺史部」之一。東漢時治所在郯（今山東郯城）。97張禹　字伯達，東漢大臣。曆仕明、章、和、殤、安帝五朝。屢任要職。詳見本書卷四十四。98孔僖字仲和　王先謙《後漢書集解》：「惠棟曰：《連叢子》作『子和』。」99世傳古文尚書毛詩　《後漢書集解》：「李良裘曰：『按：此毛字亦疑衍文。安國未聞受《毛詩》，「毛詩」疑「魯詩」之誤。」100崔篆　西漢末大臣。王莽時以明經徵詣公車，後為建新大尹。101建新　王莽改千乘郡為建信，後又更名為建新。治所在今山東高青東。102大尹　王莽改郡守為大尹。103布衣　平民。104袞冕　這裡指登朝入仕。袞，古代帝王及三公所穿禮服。冕，大夫以上所戴之冠。105乖　背離；不一致。106駰　崔駰，字亭伯，為崔篆之孫。東漢著名儒生。詳見本書卷五十二。107吳王夫差時事　春秋時期吳、越兩國爭霸，越國戰敗。越王句踐向吳王夫差求和。吳國大夫伍子胥力主滅掉越國，吳王夫差不聽。後越王句踐臥薪嘗膽、積蓄實力，滅掉吳國。吳王說：「我後悔不聽伍子胥的話。」遂自刎死。108廢　停止；放下。109所謂畫龍不成反為狗者　《後漢書集解》：「『畫龍不成』，案古語皆云『畫虎不成』，此誤。惠棟曰：王懋云，章懷避唐諱，非誤也。」110文景　指漢文帝和漢景帝。他們在位期間實行「與民休息」政策，使得政治安定、經濟繁榮，出現了歷史上有名的「文景之治」。111恣　放縱；放肆。112忘其前之為善　忘記了他之前的善政。指武帝末年，好神仙、祭祀之事，征伐四夷，窮兵黷武，又信巫蠱，導致武帝統治末期天下虛耗、戶口減半。113儳和　在旁插言。儳，別人說話未完，搶著說話。114陰　暗中。115刺譏當世　指責譏評當今。刺，指責；諷刺。116虛加誣之　憑空揑造加以誣陷。117坦如日月　像日月一樣昭然。坦，裸露；明顯。118萃　聚集。119誅　譴責；聲討。120未過　不曾有過失。121天下所具　《後漢書集解》：「《通鑑》胡注：謂天下之人所具知也。袁宏《紀》云『天下所共見也』。」122悛　悔改。123儻　倘若。124推原大數　從本原上推究大局。大數，大局；大勢。125徒肆私忿　只是肆意宣洩私憤。126闚　同「窺」。窺測。127極言　暢所欲言。極，盡。128齊

桓公句　齊桓公親自宣揚他前代國君的過錯，以便讓管仲首先發表自己的建議。齊桓公，名小白，春秋時齊國國君。僖公之子，襄公之弟。西元前六八五—前六四三年在位。他在位時，任用管仲，施政有方，使齊國國力強盛，成為春秋五霸之首。揚其先君之惡，《國語》載：齊桓公初見管仲，為了引導管仲暢所欲言，首先批評自己前任齊襄公政事，果然管仲說了很好的意見。唱，通「倡」。倡導。管仲，名夷吾，一稱敬仲，春秋初潁上（今安徽潁上）人。春秋時著名政治家。初事公子糾，後相齊桓公。在齊國施行改革，齊國因此國力強盛，桓公「尊王攘夷」，成為春秋五霸之首。(129)臣恐有司卒然見構　臣下害怕被有關官員突然設計陷害。卒，通「猝」。構，誣陷。(130)銜恨蒙枉　蒙受怨恨冤枉。銜，接受。(131)擅以陛下有所方比　擅自任意把陛下有所比擬。擅，擅自；任意。方比，比擬。(132)寧可復使子孫追掩之乎　難道還要讓您的後世子孫再來補救掩蓋嗎？寧，難道。追，補救。(133)蘭臺令史　官名。蘭臺，本為漢代宮廷藏書處，由御史中丞管理，後設蘭臺令史，掌書奏及印工文書。(134)元和　東漢章帝劉炟年號，西元八四—八七年。(135)闕里　地名。春秋時孔子住地，在今山東曲阜城內闕里街。孔子曾在此講學授徒。因有兩石闕，故名。(136)太牢　古代帝王、諸侯祭祀時祭以牛、羊、豕三牲為太牢，亦稱「大牢」。(137)六代之樂　《晉書‧樂志上》載：昔黃帝作《雲門》，堯作《咸池》，舜作《大韶》，禹作《大夏》，殷作《大濩》，周作《大武》。(138)命儒者講論語　黃山《後漢書校補》：「錢大昭曰：閩本『論』下有『語』字。閩本是，各本皆脫一字。」(139)今陛下親屈二句　如今陛下親屈萬乘之尊，光臨微臣的家鄉。萬乘，萬輛兵車。周制，天子地方千里，能出兵車萬乘。因此以「萬乘」指代天子。敝，自謙之辭。(140)煇　通「輝」。光輝。(141)褒成　漢時對孔子及其後代所封的爵號。(142)損　孔損，東漢魯國人。孔子後裔。(143)東觀　漢代宮中著述及藏書之所。位於南宮。(144)臨晉　縣名。在今陝西大荔。(145)家林　書名。即崔篆所作《易林》。(146)筮　占卜。(147)子盍辭乎　您為什麼不辭官呢？盍，同「何」。(148)蒲阪　縣名。在今山西永濟。(149)反　同「返」。(150)柩　已裝屍體的棺材。(151)華陰　縣名。在今陝西華陰。(152)章句學　漢儒所創立的一種研究儒家經典的學問，所重在於解釋篇章字句，而不在於闡發大義。(153)延光　東漢安帝劉祜年號，西元一二二—一二五年。(154)河西大雨雹　河西地區狂降冰雹。河西，地區名。漢魏時指今甘肅、青海間黃河南段以西，即河西走廊與湟水流域一帶。雨，降下。(155)斗　古代酒器名。有柄，用以酌酒。(156)安帝詔句　安帝下詔讓有道德學問的人暢言陳述變異災禍之事。道術，道德學問。變眚，預示將發生災禍的變異現象。眚，災禍。(157)德陽殿　宮殿名。東漢都城洛陽（今河南洛陽）北宮的宮殿。(158)此皆陰乘陽之徵也　這都是陰氣勝過陽氣的徵兆。乘，凌駕；欺凌。(159)秉　執掌。(160)追謚孔子為褒成宣尼　《後漢書集解》：「劉攽曰：案文此少一『公』字。」(161)建武十三年二句　《後漢書集解》：「洪亮吉曰：案紀在十四年四月，注引《古今注》，云志時為密令，此云『十三年』，似誤。」(162)永元東漢和帝劉肇年號，西元八九—一〇五年。163獻帝　劉協。東漢皇帝，靈帝之子。西元一八九年即位。在位期間，各地割據勢力連年混戰，後被曹操挾持以令諸侯，成為傀儡。西元二二〇年，被迫禪位於曹丕，東漢亡。164楊倫字仲理　《後漢書集解》：「洪頤煊曰：〈楊震傳〉『震舉薦明經陳留楊倫等』。李注『字仲桓』。謝承《書》『薦楊仲桓等五人，各從家拜博士』。與此字仲理不同。」165郡文學掾　官名。為郡守屬官，主教育。166更歷數將　指曾擔任過數位郡守的屬官。更，更換；改變。歷，經歷。將，這裡指郡守。167元初　東漢安帝劉祜年號，西元一一四—一二〇年。168三府　漢代太尉、司徒、司空設立的府署，合稱三府。169清河王傅　官名。諸侯王傅掌輔導諸侯王。清河，諸侯國名。治所在清陽（今河北清河縣東南）。170閻太后　東漢安帝皇后。安帝死後，臨朝稱制。171抵罪　因犯罪而受到相應的處罰。172恭陵　東漢安帝劉祜陵墓。在今河南洛陽西北。173服闋　古時服喪三年後除去喪服，謂之「服闋」。闋，完畢。174武威　郡名。治所在如臧（今甘肅武威）。175徵考廷尉　徵召到廷尉府拷問。考，拷問。176振裘持領二句　抖動皮衣要持住衣領，衣領正則皮毛理順。振，揮動；抖動。理，順適；和順。177狼藉　一作「狼籍」。本意為雜亂的樣子。後引申為行為卑汙，名聲敗壞。。178辜戮　刑戮；殺戮。辜，加罪；懲罰。179猥以垢身　苟且以汙穢之身。猥，苟且。垢，汙穢。180案坐舉者　查辦問明舉薦的人。案，審理；查辦。坐，對質。181湖陸　縣名。在今山東魚台。182蕭　縣名。在今安徽蕭縣。183釁穢既章　過失穢行既然已經顯明。釁穢，過失；穢行。章，通「彰」。顯明。184齊威之霸　齊威王姓田名因齊，戰國時齊國國君。即位初朝政混亂。後修政整軍，賞賢罰奸，任用鄒忌、田忌、孫臏等賢能之人，又大興稷下之學，國力漸強，成就了強盛之霸業。185以弭謗讟　以便平息非議怨言。弭，停止。謗讟，怨恨毀謗。186當斷不斷二句　《黃石公三略》曰：「當斷不斷，反受其亂。」187僮夫匹婦　指平民百姓。僮，奴婢；僕役。匹婦，平民婦女。188嵩岱　中嶽嵩山和東嶽泰山的並稱。189淮海　淮河和大海。190省察　明察。省，考察；審察。191遜順　謙遜恭順。192下之　指交給廷尉處理。193不敬　漢代罪名之一。194結鬼薪　定罪讓他罰做鬼薪。結，定罪。鬼薪，秦漢刑徒名。刑期為三年，替宗廟採供柴薪。195陽嘉　東漢順帝劉保年號，西元一三二—一三五年。196太中大夫　官名。秦置，漢因之，為光祿勳屬官。凡大夫皆掌言議，顧問應對。197大將軍梁商以為長史　大將軍梁商任命他為長史。大將軍，官名。戰國時設，兩漢因之，地位與三公相上下，與丞相相當。自西漢武帝時起領錄尚書事，外主征伐，內秉國政，權勢超過丞相。東漢多以貴戚擔任，位在三公之上。梁商，東漢權臣、順帝外戚。歷任要職。詳見本書卷三十四。長史，官名。漢制，丞相、太尉、公及將軍府屬吏內有長史。198常山　諸侯國名。治所在今河北元氏。199司隸　即司隸校尉。漢武帝時始置，捕巫蠱，督捕京師奸滑，後罷其兵，使糾察京師百官及所轄畿輔地區。東漢復置，糾察百官，上至諸侯、三公，下至地方郡守，職權顯赫。[200]朝歌 縣名。在今河南淇縣。[201]刎頸不易二句 割頸不改變，九死不後悔。刎 割。九裂，九死。裂，車裂之刑。[202]彊於三軍 《論語・子罕》曰：「三軍可奪帥也，匹夫不可奪志也。」[203]出幽升高 語出《詩・伐木》：「出自幽谷，遷於喬木。」[204]稽留 延滯。稽，延遲；拖延。[205]苟肆狷志 隨便放縱心胸狹隘、急躁的心願。苟，隨便。狷，心胸狹隘；急躁。[206]原 寬恕；原諒。[207]遜 逃避；躲開。[208]中興 指光武中興。[209]北海 郡國名。治所在今山東昌樂。[210]牟融 字子優。明帝時歷任司空、太尉。詳見本書卷二十六。[211]王良 字仲子。光武帝時任大司徒。詳見本書卷二十七。[212]沛國 諸侯國名。治所在相縣（今安徽濉溪縣）。[213]東京 指東漢。因東漢都城洛陽在西漢都城長安之西，故稱。[214]賈逵 字景伯，著名儒生。曆仕明、章、和三帝。詳見本書卷三十六。[215]訓 訓釋；解釋詞義。

【語譯】《漢書》載：濟南人伏勝將《尚書》傳授給濟南人張生和千乘人歐陽生，歐陽生教授給同郡人兒寬，兒寬教授給歐陽生的兒子，世代相傳，至歐陽生的曾孫歐陽高時，形成《尚書》歐陽氏學派；張生將《尚書》教授給夏侯都尉，夏侯都尉教授給他的同族之子夏侯始昌，夏侯始昌傳授給同族之子夏侯勝，形成《尚書》大夏侯氏學派；夏侯勝傳授給堂兄之子夏侯建，夏侯建另外創立《尚書》小夏侯氏學派：歐陽氏、大夏侯氏、小夏侯氏三家都設立博士。又有魯人孔安國將《古文尚書》傳授給都尉朝，都尉朝教授給膠東人庸譚，成為《尚書》古文學，沒有能設立博士。

2 歐陽歙字正思，是樂安郡千乘縣人。從歐陽生傳習伏生所授《今文尚書》起，到歐陽歙已經八代了，都擔任博士。

3 歐陽歙既傳習學業，又恭謹謙虛喜好禮讓。王莽時期擔任長社縣宰。更始皇帝劉玄即位時，他擔任原武縣令。光武帝劉秀平定黃河以北地區，來到原武，看到歐陽歙處理政事得當，提升他為河南都尉，後來兼任太守之職。光武帝劉秀登上皇位，歐陽歙開始擔任河南尹，被封為被陽侯。建武五年，他因事獲罪被免去官職。第二年，被任命為揚州牧，後升遷為汝南太守。他在職時推薦選用賢士俊才，為政堪稱政績優異。建武九年，改封他為夜侯。

4 歐陽歙在郡中教授弟子數百人。他任職九年，被徵召任命為大司徒。之前他在汝南郡任職時貪汙千餘萬錢，事發後獲罪入獄。一千多名學生守候在宮門前替歐陽歙哀乞求情，有的學生甚至有自己剃光頭髮表示願意代他受刑。平原郡人禮震，十七歲，聽到案件應當決斷，奔赴京城，走到河內郡獲嘉縣時，自己捆縛，上書皇帝要求替歐陽歙死。他說：「臣下看到老師大司徒歐陽歙，經學為儒者所敬仰，歐陽氏八代擔任博士，然而因貪汙的過失當判重罪。歐陽歙門戶單微兒子年幼，沒能傳授學業，他死以後，《尚書》歐陽氏的家學將會永遠廢止絕滅，對上使陛下蒙受誅殺賢才的譏刺，對下使學者們失去老師教誨之益。請求殺掉臣下來換取歐陽歙的性命。」書奏報給皇帝，而歐陽歙已經死在獄中。歐陽歙的屬官陳元上書皇帝，回溯歐陽歙的業績為他申辯鳴冤，言詞十分懇切盡理，光武帝於是賜給歐陽歙棺木，贈給印綬，以及縑絹三千匹以助喪事。

5 歐陽歙之子歐陽復繼承爵位。歐陽復死後，沒有兒子，封國被廢除。

6 濟陰郡人曹曾字伯山，向歐陽歙學習《尚書》，他的徒眾多達三千人，官位做到諫議大夫。曹曾之子曹祉，擔任河南尹，將父親的學業教授給生徒。

7 又有陳留郡人陳弇，字叔明，也向司徒丁鴻學習《歐陽尚書》，進入仕途，擔任蘄縣縣長。

8 牟長字君高，樂安郡臨濟縣人。他的先人曾受封於牟，春秋末年牟國滅亡，於是就以「牟」為氏。

9 牟長年輕時研習《歐陽尚書》，在王莽執政時期不做官。建武二年，大司空宋弘特意徵召他，授予博士之職，後逐漸遷升為河內太守，因上報朝廷的墾田情況與實際不符獲罪被免官。

10 牟長擔任博士及在河內郡任職期間，常常有一千多儒生前來聽他講習學問，登記在名冊的前後多至萬人。他著有《尚書章句》，都根據歐陽氏《尚書》，俗稱《牟氏章句》。後來朝廷又徵召他擔任中散大夫，因病休假一年，逝於家中。

11 牟長之子牟紆，又避世隱居教授生徒，弟子多達千人。章帝聽說此事後徵召他，想授他以博士之職，在應詔的途中死去。

12 宋登字叔陽，京城地區長安縣人。他的父親宋由，擔任太尉。

13 宋登年幼時傳習《歐陽尚書》，教授數千名學生。他擔任汝陰令，執行政務能力精明，號稱「神父」。升任趙國相，後入朝擔任尚書僕射。順帝因為宋登明瞭曉識禮樂制度，讓他持符節親到太學，奏請定立典章律令，後改任侍中。他多次向皇帝呈遞密封的章奏，建議抑制貶退專權的大臣，因這件事他被排擠出京城擔任潁川太守。他任職時潁川地區市無二價，路不拾遺。後宋登因病被免去官職，逝於家中，汝陰人祭祀社神時一同祭祀他。

14 張馴字子俊，是濟陰郡定陶縣人。年少時離家到太學學習，能誦讀《春秋左氏傳》。用《大夏侯尚書》教授生徒。三公府徵召他，以考試成績優異獲薦舉，朝廷授他議郎之職。與蔡邕共同奏請校定《六經》文字。後來被提拔擔任侍中，職掌秘書近署，他的不同見解多被採納。他多次乘方便之機陳述朝廷施政措施的得失，受到朝廷嘉許。後升遷為丹陽太守，在任期間教化百姓多行惠政。光和七年，朝廷徵召任命他為尚書，升遷為大司農。初平年間，死於官任上。

15 尹敏字幼季，南陽郡堵陽縣人。年幼時是儒生。起初研習《歐陽尚書》，後來學習《古文尚書》，同時對《毛詩》、《穀梁》、《左氏春秋》也很精通。

16 建武二年，尹敏上書陳述〈洪範〉中消除災禍的方法。當時世祖劉秀剛剛重建漢朝，未有閒暇顧及尹敏所說之事，命他在公車府等待詔命，授他郎中之職，後徵召到大司空府。

17 光武帝認為尹敏廣博地通曉儒學經書傳記，命他校對圖讖文字，讓他把崔發替王莽在簿籍並列記載的內容清除掉。尹敏回答說：「記載讖語的書不是聖人所為，其中多是粗俗淺陋的文字，與世俗的文辭很相像，恐怕會使後來的儒生產生疑惑和誤解。」光武帝不接受他的意見。尹敏在圖讖的缺文處增寫道：「君無口，是漢輔。」光武帝看後感到奇怪，召見尹敏詢問原由。尹敏回答道：「臣下我看到前人增加和減少圖書的文字，微臣自不量力，私下也想試試看。」皇帝對他非常不滿，雖然最終沒有降罪於他，然而也因此官職不得升遷。

18 尹敏與班彪親近友善，每與班彪相遇，總是高談闊論不止，天色已晚卻忘記吃飯，夜半仍不睡覺，自認為像鍾子期與伯牙、莊周與惠施一樣彼此投合、互為知己。

19 後來尹敏三次遷任長陵令。永平五年，朝廷下詔書拘捕男子周慮。周慮向來有名聲，而與尹敏友善，尹敏因此獲罪被拘禁免去官職。出獄後，他嘆息說：「啞巴、聾子之流，真是世上有道之人，為什麼明辨是非的人卻遇到這種禍患呢？」永平十一年，他被任命為郎中，升遷至諫議大夫，逝於家中。

20 周防字偉公，是汝南郡汝陽縣人。父親周揚，年少時孤苦貧賤，經常修繕客舍以供給過往旅客，但不接受旅客的回報。

21 周防十六歲時擔任郡中小吏。世祖劉秀出巡汝南時，把郡府中的屬吏們召集起來考查經學，周防尤其能夠背誦，世祖便讓他擔任郡丞之職。周防認為自己未滿二十歲，請求辭去官職。他以師傅之禮侍奉徐州刺史蓋豫，向其學習《古文尚書》。《古文尚書》的經義通曉，被舉薦為孝廉，官拜郎中。周防撰寫《尚書雜記》三十二篇，四十萬字。太尉張禹舉薦他補任博士，後逐漸升遷擔任陳留太守，因犯法獲罪被免去官職。年七十八歲時逝於家中。

22 周防之子周舉，另有列傳。

23 孔僖字仲和，是魯國魯縣人。從孔安國開始，孔家世代傳習《古文尚書》、《毛詩》。孔僖的曾祖父孔子建，年輕時到長安遊學，與崔篆關係友好。等到崔篆在王莽新朝時期擔任建新大尹，曾經勸孔子建出來做官，孔子建回答道：「我有做平民百姓的想法，你有為官的志向，各自順從自己的喜好，不也很好嗎！你我的道路已經不同，就此告別吧。」於是返歸家鄉，死於家中。

24 孔僖又與崔篆的孫子崔駰為友，他們同在太學學習《春秋》。由於讀到吳王夫差不聽伍子胥之言以至敗亡的史事，孔僖放下書感嘆道：「像吳王夫差這種做法，就是所說的畫龍不成反類狗的情況。」崔駰說：「對。以前孝武皇帝十八歲剛登上皇位之時，尊崇信奉聖人之道，以先王為老師和效法的榜樣，治理國家五、六年，政績超過文帝、景帝。等到後來隨意妄行，忘記了他之前的善政。」孔僖說：「典籍中像這樣的事太多了！」與他們為鄰的儒生梁郁搶著插話說：「照你們這麼說，武帝也是狗嗎？」孔僖、崔駰沉默不語。梁郁對他們的態度又怒又恨，偷偷上書朝廷告發崔駰、孔僖誹謗先帝，指責譏評當今聖上。皇帝將此事交給有關部門審理，讓崔駰前往有關部門接受訊問。執法官吏即將前來抓捕孔僖，孔僖害怕受到殺戮之刑，於是給章帝上書為己申辯說：「微臣我的見解淺薄愚昧，認為誹謗指的是並無事實卻憑空捏造加以誣陷。說到孝武皇帝，他執政的是非功過，已明明白白地寫在史書中，像日月一樣昭然。我們的議論是照直敘述典籍記載的事實，不是憑空誹謗。皇帝行善政，那麼天下的善事都會歸到他的身上；他不行善政，那麼天下的惡事也會集於他一人之身。這都是有其原由的，所以不能譴責聲討別人。況且陛下您即位以來，在施政教化方面並無過失，而對百姓施與更多的恩澤，這是天下皆知的事實，臣下等怎會有什麼譏評諷刺呢？假使所非議的是實際情況，那麼本來應當悔錯改正；倘若那些非議與事實不符，也應當包容，又何必降罪呢？陛下不從本原上推究大局，仔細為自己籌謀，卻只是為使自己痛快而肆意宣洩私憤。臣下等被處死刑，死不足惜，但天下之人，必然回視此事改變想法，通過此事來窺測陛下的心思。從這件事後，如果有人看見陛下有不可為之事，最終也不會出來發表意見了。臣下不懼一死而敢於暢所欲言，實在是替陛下可惜江山社稷。陛下您如果自己不愛惜，那麼臣下我還有什麼可依靠的呢？春秋時的齊桓公親自宣揚前代國君的過錯，以便讓管仲盡興發表自己的建議，之後君臣才能盡心竭力。如今陛下竟要為十代前的武帝，避諱很久以前的事實，難道不是與齊桓公的做法有異嗎？臣下害怕被有關官員突然誣陷，內心怨恨蒙受冤枉，不能自述冤情，使後世議論之人，任意把陛下有所比擬，難道還要讓您的後世子孫再來補救掩蓋嗎？微臣恭謹地來到朝堂等待處以重刑。」起初章帝並不想降罪於孔僖等人，等收到孔僖的上書，立即下詔對此事不予查問，授孔僖蘭臺令史之職。

25 元和二年春季，章帝出巡視察東方，返回洛陽時經過魯國，親臨闕里，用太牢之禮祭祀孔子及七十二弟子，演奏黃帝、堯、舜、禹、商、周六代的音樂，大會孔氏家族二十歲以上的男子六十三人，命令儒生講解《論語》。孔僖借機向皇帝表達謝意。章帝說：「今天的大會，難道對於卿的宗族有榮耀嗎？」孔僖回答道：「臣下聽說賢達的天子、聖明的君主，沒有人不尊敬師長重視仁德之教。如今陛下屈萬乘之尊，親臨臣下的家鄉，這是為了尊崇禮敬先師孔子，使聖德增光。至於光榮，不是我等承受得起的。」章帝大笑說：「如果不是聖人的子孫，哪會說出這樣的話呢！」於是任命孔僖為郎中。賜給褒成侯孔損及孔氏家族男女金錢縑帛，下詔書令孔僖跟隨皇帝返回京城，讓他在東觀校勘書籍。

26 冬季，朝廷授孔僖臨晉縣令之職，崔駰用《家林》占卜這件事，認為不吉利，阻止孔僖道：「為何不辭官呢？」孔僖回答道：「學習不是為別人，做官不能選擇職位，凶、吉全在自己，難道在於占卜？」他在臨晉縣執政三年，死於官任上，遺言讓自己的靈柩就地安葬，不用返回家鄉。

27 孔僖兩個兒子孔長彥、孔季彥，當時都是十多歲。蒲阪縣令許君然勸他們返回魯地。他們回答道：「如果載著靈柩回去，就違背父親的遺令；如果捨棄父親的墳墓返鄉，又心有不忍。」於是他們留居在華陰。

28 孔長彥愛好剖章析句解釋經書的學問，孔季彥恪守他們家的學業，弟子有數百人。延光元年，河西地區狂降冰雹，大的如同酒斗。安帝下詔讓有道德學問的人暢言陳述變異災禍之事，於是召孔季彥在德陽殿朝見，安帝親自詢問狂降冰雹的緣故。孔季彥回答說：「這都是陰氣欺凌陽氣的徵兆。如今顯貴的大臣專擅權力，母后之黨權勢過盛，陛下應當修養聖德，思慮這兩件事。」安帝沉默不語，身邊臣子都憎恨孔季彥。後孔季彥被薦舉為孝廉，不肯接受。延光三年，年四十七歲，逝於家中。

29 起初，平帝時王莽執掌朝政，就封孔子後裔孔均為褒成侯，追加孔子謚號為褒成宣尼公。等到王莽敗亡，孔均失去封國。建武十三年，光武帝劉秀又封孔均的兒子孔志為褒成侯。孔志去世，兒子孔損繼承侯爵。永元四年，改封孔損為褒亭侯。孔損去世，兒子孔曜繼承爵位。孔曜去世，兒子孔完繼承爵位。代代相傳，到獻帝初年，封國斷絕。

30 楊倫字仲理，是陳留郡東昏縣人。年輕時為儒學生，以司徒丁鴻為師，學習《古文尚書》。擔任郡文學掾。他曾分別在數位郡守手下任職，志向與世人格格不入，因不善於處理人間世事，於是辭去官職，不再接受州、郡的徵召。他在大澤中講解傳授經書，弟子多達一千餘人。元初年間，郡府以禮相請讓他出仕，太尉府、司徒府、司空府都辟除他，公車署前來徵迎，他都以身體有病為由推辭。

31 後來朝廷特別徵召他為博士，擔任清河王傅。這一年，安帝駕崩，楊倫就棄官奔喪，在宮闕之下號啕大哭不止。閻太后認為他擅自離開職位，因此獲罪而受到相應的處罰。

32　順帝登上皇位，下詔免去楊倫的刑罰，他就留下來在恭陵為安帝服喪。服喪期滿，朝廷徵召任命他為侍中。這時邵陵縣令任嘉任職期間貪汙，仍舊升任武威太守，後來有關官員上奏任嘉貪汙受賄達千萬，徵捕他到廷尉府拷問，與此案牽連有染的將相大臣一百餘人。楊倫就上書說：「臣下聽說《春秋》記載懲治惡事要到達根本，惡之根本消除惡就消散；抖動皮衣要持住衣領，衣領正則皮毛理順。如今任嘉所犯罪行聲名敗壞，沒有受到刑戮，苟且以汙穢之身，改為統理大郡，如果不去查辦問明舉薦他的人，就無法禁絕奸邪的萌生。從前湖陸令張疊、蕭令駟賢、徐州刺史劉福等人，過失穢行既然顯明，全都伏罪被殺，然而至今豺狼般的官吏仍連綿不絕，難道不是因為對原來舉薦他們的人沒有加以罪罰嗎？以前齊威王稱霸諸侯，殺死五個奸臣，並且加罪於舉薦他們的人，以便平息毀謗怨言。當斷不斷，是《黃石公三略》所告誡的。聖明的帝王聽取平民百姓的話，如同灰塵加在嵩山、泰山之上，霧氣聚集在淮河、大海之中，雖然沒有增加什麼，但也不會減少什麼。希望陛下留心明察。」奏疏呈遞給皇帝，有關官員認為楊倫之言過於率直，文辭不夠恭遜和順，皇帝將此事交給廷尉處理。尚書上奏皇帝說楊倫刺探得知機密之事，言詞激烈以求取正直的名聲。因不敬的罪名，定罪讓他罰做鬼薪。順帝下詔認為楊倫多次進奉忠言，特加寬恕，免去他的官職讓他返回故鄉。

33　陽嘉二年，朝廷徵召任命他為太中大夫。大將軍梁商任命他為長史。他直言勸諫梁商，不合其意，後來離開京城補任常山王傅，因病沒有赴任。皇帝下詔書命司隸校尉催促他上路赴任，楊倫於是停留在河內郡朝歌縣，上書稱自己患病，說：「願留在這一尺之地而死，不向北前行一寸。即使割頸也不改變，九死不後悔。匹夫所持之志，勝過三軍之氣。所以敢於有辭說。」安帝於是下詔說：「楊倫出於幽谷遷於喬木，寵任他為諸侯王的師傅，卻拖延皇命，不予執行，擅自停在路上，託辭有病依從自己的心意，隨意放縱心胸狹隘、急躁的心願。」於是召他到廷尉府訊問，後來皇帝下詔令不予追究他的罪責。

34　楊倫前後三次被徵召，都因為直言勸諫不合上意。返回家鄉後，閉門講解傳授，與世事斷絕。公車又來徵迎，他退避不赴任，逝於家中。

35　光武中興時期，北海人牟融研習《大夏侯尚書》，東海人王良研習《小夏侯尚書》，沛國人桓榮研習《歐陽尚書》。桓榮世代研習相互傳授，東漢最為興盛。扶風人杜林傳授《古文尚書》，杜林同郡人賈逵為書作訓釋，馬融作書傳，鄭玄作注解，從此《古文尚書》就盛行於世。

卷七十九下

儒林列傳第六十九下

1 前書魯人申公受詩於浮丘伯❶，為作詁訓❷，是為魯詩；齊人轅固生❸亦傳詩，是為齊詩；燕人韓嬰❹亦傳詩，是為韓詩：三家皆立博士。趙人毛萇❺傳詩，是為毛詩，未得立。

2 高詡字季回，平原❻般❼人也。曾祖父嘉，以魯詩授元帝❽，仕至上谷❾太守。父容，少傳嘉學，哀、平間為光祿大夫。

3 詡以父任為郎中❿，世傳魯詩。以信行清操知名⓫。王莽篡位，父子稱盲，逃，不仕莽世。光武即位，大司空宋弘薦詡，徵為郎，除符離⓬長。去官，後徵為博士。建武十一年，拜大司農。在朝以方正⓭稱。十三年，卒官，賜錢及冢田⓮。

4 包咸字子良，會稽⓯曲阿⓰人也。少為諸生，受業長安，師事博士右師細君⓱，習魯詩、論語。王莽末，去歸鄉里，於東海界為赤眉⑱賊所得，遂見拘執⑲。十餘日，咸晨夜誦經自若，賊異而遣之。因住東海，立精舍⑳講授。光武即位，乃歸鄉里。太守黃讜署戶曹史㉑，欲召咸入授其子。咸曰：「禮有來學，而無往教㉒。」讜遂遣子師之。

5 舉孝廉，除郎中。建武中，入授皇太子論語，又為其章句。拜諫議大夫、侍中、右中郎將。永平五年，遷大鴻臚。每進見，錫以几杖㉓，入屏不趨㉔，贊事不名㉕。經傳有疑，輒遣小黃門就舍即問。

6 顯宗以咸有師傅恩，而素清苦，常特賞賜珍玩束帛㉖，奉祿增於諸卿㉗，咸皆散與諸生之貧者。病篤㉘，帝親輦駕㉙臨視。八年，年七十二㉚，卒於官。

7 子福，拜郎中，亦以論語入授和帝。

8 魏應字君伯，任城㉛人也。少好學。建武初，詣博士受業，習魯詩。閉門誦習，不交僚黨㉜，京師稱之。後歸為郡吏，舉明經，除濟陰王㉝文學㉞。以疾免官，教授山澤中，徒眾常數百人。永平初，為博士，再遷侍中。十三年，遷大鴻臚。十八年，拜光祿大夫。建初四年，拜五官中郎將，詔入授千乘王㉟伉。

9 應經明行修，弟子自遠方至，著錄數千人。肅宗甚重之，數進見，論難於前，特受賞賜。時會京師諸儒於白虎觀，講論五經同異，使應專掌難問，侍中淳于恭㊱奏之，帝親臨稱制，如石渠故事。明年，出為上黨太守，徵拜騎都尉，卒於官。

10 伏恭字叔齊，琅邪東武人，司徒湛㊲之兄子也。湛弟黯，字稚文，以明齊詩，改定章句，作解說九篇，位至光祿勳，無子，以恭為後。

11 恭性孝，事所繼母甚謹，少傳黯學，以任為郎。建武四年，除劇㊳令。視事十三年，以惠政公廉聞。青州舉為尤異㊴，太常試經第一，拜博士，遷常山太守。敦㊵脩學校，教授不輟，由是北州㊶多為伏氏學。永平二年，代梁松為太僕。四年，帝臨辟雍，於行禮中拜恭為司空，儒者以為榮。

12 初，父黯章句繁多，恭乃省減浮辭㊷，定為二十萬言。在位九年，以病乞骸骨罷，詔賜千石奉以終其身。十五年，行幸琅邪，引遇如三公儀。建初二年冬，肅宗行饗禮㊸，以恭為三老。年九十，元和元年卒，賜葬顯節陵㊹下。

13 子壽，官至東郡太守。

14 任末字叔本，蜀郡㊺繁㊻人也。少習齊詩，遊京師，教授十餘年。友人董奉德於洛陽病亡，末乃躬推鹿車㊼，載奉德喪致其墓所，由是知名。為郡功曹㊽，辭以病免。後奔師喪，於道物故。臨命㊾，勑兄子造曰：「必致我尸於師門，使死而有知，魂靈不慙；如其無知，得土而已。」造從之。

15 景鸞字漢伯，廣漢梓潼[50]人也。少隨師學經，涉[51]七州之地。能理齊詩、施氏易，兼受河洛圖緯，作易說及詩解，文句兼取河洛，以類相從[52]，名為交集。又撰禮內外記，號曰禮略。又抄風角[53]雜書，列其占驗[54]，作興道一篇。及作月令章句。凡所著述五十餘萬言。數上書陳救災變之術。州郡辟命不就。以壽終。

16 薛漢字公子，淮陽[55]人也。世習韓詩，父子以章句著名。漢少傳父業，尤善說災異讖緯，教授常數百人。建武初，為博士，受詔校定圖讖。當世言詩者，推漢為長。永平中，為千乘太守，政有異迹。後坐楚事辭相連[56]，下獄死。弟子犍為[57]杜撫、會稽澹臺敬伯、鉅鹿韓伯高最知名。

17 杜撫字叔和，犍為武陽人[58]也。少有高才。受業於薛漢[59]，定韓詩章句。後歸鄉里教授。沈靜樂道[60]，舉動必以禮。弟子千餘人。後為驃騎將軍[61]東平王蒼[62]所辟，及蒼就國，掾史悉補王官屬，未滿歲，皆自劾[63]歸。時撫為大夫，不忍去，蒼聞，賜車馬財物遣之。辟太尉府。建初中，為公車令[64]，數月卒官。其所作詩題約義通，學者傳之，曰杜君法[65]云。

18 召馴字伯春，九江[66]壽春[67]人也。曾祖信臣[68]，元帝時為少府。父建武中為卷[69]

令，俶儻(70)不拘小節。

19 馴少習韓詩，博通書傳，以志義(71)聞，鄉里號之曰「德行恂恂(72)召伯春」。累仕州郡，辟司徒府。建初元年，稍遷騎都尉，侍講肅宗。拜左中郎將，入授諸王。帝嘉其義學(73)，恩寵甚崇(74)。出拜陳留太守，賜刀劍錢物。元和二年，入為河南尹。章和二年，代任隗為光祿勳(75)，卒於官，賜冢塋陪園陵(76)。

20 孫休，位至青州刺史。

21 楊仁字文義，巴郡(77)閬中(78)人也。建武中，詣師學習韓詩，數年歸，靜居教授。仕郡為功曹，舉孝廉，除郎。太常上仁經中博士(79)，仁自以年未五十，不應舊科(80)，上府讓選。

22 顯宗特詔補北宮(81)衛士令，引見，問當世政迹(82)。仁對以寬和任賢(83)，抑黜驕戚(84)為先。又上便宜(85)十二事，皆當世急務。帝嘉之，賜以縑錢。

23 及帝崩，時諸馬貴盛(86)，各爭欲入宮(87)。仁被(88)甲持戟，嚴勒(89)門衛，莫敢輕進者。肅宗既立，諸馬共譖仁刻峻(90)，帝知其忠，愈善之，拜什邡(91)令。寬惠為政，勸課(92)掾史弟子，悉令就學。其有通明經術者，顯之右署(93)，或貢之朝，由是義學大興。墾田千餘頃。行兄喪去官。

24 後辟司徒桓虞府。掾有宋章者，貪奢不法，仁終不與交言同席，時人畏其節。後為閬中令，卒於官。

25 趙曄字長君，會稽山陰[94]人也。少嘗為縣吏，奉檄迎督郵[95]，曄恥於廝役[96]，遂棄車馬去。到犍為資中[97]，詣杜撫受韓詩，究竟其術[98]。積二十年，絕問[99]不還，家為發喪制服[100]。撫卒乃歸[101]。州召補從事[102]，不就。舉有道[103]。卒於家。

26 曄著吳越春秋[104]、詩細歷神淵。蔡邕至會稽，讀詩細而歎息[105]，以為長於論衡。邕還京師，傳之，學者咸誦習焉。

27 時山陽[106]張匡，字文通，亦習韓詩，作章句。後舉有道，博士徵，不就。卒於家。

28 衛宏字敬仲[107]，東海人也。少與河南鄭興俱好古學[108]。

29 初，九江謝曼卿善毛詩，乃為其訓。宏從曼卿受學，因作毛詩序，善得風雅之旨[109]，于今傳於世。後從大司空杜林更受古文尚書，為作訓旨。時濟南徐巡師事宏，後從林受學，亦以儒顯[110]，由是古學大興。光武以為議郎。

30 宏作漢舊儀[111]四篇，以載西京雜事；又著賦[112]、頌[113]、誄[114]七首，皆傳於世。

31 中興後，鄭眾、賈逵傳毛詩，後馬融作毛詩傳，鄭玄作毛詩箋[115]。

【章旨】以上介紹東漢《詩》學派的發展和傳承。著重記述高詡、包咸、魏應、伏恭、任末、景鸞、薛漢、杜撫、召馴、楊仁、趙曄、衛宏等著名《詩》學大師們的生平，以及他們在傳道授業方面的突出成就。

【注釋】❶申公受詩於浮丘伯　申公，名培，西漢魯（今山東曲阜）人。少與楚元王交，事浮丘伯，受《詩》。文帝時博士，西漢今文《詩》學「魯詩學」的開創者。其所傳《詩》稱《魯詩》。浮丘伯，西漢初儒生。齊（今山東臨淄）人，荀子門生。以《詩》教授，申公、楚元王都曾從他受業。❷詁訓　對經書文字的解釋。詁，對古代語言文字的解釋。訓，訓釋；解釋詞義。❸轅固生　西漢齊人。今文《詩》學「齊詩學」開創者，景帝時為博士。其所傳《詩》稱《齊詩》。❹韓嬰　西漢燕（今北京）人。今文《詩》學「韓詩學」開創者。文帝時為博士。著有《韓詩內傳》和《韓詩外傳》。其所傳《詩》稱《韓詩》。❺毛萇　西漢經學家。趙（今河北邯鄲）人。古文《詩》學「毛詩學」由毛亨開創，後授毛萇。後稱毛亨為「大毛公」，毛萇為「小毛公」。其所傳《詩》學稱《毛詩》。❻平原　郡名。治所在平原（今山東平原縣南）。❼般　縣名。治所在今山東樂陵西南。❽元帝　西漢元帝劉奭，為宣帝之子。❾上谷　郡名。治所在今河北懷來。❿以父任為郎中　憑著父親的官職擔任郎中。任，即任子制。漢代高官子弟憑藉父兄而得官的制度。《漢書．哀帝紀》注引應劭曰：「《漢儀注》：吏二千石以上，視事滿三年，得任同產若子一人為郎。」實際上，由於任子與高級官吏的切身利益相關，所以，可以任子的官職往往不限於二千石，所任之人的人數也不限於子弟一人。西漢晚期，任子範圍已擴大到宗族。東漢時，任子之風更盛，甚至擴大到了門人、家人、隨從。⓫以信行清操知名　以誠實守信、志節品行高尚為人所知。清操，志節品行高尚。⓬符離　縣名。治所在今安徽宿縣。⓭方正　行為端方正直。⓮冢田　墓地。⓯會稽　郡名。原治所在今江蘇蘇州。東漢順帝永建四年（西元一二九年）於北部另置吳郡，治所移到山陰（今浙江紹興）。⓰曲阿　縣名。治所在今江蘇丹陽。⓱右師細君　右師，姓。細君，名。東漢博士。⓲赤眉　指西漢末年反莽農民軍，士卒皆染眉為赤，故稱。⓳遂見拘執　便被拘囚起來。見，被。執，捉拿；拘捕。⓴精舍　學舍；講讀之所。㉑太守黃讜署戶曹史　太守黃讜讓他暫任戶曹史。署，代理；暫任。戶曹史，官名。戶曹，官署名。兩漢公府及郡縣均置戶曹，以管理民戶、祭祀、農桑諸事。其正職長官曰掾，副職稱史。㉒禮有來學二句　李賢注曰：「《禮記》曰：『禮聞來學，不聞往教也。』」往教，老師前往門生處教授。㉓錫以几杖　賜給坐几和手杖。錫，通「賜」。几杖，坐几和手杖，以供老年人坐時靠依和走路時支撐之用。古以賜几杖為敬老之禮。㉔入屏不趨　進入屏壁後不必小步快走。

屏，照壁；屏風。泛指室內擋風或作屏蔽的用具。趨，低頭彎腰，小步快走，是表示恭敬的一種行走姿勢。不趨，不急步而行。古代臣子入朝必須趨步以示恭敬，不趨是皇帝對大臣的一種特殊禮遇。㉕贊事不名　輔佐政事不直呼其名。贊，輔助；輔佐。不名，不直呼其名。以示尊崇之意。㉖束帛　五匹帛為一束。古代用為聘問、饋贈的禮物。㉗奉祿增於諸卿　俸祿多於百官。奉，通「俸」。諸卿，泛指高級官員。㉘病篤　病重。篤，重；程度深。㉙輦駕　皇帝乘坐的車。㉚年七十二　汲古閣本、武英殿本「二」作「一」。㉛任城　郡國名。東漢章帝時分東平國置。治所在今山東濟寧。㉜僚黨　朋輩。僚，朋友；同伴。黨，同夥；同類。㉝濟陰王　東漢明帝之子劉長。㉞文學　官名。漢代於州郡及王國皆置文學官，多以明經者為之。㉟千乘王　漢章帝之子劉伉。㊱淳于恭　淳于，姓。恭，名。字孟孫。光武帝時任議郎、侍中。詳見本書卷三十九。㊲湛　即伏湛。字惠公，東漢大臣。光武帝時歷任尚書、司徒等職。詳見本書卷二十六。㊳劇　縣名。治所在今山東壽光南。㊴青州舉為尤異　青州，西漢武帝所置「十三刺史部」之一。東漢時治所在今山東臨淄。尤異，古代對官吏的考評語。即政績優異、卓越。㊵敦　督促；勉勵。㊶北州　指北方幽、并等諸州。㊷恭乃省減浮辭　伏恭就減少虛泛無根據的文字。省減，減省；減少。浮，空虛；虛泛無根據。㊸饗禮　古代一種隆重的宴飲賓客之禮。饗，設酒大宴賓客。㊹顯節陵　東漢明帝劉莊陵墓。在今河南洛陽東。㊺蜀郡　郡名。治所在今四川成都。㊻繁　縣名。治所在今四川彭縣。㊼末乃躬推鹿車　任末就親自推著一輛人力車。躬，親自。鹿車，古時用人力推挽的小車。㊽功曹　官名。漢代郡守、縣令長之佐吏，係郡縣佐吏中地位最高者。其職主考察記錄功勞，參與任免賞罰，有時甚至代行郡守及縣令長之事，職總內外。㊾臨命　臨命將絕之際；人將死之時。㊿梓潼　縣名。治所在今四川梓潼。(51)涉　到；經歷。(52)以類相從　按照類別各相歸屬。(53)風角　古代占卜之術，是根據對風的觀察以占卜吉凶的一種方術。(54)占驗　占卜的說法得到應驗。(55)淮陽　郡國名。治所在今河南淮陽。(56)後坐楚事辭相連　後來受到楚王劉英謀反案的訟辭牽連。楚事，指東漢明帝永平十三年（西元七〇年），楚王英謀反被廢，所連及死徙者數千人。辭，訟辭；口供。(57)犍為　郡名。治所在今四川彭山縣東。(58)武陽人　《後漢書集解》：「惠棟曰：『《華陽國志》資中人。』」(59)薛漢　字子公，世習《韓詩》。建初時為博士。(60)沈靜樂道　為人沉靜喜好聖人之道。(61)驃騎將軍　官名。位同三公。驃騎，將軍名號。(62)東平王蒼　東漢光武帝之子劉蒼，明帝同母兄弟，封東平王，明帝時頗受寵幸。(63)自劾　檢舉自己的過失。劾，檢舉過失或違法的行為。(64)公車令　即公車司馬令。官名。掌宮南闕門。主凡吏民上書，四方貢獻及徵詣公車者。(65)杜君法　汲古閣本、武英殿本並作《杜君注》。(66)九江　郡名。治所在今安徽定遠。(67)壽春　縣名。治所在今安徽壽縣。(68)信臣　即召信臣，字翁卿，西漢著名大臣。元帝時屢任郡守，政績卓著。在任南陽郡守時，為吏民敬愛，被稱為「召父」。《漢書》有傳。69卷　縣名。治所在今河南原陽。70俶儻　也做「倜儻」。豪爽灑脫。71志義　志向節操。義，合乎正義的行為和事情。72恂恂　謙虛恭謹的樣子。73義學　經義之學。74崇　興旺；隆盛。75章和二年二句　《後漢書集解》：「洪頤煊曰：〈章帝紀〉章和元年光祿勳任隗為司空，則馴之代隗亦當在章和元年。」任隗，字仲和，東漢大臣。歷仕明帝、章帝、和帝。詳見本書卷二十一。76陪園陵　即「陪陵」。公卿大臣死後，葬在皇帝陵墓附近，稱陪園陵。77巴郡　郡名。治所在今重慶市北嘉陵江北岸。78閬中　縣名。治所在今四川閬中。79太常上仁經中博士　太常舉薦楊仁經學水平高，可任博士之職。上，舉薦；推薦。中，符合。80舊科　以前的規定或法律條文。李賢注曰：「《漢官儀》曰：『博士限年五十以上。』」81北宮　宮殿名。東漢都城洛陽兩大宮殿建築群之一，位處宮城北面，故稱北宮。在今洛陽白馬寺一帶。82政迹　猶政績。政治上的成效。83任賢　任用賢能之人。84抑黜驕戚　貶抑廢除驕縱的外戚。抑黜，貶抑；廢除。驕戚，驕縱的外戚。85便宜　指利於治國、合乎時宜的辦法或建議。86諸馬貴盛　馬氏外戚高貴顯赫。諸馬，指明帝馬皇后的親屬。貴盛，高貴顯赫。87入宮　指入北宮謁見馬后。88被　通「披」。89勒　統率。90諸馬共譖仁刻峻　馬氏外戚一起說楊仁的壞話，誣陷他苛刻嚴厲。譖，說壞話誣陷別人。刻，苛刻。峻，嚴厲。91什邡　縣名。治所在今四川什邡。92勸課　勉勵督促。課，督促。93右署　李賢注曰：「右署，上司。」94山陰　縣名。治所在今浙江紹興。95奉檄迎督郵　捧著官府文書去迎接督郵。奉，恭敬地捧著。檄，文體名。古代官府用以徵召、曉諭、聲討的文書。督郵，官名。漢代郡府屬吏。主督察所轄縣長吏政績、社會治安、法紀行政、催租點兵等，為太守的耳目。每郡分若干部，每部設督郵一人領其職。96廝役　地位供人驅使的奴僕。97資中　縣名。治所在今四川資陽。98究竟其術　把杜撫的學問都掌握了。究竟，窮盡。99絕問　斷絕音訊。問，音訊。100制服　守制服喪。101撫卒乃歸　原為「曄卒業乃歸」。《後漢書集解》：「惠棟曰：《會稽典錄》云『撫卒，曄經營葬之，然後歸』。先謙曰：曄卒業西歸。官本作『撫卒乃歸』是。」102從事　官名。漢制，司隸校尉和州刺史置從事，分掌政事。103有道　漢代察舉科目之一。104吳越春秋　原書十二卷，今存十卷。採用編年體，敘述吳國自太伯至夫差、越國自無餘至句踐的史事。於舊史所記外，增加不少民間傳說，有補充正史缺漏的重要史料價值。105歎息　讚歎。106山陽　郡名。治所在今山東巨野。107衛宏字敬仲　《後漢書集解》：「惠棟曰：『宏』《書斷》作『密』。鄭康成自序云『字次仲』。《書斷》亦云。」108古學　古文經學。109善得風雅之旨　善於領會〈風〉、〈雅〉的意旨。旨，意旨；意思。110亦以儒顯　也以儒學成就顯揚。顯，顯揚。111漢舊儀　書名。亦稱《漢官舊儀》。《隋書‧經籍志》、《唐書‧藝文志》均作四卷，原本久佚。今《四庫全書》從《永樂大典》錄出，作一卷，補遺一卷。所記皆西漢典制，凡皇帝起居、官制、名號職掌、中宮及太子制度等。

[112]賦 古代的一種文體。是韻文和散文的綜合體。講究詞藻、對偶、用韻。[113]頌 文體的一種，用以頌揚。[114]誄 古代文體。悼念死者的文章或祈禱文。[115]毛詩箋 書名。東漢鄭玄箋，二十卷。晉張華《博物志》謂「鄭注《毛詩》曰箋，不解此意。或云毛公嘗為北海相，玄是郡人，故以為敬云。」《四庫提要》則說：「康成特因《毛傳》而表識其榜，如今人之簽記，積而成帙，故謂之箋。」此注既出，《詩》三家遂廢。箋，古書注釋的一種，意思指將隱而不明的地方，經注解說明使原來的意思顯現出來。

【語譯】《漢書》記載魯國人申公培向浮丘伯學習《詩》，給《詩》作詁訓，這就是《魯詩》；齊國人轅固生也傳授《詩》，這就是《齊詩》；燕國人韓嬰也傳授《詩》，這就是《韓詩》。朝廷給《魯詩》、《齊詩》、《韓詩》這三家都設立了博士。趙國人毛萇傳授《詩》，這就是《毛詩》，沒有設立博士。

2 高詡字季回，平原郡般縣人。他的曾祖父高嘉曾教授西漢元帝《魯詩》，官至上谷太守。高詡的父親高容，年輕時傳授家學，於西漢哀帝、平帝年間擔任光祿大夫。

3 高詡憑著父親的官職擔任郎中。他家世代傳授《魯詩》。高詡以誠實守信、志節品行高尚為人所知。王莽篡取皇位後，高詡和父親假稱目盲，逃避亂世，不在王莽的新朝為官。光武帝劉秀登上皇位，大司空宋弘向朝廷舉薦高詡，朝廷便徵召高詡擔任郎官，後來讓他擔任符離縣長。他辭官去職，後來被朝廷徵召為博士。建武十一年，朝廷授他大司農之職。在朝中以品行端方正直而聞名。建武十三年，他逝於官任，朝廷賜給錢和墓地。

4 包咸字子良，會稽郡曲阿縣人。年輕時是儒生，在長安學習儒學，向博士右師細君學習《魯詩》、《論語》。王莽新朝末年，他離開長安要回家鄉，在東海郡內被赤眉軍抓獲，被拘捕起來。在被拘禁的十多天中，包咸早晚誦讀經書，神情自若，赤眉軍認為他與眾不同就釋放了他。於是居住在東海郡，設立學舍講解傳授經學。光武帝劉秀登上皇位後他才返回鄉里。太守黃讜讓他暫任戶曹史，想召他進入府邸教授自己的兒子。包咸說：「按禮法來說，只有學生來老師這裡學習的，而沒有老師上門教授學生的。」於是黃讜讓兒子前往包咸處拜他為師。

5 後來包咸被舉薦為孝廉，朝廷任命他為郎中。建武年間，包咸進宮給皇太子教授《論語》，又對《論語》作剖章析句的解釋。朝廷先後任命他為諫議大夫、侍中、右中郎將等職。永平五年，升遷為大鴻臚。每次進見，皇帝都賜給他坐几和手杖，以供他靠身和走路時依持之用，又讓他進入屏壁後不必小步快行，輔佐政事不直呼其名，以示尊重。皇帝研讀經傳時遇有疑惑不解之處，就派小黃門到包咸的住處求教詢問。

6 明帝因包咸有老師之恩情，而且包咸向來清苦，經常特意賞賜給他珍貴的賞玩物品和束帛，他的俸祿也高於百官，包咸都將這些財務分發給貧困的學生。病重時，明帝親自乘輦駕前來探視。永平八年，年七十二歲卒於官任上。

7 兒子包福，官拜郎中，也進宮給和帝講授《論語》。

8 魏應字君伯，任城郡人。年輕時好學。建武初年，入京向博士學習《魯詩》。他閉門不問世事，專心誦讀研習經學，從不呼朋喚友，京城的人都稱道他。後來返回家鄉擔任郡吏，被舉薦為明經，朝廷任他為濟陰國的文學官。後因病免去官職，在山林草澤中教授，學生常多達幾百人。永平初年，擔任博士，又升遷為侍中。永平十三年，升遷為大鴻臚。永平十八年，朝廷任命他為光祿大夫。建初四年，朝廷任命他為五官中郎將，皇帝下詔讓他入宮教授千乘王劉伉。

9 魏應經術通明品行修潔，弟子們從遠方趕來向他求學，記錄在簿冊的有幾千人。章帝非常推崇他，他曾多次進見皇帝，在御前與人就經學問題議論詰問，受到皇帝特別的賞賜。當時在白虎觀會聚京城儒生們，講談議論《五經》的相同與不同，章帝讓魏應專門負責詰問，侍中淳于恭稟奏情況，章帝本人親臨執行決斷權力，如同西漢時期的石渠閣舊例。第二年，魏應離開京城出任上黨太守，後朝廷徵召任命他為騎都尉，逝於官任上。

10 伏恭字叔齊，琅邪郡東武縣人，是司徒伏湛的哥哥的兒子。伏湛的弟弟伏黯，字稚文，精熟《齊詩》，並為其改定章句注釋，撰寫《解說》九篇，官至光祿勳，沒有兒子，便把伏恭作為自己的後代。

11 伏恭天性孝順，非常恭謹地侍奉繼母，他年輕時傳習伏黯的學問，因為伏黯的職位而擔任郎官。建武四年，朝廷任命他為劇縣縣令。他做縣令十三年，在職期間以施政仁德公正清廉聞名。青州舉薦他的政績突出，太常考試經學他名列第一，朝廷授他博士之職，升遷為常山太守。他擔任常山太守期間敦促勉勵修建學校，不間斷地教授經學，因此伏氏學在北方州郡很盛行。永平二年，他代替梁松擔任太僕。永平四年，明帝親自蒞臨辟雍，在行禮中任命伏恭為司空，儒生們都以此為榮。

12 起初，他的父親伏黯為《齊詩》剖章析句的解釋太過繁多，他就減少虛泛無根據的文字，刪定成二十萬字。他擔任司空一職九年，因病請求退休，皇帝下詔賞賜他終身享受一千石俸祿。永平十五年，皇帝巡行親臨琅邪郡，以三公的禮遇引見了他。建初二年冬季，章帝舉行饗禮，把伏恭作為三老以示禮敬。伏恭於元和元年去世，享年九十歲，皇帝下詔賜他埋葬於顯節陵陵區。

13 伏恭的兒子伏壽，官至東郡太守。

14 任末字叔本，蜀郡繁縣人。年輕時研習《齊詩》，從家鄉來京城學習，教授學生十多年。他的朋友董奉德在洛陽病逝，任末就親自推著一輛人力小車，載著董奉德的屍體送到墓地，任末因此揚名。他擔任郡功曹，因病辭職。後來在為老師奔喪的途中去世。將死之時，告訴兄長的兒子任造說：「一定要把我的屍體送到老師門前，假使死後有知，我的靈魂就不會有愧於師；如果死後無知，入土為安就是了。」任造聽從了他的話。

15 景鸞字漢伯，廣漢郡梓潼人。年輕時跟隨老師學習經學，遊走七州之地。能夠通曉《齊詩》、《施氏易》，同時向老師學習《河圖》、《洛書》等圖讖和緯書，撰寫《易說》及《詩解》，文句同時取自《河圖》和《洛書》的內容，按照類別各相歸屬，命名為《交集》。又撰寫《禮內外記》，稱為《禮略》。還抄錄風角等占卜一類的雜書，列舉其中占卜結果得到應驗的記錄，撰寫《興道》一篇。又撰寫《月令章句》。他總共著述計五十多萬字。多次上書朝廷陳說補救災禍變異的方法。州、郡徵召他，都不就任。後壽盡而終。

16 薛漢字公子，淮陽人，他家世代研習《韓詩》，他和他的父親都以剖章析句解說經義聞名。薛漢年輕時傳習父親的家學，尤其善於解說災異讖緯，門下常有幾百個學生。建武初年，擔任博士，皇帝下詔令他校定圖讖。當時講說《詩》的學者公推薛漢為好。永平年間，擔任千乘太守，政績突出。後來受到楚王劉英謀反案的訟辭牽連，被關進牢獄死亡。弟子中以犍為人杜撫、會稽人澹臺敬伯、鉅鹿人韓伯高最有名。

17 杜撫字叔和，犍為郡武陽縣人。年輕時才學過人，向薛漢學習經學，定剖章析句解說《韓詩》的文字。後來歸還家鄉教授學生。杜撫為人沉穩閒靜喜好聖人之道，行為舉止必定遵循禮制。他有弟子一千多人。後來被驃騎將軍東平王劉蒼徵召，等到劉蒼去往自己的封國，將軍府掾史全部補任東平國屬吏，不到一年，這些屬吏都自行檢舉過失辭官回家。當時杜撫擔任王國大夫，不忍心離去，劉蒼聽說後，賜給車馬財物讓他回去。後被太尉府徵召。建初年間，擔任公車令，數月後逝於官任。他所撰寫的《詩題約義通》被學者們傳習，稱為《杜君法》。

18 召馴字伯春，九江郡壽春縣人。他的曾祖父召信臣，曾於西漢元帝時擔任少府。父親於建武年間擔任卷縣縣令，為人豪放瀟脫不拘小節。

19 召馴年少時研習《韓詩》，通曉諸多儒家經籍，以志向節操聞名，鄉里稱他「言行謙虛恭謹召伯春」。多次在州府、郡府中出任官職，後被徵召在司徒府中任職。建初元年，逐漸升遷為騎都尉，在章帝身邊侍從並為章帝講授儒家經籍。朝廷任命他為左中郎將，入宮教授諸侯王們。章帝對他的經學水平非常嘉許，十分恩寵。後他離京出任陳留太守，皇帝賜他刀劍錢物。元和二年，入京擔任河南尹。章和二年，代替任隗擔任光祿勳，逝於官任上，皇帝賜他埋葬在皇陵附近。

20 召馴的孫子召休，官至青州刺史。

21 楊仁字文義，巴郡閬中縣人。建武年間，到老師那裡學習《韓詩》，幾年後回到家鄉，靜居家中教授生徒。在郡府做官，擔任功曹，被舉薦為孝廉，朝廷任命他為郎官。太常舉薦楊仁經學水平高，可任博士，楊仁自認為年齡還沒到五十歲，不符合以前的規定，到太常府辭讓太常的推薦。

22 明帝特別下詔讓他補任北宮衛士令，被引見到明帝面前，明帝詢問他當朝政績。楊仁回答應把寬厚謙和、選任賢能，貶抑廢除驕縱的外戚當作首要之事。又上奏利於治國、合乎時宜的十二件事，都是當時急迫的要務。明帝嘉許他，賜給他縑和錢。

23 等到明帝駕崩，當時馬姓外戚高貴顯赫，都爭著想進入皇宮謁見馬皇后。楊仁身披甲冑手持長戟，嚴格統帥宮門衛士，沒有人敢輕易進入。章帝登上皇位後，馬姓外戚一起在章帝面前說楊仁壞話，誣陷他苛刻嚴厲，章帝心知楊仁的忠心，更加稱許他，讓他擔任什邡縣令。楊仁為政寬厚仁惠，勉勵督促掾史的子弟，讓他們都從師學習。將他們中通曉明白經學的向上級官員顯揚，或者向朝廷舉薦，他的這種做法使學風大興。他在職時開墾田地一千多頃。後為給兄長服喪而辭去官職。

24 後來被徵召到司徒桓虞府任職。司徒府中有個叫宋章的掾吏，為人貪財奢靡不守法度，楊仁始終不同他說話同坐，當時人都敬畏他的節操。楊仁後來擔任閬中縣令，卒於官任上。

25 趙曄字長君，會稽郡山陰縣人。年輕時曾擔任縣吏，捧著官府文書去迎接督郵，他恥於做這種供人驅使的差事，就棄車馬離任而去。趙曄到達犍為郡資中縣，到杜撫門下學習《韓詩》，把杜撫的學問都掌握了。在資中縣求學前後二十年中，他與家人斷絕音訊且未還家，家人以為他已死去便為他辦理了喪事並守制服喪。杜撫死後他才回家。州徵召他補任從事，不肯任職。後被舉薦為有道，逝於家中。

26 趙曄著有《吳越春秋》、《詩細歷神淵》。蔡邕到會稽，誦讀《詩細歷神淵》後讚歎，認為勝過《論衡》。蔡邕回到京城，傳播此書，學習經學的人都誦讀研習它。

27 當時山陽郡人張匡，字文通，也研習《韓詩》，作剖章析句的解釋。後來被舉薦為有道，朝廷徵召他為博士，他不肯接受任命。後卒於家中。

28 衛宏字敬仲，東海郡人。年輕時與河南鄭興都喜好古文經學。

29 起初，九江郡人謝曼卿精通《毛詩》，於是為《毛詩》作訓詁。衛宏師從謝曼卿學習《毛詩》，便撰寫《毛詩序》，他在《毛詩序》中善於領會〈風〉、〈雅〉的意旨，因此《毛詩序》如今仍流傳於世。衛宏後來師從大司空杜林改學《古文尚書》，為它撰寫《訓旨》。當時濟南人徐巡以衛宏為師，後來師從杜林學習，也以儒學成就揚名天下，因此古文經學廣泛興起。光武帝劉秀任命他為議郎。

30 衛宏撰寫《漢舊儀》四篇，以記載西漢長安各類典章制度；還著有賦、頌、誄七首，都流傳於世。

31 光武中興後，鄭眾、賈逵傳授《毛詩》，後來馬融撰寫《毛詩傳》，鄭玄撰寫《毛詩箋》。

1 前書魯高堂生❶，漢興傳禮十七篇。後瑕丘蕭奮以授同郡后蒼❷，蒼授梁人戴德及德兄子聖、沛人慶普❸。於是德為大戴禮，聖為小戴禮，普為慶氏禮，三家皆立博士。孔安國所獻禮古經五十六篇及周官經❹六篇，前世傳其書，未有名家❺。中興已後，亦有大、小戴博士，雖相傳不絕，然未有顯於儒林者。建武中，曹充❻習慶氏學，傳其子褒❼，遂撰漢禮，事在褒傳。

2 董鈞字文伯，犍為資中人也。習慶氏禮。事大鴻臚王臨。元始中，舉明經，遷廩犧令❽，病去官。建武中，舉孝廉，辟司徒府。

3 鈞博通古今，數言政事。永平初，為博士。時草創五郊祭祀❾，及宗廟禮樂，威儀❿章服⓫，輒令鈞參議，多見從用，當世稱為通儒⓬。累遷五官中郎將，常教授門生百餘人。後坐事左轉⓭騎都尉。年七十餘，卒於家。

4 中興，鄭眾傳周官經，後馬融作周官傳，授鄭玄，玄作周官注。玄本習小戴禮，後以古經校之，取其義長者，故為鄭氏學。玄又注小戴所傳禮記四十九篇⓮，通為三禮⓯焉。

【章　旨】以上介紹東漢《禮》學的發展和傳承概況。是作者在《五經》中著墨最少的部分，只記載了一位《禮》學大師董鈞的生平事跡，並在結尾處簡略介紹了鄭玄遍注「三禮」之事。

【注　釋】❶高堂生　西漢魯人。今文《禮》學的最早傳授者。傳《士禮》十七篇。❷後瑕丘蕭奮句　《後漢書集解》：「洪亮吉曰：案《前書・儒林傳》：孟卿，東海人也。『事蕭奮，以授后蒼。』語本甚明，今橫絕去上七字，遂若蕭奮授后蒼矣。范《史》率略多此類。」瑕丘，縣名。治今山東兗州。后蒼，字近君，西漢郯（今山東郯城）人。治《詩》、《禮》。戴德、戴聖、慶普都是其學生。說《禮》數萬言，號《后氏曲臺記》。❸慶普　字孝公，西漢沛人。曾任東平王太傅，學《禮》於后蒼，今文《禮》學「慶氏學」開創者，其所傳《禮》學稱《慶氏禮》。❹周官經　書名。即《周官》，又稱《周禮》。儒家經典之一。因易與《尚書・周官》相混，改稱《周官經》。西漢未列為經而屬於禮，故有《周禮》之名。相傳為周公所作，近代學者多認為其為戰國時著作。全書主要依據儒家政治思想，雜彙周王室官制及戰國年間各國制度增損編排而成，分〈天官〉、〈地官〉、〈春官〉、〈夏官〉、〈秋官〉、〈冬官〉六部分。對研究先秦社會制度、典章文物等有重要價值。❺名家　有專長而自成一家的人。❻曹充　東漢薛（今山東滕州）人。治《慶氏禮》，建武時為博士。詳見本書卷三十五。❼褒　即曹褒。字叔通，曹充之子。少習父業，通《慶氏禮》。詳見本書卷三十五。❽廩犧令　官名。河南尹屬官。掌祭祀犧牲雁鶩之屬。❾五郊祭祀　古代祭祀禮儀。五郊，古代皇帝迎節氣之所：立春之日，迎春於東郊，祭青帝句芒；立夏之日，迎夏於南郊，祭赤帝祝融；立秋前十八日，迎黃靈於中兆，祭黃帝后土；立秋之日，迎秋於西郊，祭白帝蓐收；立冬之日，迎冬於北郊，祭黑帝玄冥。詳見本書〈志八・祭祀中〉。❿威儀　古代祭祀禮儀中的禮儀細節。《禮記・中庸》：「禮儀三百，威儀三千。」⓫章服　繡有日月、星辰等圖案的古代禮服，以圖文為等級標誌。每圖為一章，天子十二章，群臣按品級以九、七、五、三章遞減。⓬通儒　通曉古今、學識淵博的儒者。⓭左轉　同「左遷」。即貶官降職。漢時以「右」為上。⓮小戴所傳禮記四十九篇　即今通行本《禮記》。⓯三禮　《儀禮》、《周禮》、《禮記》。

【語　譯】《漢書》記載魯國人高堂生在西漢王朝建立後傳授《禮》十七篇。後來瑕丘人蕭奮將高堂生所傳之《禮》傳授給同郡人后蒼，后蒼又把它傳授給梁國人戴德和戴德兄長的兒子戴聖和沛郡人慶普。於是戴德作《大戴禮》，戴聖作《小戴禮》，慶普作《慶氏禮》，這三家《禮》都被立為博士。西漢武帝時，孔安國將《禮古文經五十六篇和《周官經》六篇獻於朝廷，這些書在西漢曾經流傳，但沒有能在學術上自成一家的人。光武中興以後，也有《大戴禮》、《小戴禮》博士，雖然它們一直被更相傳授，但是沒有顯名於儒林的大家。建武年間，曹充研習慶氏學，並將它傳授給兒子曹褒，曹褒於是撰寫《漢禮》，這件事記載在〈曹褒傳〉中。

2 董鈞字文伯，犍為郡資中縣人。研習《慶氏禮》。師事大鴻臚王臨。元始年間，被舉薦為明經人選，升遷為廩犧令，因病辭去官職。建武年間，被舉薦為孝廉，在司徒府中任職。

3 董鈞博古通今，多次談論國家政事。永平初年，擔任博士。當時朝廷開始興辦五郊祭祀之禮，規範祭祀宗廟時的禮樂制度和祭祀禮儀、禮服等級等，遇到此類事務總是讓董鈞參與商議，他的大多意見被採納施行，當時人們稱他為通儒。他多次升遷官至五官中郎將，教授弟子常多至百餘人。後因事獲罪貶官降職為騎都尉。年七十多歲時逝於家中。

4 光武中興後，鄭眾傳授《周官經》，後來馬融作《周官傳》，並將其傳授給鄭玄，鄭玄作《周官注》。鄭玄本來研習《小戴禮》，後來用古文經書校勘《小戴禮》，選取其經義優長的，因此創鄭氏學。鄭玄為戴聖所傳《禮記》四十九篇作注，《儀禮》、《周禮》、《禮記》加在一起稱為《三禮》。

1 前書齊胡母子都❶傳公羊春秋，授東平嬴公❷，嬴公授東海孟卿❸，孟卿授魯人眭孟❹，眭孟授東海嚴彭祖、魯人顏安樂。彭祖為春秋嚴氏學，安樂為春秋顏氏學，又瑕丘江公❺傳穀梁春秋，三家皆立博士。梁太傅賈誼❻為春秋左氏傳訓詁，授趙人貫公❼。

2 丁恭字子然，山陽東緡❽人也。習公羊嚴氏春秋。恭學義精明，教授常數百人，州郡請召不應。建武初，為諫議大夫、博士，封關內侯⑨。十一年，遷少府。諸生自遠方至者，著錄數千人，當世稱為大儒。太常樓望⑩、侍中承宮⑪、長水校尉⑫樊鯈⑬等皆受業於恭。二十年，拜侍中祭酒、騎都尉，與侍中劉昆俱在光武左右，每事諮訪焉。卒於官。

3 周澤字穉都，北海⑭安丘⑮人也。少習公羊嚴氏春秋，隱居教授，門徒常數百人。建武末，辟大司馬府，署議曹祭酒⑯。數月，徵試博士。中元元年，遷黽池⑰令。奉公尅己，矜恤孤羸⑱，吏人歸愛之⑲。永平五年，遷右中郎將。十年，拜太常。

4 澤果敢直言，數有據爭⑳。後北地㉑太守廖信坐貪穢下獄，沒入財產，顯宗以信臧物班諸廉吏㉒，唯澤及光祿勳孫堪、大司農常沖特蒙賜焉。是時京師翕然㉓，在位者咸自勉勵。

5 堪字子穉，河南緱氏㉔人也。明經學，有志操，清白貞正，愛士大夫㉕，然一毫未嘗取於人，以節介氣勇自行㉖。王莽末，兵革並起，宗族老弱在營保㉗間，堪常力戰陷敵，無所回避，數被創刃㉘，宗族賴之，郡中咸服其義勇。

6 建武中，仕郡縣。公正廉絜，奉祿不及妻子㉙，皆以供賓客。及為長吏㉚，所在有迹，為吏人所敬仰。喜分明去就。嘗為縣令，謁府，趨步遲緩，門亭長譴堪御吏㉛，堪便解印綬去，不之官。後復仕為左馮翊㉜，坐遇下促急㉝，司隸校尉舉奏免官。數月，徵為侍御史㉞，再遷尚書令。永平十一年，拜光祿勳。

7 堪清廉，果於從政，數有直言，多見納用。十八年，以病乞身㉟，為侍中騎都尉，卒於官。堪行類於澤，故京師號曰「二稺」。

8 十二年，以澤行司徒事㊱，如真。澤性簡，忽威儀㊲，頗失宰相之望㊳。數月，復為太常。清絜循行，盡敬宗廟。常臥疾齋宮㊴，其妻哀澤老病，闚問㊵所苦。澤大怒，以妻干犯齋禁㊶，遂收送詔獄謝罪。當世疑其詭激㊷。時人為之語曰：「生世不諧，作太常妻，一歲三百六十日，三百五十九日齋。」十八年，拜侍中騎都尉。後數為三老五更。建初中致仕㊸，卒於家。

9 鍾興字次文，汝南汝陽人也。少從少府丁恭受嚴氏春秋。恭薦興學行高明，光武召見，問以經義，應對甚明。帝善之，拜郎中，稍遷左中郎將。詔令定春秋章句，去其復重㊹，以授皇太子。又使宗室諸侯從興受章句。封關內侯。興自以無功，不敢受爵。帝曰：「生教訓太子及諸王侯，非大功邪？」興曰：「臣師丁恭。」於是復封恭，而興遂固辭不受爵，卒於官。

10 甄宇字長文，北海安丘人也。清靜少欲。習嚴氏春秋，教授常數百人。建武中，為州從事，徵拜博士，稍遷太子少傅，卒於官。

11 傳業子普，普傳子承。承尤篤學[45]，未嘗視[46]家事，講授常數百人。諸儒以承三世傳業[47]，莫不歸服之。建初中，舉孝廉，卒於梁相。子孫傳學不絕。

12 樓望字次子，陳留雍丘[48]人也。少習嚴氏春秋。操節清白，有稱鄉閭[49]。建武中，趙節王栩[50]聞其高名，遣使齎玉帛請以為師，望不受。後仕郡功曹。永平初，為侍中、越騎校尉，入講省內[51]。十六年，遷大司農。十八年，代周澤為太常。建初五年，坐事左轉太中大夫，後為左中郎將。教授不倦，世稱儒宗，諸生著錄九千餘人。年八十，永元十二年，卒於官，門生會葬者數千人，儒家以為榮。

13 程曾字秀升，豫章[52]南昌人也。受業長安，習嚴氏春秋，積十餘年，還家講授。會稽顧奉等數百人常居門下[53]。著書百餘篇，皆五經通難，又作孟子章句。建初三年，舉孝廉，遷海西[54]令，卒於官。

14 張玄字君夏，河內河陽[55]人也。少習顏氏春秋，兼通數家法。建武初，舉明經，補弘農文學，遷陳倉[56]縣丞。清淨無欲，專心經書，方其講問，乃不食終日。及有難者，輒為張數家之說[57]，令擇從所安。諸儒皆伏[58]其多通，著錄千餘人。

15 玄初為縣丞，嘗以職事對府，不知官曹處，吏白門下責之[59]。時右扶風琅邪徐業，亦大儒也，聞玄諸生，試引見之，與語，大驚曰：「今日相遭[60]，真解矇[61]矣！」遂請上堂，難問極日[62]。

16 後玄去官，舉孝廉，除為郎。會顏氏博士缺，玄試策[63]第一，拜為博士。居數月，諸生上言玄兼說嚴氏、冥氏，不宜專為顏氏博士。光武且令還署，未及遷而卒。

17 李育字元春，扶風漆[64]人也。少習公羊春秋。沈思專精[65]，博覽書傳，知名太學，深為同郡班固所重。固奏記[66]薦育於驃騎將軍東平王蒼，由是京師貴戚爭往交之。州郡請召，育到，輒辭病去。

18 常避地教授，門徒數百。頗涉獵古學[67]。嘗讀左氏傳，雖樂文采，然謂不得聖人深意，以為前世陳元、范升之徒更相非折[68]，而多引圖讖，不據理體[69]，於是作難左氏義四十一事。

19 建初元年，衛尉[70]馬廖[71]舉育方正，為議郎。後拜博士。四年，詔與諸儒論五經於白虎觀，育以公羊義難賈逵，往返皆有理證，最為通儒。

20 再遷尚書令。及馬氏廢[72]，育坐為所舉免歸。歲餘復徵，再遷侍中，卒於官。

21 何休字邵公，任城(73)樊(74)人也。父豹，少府。休為人質朴訥口，而雅有心思(75)，精研六經，世儒無及者。以列卿子詔拜郎中，非其好也，辭疾而去。不仕州郡。進退必以禮。

22 太傅(76)陳蕃(77)辟之，與參政事。蕃敗，休坐廢錮(78)，乃作春秋公羊解詁，覃思不闚門(79)，十有七年。又注訓(80)孝經、論語、風角七分(81)，皆經緯典謨(82)，不與守文(83)同說。又以春秋駁漢事六百餘條，妙得公羊本意。休善歷筭(84)，與其師博士羊弼，追述李育意以難二傳(85)，作公羊墨守(86)、左氏膏肓(87)、穀梁廢疾(88)。

23 黨禁(89)解，又辟司徒。群公表休道術深明，宜侍帷幄(90)，倖臣(91)不悅之，乃拜議郎，屢陳忠言。再遷諫議大夫，年五十四，光和(92)五年卒。

24 服虔字子慎，初名重，又名祇，後改為虔，河南滎陽人也。少以清苦建志，入太學受業。有雅才(93)，善著文論(94)，作春秋左氏傳解(95)，行之至今。又以左傳駁何休之所駁漢事六十條。舉孝廉，稍遷，中平(96)末，拜九江太守。免，遭亂行客(97)，病卒。所著賦、碑、誄、書記(98)、連珠、九憤，凡十餘篇。

25 潁容字子嚴，陳國(99)長平(100)人也。博學多通，善春秋左氏，師事太尉楊賜(101)。郡舉孝廉，州辟，公車徵，皆不就。初平(102)中，避亂荊州(103)，聚徒千餘人。劉表(104)

以為武陵[105]太守，不肯起。著春秋左氏條例五萬餘言，建安[106]中卒。

26 謝該字文儀，南陽章陵[107]人也。善明春秋左氏，為世名儒，門徒數百千人。建安中，河東人樂詳條左氏疑滯數十事以問[108]，該皆為通解[109]之，名為謝氏釋，行於世。

27 仕為公車司馬令，以父母老，託疾去官。欲歸鄉里，會荊州道斷，不得去。少府孔融[110]上書薦之曰：「臣聞高祖創業，韓、彭之將征討暴亂[111]，陸賈、叔孫通進說詩書[112]。光武中興，吳、耿佐命[113]，范升、衛宏脩述舊業，故能文武並用，成長久之計。陛下聖德欽明[114]，同符二祖[115]，勞謙厄運[116]，三年乃讙[117]。今尚父鷹揚[118]，方叔翰飛[119]，王師電鷙[120]，群凶破殄[121]，始有櫜弓臥鼓之次[122]，宜得名儒，典綜[123]禮紀。竊見故公車司馬令謝該，體曾、史之淑性[124]，兼商、偃之文學[125]，博通群蓺[126]，周覽[127]古今，物來有應，事至不惑，清白異行，敦悅[128]道訓。求之遠近，少有疇匹[129]。若乃巨骨出吳[130]，隼集陳庭[131]，黃能入寢[132]，亥有二首[133]，非夫洽聞[134]者，莫識其端[135]也。雋不疑定北闕之前[136]，夏侯勝辯常陰之驗[137]，然後朝士益重儒術。今該實卓然比跡前列[138]，間[139]以父母老疾，棄官欲歸，道路險塞，無由自致。猥使良才抱樸[140]而逃，踰越山河，沈淪[141]荊楚，所謂往而不反者也。後日當更饋樂以釣由余[142]，剋像以求傅說[143]，豈不煩哉？臣愚以為可推錄所在，召該令還。楚人止孫卿之去國[144]，漢朝追匡衡於平原[145]，尊儒貴學，惜失賢也。」書奏，詔即徵還，拜議郎。以壽終。

28 建武中，鄭興、陳元傳春秋左氏學。時尚書令韓歆上疏，欲為左氏立博士，范升與歆爭之未決，陳元上書訟左氏，遂以魏郡[146]李封為左氏博士。後群儒蔽固者數廷爭之[147]。及封卒，光武重違[148]眾議，而因不復補。

【章旨】以上介紹東漢《春秋》學派的發展和傳承情況。著重介紹丁恭、周澤、孫堪、鍾興、樓望、張玄、李育、何休、謝該等《春秋》學大師們的生平，以及他們對《春秋》學發展的貢獻。

【注釋】❶胡母子都　即胡母生，胡母為姓，生為名，字子都，西漢齊人。治《公羊春秋》，景帝時為博士。❷嬴公　西漢東平人。師從董仲舒，治《公羊春秋》，授東海孟卿。昭帝時任諫大夫。❸孟卿　西漢東海人。時人以卿稱之。擅長《禮》、《春秋》。《禮》授后蒼，《春秋》授眭孟。❹眭孟　西漢學者。名弘，字孟，魯國人。從孟卿受《公羊春秋》。以明經為議郎，昭帝時因預言當有從匹夫為天子者興，以妖言惑眾大逆不道之罪被誅。❺江公　西漢瑕丘人。受教《穀梁春秋》及《詩》於魯申公，盡傳其學，門徒眾多，時稱大江公。❻賈誼　西漢洛陽（今河南洛陽）人。政論家、文學家。文帝召為博士，好議國政。因大臣周勃等排擠，貶為長沙王太傅，轉任梁懷王太傅。多次上疏建議「眾建諸侯而少其力」，鞏固中央集權；主張重農抑商等。著述中以〈過秦論〉、〈陳政事疏〉最為有名。❼貫公　西漢趙人。從賈誼受《春秋左氏傳訓詁》。曾為河間國博士。❽東緡　縣名。治所在今山東金鄉。❾關內侯　爵位名。秦漢時為二十等級之第十九級，位於徹（列）侯之次。有其號，無國邑。一般係對立有軍功之將的獎勵，封有食邑多少戶，有按規定戶數徵收租稅之權，可世襲。南北朝時沿用，僅成為爵位的一種品級。❿樓望　字次子，東漢雍丘（今河南杞縣）人。治《嚴氏春秋》。章帝時任左中郎將。⓫承宮　字少子，東漢姑幕（今山東諸城）人。少好學。明帝時為博士。詳見本書卷二十七。⑫長水校尉　官名。漢代京師屯兵八校尉之一。⑬樊儵　字長魚，曾從丁恭受《公羊嚴氏春秋》，並刪定之。號「樊侯學」。詳見本書卷三十二。⑭北海　郡國名。治所在營陵（今山東昌樂西）。⑮安丘　縣名。治所在今山東安丘西南。⑯議曹祭酒　官名。漢代三公府和郡守屬官中，設有議曹掾史，辟請有學問的名流任其職，其中最尊者稱議曹祭酒。議曹，官署名。西漢丞相府所屬諸曹之一，東漢三公府皆置，郡縣亦置。職主謀議，正職為掾，副職為史。⑰黽池　亦稱「澠池」。縣名。治所在今河南澠池縣西南。⑱矜恤孤羸　憐憫撫恤孤羸之人。矜，憐憫；同情。恤，救濟。孤，幼而喪父曰「孤」。羸，羸弱。⑲吏人歸愛之　吏民歸心愛戴他。歸，歸附。⑳據爭　據理諫諍。據，論據；證據。這裡用作動詞。㉑北地　郡名。治所在富平（今寧夏吳忠西南）。㉒顯宗以信臧物班諸廉吏　漢明帝把廖信的贓物分發給清廉官吏。臧，通「贓」。班，通「頒」。分賞。諸，之於。㉓翕然　和諧貌。翕，協調一致。㉔緱氏　縣名。治所在今河南偃師。㉕士大夫　古代指一般官吏或較有地位的知識分子。㉖以節介氣勇自行　以節操耿介、有勇氣為行為準則。節介，節操耿介。介，耿介；獨特不合群。㉗營保　堡壘。㉘數被創刃　多次被刀劍所傷。創刃，為刀劍之類所傷。㉙妻子　妻子和子女。㉚長吏　指地位較高的官員。《漢書・景帝紀》載：「吏六百石以上，皆長吏也。」張晏說：「長，大也；六百石位大夫。」亦指地位較高的縣級官吏。《漢書・百官公卿表》載：「縣令、長皆秦官……皆有丞、尉，秩四百石至二百石，是為長吏。」㉛門亭長譴堪御吏　門亭長責備孫堪的御吏。門亭長，官名。漢制，司隸校尉及郡府屬吏有門亭長。掌率門卒，管理署衙正門。譴，責備。御吏，率下之吏。㉜左馮翊　官名。漢承秦制，以內史掌京師。景帝時內史分左、右，武帝太初元年（西元前一〇四年）將左內史更名為左馮翊，與京兆尹、右扶風共稱三輔。㉝坐遇下促急　因對待下屬過於嚴厲迫急而獲罪。遇下，對待下級、下屬。促急，迫急；嚴厲。㉞侍御史　官名。為御史大夫屬官。給事殿中，職掌監察、檢舉非法，或率使出外執行指定任務。㉟乞身　古代以做官為委身事君，故稱請求辭職為乞身。㊱十二年以澤行司徒事　《通鑑考異》：「十二年不闕司徒，當是虞延免後，邢穆未至間，澤行司徒事耳，故云數月。」㊲忽威儀　不在意儀容舉止。忽，忽略；不經心。威儀，莊重的儀容舉止。㊳頗失宰相之望　稍微有失宰相的聲望。頗，略微；稍微。宰相，亦稱丞相。最高行政長官，輔助皇帝處理政務。望，聲望；威望。㊴常臥疾齋宮　曾經在齋宮內臥病不起。常，通「嘗」。曾經。齋宮，供齋戒用的宮室。㊵闚問　探望問候。闚，觀察；探看。㊶干犯齋禁　冒犯齋戒的禁忌。干犯，冒犯。齋禁，齋戒中的禁忌。㊷詭激　怪異偏激；背離常理。詭，奇特怪異。㊸致仕　古時官員退休。㊹復重　重複。指相同的詞語再次或多次出現。㊺篤學　專注於學問。篤，重視；專注。㊻視　照看。㊼傳業　傳承家學。㊽雍丘　縣名。治所在今河南杞縣。㊾鄉閭　通「鄉里」。

閭，里巷；家鄉。50趙節王栩　東漢光武帝叔父趙王劉良之子劉栩。「節」為其謚號。51省內　宮禁之中。52豫章　郡名。治所在南昌（今江西南昌）。53門下　門庭之下；弟子學生。54海西　縣名。治所在今江蘇灌南。55河陽　縣名。治所在今河南孟州。56陳倉　縣名。治所在今陝西寶雞。57輒為張數家之說　總是為他們展開多家之說。輒，總是。張，展開；鋪陳。58伏　通「服」。59吏白門下責之　小吏稟報門吏責備他。白，稟告；報告。門下，門吏。60相遭　相逢；相遇。遭，逢；遇到。61矇　失明者；盲人。引申為蒙昧。62難問極日　論難詰問了一整天。極，盡。63試策　即「對策」。古代考試取士的方法之一。以政事、經義等設問，並寫在簡策上，令應試者對答，叫做「對策」。64漆　縣名。治所在今陝西彬縣。65專精　集中精力；專心一致。66奏記　書事上陳。奏，臣下向君上進言、上書。67頗涉獵古學　對古文經學頗有涉獵。涉獵，廣泛閱讀而不求深入鑽研。古學，古文經學。68更相非折　相互批評駁難。折，反駁；駁難。69理體　事理。70衛尉　官名。為九卿之一。掌宮門衛士。71馬廖　字敬平，東漢扶風茂陵人，為東漢開國功臣馬援之子。少以父任為郎，因其妹為明帝皇后，歷任朝廷要職。詳見本書卷二十四。72馬氏廢　李賢注曰：「建初八年，順陽侯馬廖子豫為步兵校尉，坐投書怨謗，豫免，廖歸國。」詳見本書卷二十四。73任城　郡名。治所在今山東濟寧東南。74樊　縣名。治所在今山東兗州。75雅有心思　思考能力極強。雅，極；甚。心思，思考能力。76太傅　官名。古三公之一，掌輔導皇帝。東漢時太傅錄尚書事者，參預朝政；不加錄尚書事者則無常職。77陳蕃　東漢末大臣，著名儒生。字仲舉，桓帝時任太尉，反對宦官專權。靈帝時與外戚竇武謀誅宦官，事敗被殺。詳見本書卷六十六。78廢錮　革去官職，終身不再敘用。79覃思不闚門　深思極想不留意門外之事。覃，深。闚，注意；留心。80注訓　注釋；注解。81七分　指六日七分。82皆經緯典謨　都是經書、緯書中可以作為典範的典籍典謨，可以作為典範準則的文籍篇章。謨，《尚書》文體名，記載的是君臣謀議政事的內容。83守文　拘泥於文字；墨守舊說。84歷筭　曆法與計算之學。筭，同「算」。85追述李育意以難二傳　追隨遵循李育的思想來駁難《左氏春秋》與《穀梁春秋》。追，追隨。述，遵循；依照。二傳，指《左氏春秋》與《穀梁春秋》。86公羊墨守　李賢注曰：「言《公羊》之義不可破，如墨翟之守城也。」87左氏膏肓　謂《左氏》學如同人病入膏肓，已經無可救藥。膏肓，謂心臟與膈膜之間。後以此喻難治之症。88穀梁廢疾　謂《穀梁》學如同人患了廢疾之病一樣。廢疾，長期不能治癒的病。89黨禁　指禁止列名黨籍者出任官職。90宜侍帷幄　應當在皇帝身邊侍奉。帷幄，帳幕。這裡指皇帝。91倖臣　猶「寵臣」。倖，通「幸」。寵，寵愛。92光和　東漢靈帝劉宏年號，西元一七八－一八四年。93雅才　典雅之才。雅，高雅；美好。94文論　文章。95作春秋左氏傳解　《後漢書集解》：「惠棟曰：『《經籍志》云服虔《春秋左氏解誼》三十一卷。』」96中平　東漢靈帝劉宏年號，西元一八四－一八九年。(97)行客　行旅；客居。(98)書記　書牘奏記。(99)陳國　郡國名。東漢和帝時改淮陽國置。治所在今河南淮陽。(100)長平　縣名。治所在今河南西華。(101)楊賜　字伯獻，桓帝、靈帝時大臣，歷任侍中、司徒、司空等要職。詳見本書卷五十四。(102)初平　東漢獻帝劉協年號，西元一九〇－一九三年。(103)荊州　為西漢武帝時所置「十三刺史部」之一。東漢時治所在今湖南常德東北。(104)劉表　字景升，東漢宗室。獻帝時任荊州刺史、鎮南將軍。東漢末割據荊州。詳見本書卷七十四。(105)武陵　郡名。治所在今湖南常德。(106)建安　東漢獻帝劉協最後一個年號，西元一九六－二二〇年。(107)章陵　縣名。治所在今湖北棗陽。(108)河東人樂詳句　河東郡人樂詳列舉《春秋左氏》中疑難不能通曉的幾十件事來詰問謝該。河東，郡名。治所在今陝西夏縣。樂詳，字文載，少從謝該學《左氏傳》。後為博士。疑滯，疑難、不通曉。(109)通解　疏通解釋。通，通達；暢通。(110)孔融　字文舉，東漢末年大臣、學者。為「建安七子」之一，為孔子後裔。善批評時政，被曹操所忌，下獄死。(111)韓彭之將征討暴亂　韓信、彭越等武將率兵討伐暴亂。韓，即韓信。西漢開國功臣，著名軍事家。輔佐劉邦平定天下。初封齊王，後貶為淮陰侯，因謀反被誅。彭，即彭越。西漢開國功臣，楚漢戰爭時歸順劉邦，輔佐劉邦建立漢朝。封梁王。後因謀反被誅。(112)陸賈叔孫通進說詩書　陸賈、叔孫通等學者呈進講說《詩》、《書》。陸賈，西漢初年儒生。從漢高祖平定天下。力主提倡儒學，並輔以黃老之學，對漢初政治產生重要影響。著有《新語》十二篇。叔孫通，秦末漢初人。曾為秦朝博士，後歸附劉邦。漢朝建立後，與儒生共立朝廷禮儀。後任太子太傅。(113)吳耿佐命　吳漢、耿弇輔佐光武帝創立帝業。吳，即吳漢，東漢開國功臣。協助劉秀平定天下，屢建戰功。明帝時圖畫功臣，列為雲臺二十八將之一。詳見本書卷十八。耿，即耿弇。協助劉秀平定天下，為東漢開國功臣。明帝時圖畫功臣，列為雲臺二十八將之一。詳見本書卷十九。佐命，古代帝王得天下，自稱是上應天命，故稱輔佐帝王創業為「佐命」。(114)欽明　敬肅英明。欽，敬。(115)同符二祖　同於高祖劉邦、世祖劉秀。符，相合。二祖，指漢高祖劉邦和漢世祖劉秀。(116)厄運　艱難困苦的遭遇。此處指靈帝逝世。(117)三年乃讙　李賢注曰：「《史記》：『高宗諒闇，三年不言，言乃讙。』時靈帝崩後，獻帝居諒闇，初釋服也。」諒闇，亦作「諒陰」、「亮陰」、「梁闇」。指帝王居喪。按禮居喪三年，初除喪服，即釋服，然後「乃（才）讙」。讙，通「歡」。(118)今尚父鷹揚　如今將領像姜太公一樣威武。尚父，即呂尚，又稱呂望、太公望，俗稱姜太公。西周開國大臣，輔佐周武王滅商，封於齊。周武王稱呂尚為尚父，意為可尊尚的父輩。鷹揚，威武貌。(119)方叔翰飛　像方叔一樣勇猛。方叔，西周卿士。周宣王時曾受命北伐玁狁，南征荊楚，有功於周。翰飛，高飛。翰，鳥羽。(120)王師雷鷙　天子的軍隊如雷之速、如鷙之猛。王師，天子的軍隊。雷鷙，如雷之速，如鷙之猛。鷙，兇猛的鳥。(121)破殄　破滅；消滅。殄，盡；絕。(122)始有櫜弓臥鼓之次　戰事停息的太平局面才能到來。櫜弓臥鼓，藏弓息鼓。謂戰事停息，天下太平。櫜，盛鎧甲或弓箭的口袋。這裡用作動詞。臥鼓，息鼓，表示無戰事。次，至；到來。

[123] 典綜　總管。

[124] 體曾史之淑性　體現了曾參、史魚的美善秉性。曾，即曾參，字子輿，孔子的弟子。以孝著稱。後世儒家尊稱其為「宗聖」。史，即史魚。春秋時衛國大夫。以正直敢諫著名。淑，善；美。

[125] 兼商偃之文學　同時具有卜商、言偃的文學才華。李賢注曰：「卜商、言偃也。《論語》曰：『文學則子游、子夏。』」商，即卜商，字子夏。孔子學生。以文學著稱。相傳《詩》、《春秋》等儒家經典是由他傳下來的。偃，即言偃，字子游。孔子學生，擅長文學。

[126] 群蓺　六藝，即《禮》、《樂》、《書》、《詩》、《易》、《春秋》。

[127] 周覽　遍覽。

[128] 敦悅　篤信深好。敦，敦厚；篤厚。悅，喜好。

[129] 疇匹　比配；匹敵。疇，同類。

[130] 巨骨出吳　李賢注曰：「《史記》曰：吳伐越，隳會稽，得骨節專車。吳使使問仲尼：『骨何者最大？』仲尼曰：『禹致群神於會稽山，防風氏後至，禹殺而僇之，其節專車，此為大也。』」專車，裝滿一車。僇，侮辱。

[131] 隼集陳庭　李賢注曰：「《史記》曰：有隼集于陳庭而死，楛矢貫之，石砮矢長尺有咫。陳湣公使問仲尼，仲尼曰：『隼來遠矣，此肅慎之矢也。昔武王克商，通道九夷百蠻，使各以其方賄來貢，於是肅慎貢楛矢石砮，長尺有咫。先王以分大姬，配虞胡公而封諸陳……』試求之故府，果得之。」

[132] 黃能入寢　李賢注曰：「《左傳》曰：鄭子產聘于晉，晉侯有疾，韓宣子曰：『寡君寢疾，於今三月矣。今夢黃能入於寢門，其何厲鬼邪？』對曰：『昔堯殛（殺死）鯀於羽山，其神化為黃能，以入羽泉，實為夏郊，三代祀之。晉為盟主，其或者未之祀也？』韓子祀夏郊，晉侯有間。」黃能，指黃熊。

[133] 亥有二首　李賢注曰：「晉悼夫人食輿人之城杞者，絳縣人或年長矣，無子，而往與於食。有與疑年，使之年，曰：『臣小人也，不知紀年。臣生之歲，正月甲子朔，四百有四十五甲子矣。其季於今，三之一也。』吏走問諸朝。師曠曰：『魯叔仲惠伯會郤成子于承匡之歲也……七十三年矣。』史趙曰：『亥有二首六身，下二如身，是其日數也。』士文伯曰：『然則二萬六千六百有六旬也。』杜注曰：『亥字二畫在上，併三六為身，如筭之六也。』」

[134] 洽聞　博聞多識。洽，周遍；廣博。

[135] 端　發端；緣由。

[136] 雋不疑定北闕之前　李賢注曰：「《前書》昭帝時，有男子成方遂詣北闕，自稱衛太子。丞相、御史、二千石至者，並莫敢發言，京兆尹雋不疑後到，叱從吏收縛。或曰：『是非未可知？』不疑曰：『諸君何患於衛太子？昔蒯聵違命出奔，輒距而不納，《春秋》是之。衛太子得罪先帝，亡不即死，今來自詣，此罪人也。』遂送詔獄。天子與大將軍霍光聞而嘉之，曰：『公卿大臣當用經術，明於大義也。』」雋不疑，字曼倩，西漢昭帝初擔任京兆尹。北闕，古代宮殿北面的門樓，是臣子等候朝見或上書奏事之處。

[137] 夏侯勝辯常陰之驗　李賢注曰：「《前書》曰：昌邑王嗣立，數出，（夏侯）勝當乘輿車前諫曰：『天久陰不雨，臣下有謀上者，陛下欲何之？』王怒，謂勝為妖言，縛以屬吏。吏白霍光。是時光與張子孺謀欲廢王，光讓子孺，以為泄，子孺實不泄，召

問勝，對言「在〈洪範〉」。光、子孺以此益重儒術士。」(138)今該實卓然比跡前列　如今謝該實在是卓然而出，勝於世人，堪與上述之賢人相提並論。卓然，特立而出。比跡，並駕，齊步；跟……相當。前列，指前文所述賢人。(139)間　近來。(140)抱樸持其本真，不為外物所誘惑。(141)沈淪　淪陷；陷入。(142)後日當更饋樂以釣由余　日後還要再像秦穆公那樣饋贈女樂來釣取由余。後日，日後；今後。饋樂以釣由余，李賢注曰：「《史記》曰：由余，其先晉人也，亡入戎，能晉言。戎王聞繆公賢，故使由余觀秦。秦繆公示以宮墻積聚。由余曰：『使鬼為之，則勞神矣；使人為之，亦苦人矣。』繆公退而問內史廖曰：『孤聞鄰國有聖人，敵國之憂也。今由余寡人之害，將奈何？』廖曰：『戎王處僻，未聞中國之聲，君試遺以女樂，以奪其志；為由余請，以疏其間；留而莫遣，以失其期。戎王怪之，必疑由余。君臣有間，乃可虜也。』乃令內史廖以女樂二八遺戎王，戎王受而說之。由余數諫不聽，繆公又數使人間要由余，由余遂去降秦。」釣，以手段謀取。(143)剋像以求傳說　圖刻肖像來尋找傳說。剋，通「刻」。傳說，商王武丁的賢臣。相傳傳說是從事版築的刑徒，被武丁任為宰相，商王朝得以鞏固統治。(144)楚人止孫卿之去國　李賢注曰：「劉向〈孫卿子後序〉所論孫卿事曰：卿名況，趙人也。楚相春申君以為蘭陵令。或謂春申君曰：『湯以七十里，文王以百里。孫卿賢者，今與之百里地，楚其危乎！』春申君謝之。孫卿去之趙，後客或謂春申君曰：『伊尹去夏入殷，殷王而夏亡，管仲去魯入齊，魯弱而齊強，故賢者所在，君尊國安。今孫卿天下賢人，所去之國其不安乎？』春申君使人聘孫卿，乃還，復為蘭陵令。」孫卿，即荀況，戰國時趙國人。著名思想家，戰國時期儒家學派的重要代表人物。漢人避宣帝諱，稱孫卿。(145)漢朝追匡衡於平原　李賢注曰：「《前書》匡衡為平原文學，長安令楊興薦之於車騎將軍史高，曰：『衡材智有餘，經學絕倫，但以無階朝廷，故隨牒在遠方。將軍試召置幕府，貢之朝廷，必為國器。』高然其言，辟衡為議曹史，薦衡於帝，帝以為郎中。」匡衡，西漢大臣、經學家。(146)魏郡　郡名。治所在今河北臨漳。(147)後群儒蔽固者數廷爭之　後來蔽塞固執的儒者們多次在朝中爭論這件事。蔽固，蔽塞固執。廷爭，在朝廷上向皇帝諫諍。(148)重違　難違。

【語　譯】《漢書》記載齊國人胡母子都將《公羊春秋》傳授給東平國人嬴公，嬴公將它傳授給東海郡人孟卿，孟卿將它傳授給魯國人眭孟，眭孟將它傳授給東海郡人嚴彭祖和魯國人顏安樂。嚴彭祖創《春秋嚴氏學》，顏安樂創《春秋顏氏學》，還有瑕丘人江公傳授《穀梁春秋》，三家都被立為博士。梁國太傅賈誼撰寫《春秋左氏傳訓詁》，把它傳授給趙國人貫公。

2 丁恭字子然，是山陽郡東緡縣人。研習《公羊嚴氏春秋》。丁恭學問精深明達，常教授弟子多至幾百人，他對州郡的禮請、徵召都不接受。建武初年，他擔任諫議大夫、博士，被封為關內侯。建武十一年，升遷為少府。他的學生門從遠方趕來，記錄在簿冊中的有幾千人，當時人稱他為大儒。太常樓望、侍中承宮、長水校尉樊儵等都曾師從丁恭學習。建武二十年，朝廷任命他為侍中祭酒、騎都尉，與侍中劉昆一同在光武帝身邊擔任近職，每遇政事光武帝都要咨詢訪問他們的意見。後來丁恭逝於官任上。

3 周澤字穉都，北海郡安丘縣人。年輕時研習《公羊嚴氏春秋》，隱居不仕教授經學，弟子常多至幾百人。建武末年，大司馬府徵召他，他暫任大司馬府議曹祭酒。幾個月後，朝廷徵召他參加博士考試。中元元年，升遷為黽池縣令。他在任期間一心為公，不徇私情，同情救濟孤羸之人，官吏百姓都歸心愛戴他。永平五年，升遷為右中郎將。永平十年，朝廷任命他為太常。

4 周澤為人做事果敢，直言勸諫，多次據理而諍。後來北地太守廖信因貪汙獲罪被關入牢獄，財產被沒收，漢明帝將廖信的贓物分發給清廉官吏，只有周澤和光祿勳孫堪、大司農常沖受到這種特別的賞賜。當時京城和諧，在職官員都人人自勵。

5 孫堪字子穉，河南郡緱氏縣人。明曉經學，有志向節操，品行高潔、堅貞方正，禮愛士大夫，但不曾向別人索取一絲一毫之利，以節操耿介、有勇氣為行為準則。王莽新朝末年，戰亂四起，他將宗族中年老體弱者置於堡壘之中，孫堪則常奮力作戰衝鋒陷陣，毫不躲避，多次被刀劍所傷，依靠他宗族才得以保全，同郡百姓都敬佩他的義勇。

6 建武年間，孫堪在郡、縣做官。在職時公平正直、清廉高潔，他的俸祿沒有被用來供養妻子兒女，卻全部用來供養賓客。等他擔任長吏，在位頗有政績，被吏民敬仰。他喜歡取捨分明。曾經擔任縣令，拜謁郡府時因趨步遲慢，門亭長責備他的御吏，孫堪便解下官印離去，不去赴任。後來又出仕擔任左馮翊，因對待下屬過於嚴厲迫急而獲罪，被司隸校尉舉奏免去官職。幾個月後，朝廷徵召他擔任侍御史，又升遷為尚書令。永平十一年，任命他為光祿勳。

7 孫堪清正廉潔，處理政事果斷。屢次直言進諫，多數被採用。永平十八年，因病請求辭職，後擔任侍中騎都尉，逝於官任上。孫堪的行為類似於周澤，所以京城吏民就稱他們為「二稺」。

8 永平十二年，朝廷讓周澤暫代司徒職事，如同真司徒一樣。周澤生性簡易，不在意儀容舉止，稍微有失宰相的聲望。幾個月後，又擔任太常。他清正廉潔品行美好，盡意敬奉朝廷。曾經在齋宮內臥病不起，他的妻子對他年老多病的狀況很是哀憐，去齋宮探望問候他。周澤大怒，認為妻子觸犯了齋戒中的禁忌，就拘捕妻子將她送入詔獄請罪。當時人們都懷疑他行為怪異偏激，不合常理。當時有人為他編了幾句話：「活在世上不得志，嫁做太常妻，一年三百六十天，三百五十九日在齋戒。」永平十八年，朝廷任命他為侍中騎都尉。後來多次被尊為「三老」、「五更」。建初年間辭官歸家，逝於家中。

9 鍾興字次文，汝南郡汝陽縣人。年輕時跟隨少府丁恭學習《嚴氏春秋》。丁恭舉薦鍾興學問通明品行高尚。光武帝劉秀召見鍾興，詢問他經義，他十分明了地應對回答。光武帝認為他好，授他以郎中之職，逐漸升遷為左中郎將。光武帝下詔令他校定《春秋》章節文句的注釋，鍾興刪除那些重複的文句，來教授皇太子。光武帝又讓劉姓宗室諸侯跟隨鍾興學習章句之學。後封鍾興為關內侯。鍾興自認為沒有功勞，不敢接受爵位。光武帝說：「先生教育訓誨太子以及各位王侯，難道不是大功嗎？」鍾興說：「是臣下老師丁恭的功勞。」於是光武帝又封丁恭，但是鍾興堅決推辭不接受爵位，死於官任上。

10 甄宇字長文，北海郡安丘縣人。性情清靜少欲。研習《顏氏春秋》，經常教授生徒達數百人之多。建武年間，擔任州從事，朝廷徵召任命他為博士，逐漸升遷為太子少傅，逝於官任上。

11 甄宇將學業傳授給他的兒子甄普，甄普傳給他的兒子甄承。甄承格外專注於學問，不曾處理過家庭事務，常給數百人之多的生徒講解教授經學。因為甄承祖孫三代傳授學業，儒生們沒有不歸心信服他的。建初年間，他被舉薦為孝廉，擔任梁國國相期間，逝於官位上。死後，他的子孫繼續傳承家學。

12 樓望字次子，陳留郡雍丘縣人。年輕時研習《嚴氏春秋》。節操清白，受到鄉里的稱道。建武年間，趙節王劉栩聞其高名，派遣使者贈送玉帛給他請他做老師，樓望不接受邀請。後來出仕擔任郡功曹。永平初年，擔任侍中、越騎校尉，後入宮講授經學。十六年，升遷為大司農。十八年，代替周澤擔任太常。建初五年，他因事獲罪被降職為太中大夫，後來又擔任左中郎將。他不知疲倦地教授弟子，當世人稱他為儒宗，前來向他求學而記錄在簿冊的生徒有九千多人。於永元十二年逝於官任上，終年八十歲。參加葬禮的弟子有幾千人，儒學者們引以為榮。

13 程曾字秀升，豫章郡南昌縣人。在長安從師研習《嚴氏春秋》，求學長達十多年後回到家鄉講授經學。會稽郡人顧奉等數百人曾為他的學生。他著作一百多篇，都是理通《五經》中的疑難問題，又撰寫《孟子章句》。建初三年，被舉薦為孝廉，升遷為海西縣令，逝於官任上。

14 張玄字君夏，河內郡河陽縣人。年輕時研習《嚴氏春秋》，同時通曉其他幾家的治學方法。建武初年，被舉薦為明經，補任弘農文學，又升遷為陳倉縣丞。他的個性清靜寡欲，一心向學，他在講解問說經學時十分投入，一整天都顧不上吃飯。遇到問難者，總是為他們展開多家之說，讓他們選擇依從認為合適的說法。儒學者們都佩服他通曉多家之學，記錄在簿冊的弟子有一千多人。

15 張玄剛擔任縣丞時，曾經到郡府應對職事，他不知道官署所處的位置，小吏稟報門吏責備他。當時右扶風、琅邪人徐業，也是當世的儒學大師，聽說張玄是儒生，就嘗試著接見了他，與他交談經學後大驚道：「今日與君相逢，真是開解了我的蒙昧！」於是請他進入正堂，論難詰問了整整一天。

16 後來張玄辭去官職，被舉薦為孝廉，朝廷任命他為郎官。適逢《顏氏春秋》博士缺員，張玄在應試策問中名列第一，朝廷讓他擔任《顏氏春秋》博士。過了幾個月，儒生們上書說張玄同時講論《嚴氏春秋》、《冥氏春秋》，不適宜專門擔任《顏氏春秋》博士。光武帝暫時令他回到原來的官署，還沒等到遷轉張玄就去世了。

17 李育字元春，扶風郡漆縣人。年輕時研習《公羊春秋》。他深思熟慮、集中精力、專心一致。他博覽經籍，聞名於太學，同郡人班固非常推重他。班固上書向驃騎將軍、東平王劉蒼推薦李育，從這之後京城中的權貴外戚爭相去和他交往。州郡召請他，李育到任後，就稱病辭官而去。

18 李育經常躲避世事隱居教授，生徒達幾百人。他對古文經學頗有涉獵。曾經閱讀《左氏傳》，雖然欣賞《左氏傳》的文采，但認為它沒有領會聖人深微的用意。李育認為前代陳元、范升等人在互相批評駁難中大多援引圖讖，而不是根據事物的本理，於是撰寫《難左氏義》四十一事。

19 建初元年，衛尉馬廖舉薦李育為方正人選，李育擔任議郎。後來朝廷任命他為博士。建初四年，章帝下詔命他與儒家學者在白虎觀討論《五經》同異，李育用《公羊》的經義詰難賈逵，所問所答都有道理依據，最稱得上是通儒。

20 後李育又升遷為尚書令。等到外戚馬氏家族被廢黜，李育因曾被馬廖舉薦，受牽連被免除職務回歸家鄉。一年多後朝廷再次徵召他，又升遷為侍中，逝於官任上。

21 何休字邵公，任城郡樊縣人。父親何豹曾官任少府。何休為人質樸、不善言辭，但思考能力極強，對《六經》很是精研，當世儒者沒有人能比得上他。因父親官拜九卿，朝廷下詔任命他為郎中，非其所好，就稱病辭官而去。他不出任州、郡的屬官，他的進退容止一定合乎禮制。

22 太傅陳蕃徵召他，他參與議論政務。陳蕃起事失敗，何休因此獲罪被革職並終生不敘用，於是撰寫《春秋公羊解詁》，十七年中專心學問，深思極想不留意門外之事。又為《孝經》、《論語》、風角七分一類占候之書做注解，這些都是經書、緯書中的可以作為典範的典籍。他的見解獨到，不拘泥於文字。又用《春秋》大義批駁漢朝之事六百多條，深得《公羊》的主旨。何休擅長曆算，和他的老師、博士羊弼，追隨依照李育的思想來駁難《左氏春秋》與《穀梁春秋》，撰寫《公羊墨守》、《左氏膏肓》、《穀梁廢疾》。

23 禁止列名黨籍者出任官職的禁令解除後，何休又被司徒府徵召。三公上表向皇帝推薦何休，說他經學精深明達，應該在皇帝身邊任職，寵臣們不喜歡他，於是朝廷任命他為議郎，期間他多次陳說忠直之言。又升遷為諫議大夫，於光和五年去世，年五十四歲。

24 服虔字子慎，最初名叫重，又名祇，後來改為虔，是河南郡滎陽縣人。年輕時因生活清苦樹立志向，進入太學從師學習。有典雅之才，擅長撰寫文章，撰寫《春秋左氏傳解》，流傳至今。又用《左傳》經義批駁何休所駁的漢朝大事六十條。被舉薦為孝廉，逐漸升遷，中平末年，朝廷任命他為九江太守。免職後，遭遇動亂客居他鄉，後病逝。所撰寫的賦、碑、誄、書記、《連珠》、《九憤》，總計有十多篇。

25 潁容字子嚴，陳國長平縣人。博學多聞，通曉諸家學問，擅長《春秋左氏》，師從太尉楊賜。他對郡舉薦的孝廉、州府的徵召任命和公車徵召都不接受。初平年間，在荊州躲避戰亂時聚集生徒一千多人教授。劉表任命他為武陵太守，不肯就任。他撰寫《春秋左氏條例》，計五萬多字，於建安年間去世。

26 謝該字文儀，南陽郡章陵縣人。對《春秋左氏》十分通曉擅長，是當代名儒，生徒有成百上千人。建安年間，河東郡人樂詳列舉《春秋左氏》中疑難不能通曉的幾十件事來詰問謝該，謝該為他將這些疑難都疏通解釋清楚，寫成《謝氏釋》，流傳於世。

27 謝該出仕擔任公車司馬令，因父母年老，便假託有病辭去官職。他打算返回家鄉，恰巧荊州道路阻斷，不能離開。少府孔融上書向朝廷舉薦他說：「臣下聽說漢高祖開創基業時，韓信、彭越等將領率兵討伐暴亂，陸賈、叔孫通等學者進說《詩》、《書》。光武帝中興時，吳漢、耿弇輔佐光武帝創業，范升、衛宏等學者修習闡述儒學，所以能夠文臣武將一起任用，成就了長久大計。陛下您至高無上的道德敬肅英明，同於高祖劉邦、世祖劉秀，勤謹謙虛，遭遇靈帝逝世，居喪三年後才有歡顏。如今將領像周文王時的姜太公一樣威武，像周宣王時的方叔一樣勇猛，天子的軍隊如雷之速、如鷙之猛，兇暴之徒被消滅，戰事停息的太平局面才能到來。應當求得名儒，統領禮儀典制。臣下我私下見前公車司馬令謝該，身具曾參、史魚的美善秉性，同時具有卜商、言偃的文學才華，廣泛地通曉儒家經籍，遍覽古今之事，有所應對，遇事不惑，德行清白，篤信喜好聖人的道訓。尋求遠近，很少有能與他匹敵的。至於巨大的骨頭在吳國發現，有隻鷹落在陳國宮庭的樹上死了，黃熊進入內門，豬長出兩個腦袋之事，如果不是見識廣博的人，就不會知道它的緣由。漢昭帝時雋不疑判定在皇宮北門樓前冒充衛太子的事件，夏侯勝辨識天氣久陰不雨是臣下謀上的徵兆，之後朝中大臣更加重視儒學。如今謝該實在是卓然而出，勝於世人，堪與上述賢人相提並論。近來他因為父母年邁多病，想辭官返家，因道路險阻，沒有辦法到達。倘使良才持其本真，逃回家鄉，翻山涉水，陷入荊楚之地，這就是所說的往而不返了。日後還要再像秦穆公那樣饋贈女樂來鈞取由余，商王武丁圖刻肖像來尋求傅說，難道不煩擾嗎？臣下我私下認為可以推究記錄謝該所處之地，徵召令他回到朝廷。楚人阻止孫卿離開楚國，西漢時從平原追召匡衡，這都是為了尊崇儒家重視儒學，以失去賢才為痛惜之事。」書奏呈遞給皇帝，皇帝下詔徵召謝該回朝，任命他為議郎。後來謝該因壽終去世。

28 建武年間，鄭興、陳元傳授《春秋左氏學》。當時尚書令韓歆上疏，想為《左氏》學設立博士，范升與韓歆為此爭論而沒有定論，陳元上書為《左氏》爭辯，於是任命魏郡人李封為《左氏》博士。後來蔽塞固執的儒者們多次在朝中爭論這件事。等到李封去世後，光武帝難違眾議，因而就不再令人補任《左氏》博士。

1 許慎字叔重，汝南召陵❶人也。性淳篤❷，少博學經籍，馬融常推敬❸之，時人為之語曰：「五經無雙許叔重。」為郡功曹，舉孝廉，再遷除洨❹長。卒於家。

2 初，慎以五經傳說臧否❺不同，於是撰為五經異義，又作說文解字十四篇，皆傳於世。

3 蔡玄字叔陵，汝南南頓❻人也。學通五經，門徒常千人，其著錄者萬六千人。徵辟並不就。順帝特詔徵拜議郎，講論五經異同，甚合帝意。遷侍中，出為弘農太守，卒官。

【章　旨】以上介紹東漢時期在經學領域兩個代表性的「通儒」大家，即許慎和蔡玄二人。文中敘述了他們的生平事迹與學術成就。

【注　釋】❶召陵　縣名。治所在今河南郾城。❷淳篤　淳樸厚重。❸推敬　推崇敬重。推，尊崇；稱譽。❹洨　縣名。治所在今安徽固鎮東。❺臧否　品評；褒貶。臧，善；好。否，惡。❻南頓　縣名。治所在今河南項城。

【語譯】許慎字叔重，汝南郡召陵縣人。他生性質樸敦厚，年輕時博覽經籍，馬融常對他很是稱譽敬重，當時人們為他編了句話：「研習《五經》沒有人比得上許叔重。」許慎擔任郡功曹，被舉薦為孝廉，又升遷擔任洨縣縣長。逝於家中。

2 起初，許慎因為《五經》的解釋說法褒貶不一，於是撰寫《五經異義》，又著《說文解字》十四篇，都流傳於世。

3 蔡玄字叔陵，汝南郡南頓縣人。他通曉《五經》，生徒常有一千人，那些記錄在簿冊的多達一萬六千人。他不接受朝廷與地方的徵召去任職。順帝特別下詔徵召他，讓他擔任議郎，他講解《五經》的不同與相同之處，很合順帝的心思。後升遷擔任侍中，離開京城出任弘農太守，逝於官任上。

1 論曰：自光武中年以後，干戈稍戢❶，專事經學，自是其風世篤焉。其服儒衣，稱先王，遊庠序❷，聚橫塾❸者，蓋布之於邦域矣。若乃經生❹所處，不遠萬里之路，精廬❺暫建，贏糧❻動有千百，其耆名高義開門受徒者，編牒不下萬人❼，皆專相傳祖❽，莫或訛雜❾。至有分爭王庭，樹朋私里，繁其章條，穿求❿崖穴，以合一家之說。故楊雄曰：「今之學者，非獨為之華藻，又從而繡其鞶帨⓫。」夫書理無二，義歸有宗，而碩學⓬之徒，莫之或徙⓭，故通人⓮鄙其固焉，又雄所謂「譊譊⓯之學，各習其師」也。且觀成名高第，終能遠至者，蓋亦寡焉，而迂滯⓰若是矣。然所談者仁義，所傳者聖法。故人識君臣父子之綱，家知違邪歸正之路。

2 自桓、靈之間，君道秕僻⑰，朝綱日陵⑱，國隙屢啟⑲，自中智⑳以下，靡不審其崩離㉑；而權彊之臣，息其闚盜之謀㉒，豪俊之夫，屈於鄙生之議者㉓，人誦先王言也，下畏逆順埶㉔也。至如張溫㉕、皇甫嵩㉖之徒，功定天下之半，聲馳四海之表，俯仰顧眄，則天業可移㉗，猶鞠躬昏主之下㉘，狼狽折札之命㉙，散成兵，就繩約㉚，而無悔心。暨乎剝橈自極㉛，人神數盡，然後群英㉜乘其運，世德終其祚㉝。跡衰敝之所由致㉞，而能多歷年所㉟者，斯豈非學之效乎？故先師垂㊱典文，褒勵學者之功，篤矣切矣。不循春秋，至乃比於殺逆㊲，其將有意乎？

3 贊曰：斯文㊳未陵，亦各有承㊴。塗分流別㊵，專門㊶並興。精疏殊會㊷，通閡相徵㊸。千載不作㊹，淵原誰澂㊺？

【章　旨】以上論贊反映了作者的史觀。作者一方面稱述東漢經學的盛況、肯定了儒學的作用，但他也認為東漢的經學發展包含兩個突出的缺陷。一是死守門戶之見，二是陷於迂腐刻板，充分體現了作者史識的高明之處。

【注　釋】❶干戈稍戢　戰爭逐漸止息。干戈，干和戈是古代兵器，這裡指戰爭。稍戢，逐漸止息。稍，漸。戢，止息。❷庠序　古代的地方學校。後亦泛指學校。❸橫塾　學校；學堂。橫，通「黌」。古代的學校。塾，家學。❹經生　指博士。❺精廬　即精舍。學舍；讀書講學之所。❻贏糧　擔負糧食。贏，擔；負。❼其耆名高義二句　那些負有盛名、行為高義、開門受徒的人，門下有萬人之多被編入學生簿冊。著名，高名。高義，行為高尚，合於正義。編牒，編入簿冊。牒，書籍；簿冊。❽祖　效法；尊崇。❾莫或訛雜　沒有錯亂混雜。莫或，沒有。訛雜，錯亂混雜。訛，錯誤。❿穿求　尋求；搜尋。⓫今之學者三句　比喻學者為文繁雜瑣碎。語出於揚雄《法言》。藻，辭藻文章。鞶帨，腰帶和佩巾。鞶，大帶。帨，佩巾。⓬碩學　學識淵博。⓭莫之或徙　沒有人能夠改動。徙，變化；變通。⓮通人　學識淵博通達的人。⓯譊譊　爭辯聲；喧噪聲。⓰迂滯　迂腐不通達。迂，迂腐；不切事理。滯，停滯；不流通。⓱君道秕僻　為君之道不善偏邪。秕，穀不成者。引申為不善、惡劣。僻，偏僻；偏邪。⓲陵　衰落；陵夷。⓳國隙屢啟　國家危機屢次出現。國隙，國家的危機。啟，始；開始。⓴中智　中等才智。㉑靡不審其崩離　沒有人不知悉國家這種分崩離析的局面。靡，無；沒有。審，清楚；明白。㉒而權彊之臣二句　指閻忠勸皇甫嵩亡漢以自立，而皇甫嵩不從其言。詳見本書卷七十一。闚盜，謂窺伺盜竊國家大業。㉓豪俊之夫二句　謂董卓欲大起兵，鄭太（字公業）止之，卓從其言。詳見本書卷七十二、卷七十。鄙生，指鄭太。鄙，鄙陋。㉔逆順埶　謂起兵造反是叛逆，名為不順，則於形勢不利。逆順，逆與順。多指臣民的順與不順，情節的輕與重，境遇的好與不好，事理的當與不當等。㉕張溫　字伯慎，東漢末南陽穰（今河南鄧州）人。靈帝時任朝廷要職。㉖皇甫嵩　字義真，東漢安定朝那（今寧夏固原）人。靈帝時任朝廷要職。詳見本書卷七十一。㉗俯仰顧眄二句　在很短的時間裡就可以奪取東漢的江山。俯仰顧眄，比喻時間短暫。俯仰，低頭和抬頭。顧眄，左顧右眄。顧，看；回頭看。眄，斜著眼睛看。天業，帝王的基業。移，變動；改變。㉘猶鞠躬昏主之下　仍然恭敬謹慎地侍奉昏庸的君主。鞠躬，恭敬謹慎貌。昏主，此處指東漢靈帝。㉙狼狽折札之命　艱難窘迫地聽從隨意的命令。狼狽，比喻艱難窘迫。折札，即折簡。古人用竹簡作書。漢制，簡長二尺，短者半之。折簡者，折半之簡。言其禮輕隨意。㉚縲紲　即拘執。這裡指張溫、皇甫嵩並被徵而受拘執。㉛暨乎剝橈自極　等到國運剝蝕削弱走到盡頭。暨，到；至。剝，剝蝕；脫落。橈，削弱。極，盡頭；終結。㉜群英　此處指袁紹、曹操之屬。㉝世德終其祚　指曹丕廢東漢獻帝為山陽公，自立為帝。世德，累世的功德；先世的德行。祚，福運。㉞跡衰敝之所由致　推究東漢衰敗的招致原因。跡，推究；探尋。衰敝，猶衰敗。致，招引；招致。㉟年所　年數。所，數。㊱垂　下垂。引申為流傳後代。㊲不循春秋二句　語出《史記・太史公自序》：「為人君父而不通於《春秋》之義者，必蒙首惡之名；為人臣子而不通於《春秋》之義者，必陷篡弒之誅。」㊳斯文　指禮樂教化、典章制度。語出《論語・子罕》：「天之將喪斯文也，後死者不得與于斯文也。」㊴亦各有承　學者們各自承襲師學。㊵塗分流別　體系門派有所分別。㊶專門　自成一家。㊷精疏殊會　研究精細深透與粗疏淺略，領會各有不同。精，精細深透。疏，粗疏淺略。㊸通閡相徵　經義融通與義理隔閡相互徵引。通，指經義融通。閡，指義理隔閡。㊹千載不作　謂千載一出的聖人如果不出現。作，起來；興起。㊺淵原誰澂　誰能澄清淵源。原，通「源」。澂，同「澄」。澄清。

【語　譯】評論說：自漢光武帝統治中期後，戰事逐漸止息，國家上下專事儒學，之後這種專心學問的風氣世代濃厚。那些身著儒服的在學弟子們大概遍布於全國各地了，他們稱頌上古賢明君王，或聚集在官府開辦的學校中求學，或在私人開辦的家學中學習。至於在那些儒者居住的地方，學生們不遠萬里前來求學，學舍剛剛建好，就有成百上千人背負糧食前來就學，那些負有盛名、行為高義、開門招收弟子的人，學生名籍有萬人之多，他們專心於相互傳授效法經學，沒有錯誤混雜。他們中有的甚至分爭於朝廷之上，私結朋黨於鄉里之間，繁瑣地解釋經義，尋求隱祕之說，以附合自己一家之言。所以揚雄評論道：「如今的學者，不僅製作華麗的辭藻文章，還要像在他們的腰帶和佩巾上刺繡一樣為文繁雜瑣碎。」其實書理獨一無二，義理不離其宗，就連學識淵博的人，也沒有人能夠改動，所以學識淵博通達的人鄙薄他們的墨守成規，正又如揚雄所說的「爭辯不休的各家學說，只是因為各自師從自己的老師」罷了。況且觀察那些以考績優異成名於世，最終能夠達到很深造詣的人，大抵也很少了，而不切事理、思想凝滯會到這種地步了。然而他們口說仁義，所傳為聖人之法。所以人們懂得君臣父子的綱常，家庭懂得改邪歸正的途徑。

2　從桓帝、靈帝之後，為君之道惡劣偏邪，朝廷綱紀日益衰落，國家危機屢次顯現，連智力平庸的人都清楚國家這種分崩離析的局面；然而強權大臣們停止了覬覦盜取國家政權的陰謀，豪傑才俊之士屈從于鄙陋儒生的建議放棄起兵的念頭，這是因為人們誦讀賢明君王的言論，臣子們畏懼上下逆順的形勢。至於張溫、皇甫嵩之流，有安定一半天下的功勞，名聞天下，他們在很短的時間裡就可以奪取東漢的江山，但仍然恭敬謹慎地為昏君效力，艱難窘迫地聽從昏君隨意的命令，遣散集結的軍隊，聽從約束，卻沒有後悔之心。等到國運剝蝕削弱走到盡頭，漢朝氣數已盡，然後群雄乘勢而起，漢朝累世的功德結束了其福運。推究東漢衰敗的招致原因，國家危機早已顯現卻能延續若干年，這難道不是儒學的功效嗎？所以先師們流傳給後代經典義理，褒揚勉勵學者的功勞，真是太厚重太切要了。不遵循《春秋》大義，而至於拿它和殺戮篡逆相比，難道真有這樣的想法嗎？

3 論贊說：禮樂制度沒有衰落，學者各自承襲師學。流派有所分別，精通某一門學術而自成一家之學一併興起。研究精細深透與粗疏淺略，領會各有不同，經義融通與義理隔閡相互徵引。千載一出的聖人如果不出現，誰能澄清淵源？

【研　析】《後漢書·儒林列傳》承襲《漢書·儒林傳》的體例，但又不同於《漢書·儒林傳》。班固詳述師承，備載經師，故《漢書·儒林傳》載述達二百人。而《後漢書·儒林列傳》則不詳師承，但錄其能通經名家者，大、小戴博士，雖相傳不絕，但未有顯名者，不錄；又自有列傳者，則不兼書，故《後漢書·儒林列傳》具名者僅四十三人(附傳不計在內)。學兼數經者，只載名於主治經學之下，備述其兼通，而不重見。儒士們的專長、經歷不盡相同，但一般說來，他們又多有相似之處，即精於學而廉於政。如在精於學方面，本傳所記儒士均在學業上有所建樹，著作頗豐。此外，他們多廣收門徒，傳道授業。門徒少則百人，多則千人，乃至萬人。而這些儒士除少數人不願出仕外，大多數在仕宦生涯中都以清正廉明、克己奉公受到世人的稱道。他們的才學和品行通過講學、從政對東漢社會產生了深遠影響。

本傳是研究東漢經學的重要史料。自西漢武帝時實行「獨尊儒術」的文化政策，儒學即與政治結合，成為唯一的正統學說。《五經》便完全超出了一般歷史文化典籍，成為國家全部思想與政治生活必須遵循的指針，成為神聖不可侵犯的法典。由於所據文本不同和師承淵源不一，因而在闡發和解釋儒家經典中形成了思想與風格各異的今文經學和古文經學，以今文經學尤盛。但自西漢後期今文經學日趨支離、煩瑣，失去了生機和活力。當作為官學的今文經學呈現消沉衰落之勢時，原在民間流行的古文經學經劉歆等人的倡導而興起，西漢末年一度被立於官學。東漢立於學官者仍為今文經學，《易》有施、孟、梁丘、京氏四家，《尚書》有歐陽、大、小夏侯三家，《詩》有齊、魯、韓三家，《禮》有大、小戴兩家，《公羊春秋》有嚴、顏兩家，凡十四博士。

古文經學《尚書》、《毛詩》、《穀梁》、《左氏春秋》不立博士，但得以傳授。東漢前期，古文經學家眾多，撰述叢出，影響日大。古文經學的興起使經學在整體上保持了生機和活力。今文經學和古文經學兩派為了爭奪學術上的獨尊地位而展開了激烈的鬥爭。今古文經學之論爭促進了古文經學的發展，促進了經學學術的發展，促進了今古文經學之間的溝通與融合。東漢章帝時在洛陽北宮白虎觀召集諸儒講經，並將會議記錄整理成《白虎通德論》。至此，今文經學和古文經學由分歧對抗走向統一融合，它標誌著統一經學的建立。最終鄭玄以古文經學為基礎遍注群經，兼採今文家言，最終實現今古文學的統一。

本傳不僅是東漢學術史的一部分，也是東漢政治史的一部分。經學在東漢的由衰轉盛，此後又走向衰微，這種轉變與當時的政治形勢密不可分。東漢前期，經學從西漢末年的衰微中重新振作起來，出現了繁榮的局面。這時期各家學說紛立，儒學大師層出不窮。但是到東漢後期，王朝統治產生危機，發生了兩次大規模的壓制、打擊知識分子的「黨錮之禍」。國家政治腐敗，社會危機深重。大批儒生悲觀失望，隱居教授，不問仕事，為統治服務的經學也走向沒落。與此同時，經學的讖緯色彩日益濃厚，進而為魏晉時期儒學玄學化埋下伏筆。由此可見經學繁榮興盛背後，無法擺脫其在東漢末年走向衰微的命運。作者在篇末「千載不作，淵原誰澄」的議論，實際上就是對儒學走向衰落所發出的感歎。（孫鴻艷注譯）

卷八十上

文苑列傳第七十上

【題解】本卷是一篇類傳。文苑猶言文壇或文學界。正史中專立〈文苑〉這種類傳，用來記載一代文士的言行，則自范曄《後漢書》始。因所收錄的傳主人數較多，需要顧及到篇幅的大體均衡，故本篇〈文苑列傳〉又分成上、下兩分卷。上卷通過目錄予以標示的傳主為十三人，又連帶述及六人；下卷通過目錄予以標示的傳主為九人，又連帶述及二人；上下兩分卷合計三十人。於其簡要事跡或典型事跡之外，分別開列了他們所創作的諸種體裁的詩文作品的總數量，有重點地選錄了諸家在特定形勢、具體境遇中揮筆撰就的十二篇原文，呈現了各自的性格特徵、創作風格及當時所贏得的聲譽。藉此扼要地反映出了東漢文學的歷史狀況和總體情形，展示出了包括當時文學世家在內的二、三流作家群的時代風貌與創作成就。面對這篇〈文苑列傳〉，須與本書所立東漢一流作家傳如：卷四十〈班固傳〉、卷五十二〈崔駰傳〉、卷五十九〈張衡傳〉、卷六十〈蔡邕傳〉等合觀參讀。

1 杜篤，字季雅，京兆杜陵❶人也。高祖❷延年，宣帝❸時為御史大夫❹。篤少博學，不修小節，不為鄉人所禮。居美陽❺，與美陽令❻遊，數從請託❼，不諧，頗相恨。令怒，收⑧篤送京師。會大司馬吳漢薨⑨，光武⑩詔諸儒誄⑪之。篤於獄中為誄，辭最高，帝美之，賜帛⑫免刑。

2 篤以關中⑬表裏山河⑭，先帝舊京⑮，不宜改營洛邑⑯，乃上奏論都賦曰：

3 「臣聞知而復知，是為重知⑰。臣所欲言，陛下已知，故略其梗概⑱，不敢具陳⑲。昔般庚⑳去奢，行儉於亳㉑，成周㉒之隆，乃即中洛㉓。遭時制都，不常厥邑㉔。賢聖㉕之慮，蓋有優劣；霸王㉖之姿，明知㉗相絕。守國之埶㉘，同歸異術㉙：或棄去阻阸㉚，務處平易㉛；或據山帶河，并吞六國㉜；或富貴思歸，不顧見襲㉝；或掩空擊虛，自蜀漢出，即日車駕，策由一卒㉞；或知而不從，久都墝埆㉟。臣不敢有所據。竊見司馬相如㊱、楊子雲㊲作辭賦㊳以諷主上，臣誠慕之，伏㊴作書一篇，名曰論都，謹并封奏如左㊵。

4 「皇帝以建武㊶十八年二月甲辰，升輿㊷洛邑，巡於西岳㊸。推天時㊹，順斗極㊺，排閶闔㊻，入函谷㊼，觀阸於崤、黽㊽，圖險於隴㊾、蜀。其三月丁酉，行至長安。經營宮室，傷愍㊿舊京，即詔京兆(51)，迺命扶風(52)，齋肅(53)致敬，告覲園陵(54)。悽然有懷祖之思，喟(55)乎以思諸夏(56)之隆。遂天旋雲遊(57)，造舟于渭(58)，北斻涇流(59)。千乘方轂(60)，萬騎駢羅(61)，衍陳(62)於岐、梁(63)，東橫乎大河(64)。瘞后土(65)，禮邠郊(66)。其歲四月，反(67)于洛都。明年，有詔復函谷關，作大駕宮(68)、六王邸(69)、高車廄(70)於長安，脩理東都城門(71)，橋涇、渭。往往繕離觀(72)，東臨霸、滻(73)，西望昆明(74)，北登長平(75)，規龍首(76)，撫未央(77)，覛平樂(78)，儀建章(79)。

5 「是時山東(80)翕然狐疑(81)，意聖朝(82)之西都，懼關門(83)之反拒(84)也。客有為篤言：『彼埳井(85)之潢汙(86)，固不容夫吞舟(87)；且洛邑之渟瀯(88)，曷足以居乎萬乘(89)哉？咸陽(90)守國利器(91)，不可久虛，以示姦萌(92)。』篤未甚然(93)其言也，故因為述大漢之崇，世據雝州(94)之利，而今國家未暇(95)之故，以喻(96)客意。曰：

6 「昔在強秦(97)，爰初開畔(98)，霸自岐、雝，國富人衍(99)，卒以并兼(100)，桀虐作亂(101)。天命(102)有聖，託之大漢。大漢開基，高祖(103)有勳，斬白蛇(104)，屯黑雲(105)，聚五星(106)於東井(107)，提千將(108)而呵暴秦。蹈滄海(109)，跨崑崙(110)，奮彗光(111)，埽項軍(112)，遂濟人難(113)，蕩滌於泗、沂(114)。劉敬(115)建策，初都長安。太宗承流(116)，守之以文(117)。躬履(118)節儉，側身(119)行仁，食不二味(120)，衣無異采(121)。賑人(122)以農桑，率下以約己(123)。曼麗(124)之容不悅於目，鄭衛之聲(125)不過於耳。佞邪(126)之臣不列於朝，巧偽(127)之物不鬻(128)於市。故能理升平而刑幾措(129)。富衍於孝景(130)，功傳於後嗣(131)。

7 「是時孝武(132)因其餘財府帑(133)之蓄，始有鉤深圖遠(134)之意，探冒頓之罪(135)，校平城之讎[136]。遂命票騎[137]，勤任衛青[138]，勇惟鷹揚[139]，軍如流星，深之匈奴[140]，割裂王庭[141]，席卷漠北[142]，叩勒祁連[143]，横分單于[144]，屠裂百蠻[145]。燒罽帳[146]，繫閼氏[147]，燔康居[148]，灰珍奇[149]。椎鳴鏑[150]，釘鹿蠡[151]，馳阬岸[152]，獲昆彌[153]。虜儹侲[154]，驅騾驢[155]，馭宛馬[156]，鞭駃騠[157]。拓地萬里，威震八荒[158]。肇置四郡[159]，據守敦煌[160]。并域屬國[161]，一郡領方[162]。立候隅北[163]，建護西羌[164]。捶驅氐、僰[165]，寥狼邛、莋[166]。東攡烏桓[167]，蹂轔濊貊[168]，南羈鉤町[169]，水劍強越[170]。殘夷文身[171]，海波沫血[172]。郡縣日南[173]，漂槩朱崖[174]。部尉東南[175]，兼有黃支[176]。連緩耳[177]，瑣雕題[178]，摧天督[179]，牽象犀[180]。椎蜯蛤[181]，碎瑠璃[182]，甲瑇瑁[183]，戕觜觿[184]。於是同穴裘褐之域[185]，共川鼻飲之國[186]，莫不袒跣稽顙[187]，失氣虜伏[188]。非夫大漢之盛，世藉廱土之饒，得御外理內[189]之術，孰能致功[190]若斯？故創業於高祖，嗣傳於孝惠[191]，德隆於太宗，財衍於孝景，威盛於聖武[192]，政行於宣、元[193]，侈極於成、哀[194]，祚[195]缺於孝平[196]。傳世十一[197]，歷載三百[198]，德衰而復盈[199]，道微而復章[200]，皆莫能遷[201]於廱州，而背於咸陽。宮室寢廟[202]，山陵[203]相望，高顯弘麗[204]，可思可榮[205]。羲、農[206]已來，無茲著明[207]。

8 「夫廱州本帝皇[208]所以育業[209]，霸王所以衍功[210]，戰士角難[211]之場也。禹貢[212]

所載，厥田惟上[213]。沃野[214]千里，原隰彌望[215]。保殖五穀[216]，桑麻條暢[217]。濱據南山[218]，帶以涇、渭，號曰陸海[219]，蠢生[220]萬類。楩柟檀柘[221]，蔬果成實。畎瀆潤淤[222]，水泉灌溉，漸澤[223]成川，粳稻陶遂[224]。厥土之膏，畝價一金[225]。田田相如[226]，鐇钁株林[227]。火耕流種[228]，功淺得深。既有蓄積，阸塞四臨[229]：西被隴、蜀，南通漢中[230]，北據谷口[231]，東阻嶔巖[232]。關函守嶢[233]，山東道窮[234]；置列汧、隴，廱偃西戎[235]；拒守褒斜[236]，嶺南[237]不通；杜口絕津[238]，朔方[239]無從。鴻[240]、渭之流，逕入於河，大船萬艘，轉漕[241]相過。東綜[242]滄海，西綱流沙[243]。朔南暨聲[244]，諸夏是和。城池百尺，阸塞要害[245]。關梁[246]之險，多所衿帶[247]。一卒舉礧[248]，千夫沉滯[249]；一人奮戟[250]，三軍沮敗[251]。地埶便利，介冑剽悍[252]，可與守近，利以攻遠。士卒易保，人不肉袒[253]。肇十有二[254]，是為贍腴[255]。用霸則兼并[256]，先據則功殊[257]。修文[258]則財衍[259]，行武則士要[260]。為政則化上[261]，篡逆則難誅[262]。進攻則百剋[263]，退守則有餘。斯固帝王之淵囿[264]，而守國之利器也。

9　「逮及亡新[265]，時漢之衰。偷忍淵囿[266]，篡器慢違[267]，徒以埶便[268]，莫能卒危[269]。假之十八[270]，誅[271]自京師。天畀更始[272]，不能引維[273]，慢藏[274]招寇，復致赤眉[275]。海內雲擾[276]，諸夏滅微[277]；群龍並戰，未知是非[278]。于時聖帝，赫然申威[279]。荷天人之符(280)，兼不世(281)之姿。受命於皇上(282)，獲助於靈祇(283)。立號高邑(284)，搴旗四麾(285)。首策之臣，運籌出奇(286)；虓怒(287)之旅，如虎如螭(288)。師之攸向(289)，無不靡披(290)。蓋夫燔魚剸蛇(291)，莫之方斯。大呼山東，響動流沙。要龍淵(292)，首鏌鎁(293)，命騰太白(294)，親發狼、弧(295)。南禽公孫(296)，北背強胡(297)，西平隴、冀(298)，東據洛都。乃廓平帝宇(299)，濟蒸人(300)於塗炭(301)，成兆庶(302)之亹亹(303)，遂興復乎大漢。

「今天下新定，矢石(304)之勤始瘳(305)，而主上方以邊垂(306)為憂，忿葭萌之不柔(307)，未遑(308)於論都而遺思雍州也。方躬勞聖思，以率海內，厲撫(309)名將，略地(310)疆外，信威(311)於征伐，展武乎荒裔(312)。若夫文身鼻飲緩耳之主，椎結左衽鐻鍝(313)之君，東南殊俗不羈(314)之國，西北絕域(315)難制之鄰，靡不重譯(316)納貢，請為藩臣(317)。上猶謙讓而不伐勤(318)。意以為獲無用之虜，不如安有益之民；略荒裔之地，不如保殖五穀之淵(319)；遠救於已亡，不若近而存存(320)也。今國家躬脩道德，吐惠含仁，湛恩沾洽(321)，時風(322)顯宣。徒(323)垂意於持平守實(324)，務在愛育元元(325)，苟(326)有便於王政(327)者，聖主納焉。何則？物罔挹而不損(328)，道無隆而不移，陽盛則運(329)，陰滿則虧(330)，故存不忘亡，安不諱危(331)，雖有仁義，猶設城池也。客以利器不可久虛，而國家亦不忘乎西都，何必去洛邑之渟瀯與(332)？」

11 篤後仕郡文學掾(333)，以目疾(334)，二十餘年不闚(335)京師。篤之外高祖(336)破羌將軍辛武賢(337)，以武略(338)稱。篤常歎曰：「杜氏文明善政(339)，而篤不任為吏；辛氏秉義經武(340)，而篤又怯於事。外內五世(341)，至篤衰矣！」女弟(342)適扶風馬氏(343)。建初(344)三年，車騎將軍馬防(345)擊西羌(346)，請篤為從事中郎(347)，戰沒於射姑山(348)。所著賦(349)、誄、弔(350)、書(351)、讚(352)、七言(353)、女誡及雜文(354)，凡十八篇。又著明世論十五篇。

12 子碩，豪俠(355)，以貨殖(356)聞。

【章　旨】以上是〈杜篤傳〉，記述杜篤的籍貫、家世、性格特徵、〈論都賦〉原文和其他作品的類型與數量以及從征戰死的情形。附帶言及其子杜碩的簡況。

【注　釋】❶京兆杜陵　京兆，為漢代首都長安地區的郡級行政區劃之一，治所在今陝西西安西北。杜陵，縣名。治所在今陝西西安東北。❷高祖　曾祖的父親。以本人為基準上推，直系親屬關係依次為父、祖、曾祖、高祖。❸宣帝　指西漢除呂后之外的第七代皇帝劉詢。卒謚孝宣。事具《漢書・宣帝紀》。❹御史大夫　官名。秦始置，漢沿設，為御史臺長官，掌管彈劾糾察及圖籍祕書。其地位僅次於丞相，與丞相（大司徒）、太尉（大司馬）合稱三公。丞相缺位時，往往即由御史大夫遞升。後改稱大司空，司空。❺美陽　縣名。治所在今陝西武功西北。❻令　即縣令，為一縣長官。漢制，縣萬戶以上設縣令，不滿萬戶設縣長。掌治其民。❼請託　亦作「請托」。謂以私事相囑託，亦即走門路，通關節。本書卷四十一〈第五倫傳〉載：「篤為鄉里所廢，客居美陽。女弟為馬氏妻，恃此交通，在所縣令苦其不法，收繫論之」。❽收　拘捕。❾大司馬吳漢薨　大司馬，原稱太尉，自漢武帝更名為大司馬。掌管軍政與征戰。吳漢，為東漢開國元勳之一。本書卷十八有傳。薨，對死去的朝廷重臣的一種專用性諱稱。自周代始，言及人之死亡乃有尊卑之分，即《禮記・曲禮下》所云：「天子死曰崩，諸侯曰薨，大夫曰卒，士曰不祿，庶人曰死。」❿光武　指東漢王朝的創建者劉秀。光武為其謚號。⓫誄　一種用以表彰死者德業功績並致以哀悼之情的文章。⑫帛　絲織品的統稱。⑬關中　指函谷關（今河南靈寶東北）以西、秦嶺以北地區。⑭表裏山河　外有崇山峻嶺阻隔，內有長河激流遮攔。意謂擁有山河天險作為屏障。表裏，內外相持互補之義。⑮先帝舊京　先帝意為前代已故的帝王，指西漢王朝的創建者劉邦及其繼任者。劉邦建都於長安，即今陝西西安，故曰舊京。舊京，猶言舊都、古都。⑯改營洛邑　意為把國都遷到洛陽予以營建。這是劉秀稱帝後所採取的鞏固新生政權的重大措施。洛陽，古稱洛邑。⑰知而復知二句　意謂已經了解了又再去了解，這純屬不必要的重複。言外之意是多餘的。唐李賢注引《韓詩外傳》：「知（智）者知其所知，乃為知矣。」⑱略其梗概　意謂把大體情況再簡要地列舉一番。略，簡略；簡要。梗概，大體情況；主要方面的問題。⑲具陳　詳盡予以陳述。具，詳細；詳備。陳，陳述；陳奏。⑳般庚　通作「盤庚」。商朝中前期的傑出國王。《尚書》有〈盤庚〉上、中、下三篇，載其遷都於殷（今河南安陽西北）的講話。㉑亳　商朝古都所在地。相傳有三處：在今河南商丘東南者名南亳，在今河南商丘北者名北亳，在今河南偃師西者名西亳，合稱三亳。古史多有異說，李賢注引〈帝王世紀〉稱：「般庚以耿在河北，迫近山川，自祖辛以來，奢淫不絕，般庚乃南度河，徙都於亳。人咨嗟相怨，不欲徙，乃作書三篇以告之。」㉒成周　指西周王朝由周公輔佐成王而取得天下大治的興盛時代。㉓中洛　位於天下中心的都城洛陽。李賢注：「周成王就土中都洛陽也。」㉔遭時制都二句　意謂適應時勢的客觀需要來確定國都的位址，不把國都固定在某個城市上。厥邑，那些城邑。㉕賢聖　道德才智極高的人。其中有所創造發明者謂之聖，能夠繼承弘揚者謂之賢。㉖霸王　霸，指仰仗武力成就霸業的人。王，指依憑仁德成就王業的人。㉗明知　明智。知，通「智」。㉘守國之埶　守護國家的情勢。埶，「勢」的古字。㉙同歸異術　目的一致，方法不同。㉚阻阸　亦作「阻阨」。指險要的處所。㉛平易　指平坦寬廣的地方。以上二句係就周武王之事而發。李賢注引《淮南子》曰：「武王克殷，欲築宮於五行之山。周公曰：『不可。夫五行之山，固塞險阻之地。使我德能覆之，則天下納其貢職者固矣；使我有暴亂之行，則天下之伐我難也。』」高誘注云：「明周公恃德不恃險也。」㉜或據山帶河二句　六國，指戰國七雄中的齊國、楚國、燕國、韓國、趙國、魏國。以上二句係就秦國憑藉易守難攻的地理形勢得以統一天下而發。㉝或富貴思歸二句　以上係就楚霸王項羽之事而發。《漢書・項籍傳》載：「於是韓生說羽曰：『關中阻山帶河，四塞之地肥饒，可都以伯。』羽見秦皆已燒殘，又懷思東歸，曰：『富貴不歸故鄉，如衣錦夜行。』韓生曰：『人謂楚人沐猴而冠，果然。』羽聞之，斬韓生。」思歸，迫切希望返回故鄉。見襲，遭到襲擊。㉞或掩空擊虛四句　以上係就漢高祖劉邦之事而發。《漢書・婁敬傳》載：齊人婁敬「漢五年戍隴西，過雒陽，高帝在焉。……敬說曰：『陛下入關而都之，山東雖亂，秦故地可全而有也。夫與人鬬，不搤其亢拊其背，未能全勝。今陛下入關而都，按秦之故，此亦搤天下之亢而拊其背也。』高帝問群臣，群臣皆山東人，爭言周王數百年，秦二世則亡，不如都周。上疑未能決，及留侯明言入關便，日駕西都關中。於是上曰：『本言都秦地者婁敬。婁者，劉也。』賜姓劉氏，拜為郎中，號曰奉春君。」掩空擊虛，突然進擊對方無所防備的地方。蜀漢，蜀郡與漢中的合稱。即日，當天。言其行動快速。策由一卒，聽從一名士卒進獻的計謀。㉟或知而不從二句　以上是對光武帝劉秀定都不當的一種暗示語。李賢注：「謂光武久都洛陽也。墝埆，薄地也。」《漢書・張良傳》載「良曰：『雒陽雖有此固，其中小，不過數百里，田地薄，四面受敵，此非用武之國。』」墝埆，田土瘠薄之地。實指洛陽而言。㊱司馬相如　西漢中期以擅寫辭賦聞名於世的文學家。《史記》卷一一七和《漢書》卷五十七有傳。㊲楊子雲　即揚雄。雄，字子雲。西漢後期以擅寫辭賦聞名於世的文學家。《漢書》卷八十七有傳。㊳辭賦　一種以排比鋪陳為主，講求聲調和辭藻，意在諷諫或抒情的文體。相如賦、揚雄賦的代表作品有〈子虛賦〉、〈上林賦〉、〈甘泉賦〉、〈羽獵賦〉等。㊴伏　謙辭。跪地之義。㊵封奏如左　封奏，謂密封上奏。如左，猶今言如下。古代書寫習慣為自右起行，一行寫畢，則向左轉行，故常用「如左」提示下文，表示內容的遞相連接。㊶建武　東漢光武帝劉秀年號，西元二五—五六年。㊷升輿　登車；上車。㊸西岳　亦作「西嶽」。即華山，又稱太華山，為五嶽之一。在今陝西華陰南，北臨渭河平原，屬秦嶺東段。㊹天時　天道運行的定律。《易・乾》：「先天而天弗違，後天而奉天時。」㊺斗極　指北斗星和北極星。李賢注：「極，北極星也。言順斗建及北極之星運轉而行也。」㊻閶闔　傳說中的天門。《楚辭・離騷》：「吾令帝閽開關兮，倚閶闔而望予。」王逸注：「閶闔，天門也。」㊼函谷　關名。古關為戰國秦置，在今河南靈寶東北王垛村。因其路在谷中，深險如函，故名。自漢武帝元鼎三年，將關移至今河南新安東，又稱新關。㊽崤黽　崤，謂崤山，又名嶔崟山。在今河南洛寧北。山分東西二崤，中有谷道，阪坡峻陡，為古代軍事要地。黽，指黽塞，又稱黽隘，為戰國時的要塞。故址在今河南信陽西。其地有大小石門，鑿山通道，地勢險厄。㊾隴　指今甘肅一帶。因隴山即六盤山南段在其境內，故名。㊿傷愍　哀痛；哀憐。(51)京兆　這裡指官名。即漢代管轄京兆地區的行政長官，其職權相當於郡太守。《漢書・百官公卿表上》：「內史，周官，秦因之，掌治京師。景帝二年分置左右內史。右內史武帝太初元年更名京兆尹。」(52)扶風　這裡指官名。漢武帝太初元年把主爵都尉更名為右扶風，負責管轄渭城以西（今陝西長安西）地區，以拱衛首都長安。(53)齋肅　齋戒。即在祭祀前沐浴更衣、整潔身心，以示虔誠。(54)告覲園陵　對西漢諸帝的陵墓進行祝告拜謁。(55)喟　歎息。(56)諸夏　指中原地區的各個諸侯國。(57)天旋雲遊　似天體旋轉，如雲彩飄動浮游。借喻皇帝出巡四方的活動。(58)渭　水名。黃河的最大支流，發源於甘肅鳥鼠山，橫貫陝西中部，至潼關入黃河。(59)北抗涇流　向北乘船渡過涇水。抗，航；以舟渡水。涇流，即涇水，其為渭水支流，在陝西中部，亦稱涇河。60千乘方轂　千乘，謂數量眾多的兵車。方轂，猶並駕，即兩車並行。轂，車輪的中心部位，周圍與車輻的一端相接，中有圓孔，用以插軸。這裡借指車輛。61駢羅　駢比羅列。62衍陳　布陣。陳，同「陣」。63岐梁　俱為山名。岐山，在今陝西岐山縣境內。梁山，在今陝西乾縣境內。64大河　即黃河。65瘞后土　祭祀地神。瘞，把祭品埋在地下來祭地。李賢注引《爾雅》：「祭地曰瘞埋。」66禮邠郊　在邠地郊區的甘泉宮舉行祭天大禮。甘泉宮為秦修築的宮殿，漢武帝予以擴建，成為祭天的場所。邠，邑名。在今陝西彬縣。67反　返回；還歸。後多作「返」。68大駕宮　天子出巡所暫住的處所。大駕，謂皇帝出行，儀仗隊之規模最大者。蔡邕《獨斷》：「大駕則公卿奉引，大將軍參乘，太僕御，屬車八十一乘，備千乘萬騎。」69六王邸　六王指夏啟、商湯、周武王、周成王、周康王、周穆王。邸，府第；私宅。這裡指供奉他們的祠廟。《左傳・昭公四年》：「夫六王二公之事，皆所以示諸侯禮也。」杜預注：「六王，啟、湯、武、成、康、穆也。」70高車廄　停放車馬的專用處所。高車，指車篷高、可立乘的車輛。廄，馬房；馬棚。71東都城門　指長安外城門，東面北頭第一門。72離觀　離宮。73霸滻　俱為水名。霸（灞）水，發源於陝西藍田西北，流入渭水。滻水，亦發源於陝西藍田，會灞水，流入渭水。74昆明　湖名。漢武帝於元狩三年在長安西南郊所鑿，以習水戰。池周圍四十里，廣三百三十二頃。其故址在今西安西南斗門鎮東南窪地處。75長平　阪名。上有宮觀。其故址在今陝西涇陽西北。76規龍首　規，效法。龍首，山名。又稱龍首原。在今陝西長安北，蕭何曾於此營築未央宮。77撫未央　撫，同「橅」。仿效。未央，漢代宮殿名。故址在今陝西西安西北長安故城內西南隅。漢高帝七年建，常為朝見之處。新莽末毀。東漢末董卓復葺未央殿。《三輔黃圖・漢宮》：「未央宮周回二十八里，前殿東西五十丈，深十五丈，高三十五丈。營未央宮，因龍首山以制前殿。……未央宮有宣室、麒麟、金華、承明、武臺、鉤弋等殿，又有殿閣三十有二，有壽成、萬歲、廣明、椒房、清涼、水延、玉堂、壽安、平就、宣德、東明、飛兩、鳳凰、通光、曲臺、白虎等殿。」78覛平樂　覛，視察。平樂，漢代宮觀名。在皇家園林上林苑內。79儀建章　儀，取法。建章，漢代宮殿名。《三輔黃圖・漢宮》：「武帝太初元年，柏梁殿災。粵巫勇之曰：『粵俗，有火災即復大起屋，以厭勝之。』帝於是作建章宮，度為千門萬戶。宮在未央宮西，長安城外。」80山東　指崤山（今河南洛寧西北）以東地區。81翕然狐疑　一致懷疑。翕然，形容一致的樣子。狐疑，猜疑；懷疑。顏師古《漢書注》：「狐之為獸，其性多疑，每渡冰河，且聽且渡。故言疑者，而稱狐疑。」82聖朝　聖明的王朝。83關門　指遷都長安後要設置的關隘。84反拒　意謂國都居西則置關而距東，國都居東則置關而距西，彼此間恰恰相反。85埳井　亦作「坎井」。廢井或淺井。86潢汙　聚積而不流動的汙水。87吞舟　謂能吞舟的大魚。用以喻指重大的人事。88渟瀯　指池水。89萬乘　帝王的代稱。90咸陽　地名。秦朝首都所在地，即今陝西咸陽。91利器　銳利的武器。用以喻指國家的保障。《老子》：「國之利器，不可以示人。」92姦萌　圖謀作奸犯科的人。萌，通「氓」。民。93甚然　認為非常正確的意思。94廱州　即雍州，為古九州之一。約當今陝西、青海以西地帶。廱，通「雍」。95未暇　尚無時間顧及。96喻　告知；開導。97秦　戰國七雄中實力最強的諸侯國，中國歷史上第一個專制主義中央集權的封建王朝。因施暴政而速亡，共歷三帝十六年。詳見《史記・秦本紀》和〈秦始皇本紀〉所述。98開畔　開闢疆土。畔，疆土；疆界。99人衍　人口得到繁殖。100并兼　吞併。指逐一消滅山東六國而言。101桀虐作亂　像夏桀那樣暴虐無道，致使暴亂發生。桀，為夏朝末代國王，以暴虐傳於史冊。作亂，指陳勝、吳廣發動的農民起義。102天命　意為上天命令，上天責成。103高祖　指西漢王朝的創建者劉邦。高祖為其廟號。事詳《史記・高祖本紀》和《漢書・高帝紀》。104斬白蛇　這是神化劉邦註定貴為天子的一種說法。《史記・高祖本紀》：「高祖被酒，夜徑澤中，令一人行前。行前者還報曰：『前有大蛇當徑，願還。』高祖醉曰：『壯士行，何畏？』乃前拔劍擊斬蛇，蛇遂分為兩。徑開，行數里，醉因臥。後人來至蛇所，有一老嫗夜哭，人問何哭？嫗曰：『人殺吾子，故哭之。』人曰：『嫗子何為見殺？』嫗曰：『吾子白帝子也。化為蛇當道。今為赤帝子斬之，故哭。』人乃以嫗為不誠，欲笞之，嫗因忽不見。後人至，高祖覺，後人告高祖，高祖乃心獨喜，自負。」105屯黑雲　亦為神化劉邦註定貴為天子的一種說法。《史記・高祖本紀》：「高祖隱於芒碭山澤間，呂后與人俱求，常得之。高祖怪問之，呂后曰：「季所居上常有雲氣，故從往常得季。」高祖又喜。」106五星　指金、木、水、火、土五大行星。107東井　即井宿，為二十八宿之一。因在玉井之東，故稱。《史記・張耳陳餘列傳》：「漢王之入關，五星聚東井。東井者，秦分也，先至必霸。」108干將　寶劍名。相傳春秋吳國有干將、莫邪夫婦善鑄劍，為吳王闔閭鑄陰陽劍，陽曰干將，陰曰莫邪。干將藏陽劍獻陰劍，被吳王視為重寶。109蹈滄海　蹈，踏越。滄海，大海。此句和下句「跨崑崙」均比喻遠大。110崑崙　亦作「昆侖」。山名。在今新疆、西藏之間，西接帕米爾高原，東延入青海境內。勢極高峻，多雪峰、冰川。古代神話傳說，昆侖山上有瑤池、閬苑、增城、縣圃等仙境。111彗光　彗星尾部所閃現出的如同掃帚形狀的光束。李賢注：「彗星者，所以除舊布新也，故曰埽。」112項軍　項羽的部隊。項羽是在秦末農民戰爭中與劉邦爭奪天下的主要人物。事詳《史記・項羽本紀》及《漢書・項籍傳》。113濟人難　拯救世人的苦難。濟，拯救；救助。114泗沂　俱為水名。泗水，發源於今山東泗水縣東，因四源併發，故名。其南流至江蘇淮陰西南，注入淮河。沂水，發源於今山東曲阜東南之尼山，西流至滋陽合於泗水。115劉敬　漢初力勸劉邦定都長安的一名帶有戰國策士遺風的人物。本姓婁，賜姓劉。《史記》卷九十九和《漢書》卷四十三有傳。116太宗承流　太宗，指西漢的第三位皇帝劉恆。事詳《史記・孝文本紀》及《漢書・文帝紀》。承流，接受和繼承良好的風尚與傳統。(117)文　文德。(118)躬履　親身奉行。(119)側身　傾側其身，表示戒懼不安。(120)二味　謂兩種菜肴。(121)異采　指不同色彩的織物。(122)賑人　救濟民眾。賑，救濟。(123)約己　約束自己。《漢書・文帝紀》「贊曰：孝文皇帝即位二十三年，宮室苑囿、車騎服御無所增益。有不便，輒弛以利民。嘗欲作露臺，召匠計之，直百金。上曰：『百金，中人十家之產也。吾奉先帝宮室，嘗恐羞之，何以臺為！』身衣弋綈，所幸慎夫人衣不曳地，帷帳無文繡，以示敦樸，為天下先。治霸陵，皆瓦器，不得以金銀銅錫為飾，因其山，不起墳。」(124)曼麗　美麗。(125)鄭衛之聲　指淫靡的音樂。春秋戰國時鄭國、衛國的樂歌大多表達男女戀情，故被列為靡靡之音的代表。(126)佞邪　奸邪。(127)巧偽　精巧而不實用。(128)鬻　賣；出售。(129)刑幾措　刑罰幾乎擱置不用。措，棄置；擱置。(130)富衍於孝景　富，由國家和民間所掌握的社會財富。衍，擴展；延及。孝景，指西漢的第四位皇帝劉啟。事詳《史記・孝景本紀》及《漢書・景帝紀》。(131)後嗣　後代子孫。指帝位繼承人。(132)孝武　指西漢的第五位皇帝劉徹。事詳《史記・孝武本紀》和《漢書・武帝紀》。(133)府帑　國庫。顏師古《漢書注》：「府，物之所聚也；帑，藏金帛之所也。」《漢書・食貨志》云：「至武帝之初，七十年間國家亡事，非遇水旱則民人給家足，都鄙廩庾盡滿而府庫餘財。京師之錢累百鉅萬，貫朽而不可校。太倉之粟陳陳相因，充溢露積於外，腐敗不可食。」(134)鉤深圖遠　謂對僻遠的部族和方國圖謀討伐。(135)探冒頓之罪　探，為追究之義。冒頓，為西漢初年匈奴部落的一位最高首領。姓攣鞮。其於秦二世元年弒父自立，建立軍政制度，東滅東胡，西逐月支，北服丁零，南服樓煩、白羊。到西漢初年，則經常侵擾邊地，又以書信嫚辱呂后。此即這裡所說的「冒頓之罪」。(136)校平城之讎　校，核查；驗定。平城，秦置縣名。治所在今山西大同東北。《漢書・匈奴傳》載：高祖七年冬，「漢兵逐擊冒頓，冒頓匿其精兵，見其羸弱，於是漢悉兵多步兵三十二萬，北逐之。高帝先至平城，步兵未盡到，冒頓縱精兵三十餘萬騎，圍高帝於白登七日，漢兵中外不得相救。……高帝迺使使間厚遺閼氏，閼氏迺謂冒頓曰：『兩主不相困。今得漢地，單于終非能居之。且漢主有神，單于察之。』冒頓與韓信將王黃、趙利期，而兵久不來，疑其與漢有謀，亦取閼氏之言，迺開圍一角，於是高皇帝令士皆持滿，傅矢外鄉，從解角直出，得與大軍合，而冒頓遂引兵去，漢亦引兵罷。」此即這裡所說的「平城之仇」。(137)票騎　亦作「驃騎」。其全稱為驃騎將軍，位在三司，品秩同大將軍。這一武官名號因西漢名將霍去病徵討匈奴立有絕幕之勳而於武帝元狩二年始置，故其後常以指代霍去病其人。此處便是如此用法。(138)衛青　漢武帝時七次進擊匈奴並獲重大戰果的軍事統帥。名在霍去病之上。事詳《史記・衛將軍驃騎列傳》。(139)鷹揚　如鷹飛揚，形容威武。《詩・大明》：「維師尚父，時維鷹揚。」(140)匈奴　活動於中國古代北方的游牧部族。其社會組織以部落聯盟為主，最高首領稱為單于。自西漢宣帝時分裂為東、西兩部，東匈奴降漢。迄至東漢初期，又分裂為南、北兩部，南匈奴內附，北匈奴則在明帝大規模用兵中陷入困窘的境地。141王庭　指匈奴設幕立朝的地方，為其統治中心所在。荀悅《前漢紀・孝武六》謂：「單于失援。由是遠遁漢北，而漢南無王庭。」142漠北　指蒙古高原大沙漠以北地區。143卬勒祁連　卬勒，控制之義。李賢注：「卬，擊也；勒，謂銜勒也。」祁連，山名。在匈奴語中意為「天山」。廣義的祁連山是甘肅西部和青海東北部邊境山地的總稱，綿延一千公里。狹義的祁連山則指最北的一支。《史記・匈奴列傳》載：「驃騎將軍復與合騎侯數萬騎，出隴西、北地二千里擊匈奴，過居延，攻祁連山，得胡首虜三萬餘人，裨小王以下七十餘人。」144橫分單于　單于，為匈奴最高首領的尊稱。在匈奴語中全名撐犁孤塗單于。犁意謂天，孤塗意謂子，單于意謂廣大。撐犁孤塗單于則是廣大如天之子的意思。簡稱為單于，相當於漢語中的天子，握有軍政及對外一切大權。把原為一體的匈奴部族分割成漠北、漠南兩部，即這裡所說的「橫分單于」。145屠裂百蠻　屠裂，屠殺肢解。百蠻，古代對南方少數民族的總稱。146罽帳　毛氈製成的幕帳。罽，毛織物。147閼氏　亦作「焉提」、「閼支」。漢代匈奴單于、諸王之妻的統稱。148康居　古代中亞的游牧部族與國名。大致活動於巴爾喀什湖與鹹海之間。其中心駐地為卑闐城，約當今塔什干或奇姆肯特等地。149灰珍奇　使珍貴奇異的物品變成灰。150椎鳴鏑　用椎打擊，使之紛紛落地。椎，一種捶擊的工具。鳴鏑，即響箭。矢發射時有聲，故名。其由匈奴冒頓單于所創製。151釘鹿蠡　釘，謂以銳器刺入，使之奄奄待斃。鹿蠡，亦作「谷蠡」。匈奴官名。全稱鹿蠡王。其由冒頓單于設置，分左右，位在屠耆王之下，管理軍事和行政，擇選單于子弟擔任。152阬岸　坑塹；溝壑。阬，同「坑」。153昆彌　古代烏孫王的稱號。原作昆莫，後改昆彌。自西漢宣帝甘露元年（西元前五三年）立元貴靡為大昆彌，烏就屠為小昆彌，皆賜印綬，遂有大、小昆彌之號。154儌侲　西域古國名。李賢注：「《方言》：『侲，養馬人也。』《字書》侲音眞。《字書》無『儌』字。諸家並音數侲為粟犢，西域國名也。傳讀如此，不知所出。今有肅特國，恐是也。」155騾驢　獸名。俗稱四不像。156宛馬　古代西域大宛所產的名馬。大宛，中亞古國名。在今費爾干納盆地。《漢書・張騫傳》：「得烏孫馬好，名曰『天馬』。及得宛汗血（流汗如血）馬，益壯，更名烏孫馬曰『西極馬』，宛馬曰『天馬』云。」顏師古注引應劭曰：「大宛舊有天馬種，蹋石汗血，汗從前肩髆出，如血。號一日千里。」157駃騠　一種駿馬的專稱。158八荒　八方極遠之地。159肇置四郡　始設四郡。肇，開始；創始。四郡，指酒泉、武威、張掖、敦煌，合稱河西四郡。《漢書・西域傳上》：「至於孝武……初置酒泉郡，後稍發徙民充實之，分置武威、張掖、敦煌。列四郡，據兩關焉。」160敦煌　郡名。治所在今甘肅敦煌西。161并域屬國　使整個西域都成為屬國而歸入統轄的範圍之內。屬國，為漢朝安置歸附的匈奴、羌、夷等部眾而辟設的行政區劃。其長官為屬國都尉，秩比二千石，略如內地的郡都尉。顏師古《漢書注》：「凡言屬國者，存其國號而屬漢朝，故曰屬國。」162一郡領方　憑藉敦煌郡控制西部邊疆地區。163立候隅北　候，「堠」的古字。堠為邊境伺望、偵察敵情的設施，似今邊防哨所或監測站。隅北，即北部邊陲之義。164建護西羌　通過設置護羌校尉來管理西羌部族。護羌校尉為漢置武職官員，秩比二千石，負責總領西羌事務。其下屬有長史和司馬等。西羌，漢代對西北地區羌族人的總稱。羌族人以游牧為主，主要分布在今甘肅、青海、四川一帶，部落眾多。165捶驅氐僰　捶驅，杖擊驅趕。氐，古族名。居住在今西北一帶，主要從事畜牧業生產。僰，西南少數民族名。居住在以僰道為中心的今川南及滇東一帶。166寥狼邛莋　寥狼，收攬干擾。邛，西南少數民族古國名。在今四川境內。莋，莋都的簡稱，亦為西南少數民族古國名。漢武帝元鼎六年（西元前一一一年），以莋都地置沈黎郡，治所在今四川漢源東北。167東攡烏桓　攡，消滅。烏桓，亦作「烏丸」。東胡部落之一，因遷至烏桓山（今內蒙古阿魯科爾沁旗北，即大興安嶺山脈南端）而以山名作為族號。其後繼續內徙，至東漢主要分布在東起遼東、西至朔方的沿邊十郡之內，助漢抗擊匈奴及鮮卑。詳見本書卷九十。168蹂轔濊貊　蹂轔，即「蹂躪」。踐踏；摧殘。李賢注：「蹂，踐也。轔，轢也。」濊貊，亦作「穢貊」。中國古代東北地區少數民族名。《漢書・匈奴傳上》：「是時漢東拔濊貉、朝鮮以為郡。」又西晉張華《博物志・逸文》：「穢貊國，南與辰韓，北與句麗、沃沮接。」其因依濊水居住而得名。169南羈鉤町　羈，捆綁。鉤町，又作「句町」。西漢時期西南三大藩國之一。轄地在今雲南通海縣。170水劍強越　意為對強悍的閩廣兩越方國實行水上攻擊。李賢注：「水劍謂戈船將軍等下水誅南越也。」對閩廣地區用兵，是漢武帝所採取的重大戰略舉措，詳見《史記・南越列傳》和《東越列傳》及《漢書・兩粵傳》所述。171殘夷文身　殘夷，殘殺。文身，指在身體上刺劃有色的花紋或圖案。這是古代南方少數民族的一種生活習俗，亦用以指代有此習俗的地區或該地區的人們。172海波沫血　形容海上用兵的慘烈景象和程度。沫血，水沫如血。173郡縣日南　把日南這些地方設置成郡縣。日南，郡名。治所在今越南平治天省廣治河與甘露河匯合處。174漂槩朱崖　漂槩，意為接近。朱崖，即珠崖。由海中崖下岸畔盛產珍珠而得名。珠崖，當時是郡名。治所在今海南瓊山縣東南。175部尉東南　意為在東南一帶按地區設置東部都尉予以管轄。李賢注：「揚雄〈解嘲〉曰：『東南一尉。』孟康注云：會稽東部都尉也。」176黃支　東南亞古國名。《漢書・地理志下》：「自夫甘都盧國船行，可二月餘，有黃支國，民俗略與珠厓相類。其州廣大，戶口多，多異物。自武帝以來皆獻。」顏師古注引應劭曰：「黃支在日南之南，去京師三萬里。」177緩耳　即儋耳。原為南方古國名，又名離耳。漢武帝元鼎六年內屬，改為儋耳郡，治所在今海南儋縣。178瑣雕題　瑣，通「鎖」。鎖閉；束縛。雕題，指用丹青在額頭上刺花紋。這是古代南方少數民族的一種生活習俗，亦用以指代有此習俗的地區或該地區的人們。《禮記・王制》：「南方有蠻，雕題交阯。」孔穎達疏：「謂以丹青雕刻其額。」179天督　印度的古稱。180象犀　大象和犀牛。181蜯蛤蚌，亦作「蚌」。一種軟體動物。生有兩個可以開閉的大多呈橢圓形的介殼，殼內有珍珠層，或能產珠。蛤，為一種軟體動物。生有介殼，生活在淺海底，肉可食。182瑠璃　亦作「琉璃」。一種有色半透明的玉石。183甲瑇瑁　甲，謂取其甲殼。瑇瑁，亦作「玳瑁」、「蝳蝐」。一種爬行動物，形似龜。甲殼為黃褐色，上有黑斑和光澤，可做裝飾品。甲片可入藥。184觜觿　一種大龜。李賢注：「觜觿，大龜，亦瑇瑁之屬。」185同穴裘褐之域　同穴，謂一起穴居，指挹婁國之類。裘褐，謂穿用皮衣，指北狄之類。186共川鼻飲之國　共川，同川洗浴。鼻飲，以鼻飲水。《漢書・賈捐之傳》：「駱越之人，父子同川而浴，相習以鼻飲。」駱越為百越之一。187祖跣稽顙　祖跣，去衣裸露上身，脫襪赤足，屬於古代致敬謝罪的一種禮節。稽顙，屈膝下拜，以額觸地，屬於古代表示極度虔誠的一種跪拜禮。188失氣虜伏　失去勇氣，像戰俘那樣降服。189御外理內　駕馭外部和治理內部。190致功　實現功業。191孝惠　指西漢的第二位皇帝劉盈。事詳《史記・呂太后本紀》和《漢書・惠帝紀》。192聖武　指意為聖明的漢武帝。193宣元　指西漢的第七位皇帝劉詢和第八位皇帝劉奭。事詳《漢書・宣帝紀》和〈元帝紀〉。194成哀　指西漢的第九位皇帝劉驁和第十位皇帝劉欣。事詳《漢書・成帝紀》和〈哀帝紀〉。195祚　國運；國統。196孝平　指西漢的第十一位皇帝劉衎。事詳《漢書・平帝紀》。197十一　其中包括西漢的第六位皇帝即孝昭帝劉弗陵，此文未予述及。事詳《漢書・昭帝紀》。198二百　此舉其成數而言。西漢享國總年數實為二百一十四年。199盈　盛；隆盛。特指呂氏亂漢而文帝得立而言。200章　顯著；彰明。特指昌邑王被廢而宣帝中興而言。201遷　遷移；遷離。202寢廟　即宗廟。宗廟之正殿稱廟，後殿稱寢，合稱寢廟。鄭玄《禮記注》：「凡廟，前曰廟，後曰寢。」孔穎達疏：「廟是接神之處，其處尊，故在前；寢，衣冠所藏之處，對廟為卑，故在後。但廟制有東西廂，有序牆，寢制唯室而已。故〈釋宮〉云『室有東西廂曰廟，無東西廂有室曰寢』是也。」203山陵　謂西漢諸帝的墳墓。北魏酈道元《水經注・渭水三》：「秦名天子冢曰山，漢曰陵，故通曰山陵矣。」204高顯弘麗　高大顯赫又宏偉壯麗。205榮　引以為榮的意思。206羲農　即伏羲氏和神農氏。二氏與燧人氏被後世合稱為三皇，實則均屬傳說中的遠古時代的象徵性人物。207著明　顯明。208帝皇　以功、德為標準而對最高統治者的名號等級所作的區分。班固《白虎通義・號》：「德合天地者稱帝。……號之為皇者，煌煌人莫違也。煩一夫，擾一士，以勞天下，不為皇也。不擾匹夫匹婦，故為皇。」209育業　孕育功德大業。210衍功　擴展功績。211角難　與敵爭鬥而殉難。212禹貢　尚書中的篇名。213惟上　最上等。214沃野　肥沃的田野。215原隰彌望　原謂寬闊平坦的土地。隰，指低濕地。彌望，滿目。216保殖五穀　維持五穀的生長與繁殖。五穀，五種穀物。具體所指不一，或謂麻、黍、稷、麥、豆，或謂稻、黍、稷、麥、菽，或謂粳米、小豆、麥、大豆、黃黍。217桑麻條暢　桑樹和麻繁衍茂盛。在古代農業生產中，植桑飼蠶取繭和植麻取其纖維，同為解決衣著的最重要的經濟活動。218濱據南山　濱，臨近；靠近。南山，即終南山，為秦嶺主峰之一。219陸海　物產富饒之地。顏師古《漢書注》：「言其地高陸而饒物產，如海之無所不出，故云陸海。」220蠢生　萬物萌動而生。221梗枏檀柘　俱為名貴木材。梗，為南方大木，即今黃梗木。其質地堅密，為建築良材。枏，同「楠」，亦作「柟」。即楠樹。其為常綠大喬木，木質堅密芳香，為貴重的建築材料，也可供造船用。檀，即檀木。其材強勁，車以為軸，適合杵、槌、鎚器之用。柘，屬桑科，為落葉灌木或小喬木。木質密緻堅韌，屬貴重的木料，木汁能染赤黃色。222畎瀆潤淤　畎瀆，田間溝渠。潤淤，為水中泥草。223漸澤　低濕之地。224粳稻陶遂　粳稻，水稻之一種。其分蘖力弱，稈硬不易倒伏，較耐肥，米質黏性較秈稻強，脹性小。陶遂，意謂旺盛地生長。225一金　一斤金子。226相如　相類；相同。李賢注：「相如，言地皆沃美相類也。」227鐇钁株林　鐇钁，用鏟剷除。株林，指林木砍伐後根株生出的枝條。李賢注：「《埤蒼》云：『鐇，鏟也。』謂以鏟钁去林木之株蘖也。」228火耕流種　古代一種耕種方法，即燒去雜草，灌水種稻。229阸塞四臨　阸塞，一作「阨塞」。即險要之地。四臨，四面都有分布。臨，靠近。230漢中　郡名。治所在南鄭縣（今陝西漢中）。231谷口　古地名。又名瓠口。在今陝西禮泉東北。西漢於此置谷口縣，東漢廢。因位於九嵕山東、仲山西，當涇水出山之處，故謂之谷口。又因仲山之北寒涼，亦稱此谷為寒門。232嶔巖　外傾的山岩。這裡指嶢山所設的關隘，即下文所云「關函守嶢」之「嶢」，在今陝西商縣西北。李賢注：「嶔巖謂嶢也。」又「嶢，謂嶢山之關也，在藍田南，故武關之西。」233道窮　意為無計可施。道，對策；方法。234汧　古山名，即岍山。在今陝西隴縣西南。235廱偃西戎　廱偃，猶言阻遏。廱，通「壅」。堵塞；阻擋。西戎，古代對西北戎族的總稱。戎族包括緜諸、緄戎、翟獂、義渠、大荔、烏氏、朐衍等。最早分布在黃河上游及甘肅西北部，以後逐漸東遷，春秋時分屬秦晉等國。236褒斜　亦作「褒斜」。即褒斜道。為古道路名。因取道褒水、斜水二河谷得名。二水同出秦嶺太白山。褒水南注漢水，谷口在今陝西勉縣褒城鎮北；斜水北注渭水，谷口在今陝西眉縣西南。通道山勢險峻，歷代鑿山架木，於絕壁修成棧道，屬於川陝交通要道之一。237嶺南　指五嶺（大庾嶺、越城嶺、騎田嶺、萌渚嶺、都龐嶺）以南地區，即廣東、廣西一帶。238杜口絕津　杜口，封鎖住谷口。絕津，截斷黃河的渡口。李賢注：「杜塞谷口，絕黃河之津。」239朔方　泛指北方。240鴻　古運河名，即鴻溝。故道大部循今河南賈魯河東，由滎陽東北引黃河水，東南流至開封北，折而南，至淮陽東南入潁水。241轉漕　轉運糧餉。古代陸運稱「轉」，水運稱「漕」。242綜　聚合。243西綱流沙　綱，提綱的總繩。引申為提領之義。流沙，沙漠。沙常因風吹而流動，故稱。這裡指代西域地區。244朔南暨聲　語本《尚書‧禹貢》。朔南，北方邊際和南方邊際。暨，到達。聲，聲威教化。245要害　指各處的軍事要地。246關梁　關口和橋梁。泛指水陸交通必經之處。這些地方常設防戍守。247衿帶衣帶。用以比喻形勢回互環繞的要害之處。(248)舉礧　舉起滾石往下投。礧，轉石；滾石。(249)沈滯　意謂停在原地而無法進攻。(250)戟　古代一種進攻性武器。合戈、矛為一體，略似戈，兼有戈之橫擊、矛之直刺的雙重功用，殺傷力比戈、矛為強。(251)三軍沮敗　古以左、中、右或上、中、下或步、車、騎為三軍，通常則泛指軍隊。沮敗，謂士氣嚴重受挫而交戰失敗。(252)介冑剽悍　介冑，本指士兵穿戴的鎧甲，這裡指代全副武裝的士兵。剽悍，輕捷勇猛。(253)肉袒　去衣露體，以在謝罪時表示極度的恭敬和惶懼。這裡意謂投降。(254)肇十有二　開始設置十二州。《尚書・舜典》：「肇十有二州。」指雍、梁、荊、豫、徐、揚、青、兗、冀、幽、并、營。禹治洪水，分中國為九州，舜又從冀州分出幽、并二州，從青州分出營州，合計十二州。(255)贍腴　富饒肥沃。李賢注：「雍州田第一，故曰贍腴。今流俗比地之良沃者為贍者也。」(256)用霸則兼并　此就秦滅六國、統一天下而言。(257)先據則功殊　此就漢高祖劉邦最先入關、功居諸侯之首，且在項羽之上而言。(258)修文　修明文德。(259)財衍　財富增多。(260)士要　戰士都奮勇殺敵而爭取立功。要，通「邀」。求取，謂邀功。李賢注：「若用武，則士皆奮勵而要功也。」(261)化上　從上至下接受教化。(262)篡逆則難誅　篡逆，背叛朝廷，篡奪帝位。難誅，難被斬殺之義。李賢注：「地險固，故難誅也。」(263)百剋　戰無不勝之義。剋，戰勝；制服。(264)淵囿　淵，淵藪。囿，苑囿。喻指大本營、策源地。(265)亡新　已經滅亡的新朝。新朝的建立者為王莽。(266)偷忍淵囿　偷忍，猶言盜竊。淵囿，指代秦中亦即關中地區。關中地區指今陝西中部平原地區，因春秋、戰國時地屬秦國而又名秦中。(267)篡器慢違　篡器，篡奪帝位。慢違，輕慢違背。(268)埶便　地理形勢方便有利。(269)卒危　突然間危亡。卒，通「猝」。突然。(270)假之十八　指新朝總共存在十八年。王莽自西元六年居攝到西元九年正式為帝，迄至西元二三年被殺，前後歷時共十八年。假，借給之義。因王莽建立新朝被視為篡奪行為，故出此語。(271)誅　誅戮；斬殺。(272)天畀更始　畀，賜與；授給。更始，指劉秀的族兄劉玄。本書卷四十一載：地皇四年「正月，破王莽前隊大夫甄阜屬正梁丘賜，斬之，號聖公（劉玄字）為更始將軍。衆雖多而無所統一，諸將遂共議立更始為天子。二月辛巳，設壇場於淯水上沙中，陳兵大會，更始即帝位，南面立朝。群臣素懦弱，羞愧流汗，舉手不能言。於是大赦天下，建元曰更始元年。」(273)引維　執持綱維。(274)慢藏　疏於治理或保管。(275)赤眉　新莽末期農民大起義中的一支義軍的名號。其首領為山東琅邪人樊崇，主要活動於今山東、江蘇、安徽、河南諸省交界的地區，又西進攻入長安，後東歸，降於業已稱帝的銅馬軍統帥劉秀。為在作戰中與敵軍相區別，其部眾將眉毛染紅，故稱赤眉軍。(276)雲擾　像雲一樣紛亂。比喻動盪不安。(277)滅微　滅亡或衰微。(278)群龍並戰二句　指劉玄被赤眉軍殺死後，各地起兵者相互爭戰，不知誰是取代新朝而興起的真命天子。(279)赫然申威　赫然，奮發的樣子。申威，施展神威。(280)天人之符　天授人應的神祕文書。即《赤伏符》所稱：「劉秀發兵捕不道，四夷雲集龍鬭野，四七之際火為主」；《讖記》所云：「劉秀發兵捕不道，卯金修德為天子」。281不世　非一世所能有。多謂非凡。282皇上　謂皇天、上天。283靈祇　天地間的神靈。本書〈光武帝紀上〉載：「至呼沱河，無船，適遇冰合得過，未畢數車而陷。進至下博城西，皇惑不知所之，有白衣老父在道旁指曰：『努力！信都郡為長安守，去此八十里。』光武即馳赴之。」284高邑　縣名。治所在今河北柏鄉北。原稱鄗。本書〈光武帝紀上〉載：「六月己未，即皇帝位。……於是建元為建武，大赦天下，改鄗為高邑。」285搴旗四麾　高舉旗幟，揮向四方。搴，舉。麾，指揮；揮動。286首策之臣二句　意謂最先參與謀劃的大臣都和當年的張良、陳平一樣運籌帷幄，出奇制勝。李賢注：「《前書》高祖曰：『運籌帷幄之中，決勝千里之外，子房是也。』出奇，謂陳平從高祖定天下，凡六出奇計，以比鄧禹、馮異、吳漢、耿弇等也。」287虓怒　暴怒。虓，虎之怒吼聲。288螭　傳說中無角的龍。或謂螭乃山神，其形如獸。289攸向　所指向的地方。290靡披　形容軍隊潰敗，不能立足。291燔魚剸蛇　指代聖君英主奮起爭天下。周武王伐紂至孟津，白魚入舟，武王欲煮魚以祭，被群臣勸止。此即所謂「燔魚」。剸蛇，即指劉邦劍斬白蛇之事。剸，截斷。292要龍淵　要，「腰」的古字。這裡用如動詞，即腰佩、腰掛或正中間攜帶之義。龍淵，古代寶劍名。293首鏌鋣　首，在面前豎立起的意思。鏌鋣，大戟。李賢注：「《吳越春秋》有莫邪劍，義與此不同也。」294太白　星名，即金星。古星象家以為太白星主殺伐。295狼弧　俱為星名。狼，即天狼星，在東井東南。古星象家以狼星為野將，主侵掠。弧，共九星，在狼星東南。古星象家以弧星為天之弓，職在伐叛懷遠，又主備盜賊之知姦邪者。296公孫　指公孫述。其為王莽末年起兵而在巴蜀稱帝徑與劉秀爭天下的人物。詳見本書卷十三。297北背強胡　背，使之背向而去，即逃跑之義。胡，古代對北方和西方部族方國如匈奴等的泛稱。298冀　指冀州。為漢代所設監察區之一，治所當時在鄴縣(今河北臨漳西南)。299廓平帝宇　廓平，廓清平定。帝宇，指天下、國家。300蒸人　民眾。301塗炭　陷泥墜火。比喻極困苦的境遇。《尚書．仲虺之誥》：「有夏昏德，民墜塗炭。」偽《孔傳》：「民之危險，若陷泥墜火。」302兆庶　猶言兆民，即眾百姓。303亹亹　形容美好。304矢石　箭和壘石，為古代守城的武器。這裡喻指重大的軍事行動。305瘳　減少；消除。306邊垂　亦作「邊陲」或「邊埵」。即邊境。307忿葭萌之不柔　葭萌，遠方之民。葭，同「遐」。遙遠。萌，通「氓」、「甿」。黎民。不柔，不順服。李賢注：「楊子雲〈長楊賦〉曰：『遐萌為之不安。』謂遠人也。案篤此賦，每取子雲〈甘泉〉、〈長楊賦〉事，意此『葭』即『遐』也。時蜀郡守將史歆及交阯徵側反，盧芳亡入匈奴。故云忿其不柔也。」308未遑　尚無時間顧及。309厲撫　激勵慰撫。310略地　占領土地。311信威　伸張威力。信，通「伸」。伸張。312荒裔　邊遠地區。313椎結左衽鏤鍝　椎結，亦作「椎髻」。將頭髮編束成椎形的髻。左衽，指衣襟向左開，恰與中原漢族服裝衣襟向右開相反。鏤鍝，謂穿耳後再垂帶金銀耳環。以上俱用特殊的生活風習，指代有此風習的部族或方國。李賢注：「此並謂夷狄之君長也。」(314)殊俗不羈　殊俗，指風俗、習俗不同。不羈，不受約束。(315)絕域　極遠之地。(316)重譯　輾轉翻譯各自所使用的語言。(317)藩臣　拱衛王室之臣。(318)伐勤　自我誇耀致力遠方。伐，自我誇耀。(319)淵　人或物的彙集之處。《管子・形勢解》：「淵者，衆物之所生也。」(320)存存　保全、育成已存者。《易・繫辭上》：「成性存存，道義之門。」孔穎達疏：「此明《易》道既在天地之中，能成其萬物之性，使物生不失其性，存其萬物之存，使物得其存成也。性謂稟其始也，存謂保其終也。」(321)湛恩沾洽　深厚的恩德施布到每一角落。沾洽，普遍受惠。(322)時風　應時而至的和風。比喻美好的教化。(323)徒　只是。(324)持平守實　執持公平，務守實效。(325)元元　黎民百姓。高誘《戰國策注》：「元，善也。民之類善，故稱元。」(326)苟　如果；倘若。(327)王政　猶王道；仁政。(328)挹而不損　抑制卻不減少。挹，通「抑」。抑制；謙退。損，減少；縮小。(329)陽盛則運　太陽處在正午時分就要向西偏斜。運，運轉。(330)陰滿則虧　月亮到每月十五過後就要逐漸虧缺。滿，盈滿。虧，虧缺。(331)安不諱危　處在平安的環境並不顧忌可能會出現的危險。諱，回避；顧忌。(332)與　語氣詞。表疑問或反詰。(333)文學掾　官名。簡稱文學，又稱文學史。漢代於州郡及王國均置此官，無定員。掌管地方官辦學校和教授諸生等事，為後世教官之所由來。漢代供職於中央或地方各級政府中的吏員，其正職稱掾，副職曰屬。又通稱掾屬或掾史、掾曹等。(334)目疾　眼病。(335)闚　同「窺」。近處察看。(336)外高祖　本人母親的曾祖的父親。以本人母親為基準上推，非直系親屬關係依次為外祖父（俗稱外公或姥爺）、外曾祖、外高祖。(337)破羌將軍辛武賢　破羌將軍，武官名號之一種，屬雜號將軍。辛武賢，西漢中後期對西羌用兵的重要將領，左將軍辛慶忌之父。《漢書・宣帝紀》載：神爵元年「六月，有星孛于東方，即拜酒泉太守辛武賢為破羌將軍。」又〈辛慶忌傳〉贊曰：「狄道（今甘肅臨洮）辛武賢、慶忌，皆以勇武顯聞。」(338)武略　軍事謀略。(339)文明善政　文明，文采光明。指文章寫得漂亮。善政，擅長從政。(340)秉義經武　秉持正義，整治武備。(341)外內五世　指直系自杜篤往上推至高祖杜延年為五代，外家自杜篤往上推至外高祖辛武賢亦為五代。(342)女弟　胞妹。(343)適扶風馬氏　女子出嫁曰適。馬氏，為東漢開國元勳馬援所始建的顯貴家族。(344)建初　東漢章帝劉炟年號，西元七六—八四年。(345)車騎將軍馬防　車騎將軍，為高級武官名號，地位比同公一級，掌管征伐叛逆者。馬防，明德皇后的兄長，漢章帝的舅父，杜篤胞妹的丈夫。詳見本書卷二十四。(346)擊西羌　本書〈孝章帝紀〉載：建初三年「夏四月，……行車騎將軍馬防破燒當羌於臨洮。」(347)從事中郎　將軍的散職官屬，職責是參與軍事謀議，品秩為六百石。(348)射姑山　山名。在今甘肅慶陽北。(349)賦　文體名。是韻文和散文的綜合體。講究詞藻、對偶、用韻。最早以賦名篇者為戰國荀況的〈禮賦〉、〈知賦〉等，後盛行於漢、魏、六朝。(350)弔　文體名。以追悼死者、表示感慨為其特徵。劉勰《文心雕龍・哀悼》：「或驕貴而殞身，或狷忿以乖道，或有志而無時，或美才而兼累：追而慰之，並名為弔。」(351)書 文體名。用以陳述對政事的見解、意見。王充《論衡．對作》：「上書奏記，陳列便宜，皆欲輔政。今作書者，猶上書奏記，說發胸臆，文成手中，其實一也。夫上書謂之奏記，轉易其名謂之書。」亦指書信。(352)讚 亦作「贊」。文體名。以頌揚人物為主旨。(353)七言 文體的一種。亦稱七體，為賦的另一形式。蕭統《文選》列「七」為一門，收錄枚乘〈七發〉、曹植〈七啟〉、張協〈七命〉等。(354)雜文 指詩、賦、贊、頌、箴、誄諸體以外的其他文體。(355)豪俠 豪邁好義。(356)貨殖 經商。

【語　譯】杜篤，字季雅，是京兆杜陵縣人。他的高祖父杜延年在宣帝時官至御史大夫。杜篤從年輕時就學識淵博，但在瑣細微末的操守上卻不多加注意，因而得不到同鄉人的敬重。他就寄居在美陽縣，同美陽縣令交往，多次向縣令請託辦私事，但都遭到拒絕，便對縣令怨恨不已。縣令被他惹得大怒，就拘捕杜篤，押送到京師懲辦。這時恰好遇到大司馬吳漢去世了，光武帝下達詔書，責成儒生們撰寫哀悼文章紀念吳漢。杜篤在獄中寫了誄文，言詞屬第一，光武帝深感寫得好，便賜給他縑帛，同時免除了對他的刑罰。

2 杜篤認為關中地區擁有山河天險作為屏障，又是先帝舊都所在的地方，不應把本朝京都改建在洛陽，就向光武帝進呈〈論都賦〉說：

3 「我聽說已經了解了又再去了解，這純屬不必要的重複。我想表達的意見，陛下已經很清楚了，所以再把大致的情況簡要地列舉一番，不敢詳盡地予以陳述。過去商王般庚要去除奢靡，就在新遷到的亳都倡行節儉；西周達到了鼎盛時期，就營建位於天下中心的都城洛邑。歷代都適應時勢的客觀需要來確定國都的位址，不把國都固定在某座城市上。賢人和聖人所作的籌畫，大抵也存在著優劣的區別；霸主和王者顯出的雄姿，在明智的程度上相差甚遠。守護國家的情勢，目標一致，方法卻不相同：有的拋棄險要的處所，極力選取平坦寬闊的地方；有的憑藉崇山峻嶺和像帶子一樣纏繞的長河激流，兼併吞滅了六個強大的諸侯國；有的富貴後便迫切希望返回故鄉，不顧慮遭到襲擊；有的從蜀漢一帶出兵，突然進擊對方無所防備之處，聽從一名士卒進獻的計謀，當天就起駕登上了遷都的路程；有的明明知道利弊所在卻不採納，長久把國都定立在田土瘠薄的地塊上。我不敢把以上哪種情況視為應當依從的範例。只是私下看到司馬相如、楊子雲通過撰寫辭賦諷諫君主，實在羨慕他們的做法，就跪拜寫成一篇上書，擬定題目叫〈論都〉，恭謹地密封上奏如下。

4 「皇帝您在建武十八年二月甲辰這一天，從洛邑登車，到西嶽華山去視察。推導天道運行的定律，順從北斗星和北極星運轉的規則，打開天門，進入函谷關，在崤山和黽塞觀看緊要的隘口，在隴、蜀一帶揣摩險要的地勢。到三月丁酉那日，抵達長安。籌劃營造宮室，哀憫從前的京都，立即向京兆尹下達詔書，對右扶風發布命令，齋戒致敬，對諸位先帝的陵墓進行祭奠拜謁。淒涼悲傷地湧生出懷念祖宗的心意，歎息並追思當年中原各個諸侯國的興盛狀況。於是便像天體旋轉、雲彩飄動浮游那樣在渭水上並船行進，向北渡過涇水。眾多的兵車按兩車一組相並行，萬名騎兵一排排相連接，布陣在岐山、梁山之間，向東橫渡黃河。祭祀了地神，在邠地郊區舉行了祭天大禮。延續到本年的四月，返回了洛都。第二年又下達詔書，命令修復函谷關，在長安營築大駕宮、六王邸、高車廄，整修長安外城東面北頭的第一座城門，在涇水、渭水上建起橋梁。又到處修治離宮，向東修到了霸水和滻水一帶，朝西又與昆明池相望，到北邊又跨上了長平阪。察看龍首山的形態，巡視未央宮的布局，查照平樂觀的原貌，取法建章宮的規制。

5 「這時崤山以東地區的人士一致懷疑，猜測我們聖明的王朝準備向西遷都，害怕出現國都居西則置關而距東，國都居東則置關而距西的情況。有位客人對我說：『聚積在淺井中而不流動的汙水，本來就容納不下能吞舟的大魚；洛邑中那汪池水，哪能夠使君主停在上面呢？咸陽是守護國家的根本保障，不能長時間空在那裡不發揮作用，以免奸民蠢蠢欲動。』我並不認為他這番話是非常正確的，所以就替他講述大漢王朝崇高雄盛的局勢，世代占據廱州的益處，如今國家尚無時間顧及到的緣故，用來開導客人的想法。說道：

6 「昔日就強大的秦國來看，最初開闢出疆土，從岐山、廱州建立起霸業，國家富強，人口得到繁殖，終於吞併了山東六國，而後卻像夏桀那樣暴虐無道，致使陳勝率眾揭竿而起的暴亂發生。上天責成應時而出的聖人，把大漢代秦興起的重任託付給他。大漢開創基業，高祖建立了巨大的功勳，他斬殺白帝之子化成的巨蛇，頭頂上聚集起黝黑的雲氣，使五大行星會聚在東井星區，手提干將寶劍喝斥暴虐的秦王朝。踏越大海，跨過崑崙，揚起彗星除舊布新的那束光芒，掃滅項羽的部隊，於是拯救世人的苦難，在泗水、沂水岸邊清除了西楚的國都彭城。劉敬進獻計策，開始在長安建都。太宗皇帝繼承美好的風尚，依靠文德守護已經成就的帝業。親身奉行節儉，戒懼謹慎地推行仁政，在飲食上不超過兩種菜肴，在服裝上不穿色彩不同的衣服。用致力農桑來救濟民眾，靠約束自已來給下屬作出表率。在眼中不對美麗的容色感到值得喜愛，在耳畔不讓淫靡的音樂飄來飄去。朝廷上不讓奸邪的臣僚占有一席之地，市場上不讓精巧但不實用的物品得以出售。所以能使國家的治理達到天下太平的地步，刑罰幾乎擱置不用。社會財富擴展到孝景帝，治國功績傳付給繼位的子孫。

7 「這時武帝利用前代傳下的剩餘財富和國庫的積蓄，開始產生了對僻遠部族和方國圖謀討伐的意向，追究冒頓當年的罪行，報復平城之圍的仇恨。於是命令驃騎將軍霍去病，多次委派衛青出兵，像雄鷹飛揚般勇猛作戰，像流星般急速進軍，深入匈奴腹地，把匈奴王庭分割開來，席捲沙漠以北地帶，控制祁連山，把單于分成漠北、漠南兩部，屠殺肢解南方的各個部族。燒毀毛氈搭成的幕帳，拴綁匈奴單于及其手下諸王的妻室，焚燒康居國，使珍貴奇異的物品化為灰燼。讓冒頓發明的響箭紛紛落地，把鹿蠡王死死釘在那裡。越過溝壑，活捉烏孫王昆彌。俘獲儌倀國首領，驅趕四不像這類奇獸，駕馭大宛國的良馬，抽打駃騠這類駿馬奔馳。開拓國土上萬里，威震八方極遠的地方。於是最先設置河西四郡，據守在敦煌。使整個西域都成為屬國而歸入統轄的範圍之內，憑藉敦煌郡控制西部邊區。在北部邊陲設立偵察敵情的哨所，通過設置護羌校尉來管理西羌部落。杖擊驅趕氐族和僰人，收攬干擾邛地和莋都。向東消滅烏桓，摧殘濊貊，在南方捆綁鉤町，對強悍的閩廣兩越方國實行水上攻擊。殘殺喜好紋身的那些部族，海水翻捲像血一樣殷紅。把日南這些地方設置成郡縣，又進一步接近朱崖。在東南一帶按地區設置東部都尉予以管轄，又把黃支國納入了臣屬的行列。連接起儋耳地區，束縛住額刺花紋的部落，摧折天督國，牽走大象和犀牛。剖開蚌蛤，擊碎琉璃，剝取玳瑁的甲殼，殺死觜觿這種大龜。於是一起穴居、穿用皮衣的那些地域，父子同川洗浴、用鼻子喝水的那些方國，沒有不恭行祖跣禮和稽顙禮的，個個失去勇氣，像戰俘那樣降服。如果不是大漢強盛，世代憑藉豳州的豐富出產，獲取駕馭外部和治理內部的正確方法，又有誰能夠實現這樣盛大的功業呢？故而從高祖開始創業，嗣後傳交給惠帝，到太宗又文德隆盛，到景帝而財富擴增，到武帝則聲威壯盛，到宣帝和元帝推行開政令，到成帝和哀帝奢侈至極，到平帝國統缺失。帝位相傳十一代，歷時三百年，其間文德衰頹又再度隆盛，聖道微弱又重新彰明，均未遷離廱州，背棄咸陽。宮室宗廟和帝陵連成一片，高大顯赫又宏偉壯麗，可以讓人追思並引以為榮。從伏義氏、神農氏以來，還沒有像這樣顯明的。

8 「廱州本是帝、皇培育功德大業的基地，霸主、王者擴展功績的處所，戰士與敵爭鬥而殉難的地方。〈禹貢〉載述的內容有：這裡的田土是最上等的。肥沃的田野，一望千里，廣闊的平原和低濕的窪地滿眼都是。維持五穀的生長與繁殖，桑麻也都繁衍茂盛。這裡臨近終南山，又像纏帶似地流淌著涇水和渭水，號稱陸海，萌生萬物。梗、楠、檀、柘這類樹木多得很，蔬菜瓜果也都結出豐碩的果實。田間溝渠夾帶著水中泥草，水泉灌溉著大地，低溼之地匯聚成河流，粳稻更生長旺盛。土地肥沃到極點，一畝地價高達一斤黃金。塊塊田地差不多都同樣肥美，可以用鏟子剷除那些林木砍伐後根株生出的枝條。採用燒去雜草、灌水種稻的辦法耕作，投入的工夫不多，收獲量卻很大。既已擁有了物資儲備，四方又布滿險要的地段：西面連結著隴山和蜀地，南面可以通往漢中，北面占據著谷口，東面有崤山天險做阻隔。在函谷設置關城，守衛好崤山關隘，山東就無計可施；在汧山和隴山設防戍守，就阻擋了西戎；扼守住褒斜道，嶺南就斷絕了交通；封鎖住谷口，截斷黃河的渡口，朔方就無路可走。鴻溝和渭河的水流，直接注入黃河，萬艘大船轉運糧餉，接連不斷地通過。向東聚合大海，向西掌握沙漠地帶樞紐。聲威教化宣達到北方和南方的盡頭，中原各個諸侯國都和睦相處。城池百尺聳立，控制著各處的軍事要地。險要的關口和橋梁，衣帶般掌控著形勢回互環繞的多處險要。只要有一名士兵舉起滾石往下投，下面一千名敵軍都無法進攻；只要有一名士兵揮動戈戟，三軍都會士氣受挫而交戰失敗。地勢方便有利，部眾輕捷勇猛，既可以與他們在近處堅守，也利於指揮他們攻取遠方。士兵們很容易保全，每個人都不投降。舜帝開始設置十二州，廱州在其中最為富饒肥沃。施用霸術就能兼併六國，先行占據就功勞數第一。修明文德就使財富增多，動用武力就讓將士爭立功勞。推行政務就能從上至下接受教化，有誰謀反篡權就難以得手。進攻就百戰百勝，退守就遊刃有餘。這裡原本就是帝王的大本營和策源地，是守護國家的銳利武器。

9 「到了那王莽新朝，正是漢家衰敗的時候。王莽盜竊關中地區，篡奪帝位，輕慢違逆，只因地理形勢便利，沒辦法叫他突然間就倒向危亡。老天爺借給他十八年歲月，最終在京師被人殺死。皇天把機遇賜給更始新君，但他不能執定綱維，疏於治理，招來群寇，又引來赤眉軍。全天下動盪不安，各個諸侯國不是滅亡就是衰微；各地起兵者相互爭戰，不知誰是新崛起的真命天子。就在此時此刻，聖明的光武帝昂首奮發，施展神威。承負天授人應的符命，身兼罕見超常的天姿。從上天那裡接受統治人間的權力，又從神靈手中得到協助。在高邑正式稱帝，高舉旗幟，揮向四方。最先參與謀劃的文武大臣，都和當年的張良、陳平一樣運籌帷幄，出奇制勝；暴怒吼嘯的軍隊，如同虎、螭般威猛雄勇。兵鋒所向，沒有哪路敵軍不潰敗的。這大概是像當年周武王烹煮神魚、漢高祖劍斬白蛇而自此奮起爭天下的創舉，沒有誰能同這時出世的光武帝來相比的。在崤山以東地區大聲吶喊，聲響震動西域一帶。腰佩龍淵寶劍，面前豎起大戟，那一道道斬殺討伐的命令就像從太白金星上發布，那一束束弓箭就像由天狼星和弧星射出。在南方擒獲了公孫述，在北邊迫使強悍的胡人逃遁，在西方平定了隴上和冀地，在東方據守洛陽京都。於是廓清平定了整個天下，把民眾從極度困苦的境遇中拯救出來，實現了眾百姓所盼望的美好局面，於是重新振興了大漢王朝。

10 「如今天下剛剛平定，有關重大軍事行動的決策開始減少，而主上正把邊境事務作為憂慮的對象，忿恨遠方的民眾還不順服，暫時顧不上討論國都選址問題而把廱州放在了值得考慮的範圍之外。皇上正親自費思勞神，以統率全天下，激勵慰撫名震四方的將帥，在疆土以外攻占土地，通過征伐伸張威勢，在邊遠地區展示武力。像那些喜好紋身、用鼻子喝水、雕鏤耳璫的各個部族君長，盤成一根椎形髮髻、衣襟向左開、耳孔上垂帶金銀大耳環的各個部族的首領，東南一帶風俗特殊而不受約束的那些國家，西北極遠地帶而難以制服的鄰近部落，無不透過輾轉翻譯前來進貢，請求成為拱衛王室的臣屬。但皇上還是謙虛遜讓，並不誇耀勤勞。在皇上看來，得到無用的部族方國，不如安定有益的華夏民眾；占領邊遠地區的土地，不如保護中原五穀繁茂生長的彙集處所；前去遠方營救已經滅亡的邦國，不如就近保全、育成早已存在的人群和萬物。如今國家在皇上親自倡導下修明道德，施行仁愛，吐露慈惠，深厚的恩德施布到每一角落，美好的教化宣達到整個社會。只對執持公平和務守實效倍加關注，致力於愛護養育黎民百姓，如果出現對踐行王道仁政有利的意見，聖明的君主就採納它們。這是什麼原因呢？因為事物沒有受到抑制就不會減少的，天道沒有隆盛到極點就不會轉化的，太陽處在正午時分就要向西偏斜，月亮到每月十五過後就要逐漸虧缺，所以國家存在並不能忘記可能還有滅亡的那一天，處在平安的環境並不顧忌可能會出現的危險，儘管賴有仁德道義做主宰，仍要設置城池呀。客人鑒於京都作為守護國家的銳利武器不能夠長久虛懸，而國家也無法遺忘那座西都，又何必去除洛邑中那汪池水呢？」

11 杜篤後來在本郡擔任文學掾，因患眼病，二十多年不曾進入京師仔細看一看。杜篤的外高祖破羌將軍辛武賢，憑藉軍事謀略聞名於世。杜篤經常歎息說：「杜氏家族文章寫得漂亮又擅長從政，而我卻不勝任吏員的工作；辛氏家族秉持正義又會整治武備，而我卻行事怯懦。本家和外家延續了五代，到我這裡衰落了呀！」杜篤的胞妹嫁給扶風馬氏為妻。章帝建初三年，車騎將軍馬防進擊西羌，特請杜篤擔任從事中郎，結果在射姑山作戰中死去。杜篤所著賦、誄、弔、書、讚、七言、《女誡》以及雜文，共計十八篇。又著《明世論》十五篇。

12 他兒子杜碩，豪邁好義，以特會經商聞名於世。

王隆，字文山，馮翊雲陽❶人也。王莽❷時，以父任為郎❸，後避難河西❹，為竇融左護軍❺。建武中，為新汲❻令。能文章，所著詩、賦、銘❼、書凡二十六篇。

初，王莽末，沛國❽史岑子孝❾亦以文章顯，莽以為謁者❿。著頌⓫、誄、復神、說疾凡四篇。

【章　旨】以上是〈王隆傳〉，記述王隆的籍貫、仕履及其一生所創作的作品類型和數量。附帶記述了與之同時的沛國人史岑的簡歷和著述情況。

【注　釋】❶馮翊雲陽　馮翊，全稱左馮翊，為拱衛首都長安的三輔之一。屬郡級政區，但比普通諸郡地位重要。治所在今陝西高陵西南。轄境約當今陝西渭河以北、涇河以東洛河中下游地區。雲陽，縣名。治所在今陝西淳化西北。❷王莽　西漢末期的外戚權臣，代漢自立的新朝皇帝。詳見《漢書・王莽傳》。❸郎　對宮禁守衛者和皇帝侍從人員的統稱。包括郎中、中郎、侍郎（合稱三署郎）、議郎等。多從高官及富家子弟中選拔上來，無定員，常至千人。❹河西　指今甘肅、青海兩省黃河以西，即河西走廊與湟水流域。❺竇融左護軍　竇融，東漢開國元勳之一，本書卷二十三有傳。左護軍，漢代臨時設置的武官。負責調節各將領間的關係，察舉不法。❻新汲　縣名。治所在今河南扶溝西南。❼銘　文體名。常刻於碑版或器物上，或用以稱讚功德，或用以自警。❽沛國　漢代封國名。治所在相縣（今安徽濉溪縣西北）。❾史岑子孝　子孝，為史岑的表字。❿謁者　漢代九卿之一光祿勳的屬官。按其具體職掌又分數種。或掌殿上威儀，或在天子出行時負責奉引，或管賓贊受事、上章報問及專門弔唁，或奉命出使，或領兵征戰等。⓫頌　文體名。以頌揚為其宗旨。劉勰《文心雕龍・頌讚》：「原夫頌惟典雅，辭必清鑠，敷寫似賦，而不入華侈之區；敬慎如銘，而異乎規戒之域。」

【語　譯】王隆，字文山，是左馮翊雲陽縣人。在王莽新朝時憑借他父親的關係充任郎官，後來在河西一帶避難，擔任竇融的左護軍。建武年間，出任新汲縣令。他擅寫文章，所著詩、賦、銘、書共計二十六篇。

起初，在王莽末年，沛國史岑字子孝這個人也以文章顯赫一時，王莽讓他擔任謁者。著有頌、誄、〈復神〉、《說疾》共計四篇。

夏恭，字敬公，梁國蒙❶人也。習韓詩❷、孟氏易❸，講授門徒常千餘人。王莽末，盜賊從橫❹，攻沒郡縣，恭以恩信為眾所附，擁兵❺固守，獨安全。光武即位，嘉❻其忠果❼，召拜郎中❽，再遷太山都尉❾。和集❿百姓，甚得其歡心。恭善為文，著賦、頌、詩、勵學凡二十篇。年四十九卒官，諸儒共諡⓫曰宣明君。

子牙，少習家業⓬，著賦、頌、讚、誄凡四十篇。舉孝廉⓭。早卒，鄉人號曰文德先生。

【章　旨】以上是〈夏恭傳〉，記述夏恭的籍貫和講學授徒、在動亂中保護民眾、仕至郡都尉並政績突出等情況，及其一生所創作的作品類型和數量。附帶記述其子夏牙傳習家學和從事創作的狀況。表明這是一個文學世家。

【注　釋】❶梁國蒙　梁國，漢代封國名。治所在今河南商丘東南。蒙，縣名。治所在今河南商丘東北。❷韓詩　西漢《詩》今文學派之一。指漢初燕人韓嬰所傳授的《詩》。西漢初傳《詩》者有魯、齊、韓、毛四家。「韓詩」創立者韓嬰，文帝時為博士官，推詩人之意而作《內外傳》數萬言。西晉時，「韓詩」雖存，無傳者；南宋以後《內傳》亡失，僅存《外傳》。今本《韓詩外傳》已非原書，有一部分已經後人修改。❸孟氏易　西漢傳授《易經》的今文學派之一。孟氏，指孟喜。《漢書》卷八十八為其立傳。他以陰陽學說解釋《易經》，成為漢代《易》學中卦氣說的宣導者。❹從橫　四處亂闖。❺擁兵　掌握和聚集軍隊。❻嘉　讚賞。❼忠果　忠誠而果敢。❽郎中　漢代郎官之一種。掌持戟值班，宿衛殿門，出充車騎。❾太山都尉　太山，東漢郡名。治所在奉高縣，今山東泰安東。太山即泰山，位於今山東泰安北。都尉，郡設武官。秩比二千石，協助郡守掌領武職甲卒，負責治安，防遏盜賊。❿和集　同「和輯」。這裡為使其和睦相處、團結一致之義。⓫諡　古代帝王、貴族、大臣、士大夫或其他有地位的人死後，據其生前行事和事跡評定的帶有褒貶意義的稱號。由親屬或門人給予的這類稱號，屬於私諡。此處即為私諡。⓬家業　家傳的事業或學業。⓭孝廉　漢代選拔官吏的科目之一。得入此選者，往往躋身尚書郎的行列。《漢書・武帝紀》載：「元光元年（西元前一三四年）冬十一月，初令郡國舉孝廉各一人。」

【語譯】夏恭，字敬公，是梁國蒙縣人。他精通《韓詩》和《孟氏易》，開館授課，門徒經常達到一千多人。到王莽末年，盜賊四處亂鬧，攻陷郡縣。夏恭憑藉恩德信義成為民眾所歸附的目標，於是聚集軍隊，堅守縣城，使本地獲得平安。光武帝即位後，對他的忠誠果敢深為讚賞，就徵召他，任命他為郎中，經過兩次升遷，出任太山郡都尉。他使百姓和睦相處，團結一致，百姓從心裡擁護他。夏恭擅長寫文章，著有賦、頌、詩、《勵學》共計二十篇。四十九歲時在任所去世，眾儒生共同給他評定一個謚號叫「宣明君」。

夏恭的兒子夏牙，從年輕時就熟悉家傳的學業，著有賦、頌、讚、誄共計四十篇。他被薦舉為孝廉。很早就去世，鄉里人把他稱為「文德先生」。

1 傅毅，字武仲，扶風茂陵❶人也。少博學。永平❷中，於平陵❸習章句❹，因作迪志詩，曰：

2 「咨爾庶士❺，迨時斯勗❻。日月逾邁❼，豈云旋復❽？哀我經營❾，旅力靡及❿。在茲弱冠⓫，靡所庶立⓬。

3 「於赫我祖⓭，顯于殷國⓮。二迹阿衡⓯，克光其則⓰。武丁興商⓱，伊宗皇士⓲。爰作股肱⓳，萬邦是紀⓴。奕世載德㉑，迄我顯考㉒。保膺淑懿㉓，纘脩㉔其道。漢之中葉㉕，俊乂式序㉖。秩彼殷宗，光此勳緒㉗。

4 「伊余小子㉘，穢陋靡逮㉙。懼我世烈㉚，自茲以墜㉛。誰能革濁㉜，清我濯溉[33]？誰能昭闇[34]，啟我童昧[35]？先人有訓[36]，我訊我誥[37]。訓我嘉務[38]，誨我博學。爰率朋友[39]，尋此舊則[40]。契闊夙夜[41]，庶不懈忒[42]。

5 「秩秩大猷[43]，紀綱庶式[44]。匪勤匪昭[45]，匪壹匪測[46]。農夫不怠，越有黍稷[47]。誰能云作[48]，考之居息[49]？二事[50]敗業，多疾我力[51]。如彼遵衢[52]，則罔所極[53]。二志[54]靡成，聿勞我心[55]。如彼兼聽[56]，則溷於音[57]。

6 「於戲[58]君子，無恆自逸[59]。徂年[60]如流，鮮茲暇日[61]。行邁屢稅[62]，胡能有迄[63]？密勿[64]朝夕，聿同始卒[65]。」

7 毅以顯宗[66]求賢不篤[67]，士多隱處[68]，故作七激[69]以為諷。

8 建初[70]中，肅宗[71]博召文學[72]之士，以毅為蘭臺令史[73]，拜郎中，與班固[74]、賈逵[75]共典校書[76]。毅追美孝明皇帝[77]功德最盛，而廟頌[78]未立，乃依清廟[79]作顯宗頌十篇奏之，由是文雅[80]顯於朝廷。

9 車騎將軍馬防，外戚尊重[81]，請毅為軍司馬[82]，待以師友之禮[83]。及馬氏敗[84]，免官歸。

10 永元[85]元年，車騎將軍竇憲[86]復請毅為主記室[87]，崔駰[88]為主簿[89]。及憲遷大將軍[90]，復以毅為司馬[91]，班固為中護軍[92]。憲府[93]文章[94]之盛，冠[95]於當世。

11 毅早卒。著詩、賦、誄、頌、祝文96、七激、連珠97凡二十八篇。

【章旨】以上是〈傅毅傳〉，記述傅毅的籍貫、仕履和作品的類型與數量，並錄其〈迪志詩〉，以見作者不辱門風、恪守家訓、勤苦專注地修德向學的精神。

【注釋】❶扶風茂陵　扶風，全稱右扶風，為拱衛首都長安的三輔之一。屬郡級政區，但比普通諸郡地位重要。治所在今陝西興平東南。轄境在渭城以西，約當今陝西長安縣西一帶。茂陵，縣名。治所在今陝西興平東北。漢初為茂鄉，屬槐里縣。武帝築茂陵，置為縣，屬右扶風。❷永平　東漢明帝劉莊年號，西元五八—七五年。❸平陵　縣名。治所在今陝西咸陽西北。平陵是西漢五陵之一，漢昭帝築陵置縣，死後葬此。❹章句　以分章析句為特點的一種解說經書的方式，引申為句讀訓詁之學。❺咨爾庶士　咨，嗟歎聲。爾，代詞。你，你們。庶士，眾多的士子，即讀書人。❻迨時斯勗　迨時，及時。斯，語助詞，無實義。勗，勉勵。❼逾邁　消逝；過去。❽旋復　回轉；回還。❾經營　籌劃營造。指致力於仁義道德的探求與修養。❿旅力靡及　旅力，亦作「膂力」。體力。《尚書‧秦誓》：「番番良士，旅力既愆，我尚有之。」孫星衍疏：「旅，即『膂』省文。」靡及，達不到。⓫弱冠　謂步入成年人階段。古時以男子二十歲為成人，初加冠，因體猶未壯，故稱弱冠。《禮記‧曲禮上》：「二十曰弱，冠。」孔穎達疏：「二十成人，初加冠，體猶未壯，故曰弱也。」⓬庶立　所希望達到的立身處世的目標和實效。庶，庶幾；希望；但願。⓭於赫我祖　於赫，歎美之詞。我祖，指商朝賢士傅說。⓮顯于殷國　顯，謂傅說被商王武丁從他充當奴隸做苦工的傅巖選拔出來，委以相職。《史記‧殷本紀》：「武丁夜夢得聖人，名曰說。以夢所見視群臣百吏，皆非也。於是廼使百工營求之野，得說於傅險中。是時說為胥靡，築於傅險，見於武丁，武丁曰是也。得而與之語，果聖人，舉以為相，殷國大治，故遂以傅險姓之，號曰傅說。」殷國，商朝。商自盤庚從奄（今山東曲阜）遷都于殷（今河南安陽小屯村一帶），後世因稱商為殷。⓯二迹阿衡　《尚書‧說命下》載武丁要求傅說道：「爾尚明保予，罔俾阿衡專美有商。」即佐治建功而同伊尹相提並論，前後輝映。這就是此處所說的「二迹」的意思。二迹，步伊尹後塵之謂。阿衡，商代師保之官。《尚書‧太甲上》：「惟嗣王不惠于阿衡。」偽《孔傳》：「阿，倚；衡，平。言不順伊尹之訓。」伊尹曾任此職，故又以之指代伊尹。伊尹是輔佐商湯滅夏、建立商朝的大臣，被尊為阿衡。⓰克光其則　能夠發揚光大伊尹所確立的治國法則。⓱武丁興商　武丁，為殷商第二十三位國王。在位五十九年。在傅說協助下勤修政事，使殷朝重新振興，臻於極盛。因他德高可尊，故被後世稱作高宗。《史記·殷本紀》：「武丁修政行德，天下咸驩，殷道復興。」⑱伊宗皇士　伊，惟。宗，尊崇。皇士，美士；賢能之士。這裡實指傅說而言。⑲爰作股肱　爰，助詞。無實義。用在句首或句中，起調節語氣的作用。股肱，大腿和胳膊。比喻左右輔政重臣。⑳萬邦是紀　萬邦，指所有的諸侯封國，引申為整個天下。紀，奉為楷模的意思。㉑奕世載德　代代注重德業。奕世，累世；一代接一代。載，注重；看重。㉒顯考　古代對亡父的美稱。㉓保膺淑懿　保持並繼承美德。淑懿，美德。㉔纘脩　繼續修明。纘，繼續。㉕中葉　中世；中期。指西漢宣帝中興時代。㉖俊乂式序　意謂都根據才能大小加以重用，按次序安排了職位。俊乂，才德出眾的人。式序，亦作「式敘」。㉗秩彼殷宗二句　意謂朝廷像當年殷高宗任用傅說那樣，對延續到本朝的傅氏家族成員予以任用，光大傅說的功勳，顯揚傅說的後裔。秩，授職。勳緒，指功勳和一脈相傳的傅氏後人。李賢注：「謂傅介子以軍功封義陽侯；傅喜論議正直為大司馬，封高武侯；傅晏為孔鄉侯；傅商為汝昌侯；建武中傅俊為昆陽侯也。」㉘小子　自稱謙辭。㉙穢陋靡逮　穢陋，猥瑣；庸俗卑下。靡逮，趕不上。㉚世烈　世世代代所創立的功業。烈，功業。㉛墜　喪失；失落。㉜革濁　滌除汙濁。㉝濯溉　洗滌。㉞昭闇　開導愚昧。昭，開導；幫助。闇，愚昧；昏亂。㉟童昧　年幼無知。㊱訓　訓誨；教導。㊲我訊我誥　訊，詢問。誥，告誡；勸勉。㊳嘉務　美好的事業。務，事業。㊴爰率朋友　以朋友作表率。爰，助詞。無實義。用在句首或句中，起調節語氣的作用。率，作為表率。㊵舊則　既定的準則。㊶契闊夙夜　整日勤苦。契闊，勤苦；勞苦。夙夜，朝夕；日夜。㊷懈忒　懈怠失誤。㊸秩秩大猷　明智的大道。語出《詩·巧言》。秩秩，明智貌。㊹紀綱庶式　紀綱，統領。庶式，指各種規則法度。庶，眾多。㊺匪勤匪昭　如果不勤勉，就不能昭明大道。㊻匪壹匪測　倘若不專一，就無法測知奧妙之所在。㊼越有黍稷　收穫到糧食。越，發語詞，無實義。黍，帶有黏性的黃米。稷，不帶黏性的黃米；或說小米或高粱。㊽作　謂制作活動。㊾考之居息　考，成就；完成。居息，安居休息。㊿二事　謂事不專一。(51)多疾我力　使自己付出的力氣受到許多無謂的損害。疾，損害。(52)遵衢　沿著大路一直往前走。(53)罔所極　沒有到達終點的時候。(54)二志　心志不專一。(55)聿勞我心　使自己付出的心血白白耗掉。(56)兼聽　同時聽多種聲音。(57)溺於音　聲音混亂，辨別不清。(58)於戲　同「嗚呼」。感歎詞。(59)自逸　自行放縱逸樂。(60)徂年　流年；光陰。(61)鮮茲暇日　很少有空閒的日子。(62)行邁屢稅　行邁，行走不止；遠行。屢稅，多次停車。稅，息；休止。(63)胡能有迄　怎能有抵達目的地的時候。迄，指目的地。(64)密勿　勤勉努力。(65)聿同始卒　遵循始終如一的原則。李賢注：「聿，循也。」(66)顯宗　指東漢第二位皇帝劉莊。顯宗為其廟號。事詳本書卷二。(67)篤　真誠深切。(68)隱處　隱居。(69)七激　本文今猶傳世，見《藝文類聚》卷五十七。(70)建初　東漢皇帝劉炟年號，西元七六—八四年。(71)肅宗　即章帝劉炟。事詳本書卷三。

(72)文學　指文獻之學。為孔子施教的四種科目之一。宋邢昺《論語疏》：「若文章博學，則有子游、子夏二人也。」朱熹《集注》：「弟子因孔子之言，記此十人，而並目其所長分為四科。孔子教人各因其材，於此可見。」(73)蘭臺令史　官名。凡六人。掌章奏及印工文書。蘭臺，漢代宮廷藏書處所之一。(74)班固　東漢著名史學家和文學家。本書卷四十有傳。(75)賈逵　東漢著名經學家。本書卷三十六有傳。(76)典校書　負責校理宮廷藏書。典，掌管；主持。(77)孝明皇帝　即顯宗劉莊。(78)廟頌　讚頌天子功德的宗廟樂歌。(79)清廟　《詩・周頌》中的篇名。《詩・序》：「〈清廟〉，祀文王也。周公既成洛邑，朝諸侯，率以祀文王焉。」(80)文雅　文才。(81)外戚尊重　外戚指帝王的母族、妻族。尊重，地位尊貴，執掌大權。(82)軍司馬　漢代基層軍官之一種，秩比千石，負責率部作戰。(83)師友之禮　對待老師和朋友的禮節。這種禮節帶有尊敬和請益的主導性因素在內。(84)敗　謂失勢被廢棄。本書卷二十四〈馬防傳〉載：「建初八年，因兄子豫怨謗事，有司奏防兄弟奢侈踰僭，濁亂聖化，悉免就國。」(85)永元　東漢皇帝劉肇年號，西元八九—一〇五年。(86)竇憲　章帝皇后竇氏的兄長，和帝時權傾朝野的外戚權臣。本書卷二十三有傳。(87)主記室　官名。又稱記室令史。東漢始置。掌管章表書記文檄。(88)崔駰　東漢著名文學家。本書卷五十二有傳。(89)主簿　官名。漢自中央到郡縣各級官署大多設有主簿，其職責為主管文書，辦理事務。(90)大將軍　原為漢代掌管領兵征伐之事的最高將領，後來變成文職的宰輔之官，又由榮譽稱號變成權勢極大的實職，多由外戚充任。(91)司馬　漢代基層軍官之稱。按部屬和級別又分假司馬、軍司馬等，負責率部作戰。(92)中護軍　為漢代臨時設置的武官。負責調節各將領間的關係，察舉不法。(93)憲府　即大將軍府。(94)文章　猶言文學。(95)冠　居首位。(96)祝文　祭祀鬼神或祖先的文辭。(97)連珠　文體名。起於漢代，班固、賈逵皆有作。其體不指說事情，借譬喻委婉表達其意，文辭華麗，歷歷如貫珠，故名。後人加以擴充，有演連珠、擬連珠、暢連珠、廣連珠等。

【語譯】傅毅，字武仲，是右扶風茂陵縣人。他年輕時就學識淵博。明帝永平年間，在平陵研習經書章句，於是創作了一首〈迪志詩〉，詠歎道：

2 「唉呀呀！你們這些讀書人，要及時勉勵。光陰流逝，哪能說還會回還？可歎我致力於仁義道德的修養，但力量達不到。在這步入成年人的時刻，還沒有什麼立身處世的效果。

3 「我那令人讚歎的祖先，在殷朝貴顯。緊步阿衡伊尹的後塵，發揚光大他所確立的治國法則。武丁使殷商重新振興，尊崇賢能之士。於是充任輔政重臣，使天下奉為楷模。傅氏代代注重品德，一直傳續到我的父親。保持並繼承美好的操行，繼續修明那準則。大漢中興之際，才德出眾的人都依次被任用。朝廷像當年殷高宗任用傅說那樣，使其後裔顯揚於世並擴大了功勳。

4 「只是我這毛孩子，庸俗卑下趕不上先人。害怕家族世代創立的功業，從此會失落。有誰能滌除汙濁，用清泉給我洗濯？有誰能開導愚昧，啟迪我的年幼無知？先人傳下了訓誨，訊問我，告誡我。教導我要致力美好的事業，教誨我要廣博學習。於是以朋友作表率，尋求這既定的準則。從早到晚勤奮刻苦，但願永不懈怠失誤。

5 「明智的大道，統領著各種規則法度。如果不勤勉就不能昭明大道，不專一就無法探知其中的奧妙。農夫不懈怠，才收穫到糧食。誰能說有所作為，在家休息便能成功？做事不專一，必定事事被毀敗，還叫自己付出的力氣受到許多無謂的損害。就像沿著大路一直往前走，卻永遠沒有到達終點的時候。心志不專一，必定不會成功，還叫自己付出的心血白白耗費掉。就像同時聽多種聲音，落得個嘈雜辨不清。

6 「唉呀君子，不要自行放縱逸樂。光陰如水流逝，很少再有這樣空閒的日子。去遠方卻多次中途停留，怎能有抵達目的地的時候？必須整日勤勉努力，遵循始終如一的定律。」

7 傅毅因顯宗求取賢才的意念不真誠深切，士人大多隱居民間，故而撰寫〈七激〉一文來進行諷諫。

8 建初年間，肅宗廣泛召用熟悉文獻、會寫文章的人士，任命傅毅為蘭臺令史，又任命為郎中，與班固、賈逵共同負責宮廷藏書的校理工作。傅毅追憶明帝的功業德政最隆盛應該加以讚美，但卻沒有這方面的宗廟頌歌，就依照《詩・清廟》創作了十篇〈顯宗頌〉奏呈上去，由此他的文才便在朝廷上顯揚開來。

9 車騎將軍馬防身為外戚，地位尊貴，執掌大權，特請傅毅擔任軍司馬，用對待老師和朋友的禮節對待他。等到馬氏失勢被廢棄，傅毅也被免去官職回到了家鄉。

10 和帝永元元年，車騎將軍竇憲又特請傅毅擔任主記室，崔駰擔任主簿。等到竇憲升為大將軍，又讓傅毅擔任司馬，讓班固擔任中護軍。於是竇憲大將軍府中的文學盛況，在當時居首位。

11 傅毅很早去世。著有詩、賦、誄、頌、祝文、〈七激〉、連珠共計二十八篇。

1 黃香，字文彊，江夏安陸[1]人也。年九歲，失母，思慕[2]憔悴，殆不免喪[3]，鄉人稱其至孝[4]。年十二，太守[5]劉護聞而召[6]之，署門下孝子[7]，甚見愛敬。香家貧，內無僕妾[8]，躬執[9]苦勤，盡心奉養。遂博學經典[10]，究精道術[11]，能文章，京師號曰「天下無雙江夏黃童」。

2 初除[12]郎中。元和[13]元年，肅宗詔香詣東觀[14]，讀所未嘗見書。香後告休[15]，及歸京師，時千乘王冠[16]，帝會中山邸[17]，乃詔香殿下，顧謂諸王曰：「此『天下無雙江夏黃童』者也。」左右莫不改觀[18]。後召詣安福殿[19]言政事，拜尚書郎[20]，數陳得失，賞賚[21]增加。常獨止宿臺上[22]，晝夜不離省闥[23]，帝聞善之。

3 永元四年，拜左丞[24]。功滿[25]當遷，和帝[26]留，增秩[27]。六年，累遷尚書令[28]。後以為東郡[29]太守，香上疏讓曰：「臣江淮孤賤[30]，愚矇小生[31]，經學行能[32]，無可筭錄[33]。遭值太平，先人餘福，得以弱冠特蒙徵用[34]，連階累任[35]，遂極臺閣[36]。訖無纖介[37]稱，報恩效死，誠不意悟[38]，卒被非望[39]，顯拜近郡，尊位千里[40]。臣聞量能授官，則職無廢事[41]；因勞施爵[42]，則賢愚得宜。臣香小醜[43]，少為諸生[44]，典郡從政[45]，固非所堪[46]，誠恐矇頓[47]，孤忝[48]聖恩。又惟機密端首[49]，至為尊要[50]，復非臣香所當久奉[51]。承詔驚惶[52]，不知所裁[53]。臣香年在方剛[54]，適可驅使。願乞餘恩，留備冗官[55]，賜以督責小職[56]，任之宮臺煩事[57]，以畢臣香螻蟻[58]小志。誠瞑目至願[59]，土灰極榮[60]。」帝亦惜香幹用[61]，久習舊事，復留為尚書令，增秩二千石[62]，賜錢三十萬。是後遂管樞機[63]，甚見親重[64]，而香亦祗勤物務[65]，憂公如家。

4 十二年，東平清河[66]奏訞言卿仲遼[67]等，所連及[68]且千人。香科別[69]據奏，全活[70]甚眾。每郡國疑罪[71]，輒務求輕科[72]，愛惜人命，每存憂濟[73]。又曉習邊事，均量[74]軍政，皆得事宜[75]。帝知其精勤[76]，數加恩賞，疾病存問[77]，賜醫藥。在位多所薦達[78]，寵遇[79]甚盛，議者譏其過倖[80]。

5 延平[81]元年，遷魏郡[82]太守。郡舊有內外園田[83]，常與人分種[84]，收穀歲數千斛[85]。香曰：「田令[86]『商者不農』，王制[87]『仕者不耕』。伐冰[88]食祿之人，不與百姓爭利。」乃悉以賦人[89]，課令[90]耕種。時被水年飢[91]，乃分奉祿及所得賞賜班贍[92]貧者，於是豐富之家[93]各出義穀[94]，助官稟貸[95]，荒民[96]獲全。後坐水潦事免[97]，數月，卒於家。

6 所著賦、牋[98]、奏[99]、書、令[100]凡五篇。子瓊[101]，自有傳[102]。

【章　旨】以上是〈黃香傳〉，記述黃香的籍貫、神童兼孝子的卓異身分和勤勉供職尚書臺、在地方任內的建樹，以及其所創作的作品類型與數量等。

【注　釋】❶江夏安陸　江夏，郡名。治所在西陵縣（今湖北新洲西）。安陸，縣名。治所在今湖北雲夢北。❷思慕　懷念；追慕。❸殆不免喪　殆，幾乎。免喪，守孝期滿，除去喪服。❹至孝　極盡孝道。❺太守　又稱郡守，為一郡長官。品秩二千石，掌管整個轄區內的軍政事務。❻召　辟召。漢代選用人才實行征辟制度。征，指皇帝下詔聘召，有時亦稱特詔或特徵。辟，指公卿或州郡徵調某人為其下屬官員，亦稱辟召、辟除。皇帝所征對象均為社會著名人物，公卿州郡所辟對象多為賢達之士。征辟帶有禮請的性質，不具備強制力，因而被征辟者可以應聘，也可藉故辭謝不就。❼署門下孝子　署，委任；任命。門下，在本郡官署的大門之下。❽僕妾　奴僕婢妾。❾躬執　親身承擔。《東觀漢記・黃香傳》：「父況，舉孝廉，為郡五官掾，貧無奴僕。香躬執勤苦，盡心供養。冬無被袴而親極滋味，暑即扇牀枕，寒即以身溫席。」❿經典　指儒家《五經》和解說《五經》的主要著述。⑪究精道術　深入鑽研並精通治國的方法。道術，治國之術。⑫除　拜官；授職。⑬元和　東漢章帝劉炟年號，西元八四—八七年。⑭東觀　東漢宮廷藏書處所之一。⑮告休　休假。⑯千乘王冠　千乘王，指章帝長子劉伉。千乘，為封國名。治所在今山東高青東北。冠，男子年齡到二十歲舉行成年加冠禮。⑰中山邸　指光武帝之子中山王劉焉在京師的府第。⑱改觀　改變本來的看法、觀感。⑲安福殿　洛陽城內殿名。在今河南洛陽東北。⑳尚書郎　漢代國家機要部門尚書臺的屬官。負責處理曹務。始入尚書臺者稱守尚書郎中，滿一年稱尚書郎，三年稱侍郎。具體人選則多為孝廉中身懷才能者。㉑賞賚　賞賜。這裡指賞賜的財物。㉒臺上　尚書臺內，即辦公的具體處所。㉓省闥　又稱禁闥。指宮中；禁中。即皇宮之內公卿朝臣辦公的地方。闥，內門。東漢蔡邕《獨斷》云：漢天子「所居曰禁中，後曰省中」。「禁中者，門戶有禁，非侍御者不得入，故曰禁中。孝元皇后父、大司馬、陽平侯名禁，當時避之，故曰省中。今宜改，後遂無言之者。」㉔左丞　尚書臺的屬官。本書〈百官志〉：「左、右丞各一人。四百石。」本注曰：「掌錄文書期會。左丞主吏民章報及騶伯史。右丞假署印綬及紙筆墨諸財用庫藏。」㉕功滿　服事期滿；任期屆滿。功，通「工」。事工。㉖和帝　指東漢第四位皇帝劉肇。卒諡孝和。事詳本書卷四。㉗增秩　增俸；升職。㉘尚書令　尚書臺的長官。其品秩為千石，掌管選署和上傳下達尚書六曹文書眾事。㉙東郡　郡名。治所在今河南濮陽西南。㉚江淮孤賤　江淮，泛指長江與淮河之間的地區。因安陸縣在其範圍之內，故出此語。孤賤，孤苦低賤的人。屬自謙之辭。㉛愚矇小生　愚矇，亦作「愚蒙」。愚昧不明。小生，讀書人對自己的謙稱。㉜行能　品行與才能。㉝筭錄　計數與登錄。筭，同「算」。㉞徵用　徵召任用。㉟連階累任　作官接連升遷，屢受任用。㊱臺閣　尚書臺。㊲纖介　亦作「纖芥」或「纖芥」。細微。㊳意悟　料到。㊴非望　非分的希望。㊵千里　指一郡的管轄面積。㊶廢事　曠廢的政事。㊷施爵　賜予爵位。㊸小醜　微賤之輩。此處屬自謙之辭。㊹諸生　眾儒生。㊺典郡從政　掌治一郡，處理政務。㊻所堪　所能勝任。㊼矇頓　愚鈍；頑劣。㊽孤忝　辜負和辱沒。㊾機密端首　指尚書令這一職位。尚書臺是東漢直接對皇帝負責、總攬一切政令的機要部門，而尚書令又為其長官，故出此語。㊿尊要　重要。51久奉　長久擔任。52驚惶　震驚惶恐。53裁　裁斷；裁決。54方剛　指壯年。《論語・季氏》：「及其壯也，血氣方剛。」55冗官　指有班位而無固定職事的散官。56督責小職　負責督察責罰的低級職務。57宮臺煩事　指宮中和尚書臺跑腿打雜之類的瑣屑事務。58螻蟻　螻蛄和螞蟻。喻微小。59瞑目至願　瞑目，謂死。至願，最大的願望。60土灰極榮　土灰，化成灰塵和泥土，指死而言。極榮，最大的榮耀。61幹用　猶言才幹。62二千石　漢代品秩等級的重要組成部分之一。從中央九卿到地方郡守及諸侯國相基本上都屬於這一等級，又因祿米數量存在差異，遂細緻區分為中二千石、真二千石、比二千石三個層次。63樞機　指朝廷的機要部門或職位。64親重　親近器重。65祗勤物務　祗勤，敬慎勤勞。物務，事務。66東平清河　東平，郡名。治所在今山東東平東。清河，封國名。治所在甘陵縣（今山東臨清東北）。67訞言卿仲遼　訞言，邪說；蠱惑人心的言論。訞，同「妖」。卿仲遼，主犯的姓名。68連及　株連到。69科別　按照刑法條文和案情輕重分別判罪量刑。70全活　保全；救活。71疑罪　證據不足、難以量刑的罪行。72輕科　從輕判處。73憂濟　憂憫世人犯法而盡力予以救助。74均量　衡量。75事宜　對事情的合理安排或妥善處理。76精勤　專心勤勉。77存問　慰問。78薦達　推薦引進。79寵遇　寵信與恩遇。80過倖　亦作「過幸」。蒙受過分的寵幸。81延平　東漢殤帝劉隆年號，西元一〇六年。82魏郡　郡名。治所在鄴縣（今河北臨漳西南鄴鎮）。83園田　園圃和田地。84分種　分別租種。85斛　量器名，亦用為容量單位。古以十斗為一斛。86田令　漢代土地法令的名稱。87王制　《禮記》的篇名。88伐冰　鑿取冰塊。古代唯有卿大夫以上的貴族舉行喪祭有權用冰，故以「伐冰之家」指代達官貴族。《禮記・大學》：「伐冰之家，不畜牛羊。」鄭玄注：「卿大夫以上喪祭用冰。」89賦人　意為對每畝地定出納稅的數目分配給農戶。90課令　督促命令。91被水年飢　遭受水災，年成荒歉。92班贍　分發救濟。93豐富之家　富裕殷實的人家。94義穀　義捐賑災的穀米。95稟貸　官府將糧食借給農民。96荒民　荒年挨餓的百姓。97坐水潦事免　因大水淹沒田地之事獲罪而被免職。坐事，謂因事獲罪。水潦，大水淹沒田地。98牋　亦作「箋」。文體名。即書劄一類。多用以呈送給皇后、太子、諸王。《北堂書鈔》卷七十九引東漢應劭《漢官儀》：「孝廉年未五十，先試箋奏。」99奏　臣僚向帝王進呈的文書。東漢蔡邕《獨斷》：「凡群臣上書於天子者，有四名：一曰章，二曰奏，三曰表，四曰駮議。」⑩令法律文書。⑩瓊 指黃瓊。其為東漢後期抑制外戚勢力的大臣。⑩自有傳 另有傳記。見本書卷六十一。

【語譯】黃香，字文彊，是江夏郡安陸縣人。他在九歲時，失去了母親，因懷念母親而變得又黃又瘦，幾乎不能守完孝，同鄉之人稱讚他極盡孝道。十二歲時，太守劉護聽說此事就招聘他，任命為「門下孝子」，深受喜愛和尊敬。黃香家庭貧困，居室裡沒有奴僕婢妾，他就親身承擔起各種辛苦勞累的工作，盡心奉養雙親。同時又廣泛研習儒家經典，深入鑽研並精通治國的方法，很會寫文章，京師把他稱為「天下無雙江夏黃童」。

2 開始時，他被任命為郎中。元和元年，肅宗專門下達詔書，讓黃香到東觀閱讀他所未曾見過的書籍。黃香後來休假。到他返回京師時，正逢千乘貞王劉伉舉行成年加冠禮，章帝就在中山王劉焉的府第舉行集會，特命黃香在殿下等候，回頭對眾位王子說：「此人就是『天下無雙江夏黃童』。」周圍的人聽後，沒有誰不改變起先對黃香的看法的。後來又把黃香宣召到安福殿講論政事，授官尚書郎。黃香也多次陳說政事得失，得到的賞賜物品也日益增多。黃香經常一個人在尚書臺過夜，晝夜不離開皇宮中的辦公地點，章帝聽說後對他深表讚賞。

3 和帝永元四年，被任命為尚書左丞。任期屆滿後，應當提職去地方上做官，和帝留下他，給他增加了俸祿。到永元六年，經過連續升遷，就任尚書令。後來要把他調任東郡太守，黃香上疏辭謝說：「我本是江、淮間一個孤苦低賤的人和一名愚蠢昏昧的小生，在經學和品行、才能上，沒有可以被擇用的地方。正遇到太平盛世，加上先人留下的福澤，得以在二十歲受到非同尋常的徵召與任用，接連升遷，屢被提拔任使，直至當上了臺閣的最高長官。但卻沒有微小的成績可以稱道，只想獻出生命來報答皇恩，事先真沒料到最終會獲得自己非分想得到的東西，被顯赫地調往京師附近的大郡，出任轄區千里的郡守。我聽說根據才能授給官職，那就在本職崗位上沒有曠廢的政事；憑借勞績賜予爵位，那就賢愚各得其宜。我黃香只是微賤之輩，年輕時屬於眾儒生中的一員，要我掌治一郡，處理政務，原本就不是我能勝任的，確實害怕自己因愚鈍頑劣而辜負和辱沒了聖上的恩典。又考慮尚書令是國家機要部門的首腦，極其尊貴重要，這也不是我黃香應當長久擔任的職務。接到詔命，我深感震驚惶恐，不知該做出怎樣的裁斷。我黃香正值壯年，恰好能供朝廷驅使。但願乞求到餘下的恩典，把我預留在散官的行列中僅僅充個數，賜給負責督察責罰的一個低級職位，承擔宮中和尚書臺跑腿打雜之類的瑣屑事務，以便實現我那螻蟻般的微小志向。這的確是我至死去最大的願望，即使化成土灰也極為榮耀。」和帝也愛惜黃香的才幹，長期熟悉舊有的慣例，就又把他留在朝廷繼續擔任尚書令，增加俸祿為二千石，賜給銅錢三十萬。此後黃香便主管機要部門，深得和帝的親近與器重，他也敬慎勤勉地辦理事務，憂慮公家事如同自家事一般。

4 和帝永元十二年，東平郡和清河國上奏卿仲遼妖言惑眾的案件，而受此案件株連的案犯將近一千人。黃香依照刑法條文和案情輕重分別判罪量刑，奏報給朝廷，得到保全活命的人特別多。每次遇到郡國上報的證據不足、難以量刑的罪案，都務求從輕判處，愛惜人們的生命，時常保持著憂憫世人犯法而盡力予以救助的心念。他又熟悉邊境事務，綜合衡量軍政，都能做出合理的安排與妥善的處置。和帝知道他精明勤勉，多次給予額外賞賜，當他患病時，就派人去慰問，還賜給醫藥。在位時推薦引進了許多人，他受到的寵信與恩遇非常多，有喜好議論時事的人就譏諷他所受寵幸太過分了。

5 殤帝延平元年，調任魏郡太守。郡中原有內外園田，時常讓人分別租種，每年收穫穀米數千斛。黃香說：「〈田令〉明文規定『經商的人不得從事農業生產活動』，〈王制〉上說『做官的人不去耕種土地』。享受朝廷俸祿的達官貴人不與百姓爭利。」於是把這些園田都定出納稅的數目分配給農戶，督促他們耕種。當時遭受水災，年成荒歉，他就把自己的俸祿以及所得到的賞賜物品，分發給貧困的人進行救濟，於是富裕的人家也都各自拿出義捐賑災的穀米，協助官府借給百姓糧食，致使荒年挨餓的百姓獲得保全。後來因大水淹沒田地之事獲罪而被免職，幾個月後就在家中去世了。

6 黃香所著賦、牋、奏、書、令共計五篇。他兒子黃瓊，在本書中另有傳記。

劉毅，北海敬王❶子也。初封平望侯❷，永元中，坐事奪爵❸。毅少有文辯❹稱，元初❺元年，上漢德論并憲論十二篇。時劉珍、鄧耽❻、尹兌❼、馬融❽共上書稱其美❾，安帝❿嘉之，賜錢三萬，拜議郎⓫。

【章旨】以上是〈劉毅傳〉，記述劉毅的宗室身分、進呈《漢德論》和《憲論》而受到嘉獎的情況。

【注釋】❶北海敬王　指光武帝劉秀長兄劉縯之孫劉睦。本書卷十四〈北海靖王興傳〉：「睦能屬文，作《春秋旨義終始論》及賦、頌數十篇。又善史書，當世以為楷則。」北海，東漢封國名。治所在今山東昌樂西。❷平望侯　一種爵位封號。漢承秦制，以二十等爵中最高的列侯（又稱徹侯、通侯）以賞有功。功大者食縣，小者食鄉、亭（十里為一亭，共千戶人家）。食縣者為縣侯，食鄉者為鄉侯，食亭者為亭侯。平望，縣名。治所在今山東壽光東北。❸坐事奪爵　因事獲罪被取消了爵位封號。❹文辯　能文善辯。❺元初　東漢安帝劉祜年號，西元一一四—一二〇年。❻鄧耽　人名。撰有〈郊祀賦〉。本書無傳。❼尹兌　人名。本書無傳。❽馬融　東漢著名經學家。本書卷六十有傳。❾美　優美。❿安帝　指東漢第六位皇帝劉祜。卒諡孝安。事詳本書卷五。⓫議郎　漢代郎官之一種，掌顧問應對，無常事，唯詔令所使。

【語譯】劉毅，是北海敬王劉睦的兒子。最初被封為平望侯，到和帝永元年間，因事獲罪被取消了爵位封號。劉毅年輕時就享有能文善辯的美譽。在安帝元初元年，特向朝廷進呈了《漢德論》和《憲論》十二篇。當時劉珍、鄧耽、尹兌、馬融共同上書稱讚這些文章寫得優美，安帝表彰他，賜給銅錢三萬，讓他擔任議郎。

李尤，字伯仁，廣漢雒❶人也。少以文章顯。和帝時，侍中❷賈逵薦尤有相如、楊雄之風。召詣東觀，受詔作賦，拜蘭臺令史。稍遷，安帝時為諫議大夫❸，受詔與謁者僕射❹劉珍等俱撰漢記❺。後帝廢太子❻為濟陰王，尤上書諫爭❼。順帝❽立，遷樂安相❾。年八十三卒。所著詩、賦、銘、誄、頌、七歎、哀典凡二十八篇。

尤同郡李勝，亦有文才，為東觀郎，著賦、誄、頌、論❿數十篇。

【章　旨】以上是〈李尤傳〉，記述李尤的籍貫、文名、東觀作賦、參撰《漢記》、諫廢太子、高齡去世等，及其一生所創作的作品類型和數量。附帶記述了其同郡李勝的簡歷與創作概況。

【注　釋】❶廣漢雒　廣漢，郡名。治所在雒縣（今四川廣漢北）。雒，縣名。為廣漢郡郡治所在。❷侍中　漢代侍中寺的屬官。秩比二千石，掌侍皇帝左右，贊導眾事，顧問應對。❸諫議大夫　光祿大夫的屬官。職掌與議郎相同，即負責顧問應對，無常事，唯詔令所使。❹謁者僕射　官名。為謁者臺的長官。秩比千石。❺漢記　全稱《東觀漢記》。為東漢官修紀傳體當代史。已佚，今有輯本行世。❻帝廢太子　帝，指安帝。太子，指劉保。本書卷六〈孝順帝紀〉：「永寧元年（西元一二〇年），立為皇太子。延光三年（西元一二四年），安帝乳母王聖、大長秋江京、中常侍樊豐譖太子乳母王男，廚監邴吉殺之。太子數為歎息。王聖等懼有後禍，遂與豐、京共搆陷太子，太子坐廢為濟陰王。」濟陰，東漢封國名。治所在今山東定陶西北。❼諫爭　亦作「諫諍」。直言規勸。❽順帝　指東漢第七位皇帝劉保。事詳本書卷六。❾樂安相　樂安，東漢封國名。治所在今山東高青高苑鎮西北。相，漢代所設王國官，秩二千石，主管王國政務，職如太守。❿論　文體名。即議論性的文章。

【語　譯】李尤，字伯仁，是廣漢郡雒縣人。他年輕時就憑藉文章被世人所知。和帝時，侍中賈逵推薦李尤具有司馬相如、楊雄的風範。被徵召到東觀，承奉詔命當場寫賦，被任命為蘭臺令史。以後逐漸升遷，到安帝時擔任諫議大夫，承奉詔命與謁者僕射劉珍等人一起撰修《漢記》。後來安帝把太子劉保廢黜為濟陰王，李尤上書直言規勸。順帝即位後，升任樂安國國相。他活到八十三歲時去世。所著詩、賦、銘、誄、頌、〈七歎〉、

〈哀典〉共計二十八篇。

李尤的同郡人李勝，也有文才，被任命為東觀郎，著有賦、誄、頌、論數十篇。

1 蘇順，字孝山，京兆霸陵❶人也。和安間❷以才學見稱。好養生術❸，隱處求道❹。晚乃仕，拜郎中，卒於官。所著賦、論、誄、哀辭❺、雜文凡十六篇。

2 時三輔❻多士，扶風曹眾伯師❼亦有才學，著誄、書、論四篇。

3 又有曹朔，不知何許人❽，作漢頌四篇。

【章旨】以上是〈蘇順傳〉，記述蘇順的籍貫、才學、喜好養生術、晚乃出仕等，及其一生所創作的作品類型和數量。附帶記述了曹眾、曹朔二人的創作概況。

【注釋】❶霸陵　縣名。治所在今陝西西安東北。❷和安間　和帝與安帝期間。❸養生術　攝養身心促成長壽的方法。❹道　指修煉方術。❺哀辭　亦作「哀詞」。文體名。古用以哀悼夭而不壽者，後世亦用於壽終者。多用韻語寫成。❻三輔　漢代京畿地區京兆尹、左馮翊、右扶風的合稱。❼曹眾伯師　人名。伯師，為其表字。李賢注：「《三輔決錄注》：『眾與鄉里蘇孺文、竇伯向、馬季長並遊宦，唯眾不遇，以壽終於家。』」❽何許人　何處人。

【語譯】蘇順，字孝山，是京兆霸陵縣人。他在和帝與安帝期間就已經憑藉文才、學識受到了人們的稱讚。他喜好養生術，深居鄉野尋求修煉的方法。到晚年才出仕，被任命為郎中，在官位上去世。所著賦、論、誄、哀辭、雜文共計十六篇。

2 當時三輔地區湧現出許多才士，右扶風的曹眾伯師也有文才和學識，著有誄、書、論四篇。

3 又有曹朔，不知道他是哪個地方的人，寫有《漢頌》四篇。

劉珍，字秋孫，一名寶，南陽蔡陽❶人也。少好學。永初❷中，為謁者僕射。鄧太后❸詔使與校書❹劉騊駼❺、馬融及五經博士❻，校定東觀五經❼、諸子傳記❽、百家蓺術❾，整齊脫誤❿，是正⓫文字。永寧⓬元年，太后又詔珍與騊駼作建武已來名臣傳⓭。遷侍中、越騎校尉⓮。延光⓯四年，拜宗正⓰。明年，轉衛尉⓱，卒官。著誄、頌、連珠凡七篇。又撰釋名⓲三十篇，以辯⓳萬物之稱號⓴云。

【章　旨】以上是〈劉珍傳〉，記述劉珍的籍貫、奉詔校理東觀藏書、撰修本朝名臣傳、自編《釋名》和官職漸次提升等，及其一生所創作的作品類型與數量。

【注　釋】❶南陽蔡陽　南陽，郡名。治今河南南陽。蔡陽，東漢封國名。治今湖北棗陽西南。❷永初　東漢安帝劉祜年號，西元一〇七－一一三年。❸鄧太后　指和帝皇后鄧綏。和帝去世，被尊為皇太后，臨朝聽政。事詳本書卷十〈和熹鄧皇后紀〉：「六歲能史書，十二通《詩》、《論語》。諸兄每讀經傳，輒下意難問。志在典籍，不問居家之事。……太后自入宮掖，從曹大家受經書，兼天文筭數。晝省王政，夜則誦讀，而患其謬誤，懼乖典章，乃博選諸儒劉珍等及博士、議郎、四府掾史五十餘人，詣東觀讎校傳記。事畢奏御，賜葛布各有差。」❹校書　官名。即校書郎。負責校理典籍。❺劉騊駼　人名。得封臨邑侯。本書無傳。❻五經博士　講授五經（《易》、《書》、《詩》、《儀禮》、《春秋》）的學官。漢武帝始置。東漢荀悅《漢紀・武帝紀一》：「建元五年春正月「初置五經博士。博士本秦官，掌通古今，員至數十人，漢置五經而已。」❼東觀五經　皇家圖書館東觀所收藏的《五經》。❽諸子傳記　諸子，指先秦各個學術流派的著作。即九流十家：儒、道、陰陽、法、名、墨、從橫、雜、農、小說家。傳記，指解釋經書的著述，包括《論語》、《禮記》等在內。❾百家蓺術　指各種技術技能和術數方技等方面的書籍。蓺術，亦作「藝術」。蓺，則包括射箭、駕車、語文、算術等。術，則包括醫方、卜筮等。❿整齊脫誤　對遺漏或錯訛的字句統一進行添補或改正。⓫是正　訂正；校正。⓬永寧　東漢安帝劉祜年號，西元一二〇－一二一年。⓭建武已來名臣傳　此係通貫性的本朝政治人物傳記。⓮越騎校尉　武官名。西漢為北軍八校尉之一，秩二千石，掌內附越人騎士，戍衛京師，兼任征伐。東漢為五校尉之一，秩比二千石，掌領京師宿衛兵。⓯延光　東漢安帝劉祜年號，西元一二二—一二五年。⓰宗正　漢代九卿之一，掌管皇親國戚的名籍簿、世系譜，參預同姓王犯法案件的審理等。⓱衛尉　漢代九卿之一，負責統率衛士守衛南北宮，多由皇帝親信或外戚擔任此職。⓲釋名　中國現存最早的一部從讀音推求詞義由來的辭書。凡八卷二十七篇。其作者通常認為是東漢末期的劉熙。⓳辯　通「辨」。辨別；區分。⓴稱號　指事物的名稱。

【語　譯】劉珍，字秋孫，又名寶，是南陽郡蔡陽人。他年輕時喜好學習。在安帝永初年間，擔任謁者僕射。鄧太后下達詔書，命他和校書郎劉騊駼、馬融以及《五經》博士，校定東觀所收藏的儒家《五經》、諸子著作與解釋經書的著述、各種技術技能和術數方技等方面的書籍，對遺漏或錯訛的字句統一進行添補或改正，訂正文字。到安帝永寧元年，鄧太后又下達詔書，命劉珍與劉騊駼撰修建武已來名臣傳，升任侍中、越騎校尉。到安帝延光四年，又被任命為宗正。第二年，轉任衛尉，最後死在官位上。著有誄、頌、連珠共計七篇。又編撰《釋名》三十篇，用來辨明萬物的名稱。

葛龔，字元甫，梁國寧陵❶人也。和帝時，以善文記❷知名。性慷慨壯烈，勇力過人。安帝永初中，舉孝廉，為太官丞❸，上便宜四事❹，拜蕩陰❺令。辟太尉府❻，病不就。州舉茂才❼，為臨汾❽令。居二縣，皆有稱績❾。著文、賦、碑❿、誄、書記⓫凡十二篇。

【章　旨】以上是〈葛龔傳〉，記述葛龔的籍貫、性情特點、撰文特長、仕履和政績等，及其一生所創作的作品類型與數量。

【注　釋】❶寧陵　縣名。治所在今河南寧陵東南。❷文記　猶文奏，即官府文書。李賢注：「龔善為文奏。或有請龔奏以干人者，龔為作之，其人寫之，忘自載其名，因並寫龔名以進之。故時人為之語曰：『作奏雖工，宜去葛龔。』事見《笑林》。」❸太官丞　官名。太官，掌管宮庭膳食及飲料果品的供應。設令、丞為長官和副職，隸屬於九卿之一的少府。❹便宜四事　對國家有利並切合時宜的四項政事。❺蕩陰　縣名。治所即今河南湯陰。❻太尉府　太尉，為東漢三公之一，掌管全國軍政等事務。府，謂其官署，即辦公地點。❼茂才　漢代選拔官吏的科目之一。始稱秀才，因避光武帝劉秀的名諱而改「秀」為「茂」。本書〈黃琬傳〉：「舊制，光祿舉三署郎，以高功久次才德尤異者為茂才四行。」❽臨汾　縣名。治所在今山西新絳東北。❾稱績　可令人稱頌的政績。❿碑　文體名。用以記述死者生平和功德，鐫刻於石碑之上，作為紀念。劉勰《文心雕龍・誄碑》：「夫屬碑之體，資乎史才，其序則傳，其文則銘。標序盛德，必見清風之華；昭紀鴻懿，必見峻偉之烈。此碑之制也。」⓫書記　文體名。即書牘之類的公文或信件。

【語譯】葛龔，字元甫，是梁國寧陵縣人。在和帝時，他就憑藉善寫官府文書而知名。天性慷慨壯烈，勇力超過常人。到安帝永初年間，被薦舉為孝廉，擔任太官丞，上奏了四件對國家有利並切合時宜的事情，被任命為蕩陰縣令。太尉府徵召他，他因病不去赴任。州裡又把他推薦為茂才，隨後擔任臨汾縣令。他在兩個縣任職期間都有令人稱頌的政績。著文、賦、碑、誄、書記共計十二篇。

王逸，字叔師，南郡宜城❶人也。元初中，舉上計吏❷，為校書郎。順帝時，為侍中。著楚辭章句❸行於世。其賦、誄、書、論及雜文凡二十一篇。又作漢詩百二十三篇。

子延壽，字文考，有儁才❹。少遊魯國❺，作靈光殿賦❻。後蔡邕❼亦造此賦，未成，及見延壽所為，甚奇之，遂輟翰❽而已。曾有異夢，意惡❾之，乃作夢賦以自厲⑩。後溺水⑪死，時年二十餘。

【章　旨】以上是〈王逸傳〉，記述王逸的籍貫、仕履、撰寫《楚辭章句》等，及其一生所創作的作品類型與數量。附帶記述其子王延壽創作〈靈光殿賦〉及不幸溺水早亡的情狀。表明這是一個文學世家。

【注　釋】❶南郡宜城　南郡，郡名。治所在今湖北江陵。宜城，東漢侯國名。治所在今湖北宜城南。❷上計吏　官名，亦稱「計吏」。漢制，地方官須於年終將轄區內戶口、賦稅、盜賊、獄訟等項編造成計簿，遣吏逐級上報，奏呈朝廷，借資考績，謂之上計。各州郡所選派的前往京師報送計簿、彙報情況的人，即為上計吏。❸楚辭章句　中國現存最早的一部詮釋《楚辭》的名著。❹儁才　亦作「儁材」。卓越的才華。❺魯國　漢代封國名。治所在今山東曲阜。❻靈光殿賦　本賦被南朝梁蕭統收入《文選》，千古流傳，至今可見。魯靈光殿，為西漢景帝程姬之子魯恭王劉餘所營建，故址在今山東曲阜城內。❼蔡邕　東漢後期的文學家與藝術家。本書卷六十有傳。❽輟翰　停筆；擱筆。❾惡　厭惡；憎惡。❿自厲　慰勉警戒自己。⓫溺水　淹在水裡。李賢注：「張華《博物志》曰：『王子山與父叔師到泰山，從鮑子真學算，到魯賦靈光殿，歸度湘水溺死。』文考一字子山也。」

【語　譯】王逸，字叔師，是南郡宜城人。在安帝元初年間，他被舉薦為上計吏，又擔任校書郎。到順帝時，就任侍中。著有《楚辭章句》，在世上流傳。他所創作的賦、誄、書、論以及雜文，共計二十一篇。又寫成《漢詩》一百二十三篇。

王逸的兒子王延壽，字文考，具有卓越的才華。年輕時曾到魯國遊歷，創作了〈靈光殿賦〉。後來蔡邕也撰寫此賦，但未脫稿，等到看見王延壽的作品，感到它寫得異常出色，就停筆不再往下寫了。王延壽曾經做過特別怪異的一場夢，打心眼裡厭惡它，於是就寫成一篇〈夢賦〉，用來慰勉警戒自己。後來落入水中淹死，當時年紀才二十出頭。

1 崔琦，字子瑋，涿郡安平❶人，濟北❷相瑗❸之宗也。少遊學❹京師，以文章博通稱。初舉孝廉，為郎。河南尹梁冀❺聞其才，請與交。冀行多不軌❻，琦數引古今成敗以戒之，冀不能受。乃作外戚箴。其辭曰：

2 「赫赫❼外戚，華寵煌煌❽。昔在帝舜❾，德隆英、皇❿。周興三母⓫，有莘崇湯⓬。宣王晏起⓭，姜后脫簪⓮。齊桓⓯好樂，衛姬不音⓰。皆輔主以禮，扶君以仁。達才進善⓱，以義濟身⓲。

3 「爰暨末葉，漸已穨虧⓳。貫魚不敘⓴，九御差池㉑。晉國㉒之難，禍起於麗㉓。惟家之索，牝雞之晨㉔。專權擅愛㉕，顯己蔽人。陵長間舊㉖，圮剝至親㉗。並后匹嫡㉘，淫女斃陳㉙。匪賢是上㉚，番為司徒㉛。荷爵負乘㉜，采食名都㉝。詩人是刺㉞，德用不憮㉟。暴辛惑婦㊱，拒諫自孤㊲。蝠蛇其心㊳，縱毒不辜㊴。諸父是殺㊵，孕子是剖㊶。天怒地忿，人謀鬼圖。甲子昧爽㊷，身首分離㊸。初為天子，後為人螭㊹。

4 「非但耽色㊺，母后㊻尤然。不相率以禮，而競獎以權㊼。先笑後號㊽，卒以辱殘㊾。家國泯絕㊿，宗廟(51)燒燔。末嬉喪夏(52)，褒姒斃周(53)，妲己亡殷(54)，趙靈沙丘(55)。戚姬人豕(56)，呂宗以敗(57)。陳后作巫，卒死於外(58)。霍欲鴆子(59)，身乃罹廢(60)。

5 「故曰：無謂我貴，天將爾摧[61]；無恃常好[62]，色有歇微[63]；無怙常幸[64]，愛有陵遲[65]；無曰我能，天人爾違[66]。患生不德，福有慎機[67]。日不常中[68]，月盈有虧。履道[69]者固，杖埶者危。微臣司戚[70]，敢告在斯。」

6 琦以言不從，失意[71]，復作白鵠賦以為風[72]。梁冀見之，呼琦問曰：「百官外內，各有司存[73]，天下云云，豈獨吾人之尤[74]，君何激刺[75]之過乎？」琦對曰：「昔管仲[76]相齊，樂聞機諫[77]之言；蕭何[78]佐漢，乃設書過之吏[79]。今將軍累世台輔[80]，任齊伊、公[81]，而德政未聞，黎元[82]塗炭，不能結納貞良[83]，以救禍敗，反復欲鉗塞[84]士口，杜蔽[85]主聽，將使玄黃改色[86]，馬鹿易形[87]乎？」冀無以對，因遣琦歸。

7 後除為臨濟長[88]，不敢之職[89]，解印綬[90]去。冀遂令刺客陰求[91]殺之。客見琦耕於陌上[92]，懷書一卷，息輒偃而詠之[93]。客哀[94]其志，以實告琦，曰：「將軍令吾要子[95]，今見君賢者，情懷忍忍[96]。可亟[97]自逃，吾亦於此亡矣。」琦得脫走，冀後竟[98]捕殺之。所著賦、頌、銘、誄、箴、弔、論、九咨、七言，凡十五篇。

【章　旨】以上是〈崔琦傳〉，記述崔琦的籍貫、文名、仕履和〈外戚箴〉全文、作品的類型與數量等，特別是慘遭迫殺的人生結局。

【注　釋】❶涿郡安平　涿郡，郡名。治所在今河北涿州。安平，縣名。治所在今河北安平。❷濟北　漢代封國名。治所在今山東長清南。❸瑗　即崔瑗。本書卷五十二有傳。❹遊學　離開故鄉到外地去求學。❺河南尹梁冀　河南尹，東漢京師地區的行政長官。其地位高於各郡郡守。梁冀，東漢順帝梁皇后的兄長，勢傾內外的外戚權臣。本書卷二十三有傳。❻不軌　越出常軌；不合法度。❼赫赫　顯赫盛大的樣子。❽華寵煌煌　華寵，榮華優寵。指榮貴的地位。煌煌，昭彰熾盛的樣子。❾帝舜　傳說中的五帝之一。❿英皇　即娥皇、女英，俱為舜妃。劉向《列女傳．母儀傳．有虞二妃》：「有虞二妃者，帝堯之二女也。長娥皇，次女英。……二女承事舜於畎畝之中，不以天子之女故而驕盈怠嫚，猶謙謙恭儉，思盡婦道。……天下稱二妃聰明貞仁。」⓫周興三母　三母，太姜、太任、太姒的合稱。劉向《列女傳．母儀傳．周室三母》：「太姜者，王季之母，有呂氏之女。太王娶以為妃，生太伯、仲雍、王季。貞順率導，靡有過失。太王謀事遷徙，必與太姜。君子謂太姜廣於德教。太任者，文王之母，摯任氏中女也。王季娶為妃。太任之性，端一誠莊，惟德之行。……太姒者，武王之母，禹後有莘姒氏之女。仁而明道，……號曰文母。文王治外，文母治內。」⓬有莘崇湯　有莘，有莘氏之女。湯，夏王朝的建立者。崇湯，是說使湯實現了王功帝業。劉向《列女傳．母儀傳．湯妃有莘》：「湯妃有莘者，有莘氏之女也。殷湯娶以為妃，生仲壬、外丙，亦明教訓，致其功。有莘之妃湯也，統領九嬪，後宮有序，咸無妒媢逆理之人，卒致王功。君子謂妃明而有序。」⓭宣王晏起　宣王，西周國王姬靜，號稱中興之主。晏起，早晨很晚才起床。晏，晚。⓮姜后脫簪　姜后，周宣王的王后。脫簪，解下首飾。簪，綰住髮髻的條狀物，用金屬、骨頭或玉石製成。用以指代婦女的首飾。劉向《列女傳．賢明傳．周宣姜后》：「姜后者，齊侯之女也。賢而有德，事非禮不言，行非禮不動。宣王常早臥晏起，后夫人不出房。姜后脫簪珥，待罪於永巷。使其傅母通言於王曰：『妾之不才，妾之淫心見矣，至使君王失禮而晏朝，以見君王樂色而忘德也。夫苟樂色，必好奢窮欲，亂之所興也。原亂之興，從婢子起，敢請婢子之罪。』王曰：『寡人不德，實自生過，非夫人之罪也。』遂復姜后而勤於政事，早朝晏退，卒成中興之名。君子謂姜后善於威儀而有德行。」⓯齊桓　指春秋時期的第一位霸主齊國國君小白。⓰衛姬不音　衛姬，齊桓公的夫人之一。不音，不聽淫靡的音樂。劉向《列女傳．賢明傳．齊桓衛姬》：「衛姬者，衛侯之女，齊桓公之夫人也。桓公好淫樂，衛姬為之不聽鄭衛之音。」⓱達才進善　通達事理，進獻善言。⓲以義濟身　用道義使自身獲益。⓳積虧　衰敗缺損。⓴貫魚不敘　貫魚，帝王按次序與后妃同房。貫，穿。似魚個個相次，不相逾越，比喻后妃當夕乃有排定的順序。不敘，被打亂。㉑九御差池　九御，后妃輪流服侍帝王就寢。差池，差錯。李賢注：「《禮》后夫人已下進御之法云：『凡天子進御之儀，從后而下，十五日徧。自下始，以象月之初生，漸進至盛，法陰道之義也。』其法，九嬪已下皆九九而御，則女御八十一人為九夕也，世婦二十七人為三夕，九嬪為一夕，夫人為一夕，凡十四夕，后當一夕。故曰十五日一徧也。」㉒晉國　春秋時期國力較強的諸侯國之一。㉓麗　指晉獻公所寵愛的夫人驪姬。劉向《列女傳·孽嬖傳·晉獻驪姬》：「驪姬者，驪戎之女，晉獻公之夫人也。……驪姬繼母，惑亂晉獻，謀譖太子，毒酒為□，果殺申生，公子出奔，身又伏辜，五世亂昏。」㉔惟家之索二句　意謂母雞要是打鳴報曉，家就敗盡了。語本《尚書·牧誓》。索，盡。牝雞，母雞。晨，打鳴報曉。㉕擅愛　獨占寵愛。㉖陵長間舊　欺凌長輩，離間舊人。㉗圮剝至親　毀傷關係最近的親屬。圮剝，毀傷。㉘並后匹嫡　並后，妃嬪地位與王后並列。匹嫡，庶子地位同於嫡子。《左傳·桓公十八年》：「辛伯諫曰：『並后、匹嫡、兩政、耦國，亂之本也。』」㉙淫女斃陳　淫女，指淫亂成性的夏姬。陳，春秋時期國力較弱的諸侯國之一。劉向《列女傳·孽嬖傳·陳女夏姬》：「陳女夏姬者，大夫夏徵舒之母也。其狀美好無匹，內挾伎術，蓋老而復壯者。三為王后，七為夫人。公侯爭之，莫不迷惑失意。……夏姬好美，滅國破陳。走二大夫，殺子之身。」㉚匪賢是上　只管重用不賢良的人。上，通「尚」。崇尚；重用。㉛番為司徒　番，番氏。司徒，西周官名，屬六卿之一。掌管國家土地和人民的教化。㉜苟爵負乘　意思是說卑賤者背著人家的財物，又坐上大馬車顯耀，就會招致強盜來搶劫。引申之則謂居非其位，才不稱職，便招致禍患。苟爵，占據顯赫的爵位。負乘，「負乘致寇」的略語。典出《易·解卦》。㉝采食名都　把著名的城市作為自己的采邑。㉞詩人是刺　詩人，《詩》某篇詩的具體作者。刺，譏刺；諷刺。㉟德用不憮　德，德業。用，介詞，猶言以。表示憑藉或原因。憮，盛大。以上所云，參見《詩·十月之交》。㊱暴辛惑婦　暴辛，暴虐的帝辛。即商朝末代國王紂王。辛為其名。惑婦，被婦人所迷惑。婦，指妲己。《尚書·牧誓》：「今商王受，惟婦言是用。」㊲拒諫自孤　拒絕規勸而使自己成為獨夫。《尚書·西伯戡黎》：「西伯既戡黎，祖伊恐，奔告于王。……王曰：『嗚呼！我生不有命在天？』」偽《古文尚書·泰誓下》：「古人有言曰：『撫我則後，虐我則讎。』獨夫受，洪惟作威，乃汝世讎。」㊳蝠蛇其心　把心變得像蝮蛇那樣狠毒。蝠蛇，蝮蛇。一種毒蛇的名稱。㊴縱毒不辜　對無罪的人肆意殘害。不辜，指無罪之人。《戰國策·趙三》：「昔者鬼侯、鄂侯、文王，紂之三公也。鬼侯有子而好，故入之於紂，紂以為惡，醢鬼侯，鄂侯爭之急，辨之疾，故脯鄂侯。文王聞之，喟然而嘆，故拘之於牖里之庫，百日而欲令之死。」㊵諸父是殺　諸父，對同族伯叔輩的通稱。《史記·宋微子世家》：「王子比干者，亦紂之親戚也。見箕子諫不聽而為奴，則曰：『君有過而不以死爭，則百姓何辜！』乃直言諫紂，紂怒曰：『吾聞聖人之心有七竅，信有諸乎？』乃遂殺王子比干，刳視其心。」㊶孕子是刳　剖開孕婦的腹部取出胎兒來觀看。刳，剖開。偽《古文尚書·泰誓上》：「今商王受，……焚炙忠良，刳剔孕婦。」㊷甲子昧爽　甲子這天拂曉。甲子，用干支紀日法所排定的具體日期。昧爽，拂曉；黎明。《逸周書・世俘解》：「甲子朝至，接于商，則咸劉商王紂，執夫惡臣百人。」㊸身首分離 軀體和頭顱分割開。指被殺頭。《逸周書・克殷解》：「周車三百五十乘，陣於牧野。帝辛從。武王使尚父與伯夫致師。王既以虎賁戎車馳商師，商師大敗。商辛奔內，登於廩臺之上，屏遮而自燔於火。武王……先入，適王所，乃尅射之，三發，而後下車。而擊之以輕呂，斬之以黃鉞，折懸諸太白。」㊹人螭 人中惡魔。用以比喻紂王之惡。螭，通「魑」。即螭魅，傳說為山林中一種害人的怪物。㊺耽色 迷戀美色。㊻母后 帝王之母。這裡泛指太皇太后、皇太后、皇后。㊼競獎以權 爭著拿權勢進行援助。競，副詞。爭著，爭相。獎，助。㊽先笑後號 謂命運先吉後凶。語本《周易・同人》。㊾辱殘 遭受恥辱與傷害。㊿泯絕 完全消滅或消失。(51)宗廟 古代帝王、諸侯祭祀祖宗的廟宇。(52)末嬉喪夏 末嬉，為夏朝末代國王夏桀的寵妃。亦作「妹喜」。《國語・晉語一》：「昔夏桀伐有施，有施人以妹喜女焉。妹喜有寵，於是乎與伊尹比而亡夏。」(53)褒姒斃周 褒姒，西周末代國王幽王的寵妃。亦作「褒姒」。《國語・晉語一》：「周幽王伐有褒，有褒人以褒姒女焉。褒姒有寵，生伯服，於是乎與虢石甫比，逐太子宜咎而立伯服。太子出奔申，申人、繒人召西戎以伐周，周於是乎亡。」(54)妲己亡殷 妲己，商朝末代國王紂王的寵妃。《國語・晉語一》：「殷辛伐有蘇，有蘇氏以妲己女焉。妲己有寵，於是乎與膠鬲比而亡殷。」劉向《列女傳・孽嬖傳・殷紂妲己》：「妲己者，殷紂之妃也，嬖幸於紂。紂……好酒淫樂，不離妲己。妲己之所譽，貴之；妲己之所憎，誅之。作新淫之聲，北鄙之舞，靡靡之樂。收珍物積之於後宮，諛臣群女，咸獲所欲。積糟為丘，流酒為池，懸肉為林，使人裸形相逐其間，為長夜之飲，妲己好之。百姓怨望，諸侯有畔者，紂乃為炮烙之法，膏銅柱，加之炭，令有罪者行其上，輒墮炭中，妲己乃笑。」(55)趙靈沙丘 趙靈，戰國時期趙國的國君趙武靈王。沙丘，宮殿名。故址在今河北廣宗西北大平臺。劉向《列女傳・孽嬖傳・趙靈吳女》：「吳女苕顏，神寤趙靈。既見嬖近，惑心乃生。廢后興戎，子何是成。主閉沙丘，國以亂傾。」(56)戚姬人豕 戚姬，漢高祖劉邦所寵愛的戚夫人。她生下趙王如意，欲請劉邦立為太子。人豕，亦作「人彘」。意為似乎是人又似乎是豬的東西。《史記・呂后本紀》：「太后遂斷戚夫人手足，去眼煇耳，飲瘖藥，使居廁中，命曰『人彘』。」(57)呂宗以敗 呂宗，呂后宗族成員。敗，滅族之禍。《漢書・外戚傳》：「太后臨朝稱制，復殺高祖子趙幽王友、共王恢及燕靈王建。遂立周呂侯子台為呂王，台弟產為梁王，建成侯釋之子祿為趙王，台子通為燕王，又封諸呂凡六人皆為列侯。……太后崩，太尉周勃、丞相陳平、朱虛侯劉章等共誅產、祿，悉捕諸呂男女，無少長皆斬之，而迎立代王，是為孝文皇帝。」(58)陳后作巫二句 陳后，指漢武帝的皇后陳氏。作巫，猶言巫蠱。亦即使用巫術加害於當朝天子。《漢書・外戚傳》：「孝武陳皇后，長公主嫖女也。……擅寵驕貴，十餘年而無子。聞衛子夫得幸，幾死者數焉。上愈怒，後又挾婦人媚道，頗覺。元光五年，上遂窮治之。女子楚服等坐為皇后巫蠱，祠祭祝詛，大逆無道，相連及誅者三百餘人。楚服梟首於市。使有司賜皇后策曰：『皇后失序，惑於巫祝，不可以承天命。其上璽綬，罷退，居長門宮。』……後數年，廢后乃薨，葬霸陵郎官亭東。」59霍欲鴆子　霍，指漢宣帝的皇后霍氏。鴆子，用毒酒毒死非己所生的太子。鴆，為毒鳥。傳說其羽毛帶有劇毒，以鴆羽浸製的酒水，則飲之立死。60羅廢　遭到廢黜。《漢書．外戚傳》：「孝宣霍皇后，大司馬、大將軍、博陸侯光女也。……復教皇后令毒太子。皇后數召太子賜食，保阿輒先嘗之，后挾毒不得行。後殺許后事頗泄，顯遂與諸壻昆弟謀反，發覺，皆誅滅。使有司賜皇后策曰：『皇后熒惑失道，懷不德，挾毒與母博陸宣成侯夫人顯謀欲危太子，無人母之恩。不宜奉宗廟衣服，不可以承天命。嗚呼傷哉！其退避宮，上璽綬有司。』霍后立五年廢，處昭臺宮。後十二歲，徙雲林館，迺自殺，葬昆吾亭東。」61爾摧　摧毀你。62常好　指一直不變的豔麗容貌。63歇微　衰退消失。64無怙常幸　怙，依賴；憑恃。常幸，指帝王長久入宮只與某個后妃同寢。65陵遲　衰落敗壞。66天人爾違　上天和世人要違抗你。67慎機　謹慎對待事物的隱微之處。68常中　永久停留在天空的正中。69履道　遵循基本準則的意思。70微臣司戚　微臣，卑賤之臣。常用作謙稱。司戚，意謂探察外戚的情況和命運。司，通「伺」。探察。71失意　不遂心。72風　通「諷」。諷諫；規勸。73司存　具體的職掌、權限。74尤　過失；罪愆。75激刺　斥責；譏刺。76管仲　春秋時期輔佐齊桓公首次建立霸業的政治家。事詳《史記．管晏列傳》。77機諫　婉言勸諫。78蕭何　西漢王朝的開國元勳，與張良、韓信並稱「三傑」。事詳《史記．蕭相國世家》、《漢書．蕭何傳》。79書過之吏　負責記錄百官所犯過失的官吏。80台輔　三公宰輔之位。81伊公　伊，指商朝宰輔伊尹。公，指西周重臣周公。82黎元　即黎民百姓。黎，眾多之義。83貞良　忠正賢良。這裡指忠正賢良的人。84鉗塞　箝制堵塞。85杜蔽　蒙蔽；隔絕。86玄黃改色　用以比喻混淆黑白。玄黃，指天地的顏色。玄，天色。黃，地色。《禮記．禮器》：「三代之禮一也，民共由之。或素或青，夏造殷因。」鄭玄注：「變白黑言素青者，秦二世時，趙高欲作亂，或以青為黑、黑為黃。民言從之，至今語猶存也。」87馬鹿易形　變易馬鹿的形象。語本《史記．秦始皇本紀》所載趙高指鹿為馬的故事。用以比喻顛倒是非。88臨濟長　臨濟，縣名。本春秋齊之狄邑。西漢於其地置狄縣，東漢改為臨濟。故城在今山東高青西北。長，縣長。漢制，縣萬戶以下置縣長。其品秩為四百石或三百石。89之職　赴任。之，到；往。90印綬　印章和繫印的絲帶。91陰求　暗中搜求。92陌上　指田間小路旁邊的農田。陌，田間小路。93偃而詠之　仰臥吟誦。94哀　憐憫；同情。95要子　截殺你。要，通「邀」。攔擊截殺之義。子，對男子的敬稱。96情懷忍忍　意謂心中不忍下手。忍忍，猶不忍。97亟　趕緊；快速。98竟　終於；最終。

【語　譯】崔琦，字子瑋，是涿郡安平縣人，屬於濟北國國相崔瑗的宗族成員。他年輕時離開故鄉到京師洛陽求學，憑藉善寫文章和學識廣博融通而受人稱讚。最初被薦舉為孝廉，擔任郎官。河南尹梁冀聽說他才能出眾，便請求與他交往。梁冀所作所為大多越出常軌，不合法度，崔琦就屢次援引古今成敗的事例來告誡他，但梁冀不能接受。於是崔琦撰寫了一篇〈外戚箴〉。具體內容說：

2 「顯赫盛大的外戚，榮貴的地位昭彰熾盛。從前帝舜的時候，賴有娥皇、女英而道德更顯崇高。周朝興起靠那三位母后，有莘氏之女致使商湯實現了帝業王功。周宣王很晚才起床，姜后便解下首飾自責。齊桓公喜好淫靡的音樂，衛姬就不聽鄭衛之音。她們都用禮制輔佐主上，用仁德扶助君王。不僅通達事理，進獻善言，還藉道義使自身獲益。

3 「待到末世，逐漸衰敗缺損。帝王按次序與后妃同房的制度已被打亂，后妃輪流服侍帝王就寢的禮法也出現了差錯。晉國的災難，禍根起自驪姬。母雞要是報曉，家庭一定敗盡。只知專擅朝權，獨占帝王寵愛；顯揚自己，遮蔽別人。欺淩長輩，離間舊人，毀傷關係最近的親屬。妃嬪地位與王后並列，庶子地位同於嫡子，淫亂的夏姬使陳國滅亡。一味重用不賢良的人，任命番氏為司徒；占據顯赫的爵位，才不稱職而招致禍患；把著名的城市作為自己的采邑。對此詩人予以譏刺，德業因而不盛大。暴虐的紂王被婦人所迷惑，拒絕規勸而使自己成為獨夫。把心變得像蝮蛇那樣狠毒，對無罪的人肆意殘害。殺死同族伯叔輩分的大臣，剖開孕婦的腹部取出胎兒來觀看。蒼天不由得發怒，大地不由得憤恨，世人要推翻他，鬼神要懲罰他。就在甲子那天拂曉，軀體和頭顱被分開。起初是天子，後來卻變成人中惡魔。

4 「不單是帝王迷戀美色，母后更是如此荒唐。不用禮法相互勸導，卻拿權勢爭著進行援助。命運先吉而後凶，直至遭受恥辱與傷害。家國完全消失，宗廟被人焚毀。末嬉使夏朝不復存在，褒姒讓周朝結束國運。妲己叫殷朝歸於覆滅，趙武靈王因吳女而命喪沙丘宮。戚姬被弄成人豕，呂后宗族被斬盡殺絕。陳皇后施用巫蠱邪術，最終死在宮外。霍皇后想毒死太子，自己卻遭到廢黜。

5 「所以說：不要總認為我顯貴，上天將要摧毀你；不要憑恃容貌總豔麗，姿色終究會有消褪的時候；不要依賴帝王長久入宮只與自己同寢，寵愛終究會有衰落的那一天；不要宣稱我無所不能，上天和世人都要違抗你。禍患從不仁德產生，吉福來自謹慎對待事物的隱微之處。太陽不會永久停留在天空的正中，月亮最圓時就會逐漸虧缺。只有遵循道義的人才會地位穩固，而依仗權勢的人必定面臨危險。卑賤之臣探察外戚的情況和命運，敢在這裡進行告誡。」

6 崔琦因為〈外戚箴〉所講的話語不被梁冀接受，感到不遂心，又撰寫了一篇〈白鵠賦〉進行諷諫。梁冀見到此賦，就把崔琦招來問道：「內外百官各有各的職掌，全天下也都說三道四，難道僅僅是我一個人的過失嗎，你為什麼這樣過分地譏刺我呢？」崔琦回答說：「從前管仲擔任齊國的相國，喜歡聽到婉言規勸的話語；蕭何輔佐漢室，就設置了記錄百官所犯過失的官吏。如今將軍您是好幾代皇帝的輔政重臣，責任與伊尹、周公相對等，但德政卻未被天下聞知，百姓陷入了極其困苦的境地。您不能結納忠正賢良的人，用以挽救災禍敗亡，反而又想箝制堵塞士人的口舌，蒙蔽君主的視聽，這要讓天地改變玄黃的本來顏色，讓馬鹿變更各自的固有形狀嗎？」梁冀找不出什麼話可作回答，於是把崔琦遣送回老家去了。

7 崔琦後來被任命為臨濟縣縣長，但他不敢赴任，解下印綬逕自離去了。於是梁冀就派遣刺客暗中搜求並殺死他。刺客看到崔琦在農田耕作，懷揣一卷圖書，休息時就仰臥吟誦。刺客憐憫他這種志向，便把實情告訴給崔琦，說道：「將軍命令我截殺您，如今看到您是一位賢良的人，我心中不忍下手。您可趕緊逃走，我也要從這裡逃亡了。」崔琦得以脫身逃走，梁冀後來終於把他抓到並殺死他。

崔琦所著賦、頌、銘、誄、箴、弔、論、〈九咨〉、七言共計十五篇。

邊韶，字孝先，陳留浚儀❶人也。以文章知名，教授數百人。韶口辯❷，曾晝日假臥❸，弟子私嘲之曰：「邊孝先，腹便便❹。懶讀書，但欲眠。」韶潛聞之，應時❺對曰：「邊為姓，孝為字。腹便便，五經笥❻。但欲眠，思經事❼。寐與周公通夢❽，靜與孔子同意❾。師而可嘲，出何典記❿？」嘲者大慙⓫。韶之才捷⓬皆此類也。

桓帝⓭時，為臨潁⓮侯相，徵拜太中大夫⓯，著作東觀⓰。再遷北地⓱太守，入拜尚書令。後為陳⓲相，卒官。著詩、頌、碑、銘、書、策⓳凡十五篇。

【章旨】以上是〈邊韶傳〉，記述邊韶的籍貫、能文善辯的特長、授徒入仕和參撰國史等，及其一生所創作的作品類型與數量。

【注釋】❶陳留浚儀 陳留，郡名。治所在陳留縣（今河南開封東南陳留鎮）。浚儀，縣名。治所在今河南開封。❷口辯 亦作「口辨」。巧言善辯；口才出眾。❸晝日假臥 晝日，大白天。假臥，猶「假寐」。謂和衣打盹。❹腹便便 意謂肚子肥大凸出。❺應時 即刻。❻五經笥 言其腹中裝滿經學，猶如盛放《五經》的竹箱。此係極言腹中學識之富。笥，方形盛器，用竹製成。❼經事 經典規定的常道。❽寐與周公通夢 此句謂緬懷先聖。寐，入睡。通夢，猶托夢。《論語・述而》：「子曰：『甚矣吾衰也，久矣吾不復夢見周公。』」周公，為西周王朝的開國元勳，平定內亂和制禮作樂、造成「成康之治」的大政治家。其事跡主要見於《尚書・周書》諸篇及《史記》卷四〈周本紀〉、卷三十三〈魯周公世家〉。❾靜與孔子同意 孔子，為中國古代最偉大的思想家和教育家。其事跡主要見於《論語》及《史記・孔子世家》。同意，意旨相同。❿典記 指重要的書籍典冊。⓫大慙 萬分慚愧。⓬才捷 才智敏捷。⓭桓帝 指東漢第十位皇帝劉志。事詳本書卷七。⓮臨潁 東漢侯國名。治所在今河南臨潁西北。⓯太中大夫 漢代大夫官之一種。秩比千石，掌論議。⓰著作東觀 指在東觀參加國史《漢記》的撰修工作。《史通・古今正史》：「至元嘉元年，復令太中大夫邊韶、大軍營司馬崔寔、議郎朱穆、曹壽雜作孝穆、崇二皇及順烈皇后傳、又增〈外戚傳〉入安思等后，〈儒林列傳〉入崔篆諸人。」⓱北地 郡名。治所在富平縣（今寧夏吳忠西南黃河東岸）。⓲陳 東漢封國名。治所在陳縣（今河南淮陽）。⓳策 文體名。指考試取士時以經義或政事等設問，而令應試者抽取對答的試題文字或應試者對答的文字。亦指一種議論文體。

【語譯】邊韶，字孝先，是陳留郡浚儀縣人。他憑藉文章而出名，教授弟子數百人。邊韶能言善辯。曾在大白天和衣打盹，弟子私下嘲弄他說：「邊孝先啊邊孝先，肚子肥大挺得圓。懶得閱讀聖賢書，只想和衣睡得甜。」邊韶暗中聽到了這番話，即刻對答說：「邊是本師的貴姓，孝為本師的表字。肚子肥大挺得圓，那是《五經》裝裡邊。只想和衣睡得甜，那是沉思經書大道理。入睡就托夢給周公，靜臥便與孔子意旨相同。身為自己的師長卻可以嘲弄，請問這出自那部典籍中？」嘲弄者聽後不禁萬分慚愧。邊韶才智敏捷，都像這類事例一樣。

桓帝時，邊韶出任臨潁侯相，受到朝廷徵召被任命為為太中大夫，在東觀參加國史的撰修工作。再次升遷，出任北地太守，又回到朝廷，被任命為尚書令。後來又出任陳國相，死在任所內。著詩、頌、碑、銘、書、策共計十五篇。

卷八十下

文苑列傳第七十下

張升，字彥真，陳留尉氏❶人，富平侯放❷之孫也。升少好學，多關覽❸，而任情不羈❹。其意相合者，則傾身❺交結，不問窮賤；如乖其志好❻者，雖王公大人❼，終不屈從。常歎曰：「死生有命，富貴在天❽。其有知我，雖胡越❾可親；苟不相識，從物❿何益？」

仕郡為綱紀⓫，以能出守外黃令⓬。吏有受賕⓭者，即論殺⓮之。或譏升守領⓯一時，何足趨明威戮⓰乎？對曰：「昔仲尼暫相⓱，誅齊之侏儒⓲，手足異門而出⓳，故能威震強國，反其侵地⓴。君子仕不為己，職思其憂㉑，豈以久近㉒而異其度㉓哉？」遇黨錮㉔去官，後竟見誅㉕，年四十九。著賦㉖、誄㉗、頌㉘、碑㉙、書㉚，凡六十篇。

【章　旨】以上是〈張升傳〉，記述張升的籍貫、家世、好學博覽、任情行事、在代理縣令任內嚴懲受賄吏員、因黨錮之禍去官被殺等，及其一生所創作的作品類型與數量。

【注　釋】❶陳留尉氏　陳留，郡名。治今河南開封東南陳留鎮。尉氏，縣名。治今河南尉氏。❷富平侯放　富平侯，為一種爵位封號。漢承秦制，以二十等爵中最高的列侯（又稱徹侯、通侯）以賞有功。功大者食縣，小者食鄉、亭（十里為一亭，共千戶人家）。食縣者為縣侯，食鄉者為鄉侯，食亭者為亭侯。富平，縣名。治今山東信陽東南。放，指張放，為西漢成帝所寵幸的士人。《漢書・佞幸傳・淳于長傳》：「其愛幸不及富平侯張放。放常與上臥起，俱為微行出入。」❸關覽　涉獵；閱覽。❹任情不羈　任情猶言任意、恣意。不羈，謂行為不遵循禮法。❺傾身　竭盡全力。❻志好　志趣好尚。❼大人　指身居高位者。❽死生有命二句　意謂人之死生是由命運所決定的，富貴在於上天的固有安排。語出《論語・顏淵》。❾胡越　胡人與越人。胡地在北，越地在南，比喻關係疏遠。❿從物　追求物質享受或功名富貴。⓫為綱紀　意謂致力於維護法度綱常。綱紀，法度綱常。⓬守外黃令　守，謂暫時署理職務，多指官階低而署理較高的官職。外黃，縣名。治今河南民權西北。令，縣令。漢制，戶口達萬戶以上的縣設縣令；不滿萬戶則設縣長。⓭受賕　接受賄賂。⓮論殺　依法定罪而判處死刑。⓯守領　代理曰守，兼任曰領。漢代以地位較高的官員兼理較低的職務，謂之「領」。⓰趣明威戮　意為務求明察又憑恃威權予以誅殺。⓱仲尼暫相　孔子，字仲尼，為中國古代最偉大的思想家和教育家。其事跡主要見於《論語》及《史記・孔子世家》。暫相，臨時擔任司儀。相，贊禮者。其在舉行典禮時負責宣唱儀節，叫人行禮。⓲侏儒　身材異常短小的人。古代權貴好以侏儒為倡優取樂，故亦指侏儒中之充任優伶、樂師的人。這裡實指齊國的「優施」而言。⓳手足異門而出　此句是說齊國「優施」被斬殺後特將其頭顱、雙腳分別從兩道門裡送出來。手，當作「首」。⓴侵地　指魯國原被齊國所侵占的鄆、讙、龜陰三地的農田。《春秋穀梁傳・定公十年》載：齊魯「頰谷之會，孔子相焉。兩君就壇，兩相相揖。齊人鼓譟而起，欲以執魯君。孔子歷階而上，不盡一等，而視歸乎齊侯，曰：『兩君合好，夷狄之民何為來？』為命司馬止之。齊侯逡巡而謝曰：『寡人之過也。』退而屬其二三大夫曰：『夫人率其君，與之行古人之道。二三子獨率我而入夷狄之俗，何為？』罷會，齊人使優施舞於魯君之幕下。孔子曰：『笑君者，罪當死。』使司馬行法焉，首足異門而出。齊人來歸鄆、讙、龜陰之田者，蓋為此也。因是以見雖有文事，必有武備，孔子於頰谷之會見之矣。」㉑職思其憂　按職責便應思考遭受鄰國侵伐的那些憂慮事。語出《詩・蟋蟀》。㉒久近　謂任職時間的長短。㉓度　準則；法度。㉔黨錮　亦作「黨固」。發生在東漢後期的重大政治事件之一。桓帝時，宦官專權，士大夫李膺、陳蕃等聯合太學生郭泰、賈彪等，猛烈抨擊宦官集團。宦官遂誣告他們結為朋黨，誹謗朝廷，李膺等二百餘人遭到拘捕，後雖釋放，但終身不許做官。靈帝時，膺等重新被起用，與大將軍竇武謀誅宦官。事敗，膺等百餘人被殺，並陸續處死、流徙、囚禁六七百人。史稱黨錮之禍。詳見本書〈黨錮列傳〉所述。㉕見誅　被殺。㉖賦　文體名。是韻文和散文的綜合體。講究詞藻、對偶、用韻。最早以賦名篇者為戰國荀況的〈禮賦〉、〈知賦〉等，後盛行於漢、魏、六朝。㉗誄　文體名。用以表彰死者德業功績並致以哀悼之情。㉘頌　文體名。以頌揚為其宗旨。劉勰《文心雕龍．頌贊》：「原夫頌惟典雅，辭必清鑠。敷寫似賦，而不入華侈之區；敬慎如銘，而異乎規戒之域。」㉙碑　文體名。用以記述死者生平和功德，鐫刻於石碑之上，作為紀念。劉勰《文心雕龍．誄碑》：「夫屬碑之體，資乎史才，其序則傳，其文則銘。標序盛德，必見清風之華；昭紀鴻懿，必見峻偉之烈。此碑之制也。」㉚書　文體名。用以陳述對政事的見解、意見。王充《論衡．對作》：「上書奏記，陳列便宜，皆欲輔政。今作書者，猶上書奏記，說發胸臆，文成手中，其實一也。夫上書謂之奏記，轉易其名謂之書。」亦指書信。

【語譯】張升，字彥真，是陳留郡尉氏縣人，富平侯張放的孫子。他年輕時就喜好學習，多方面涉獵瀏覽，但任意性情，不遵守禮法。凡是與自己意氣相投的人，就竭盡全力與他們交結，而不考慮他們貧窮卑賤與否；如果是同自己志趣好尚相違逆的人，哪怕是王公大人，他也始終不屈服順從。經常感歎說：「死生有命，富貴在天。如果有人了解我，即使雙方像胡、越那樣關係疏遠，也可以彼此親近；倘若互相不了解，只是追求功名富貴，又有什麼益處呢？」

張升在本郡供職，致力於維護法度綱常，憑藉辦事能力強，離開郡署臨時代理外黃縣令。縣吏中有誰收受賄賂，就把他定罪處以死刑。有人規勸張升不過是代理縣令一段時間，哪裡用得著務求明察而憑恃威權就去殺人呢？張升回答說：「過去孔子臨時擔任司儀，斬殺齊國的小矮個優伶，把頭顱、雙腳分別從兩道門裡送出來，因而能夠憑威力使強大的齊國受震動，把侵占的土地歸還給魯國。君子出來做官不是為自己撈好處，按職責就應思考遭受鄰國侵伐的那些憂慮事，哪能因為任職時間的長短就改變國家法度呢？」後來遭遇黨錮之禍，被解除了官職，最終遭到殺害，年齡才四十九歲。著賦、誄、頌、碑、書，共計六十篇。

1 趙壹，字元叔，漢陽西縣❶人也。體貌魁梧，身長九尺，美須豪眉❷，望之甚偉。而恃才倨傲❸，為鄉黨❹所擯❺，乃作解擯。後屢抵罪❻，幾❼至死，友人救得免。壹乃貽書❽謝恩曰：

2 「昔原大夫贖桑下絕氣❾，傳❿稱其仁；秦越人還虢太子結脈⓫，世著其神⓬。設曩⓭之二人不遭仁遇神，則結絕之氣竭矣。然而精脯⓮出乎車軨⓯，鍼石⓰運乎手爪。今所賴者，非直車軨之精脯，手爪之鍼石也。乃收之於斗極⓱，還之於司命⓲，使乾皮⓳復含血，枯骨⓴復被肉，允㉑所謂遭仁遇神，真所宜傳而著之。余畏禁，不敢班班㉒顯言，竊為窮鳥㉓賦一篇。其辭曰：

3 『有一窮鳥，戢翼㉔原野。罼網㉕加上，機穽㉖在下，前見蒼隼㉗，後見驅者，繳彈㉘張右，羿子彀左㉙，飛丸激矢㉚，交集于我。思飛不得，欲鳴不可，舉頭畏觸，搖足恐墮㉛。內獨怖急㉜，乍冰乍火。幸賴大賢，我矜㉝我憐，昔濟㉞我南，今振我西。鳥也雖頑，猶識密恩㉟，內以書心㊱，外用告天。天乎祚賢㊲，歸賢永年㊳，且公且侯㊴，子子孫孫。』」

4 又作刺世疾邪賦，以舒㊵其怨憤。曰：

5 「伊五帝㊶之不同禮㊷，三王㊸亦又不同樂㊹，數極㊺自然變化，非是故相反駮[46]。德政不能救世溷亂[47]，賞罰豈足懲[48]時清濁[49]？春秋[50]時禍敗之始，戰國[51]愈復增其荼毒[52]。秦、漢[53]無以相踰越[54]，乃更加其怨酷[55]。寧計[56]生民之命，唯利己而自足。

6 「于茲迄今，情偽萬方[57]。佞諂[58]日熾，剛克[59]消亡。舐痔結駟[60]，正色徒行[61]。嫗㜷名埶[62]，撫拍[63]豪強。偃蹇[64]反俗，立致咎殃[65]。捷懾逐物[66]，日富月昌。渾然[67]同惑，孰溫孰涼。邪夫[68]顯進，直士幽藏[69]。

7 「原斯瘼[70]之攸興[71]，寔執政[72]之匪賢。女謁[73]掩其視聽兮，近習[74]秉其威權。所好則鑽皮出其毛羽[75]，所惡則洗垢求其瘢痕[76]。雖欲竭誠而盡忠，路絕嶮[77]而靡緣[78]。九重[79]既不可啟[80]，又群吠[81]之狺狺[82]。安危亡於旦夕，肆嗜慾[83]於目前。奚異涉海之失柂[84]，積薪[85]而待燃？榮納[86]由於閃揄[87]，孰知辨其蚩妍[88]？故法禁[89]屈撓[90]於埶族[91]，恩澤[92]不逮於單門[93]。寧飢寒於堯舜[94]之荒歲[95]兮，不飽暖於當今之豐年。乘理[96]雖死而非亡，違義雖生而匪存。

8 「有秦客[97]者，乃為詩曰：河清不可俟[98]，人命不可延。順風激靡草[99]，富貴者稱賢。文籍[100]雖滿腹，不如一囊錢[101]。伊優[102]北堂上，抗髒[103]倚門邊。

9 「魯生[104]聞此辭，繫[105]而作歌曰：埶家多所宜，欬唾[106]自成珠。被褐[107]懷金玉，蘭蕙[108]化為芻[109]。賢者雖獨悟，所困在群愚[110]。且各守爾分[111]，勿復空馳驅。哀哉復哀哉，此是命矣夫！」

光和[112]元年，舉郡上計[113]到京師。是時司徒[114]袁逢受計[115]，計吏數百人皆拜伏庭中，莫敢仰視，壹獨長揖[116]而已。逢望而異之，令左右往讓[117]之，曰：「下郡[118]計吏而揖三公[119]，何也？」對曰：「昔酈食其[120]長揖漢王[121]，今揖三公，何遽怪[122]哉？」逢則斂衽[123]下堂，執[124]其手，延置上坐[125]，因問西方[126]事，大悅，顧[127]謂坐中曰：「此人漢陽趙元叔也。朝臣[128]莫有過之者，吾請為諸君分坐[129]。」坐者皆屬觀[130]。既出，往造[131]河南尹羊陟[132]，不得見。壹以公卿[133]中非陟無足以託名[134]者，乃日往到門。陟自強[135]許通，尚臥未起。壹逕入上堂[136]，遂前臨[137]之，曰：「竊伏[138]西州，承高風舊[139]矣，乃今方遇而忽然[140]，柰何命也！」因舉聲哭。門下[141]驚，皆奔入滿側[142]。陟知其非常人[143]，乃起，延與語，大奇之。謂曰：「子出矣。」陟明旦大從車騎[144]奉謁[145]造壹。時諸計吏多盛飾[146]車馬帷幕[147]，而壹獨柴車草屏[148]，露宿其傍，延陟前坐於車下，左右莫不歎愕[149]。陟遂與言談，至熏夕[150]，極歡而去，執其手曰：「良璞[151]不剖，必有泣血[152]以相明者矣！」陟乃與袁逢共稱薦[153]之。名動京師，士大夫想望其風采[154]。

11　及西還，道經弘農[155]，過候[156]太守皇甫規[157]，門者[158]不即通，壹遂遁去[159]。門吏懼，以白[160]之。規聞壹名大驚，乃追書[161]謝曰：「蹉跌不面[162]，企德懷風[163]，虛心委質[164]，為日久矣。側聞[165]仁者愍其區區[166]，冀承清誨[167]，以釋遙悚[168]。今旦外白[169]有一尉兩計吏，不道[170]屈尊門下，更啟[171]乃知已去。如印綬可投[172]，夜豈待旦。惟君明叡[173]，平其夙心[174]。寧當慢傲[175]，加於所天[176]？事在悖惑[177]，不足具責[178]。儻可原察[179]，追脩[180]前好，則何福如之！謹遣主簿[181]奉書。下筆氣結，汗流竟趾[182]。」

壹報曰：「君學成師範[183]，縉紳[184]歸慕，仰高希驥[185]，歷年滋多。旋轅兼道[186]，渴於言侍[187]，沐浴晨興[188]，昧旦守門[189]，實望仁兄，昭其懸遲[190]。以貴下賤[191]，握髮垂接[192]。高可敷翫[193]墳典[194]，起發[195]聖意；下則抗論[196]當世，消弭[197]時災。豈悟[198]君子，自生怠倦[199]，失恂恂善誘[200]之德，同亡國驕惰[201]之志？蓋見機而作，不俟終日[202]，是以夙退自引[203]，畏使君勞。昔人或歷說而不遇[204]，或思士而無從[205]，皆歸之於天，不尤[206]於物。今壹自譴[207]而已，豈敢有猜[208]？仁君忽一匹夫[209]，於德何損？而遠辱手筆[210]，追路[211]相尋，誠足愧也。壹之區區[212]，曷云量己[213]！其嗟可去，謝也可食[214]，誠則頑薄[215]，實識其趣。但關節疢動[216]，膝灸壞潰[217]，請俟它日，乃奉其情。輒誦來貺[218]，永以自慰。」遂去不顧[219]。

12 州郡爭致禮命(220)，十辟公府(221)，並不就，終於家。初袁逢使善相者(222)相壹，云「仕不過郡吏(223)」，竟如其言。著賦、頌、箴(224)、誄、書、論(225)及雜文(226)十六篇。

【章旨】以上是〈趙壹傳〉，記述趙壹的籍貫、性格特徵和〈窮鳥賦〉、〈刺世疾邪賦〉原文、一生所創作的其他作品類型與數量，以及入京上計、歸訪地方要員等事跡。

【注釋】❶漢陽西縣　漢陽，郡名。治今甘肅甘谷東南。西縣，縣名。治今甘肅天水市西南。❷豪眉　長眉；濃眉。❸倨傲　傲慢不恭。❹鄉黨　同鄉；鄉親。❺擯　排斥；摒棄。❻抵罪　因犯罪而受到相應的懲罰。❼幾　差一點兒；險些。❽貽書　贈給書信。❾原大夫贖桑下絕氣　原大夫，指春秋時期晉國大臣趙盾。贖，通「續」。接續；延續。桑下絕氣，指倒臥在桑樹下眼看要餓死的人。《呂氏春秋．報更》：「昔趙宣孟將上之絳，見骫桑之下有餓人臥不能起者。宣孟止車，為之下食，蠲而餔之，再咽而後能視。宣孟問之曰：『女何為而餓若是？』對曰：『臣宦於絳，歸而糧絕，羞行乞而憎自取，故至於此。』宣孟與脯一朐，拜受而弗敢食也。問其故，對曰：『臣有老母，將以遺之。』宣孟曰：『斯食之。吾更與女。』乃復賜之脯二束與錢百，而遂去之。」❿傳　泛指古書。古書凡記事、立論及解經者，皆謂之傳。⓫秦越人還號太子結脈　秦越人，為戰國時名醫，即扁鵲。號，古國名。結脈，中醫所講的一種脈象，即脈搏遲緩而有不規則的間歇。《史記．扁鵲倉公列傳》：「其後扁鵲過號，號太子死。……扁鵲乃使弟子子陽厲鍼砥石，以取外三陽五會。有間，太子蘇；乃使子豹為五分之熨，以八減之，齊和煮之，以更熨兩脇下。太子起坐，更適陰陽，但服湯二旬而復故。故天下盡以扁鵲為能生死人。」⓬世著其神　意謂世上稱道他醫術極其高明。著，頌揚；稱道。神，形容醫術的高明程度。⓭曩　過去；從前。⓮精脯　精，乾糧。脯，乾肉。⓯車軨　車欄。即車箱前面和左右兩面橫直交結的欄木。⓰鍼石　石針。⓱斗極　指北斗星和北極星。⓲司命　星名。文昌的第四星。《春秋元命包》：「司命主老幼。」⓳乾皮　乾燥的皮膚。⓴枯骨　枯朽的骨骼。㉑允　確實；委實。㉒班班　形容明顯的程度。㉓窮鳥　處境窘迫的飛鳥。㉔戢翼　斂翅停止飛翔。㉕罼網　掩捕鳥兔的長柄小網。罼，為「畢」的異體。鄭玄《禮記注》：「網小而柄長謂之罼。」㉖機穽　設有機關的捕獸陷阱。㉗蒼隼　青黑色的鶻鷹。隼，鳥名。又名鶻。為鷹類中形體最小者，飛翔速度快，善襲擊。獵者多飼之，使助捕鳥兔。㉘繳彈　繳，指繫在箭上的生絲繩，射鳥用。

亦指繫著絲繩的箭。彈，為用彈弓射出的彈丸。㉙羿子彀左　羿子，指傳說中的神箭手后羿。這裡用以指代箭術高超的射手。彀左，意謂從左邊拉滿弓。㉚飛丸激矢　飛來的彈丸和疾速的箭鏃。㉛墯　同「墮」。落下。㉜怖急　恐怖焦急。㉝矜　哀憫；同情。㉞濟　救助。㉟密恩　深恩。㊱書心　書寫心跡。㊲祚賢　佑助賢人。㊳歸賢永年　歸，通「饋」。贈送。永年，長壽。㊴且公且侯　意謂得封公爵，得封侯爵。班固《白虎通義．爵》：「所以名之為公侯者何？公者通，公正無私之意也；侯者候也，候逆順也。」㊵舒　抒發；發洩。㊶五帝　上古傳說中的五位帝王。具體所指不一，通常認為是黃帝（軒轅）、顓頊（高陽）、帝嚳（高辛）、唐堯、虞舜。班固《白虎通義．號》：「五帝者，何謂也？《禮》曰『黃帝、顓頊、帝嚳、帝堯、帝舜也。』」㊷不同禮　意為禮儀各有增減。㊸三王　指夏、商、周三代的開國君主，即夏禹、商湯、周文王與周武王。㊹不同樂　意為樂舞各有損益。《禮記．樂記》：「五帝殊時，不相沿樂。三王異世，不相襲禮。樂極則憂，禮粗則偏矣。」鄭玄注：「樂，人之所好也，害在淫侉；禮，人之所勤也，害在倦略。」㊺數極　意謂上天既定的國家命運達到極限。數，定數；氣數。㊻反駁　亦作「反駁」。猶言對立、矛盾。㊼溷亂　混亂。㊽懲　克制；制止。㊾清濁　清水與濁水。比喻人事的優劣、善惡、高下等。㊿春秋　歷史時代名。《春秋》記事，上起魯隱公元年（西元前七二二年），下迄魯哀公十四年（西元前四八一年），共計二百四十二年。這一歷史階段或者說自周平王四十九年至周敬王三十九年因《春秋》之名而被稱作春秋時代。今多以周平王東遷至韓、趙、魏三家分晉共二百九十五年（西元前七七〇—前四七六年）為春秋時代。(51)戰國　歷史時代名。自周威烈王二十三年（西元前四〇三年）韓、魏、趙三家被列為諸侯起，至秦始皇統一六國（西元前二二一年）止。今多以周元王元年（西元前四七五年）至秦始皇二十六年（西元前二二一年）為戰國時代。因當時諸侯大國連年爭戰，故稱。(52)荼毒　毒害；殘害。(53)秦漢　秦，為中國歷史上第一個專制主義的中央集權的封建統一王朝。建都咸陽。因施暴政而速亡，共歷三帝十六年。詳見《史記．秦本紀》和〈秦始皇本紀〉所述。漢，謂西漢，是繼秦而起的中國歷史上的第二個封建統一王朝。自西元前二〇二年建立，至西元八年被外戚王莽新朝所取代。共歷十一帝二一一年。建都長安。史稱西漢或前漢。(54)踰越　亦作「逾越」。跨越；超越。(55)怨酷　殘暴。(56)寧詎　哪還顧及之意。寧，哪裡；豈。(57)情偽萬方　情偽，真假。萬方，多種多樣。(58)佞諂　諂媚奉承。(59)剛克　以剛強取勝。《尚書．洪範》：「三德：一曰正直，二曰剛克，三曰柔克。」孔穎達疏：「二曰剛克，言剛強而能立事。」(60)舐痔結駟　比喻行徑卑劣者得勢而顯貴。舐痔，用舌舔人痔瘡。結駟，謂一車並駕四馬。這裡用以指乘坐駟馬高車的顯貴架勢。《莊子．列禦寇》：「秦王有病召醫，破癰潰痤者得車一乘，舐痔者得車五乘。所治癒下，得車愈多。」(61)正色徒行　正色，謂神色莊重，態度嚴肅。這裡指嚴正忠直的人。徒行，步行。這裡用以指不受重用的處境。62嫗煦名埶　嫗煦，猶「傴僂」。形容恭敬從命的樣子。名埶，亦作「名勢」。即名位與權勢。63撫拍　親昵；
諂媚。64偃蹇　高傲。65咎殃　災禍。66捷懾逐物　捷懾，疾速戒懼的樣子。逐物，謂追逐外物即利欲功名之類。唐李賢注：
「捷，疾也。懾，懼也。急懼逐物，則致富昌。」67渾然　形容糊塗不分明。68邪夫　奸邪的人。69幽藏　幽蔽隱藏。70瘼
弊害。71攸興　意為所蔓延的根源。攸，助詞。所。72執政　掌握國家大權的人。73女謁　指女寵。即宮中受嬖寵的女子。
74近習　指君主寵愛親信的小人。75鑽皮出其毛羽　在獸皮上鑽孔竟然說鑽出羽毛來了。比喻極力誇飾自己所偏愛的人。76洗
垢求其瘢痕　洗去髒東西卻挑剔上面還存有瘡口留下的痕跡。比喻極力排斥自己所憎惡的人。77絕巘　亦作「絕險」。極其險
惡。78靡緣　沒有能順著通過的地方。緣，順著走；沿路前行。79九重　指宮門。80啟　打開。81群吠　群狗發出的叫聲。
82狺狺　形容群狗爭相狂叫的聲音。用以比喻議論中傷之聲喧嚷鼎沸。83嗜慾　嗜好與欲望。多指貪圖身體感官方面享受的
欲望。84杝　船舵。85積薪　堆積的柴草。86榮納　謂受寵得到重用。87閃揄　奸巧諂媚。88蚩妍　醜惡曰蚩，美好謂妍。
蚩，同「媸」。89法禁　刑法和禁令。90屈撓　受阻撓。91埶族　權勢顯赫的家族。92恩澤　指帝王或朝廷給予臣民的恩惠。
言其如雨露之澤及萬物，故云。93單門　孤寒的家族。94堯舜　上古傳說中的兩位聖明帝王，躋身於五帝的行列之內。事詳
《史記・五帝本紀》。95荒歲　荒年；災年。96乘理　順理。97秦客　這是作者為闡明觀點而虛擬的假託人物，屬寓言表現
手法。98河清不可俟　河清，謂黃河河水由黃濁變清澈。古人把「河清」視為升平祥瑞的象徵，又認為黃河千年一清，遂以
「河清」極言歷時之久，又用「河清難俟」比喻時久難待。俟，等待；等候。99靡草　順風倒伏的草木。語本《論語・顏淵》：
「草上之風，必偃。」100文籍　文章典籍。泛指書籍。101一囊錢　一口袋銅錢。102伊優　「伊優亞」的略語。「伊優亞」係
象聲詞，即學語之聲。用以譏諷逢迎諂媚的人，謂其說話無定見，專以迎合人意。李賢注：「伊優，屈曲佞媚之貌。」103抗
髒　高亢耿直的樣子。104魯生　這是作者為闡明觀點而虛擬的假託人物，屬寓言表現手法。105繫　賦在末尾處結束全文的詞
句。106欬唾　用以比喻隨便發出的聲音。欬，咳嗽。唾，吐唾沫。107被褐　身穿粗布短襖。用以指代處境貧賤的賢能人士。
108蘭蕙　蘭和蕙。皆為香草名。二者連用大多喻指賢士。109芻　餵牲畜的草料。110群愚　眾多的蠢人。111爾分　你們的本分。
112光和　東漢靈帝劉宏年號，西元一七八－一八四年。113上計　官名。「上計吏」的簡稱。漢制，地方官須於年終將轄區內戶
口、賦稅、盜賊、獄訟等項編造成計簿，遣吏逐級上報，奏呈朝廷，借資考績，謂之上計。各州郡所選派的前往京師報送計
簿、彙報情況的人，即為上計吏。114司徒　官名。東漢所設三公之一，掌管全國民政等事務。115袁逢受計　袁逢，東漢名門
顯貴袁氏家族的重要成員。本書卷四十五有傳。受計，接受郡國所上報的計簿。116長揖　拱手高舉，自上而下行禮。117讓

責問；責備。118下郡　中央統轄之下的各郡。119三公　這裡為太尉、司徒、司空的合稱。三公作為最尊顯的三個宰輔重臣，古已有之，係指太師、太傅、太保或司徒、司馬、司空而言。漢武帝時，始以丞相、御史大夫、太尉為三公，其後罷太尉增設大司馬，改御史大夫之名為大司空，改丞相之名為大司徒，又改大司馬之名為太尉。三公在兩漢時期經歷了一個由官品不等到平級並立、由位尊職重到銜高權輕的過程，實質上都是對相權的分割與牽制。120酈食其　人名。為漢初的策士。《史記》卷九十七載：「酈食其謂監門曰：『諸將過此者多，吾視沛公大人長者。』乃求見說沛公。沛公方踞牀，使兩女子洗足。酈生不拜，長揖曰：『足下必欲誅無道秦，不宜踞見長者。』於是沛公起，攝衣謝之，延上坐。」121漢王　指劉邦。劉邦最初被項羽封為漢王。122遽怪　驟然責怪。123斂衽　亦作「斂袵」。整飭衣襟，表示恭敬。124執　拉起；挽起。125延置上坐　引導坐在受尊敬的席位上。上坐，亦作「上座」。受尊敬的席位。126西方　指漢陽郡所在的西部地區。漢陽郡位於京師洛陽之西，故稱。127顧　回首；回視。128朝臣　朝廷官員。129分坐　亦作「分座」。依次而坐。130屬觀　注目。131往造　前去拜訪。132河南尹羊陟　河南尹，東漢京師地區的行政長官。其地位高於各郡郡守。羊陟，東漢後期反對宦官的重要人物之一。本書卷六十七載：「郭林宗、宗慈、巴肅、夏馥、范滂、尹勳、蔡衍、羊陟為八顧。顧者，言能以德行引人者也。」133公卿　三公九卿的簡稱。這裡泛指高官。134託名　謂借重他人或他事以揚名。135自強　意謂自己心中不願而強為之。136上堂　廳堂。137臨面對。138竊伏　私下潛處。此係謙辭。139舊　長久。140忽然　死的意思。李賢注：「忽然，謂死也。」141門下　指在門庭之下當差的人。142滿側　布滿了周圍。143非常人　不是一般人。144大從車騎　讓眾多車馬隨從跟在後面。指儀仗隆重而言。145奉謁　拜見。146盛飾　裝飾華麗。147帷幕　帳幕；帷幔。148柴車草屏　簡陋無飾的車子和粗劣的帷幕。149歎愕　驚歎。150熏夕　黃昏；傍晚。熏，通「曛」。151良璞　未經剖取的美玉。常用以比喻未被選用的賢才。152泣血　無聲痛哭，淚如血湧。一說，淚盡血出。形容極度悲傷。153稱薦　舉薦。154想望其風采　謂非常仰慕其人，渴望一見。想望，仰慕。風采，儀表風度。155弘農　郡名。治今河南靈寶東北。156過候　拜訪。157太守皇甫規　太守，又稱郡守。為一郡長官，品秩二千石，掌管整個轄區內的軍政事務。皇甫規，為東漢後期致力於西北邊務的重要將領。本書卷六十五有傳。158門者　守門人。159遁去　默默離去。160白　稟告。161追書　追送書信。162蹉跌不面　彼此錯過未能見面。蹉跌，相左；不相遇。163企德懷風　仰慕大德，懷念高風。企，景仰；仰慕。164委質　送上禮物，拜人為師。165側聞　從旁聽到。166區區　猶方寸，即內心。引申為真情實意。167清誨　對人教誨的敬辭。168遙悚　遠方人內心的恐懼。169外白　外面人稟報。170不道　不聲張的意思。171更啟　重新稟告。172印綬可投　謂鄙棄官位而逕自辭職離去。印綬，印章和繫印的絲帶。173明叡　聰明有遠見。174夙心　平素的心願。175慢慠　輕慢驕傲。慠，為「傲」之異體。176所天　所依靠的人。177悖惑　乖戾；昏亂。178具責　盡行責怪。具，盡；完全。179原察　推究考察。180追脩　亦作「追修」。謂仿照原樣加以修治。181主簿　官名。漢自中央到郡縣各級官署大多設有主簿，其職責為主管文書，辦理事務。182竟趾　直到腳趾。183師範　學習的楷模。184縉紳　插笏於紳帶間，舊時官宦的裝束。借指士大夫。185仰高希驥　仰高，仰慕高尚的德行。語本《詩・車舝》：「高山仰止，景行行止。」希驥，謂敬慕才俊。李賢注：「《法言》曰：『希驥之馬，亦驥之乘；希顏之士，亦顏之徒。』希，慕也。」186旋轅兼道　掉轉車駕加倍趕路。兼道，兼程。即一天走兩天的路。187言侍　服侍尊長。言，助詞。無實義。188沐浴晨興　意為早早起床漱洗。沐浴，濯髮洗身。189昧旦守門　破曉時分守候大門。昧旦，天將明未明之際；破曉時分。190懸遲　猶久仰。李賢注：「懸心遲仰之。」191以貴下賤　意為甘願把自己的尊貴身分降格而置於卑賤人之下。語出《周易・屯卦》。192握髮垂接　意為像周公那樣求賢若渴，殷切接待地位低的人。《韓詩外傳》載周公曰：「吾文王之子，武王之弟，成王之叔父也，又相天下，吾於天下亦不輕矣。然一沐三握髮，一飯三吐哺，猶恐失天下之士。」193敷翫　鋪陳玩味。194墳典　所謂三皇之書《三墳》和五帝之書《五典》的並稱，後轉為古代典籍的通稱。195起發　啟發。196抗論　在言論上相抗衡。197消弭　消除。198豈悟　哪裡明白。199怠倦　鬆懈倦怠。200恂恂善誘　謂善於有步驟地引導、教育人。語本《論語・子罕》：「夫子循循然善誘人。」201驕惰　驕縱怠惰。202見機而作二句　意謂事前明察事物細微的變化，抓住有利時機便採取行動，不等過完這一天。機，亦作「幾」。俟，等待。語出《周易・繫辭下》。203夙退自引　夙退，及早退下。自引，自覺抽身離去。204歷說而不遇　此句係就孔子的遭遇而發。歷說，遊說列國。不遇，不受重用。205思士而無從　此句係就孟子遭譖而無法面見魯平公之事而發。詳見《孟子・梁惠王下》。士，通「仕」。做官。無從，找不到門徑或頭緒。206尤　責備；怪罪。207自譴　即自我譴責。208有猜　產生猜疑。209仁君忽一匹夫　仁君，猶言明公。是古代對有地位、有聲望者的一種尊稱。忽，忽視；輕視。匹夫，指平常的人。210手筆　親手所寫的東西。指書信。211追路　路上追趕。212區區　小；少。形容微不足道。213曷云量己　意為哪裡談得上估量一下自己的身分地位。214其嗟可去二句　嗟，嗟來之食。指侮辱性的施捨。謝，賠禮道歉。指善意的救助。《禮記・檀弓下》：「齊大饑，黔敖為食於路，以待餓者而食之。有餓者蒙袂輯屨，貿貿然來。黔敖左奉食，右執飲，曰：『嗟！來食。』揚其目而視之曰：『予唯不食嗟來之食，以至於斯也！』從而謝焉，終不食而死。曾子聞之曰：『微與！其嗟也可去，其謝也可食。』」215頑薄　愚鈍淺薄。216關節疢動　關節，即骨頭互相連接的地方。疢動，猶言發病。疢，煩熱；疾病。217膝灸壞潰　膝蓋被燒傷而損壞潰爛。灸，用艾葉或艾卷按穴位燒灼。218來貺　對友人來信的敬稱。貺，賜贈。219不顧　不回首；不回視。形容態度堅定。220禮命　指禮聘與任命。221辟公府　辟，辟召。漢代選用人才實行徵辟制度。徵，指皇帝下詔聘召，有時亦稱特詔或特徵。辟，指公卿或州郡徵調某人為其下屬官員，亦稱辟召、辟除。皇帝所徵對象均係社會著名人物，公卿州郡所辟對象多為賢達之士。徵辟帶有禮請的性質，不具備強制力，因而被徵辟者可以應聘，也可藉故辭謝不就。公府，指三公府。東漢以太尉、司徒、司空為三公，下設具體機構和官屬，合稱三府。222善相者　精通相面術的人。223郡吏　郡守的屬官。224箴　文體名。以規勸告誡為主。劉勰《文心雕龍・銘箴》：「箴者，所以攻疾防患，喻鍼石也。」225論　文體名。即議論性的文章。226雜文　指詩、賦、贊、頌、箴、誄諸體以外的其他文體。

【語　譯】趙壹，字元叔，是漢陽郡西縣人。他體貌魁梧，身高九尺，鬍鬚漂亮，眉毛濃長，讓人望去覺得特別偉岸。但他依仗才氣傲慢不恭，受到鄉親們的排斥，就撰寫了一篇〈解擯〉。後來多次犯罪受到相應的懲罰，險些到了被處死的地步，經過友人營救才得以免刑。趙壹於是贈給友人書信謝恩說：

2 「昔日原大夫救活了倒臥在桑樹下眼看要餓死的人，古書上稱讚他仁德；秦越人把虢國太子的結脈恢復到正常狀態，世人頌揚他醫術極其高明。假設過去這兩個人不遇到仁人和神醫，他們快要斷絕的那口氣和快要止息的那一點點兒脈氣就會耗盡了。然而乾糧和乾肉從車箱裡就能取出，針石只須運用於手指之間。如今我所依賴的，並不只是車箱裡的乾糧和乾肉，手指之間的針石。而是從北斗星和北極星那裡收回來，從文昌司命星那裡返回來，使乾燥的皮膚再充滿血色，讓枯朽的骨骼再長上肉，這確實是人們所說的碰上了仁人，遇到了神醫，真應該像古書那樣記錄下來，像世人那樣頌揚開來。我害怕法禁，不敢異常明顯地講論一番，私下寫成了一篇〈窮鳥賦〉。具體文辭說：

3 『有一隻處境窘迫的飛鳥，在原野上收起翅膀停止飛翔。上面張布著長柄小網，下面擺列著設有機關的陷阱，往前只見青黑色的鵅鷹撲來，向後只見獵人驅趕，右邊絲繩箭和彈弓緊繃，左邊神箭手拉滿弓，飛來的彈丸和疾速的箭鏃，一起瞄準我。我想飛走飛不走，想鳴叫叫不出來，抬頭就畏懼觸到羅網，動足就害怕落入陷阱。內心只有恐怖焦急，陡然寒冷如冰，猛地又灼熱似火。幸好賴有大賢人，哀憫我又憐惜我，從前在南方把我營救，如今又在西方把我援助。鳥兒雖然愚頑，但也懂得深厚的恩情，對內用來書寫我的心跡，對外用來告知蒼天。蒼天啊蒼天！請保佑賢人，賜給賢人長久的壽齡，獲得公、侯的封爵，傳給子子孫孫。」

4 又撰寫了〈刺世疾邪賦〉，用來抒發他心中的怨恨和憤慨。說道：

5 「五帝的禮儀各有增減，三王的樂舞各有損益，這是氣數達到極限就自然發生變化的結果，而不是故意相互對立。德政不能拯救世間的混亂局面，賞罰又哪能制止時下的人事優劣與善惡？春秋是災禍與敗亡的開始時期，戰國又更增加了它的毒害。秦、漢沒有用來超越前代的地方，竟又加重了殘暴的程度。哪還顧及民眾的生命，只是追求對自己有利而自我滿足。

6 「一直延續到今天，真誠與虛偽多種多樣。諂媚奉承一天比一天熾熱，剛強立事已經消亡。行徑卑劣者得勢而顯貴，嚴正忠直的人不受重用。對名位與權勢恭敬從命，對豪強獻媚親昵。高傲而違背世俗，立刻就招致禍殃。疾速戒懼地追逐利欲功名，就會天天富貴，月月昌盛。全社會糊裡糊塗，共同迷惑，分不清什麼是溫暖和清涼。奸邪的人顯赫地升官，正直的人卻幽蔽隱藏。

7 「究尋這一弊害蔓延的根源，實在是出於掌握國家大權的人不賢能。宮中受嬖寵的女子遮蔽了帝王的視聽，君主寵愛親信的小人掌握了威權。對自己所偏愛的人極力進行誇飾，對自己所憎惡的人極力加以排斥。盡管要竭盡忠誠，但道路險惡而沒有能順著通過的地方。皇宮的深門既已無法打開，又有成群的惡狗爭相狂叫。把危在旦夕當成安全，在眼前只管放縱自己的嗜好與欲望。這與航海失去船舵，堆積柴草等待點燃，又有什麼不同呢？受寵得到重用是因奸巧諂媚，又有誰懂得辨別他們的美醜呢？所以刑法和禁令被權勢顯赫的家族所阻撓，朝廷的恩惠不能施布到孤寒的家族。人們寧可在堯、舜時代的災荒歲月裡挨餓受凍，也不願在當今的豐年裡吃飽穿暖。在理，雖然死了卻不是消亡，違義，縱然活著卻已精神不存。

8 「有位秦客於是作詩說：黃河變清難以等待，世人的生命不能延長。順風攪動著倒伏的草木，誰富貴就被稱為賢能。雖然滿腹文章典籍，卻不如一口袋銅錢。逢迎諂媚就會躋身北堂之上，高亢耿直卻只能靠在門邊。

9 「魯生聽到這首詩，最後作歌說：權勢顯赫的家族做什麼都適宜，連咳嗽吐唾沫自然就成為珍珠。處境貧賤的賢士身懷才德，也會像蘭蕙香草變成餵牲畜的飼料。賢能人士雖已獨自醒悟，可仍被眾多的蠢人困住。暫且各自守持你們的本分，不要再白白地奔走效力。可悲哀呀可悲哀，這全是命運難改變！」

10 靈帝光和元年，趙壹被選拔為漢陽郡的上計吏來到京師。這時司徒袁逢接受上計，幾百名上計吏都跪拜在殿庭中，沒有誰敢抬頭觀望，只有趙壹行個長揖禮就算完事了。袁逢望見後對他感到很詫異，就命令左右過去責問他，說道：「中央統轄之下的郡計吏對三公只行長揖禮，這是什麼原因呢？」趙壹回答說：「昔日酈食其對漢王只行長揖禮，如今對三公也只行長揖禮，為什麼就驟然怪罪呢？」袁逢聽後便整飭衣襟，走到堂下，拉起他的手，引導他坐在上座，隨即詢問西方的情事，感到十分高興，回過頭來對在座的人說：「此人就是漢陽趙元叔啊。朝廷官員沒有誰能超過他的，我請他與諸君依次而坐。」座中人都把目光集中在他身上。從司徒府出來，趙壹前去拜訪河南尹羊陟，卻見不到。趙壹認為公卿中除了羊陟，就再沒有人是可以依託而顯揚自己的名聲了，於是天天到他官邸求見。羊陟心中不願意而勉強允許他進見，當時羊陟還躺在床上沒起身。趙壹逕直進入廳堂，走到床前面對他說：「我私下潛居在西州，仰慕您的高尚風操已經很長時間了，如今剛見到而您就忽然死去，能對命運怎麼樣呢！」隨即放聲大哭。門下當差的人甚感驚恐，都急忙跑進來，圍滿床邊。羊陟知道他不是一般人，就起來與他交談，對他深感奇異不凡。對他說：「您先出去吧。」到次日清晨，羊陟讓眾多的車馬隨從跟在後面，特意去拜見趙壹。當時各郡的上計吏大多把車馬帷幕裝飾得很華麗，只有趙壹用的是簡陋的車子和粗劣的帷幕，露宿在車旁，他延請羊陟往前坐在車下，左右沒有誰不為之驚歎的。於是羊陟與他交談，直至傍晚才盡歡而去，拉起趙壹的手說：「天然的美玉不經過剖取，必定會有淚盡血出表明它萬分珍貴的人！」羊陟便與袁逢共同舉薦趙壹。這一來趙壹就名動京師了，士大夫都非常仰慕他，渴望見他一面。

11 到趙壹向西返回本郡時，路過弘農郡，就去拜訪太守皇甫規，守門人卻不肯立即通報，趙壹就默默離去了。守門人有些害怕，就把情況稟報給皇甫規。皇甫規聽說名字是趙壹感到十分吃驚，立即追送書信道歉說：「彼此錯過機會未能見面，可我仰慕大德，懷念高風，一心嚮往拜您為師，已經時間很長了。我聽說：仁人都憐惜對方的真情實意，盼望受到清雅的教誨，以便消除遠方人內心的恐懼。今天早晨外面稟報有一名郡尉和兩名上計吏來訪，不想竟是您委屈尊位光臨門下，又經重新稟告才知道您已經離去了。如果是解下印綬逕自辭職離去，哪能不連夜追趕而要等到黎明。只有您才那樣聰明富有遠見，一定會理解我平素的心願。我怎會輕慢驕傲，施加在我所依靠的人的頭上呢？事情出於悖謬昏亂，不值得深加責怪。如果能夠蒙您推究考察，重新建立我們之間原有的友好關係，那該是何等福慶呢！恭謹地派遣主簿呈上書信。我在下筆寫信時呼吸不暢，大汗一直流到了腳趾上。」趙壹回信說：「您在學業上已經成為世人學習的楷模，士大夫都歸從仰慕，我仰慕您的高尚德行，敬慕您的大才，已經時間很長了。掉轉車駕加倍趕路，只是渴望服侍您，所以早早就起床漱洗，破曉時分就來守候大門，實指望仁兄明瞭我那久仰的心情，甘願把自己的尊貴身分降格而置於卑賤人之下，像周公那樣求賢若渴，殷切接待。向上可以玩味《三墳》、《五典》，闡明聖人的意旨；往下可以在言論上同當世相抗衡，消除目前的災異。但哪裡明白君子竟會自身產生懈怠，失掉循循善誘的美德，而與亡國驕惰的志意相同呢？大致說來，明察事物細微的變化，抓住有利時機便採取行動，不等過完這一天，所以我及早抽身離去，以免讓主人辛勞。從前有的人遊說列國卻得不到重用，還有的人希望出仕卻找不到門徑，但他們都把這類遭遇歸於天命，不對人事怪來怨去。如今我趙壹只有自我譴責罷了，哪敢產生什麼猜疑？明公您輕視一個很平常的人，對德行又有什麼損害呢？蒙您在遠處親筆寫信，又在路上追趕找到我，這真叫我慚愧呀。我趙壹微不足道，哪還談得上估量一下自己的身分地位呢！碰到嗟來之食可以離去，轉成賠禮道歉不妨吃它，我確實愚鈍淺薄，但也懂得其中的旨趣。只因關節發作，膝蓋施灸壞潰，請等到將來的某一天再報答您這番盛情。我常常誦讀您的來信，用它安慰自己。」於是連回頭看一眼都不看，就揚長而去了。

12 州郡爭相禮聘他，三公府十次召用他，他都不去赴任，最後在家中去世。起初，袁逢曾讓精通相面術的人給趙壹相面，結果說他「官位不超過郡吏」，最終和這種推斷一模一樣。趙壹著賦、頌、箴、誄、書、論及雜文共計十六篇。

1 劉梁，字曼山，一名岑，東平寧陽❶人也。梁宗室❷子孫，而少孤貧，賣書於市❸以自資❹。常疾世多利交❺，以邪曲相黨❻，乃著破群論。時之覽者，以為「仲尼作春秋❼，亂臣知懼❽。今此論之作，俗士❾豈不愧心」。其文不存。又著辯和同之論。其辭曰：

2 「夫事有違而得道❿，有順而失義⓫，有愛而為害，有惡而為美。其故何乎？蓋明智之所得，闇偽⓬之所失也。是以君子之於事也，無適無莫⓭，必考之以義焉。

3 「得由和⓮興，失由同⓯起，故以可濟⓰否謂之和，好惡不殊⓱謂之同。春秋傳⓲曰：『和如羹⓳焉，酸苦以劑⓴其味，君子食之以平其心。同如水焉，若以水濟水㉑，誰能食之？琴瑟㉒之專一㉓，誰能聽之？』是以君子之行，周而不比㉔，和而不同㉕，以救過㉖為正，以匡惡㉗為忠。經曰：『將順其美，匡救其惡，則上下和睦能相親也。』㉘

4 「昔楚恭王㉙有疾，召其大夫㉚曰：『不穀㉛不德，少主社稷㉜。失先君之緒㉝，覆楚國之師㉞，不穀之罪也。若以宗廟㉟之靈，得保首領㊱以歿㊲，請為靈若厲㊳。』大夫許諾㊴。及其卒也，子囊㊵曰：『不然。夫事君㊶者，從其善，不從其過。赫赫楚國，而君臨[42]之，撫正南海[43]，訓[44]及諸夏，其寵[45]大矣。有是寵也，而知其過，可不謂恭[46]乎？』大夫從之。此違而得道者也。及靈王[47]驕淫，暴虐[48]無度，芋尹申亥[49]從王之欲，以殯[50]於乾溪[51]，殉之二女[52]。此順而失義者也。鄢陵之役[53]，晉楚對戰[54]，陽穀[55]獻酒，子反[56]以斃。此愛而害之者也。臧武仲[57]曰：『孟孫[58]之惡我，藥石[59]也；季孫[60]之愛我，美疢[61]也。疢毒滋厚[62]，石猶生我。』此惡而為美者也。孔子曰：『智之難也！有臧武仲之智，而不容於魯國[63]。抑有由[64]也，作不順而施不恕[65]也。』蓋善其知義，譏其違道也。

5 「夫知而違之，偽也；不知而失之，闇也。闇與偽焉，其患[66]一也。患之所在，非徒在智之不及，又在及而違之者矣。故曰『智及之仁不能守之，雖得之，必失之也』[67]。夏書曰：『念茲在茲，庶事恕施。』[68]忠智之謂矣。

6 「故君子之行，動則思義，不為利回[69]，不為義疚[70]，進退周旋，唯道是務。苟失其道，則兄弟不阿[71]；苟得其義，雖仇讎不廢。故解狐蒙祁奚之薦[72]，二叔被周公之害[73]，勃鞮以逆文為成[74]，傅瑕以順厲為敗[75]，管蘇以憎忤取進[76]，申侯以愛從見退[77]，考之以義也。故曰：『不在逆順，以義為斷[78]；不在憎愛，以道為貴。』禮記曰：『愛而知其惡，憎而知其善。』[79]考義之謂也。」

7 桓帝(80)時，舉孝廉(81)，除北新城(82)長。告縣人曰：「昔文翁在蜀(83)，道著巴漢(84)；庚桑瑣隸(85)，風移碨磥(86)。吾雖小宰(87)，猶有社稷。苟赴期會(88)，理文墨(89)，豈本志乎？」乃更大作講舍(90)，延聚生徒(91)數百人，朝夕自往勸誡，身執經卷(92)，試策殿最(93)，儒化(94)大行。此邑至後猶稱其教焉。特召入拜尚書郎(95)，累遷。後為野王(96)令，未行。光和中，病卒。

8 孫楨(97)，亦以文才知名。

【章　旨】以上是〈劉梁傳〉，記述劉梁的籍貫、家世和〈辯和同之論〉原文，以及在地方內興行文教等情形。附帶言及其孫劉楨的簡況。

【注　釋】❶東平寧陽　東平，東漢封國名。治所在無鹽縣（今山東東平東）。寧陽，縣名。治今山東寧陽。❷宗室　皇族，指與帝王同宗族之人。❸市　城鎮中劃定的貿易場所或商業區。❹自資　猶自給。意為滿足自己的生活需要。❺利交　以謀取私利為目的的交往活動。❻以邪曲相黨　靠品行不正結黨營私。邪曲，品行不正。黨，同黨；同夥。❼仲尼作春秋　仲尼即孔子。孔子名丘，字仲尼，是中國古代最偉大的思想家和教育家。其事跡主要見於《論語》及《史記・孔子世家》。作，撰修。《春秋》為儒家《五經》之一，實乃現存最早的中國古代編年史。❽亂臣知懼　亂臣，叛亂弒君的臣子。知懼，知道害怕。語本《孟子・滕文公下》：「孔子成《春秋》而亂臣賊子懼。」❾俗士　庸俗低劣的人。❿道　指事物固有的道理。⓫義　指適宜的作法。⓬闇偽　昏昧詐偽。⓭無適無莫　意謂沒規定該怎樣辦，也沒規定不該怎樣辦。多指在堅持一定目標下，善於運用靈活的權宜手段。語本《論語・里仁》：「子曰：『君子之於天下也，無適也，無莫也，義之與比。』」⓮和　協和。謂可否相濟，相輔相成。⓯同　混同。謂單一不二，無所差異。⓰濟　調劑補益。⓱不殊　沒有區別一個樣。⓲春秋傳　即《春秋左氏傳》，簡稱《左傳》。《左傳》，是一部記述春秋列國史事的完備的編年體史籍。漢代經學盛行，把《左傳》看成是解說《春秋》的一種著作。以下所引八句傳文，是對《左傳・昭公二十年》所記晏子對答齊景公之語的撮錄。⑲羹　用肉類或菜蔬等製成的帶濃汁的食物。⑳劑　調和。㉑以水濟水　用清水去調和清水。㉒琴瑟　琴和瑟。為兩種樂器名。㉓專一　亦作「專壹」。同一；齊一。謂總彈一個聲音。㉔周而不比　周，謂團結一致。比，謂結黨營私。語出《論語・為政》：「子曰：『君子周而不比，小人比而不周。』」㉕和而不同　語出《論語・子路》：「子曰：『君子和而不同，小人同而不和。』」何晏《集解》：「君子心和，然其所見各異，故曰不同；小人所嗜好者同，然各爭利，故曰不和。」㉖救過　挽救過失。㉗匡惡　糾正罪過。㉘經曰四句　經指《孝經》而言。引文見〈事君章〉。「其美」與「其惡」之「其」，均謂國君。㉙楚恭王　春秋時楚國的國君。恭為其謚號。㉚大夫　古職官名。周代在國君之下有卿、大夫、士三等；各等中又分上、中、下三級。因以大夫作為在官者的泛稱。㉛不穀　意為不善。乃係古代王侯自稱的謙辭。《老子》：「貴以賤為本，高以下為基，是以侯王自謂孤、寡、不穀。」㉜少主社稷　楚恭王在十歲時繼承王位，故云「少主社稷」。社，土神。稷，穀神。均屬王侯祭祀的重要對象，故社稷常被視為國家的象徵或代稱。㉝先君之緒　先君，指躋身春秋五霸行列的楚莊王。緒，霸業。㉞覆楚國之師　使楚國軍隊全軍覆沒。指鄢陵之戰中被晉國打得大敗而言。㉟宗廟　古代帝王、諸侯祭祀祖宗的廟宇。㊱首領　頭顱和脖頸。㊲歿　死；去世。㊳為靈若厲　意謂議定靈或厲這樣的謚號。若，或；或者。《逸周書・謚法解》：「亂而不損曰靈」、「致戮無辜曰厲」。㊴諸　代詞。相當於「之」。用作賓語。㊵子囊　楚恭王的弟弟。時任楚國令尹，即百官之長。㊶事君　服事國君。㊷臨　監視；監臨。引申為統治、治理。㊸撫正南海　撫正，安定。南海，指南方各部族聚居的地區。㊹訓　訓導；教誨。謂主盟會，頒號令。㊺寵　貴寵；榮耀。㊻恭　謚號。《逸周書・謚法解》：「既過能改曰恭」。以上所述，詳見《左傳・襄公十三年》、《國語・楚語上》。㊼靈王　春秋時楚國的國君。靈為其謚號。㊽暴虐　兇狠殘酷。㊾芋尹申亥　芋尹，春秋時楚國官名。申亥，人名。㊿殯　死者入殮後停放靈柩以待葬。51乾溪　春秋楚國地名。在今安徽亳州東南。52殉之二女　殉，謂人殉，即以活人殉葬。《左傳・昭公十三年》：「芋尹無宇之子申亥曰：『吾父再奸王命，王弗誅，惠孰大焉？君不可忍，惠不可棄，吾其從王。』乃求王，遇諸棘闈，以歸。夏五月癸亥，王縊於芋尹申亥氏。申亥以其二女殉而葬之。」53鄢陵之役　春秋中期晉楚兩國為爭奪霸權而進行的一次重大戰役。時間在周簡王十一年（西元前五七五年）六月，地點在鄢陵（今河南鄢陵西北），結果為楚軍大敗。詳見《左傳・成公十六年》。54對戰　兩軍對陣作戰。55陽穀　或作「穀陽」。人名。為楚國宦官。56子反　人名。為楚軍主帥。《左傳・成公十六年》：「明日復戰，乃逸楚囚。王聞之，召子反謀。穀陽豎獻飲於子反，子反醉而不能見。王曰：『天敗楚也夫！余不可以待。』乃宵遁。晉入楚軍，三日穀。」孔穎達疏：「案《呂氏春秋》云：荊共王與晉厲公戰于鄢陵，荊師敗，共王傷。臨戰，司馬子反渴而求飲，豎陽穀操酒而進之。子反曰：「卻！酒也。」豎陽穀曰：「非酒也。」子反曰：「卻！酒也。」豎陽穀又曰：「非酒也。」子反受而飲之。子反之為人也，嗜酒甘而不能絕於口。醉戰既罷，共王欲復戰，而謀使召司馬子反，子反辭以心疾。共王駕往視之，入幄中，聞酒臭而還，曰：「今日之戰，不穀親傷，所恃者司馬也。而司馬又若此，不穀無與復戰矣。」於是遂罷師去之，斬司馬子反以為戮。與此不同者，《傳》依簡牘本紀彼采傳聞異辭。所說既殊，其文亦異。」(57)臧武仲　春秋後期魯國的大夫。官司寇。為人短小多智，號稱聖人。這裡所引其語，同《左傳·襄公二十三年》所記原話存在出入。(58)孟孫　又稱仲孫。春秋時期魯國國君魯桓公之子仲慶父的後裔，為掌握魯國實權的「三桓」之一。(59)藥石　藥劑和砭石。比喻規戒。(60)季孫　春秋時期魯國國君魯桓公之子季友的後裔，為掌握魯國實權的「三桓」之一，在「三桓」中勢力最大最強。(61)美疢　比喻溺愛、姑息之類的事情。疢，疾病。(62)滋厚　愈益嚴重、更加危險的意思。(63)魯國　周代諸侯國名。故地在今山東兗州東南至江蘇沛縣、安徽泗縣一帶。(64)有由　有原因。(65)恕　寬恕。以上所援引的五句孔子之語，見《左傳·襄公二十三年》。孔穎達疏：「服虔云：『不順謂阿季氏廢長立少也，不恕謂惡孟氏立庶也』。然則『作而不順』當如服言，《傳》無惡孟氏之事，故不取。當謂知其不可而為之，是『不恕』也。」(66)患　害處；弊病。(67)故曰三句　此係孔子之言，見《論語·衛靈公》。(68)夏書曰三句　夏書，為記載夏朝史事的古書。因其所記內容或不見於《尚書·夏書》的篇目中，故被稱為「逸書」。念茲在茲，行事應常念如在己身。庶事恕施，眾多事務應按寬恕之道付諸施行。李賢注：「茲，此也。念此事也，在此身也。……庶，眾也。言眾事恕己而施行，斯可謂忠而有智矣。」(69)利回　意謂因圖私利而變得邪僻。回，邪僻。(70)義疚　意謂因作法不當而感到內疚。疚，愧疚；內疚。(71)阿曲從；迎合。(72)解狐蒙祁奚之薦　解狐和祁奚俱為春秋時期晉國的大夫。薦，推薦有關職務的合適人選。《左傳·襄公三年》：「祁奚請老，晉侯問嗣焉，稱解狐。其讎也，將立之而卒。又問焉，對曰：『午也可。』於是羊舌職死矣，晉侯曰：『孰可以代之？』對曰：『赤也可。』於是使祁午為中軍尉，羊舌赤佐之。君子謂祁奚於是能舉善矣。稱其讎不為諂，立其子不為比，舉其偏不為黨。」(73)二叔被周公之害　二叔，管叔、蔡叔。管叔為周公胞兄，蔡叔為周公胞弟。周公，周文王第四子。西周王朝的開國元勳，平定內亂和制禮作樂、造成「成康之治」的大政治家。《史記·管蔡世家》：「武王既崩，成王少，周公旦專王室。管叔、蔡叔疑周公為之，不利於成王，乃挾武庚以作亂。周公旦承成王命，伐誅武庚，殺管叔而放蔡叔遷之，與車十乘，徒七十人從。分殷餘民為二：其一封微子啟為於宋，以續殷祀；其一封康叔為衛君，是為衛康叔。」(74)勃鞮以逆文為成　勃鞮，春秋時期晉國的宦官，名披。文，指春秋五霸中的第二位霸主晉文公，即曾在外流亡十九年的公子重耳。《左傳・僖公五年》：「及難，（晉獻）公使寺人披伐蒲。重耳曰：『君父之命不校。』乃徇曰：『校者，吾讎也。』踰垣而走，披斬其袪，遂出奔翟。」又〈僖公二十四年〉：「呂郤畏偪，將焚公宮而弒晉侯。寺人披請見，公使讓之，且辭焉。曰：『蒲城之役，君命一宿，女即至。其後余從狄君以田渭濱，女為惠公來求殺余。命女三宿，女中宿至。雖有君命，何其速也？夫袪猶在，女其行乎！』對曰：『臣謂君之入也，其知之矣。若猶未也，又將及難。君命無二，古之制也。除君之惡，唯力是視。蒲人、狄人，余何有焉！今君即位，其無蒲、狄乎？齊桓公置射鉤而使管仲相。君若易之，何辱命焉。行者甚眾，豈唯刑臣？』公見之，以難告。三月，晉侯潛會秦伯于王城。己丑晦，公宮火。瑕甥、郤芮不獲公。乃如河上。秦伯誘而殺之。晉侯逆夫人嬴氏以歸。」(75)傳瑕以順厲為敗　傳瑕，春秋時期鄭國的大夫。厲，指被驅逐在外的鄭厲公。《左傳・莊公十四年》：「鄭厲公自櫟侵鄭，及大陵，獲傅瑕。傅瑕曰：『苟舍我，吾請納君。』與之盟而赦之。六月甲子，傅瑕殺鄭子及其二子，而納厲公。……厲公入，遂殺傅瑕。使謂原繁曰：『傅瑕貳，周有常刑，既伏其罪矣。』」(76)管蘇以憎忤取進　管蘇或作「筦饒」，為春秋時楚恭王的侍臣。憎忤，因忤逆而被厭惡。取進，獲取到晉升。(77)申侯以愛從見退　申侯，春秋時楚文王的嬖臣。愛從，意為因順從而受到寵愛。見退，被斥逐。劉向《說苑・君道》：「楚文王有疾，告大夫曰：『筦饒犯我以義，違我以禮，與處不安，不見不思。然吾有得焉，必以吾時爵之。申侯伯吾所欲者，勸我為之；吾所樂者，先我行之。與處則安，不見則思。然吾有喪焉，必以吾時遣之。』大夫許諾。乃爵筦饒以大夫，贈申侯伯而行之。申侯伯將之鄭，王曰：『必戒之矣。而為人也不仁，而欲得人之政，毋以之魯衛宋鄭。』不聽，遂之鄭。三年而得鄭國之政，五月而鄭人殺之。」又《左傳・僖公七年》：「夏，鄭殺申侯以說於齊。……初，申侯申出也，有寵於楚文王。文王將死，與之璧，使行。曰：『唯我知女。女專利而不厭，予取予求，不女疵瑕也。後之人將求多於女，女必不免。我死，女必速行，無適小國，將不女容焉。』既葬，出奔鄭，又有寵於厲公。子文聞其死也，曰：『古人有言曰：知臣莫若君。弗可改也已。』」(78)斷　決斷。(79)禮記曰三句　禮記，由西漢禮學家戴聖編定的戰國至漢初儒家關於禮制和禮儀的論文彙集。凡四十九篇。當時被視為解釋儒家經典的著作，後被列為儒家經典之一，與《儀禮》、《周禮》合稱「三禮」。此處兩句引文，見首篇〈曲禮上〉。(80)桓帝　指東漢皇帝劉志。卒諡孝桓。事詳本書卷七。(81)孝廉　漢代選拔官吏的科目之一。得入此選者，往往躋身尚書郎的行列。《漢書・武帝紀》：「元光元年（西元前一三四年）冬十一月，初令郡國舉孝廉各一人。」(82)北新城　縣名。治今河北徐水縣西南。(83)文翁在蜀　文翁，為西漢前期以文教著稱的蜀郡太守。《漢書》卷八十九載：「文翁終於蜀，吏民為立祠堂，歲時祭祀不絕。至今巴蜀好文雅，文翁之化也。」蜀，郡名。治今四川成都。(84)巴漢　巴，巴郡。治所在江州縣（今重慶市嘉陵江北岸）。漢，廣漢郡。治所在雒縣（今四川廣漢北）。(85)庚桑瑣隸　庚桑，指庚桑楚。為《莊子》書中所擬設的寓言人物。瑣隸，亦作「瓆隸」。謂卑微的人。(86)碨礧　亦作「碨壘」。古寓言中的山名。《莊子・庚桑楚》：「老聃之役有庚桑楚者，偏得老聃之道，以北居畏壘之山。其臣之畫然，知者去之；其妾之絜然，仁者遠之。擁腫之與居，鞅掌之為使。居三年，畏壘大壤（穰）。畏壘之民相與言曰：『庚桑子之始來，吾灑然異之；今吾日計之而不足，歲計之而有餘，庶幾其聖人乎！』」(87)小宰　縣邑的長官。(88)期會　在規定的期限內實施政令。多指官府財物出入的統計造冊事宜。(89)文墨　指刑事判決書之類。(90)講舍　講學授經的堂舍。(91)生徒　學生；門徒。(92)經卷　猶言經書。經書寫在竹簡上，按篇幅長短捲成一卷，以便誦讀和隨身攜帶，故稱經卷。(93)試策殿最　試策，漢代考試取士的方法之一。主持者就政事、經義等設問，令應試者撰文作答。殿最，決定名次，區分優劣。下等為「殿」，上等為「最」。(94)儒化　儒家的教化。(95)尚書郎　漢代國家機要部門尚書臺的屬官，負責處理曹務。始入尚書臺者稱守尚書郎中，滿一年稱尚書郎，三年稱侍郎。具體人選則多為孝廉中身懷才能者。(96)野王　縣名。治今河南沁陽。(97)楨　劉楨，字公幹。為建安七子之一。《三國志・魏書》卷二十一載其事要。曹丕《典論》：「劉楨壯而不密。」

【語　譯】劉梁，字曼山，一名岑，是東平國寧陽縣人。劉梁作為皇族子孫，從年紀很輕就孤苦貧寒，靠在市場上賣書來養活自己。他總是痛恨世上大多數人以謀取私利為目的進行交往，靠品行不正結黨營私，就撰寫了〈破群論〉。當時讀過這篇論文的人，認為「孔子撰修《春秋》，叛亂弒君的臣子由此知道害怕。眼下這篇論文的寫作，庸俗低劣的人難道還不心中有愧」。這篇論文已經失傳了。他又撰寫了〈辯和同之論〉。原文說道：

2 「世事常有看似違逆卻獲取到固有道理的，有看似順從卻找不著適宜作法的，有愛惜卻構成危害的，有憎惡卻帶來益處的。其中緣故是什麼呢？大抵是明智者的所得，昏昧詐偽者的所失。所以君子對於世事，沒有規定該怎樣辦的，也沒有規定不該怎樣辦的，一定要用適宜的作法來加以考察。

3 「有所得是由於協和的興起，有所失是由於混同的興起，所以就把能否調劑補益叫做協和，把喜好與嫌惡沒有區別叫做混同。《春秋傳》上說：『協和就像做羹湯，用酸、苦調料來調和它的味道，君子食用它來使內心平靜。混同就像水一樣，如果用清水去調和清水，又有誰會去食用它呢？琴和瑟總彈一個聲調，又有誰會去聽它呢？』所以君子的行為，講求團結一致而不結黨營私，講求協和而不搞混同，把挽救過失看成是正直，把糾正罪過看成是忠誠。《孝經》上說：『順從國君美好的一面，糾正補救國君錯誤的一面，那就上下和睦能彼此親近了。』

4　「昔日楚恭王患上了重病，就把大夫們召集到面前說：『我不仁德，年幼就主持國家大政。失去了先君的霸業，使楚國軍隊全軍覆沒，這都是我的罪過。如果依仗宗廟的威靈，能使我保全頭和脖頸去世，請給我議定一個靈或厲的謚號。』大夫們答應了這一請求。到他去世後，子囊說：『不能這樣議定謚號。服事國君的人，順從他美好的一面，不順從他過失的一面。顯赫強盛的楚國，我們國君治理它，安定南方各部族聚居的地區，訓導擴展到中原各國，榮耀真是太大了。既有這樣的榮耀，又知道自己的過失，能不稱為恭嗎？』大夫們接受了這一創議。這正屬於看似違逆卻獲取到固有道理的例證。待至楚靈王驕縱荒淫，兇狠殘酷沒有限度，芋尹申亥順從楚靈王的欲望，把靈柩停放在乾溪，還用兩個女兒為他殉葬。這正屬於看似順從卻找不著適宜作法的例證。鄢陵之戰，晉楚兩軍對陣作戰，可陽穀卻給子反獻酒，子反因此被殺。這正屬於愛惜卻構成危害的例證。臧武仲說：『孟孫厭惡我，對我來說是藥劑和砭石；季孫愛惜我，對我來說是病毒。病毒只會使疾病愈益嚴重，而藥劑和砭石還能讓我生存。』這正屬於憎惡卻帶來益處的例證。孔子說：『運用智慧太難了！懷有臧武仲那樣的智慧，卻不能被魯國容納。這也是有原因的，原因在於所做不順於事理而所施不符合寬恕原則呀。』這恐怕是讚揚他懂得適宜的作法，譏刺他違背了固有的道理。

5　「明白卻違背它，這是虛偽；不明白卻失去它，這是昏昧。昏昧與虛偽，害處是一樣的。害處所在，不僅僅在於明智達不到那種程度，還在於達到了那種程度卻又違背了它。所以說『明智達到了那種程度，而仁德卻不能守護住它，儘管得到它了，也必定會失去它』。《夏書》上說：『念此事，在此身，眾多事務應按寬恕之道付諸施行。』這正說的是忠誠和明智啊。

6　「所以君子的行為，有所舉動就要考慮適宜的作法，不因貪圖私利就變得邪僻，不因作法不當而感到內疚，進退周旋，只管求得固有的道理。如果不符合固有的道理，即使是兄弟，也不曲從；如果獲取到適宜的作法，即使是仇人，也不廢棄。所以解狐受到祁奚的舉薦，管叔和蔡叔被周公誅殺，勃鞮因背逆晉文公變成了助他成功，傳瑕因順從鄭厲公變成了自取滅亡，管蘇因忤逆楚文王遭到厭惡而最後卻得到晉升，申侯因順從楚文王受到寵愛而最後卻被驅逐出境，這都是用適宜的作法來加以考察的結果。所以說：『不在於違逆或順從，而在於將適宜的作法作為決斷的依據；不在於憎惡或愛惜，而在於把固有的道理作為最可貴的東西。』《禮記》上說：『愛惜他也要知道他壞的地方，憎惡他也要知道他好的地方。』這正說的是要用適宜的作法來加以考察。」

7 桓帝時，他被舉薦為孝廉，又被任命為北新城縣長。於是向縣中百姓宣布說：「從前文翁在蜀郡，使道德在巴郡、廣漢一帶深入人心；庚桑楚是個卑賤低下的人，卻能改變碨礧山周圍的民俗。我雖然只是個小小的縣長，還有治理權限在這裡。如果只是按時把財物收支的統計簿冊交上去、處理好刑事判決書之類的文告，這哪裡是我本來的志向呢？」於是大範圍修建講學授經的堂舍，聚集數百名學生，從早到晚親自去勉勵告誡，還手持經書，考試對策，評定名次，使儒家的教化廣為推行。這個縣到後來還在稱讚他的教化功績。他又被朝廷特意徵召進入京師，被任命為尚書郎，多次得到升遷。後來又被任命為野王縣令，沒去赴任。到靈帝光和年間，因病去世。

8 嫡孫劉楨，也憑藉文才被世人聞知。

1 邊讓，字文禮，陳留浚儀❶人也。少辯博❷，能屬文❸。作章華賦，雖多淫麗❹之辭，而終之以正，亦如相如❺之諷也。其辭曰：

2 「楚靈王既遊雲夢❻之澤，息於荊臺❼之上。前方淮❽之水，左洞庭❾之波，右顧彭蠡之隩❿，南眺巫山之阿⓫。延目廣望⓬，騁觀⓭終日。顧謂左史倚相⓮曰：

『盛哉斯樂，可以遺老⑮而忘死也！』於是遂作章華之臺⑯，築乾谿之室，窮木土之技⑰，單珍府之實⑱，舉國營之，數年乃成。設長夜之淫宴⑲，作北里之新聲⑳。於是伍舉㉑知夫陳、蔡㉒之將生謀㉓也，乃作斯賦以諷之：

3 『冑高陽之苗胤㉔兮，承聖祖之洪澤㉕。建列藩㉖於南楚㉗兮，等威靈㉘於二伯㉙。超有商㉚之大彭㉛兮，越隆周㉜之兩虢㉝。達皇佐㉞之高勳㉟兮，馳仁聲㊱之顯赫。惠風㊲春施，神武電斷㊳，華夏肅清㊴，五服攸亂㊵。日垂精㊶於萬機㊷兮，夕回輦㊸於門館㊹。設長夜之歡飲兮，展中情㊺之嬿婉㊻。竭四海㊼之妙珍㊽兮，盡生人㊾之秘玩㊿。

4 『爾乃攜窈窕(51)，從好仇(52)，徑肉林(53)，登糟丘(54)，蘭肴山竦(55)，椒酒淵流(56)。激玄醴(57)於清池兮，靡微風而行舟。登瑤臺(58)以回望兮，冀彌日(59)而消憂。於是招宓妃(60)，命湘娥(61)，齊倡(62)列，鄭女羅(63)。揚激楚(64)之清宮(65)兮，展新聲而長歌(66)。繁手(67)超於北里，妙舞麗於陽阿(68)。金石(69)類聚，絲竹(70)群分。被輕袿(71)，曳華文(72)，羅衣飄颻(73)，組綺繽紛(74)。縱輕軀(75)以迅赴(76)，若孤鵠(77)之失群；振華袂(78)以逶迤(79)，若遊龍(80)之登雲。於是歡嬿既洽(81)，長夜向半(82)，琴瑟易調(83)，繁手改彈，清聲發而響激(84)，微音逝而流散。振弱支(85)而紆繞(86)兮，若綠繁(87)之垂幹(88)，忽飄颻以輕逝[89]兮，似鸞[90]飛於天漢[91]。舞無常態，鼓無定節[92]，尋聲響應，修短靡跌[93]。長袖[94]奮而生風，清氣激而繞結。爾乃妍媚[95]遞進，巧弄[96]相加，俯仰異容[97]，忽兮神化[98]。體迅輕鴻[99]，榮曜春華[100]，進如浮雲，退如激波。雖復柳惠[101]，能不咨嗟[102]！於是天河[103]既回，淫樂[104]未終，清籥發徵[105]，激楚揚風。於是音氣發於絲竹兮，飛響軼[106]於雲中。比目[107]應節而雙躍兮，孤雌[108]感聲而鳴雄。美繁手之輕妙兮，嘉新聲之彌隆。於是眾變已盡，群樂既考[109]。歸乎生風之廣夏[110]兮，脩黃軒[111]之要道[112]。攜西子[113]之弱腕兮，援毛嬪[114]之素肘[115]。形便娟[116]以嬋媛[117]兮，若流風[118]之靡草[119]。美儀操[120]之姣麗[121]兮，忽遺生而忘老。

『爾乃清夜晨[122]，妙技單[123]，收尊俎[124]，徹鼓盤[125]。惘焉若酲[126]，撫劒[127]而歎。慮理國[128]之須才，悟稼穡[129]之艱難。美呂尚[130]之佐周[131]，善管仲[132]之輔桓[133]。將超世[134]而作理[135]，焉沈湎[136]於此歡！於是罷女樂[137]，墮瑤臺。思夏禹[138]之卑宮[139]，慕有虞[140]之土階[141]。舉英奇[142]於仄陋[143]，拔髦秀[144]於蓬萊[145]。君明哲[146]以知人，官隨任而處能。百揆時敘[147]，庶績咸熙[148]。諸侯慕義[149]，不召同期[150]。繼高陽之絕軌[151]，崇成、莊[152]之洪基[153]。雖齊桓之一匡[154]，豈足方於大持[155]？爾乃育之以仁，臨之以明。致虔報[156]於鬼神，盡肅恭[157]乎上京[158]。馳淳化[159]於黎元[160]，永歷世[161]而太平。』

6 大將軍何進[162]聞讓才名，欲辟命之，恐不至，詭[163]以軍事徵召。既到，署令史[164]，進以禮見之。讓善占射[165]，能辭對[166]，時賓客滿堂，莫不羨其風。府掾[167]孔融[168]、王朗[169]並修刺[170]候焉。

7 議郎蔡邕[171]深敬之，以為讓宜處高任，乃薦於何進曰：「伏惟[172]幕府[173]初開，博選清英[174]，華髮舊德[175]，並為元龜[176]。雖振鷺[177]之集西雍[178]，濟濟[179]之在周庭[180]，無以或加。竊見令史陳留邊讓，天授逸才[181]，聰明賢智。髫齔夙孤[182]，不盡家訓[183]。及就學廬[184]，便受大典[185]。初涉諸經[186]，見本知義，授者不能對其問，章句[187]不能逮其意[188]。心通性達[189]，口辯辭長[190]。非禮不動，非法[191]不言。若處狐疑之論[192]，定嫌審之分[193]，經典交至[194]，撿括參合[195]，眾夫寂[196]焉，莫之能奪[197]也。使讓生在唐[198]、虞，則元、凱之次[199]，運值仲尼，則顏、冉之亞[200]，豈徒[201]俗之凡偶近器[202]而已者哉！階級名位[203]，亦宜超然[204]。若復隨輩而進[205]，非所以章瓌偉[206]之高價[207]，昭知人之絕明[208]也。傳曰：『函牛之鼎以亨雞，多汁則淡而不可食，少汁則熬而不可熟。』[209]此言大器[210]之於小用，固有所不宜也。邕竊悁邑[211]，怪此寶鼎[212]未受犧牛大羹[213]之和，久在煎熬臠割[214]之間。願明將軍[215]回謀垂慮[216]，裁加少納[217]，貢之機密[218]，展之力用[219]。若以年齒[220]為嫌，則顏回不得貫德行之首[221]，子奇[222]終無理阿之功[223]。苟堪其事[224]，古今一也。」

8 讓後以高才擢進[225]，屢遷，出為九江[226]太守，不以為能也。

9 初平[227]中，王室[228]大亂，讓去官還家。恃才氣，不屈曹操[229]，多輕侮[230]之言。建安[231]中，其鄉人有搆[232]讓於操，操告郡就殺[233]之。文多遺失。

【章　旨】以上是〈邊讓傳〉，記述邊讓的籍貫、才能和〈章華賦〉原文，以及被召出仕、藐視曹操在家被殺、作品大多遺失等情況。

【注　釋】❶陳留浚儀　陳留，郡名。治所在陳留縣（今河南開封東南陳留鎮）。浚儀，縣名。治今河南開封。❷辯博　學識廣博。❸屬文　撰寫文章。屬，綴連。❹淫麗　指辭采浮華豔麗。❺相如　指司馬相如。其為西漢中期以擅寫辭賦聞名於世的文學家。《史記》卷一一七和《漢書》卷五十七俱有傳。代表性作品為〈子虛賦〉、〈上林賦〉等。❻雲夢　古藪澤名。其範圍大致包括今湖南益陽、湘陰以北，湖北江陵、安陸以南，武漢以西地帶。❼荊臺　古臺名。在今湖北監利西。❽方淮　方指方城。為春秋時楚國北部的長城。由今之河南方城，循伏牛山，北至今鄧州。為古九塞之一。淮指淮河。為中國大河之一。全長約一千公里。源出河南桐柏山，東流經河南、安徽等省到江蘇省入洪澤湖。洪澤湖以下，主流出三河經高郵湖由江都縣三江營入長江。❾洞庭　湖名。在湖南北部，長江南岸。湘、資、沅、澧四水匯流於此，素有「八百里洞庭」之稱。湖中小山甚多，以君山最為著名。❿彭蠡之隩　彭蠡，澤名。今鄱陽湖的古稱。也作「彭麗」。位於江西北部，為贛江、修水、鄱江、信江等河的總匯。既富灌溉、航運之利，又盛產銀魚、鱖魚等。隩，水邊深曲處。⓫巫山之阿　巫山在四川、湖北交界處，北與大巴山相連，形如「巫」字，故名。長江穿流其中，形成三峽。阿，山腳下。⓬延目廣望　延目，放眼。廣望，四處眺望。⓭騁觀　縱目遠望。⓮左史倚相　人名。左史，複姓。其為楚國的史官。《左傳・昭公十二年》：「左史倚相趨過。（楚靈）王曰：『是良史也，子善視之。是能讀《三墳》、《五典》、《八索》、《九丘》。』」⓯遺老　延年卻老。⓰章華之臺　通稱章華臺，為楚靈王所修築的離宮。其故址或說在今湖北監利西北。臺高十丈，基廣十五丈。稱「華容之章華」。或說在今安徽亳州東南。因楚靈王樂乾溪風物而築此，仍襲用舊名，即「城父之章華」。《國語・吳語》：「昔楚靈王不君，其臣箴諫以不入。乃築臺於章華之上，闕為石郭陂漢，以象帝舜，罷弊楚國。」⑰木土之技　建築工程所擁有的全部技藝。木土，土木工程；建築工程。⑱單珍府之實　單，通「殫」。盡；竭盡。珍府，收藏寶物的倉庫。實，財富；財物。⑲淫宴　亦作「淫讌」。超越禮法規定的奢華宴會。⑳北里之新聲　北里，為古代一種放蕩的舞曲。《史記・殷本紀》：「帝紂……使師涓作新淫聲，《北里》之舞，靡靡之樂。」新聲，淫靡程度超過從前的新製作的樂曲。㉑伍舉　人名。春秋時期楚國的大夫，伍子胥的祖父。《國語・楚語上》：「靈王為章華之臺，與伍舉升焉。曰：『臺美夫？』對曰：『臣聞國君服寵以為美，安民以為樂，聽德以為聰，致遠以為明。不聞其以土木之崇高彤鏤為美，而以金石匏竹之昌大囂庶為樂；不聞其以觀大視侈淫色以為明，而以察清濁為聰也。……今君為此臺也，國民罷焉，財用盡焉，年穀敗焉，百官煩焉，舉國留之，數年乃成。』」本賦將伍舉列為代言人和主人公，蓋緣於此。㉒陳蔡　春秋時期兩個弱小的諸侯國。在魯昭公八年、十一年先後被楚靈王派兵攻滅，成為楚國新設的兩個縣。㉓生謀　指陳人、蔡人的復國行動。《左傳・昭公十三年》：「觀起之死也，其子從在蔡，事朝吳。……乃奉蔡公，召二子而盟於鄧，依陳、蔡人以國。楚公子比、公子黑肱、公子棄疾、蔓成然、蔡朝吳，帥陳、蔡、不羹、許、葉之師，因四族之徒，以入楚。」㉔冑高陽之苗胤　冑，指世系。高陽，五帝之一顓頊的稱號。苗胤，謂子孫後代。李賢注：「《帝系》曰：『顓頊娶於滕隍氏女而生老皇，是為楚先。』」㉕洪澤　巨大的恩惠。㉖列藩　拱衛王室的封國之一。㉗南楚　古地區名。春秋戰國時，楚國在中原南面，故後世稱之為南楚。其疆域北起淮漢，南至江南，約包括今安徽中部、西南部，河南東南部，湖南、湖北東部及江西等地區。秦漢時把楚國舊地分為西楚、東楚、南楚，合稱三楚。㉘威靈　顯赫的聲威。李賢注：「老童之後，鬻熊事周文王，早卒。至孫熊繹，周成王時封於楚。其後子孫隆盛，與齊、晉爭強。」㉙二伯　指齊桓公和晉文公。㉚有商　即商王朝。為商湯滅夏所建，都亳。中經幾次遷都，盤庚時遷至殷（今河南安陽小屯村），故亦稱殷。傳至紂，為周武王所滅。共歷十七代，三十一王。約當西元前十六至前十一世紀。㉛大彭　古國名。在今江蘇銅山縣，縣西有大彭山。《國語・鄭語》：「大彭、豕韋為商伯矣。」韋昭注：「殷衰，二國相繼為商伯。」㉜隆周　隆盛的周王朝。㉝兩虢　指西虢與東虢，俱為古國名。西虢係周文王弟虢仲的封地，故城在今陝西寶雞東。東虢係虢叔的封地，在今河南成皋虢亭。㉞皇佐　王室的輔佐。李賢注：「皇佐謂鬻熊佐文王也。」㉟高勳　巨大的功勳。㊱馳仁聲　施布仁德而獲得的聲譽。李賢注：「《左傳》曰：『楚自克庸以來，其君無日不討國人而訓之，于人生之不易，禍至之無日，戒懼之不可以怠。』此馳仁聲也。」㊲惠風　和風。用以比喻仁愛、仁惠。㊳神武電斷　神武，原謂以吉凶禍福威服天下而不用刑殺，後沿用為英明威武之意。雷斷，如雷電般做出決斷。形容來勢迅猛。(39)華夏肅清　華夏，中原地區。肅清，完全削平。(40)五服攸亂　五服，指王畿之外所劃定的政區。在王畿四周，各以五百里為一區劃，由近及遠分為侯服、甸服、綏服、要服、荒服，合稱五服。服，服事天子之意。攸，助詞。無實義。亂，反義相訓，治理。(41)垂精　猶言致力。(42)萬機　指君王日常處理的紛繁政務。(43)回輦　讓專車返回的意思。(44)門館　指宮掖或內寢。(45)中情　內心的思想感情。(46)嫵婉　安詳和美。(47)四海　猶言天下，全國各處。(48)妙珍　精妙的珍品。(49)生人　活人；人類。(50)祕玩　珍奇而罕見的賞玩器物。(51)爾乃攜窈窕　爾乃，更端發語詞。無實義。窈窕，指美麗的女子。形容嫻靜或美好。這裡用以指人。(52)好仇　好逑，即好配偶。《詩·關雎》：「窈窕淑女，君子好逑。」(53)徑肉林　徑，逕直穿過。肉林，謂食用之肉極多，懸掛如林。形容極度奢侈。《史記·殷本紀》：紂「以酒為池，縣肉為林。」(54)糟丘　積糟成丘。極言釀酒之多，沉湎之甚。《韓詩外傳》卷四：「桀為酒池，可以運舟，糟丘足以望十里，而牛飲者三千人。」(55)蘭肴山竦　佳餚如山聳立。蘭肴，猶言佳餚。李賢注：「蘭肴，芳若蘭也。」竦，高聳。(56)椒酒淵流　椒酒，指用椒浸製的酒。李賢注：「椒酒，置椒酒中也。」淵流，意謂如同深潭之水。(57)玄醴　甘美的泉水。(58)瑤臺　美玉砌成的樓臺。(59)彌日　終日。(60)宓妃　傳說中的洛水女神。(61)湘娥　即湘妃。指舜妃娥皇和女英。相傳二妃沒於湘水，遂為湘水女神。(62)齊倡　齊國的女樂。倡，樂家之女。(63)鄭女羅　鄭女，鄭國善於跳舞的女子。羅，陳列；排列。(64)激楚　歌曲名。(65)清宮　清脆的音調。宮，古代五聲音階的第一音級，這裡指代音調。(66)長歌　放聲高歌。(67)繁手　彈奏樂器的一種變化複雜的手法。(68)陽阿　古之名倡。陽阿善舞，後因以稱舞名。《淮南子·俶真》：「足蹀《陽阿》之舞，而手會《綠水》之趨。」高誘注：「陽阿，古之名倡也。《綠水》，舞曲也。」(69)金石　指鐘磬一類樂器。(70)絲竹　絃樂器和竹管樂器的統稱。(71)袿　即長襦。婦女的上服。劉熙《釋名·釋衣服》：「婦人上服謂之袿，其下垂者，上廣下狹如刀圭也。」(72)華文　即花紋。各種條紋或圖形。(73)羅衣飄颻　羅衣，指用輕軟絲織品製成的服裝。飄颻，飄蕩；飛揚。(74)組綺繽紛　組綺，指絲織的彩帶。繽紛，繁盛的樣子。(75)輕軀　輕巧的身軀。(76)迅赴　快速到位。(77)鵠　通稱天鵝。似雁而大，頸長，飛翔甚高，羽毛潔白。亦有黃、紅者。(78)華袂　華麗的衣袖。(79)逶迤　舒展自如的樣子。(80)遊龍　遊動的龍。比喻姿態婀娜。(81)歡嫵既洽　歡嫵，同「歡宴」。愉快地宴飲。洽，融洽。(82)向半　將近一半。(83)易調　轉換曲調。(84)響激　回聲激盪。(85)弱支　柔弱的肢體。支，「肢」的古字。(86)紆繞　回環旋轉。(87)綠繁　翠綠的枝條。比喻肢體婀娜。(88)垂幹　垂掛在樹幹上。(89)輕逝　輕輕消逝。(90)鸞　傳說中鳳凰一類的鳥。(91)天漢　天河；銀河。銀河由大量恆星構成，在晴天夜晚高空中呈現為銀白色的一條光帶，形如大河，故名。(92)定節　固定的節奏。(93)修短靡跌　修短，猶長短。靡跌，無差錯，無失誤。(94)長袖　長衣袖。多指舞衣。(95)妍媚　秀麗嫵媚。這裡指代歌女舞女。(96)巧弄　靈巧的演唱和舞蹈技藝。(97)俯仰異容　俯仰指一舉一動。異容謂姿態各異。(98)神化　意謂出神入化。形容技藝達到了絕妙的境界。(99)輕鴻　輕盈迅捷的鴻鵠。(100)榮曜春華　容貌比春天的花朵還豔麗照人。(101)柳惠　指春秋時期魯國大夫柳下惠。其被譽為坐懷不亂的君子。他曾夜宿城門，遇一無家女子，恐其凍傷，而使坐於己懷，以衣裹之，竟宿而無非禮行為。見《荀子・大略》及《詩・巷伯》毛傳所述。(102)咨嗟　讚歎。(103)天河　銀河。這裡指代夜光。(104)淫樂　靡靡之音。指不同於正統雅樂的俗樂。(105)清籥發徵　籥，古代的管樂器，有吹籥、舞籥兩種。吹籥似笛而短小，三孔；舞籥長而六孔，可執作舞具。徵，指宮、商、角、徵、羽五音中的徵音級。(106)軼　通「逸」。飛迸。(107)比目　即比目魚。古代認為此魚一目，須兩兩相併始能游行，故以比喻形影不離的情侶。(108)孤雌　失偶的雌鳥。(109)考　完成。(110)廣夏　亦作「廣廈」。高大的房屋。(111)黃軒　指傳說中的五帝之首黃帝。黃帝號軒轅氏。(112)要道　切要的方法。指房中術。(113)西子　即西施。為春秋後期越國的美女。(114)毛嫱　即毛嬙，古代美女名。《管子・小稱》：「毛嬙，西施，天下之美人也。」(115)素附　雪白的臂附。(116)便娟　輕盈美好的樣子。(117)嬋媛　姿態美好。(118)流風　長風。(119)靡草　倒伏的青草。(120)儀操　儀容舉止。(121)姣麗　姣美明麗。(122)清夜晨　意為清靜的夜晚已變成早晨。(123)妙技單　意為奇妙的技藝已全部表演完畢。單，同「殫」。盡；畢。(124)尊俎　古代盛酒肉的器皿。尊，盛酒器，俎，置肉之几。常用為宴席的代稱。(125)徹鼓盤　徹，撤去；撤除。鼓盤，指鐘鼓和舞蹈。盤，謂《七盤》。為古代舞蹈名。即在地上排盤七個，舞者穿長袖舞衣，在盤的周圍或盤上舞蹈。張衡〈舞賦〉云：「歷《七槃》而縱躡。」(126)惘焉若酲　意為憂思襲來好像酒醉已醒。(127)撫劒　按劍。(128)理國　治國。(129)稼穡　泛指農業生產活動。耕種曰稼，收穫曰穡。《尚書・無逸》：「厥父母勤勞稼穡，厥子乃不知稼穡之艱難。」(130)呂尚　西周的開國元勳，齊國的始祖。事詳《史記・齊太公世家》。(131)佐周　指輔佐周武王滅商建周。《詩・大明》：「維師尚父，時維鷹揚。涼彼武王，肆伐大商，會朝清明。」(132)管仲　春秋時期的政治家。事詳《史記・管晏列傳》。(133)輔桓　指輔佐齊桓公首次建立霸業。《論語・憲問》：「管仲相桓公，霸諸侯，一匡天下。」(134)超世　異乎尋常。(135)作理　從事治理。(136)沈湎　沉溺。(137)女樂　歌舞伎。(138)夏禹　傳說中的治水英雄，夏王朝的奠基人。事詳《史記・夏本紀》。(139)卑宮　使宮室低矮狹小。《論語・泰伯》：「子曰：『禹，吾無間然矣。……卑宮室而盡力乎溝洫。』」(140)有虞　指舜。有，詞頭。傳說舜受堯禪，都蒲阪。故址在今山西永濟東南。《史記・五帝本紀》集解：「皇甫謐曰：舜嬪于虞，因以為氏。」(141)土階　亦作「土堦」。土臺階。謂居室簡陋。《子華子・晏子問黨》：「嬰聞之，堯不以土階為陋，而有虞氏怵戒於涂髹，其尚儉之謂歟？」(142)英奇　才智超群的人。(143)仄陋　指不為人所注重的社會下層或鄙陋之處。(144)髦秀　才俊之士。(145)蓬萊　蓬蒿草萊。借指草野。(146)明哲　明智睿哲。(147)百

撰時敘　百官職事都步入正軌。語出《尚書・舜典》。148庶績咸熙　各種政事都興旺發達。熙，興盛。語出《尚書・舜典》。149慕義　仰慕道義。150不召同期　未加宣召而主動在同一時間抵達同一地點。《史記・周本紀》：「九年，武王上祭於畢，東觀兵至於盟津。……是時諸侯不期而會盟津者八百諸侯。」151絕軌　遠跡。指祖先的事跡。152成莊　指楚成王和楚莊王。楚成王先後與齊桓公、晉文公爭霸中原，楚莊王則終成霸業。詳見《左傳》和《史記・楚世家》。153洪基　盛大的基業。指稱霸中原。154一匡　使天下得到匡正。《史記・齊太公世家》：「寡人兵車之會三，乘車之會六，九合諸侯，一匡天下。」155大持　謂主持盟會，號令天下諸侯。156虔報　虔誠的報謝。157肅恭　端嚴恭敬。指對周天子的態度。158上京　古代對國都的通稱。這裡用以指代仍有天下共主之名的周王室。159淳化　淳厚的教化。160黎元　黎民百姓。161歷世　代代相傳。162大將軍何進　大將軍，原為漢代掌管領兵征伐之事的最高將領，後來變成文職的宰輔之官，又由榮譽稱號變成權勢極大的實職，多由外戚充任。何進，為東漢靈帝何皇后的異母兄長。其以外戚身分輔佐朝政。事詳本書卷六十九。163詭　假稱。164署令史　署，委任；任命。令史，官名。秩百石。漢制，三公府及大將軍府皆置令史，其中閣下令史掌閣下威儀之事，記室令史掌上章表書記，門下令史掌府門，其餘令史各掌本曹文書。165占射　占對。即隨機應對。166辭對　答對；應答。167府掾　大將軍府的屬官。漢代從中央到地方各級政府，均由主管長官自行聘用佐助官吏和具體辦事人員，分曹（猶今「處」、「科」）以治事。其正職稱掾，副職曰屬。又通稱掾屬或掾史、掾吏、掾曹等。168孔融　東漢末葉的名士，孔子第二十世孫。本書卷七十有傳。《太平御覽》引《邊讓別傳》：「讓才辯俊逸。孔融薦讓於武帝曰：『邊讓為九州之被則不足，為單衣襜褕則有餘。』」169王朗　人名。《三國志・魏書》卷十三有傳。170修刺　製作和呈遞名片。刺，名片。古代把本人的姓名用筆書寫在簡牘或紙上，故曰刺。171議郎蔡邕　議郎，漢代郎官之一種。掌顧問應對，無常事，唯詔令所使。蔡邕，東漢後期的文學家與藝術家。本書卷六十有傳。172伏惟　亦作「伏維」。下對上的敬辭。多用於奏疏或信函。謂念及；想到。173幕府　本指將帥在外的營帳，後亦泛指軍政大吏的府署。174清英　謂精英人物。175華髮舊德　華髮，白髮。指經驗豐富的老年人。舊德，德高望重的老臣。176元龜　古代用於占卜的大龜。喻指可供諮詢參謀的人士。177振鷺　群飛的白鷺鳥。喻指操行純潔的在朝賢人。178西雍　亦作「西雝」或「西廱」。古代位於都邑西郊的澤宮。指周天子四門之學的辟雍，即專門招收和培養貴族子弟的高等學府。《詩・振鷺》：「振鷺于飛，於彼西雝。」《毛傳》：「雝，澤也。」179濟濟　濟濟多士的略語。即眾多的賢士。濟濟，眾多的樣子。180周庭　西周的王庭。《詩・文王》：「王國克生，維周之楨。濟濟多士，文王以寧。」181逸才　超群出眾的才能。182髫齓夙孤　髫齓，亦作「髫齔」。謂幼年。髫，指兒童下垂的髮辮。齓，「齔」的異體。謂兒童換齒。自乳齒脫換為成人的牙齒。夙孤，早年喪父，成為孤兒。183家訓　家長在立身、處世、為學等方面對子孫的教誨。184學廬　學舍；學校。185大典　重要的典籍。186諸經　主要指《五經》亦即《易》、《書》、《詩》、《儀禮》、《春秋》而言。187章句　以分章析句為特點的一種解說經書的方式，引申為句讀訓詁之學。188逮其意　意為達到他所理解的程度。189心通性達　內心通明，性情曠達。190口辯辭長　能言善辯，辭語優長。191法　法則；法度。192狐疑之論　看似有理又令人懷疑的說法。193嫌審之分　疑惑和真確的區別。194交至　一起來到。195撿括參合　撿括，指法度。參合，謂驗證相合。196寂　沉默不語。謂再也發表不出其他的看法來。197奪　用強力使之動搖、改變。198唐　指堯。相傳堯初封於陶，後徙於唐，號稱陶唐氏。治地在今山西臨汾西南。199元凱之次　元、凱指八元、八凱，分別為傳說中高辛氏時期、高陽氏時期的八個才子。《左傳・文公十八年》：「昔高陽氏有才子八人：蒼舒、隤敳、檮戭、大臨、尨降、庭堅、仲容、叔達，齊聖廣淵，明允篤誠，天下之民謂之『八愷』。高辛氏有才子八人：伯奮、仲堪、叔獻、季仲、伯虎、仲熊、叔豹、季貍，忠肅共懿，宣慈惠和，天下之民謂之『八元』。」次，第二。200顏冉之亞　顏冉，指孔子的高徒顏淵和冉有。在孔門四種科目中，顏淵以德行聞名，冉有以政事著稱。《論語・先進》：「德行：顏淵、閔子騫、冉伯牛、仲弓。言語：宰我、子貢。政事：冉有、季路。文學：子游、子夏。」亞，僅次一等。201徒　僅僅。202凡偶近器　謂平庸之輩，普通人才。203階級名位　官職與品位的既定等級。204超然　脫離開；越過去。205隨輩而進　按資歷步步晉升。206瓌偉　亦作「瑰偉」。謂人品、才幹卓異。207高價　特別高的價值。208絕明　英明至極。209傳曰四句　傳指古代典籍。函牛，謂能容納一頭牛，指大鼎。《呂氏春秋・應言》：「白圭謂魏王曰：『市丘之鼎以烹雞，多洎之則淡而不可食，少洎之則焦而不熟。』」210大器　寶器。比喻有大才、能擔當大事的人。211悁邑　亦作「悁悒」。憂鬱。212寶鼎　寶貴的銅鼎。既為炊器，又為盛熟牲的器皿，屬於宗廟禮器中的重器。有方、圓兩種，圓鼎兩耳三足，方鼎兩耳四足。自商周便已盛行。213犧牛大羹　犧牛，古代祭祀用的純色牛。大羹，不和五味的肉汁。214臠割　碎割。這裡指切成塊、片形狀的魚、肉。215明將軍　對何進的敬稱。216回謀垂慮　轉變通常的謀劃方式，賜給特殊的考慮。217裁加少納　裁決中略予採納。少，稍略；略微。218機密　指掌管機要大事的部門，即尚書臺。219力用　能力與作用。220年齒　年齡。221貫德行之首　貫，按順序排列。德行，孔門四種科目之一。222子奇　戰國時齊國的年輕官員。223理阿之功　阿，地名。清陳厚耀《春秋戰國異辭》卷四十一引劉向《新序》(今本無其文)：「昔子奇年十八，齊君使之治阿。既行矣，悔之，使使追之。未到阿及之，還之；已到，勿還也。使者及之而不還。君問其故，對曰：『臣見所以共載者，白首也。夫以老者之智，以少者決之，必能治阿矣。是以不還。』既而魏起兵擊阿，邑人父率子，兄率弟，以私兵戰，立破魏師。」224苟堪其事　如果力勝其任。225擢進　提拔進用。226九江　郡名。

治所在陰陵縣（今安徽定遠西北）。227初平　東漢獻帝劉協年號，西元一九〇—一九三年。228王室　指東漢以天子為首的中央政府。229曹操　三國魏政權的奠基人和建安文學的傑出代表。事詳《三國志・魏書・武帝操》。230輕侮　輕視侮辱。231建安　東漢獻帝劉協年號，西元一九六—二二〇年。232搆　誣陷；陷害。233就殺　到家中就地斬殺。《文選・陳琳・為袁紹檄豫州》：「故九江太守邊讓英才俊偉，天下知名，直言正色，論不阿諂，身首被梟懸之誅，妻孥受灰滅之咎。」呂延濟注：「斬首懸之曰梟。孥，子也。操為兗州，邊讓言議。讓頗侵於操，操殺讓而族其家，故云灰滅也。」

【語　譯】邊讓，字文禮，是陳留郡浚儀縣人。他從年輕時就學識廣博，很會寫文章。曾創作了一篇〈章華賦〉，盡管其中堆砌了許多浮華豔麗的辭藻，但最後仍用正道來結尾，也像當年司馬相如作諷喻一樣。原文說：

2　「楚靈王遊覽完雲夢澤，就在荊臺上歇息。前面是依傍方城在流動的淮水，左邊是洞庭湖泛起的波濤，向右觀看鄱陽湖畔轉彎的地方，朝南眺望巫山的山麓。放眼四處觀看，極目遠望一整天。回頭對左史倚相說：『這裡給人帶來的歡樂真是太大了，可以延年卻老，讓人忘掉死亡！』於是就營造章華臺，修築乾谿宮室，用盡土木工程所擁有的全部技藝，耗光倉庫所收藏的一切財物，動用全國民眾的力量進行營建，歷經好幾年才竣工修成。於是擺設整夜不散的奢華宴會，表演放蕩的《北里》舞曲和新製作的淫靡樂曲。在這時伍舉預測到陳、蔡二國要採取復國行動了，就撰寫這篇賦來諷喻楚靈王：

3　『作為高陽氏的子孫後代啊，繼承了聖明先王的巨大恩惠。在南楚建立起拱衛王室的國家啊，顯赫的聲威與齊桓公、晉文公對等。超越商代的大彭啊，勝過隆盛姬周的西虢與東虢。建立起王室輔佐的巨大功勳啊，仁德的聲譽傳揚到四面八方。繼承仁政而像和風般在春天裡普遍施布，英明威武如同雷閃雷鳴那樣迅猛，華夏一帶完全削平，天下各地得到治理。從清晨致力於紛繁的政務啊，到傍晚讓專車返回內宮。擺設下整夜不散的歡飲啊，舒展安詳和美的心情。品嘗天下所有的精妙珍品啊，享盡人生的希奇玩樂。

4　『手挽著美麗的女子，讓中意的配偶跟在後面，逕直穿過肉林，登上糟丘，佳餚如山聳立，椒酒好似深潭之水聚積。在清池裡激起甘美的泉水，伴隨著微風駕舟前行。登上瑤臺回頭看，希望終日這樣來解除憂愁。於是宣召宓妃，命令湘娥，讓齊國的女樂排好隊，叫鄭國的舞女陳列開。飄揚起《激楚》樂曲的清脆音調，推出新歌曲放聲高唱。變化複雜的彈奏手法超過了《北里》，美妙的舞蹈比《陽阿》還要華麗。金石樂器按類別敲擊，絃樂管樂分種類演奏。披著輕柔的長襦，拖著帶花紋的下擺，羅衣飄動，彩帶繁盛。騰起輕靈的身軀迅速到位，就像離群的天鵝；抖動華麗的衣袖舒展自如，就像遊龍升入雲中。這時歡快的宴飲已經心滿意足，漫長的夜晚將要過半，琴瑟又開始轉換曲調，彈奏又改變了手法，清妙的旋律湧出而回聲激盪，微弱的尾音消逝而流轉散去。躍動柔細的肢體而回環旋轉，就像繁茂的翠綠枝條垂掛在樹幹上，突然間又飄動飛揚而輕輕消逝，宛若鸞鳥飛向天河。舞蹈沒有不變的姿態，鼓聲沒有固定的節奏，追尋原聲就有回聲相應，或長或短絲毫不差。長袖舞動挾帶出和風，歌聲激揚而縈繞纏結。那些嫵媚的歌舞女子依次進前，靈巧的演唱和舞蹈技藝層出不窮，一舉一動，姿態各異，恍惚間出神入化。軀體比輕盈的鴻鵠還要迅捷，容貌比春天的花朵還要豔麗照人，前進就像浮動的彩雲，後退就像湍急的波浪。即使是柳下惠再生，能不讚歎！這時銀河已經失去光輝，可那靡靡之音還沒有終結，清幽的籥管發出徵音，《激楚》樂曲像風聲在飄揚。於是音氣從管絃中發出，響聲飛迸到高空的雲中。比目魚應和著節奏雙雙閃跳，失偶的雌鳥受到聲音的感召而呼叫雄鳥。深為彈奏手法的輕妙而讚歎不已，更對新曲調的愈發淫靡而表示稱許。這時各種技藝變化已經窮盡，諸般樂舞演奏也已完畢。回到清涼的高大屋宇內，修習黃帝軒轅氏的重要房中術。挽起西子柔嫩的手腕，牽住毛嬙雪白的臂肘。形體輕盈又姿態美好啊，就像伴隨長風而倒伏的青草。欣賞儀容舉止的姣美明麗啊，恍惚間不記得自我存在而忘記了衰老。

5 「清靜的夜晚終於變成早晨，奇妙的技藝已經全部表演完畢，收起各種器皿，撤去所有的鐘鼓樂器。朦朧中憂思襲來好像酒醉已醒，按住寶劍不由得歎息。想到治國仰賴賢才，體悟到農耕的艱難。深感呂尚輔佐周室值得讚揚，頓覺管仲輔佐齊桓公應予肯定。需要異乎尋常地從事治理，怎能沉湎在這類歡樂中！於是罷去歌舞伎，拆毀瑤臺。追思夏禹使自己的宮室低矮狹小，仰慕虞舜把居室修得很簡陋。從社會下層選取才智超群的人士，從草野之間提拔優秀卓異的人才。君王明智睿哲又能鑑察他人的品行與才能，官職授給勝任者又讓能人來擔當。百官職事都步入正軌，各種政事都興旺發達。諸侯仰慕道義，不用號召就都主動在同一時間抵達同一地點。接續祖先的事跡，擴展成王和莊王的盛大基業。即使是齊桓公的一匡天下，又哪能和主持天下盟會的楚王相比擬？用仁愛去撫育，用明智去統領。向鬼神獻上虔誠的報謝心意，對周王室表示端嚴恭敬的態度。向百姓施布淳厚的教化，使國家代代相傳，永遠太平。』

6 大將軍何進聽說邊讓的才華與名望，打算徵召使用他，但又擔心他拒不前來，就假稱有軍旅要事因而徵召他。他來到後，被任命為令史，何進按照禮節會見他。邊讓擅長隨機應對，很會當場對答，當時賓客滿堂，沒有誰不羨慕他的風采。府掾孔融、王朗都製作和呈遞名片，等待和他晤面。

7 議郎蔡邕十分敬重他，認為邊讓應在高級官位上供職，就向何進推薦說：「我私下想來，大將軍府署剛剛開設，廣泛選取精英人物，經驗豐富的老年人和德高望重的老臣都是諮詢參謀的人士。即使像當年群飛的白鷺鳥集合在都邑西郊的澤宮，眾多的賢士布滿姬周的王庭，也是無法超過目前這種盛況的。我私下觀察令史陳留人邊讓，上天對他賦予了超群出眾的才能，視聽靈敏，賢能明智。幼年就成為孤兒，未能受到良好的家庭教育。等到進入學校，便接觸重要的典籍。初步涉獵到各種經典，就能看出本源所在，明瞭其中的大義，教師不能回答他所提出的問題，章句達不到他所理解的程度。內心通明，性情曠達，能言善辯，詞語優長。不符合禮制的事情不去做，不符合法則的話語不去說。如果遇到看似有理又令人懷疑的說法，需要確定疑惑和真確的區別，那就引經據典一起擺出，相互驗證切合法度，眾人便都不再發表其他看法，沒有誰能用強力使他改變自己做出的結論。假設邊讓生在唐堯虞舜時代，那就屬於僅次於八元、八凱的人物；如果時運讓他得遇仲尼，那就屬於僅次於顏回、冉有的賢士，哪裡僅僅是普通人才而已呢！對官職與品位的既定等級，也應適當超越過去。如果只按資歷步步晉升，那就不是彰明人品才幹卓異者身價特高、顯示朝廷鑑察人才英明至極的辦法了。傳世古書上說：『拿能容納一頭牛的大鼎去烹煮小雞，汁太多就味淡讓人吃不下去，汁太少就煎熬熟不了。』這是說大器皿派上小用場，本來就不協調啊。我蔡邕私下很憂鬱，對這樣的寶鼎沒用它去一塊烹煮犧牛和大羹，卻長久用在煎熬細碎魚肉片上，感到很奇怪。希望明將軍轉變通常的謀劃方式，賜給特殊的考慮，在做裁決時稍略採納一下我的建議，把邊讓推舉到掌管國家機要大事的部門，讓他充分發揮出自己的能力與作用。如果仍把年齡太輕看成是不好辦的事情，那麼顏回就無法按順序排列在德行科的第一位了，子奇到最後也不會取得治理阿邑的功績了。倘若力勝其任，古今本來是一樣的。」

8 邊讓後來憑藉才智過人得到提拔進用，經過多次升遷，被調離京師去當九江太守，但人們並不感到他很能幹。

9 獻帝初平年間，王室大亂，邊讓就辭去官職，返回家鄉。他倚仗自己有才氣，不向曹操屈服，對曹操時常講出輕蔑侮辱的話語。到建安年間，同鄉中有人向曹操誣陷邊讓，曹操就通知陳留郡，直接到邊讓家中把他斬殺。他撰寫的文章多數都失傳了。

1 酈炎，字文勝，范陽❶人，酈食其之後也。炎有文才，解音律❷，言論給捷❸，多服其能理❹。靈帝❺時，州郡辟命，皆不就。有志氣，作詩二篇曰：

2 「大道夷且長❻，窘路狹且促❼。脩翼無卑棲❽，遠趾不步局❾。舒吾陵霄羽❿，奮此千里足⓫。超邁絕塵驅⓬，倏忽⓭誰能逐。賢愚豈常類⓮？稟性⓯在清濁⓰。富貴有人籍⓱，貧賤無天錄⓲。通塞⓳苟由己，志士不相卜⓴。陳平敖里社㉑，韓信釣河曲㉒。終居天下宰㉓，食此萬鍾祿㉔。德音㉕流千載，功名重山岳。

3 「靈芝㉖生河洲㉗，動搖因洪波。蘭榮一何㉘晚？嚴霜瘁其柯㉙。哀哉二芳草，不植太山阿㉚。文質㉛道所貴，遭時用有嘉㉜。絳、灌臨衡宰㉝，謂誼崇浮華㉞。賢才抑不用，遠投荊南沙㉟。抱玉乘龍驥㊱，不逢樂與和㊲。安得孔仲尼，為世陳四科㊳？」

4 炎後風病恍忽㊴。性至孝，遭母憂㊵，病甚發動㊶。妻始產而驚死㊷，妻家訟㊸之，收繫獄㊹。炎病不能理對㊺，熹平㊻六年，遂死獄中，時年二十八。尚書盧植㊼為之誄讚㊽，以昭其懿德㊾。

【章　旨】以上是〈酈炎傳〉，記述酈炎的籍貫、家世、文才與藝能、患瘋病、遭遇官司、死於獄中等情況，以及撰寫〈見志詩〉的緣由，並照錄原詩二首。

【注　釋】❶范陽　東漢侯國名。治今河北定興西南固城鎮。❷音律　泛指音樂。❸給捷　敏捷。❹能理　謂能以理服人。❺靈帝　東漢第十一代皇帝。名宏，卒諡孝靈。詳見本書卷八。❻夷且長　平坦又漫長。❼窘路狹且促　逼窄的道路狹小又很短。窘路，逼窄的道路。❽脩翼無卑栖　脩翼，指生有一雙長翅膀的大鵬鳥。卑栖，謂低窪的落腳夜宿的地方。❾遠趾不步局　遠趾，指能邁向遠方的雙腳。步局，謂在狹隘的圈子裡走動。❿陵霄羽　直上雲霄的翅膀。⓫千里足　能行千里的雙腳。⓬超邁絕塵驅　超邁，指超越的速度。絕塵驅，意謂飛揚的灰塵也趕不上。絕，勝過；超過。⓭倏忽　亦作「倏忽」。形容行動急速。⓮常類　指一般的人或物。⓯稟性　猶天性。指天賦的品性資質。⓰清濁　清氣與濁氣。比喻人事的優劣、善惡、高下等。⓱人籍　猶言百官花名冊。凡在冊者，方可通報姓名，被引領入宮。⓲天錄　謂姓名被圖籍所載錄。李賢注：「天錄謂若蕭、曹見名於圖書。」⓳通塞　謂境遇的順利與阻塞。⓴相卜　相面和占卜。㉑陳平敖里社　陳平，為西漢王朝的開國元勳。事詳《史記・陳丞相世家》及《漢書・陳平傳》。敖，通「傲」。傲視。里社，古代里中祭祀土地神的處所。〈陳丞相世家〉：「平既娶張氏女，齎用益饒，遊道日廣。里中社，平為宰，分肉食甚均。父老曰：『善！陳孺子之為宰。』平曰：『嗟乎！使平得宰天下，亦如是肉矣。』」㉒韓信釣河曲　韓信，西漢王朝的開國元勳，與蕭何、張良合稱「三傑」。事詳《史記・淮陰侯列傳》及《漢書・韓信傳》。河曲，河流轉彎的地方。〈淮陰侯列傳〉：「食時信往，不為具食。信亦知其意，怒竟絕去。信釣於城下。」張守節《正義》：「淮陰城北臨淮水，昔信去下鄉而釣於此。」㉓天下宰　主管天下的最高官員。指丞相而言。㉔萬鍾祿　指異常優厚的俸祿。鍾，古代容量單位。或合六斛四斗、或合八斛、或合十斛為一鍾。㉕德音　美好的名聲。㉖靈芝　傳說中的一種仙草。㉗河洲　河中可居的陸地。㉘一何　為何。㉙瘁其柯　瘁，損害。柯，枝莖。㉚太山阿　泰山腳下。泰山為五嶽之首，在今山東中部。㉛文質　文采與質樸。㉜嘉　值得讚許的地方。㉝絳灌臨衡宰　絳，指西漢爵封絳侯、官居太尉的周勃。事詳《史記．絳侯周勃世家》及《漢書．周勃傳》。灌，指西漢爵封穎陽侯、官至丞相的灌嬰。事詳《史記．樊酈滕灌列傳》及《漢書．灌嬰傳》。衡宰，太宰和阿衡，相當於後世的相國、丞相。㉞謂誼崇浮華　誼，指西漢政論家賈誼。《史記》卷八十四、《漢書》卷四十八各有傳。浮華，講究表面上的華麗，不務實際。㉟荊南沙　南方的長沙國。荊南，泛指南方。㊱抱玉乘龍驥　懷中抱持的寶玉，可供乘坐的駿馬。龍驥，駿馬。㊲樂與和　指伯樂、卞和二人。伯樂，為春秋秦穆公時人，以善相馬著稱。詳見《列子．說符》。卞和，為春秋時楚人。相傳他得玉璞，先後獻給楚厲王和楚武王，都被視為欺詐，受刑砍去雙腳。楚文王即位，他抱璞哭於荊山下，文王使人琢璞，得寶玉，名為和氏璧。詳見《韓非子．和氏》。㊳四科　孔門的四種科目。指德行、言語、政事、文學。㊴風病慌忽　風病，瘋病。指神經錯亂，精神失常。慌忽，亦作「慌惚」。謂神智不清。㊵母憂　母親的喪事。㊶發動　發作。㊷驚死　受驚嚇而身亡。㊸訟　控告。㊹收繫獄　拘禁在牢獄中。㊺理對　公堂對質。㊻熹平　東漢靈帝劉宏年號，西元一七二—一七八年。㊼尚書盧植　尚書，尚書臺所屬官員的一種官稱。尚書臺又稱中臺，是東漢時專設的一個協助皇帝處理政務的機構，下分六曹，每曹均設尚書一人，各掌其事。詳見本書〈百官三〉。盧植，東漢後期的經學家和開館授徒的儒士。本書卷六十四有傳。㊽誄讚　用以表彰死者德業功績並致以哀悼之情的文章。㊾懿德　美德。

【語　譯】酈炎，字文勝，是范陽人，西漢酈食其的後代。酈炎具有文學創作的才能，通曉音樂，言詞敏捷，人們大多都佩服他說理透徹。靈帝時，州郡徵召任用他，他都不去赴任。他特有志氣，作詩二篇說：

2 「寬闊的道路平坦又漫長，逼窄的道路狹小又很短。生有一雙長翅膀的大鵬鳥不在低窪的地方棲息，能邁向遠方的雙腳不在狹隘的圈子裡走動。舒展我那直上雲霄的翅膀，奮揚我那能行千里的雙腳。超越的速度勝過飛揚的灰塵，行動急速又有誰能夠趕上。賢能和愚蠢哪裡只是一般的類別？天性就決定了高下優劣。富貴者享有通報姓名能入宮的權利，貧賤者沒有被載入典籍的資格。境遇的順利與阻塞如果取決於自己，那麼有志之士就不去相面和占卜。陳平曾在里社傲視天下，韓信曾在河流轉彎處釣魚。最終都成為主管天下的高官，領取到異常優厚的俸祿。美好的名聲流傳千載，功名比山岳還要重。

3 「靈芝生長在河中小洲上，受大波浪的衝擊而動搖。蘭花盛開為何那麼晚？凜冽的霜露損害了它的枝莖。這兩種芳草令人悲哀呀，未能生長在泰山的腳下。文采和質樸屬於治國綱領所看重的內容，遇到時運真被施用才有值得讚許的地方。絳侯和灌嬰官居宰相，卻說賈誼崇尚浮華。賢才受壓制得不到重用，竟被遠遠貶到荊南的長沙。懷中抱持寶玉乘著駿馬，卻碰不上伯樂與卞和。怎樣才能遇到孔仲尼，為世上陳列那四科？」

4 酈炎後來患上了瘋病，神智不清。他天性極其孝順，不幸遇到了母親的喪事，病情發作得十分厲害。妻子恰好生第一胎，受他驚嚇而身亡，妻家就向官府控告他，他被拘禁在牢獄中。酈炎因病無法對質公堂，到熹平六年死在牢獄中，當時只有二十八歲。尚書盧植為他撰寫誄讚，用來彰顯他的美德。

侯瑾，字子瑜，敦煌❶人也。少孤貧，依宗人❷居。性篤學❸，恆傭作為資❹，暮還輒爇柴❺以讀書。常以禮自牧❻，獨處一房，如對嚴賓❼焉。州郡累召，公車有道徵❽，並稱疾不到。作矯世論以譏切❾當時。而徙❿入山中，覃思⓫著述。以莫知於世，故作應賓難以自寄⓬。又案漢記⓭撰中興⓮以後行事⓯，為皇德傳三十篇，行於世。餘所作雜文數十篇，多亡失。河西⓰人敬其才而不敢名之，皆稱為侯君云。

【章　旨】以上是〈侯瑾傳〉，記述侯瑾的籍貫、孤貧傭作與專心好學、注重自我修養，和謝絕徵召、撰寫史著《皇德傳》以及雜文創作和贏得「侯君」之稱等情況。

【注釋】❶敦煌　郡名。治今甘肅敦煌西。❷宗人　同族之人。❸篤學　專心好學。❹傭作為資　傭作，受雇替人打工。為資，作為謀生的手段。❺爨柴　燃柴。爨，「燃」的古字。❻自牧　自我修養。❼嚴賓　猶貴賓。❽公車有道徵　公車，為漢代官署名。乃係九卿之一衛尉的下屬機構，設公車令，負責宮殿司馬門的警衛工作，以及天下上事及徵召等事宜。有道，漢代選舉官吏的科目之一。指有道德或有才藝者。徵，徵召。❾譏切　譏刺；勸導。❿徙　移居。⓫覃思　深思。⓬自寄　寄託自己的心志。⓭漢記　《東觀漢記》的略稱。其為東漢官修的紀傳體當代史。久已失傳，今有輯本行世。⓮中興　謂國家由衰落而重新振興。此指光武帝劉秀建立東漢王朝、恢復劉氏家天下統治而言。⓯行事　事跡。⓰河西　地區名。指今甘肅、青海兩省黃河以西，即河西走廊與湟水流域。

【語譯】侯瑾，字子瑜，是敦煌人。他從年紀很輕就孤苦貧寒，依附同族人生活。他生來就專心好學，常靠替人打工來養活自己，傍晚回到家中，就燃起柴草，借光亮讀書。總是按禮法加強自我修養，獨自一人住在一間房室內，就像面對貴賓一樣。州郡多次召用他，朝廷公車官署又特用有道的名義徵召他，他都藉口有病不去赴任。曾撰寫《矯世論》，用來譏刺當時的社會風氣。後來移居到山中，深思著述事宜。鑑於自己不被世人所聞知，因而撰寫了一篇〈應賓難〉，藉以寄託自己的心志，又考察《漢記》載述王朝中興以後事跡的內容與體例，寫成《皇德傳》三十篇，在世上流傳。其餘所創作的幾十篇雜文，大多失傳了。河西人敬重他的才學而不敢直接叫他的名字，都把他稱作「侯君」。

1 高彪，字義方，吳郡無錫❶人也。家本單寒❷，至彪為諸生❸，遊太學❹。有雅才❺而訥於言❻。嘗從馬融❼欲訪大義❽，融疾不獲見，乃覆刺❾遺融書曰：「承服風問❿，從來有年，故不待介者⓫而謁大君子⓬之門，冀一見龍光⓭，以敘腹心之願⓮。不圖遭疾，幽閉莫啟⓯。昔周公旦父文兄武⓰，九命作伯⓱，以尹華夏⓲，猶揮沐吐餐(19)，垂接白屋(20)，故周道(21)以隆，天下歸德(22)。公(23)今養痾(24)傲士，故其宜也。」融省書慚，追謝(25)還之，彪逝(26)而不顧。

2 後郡舉孝廉，試經(27)第一，除郎中(28)，校書東觀(29)，數奏賦、頌、奇文，因事諷諫(30)，靈帝異之。時京兆第五永(31)為督軍御史(32)，使督幽州(33)，百官大會，祖餞(34)於長樂觀(35)。議郎蔡邕等皆賦詩，彪乃獨作箴曰：「文武(36)將墜，乃俾俊臣(37)。整我皇綱(38)，董(39)此不虔(40)。古之君子，即戎忘身(41)。明其果毅(42)，尚(43)其桓桓(44)。呂尚七十(45)，氣冠三軍(46)。詩人作歌，如鷹如鸇(47)。天有太一(48)，五將三門(49)；地有九變(50)，丘陵山川；人有計策，六奇五間(51)：總茲三事，謀則咨詢(52)。無曰己能，務在求賢。淮陰(53)之勇，廣野(54)是尊。周公大聖，石碏純臣(55)。以威克愛(56)，以義滅親。勿謂時險(57)，不正其身。勿謂無人，莫識己真(58)。忘富遺貴，福祿(59)乃存。枉道依合(60)，復無所觀(61)。先公高節(62)，越(63)可永遵。佩藏斯戒，以厲終身。」邕等甚美其文，以為莫尚(64)也。

3 後遷外黃令，帝勑同僚(65)臨送(66)，祖(67)於上東門(68)，詔東觀畫彪像以勸學者。

4 彪到官，有德政，上書薦縣人申徒蟠等。病卒於官，文章多亡。子岱(69)，亦知名。

【章　旨】以上是〈高彪傳〉，記述高彪的籍貫、為人特徵和〈遺馬融書〉、〈督軍御史箴〉原文，以及校書東觀，所作文章大多失傳等情形。附帶言及其子高岱的簡況。

【注　釋】❶吳郡無錫　吳郡，郡名。治今江蘇蘇州。無錫，侯國名。治今江蘇無錫。❷單寒　謂出身貧賤，家世低微。❸諸生　眾儒生。❹太學　設於京師的國家最高學府。西漢自武帝時始置太學。東漢太學大為發展。順帝時有二百四十房，一千八百五十室。質帝時，太學生達三萬人。❺雅才　亦作「雅材」。異乎尋常的才智。❻訥於言　不善於講話。訥，出言遲鈍，口齒笨拙。❼馬融　東漢著名經學家。本書卷六十有傳。❽大義　指經書的主旨要義。❾覆刺　又呈遞名刺。覆，通「復」。又；再。❿承服風問　承服，敬奉和佩服。風問，名望聲譽。問，通「聞」。有名；著稱。⓫介者　介紹人；推薦人。⓬大君子　道德文章受人極度尊仰的人。《荀子・仲尼》：「其事行也，若是其險汙淫汰也，彼固曷足稱乎大君子之門哉！」⓭龍光　天子賜予的恩寵和榮耀。龍，通「寵」。恩寵。語本《詩・蓼蕭》：「既見君子，為龍為光。」《毛傳》：「龍，寵也。」鄭玄《箋》：「『為寵為光』，言天子恩澤光耀被及己也。」⓮腹心之願　猶言至誠之心。⓯幽閉莫啟　意謂被強行鎖閉未能得到稟告。⓰周公旦父文兄武　周公，西周初期的大政治家，姓姬名旦。其在周文王十個兒子中排行第四，而周武王則為周文王的次子，故而這裡說「父文兄武」。⓱九命作伯　周代官爵分為九個等級，謂之九命。上公九命為伯。語出《周禮・春官・大宗伯》。⓲尹華夏　尹，主管。華夏，指中原地區。⓳揮沐吐餐　猶言握髮吐哺。謂禮賢下士，殷切求才。⓴白屋　指平民或寒士。《韓詩外傳》：「周公踐天子之位，七年，布衣之士所贄而師者十人，所友見者十二人，窮巷白屋先見者四十九人。時進善百人，教士千人，宮朝者萬人。」㉑周道　周朝的治國之道。㉒歸德　歸從於德政。㉓公　對長者老人的尊稱。㉔養痾　亦作「養屙」。養病。痾，疾病。㉕追謝　派人趕上去謝罪。㉖逝　離去；走掉。㉗試經　考試《五經》經義。為東漢選拔官吏的方式之一。本書〈左雄傳〉載：順帝「陽嘉元年，太學新成。……雄又上言：『郡國孝廉，古之貢士，出則宰民，宣協風教。若其面墻，則無所施用。孔子曰四十而不惑，《禮》稱強仕。請自今孝廉年不滿四十，不得察舉，皆先詣公府，諸生試家法，文吏課牋奏。副之端門，練其虛實，以觀異能，以美風俗。有不承科令者，正其罪法。若有茂才異行，自可不拘年齒。』帝從之。於是班下郡國。」㉘郎中　漢代郎官之一種，掌持戟值班，宿衛殿門，出充車騎。㉙校書東觀　校書，校理圖書。東觀，東漢宮廷藏書處所之一。㉚諷諫　諷喻勸諫。㉛京兆第五永　京兆，官名，全稱京兆尹。即漢代管轄京兆地區的行政長官，其職權相當於郡太守。《漢書・百官公卿表上》：「內史，周官，秦因之，掌治京師。景帝二年分置左〔右〕

內史。右內史武帝太初元年更名京兆尹。」第五永，姓第五，名永。為東漢初期名臣第五倫的後裔。㉜督軍御史　官名。掌監督軍事。㉝幽州　東漢所設十三州之一。治所當時在薊縣（今北京市區西南）。㉞祖餞　餞行。㉟長樂觀　漢代宮觀名。故址在今河南洛陽東北。㊱文武　指周文王與周武王所確立的治國準則。㊲俊臣　德才超卓的臣子。㊳皇綱　朝廷的綱紀；國家的法度。㊴董　糾正。㊵不虔　不敬。㊶即戎忘身　即戎，用兵；作戰。《史記・司馬穰苴列傳》：「穰苴曰：『將受命之日則忘其家，臨軍約束則忘其親，援枹鼓之急則忘其身。』」㊷果毅　果敢堅毅。㊸尚　崇尚。㊹桓桓　勇猛威武的樣子。㊺呂尚七十　呂尚，即世俗所稱的姜太公或姜子牙。關於其得遇文王和佐周滅商的年齡，說法不一。王楙《野客叢書・太公之年》：「《嬾真子》曰：太公八十遇文王，世所知也。然宋玉《楚辭》曰：太公九十乃顯榮。東方朔云：太公七十有二，設謀於文、武。僕謂二說多有之，不特此也。如荀子曰：舉太公於州人，行年七十有二。鄒子曰：太公年七十而相周，九十而封齊。《說苑》曰：呂望行年五十，賣食於棘津；行年七十，屠牛朝歌；行年九十，為天子師。《淮南子》曰：呂望年七十，始學兵書，九十佐武王伐紂。〈魏志〉曰：尚父九十秉旄鉞。白詩曰：七十遇文王。此類甚多。」㊻三軍　古以左、中、右或上、中、下或步、車、騎為三軍。通常泛指軍隊。㊼鸇　猛禽名。又名晨風。似鷂，羽色青黃，以鳩鴿燕雀為食。㊽太一　亦作「太乙」。對至高天神北極神的別稱。㊾五將三門　奇門遁甲術的術語。五將，指北極星周圍的五個星座，包括天目、文昌等。三門，休門、生門、開門。㊿九變　指用兵的多種機變。《孫子・九變》：「圮地無舍，衢地合交，絕地無留，圍地則謀，死地則戰；途有所不由，軍有所不擊，城有所不攻，地有所不爭，君命有所不受。故將通於九變之利者，知用兵矣。」(51)六奇五間　六奇，指陳平為漢高祖劉邦所謀劃的六奇計。錢大昭《漢書辨疑・陳平傳》：「間疏楚君臣，一奇計也；夜出女子二千人滎陽東門，二奇計也；躡漢王立信為齊王，三奇計也；偽遊雲夢縛信，四奇計也；解平城圍，五奇計也；其六當在從擊臧荼、陳豨、黥布時，史傳無文。」五間，指五種離間方法。《孫子・用間》：「用間有五：有因間、有內間、有反間、有死間、有生間。……因間者，因其鄉人而用之；內間者，因其官人而用之；反間者，因其敵間而用之；死間者，為誑事於外，令吾間知之，而傳於敵間也；生間者，反報也。」(52)咨詢　訪問；徵求意見。(53)淮陰　指西漢名將韓信。韓信由齊王被降爵為淮陰侯，故後世用以指代其人。(54)廣野　當作「廣武」。指楚漢相爭時趙國的廣武君李左車。《史記・淮陰侯列傳》：「於是漢兵夾擊，大破虜趙軍，斬成安君泜水上，禽趙王歇。信乃令軍中毋殺廣武君，有能生得者購千金。於是有縛廣武君而致戲下者，信乃解其縛，東鄉坐，西鄉對，師事之。」李賢注：「案廣野酈食其，無韓信師事處，蓋誤也。」(55)石碏純臣　石碏，春秋時期衛國的大夫。純臣，謂忠實純正之臣。《左傳・隱公四年》：「九月，衛人使右宰醜涖殺州吁于濮，石碏使其宰獳羊肩涖殺石厚（石碏之子）于陳。君子曰：石碏，純臣也。惡州吁而厚與焉，大義滅親，其是之謂乎！」(56)以威克愛　用武力制服胞兄胞弟。愛，指周公的三哥管叔姬鮮和五弟蔡叔姬度。二人聯合商紂王之子武庚發動叛亂，被周公迅速平定。(57)時險　時勢艱難。(58)己真　自己的固有能力和本領。(59)福祿　吉福與爵祿。(60)枉道依合　違背正道而去順從迎合時俗。(61)所觀　能被人效法的東西。(62)先公高節　先公，指第五倫。高節，高尚的節操。本書卷四十一〈第五倫傳〉：「倫奉公盡節，言事無所依違。諸子或時諫止，輒叱遣之。吏人奏記及便宜者，亦並封上。其無私若此。性質愨，少文采。在位以貞白稱，時人方之前朝貢禹。」(63)越　發語詞，無實義。(64)莫尚　無法超越。尚，通「上」。(65)同僚　同朝或同官署做官的人。(66)臨送　謂親臨送別。(67)祖　出行時祭祀路神。引申為餞行。(68)上東門　指洛陽城東面北頭門。(69)岱　即高岱。其為精通《左傳》的學者。裴松之《三國志注》引《吳錄》：「岱字孔文，吳郡人也。受性聰達，輕財貴義。其友士拔奇，取於未顯。所友八人，皆世之英偉也。」

【語譯】高彪，字義方，是吳郡無錫人。家庭原本就貧寒低微，到高彪才成為眾儒生的一名成員，進入京師太學求學。他懷有異乎尋常的才智，但不善於言談。他曾想拜馬融為師訪求經書的主旨要義，可馬融正染病在身，未被接見，於是他又呈遞名刺送給馬融一封書信說：「我敬奉和佩服您的名望聲譽，已經有好多年了，因而不通過介紹人就直接去大君子門前拜謁，希望能得到您賜給的恩寵和榮耀，以便表達我內心的至誠願望。但不料您身患疾病，深門緊閉使我未能得到稟告。從前的周公旦，父親是文王，兄長是武王，本人又九命作伯，主管中原地區，但他仍然一沐三握髮，一飯三吐哺，接待地位低下的人，故而周朝的治國之道興隆昌盛，天下人都歸從於德政。明公您如今養病，傲視讀書人，那也是本來就該如此的呀。」馬融看過書信，感到很慚愧，就派人趕去謝罪，請他返回晤面，但高彪連回頭看一眼都不看，就逕自離去了。

2　後來吳郡把高彪舉薦為孝廉，他在考試經義時又名列第一，被任命為郎中，在東觀校理宮廷藏書，又多次奏呈賦、頌和奇特的文章，依據事體進行諷諫，靈帝對他感到很奇異。當時京兆尹第五永被朝廷任命為督軍御史，派他去督察幽州，百官舉行大規模集會，在長樂觀為他餞行。議郎蔡邕等人都作詩祝賀，只有高彪撰寫了一篇箴文，說道：「當年周文王與周武王所確立的治國準則將要墜落，這才派遣德才超卓的臣子承擔重任。整頓我大漢朝廷的綱紀，糾正這不敬的行徑。古代君子參加作戰就忘掉自己。昭顯本人的果敢堅毅，崇尚勇猛威武。呂尚年屆七十，英氣在三軍中數第一。詩人作詩，讚頌他像鷹鸇般勇猛。上天有太一至高神，駕馭五將三門；大地有九種變化的地形，奧妙蘊含在丘陵山川中；世人會想出計策，包括六奇五間：總攬這三方面的要事，謀劃時還要向眾人徵求意見。不要說自己什麼都能幹，要致力於求賢。須知淮陰侯那樣勇敢，仍舊師事廣野君。周公是道德最完善、智能最超絕的人物，石碏是忠實純正的臣子。他們用武力制服胞兄胞弟，為君臣大義斷絕了父子的私情。不要說時勢艱難，就不端正自身。不要說世上沒有能人，認不清自己固有的本領。忘掉富足與尊貴，吉福和爵祿才會保住。違背正道而去順從迎合時俗，那就沒有能被人效法的東西了。先公第五倫的高尚節操，足以永遠遵循。把這篇箴戒佩帶收藏起來，用來激勵一生吧。」蔡邕等人都覺得這篇文章寫得十分漂亮，認為沒有能夠超過它的。

3 高彪後來調任外黃縣縣令，靈帝命令同僚都要親身前去送別，在洛陽上東門舉行了餞行儀式，又下達詔書，讓在東觀繪製高彪的畫像，以便鼓勵求學的人。高彪到任以後，為政有仁德，還向朝廷上書舉薦本縣申徒蟠等人。最後在任內得病去世，所寫的文章大多失傳了。

4 兒子高岱，也被世人所聞知。

張超，字子並，河間鄭❶人也，留侯良❷之後也。有文才。靈帝時，從車騎將軍朱儁❸征黃巾❹，為別部司馬❺。著賦、頌、碑文、薦、檄❻、牋、書、謁文❼、嘲❽，凡十九篇。超又善於草書❾，妙絕❿時人，世共傳之。

【章旨】以上是〈張超傳〉，記述張超的籍貫、家世、文才、仕履、擅長草書等情況，及其一生所創作的作品類型與數量。

【注釋】❶河閒鄚 河閒，郡名。治今河北獻縣東南。鄚，縣名。治今河北任丘東北。❷留侯良 即張良。留侯為其爵位封號。張良與蕭何、韓信合稱漢初三傑，是漢高祖劉邦的首席謀士。事詳《史記‧留侯世家》及《漢書‧張良傳》。❸車騎將軍朱儁 車騎將軍，為高級武官名號，地位比同公一級，掌管征伐叛逆者。朱儁，東漢後期的著名將領。本書卷七十一有傳。❹黃巾 對東漢末期農民暴動的稱謂。此次暴動由太平道首領張角組織發動，以其所屬部眾頭裹黃巾作為外在標幟，席捲全國，自靈帝中平元年（西元一八四年）一直延續到獻帝建安中葉，長達二十餘年。不僅使東漢王朝名存實亡，也促成了各地軍閥乘機崛起、連年混戰的局面，直至三國鼎立，方告一階段。❺別部司馬 官名。別部，指另外執行戰鬥任務的機動部隊。司馬，基層軍官之一種，負責率部作戰。❻檄 文體名。用以徵召、曉諭、聲討的文書。❼謁文 文體的一種。其內容以請求晉見、拜見為主。姚華《論文後編‧目錄中》：「祭文之不韻者，別流為筆，其類於祭文而以筆行之，如祝文、祈文、謁文之屬，皆起流俗，以其來已舊，或經名手，遂亦流傳。祝文今尚盛行，祈謁則不多見。」❽嘲 文體的一種。其內容以嘲諷譏誚為主。❾草書 漢字字體的一種。草書之稱，為隸書通行後的草寫體，取其書寫便捷，故又名草隸。漢章帝好之，漢魏間的章草，殆由此得名。後漸脫隸書筆意，用筆日趨圓轉，筆畫連屬，並多省簡，遂成今草。❿妙絕 精妙絕倫。

【語譯】張超，字子並，是河閒郡鄚縣人，留侯張良的後代。他具有文學創作的才能。在靈帝時跟從車騎將軍朱儁去討伐黃巾賊，擔任別部司馬。著賦、頌、碑文、薦、檄、牋、書、謁文、嘲，共計十九篇。張超又擅長草書，在同時代的人們中精妙絕倫，世上的人們共同臨摹傳寫。

1 禰衡，字正平，平原般❶人也。少有才辯❷，而尚氣剛傲❸，好矯時慢物❹。興平❺中，避難荊州❻。建安初，來遊許❼下。始達潁川❽，乃陰懷一刺，既而無所之適❾，至於刺字漫滅❿。是時許都新建，賢士大夫四方來集。或問衡曰：「盍從陳長文⑪、司馬伯達⑫乎？」對曰：「吾焉能從屠沽兒⑬耶？」又問：「荀文若⑭、趙稚長⑮云何？」衡曰：「文若可借面弔喪⑯，稚長可使監廚請客⑰。」唯善魯國⑱孔融及弘農楊脩⑲。常稱曰：「大兒孔文舉⑳，小兒楊德祖㉑。餘子碌碌㉒，莫足數㉓也。」融亦深愛其才。

2 衡始弱冠㉔，而融年四十，遂與為交友。上疏薦之曰：「臣聞洪水橫流㉕，帝思俾乂㉖，旁求㉗四方，以招賢俊。昔孝武繼統㉘，將弘祖業，疇咨熙載㉙，群士響臻㉚。陛下叡聖㉛，纂承基緒㉜，遭遇厄運㉝，勞謙日昃㉞。惟岳降神㉟，異人並出。竊見處士平原禰衡，年二十四，字正平，淑質貞亮㊱，英才卓礫㊲。初涉藝文㊳，升堂覩奧㊴，目所一見，輒誦於口，耳所瞥聞㊵，不忘於心。性與道合，思若有神㊶。弘羊潛計㊷，安世默識㊸，以衡準㊹之，誠不足怪。忠果㊺正直，志懷霜雪㊻；見善若驚㊼，疾惡若讎。任座抗行㊽，史魚厲節㊾，殆無以過也。鷙鳥㊿累伯(51)，不如一鶚(52)。使衡立朝(53)，必有可觀。飛辯騁辭(54)，溢氣坌涌(55)，解疑釋結(56)，臨敵有餘。昔賈誼求試屬國(57)，詭係單于(58)；終軍(59)欲以長纓(60)，牽致勁越(61)。弱冠慷慨，前世美(62)之。近日路粹、嚴象(63)，亦用異才擢拜臺郎(64)，衡宜與為比。如得龍躍天衢(65)，振翼雲漢(66)，揚聲紫微(67)，垂光虹蜺(68)，足以昭近署(69)之多士(70)，增四門[71]之穆穆[72]。鈞天廣樂[73]，必有奇麗之觀[74]；帝室皇居[75]，必蓄非常之寶[76]。若衡等輩，不可多得。激楚、楊阿[77]，至妙之容，臺牧[78]者之所貪；飛兔、騕褭[79]，絕足[80]奔放，良、樂[81]之所急。臣等區區[82]，敢不以聞。」

3 融既愛衡才，數稱述[83]於曹操。操欲見之，而衡素相輕疾[84]，自稱狂病[85]，不肯往，而數有恣言[86]。操懷忿[87]，而以其才名，不欲殺之。聞衡善擊鼓，乃召為鼓史[88]，因大會賓客，閱試[89]音節。諸史過者，皆令脫其故衣[90]，更著岑牟單絞[91]之服。次至衡，衡方為漁陽參撾[92]，蹀躞[93]而前，容態有異，聲節悲壯，聽者莫不慷慨。衡進至操前而止，吏訶[94]之曰：「鼓史何不改裝，而輕敢進乎？」衡曰：「諾。」於是先解衵衣[95]，次釋餘服，裸身而立，徐取岑牟、單絞而著之，畢，復參撾而去，顏色不怍。操笑曰：「本欲辱衡，衡反辱孤。」

4 孔融退而數[96]之曰：「正平大雅[97]，固當爾[98]邪？」因宣操區區[99]之意。衡許往。融復見操，說衡狂疾，今求得自謝[100]。操喜，敕門者有客便通，待之極晏[101]。衡乃著布單衣、疏巾[102]，手持三尺棁杖[103]，坐大營[104]門，以杖捶地大罵。吏白：外有狂生[105]，坐於營門，言語悖逆[106]，請收案罪[107]。操怒，謂融曰：「禰衡豎子[108]，孤殺之猶雀鼠耳。顧[109]此人素有虛名，遠近將謂孤不能容之，今送與劉表[110]，視當何如[111]。」於是遣人騎送[112]之。臨發，眾人為之祖道[113]，先供設[114]於城南，乃更相戒曰：「禰衡勃虐[115]無禮，今因其後到，咸當以不起折[116]之也。」及衡至，眾人莫肯興[117]，衡坐而大號[118]。眾問其故，衡曰：「坐者為冢[119]，臥者為屍，屍冢之間，能不悲乎？」

5 劉表及荊州士大夫先服其才名，甚賓禮[120]之，文章言議[121]，非衡不定。表嘗與諸文人共草章奏，並極其才思。時衡出，還見之，開省未周[122]，因毀以抵地[123]。表憮然[124]為駭。衡乃從求筆札[125]，須臾立成，辭義可觀[126]。表大悅，益重之。

6 後復侮慢[127]於表，表恥不能容，以江夏[128]太守黃祖[129]性急，故送衡與之，祖亦善待焉。衡為作書記[130]，輕重疏密，各得體宜[131]。祖持其手曰：「處士[132]，此正得祖意，如祖腹中之所欲言也。」

7 祖長子射為章陵[133]太守，尤善於衡。嘗與衡俱遊，共讀蔡邕所作碑文，射愛其辭，還恨不繕寫[134]。衡曰：「吾雖一覽，猶能識[135]之，唯其中石缺二字為不明[136]耳。」因書出之，射馳使[137]寫碑還校[138]，如衡所書，莫不歎伏[139]。射時大會賓客，人有獻鸚鵡者，射舉卮[140]於衡曰：「願先生賦之，以娛嘉賓。」衡攬筆而作，文無加點[141]，辭采[142]甚麗。

8 後黃祖在蒙衝[143]船上，大會賓客，而衡言不遜順[144]，祖慙，乃訶之，衡更熟視[145]曰：「死公[146]！云等道[147]？」祖大怒，令五百[148]將出，欲加箠[149]，衡方大罵，祖恚[150]，遂令殺之。祖主簿素疾衡，即時殺焉。射徒跣[151]來救，不及。祖亦悔之，乃厚加棺斂[152]。衡時年二十六，其文章多亡云。

【章　旨】以上是〈禰衡傳〉，記述禰衡的籍貫、恃才傲物的極端性格與狂傲舉動，以及擊鼓罵曹，哭辱群公，終遭殺身和所作文章大多失傳的情況。

【注　釋】❶平原般　平原，郡名。治今山東平原縣南。般，縣名。治今山東樂陵西南。❷才辯　亦作「才辨」。才智機辯。❸尚氣剛傲　尚氣，意氣用事。剛傲，剛強傲岸。❹矯時慢物　矯時，故意違拗時俗。慢物，待人接物時態度傲慢不遜。❺興平　東漢獻帝劉協年號，西元一九四—一九五年。❻荊州　東漢十三州之一。治所在漢壽縣（今湖南常德東北）。❼許　即許縣。治今河南許昌東。建安元年（西元一九六年）曹操挾持獻帝建都於此，故改稱許都。❽潁川　郡名。治所在陽翟縣（今河南禹州）。❾適　去往的地方。❿刺字漫滅　刺字，指名片上的字跡。漫滅，磨滅；模糊難辨。⓫陳長文　指陳群。陳群，字長文，為曹魏九品官人法的創建者。《三國志・魏書》卷二十二有傳。⓬司馬伯達　指司馬朗。司馬朗，字伯達，為曹操丞相府主簿。《三國志・魏書》卷十五有傳。⓭屠沽兒　亦作「屠酤兒」。以宰牲賣酒為職業的人。兒，係輕蔑之詞。猶言小子。⓮荀文若　指荀彧。荀彧，字文若，為曹操的重要謀士。本書卷七十有傳。⓯趙稚長　人名。其為盪寇將軍。⓰借面弔喪　借他那副好面孔到喪家去祭奠死者。⓱監廚請客　監督庖廚做好飯菜來宴請客人。裴松之《三國志注》引《典略》：禰衡「又見荀有儀容，趙有腹尺，因答曰：『文若可借面弔喪，稚長可使監廚請客。』其意以為荀但有貌，趙健啖肉也。於是眾人皆切齒。」⓲魯國　漢代封國名。治今山東曲阜。⓳弘農楊脩　弘農，郡名。治今河南靈寶東北。楊脩，東漢末葉的才士，曹操丞相府主簿。本書卷五十四有傳。⓴大兒孔文舉　大兒，是對人的一種蔑稱。文舉，為孔融的表字。㉑小兒楊德祖　小兒，是對人的一種蔑稱。德祖，為楊脩的表字。㉒餘子碌碌　意謂其他人都平庸無能。㉓數　稱道。㉔弱冠　謂步入成年人階段。

古時以男子二十歲為成人，初加冠，因體猶未壯，故稱弱冠。《禮記・曲禮上》：「二十曰弱，冠。」孔穎達疏：「二十成人，初加冠，體猶未壯，故曰弱也。」㉕洪水橫流　指傳說中帝堯在位期間發生的大範圍嚴重水災。橫流，河水不循河道奔流而四處氾濫。㉖俾乂　派人治理。俾，使；派遣。乂，治理。《尚書・堯典》：「帝曰：『咨！四岳。湯湯洪水方割，蕩蕩懷山襄陵，浩浩滔天，下民其咨。有能俾乂？』」㉗旁求　廣泛搜求。㉘孝武繼統　孝武，指西漢皇帝劉徹。孝武為其謚號。事詳《史記・孝武本紀》和《漢書・武帝紀》。繼統，繼承帝統。㉙疇咨熙載　意為向群臣訪求誰是賢才，確能振興國家的政事。疇咨，亦作「疇諮」。訪問、訪求之意。熙載，振興國家的政事。《漢書・敘傳下》：「世宗曄曄，思弘祖業，疇咨熙載，髦俊並作。」顏師古注：「疇，誰也；咨，謀也；熙，興也；載，事也。謀於眾賢，誰可任用，故能興其事業也。」㉚響臻　應聲而至；響應歸附。臻，至；到來。㉛叡聖　明智通達，德才超凡。大多用作對帝王的頌辭。㉜纂承基緒　纂承，繼承。基緒，基業。㉝戹運　同「厄運」。艱難困苦的時運。此指東漢末年戰亂頻仍、屢遷國都而言。㉞勞謙日昃　勞謙，勤勞謙恭。《易・謙》：「勞謙，君子有終，吉。」日昃，太陽偏西，約下午二時左右。形容致力政事達到了顧不上用飯的地步。《尚書・無逸》：周文王「自朝至於日中昃，不遑暇食，用咸和萬民。」㉟惟岳降神　岳，指四岳，即東岳泰山，南岳衡山，西岳華山，北岳恆山。降神，神靈降臨。語出《詩・崧高》。㊱淑質貞亮　淑質，指美好的品質。貞亮，忠貞誠信。㊲卓礫　超絕出眾。㊳藝文　指六藝群書。㊴升堂覩奧　意謂剛一入門就能看出奧義所在來。升堂，即登上廳堂。比喻學問技藝已入門。㊵瞥聞　偶爾聽到。㊶有神　若有神助的意思。㊷弘羊潛計　弘羊，桑弘羊。為西漢中期傑出的理財家。事詳《史記・平準書》、《漢書・食貨志下》、桓寬《鹽鐵論》。潛計，心算。馬《書》班《志》俱載：「弘羊雒陽賈人子，以心計，年十三侍中。」㊸安世默識　安世，指張安世。為西漢中期擁立宣帝的大臣。《漢書》卷五十九載：武帝「行幸河東，嘗亡書三篋。詔問莫能知，惟安世識之，具作其事。後購求得書，以相校，無所遺失。上奇其材，擢為尚書令，遷光祿大夫。」默識，暗中記住的超強能力。語本《論語・述而》：「默而識之。」㊹準　衡量；比較。㊺忠果　忠誠而果敢。㊻霜雪　比喻高潔的情操。㊼見善若驚　形容對良好言行的高度重視。言外之意是這種良好言行我為何竟未想到做到。驚，感到驚恐的意思。《國語・楚語下》：「藍尹亹曰：『夫闔閭，……聞一善若驚，得一士若賞。』」㊽任座抗行　任座，戰國時魏國的大夫。抗行，堅持正義而與國君相對抗。《呂氏春秋・自知》：「魏文侯燕飲，皆令諸大夫論己，或言君之智也。至於任座，任座曰：『君不肖君也。得中山不以封君之弟，而以封君之子。是以知君之不肖也。』」文侯不說，知於顏色。任座趨而出。」㊾史魚厲節　史魚，春秋時衛國的大夫。厲節，激勵自己恪守正直的節操。《論語・衛靈公》：「子曰：『直哉史魚！邦有道，如矢。邦無道，如矢。』」

(50)鷙鳥　兇猛的鳥。如鷹鸇之類。(51)累佰　上百。佰，通「百」。指數目。(52)鶚　鳥名。雕屬。性兇猛，背褐色，頭頂頸後及腹部白色，嘴短腳長，趾具銳爪，棲息水邊，捕魚為食，俗稱魚鷹。(53)立朝　指在朝為官。(54)飛辯騁辭　飛辯，施展口才，高談闊論。騁辭，亦作「騁詞」。盡情地運用言語文辭。(55)溢氣坌涌　溢氣，盛氣。坌涌，湧出；湧現。(56)解疑釋結　解決疑難，化解困惑的關鍵問題。(57)求試屬國　請求嘗試著擔任主管屬國的官員。屬國，為漢朝安置歸附的匈奴、羌、夷等部眾而闢設的行政區劃。其長官稱屬國都尉，秩比二千石，略如內地的郡都尉。顏師古《漢書注》：「凡言屬國者，存其國號而屬漢朝，故曰屬國。」(58)詭係單于　自行盡到捉住單于的責任。詭，責成；要求。係，拴縛；捆綁。單于，為匈奴最高首領的尊稱。在匈奴語中全名撐犁孤塗單于。撐犁意謂天，孤塗意謂子，單于意謂廣大。撐犁孤塗單于則是廣大如天之子的意思。簡稱即為單于，相當於漢語中的天子，握有軍政及對外一切大權。《漢書・賈誼傳》：「臣竊料匈奴之眾不過漢一大縣，以天下之大困於一縣之眾，甚為執事者羞之。陛下何不試以臣為屬國之官以主匈奴？行臣之計，請必係單于之頸而制其命。」(59)終軍　漢武帝時出使南越國的使者。《漢書》卷六十四有傳。(60)長纓　此指捕縛敵人的長繩。(61)牽致勁越　牽致，俘獲。勁越，強勁的南越國。該方國由趙佗於秦末建立，轄境約當今廣東、廣西地區。至漢武帝元鼎六年（西元前一一一年）滅亡。《漢書・終軍傳》：「軍自請願受長纓，必羈南越王而致之闕下。軍遂往說越王，越王聽許，請舉國內屬。天子大說，賜南越大臣印綬，壹用漢法，以新改其俗，令使者留填撫之。越相呂嘉不欲內屬，發兵攻殺其王，及漢使者皆死。……軍死時，年二十餘，故世謂之終童。」(62)美　稱美；讚揚。(63)路粹嚴象　均為人名。裴松之《三國志注》引《典略》：「粹字文蔚，少學於蔡邕。初平中，隨車駕至三輔。建安初，以高才與京兆嚴象，擢拜尚書郎。象以兼有文武，出為揚州刺史。」(64)臺郎　指尚書郎。為漢代國家機要部門尚書臺的屬官，負責處理曹務。始入尚書臺者稱守尚書郎中，滿一年稱尚書郎，三年稱侍郎。具體人選則多為孝廉中身懷才能者。(65)龍躍天衢　比喻賢士得到朝廷重用。天空廣闊，任意通行，如人間四通八達的大路，故稱之為天衢。(66)振翼雲漢　喻意與上句同。雲漢，雲霄；高空。(67)揚聲紫微　比喻賢士發揮出作用。紫微，星官名。即紫微垣。有星十五顆，分兩列，以北極為中樞，成屏藩狀。星相家視其為天帝的居所。故用以指代帝王宮殿。(68)垂光虹蜺　喻意與上句同。虹蜺，亦作「虹霓」。為雨後或日出、日沒之際天空中所閃現的七色圓弧。虹蜺常有內外二環，內環稱虹，亦稱正虹、雄虹；外環稱蜺，亦稱副虹、雌虹或雌蜺。(69)近署　與帝王接觸密切的官署。(70)多士　指眾多的賢士。(71)四門　指明堂四方的正門。(72)穆穆　端莊肅穆。《尚書・舜典》：「賓于四門，四門穆穆。」(73)鈞天廣樂　指天上的音樂。《史記・趙世家》：「趙簡子疾，五日不知人……居二日半，簡子寤。語大夫曰：『我之帝所甚樂，與百神遊於鈞天，廣樂九奏萬舞，不類三代之樂，其聲動人心。」」(74)奇麗之觀　新奇美好的景象。(75)帝室皇居　帝王居住的宮殿密室。(76)非常之寶　非同尋常的寶物。(77)楊阿　即陽阿。舞曲名。(78)臺牧　李賢注：「諸本並作『臺牧』，未詳其義。融《集》作『掌伎』。」(79)飛兔騕褭　均為駿馬名。飛兔，亦作「飛菟」。騕褭，亦作「要褭」。《呂氏春秋・離俗》：「飛兔、要褭，古之駿馬也。」高誘注：「飛兔、要褭，皆馬名也。日行萬里，馳若兔之飛，因以為名也。」或說騕褭赤喙玄身，日行五千里。(80)絕足　奔馳神速的四足。(81)良樂　指王良和伯樂。王良，春秋時晉國人，善御馬。伯樂，春秋時秦國人，善相馬。(82)區區　猶「拳拳」。形容誠摯。(83)數稱述　多次稱揚述說。數，多次；屢屢。(84)輕疾　蔑視厭惡。(85)狂病　瘋癲病。(86)恣言　肆無忌憚的話語。(87)懷忿　心存憤恨。(88)鼓史　掌鼓的官吏。(89)閱試　檢查測試。(90)故衣　平常所穿的衣服。(91)岑牟單絞　岑牟，指鼓吏所戴的帽子。牟，通「鍪」。帽銳上，故稱。單絞，指暗黃色的薄衣。李賢注引《文士傳》：「魏太祖欲辱衡，乃令人錄用為鼓史。後至八月朝普天閱試鼓節，作三重閣，列坐賓客。以帛絹制作衣，一岑牟，一單絞及小褌。」(92)漁陽參撾　鼓曲名。漁陽一帶的民間鼓曲。參撾，擊鼓的一種方法。也省作「漁陽摻」。(93)蹀躍　小步行走。(94)訶　大聲斥責。(95)袒衣　貼身的內衣。(96)數　責怪；責備。(97)大雅　德高而有大才的人。(98)爾　代詞。如此；這樣。(99)區區　謂真情摯意。(100)自謝　主動謝罪。(101)極晏　最晚的時候。晏，晚；遲。(102)疎巾　粗布製成的頭巾。(103)梲杖　木杖。(104)大營　主帥所在的營壘。(105)狂生　狂放的人。(106)悖逆　忤逆。(107)案罪　治罪。(108)豎子　對人的鄙稱。猶今言「小子」。(109)顧　但是；然而。(110)劉表　東漢末葉占據荊州的地方軍閥。本書卷七十四有傳。(111)何如　怎麼樣。(112)騎送　騎在馬上遣送。(113)祖道　古代為出行者祭祀路神，並飲宴送行。(114)供設　陳設供具如酒食器具等。(115)勃虐　乖戾兇惡。勃，通「悖」。違抗；違背。(116)折　使之屈服的意思。(117)興　站起來。(118)大號　號啕大哭。(119)冢　墳墓。(120)賓禮　謂以上賓之禮相待。(121)文章言議　文章，指各種公文。言議，指圍繞某項政務所提出的討論意見。(122)開省未周　打開觀看尚未看完。(123)抵地　扔到地上。(124)憮然　驚愕的樣子。(125)筆札　毛筆與簡牘。指文具用品。(126)可觀　優美。(127)侮慢　對人輕視，態度傲慢，乃至冒犯無禮。(128)江夏　郡名。治今湖北新洲西。(129)黃祖　人名。其為劉表所信用的官員。(130)書記　書牘之類的公文或信件。(131)體宜　與體裁和主旨相適合的地方。(132)處士　具有才德而未做官的士人。(133)章陵　郡名。治今湖北棗陽南。(134)繕寫　謄寫；抄錄。(135)識　記住。(136)不明　不確定。(137)馳使　速派使者。(138)寫碑還校　抄寫碑文回來校勘。(139)歎伏　同「歎服」。讚歎佩服。(140)巵　一種盛酒的器皿。(141)文無加點　謂作文一氣呵成，無須修改。(142)辭采　猶文采。指詩文的藻飾。徐堅《初學記・鳥部》載有禰衡這篇〈鸚鵡賦〉：「惟西域之靈鳥兮，挺自然之奇姿。體金精之妙質兮，含火德之明輝。性辯慧而能言兮，心聰明而識機。故其嬉游高峻，棲跱幽深，飛不妄集，翔必擇林。紺趾丹觜，綠衣翠衿，采采麗容，咬咬好音。雖同族於羽毛，固殊智而異心。配鸞皇而等美，焉比德於眾禽！」(143)蒙衝　古代戰船名。以生牛皮蒙船覆背，兩廂開掣棹孔，左右有弩窗、矛穴。李賢注引《釋名》：「外狹而長曰蒙衝，以衝突敵船。」(144)遜順　順從；恭順。(145)熟視　注目細看。(146)死公　詈語。猶言「死老頭子」。(147)云等道　意謂你說的是一堆什麼爛話。黃生《義府》卷下：「云等道，言爾所云是何言。蓋詰其所詞口角，千載如新。」(148)五百　執杖行刑。這裡指承擔此項職責的官吏而言。李賢注：「五百，猶今之問事也。」(149)加箠　用棍棒拷打。(150)恚　憤怒。(151)徒跣　赤足；光著腳。形容動作急迫。(152)棺斂　亦作「棺殮」。用棺木收殮死者。

【語　譯】禰衡，字正平，是平原郡般縣人。他從年輕時就才智機辯，但卻意氣用事，剛強傲岸，喜好故意違拗時俗，在待人接物上態度傲慢不遜。獻帝興平年間，他在荊州避難。到建安初年，來到許都遊歷。剛抵達潁川時，就在懷中藏了一張名刺，過後沒有可去的地方，以致名刺上的字跡都變得模糊不清了。這時許都剛剛建成，賢士大夫從四面八方彙集到這裡。有人就問禰衡說：「何不投奔陳長文、司馬伯達呢？」禰衡對答說：「我怎能投奔屠沽兒呢？」又問：「荀文若、趙稚長怎麼樣？」禰衡說：「荀文若可以借他那副好面孔到喪家去祭奠死者，趙稚長可以派他監督庖廚做好飯菜來宴請客人。」他只佩服魯國人孔融和弘農人楊脩。到哪裡都總是說：「大兒孔文舉，小兒楊德祖。其他人都平庸無能，沒有誰足以讓人稱道。」孔融也深深喜愛他的才華。

2 禰衡剛過二十歲，而孔融已經四十歲了，竟同他成為朋友。特向朝廷進呈奏疏推薦禰衡說：「我聽說洪水四處氾濫，帝堯考慮派人治理，就向四方廣泛搜求，以便招攬賢才。昔日孝武帝繼承帝統，打算弘揚祖宗的功業，就向群臣訪求能弘揚功業的人，眾多賢士便應聲而至。陛下明智通達，德才超凡，繼承前代的基業，遇到艱難困厄的時運，勤勞謙恭，直到太陽偏西還顧不上用飯。四岳神靈降臨，使奇異的人才一起湧現出來。我私下發現處士平原人禰衡，年齡二十四歲，表字正平，具有美好的品質，忠貞誠信，英才超絕出眾。剛剛涉獵六藝群書，就能看出奧義所在來，雙眼僅僅看過一次的文字，就能在口中背誦出來，兩耳偶然聽到的東西，就能在心中牢牢記住。性情與道義相符合，思維若有神助一般。當年桑弘羊心算過人，張安世默記超常，如果拿禰衡同他們做比較，他們就實在不足以讓人感到驚奇了。禰衡忠誠果敢，正直不阿，心中懷有高潔的情操；看到良好的言行就怪自己為何竟未想到做到，痛恨壞人壞事像痛恨仇敵一樣。當年任座堅持正義而與國君相對抗，史魚激勵自己恪守正直的節操，恐怕也沒有能超過禰衡的地方。常見的猛禽即使上百隻，也抵不上一隻鵰鶚。能讓禰衡在朝廷為官，必定會有可觀的成績。他施展口才，高談闊論，盡情運用言語文辭，盛氣騰湧，解決疑難，化解困惑的關鍵問題，面對敵手綽綽有餘。過去賈誼請求試任主管屬國的官員，以囚擊單于為己任；終軍要用捕縛的長繩，把強勁的南越國王俘獲在手。他們都年紀輕輕，慷慨激昂，得到前代人們的讚揚。近日路粹、嚴象也因才能卓異被提拔任用為尚書郎，禰衡應和他們得到同等對待。如果能使潛龍躍上天衢，大鵬飛抵高空展翅翱翔，在紫微宮周圍傳開名聲，在虹霓旁邊俯射出光芒，那就足以表明與帝王接觸密切的官署人才濟濟，增重明堂四方正門端莊肅穆的氛圍。天上的舞樂，必定會出現新奇美好的觀瞻；帝王居住的宮殿密室，必定會存儲下非同尋常的珍寶。像禰衡這樣的人才，不可多得。《激楚》和《楊阿》這類極其精妙的音聲舞姿，屬於臺牧者所貪求的；飛兔和騕褭這類奔馳神速的駿馬，屬於王良、伯樂所急切求取到的對象。臣等誠摯至極，哪敢不把上列情況向皇帝稟告。」

3　孔融喜愛禰衡的才華，就屢次向曹操稱揚述說他。曹操想見禰衡，但禰衡一向蔑視厭惡曹操，就說自己患有瘋癲病，不肯前去，還多次講出肆無忌憚的話語。曹操心存憤恨，但鑑於禰衡擁有才華和名聲，還不打算殺他。聽說禰衡擅長擊鼓，就召他擔任鼓史，隨後大規模聚集賓客，檢查測試鼓音節奏。各個鼓史走過去的，都叫他們脫掉平常所穿的衣服，換上岑牟、單絞這種特製的服裝。輪到禰衡，禰衡正要表演《漁陽參撾》，便小步行走，敲擊向前，容貌姿態與眾不同，鼓音節奏悲哀雄壯，傾聽的人沒有不情緒激昂的。禰衡行進到曹操的面前便停了下來，官吏大聲斥責他說：「身為鼓史，為什麼不改換裝束，輕易就敢向前行進呢？」禰衡說：「好的。」於是先解開內衣，接著脫下其餘的衣服，裸體站立，慢慢取過岑牟、單絞穿上，穿好以後，又擊鼓三通而去，臉上沒有任何羞愧的表情。曹操笑著說：「本來打算羞辱禰衡，禰衡反倒把我羞辱了。」

4　孔融在聚會結束後責怪禰衡說：「正平你是德高而有大才的人物，原本就該這樣嗎？」隨即向他轉達了曹操的真情摯意。禰衡答應前去賠罪。孔融又去面見曹操，說禰衡患有瘋癲病，如今請求能夠讓他主動謝罪。曹操聽後很高興，命令看守營門的吏員有客人求見就立即稟報，等候他到很晚的時候。此刻禰衡才身穿粗布單衣，頭戴粗布頭巾，手持一根三尺長的木杖，坐在大營的營門前面，用木杖捶地大罵。吏員稟報：外面有個狂放的傢伙，坐在營門前面，言語忤逆，請把他抓起來治罪。曹操聞報大怒，對孔融說：「禰衡這小子，我殺他就像殺隻麻雀、老鼠罷了。然而此人一向享有虛名，遠近人聽說後會認為我容不下他，現在把他送給劉表，看看結果會怎樣。」於是派人騎馬遣送他走。到出發那一天，眾人為他餞行，事先在城南擺好酒食器具，便互相告誡說：「禰衡乖戾兇惡，沒有禮貌，如今趁他後到，都應通過不起身迎候來叫他屈服。」等到禰衡來到現場時，眾人沒有誰願意站起來，禰衡就坐下號啕大哭。眾人問他這是什麼緣故，禰衡說：「坐在那裡的人是墳墓，躺在那裡的人是屍體，我處在屍體和墳墓中間，能不悲哀嗎？」

5 劉表以及荊州的士大夫先前都佩服禰衡的才華與名聲，用對待上賓的禮節對待他，各種公文和討論意見，不是禰衡就不做決定。劉表曾與眾文人共同起草一道章奏，全都用盡了他們的才氣和思致。當時禰衡外出，回來後看到它，還沒從頭至尾全看完，就把它撕碎扔到了地上。劉表頓感驚愕，詫異不已。禰衡於是向劉表要來筆札，片刻間就重新寫成了這道章奏，辭采和文義都很優美。劉表十分喜悅，更加敬重他。

6 禰衡後來又對劉表態度傲慢，劉表恥於被人譏為不能容人，鑑於江夏太守黃祖性情急躁，所以就把禰衡送給他，黃祖也善待禰衡。禰衡替黃祖寫成的書牘之類的公文或信件，在輕重疏密上，行文恰如其分。黃祖拉著他的手說：「處士，這正表達了我的意旨，就像我心中想說的話一樣。」

7 黃祖的長子黃射擔任章陵太守，對禰衡尤為敬重。他曾與禰衡一起出遊，共同閱讀蔡邕所作的碑文，黃射很喜愛這篇文辭，回來後悔恨當時沒能抄寫下來。禰衡說：「我雖然只瀏覽一遍，還能記得它，只是其中原石所缺二字無法確定而已。」隨後便默寫出來拿給黃射看，黃射速派使者前去抄錄碑文，回來後一校勘，正和禰衡所默寫的一字不差，沒有誰不讚歎佩服的。這時黃射大聚會宴客，有人獻上鸚鵡，黃射舉起酒杯對禰衡說：「希望先生為牠寫篇賦，以便給嘉賓助興。」禰衡執筆就寫，一氣呵成而無須修改，文采相當優美。

8 後來黃祖在蒙衝船上大宴賓客，禰衡卻出言不遜，黃祖感到很羞慚，就呵斥他，禰衡掉轉過來盯著他看了很久，說道：「死老頭子！你說的是一堆什麼爛話？」黃祖聽後勃然大怒，命令執杖行刑的官員把他拖出去，準備用棍棒拷打，禰衡正在大聲叫罵，黃祖怒不可遏，就下令殺死他。黃祖手下的主簿一向怨恨禰衡，馬上就殺死了他。黃射光著腳前來營救，但沒趕上。黃祖也後悔這樣做，於是隆重地用棺木把他收殮埋葬了。禰衡當時二十六歲，他所撰寫的文章多數都失傳了。

贊曰：情志❶既動，篇辭❷為貴。抽心呈貌❸，非彫非蔚❹。殊狀共體❺，同聲異氣❻。言觀麗則❼，永監淫費❽。

【章　旨】以上是作者的評議文字。強調詩文創作要達到思想和藝術、內容與形式的統一，反對刻意雕琢和過度鋪張冗濫。

【注　釋】❶情志　感情志趣。❷篇辭　猶篇章、文章。李賢注：「《毛詩・序》云：『情發於中而形於言。詩者志之所之，故情志動而篇辭作，斯文章之為貴。』」❸抽心呈貌　謂感情志趣在內心湧發，通過文辭恰切地表達出來。貌，外表，指辭藻形式。❹非彫非蔚　不是刻意雕琢，也不是一味追求華美。蔚，華美；富有文采。❺殊狀共體　形式不同而風格一致。狀，指詩文的體裁。體，謂詩文的風格。劉勰《文心雕龍・體性》：「若總其歸塗，則數窮八體：一曰典雅，二曰遠奧，三曰精約，四曰顯附，五曰繁縟，六曰壯麗，七曰新奇，八曰輕靡。」❻同聲異氣　音節韻律相同而氣概氣勢不同。聲，指音節韻律的運用。氣，謂裹挾在字裡行間的氣概氣勢。❼麗則　優美典雅。揚雄《法言・吾子》：「詩人之賦麗以則，辭人之賦麗以淫。」❽淫費　過度鋪張冗濫。

【語　譯】史官評議說：感情志趣既已湧動，把它形成篇章方顯可貴。感情志趣在內心生發，隨即通過文辭恰切地表達出來，既不是刻意雕琢，也不是一味追求華美。形式不同而風格一致，音節韻律相同而氣概氣勢不同。言詞要看優美典雅，永遠把過度鋪張冗濫作為鑑戒。

【研 析】本篇類傳在作者范曄目力所及的範圍內，有重點地選錄了九位傳主在特定形勢、具體境遇中揮筆撰就的十二篇原文。大多為全錄，少數為節錄。若按體裁分類，計有四賦、二箴、一論、一奏疏、二書信、二詩。依次為：杜篤的〈論都賦〉、趙壹的〈窮鳥賦〉和〈刺世疾邪賦〉、邊讓的〈章華賦〉；崔琦的〈外戚箴〉、高彪的〈督軍御史箴〉；劉梁的〈辯和同之論〉；黃香的〈辭東郡疏〉；趙壹的〈報皇甫規書〉、高彪的〈遺馬融書〉；傅毅的〈迪志詩〉、酈炎的〈見志詩〉。面對這六種體裁的十二篇原文，詳察各自所表達的思想內容，便不難發現，它們或直接、或間接地對社會政治問題都給予了高度的關注，並表明了自身的態度與傾向。

從杜篤的〈論都賦〉來看，其本身便是探討東漢王朝建立伊始究竟定都洛陽或改都長安孰優孰劣的重大政治問題。作者顯然抱持改都長安對國家更有利的觀點，為此而把目光投向西漢定都長安得以「傳世十一，歷載三百」的歷史事實，進而又從地理形勢、田土物產、風俗民情、施政優勢、軍事價值和「御外理內之術」等方面論證廱州之利，指明國都「育業」、「衍功」的作用，標揭歷代「遭時制都，不常厥邑」的思想，這事實上已把本賦的主題躍升到了政治學的高度。與國都關係最密切的是帝室皇居和離宮苑囿。邊讓的〈章華賦〉特就春秋史事進行諷喻，極盡鋪陳之能事，描繪了章華臺這座耗盡國帑民力、促使楚靈王歸於覆滅的離宮，儼然成為國君窮奢極欲、荒淫無度的窟穴。似此揭露之餘，旨在宣明：「處理國之須才，悟稼穡之艱難」；「馳淳化於黎元，永歷世而太平」。

東漢後期最高統治者的日趨腐化，已較楚靈王有過之而無不及，更有外戚勢力助紂為虐，外戚擅政構成了東漢後期政治的一個突出特點。故而崔琦〈外戚箴〉痛下針砭：「非但耽色，母后尤然。不相率以禮，而競獎以權。先笑後號，卒以辱殘。家國泯絕，宗廟燒燔。」並嚴正提出警告：「無謂我貴，天將爾摧；無恃常好，色有歇微；無怙常幸，愛有陵遲；無曰我能，天人爾違。」進一步闡明了「履道者固，杖埶者危」的定律。那些維護和挽救帝國命運的朝臣也竭精殫慮：黃香〈辭東郡疏〉便強調「量能授官，則職無廢事；因勞施爵，則賢愚得宜」的施政準則。高彪〈督軍御史箴〉更激勵身膺此職者抓住天、地、人「三事」來「整我皇綱，董此不虔」。

與正直朝臣的願望相反，在帝王、外戚、宦官和大小貪官汙吏的倒行逆施下，東漢後期的社會風氣日益敗壞。這在趙壹〈刺世疾邪賦〉中被概括為：「于茲迄今，情偽萬方。佞諂日熾，剛克消亡。舐痔結駟，正色徒行。嫗媀名埶，撫拍豪強。偃蹇反俗，立致咎殃。捷慴逐物，日富月昌。渾然同惑，孰溫孰涼。邪夫顯進，直士幽藏。」而到劉梁〈辯和同之論〉的筆下，則是混同之風盛行，「闇與偽焉」叢生。以致作者給世人以「得由和興，失由同起」的棒喝，發出了「唯道是務」、「以義為斷」的呼喚。

對苟且度日的頹風，傅毅的四言〈迪志詩〉不無誡飭：「於戲君子，無恆自逸。徂年如流，鮮茲暇日。行邁屢稅，胡能有迄？」對賢才受壓制、遭排擠的現象，酈炎的五言〈見志詩〉逕予抨擊：「絳、灌臨衡宰，謂誼崇浮華。賢才抑不用，遠投荊南沙。抱玉乘龍驥，不逢樂與和。」二詩所言之「志」，又都集中在政治大有作為上：「爰作股肱，萬邦是紀」；「德音流千載，功名重山岳」。而趙壹〈窮鳥賦〉所反映的個人遭遇：「舉頭畏觸，搖足恐墮。內獨怖急，乍冰乍火」，便不單單是壯志難酬受壓制的問題了，而是受峻法迫害了。

至於趙壹的〈報皇甫規書〉和高彪的〈遺馬融書〉，雖屬私人信件，但都以周公「揮沐吐餐，垂接白屋」為據，嘲諷對方的妄自尊大，抒發本人的憤懣之情，迫使對方「大驚」而「慙」，迅即「追謝」。這就頗有下意識地把政治因素移入人際交往乃至學術領域的深長意味了。政治與文學創作、文學作品的密切關係，於此可見一斑。這也正是史家范曄銳意為之選輯照錄並與文學選家不同的地方。（楊寄林注譯）

古籍今注新譯叢書

文學的・歷史的・哲學的・宗教的　古籍精華　盡在三民

哲學類

新譯四書讀本
新譯論語新編解義
新譯學庸讀本
新譯孝經讀本
新譯易經讀本
新譯乾坤經傳通釋
新譯易經繫辭傳解義
新譯禮記讀本
新譯儀禮讀本
新譯孔子家語
新譯老子讀本
新譯老子解義
新譯莊子讀本
新譯莊子本義
新譯莊子內篇解義
新譯列子讀本
新譯管子讀本
新譯墨子讀本
新譯公孫龍子
新譯晏子春秋
新譯鄧析子
新譯荀子讀本
新譯尹文子
新譯尸子讀本
新譯韓非子
新譯呂氏春秋
新譯韓詩外傳
新譯淮南子
新譯春秋繁露
新譯新書讀本
新譯新語讀本
新譯潛夫論
新譯論衡讀本
新譯申鑒讀本
新譯人物志
新譯張載文選
新譯近思錄
新譯傳習錄
新譯明夷待訪錄

文學類

新譯詩經讀本
新譯楚辭讀本
新譯文心雕龍
新譯世說新語
新譯昭明文選
新譯古文觀止
新譯古文辭類纂
新譯樂府詩選
新譯古詩源
新譯千家詩
新譯詩品讀本
新譯花間集
新譯南唐詞
新譯唐詩三百首
新譯宋詞三百首
新譯元曲三百首
新譯明詩三百首
新譯清詩三百首
新譯唐人絕句選
新譯拾遺記
新譯搜神記
新譯唐才子傳
新譯唐傳奇選
新譯宋傳奇小說選
新譯明傳奇小說選
新譯容齋隨筆
新譯明散文選
新譯人間詞話
新譯白香詞譜
新譯幽夢影
新譯菜根譚
新譯小窗幽記
新譯呻吟語摘
新譯郁離子
新譯歷代寓言選
新譯賈長沙集
新譯揚子雲集
新譯曹子建集
新譯阮籍詩文集
新譯嵇中散集
新譯陸機詩文集
新譯陶淵明集
新譯江淹集
新譯初唐四傑詩集
新譯駱賓王文集
新譯王維詩文集
新譯孟浩然詩集
新譯李白詩全集
新譯杜甫詩選
新譯杜詩菁華
新譯岑參高適詩選
新譯昌黎先生文集
新譯柳宗元文選
新譯白居易詩文選
新譯元稹詩文選
新譯李賀詩集
新譯杜牧詩文集
新譯李商隱詩選
新譯范文正公選集
新譯蘇洵文選
新譯蘇軾文選

新譯蘇軾詞選
新譯蘇轍文選
新譯曾鞏文選
新譯王安石文選
新譯柳永詞集
新譯李清照集
新譯辛棄疾詞選
新譯陸游詩文選
新譯歸有光文選
新譯薑齋文集
新譯顧亭林文集
新譯袁枚詩文選
新譯聊齋誌異選
新譯閱微草堂筆記

教育類

新譯爾雅讀本
新譯顏氏家訓
新譯曾文正公家書
新譯三字經
新譯百家姓
新譯幼學瓊林
新譯增廣賢文・千字文
新譯格言聯璧

歷史類

新譯史記
新譯漢書
新譯後漢書
新譯三國志
新譯資治通鑑
新譯史記——名篇精選
新譯尚書讀本
新譯逸周書
新譯左傳讀本
新譯公羊傳
新譯穀梁傳
新譯春秋穀梁傳
新譯戰國策
新譯國語讀本
新譯說苑讀本
新譯新序讀本
新譯吳越春秋
新譯西京雜記
新譯列女傳
新譯越絕書
新譯燕丹子
新譯東萊博議
新譯唐六典
新譯唐摭言

宗教類

新譯金剛經
新譯高僧傳
新譯碧巖集
新譯百喻經
新譯楞嚴經
新譯梵網經
新譯六祖壇經
新譯禪林寶訓
新譯維摩詰經
新譯經律異相
新譯無量壽經
新譯妙法蓮華經
新譯景德傳燈錄
新譯大乘起信論
新譯釋禪波羅蜜
新譯八識規矩頌
新譯永嘉大師證道歌
新譯華嚴經入法界品
新譯地藏菩薩本願經
新譯悟真篇
新譯无能子
新譯坐忘論
新譯列仙傳
新譯抱朴子
新譯神仙傳
新譯性命圭旨
新譯老子想爾注
新譯周易參同契
新譯道門觀心經
新譯養性延命錄
新譯樂育堂語錄
新譯沖虛至德真經
新譯長春真人西遊記
新譯黃庭經・陰符經

地志類

新譯山海經
新譯水經注
新譯佛國記
新譯大唐西域記
新譯洛陽伽藍記
新譯徐霞客遊記
新譯東京夢華錄

政事類

新譯商君書
新譯鹽鐵論
新譯貞觀政要

軍事類

新譯孫子讀本
新譯孫臏兵法
新譯司馬法
新譯尉繚子
新譯三略讀本
新譯六韜讀本
新譯吳子讀本
新譯李衛公問對